中国钱币丛书甲种本之五

咸丰钱的版式系列

（增订本）

齐宗佑　编著

中华书局

图书在版编目（CIP）数据

咸丰钱的版式系列/齐宗佑编著.—增订本.—北京：
中华书局,2013.5

（中国钱币丛书.甲种本;5）

ISBN 978－7－101－09223－3

Ⅰ.咸…　Ⅱ.齐…　Ⅲ.古钱（考古）－中国－清后
期－图录　Ⅳ.K875.62

中国版本图书馆 CIP 数据核字（2013）第 041912 号

书　名	咸丰钱的版式系列（增订本）
编 著 者	齐宗佑
丛 书 名	中国钱币丛书甲种本之五
责任编辑	邱　璐　陈　乔
出版发行	中华书局

　　　　　　　（北京市丰台区太平桥西里 38 号　100073）

　　　　　　　http://www.zhbc.com.cn

　　　　　　　E-mail:zhbc@ zhbc.com.cn

印　　刷	北京市白帆印务有限公司
版　　次	2002 年 11 月北京第 1 版
	2013 年 5 月北京第 2 版
	2013 年 5 月北京第 2 次印刷
规　　格	开本 787×1092 毫米　1/16
	印张 52¾　插页 2　字数 1046 千字
印　　数	2001－3000 册
国际书号	ISBN 978－7－101－09223－3
定　　价	560.00 元

《中国钱币丛书》编辑委员会

《中国钱币丛书》编辑缘起

近年来,随着我国钱币收藏、研究活动的日趋繁荣活跃,广大读者对钱币学著作的需要也日益提高。读者既需要高水平的研究著作,也需要深入浅出的普及性读物。为了适应这种形势,中国钱币学会准备编辑一套反映当代钱币学水平的《中国钱币丛书》,中华书局也拟出版面向广大读者的钱币丛书。在这个基础上,双方协议合作,并邀请有关专家,组成编辑委员会,共同编辑出版《中国钱币丛书》,以飨读者。

《中国钱币丛书》分甲种本和乙种本两种:甲种本为高水平的研究著作,力争反映当代钱币学的研究成果。乙种本为高质量的普及性读物,力争融学术性、知识性于一体,深入浅出,雅俗共赏。

《中国钱币丛书》的编辑,尚无经验,在构思选题以及其他方面,必然还会有这样或那样的不足之处。我们诚恳地期望泉界同仁和广大读者的合作与支持,以便能把它办得更好,更能反映当代的学术水平,更能适合广大读者的需要。

《中国钱币丛书》编辑委员会

1993 年 4 月

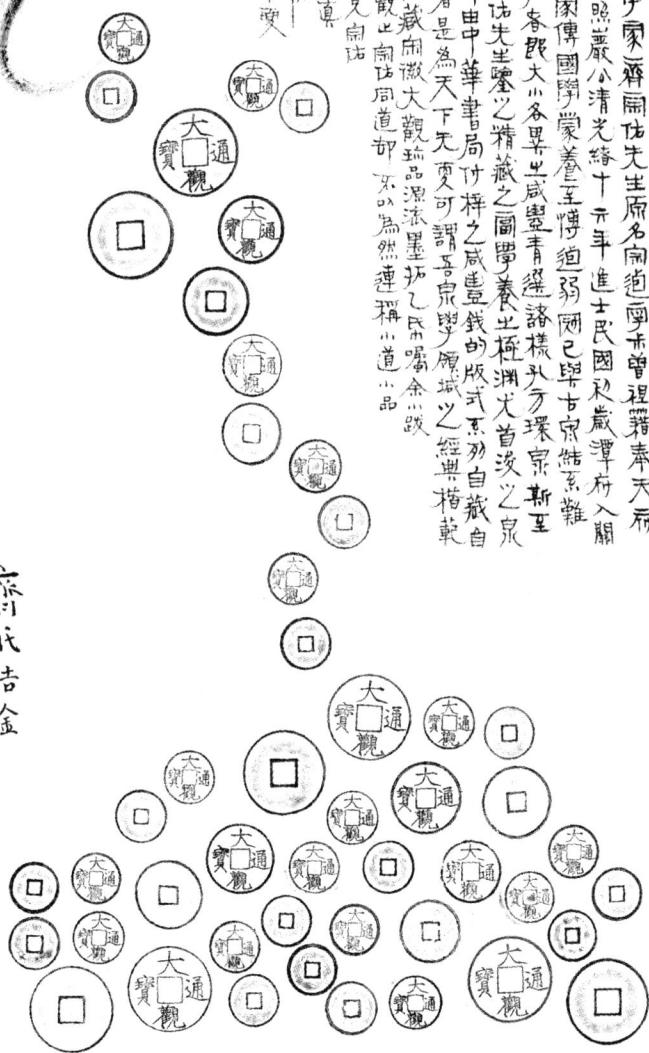

宗逎大觀洋之大觀

當代泉幣學家齊宗逎先生原名宗逎字某曾祖籍奉天府伊通州了氏先祖照藏公清光緒十六年進士民國乙亥歲潭府系難遷居煙沽宗佑承家傳國學家養至博逎弱冠已舉古宗系難餘之緣某迺目拙客殷大小各界出藏諸樣外方環泉斯至今六株有奇也宗佑先生鑒之精藏之國學養此枳淵光首没之泉關碑肉成果布即中華書局付梓之咸豐錢的版式系列自藏自拓咸年錢幣專著是為天下先更可謂吾宗學頜域之經興楷範斯宗佑先生自攝所藏開徵大觀瑞品源淀星沪乙民嘻余小跋屋歡良人嘆為觀止宗佑周道部不以為然連稱小道小品先生真有泉大家真泉譚方家天懷也萬不可遏樂惹足見宗佑之辈日于千盏之十權菁金散人識於本冊朔周時年八十首八

齊氏吉金
宗依古法
逎手拓之
藏匱永久

宗迫大观洋洋大观

　　当代沽上泉币学家齐宗佑先生,原名宗迫,字叔曾,祖籍奉天府伊通州人氏。先祖照岩公,清光绪十六年进士,民国初岁,潭府入关,迁居烟沽。宗佑承家传国学蒙养至博,迫弱冠,已与古泉结系难解之缘。其过目首批者,既大小各异之咸丰青选诸样孔方环泉,斯至今六秩有奇也。宗佑先生鉴之精藏之富、学养之极渊,尤首浚之泉学研究成果,亦即由中华书局付梓之《咸丰钱的版式系列——自藏自拓咸丰钱集》专著,是为天下先,更可谓吾泉学领域之经典楷范。斯宗佑先生自拓所藏宋徽大观珍品源流墨拓已毕,嘱余小跋。展玩良久,叹为观止。宗佑同道却不以为然,连称小道小品,万不可过誉。足见宗佑先生真有泉大家、真泉学方家无愧也,是为记。为津门华夏之幸耳。

　　壬午孟夏十权菁舍散人,识于土斋明窗,时年五十晋九。

"增订本"出版说明

　　本书是在 2002 年出版的《咸丰钱的版式系列——自藏自拓咸丰钱集》一书的基础上,增补修订而成。此次再版,全书分为两个部分:

　　一、咸丰钱图谱

　　自初版问世至今,咸丰钱又有许多新资料涌现出来。为此,作者在原书的基础上,增补了许多新的内容,对咸丰钱的论述更为全面、丰富;又蒙多位泉友热情提供藏品,因此,本书已超出自藏的范围。增加的内容主要有以下几个方面:

　　1.增加了宝安局咸丰钱的标本。原版中没有宝安局的代表是很大的遗憾,这是因为宝安局没有铸过咸丰钱,只存在部颁样钱。作者收藏到一枚从海外回归的宝安局咸丰当五十部颁样钱,使增订本在铸钱局方面成为完璧。

　　2.增订本对各局小平钱作了版式分类,也试探了其中蕴藏的信息,数量增加至 2249 枚。

　　3.增加了三枚祖钱。难得的是其中两枚是以前很少见报道的宝巩局当五十和当十祖钱,另一枚则是宝泉局金口未开的"仐"宝铁钱的祖钱。

　　4.随着作者对咸丰钱认识的深入,识出的"版式系列"增加了 9 个,达到 75 个。

　　5.新增几枚不曾报道过的行用钱。

　　齐宗佑先生致力于咸丰钱币研究二三十年,精于收藏,长于墨拓,所收实物达千余品之富。他在长期的观察和排比中,发现咸丰钱中同一个钱局所铸的一些不同面值的钱币,往往有相同的版别特征,可以自成体系,遂率先提出了"版式系列"的名称。这种按版式系列来归纳不同面值的钱币的方法,比以往钱谱单按面值逐一标明版别特征的方法更科学、更系统。

　　二、集泉文集

　　这部分收入作者研究咸丰钱二三十年间撰写的论文约七十篇。

　　这些文章是对第一部分"咸丰钱图谱"的有益补充和进一步阐发,对相关概念和学术观点有详细的介绍和深入的探究。读者可前后对照参考。

中华书局编辑部

2013 年 1 月

目　　录

第一部分　咸丰钱图谱

第二部分　集泉文集

序 一

金秋十月,接到齐宗佑先生来电,希望我能为其书作序。由于工作较忙,当时没有心理准备,先生又是第一次给我打电话,就应允了下来。可是一拖就一个月了,还没有看上一页,不免有些着急。退回稿件怕先生误解,着手撰写,一是没有时间仔细阅读,二是我个人对清钱没有研究,概括不了先生的成果。思虑再三,还是决定写几句,方不负先生之托,但算不上什么序言。

收藏界大多知道齐先生是专门研究清钱的专家,尤其是对咸丰钱币有深入研究,著有《咸丰钱的版式系列——自藏自拓咸丰钱集》,列入中国钱币丛书甲种本,由中华书局出版发行。

这次再版,除了对咸丰钱谱部分进行了增补和修订外,又增加了《集泉文集》。《集泉文集》收集成册的是先生多年撰写的大小论文七十余篇,按发表时间先后排列,一方面使读者能够看出作者收藏探索的历程,另一方面也能体现作者研究的逐步深入。所收论文,除了清代咸丰钱外,还涉及到先秦钱币、汉代钱币、唐宋钱币、大明宝钞以及安南钱币等。除了介绍收藏资料外,所论多有见地。

齐先生既是钱币收藏家,又是钱币研究者。从收藏入手,潜心研究,并取得突出成就者,齐先生应该是当之无愧的一位,相信读者会从这本书中得到体会。

黄锡全

序 二

与宗迺①兄识交,虽非总角②,结缘自孔方已逾卅载有奇。道兄命序,棣必当捉管。

宗迺兄,字叔曾,祖籍奉天府伊通州③四台子。其大父④齐耀珊大清进士及第,曾官居道台,后任民国鲁、浙等省长要职。民国初年,齐耀珊率阖府入关定居沽畔,视烟津若第二故里。宗迺兄大伯祖齐耀琳亦为清进士第、翰林,曾任河南巡抚、江苏省长。五叔祖齐耀珹更稳坐津门县知事达八年之久,后任国民政府内务部次长,曾代表陆海军大元帅与法国领事同操剪于天津万国桥⑤通桥庆典礼仪。张作霖蒙难之车上,齐耀珹即属幸免之一。

更可赞者为齐门先辈爱国报国、憎恶列强的家风。尤以齐耀珊斥拒日寇重聘为最,一时传为美谈。

科举之顶戴,历来与儒学底蕴结孪生。齐府至今尚存先祖诗书唱和法翰往还之遗珍,足见圣贤传家、官宦门第、有钱人家之一斑。

有钱也就罢了,其大父同五叔祖在拒官之后竟联手成了造钱人家。民国十五年(1926)农商银行壹圆纸钞上,总裁齐耀珊、经理齐耀珹率真的英文签名即为史证。由于该行在退出金融界时,抵兑工作完全、彻底几达极限,故农商行纸钞被藏界视为存世甚罕的珍钞。由此可见两位齐氏先祖的敬业精神。

在有钱、造钱家庭中生长的宗迺,早在民国二十九年(1940)于叔姨祖母处,即与精整的咸丰钱喜结不解,至今七十华年。欣逢开放之盛世,令有钱、造钱人家赋予道兄的根器开发出来,且一发而不可收。

余为其所藏宋徽大观珍泉二十四品精拓所题以外,兄于1993年所著《咸丰钱的版式系列——自藏自拓咸丰钱集》荣列中华书局出版中国钱币丛书甲种本之五,同属藏研有道之典范。

咸丰钱在华夏钱币史中,设有32钱局,17种纪值,多种材质,隶属孔方繁复之最者。亦

---

① 宗迺是原名。

② 总角:《诗经·齐风·甫田》:"婉兮娈兮,总角丱兮。"角,小髻。丱,儿童的发髻向上分开的样子。《礼记·内则》:"拂髦总角。"郑玄注:"总角,收发束之。"后因称童年时代为总角。

③ 奉天府伊通州:清顺治十四年(1657)自辽阳(今属辽宁省)移辽阳府于盛京(今沈阳市),改为奉天府。其辖境在清代屡有改变。后于清光绪七年(1881)改设伊通州,即今吉林省伊通县。

④ 大父:祖父、外祖父,此指祖父。

⑤ 万国桥:即今之解放桥。

属泉界向所未及，前贤不知者。直至上纪90年代，宗迵兄穷三十春秋之鼎力，集千品之实物，加以深邃之探究，归纳整理，将现存文献史料与传世实物交叉对比，从数十年科研工作积累的规律这一特殊视角出发，终于找到了令业内棘手之咸丰版式系列可循之法门。

将咸丰数以千计的纷繁版式，归纳紧缩为不足80个系列之中，解决了百五十年的钱币学难题。此后的十余年间钱币学研究领域中，基本循此路径，又不断发现和丰富了新的版式系列。吾兄功不可没也！

余于2006年第四期《中国钱币》杂志，曾拜读道兄与德人布威纳切磋泉学的文论。因兄与那位德人观点相左，齐氏论及三点与布氏相研讨。此文理据双佳，堪称学者典范！其中针对布氏所谓"户部一年春秋两季给每个钱局打制一枚祖钱"之说，以咸丰年间户部只在当朝第三年颁发过一次祖钱的史实予以驳回，并断言咸丰当朝仅此一例，更锁定在八至十月之内。何等严正！何者敢出此言！非当代泉学大家齐宗迵兄莫属。

犹记民国钱学巨擘丁福保曾云："古钱在金石学中，为最小之物，然其学如深山穷谷，不易窥探。研究十余年而尚未入门者，有著述谱录，刊布海内，尚为门外汉者，……余于是益知研究古钱学之不易矣。"而吾道兄则钟情孔方七十载，集藏研著录于一身，是对"眼学"的内涵作出最完美诠释的当代领军。

据言，宗迵兄拟以此集付梓为退思泉界之结点，道兄高点淡出，有如好戏谢幄，进退自如也！

酷爱天赐灵物之雅好，乃终伴吾辈可得永年之大要，金石不朽玩而老焉，当为至理也！序尾借苦铁①与门人两方闲文印语以颂宗迵吾兄"百岁进军"、"美意延年"！

岁次庚寅小雪十权刘栋于土斋灯下

---

　①　苦铁：即清代著名金石书画家吴昌硕别号之一。

初版序一

和宗佑先生相识是在 1987 年 6 月 18 日,天津钱币研究会的成立大会上。当时,我作为中国钱币学会的代表出席会议。会议期间,举办了天津泉币界的个人藏品展,其中有齐宗佑先生的收藏。所以,我第一次和宗佑先生的交谈,是聆听他对自己藏品的介绍。那次面谈,虽然短促,但先生对于古泉的孜孜以求,给我留下了很深印象。京津之间相距不远,但此后的十几年中,除了偶尔听说有关他的集藏事情,却几乎没有会面叙谈的机会。

整整 12 年了,今年 6 月 30 日,宗佑先生专程来京,约我为他的这本书稿作序,我却外出开会,未能接待他。次日,张季琦先生将书稿转交给我的时候,才知道他已返回天津,并且知道,天津的杜金娥先生为此事,曾来过几次电话,我都没有接着,深感失礼太多。

展现在眼前的这本书稿,是一部咸丰钱的专谱。稿本杀青,十分规矩。稿纸的平整,甚至找不到一处卷角;文字的工整,几乎没有一处涂改的痕迹。拓本之精良,装订之齐楚,告诉我:作者是一位极其严肃仔细的人。他对于学问的认真(因为这已经不仅仅是一种爱好和收藏,而是作为一项事业,去追求、去奉献),真正一丝不苟。仅此,不能不令我肃然起敬。

宗佑先生是天津农业科学院畜牧兽医研究所的研究员,是一位有成就的学者,收集古钱,研究泉学,只是他的业余之作。然而做学问的道理是一样的,先生谙知其中要领。他开始主要搜罗先秦钱币,后来又专攻咸丰古钱。作为一名业余收藏者,集得咸丰钱达到一千多个品种,实在不是一件容易的事情,可见其用力至笃。因为有了众多的实物,千万次的观察推敲,日积月累,对于版式的区别及其演变轨迹,也就了如指掌。总之,主题明确,目标集中,思路清晰,分析入微,或许是他成功的原因。

不同的钱局、不同的铸地和不同时期铸造的钱币,会有不同的制作特征。反之,同一钱局、同一铸地、同一铸期,甚至是同一设计构思、同一机器设备、同一制造工艺铸出的钱币,自然也就会有相同的制作特征,这便是钱币版式的由来。咸丰钱铸局众多,面值分等亦多,再加时值通货膨胀,导致钱币频频改版,它给后来的钱币学者对于咸丰钱的版式收集和研究,增加了许多困难,也平添了无穷的乐趣。

谨此,愿是书早日出版,以飨读者。

戴志强

1999 年 7 月 17 日于北京

初版序二

钱经万选　拓出千捶

——咸丰钱的版式系列序

天津设置虽晚,而旧城左近,时有文物出土。四十年前,崔家码头因修路,掘得先秦墓群,为向所未见,议论纷纭,竟有指墓群为漂来之说者。

李世瑜教授,在天津史编纂室工作。据土质为蛤蜊沙推测,墓群所在,当为退海之地。退海之地,应该成线,范围必大,遂生骑车调查之念。以崔家码头为准,在其南、其北之延长线上,经调查发现,沿途确有春秋、战国遗址、遗物。如巨葛庄、南八里台、中塘等村皆然,断为古海岸之遗迹无疑,漂来说不驳自息。据墓群之发现,竟将天津古史上限,提早两千余年。

天津州升府前后,文风渐盛。著名学者张霔有问津园、思源庄之胜。查礼兄弟既有水西庄之园林,复延聘四方名士馆于庄内。如朱彝尊、姜宸英、汪沆、吴廷华、朱岷等,皆一时名彦。厉鹗北来过津,闻查为仁笺注"绝妙好词",遂留津不前,与为仁共成是书,一时传为美谈。安岐嗜古书画,明以来收藏家之精华,尽入安氏沽水草堂。皆经项子京、卞文誉、宋荦、冯铨等大家鉴定之真迹,后又入清宫,晋唐名迹,得以长存。收藏家之于保护文物,其功甚伟。

三津学人,嗜古泉者虽多,于《古泉汇》之成书,唯吴惠元独树大功!惠元出李佐贤之门,由吴介绍,鲍康始与李相识,一见如故。因鲍再三怂恿,李始专心编辑《古泉汇》。其间,鲍举藏钱供李著书选录。每相聚辄讨论真伪、决定取舍;每一稿成,必请鲍康为之删定,历时数年,始得藏事。罗振玉称之为"压倒以前诸家之巨著"者无吴惠元之介绍,恐难有成。

惠元中表有徐士銮者,远官台州府,嗜古钱,偶得垣釿布一,拓以寄鲍康。前此,吴大澂曾拓垣釿布范寄康。康因有:"垣釿布无传者,徐苑卿(士銮字)于台州得一枚。谓轻薄如叶,拓以寄余,与清卿(大澂字)之范符合,足补两《泉汇》。先睹范而后获泉,一异也。"

孟继埙一生好古,所藏石刻拓本,编为《目录》,惜未得付梓。藏泉逾数千,身后为孙辈捐赠天津历史博物馆,化私为公,居时人先。光绪二十四年(1898),继埙时任湖北盐法道,盼侄广慧来游湖北,因寄银若干,促其早日成行。适范寿轩来王氏家塾售古物,讼言安阳农民收落花生时,往往掘得龟甲牛骨,且有文字,未识何物。广慧以为古之"简册",促范往收。翌年，范估再来，果携龟甲牛骨至。嗜古者再聚王家。广慧出游鄂之金，以购甲骨。先师王襄先生，因亦购存若干。时贤、古哲，固无知有甲骨其物者！因是，孟、王二公竟成发现甲骨之人。世人鼓吹王懿荣吃药发现龙骨有字之说，论其时为光绪二十五年，已晚于孟、王一岁，论其物，入药之龙骨，有字者不收，实不符常理，又乏实据，难以为信。

先师所藏古泉，上起刀布，下迄民国代用币，以及古钱、钞版拓本，洋洋大观。弥留之际叮嘱悉捐国家，以化私为公倡。王锡璜之隋唐墓志、秦汉玺印，李盛铎之敦煌写经，徐世章之古玉、古研，周叔弢之古籍，周明泰之封泥，周进之汉魏石经及其他石刻、古钱，姚彤章之鼻烟壶、明刀，以上多半已捐国家。罗振玉收藏弘富，门类极多，尤以大内档案为最，乃国家历史文献，人间无两之瑰宝！归罗氏始得妥善保护。方若藏钱，乃乾嘉以来之精英，举世无双。后售归浙人陈仁涛，今在中国历史博物馆。

旧时藏泉家，或倩人编写成书，如《益斋主人货泉备考》，由家宾大兴蔡琇所编。此风至今犹存，然沾上泉家，则亲自编纂。如缪继珊有《百二元钱馆藏泉》四册，方若有《古化杂咏》二册。王宗鲁著《泉布简说》四卷，陈铁卿著《古泉史话》十卷。以上二书，皆为作者望九之年所撰，书成而人逝，付梓无日矣，可慨也夫！

宗佑仁兄，嗜收藏，肯研究，不论刀布圜钱，每见必收，尤以咸丰钱为酷爱，积二三十年之精力，仅咸丰一朝钱，即达千余品之富。既超过黄鹏霄之"谱"，又丰富于张絅伯之"考"，美不胜收，于以见学术研究，后来居上，信不诬也。

一日携所著《咸丰钱的版式系列》一书见示，得悉通过咸丰钱版式之辨析，获得多种系列，因著是书。不仅为前贤所不知，抑亦黄、张二氏所未言，研究心得贯彻全书。且为研究辟一新路，可喜可贺。至于著录之拓本，又出作者手拓，不论大钱、小钱，着墨匀称，点画不爽，使王振庭、傅大卤不得专美于前矣。

钱经万选，拓出千捶，拓本尽玑珠，资料皆信史。

耄耋老翁，每一展读，得享延年益寿之清福；嗜钱藏家，反复披览，必获研究进步之硕果。

己卯夏至前三日，商鱼堂上八十老叟唐石父喜指为序

前　言

　　在中国古钱中,咸丰钱在数量、铸局、版别、币材、纪值等方面有诸多复杂表现,受到众多古钱收藏者的喜爱,受到钱币学者的关注。咸丰钱的复杂表现,是由当时的社会环境造成的。首先,鸦片战争后外国势力入侵我国,致使鸦片大量流入,白银大量流出,银价飞涨。清初的银价,大致是一两抵一千文制钱,在咸丰登基前夕银价已涨至一两抵二千三百文①,这是造成当时社会金融危机的根本原因。其次,太平天国兴起,于咸丰三年席卷东南,定都天京(今南京市),并北上至天津城外及北京外围,以致朝廷军费大增。有清一代,铸钱所依靠的滇铜也因道路阻断而不继。在此危急时刻,咸丰朝廷只能采取铸虚值大钱的政策。然而,铸大钱导致币制混乱,物价飞涨,货币进一步贬值。随着币值的下跌,钱的分量常有变动,"轻重倒置,重量悬殊……"②,此种饮鸩止渴的货币政策是难以维持的。以大面值的当千、当五百为例,由于百姓的抵制,只流通了短短的八个月(咸丰三年十一月～四年七月)。所以,咸丰钱在金融政策上是失败的,但却为古钱爱好者留下了丰富多彩的实物资料。尤其是咸丰钱一反清初铸币文字呆滞僵化的形象,文字多由善书的王公大臣书写,许多钱具有书法艺术美,历来是古钱收藏的重点。

　　从咸丰登基(1851)开始铸钱至今,居然还不断有咸丰钱的新种类发现,这正是咸丰钱的魅力之所在。纵观咸丰钱的论述及专著,清晰地表明这是一个不断发现、不断有创见、不断丰富的过程。希望《咸丰钱的版式系列》能给众多咸丰钱爱好者以新的感受。

　　在集藏咸丰钱的过程中,我发现咸丰钱存在"版式系列"现象,即一些钱局所铸的咸丰钱,虽然纪值不同,但书体相同可以形成系列。又进一步发现,同系列中,不同纪值钱币的存世数量相差极大,有的很常见,有的极稀罕。因此激起了我极强烈的搜寻、集藏及探究的热情。经对现有资料整理发现,在咸丰钱的 31 个铸局中,有 16 个铸局存在"版式系列",共有75 个"版式系列",列表如下(注:克勤郡王铸钱附宝泉局内):

---

　　① 　刘春季《试论咸丰钱》,《中国钱币》1983 年 2 期 26 页。
　　② 　同上。

铸钱局	宝泉局	宝源局	宝直局	宝蓟局	宝德局	宝河局	宝济局	宝陕局
版式系列数	22	3	1	2	2	1	2	3
铸钱局	宝巩局	宝苏局	宝浙局	宝昌局	宝福局	宝武局	宝迪局	总计
版式系列数	7	9	3	1	11	7	1	75

由于一些铸钱局的某些"版式系列"全是试铸样钱,故很难集到。本钱集仅收集到有实物为代表的"版式系列"53个,列于每个铸钱局拓图的前部,后面则是不成"版式系列"的钱币标本拓图。同一纪值的钱币,以直径大小顺序排列,清楚示明咸丰钱的减重情况(本集中的拓图均同实物大小)。

"版式系列"的含意:

1.既称系列,所含纪值档次最少有两档。

2.虽是书体一致,但遵循小平称通宝,当五至当五十称重宝,当百以上称元宝的规制,有些铸钱局更有自己独特的规制。后面分别述及。

3.不同纪值钱币由于面积大小不同,书虽同体,但字的布局有差异。

4.本书讲的"版式",是从广义上讲的。某一笔划稍有长短,或因减重出现的窄郭等,仍都划归同一版式系列。

5.咸丰三年(1853)五月始铸大钱,先铸当十,重六钱。八月,增铸当五十,重一两八钱。十一月,又增铸当千、当五百、当百,当五百减重为一两二钱。咸丰钱的"版式系列"即形成于此时。今日所见"版式系列"咸丰钱之最大面值为当千,足以说明。京局早期大样咸丰钱大多书体僵滞缺少美感,且无"版式系列"(也有唯一例外,后面述及)。减重后的咸丰钱,书体流畅美观且多样,是咸丰钱的精华所在。

本书共刊出咸丰钱标本2249枚(初版为1314枚),全部钱币拓图均标明计量数据,钱币的厚度及重量对全面认识钱币是很重要的。

钱币的珍稀程度分十级表示,以大写数字标明:

壹	贰	叁	肆	伍	陆	柒	捌	玖	拾
大珍	珍	极罕	罕	甚稀	稀	很少	少	较多	多

为初学者方便,介绍满文"宝"的三种写法、称谓及31个满文局名的写法。

咸丰钱背面的满文,左为宝,右为局名。新疆南疆四局则左为满文局名,右为维吾尔文局名。满文 称闭口宝, 称开口宝, 称出头宝。

31个满文局名如下表:

通称	宝泉局	宝源局	宝直局	宝蓟局	宝德局	宝河局
局址	北京户部	北京工部	直隶保定	直隶蓟州	直隶承德	河南省
满文局名						

通称	宝济局	宝晋局	宝陕局	宝巩局	宝苏局	宝安局
局址	山东济南	山西太原	陕西省	甘肃兰州	江苏苏州	安徽省
满文局名						
通称	宝浙局	宝昌局	宝福局	宝台局	宝武局	宝南局
局址	浙江杭州	江西南昌	福建省	台湾府局	湖北武昌	湖南长沙
满文局名						
通称	宝广局	宝桂局	宝川局	宝云局	宝东局	宝州局
局址	广东肇庆	广西省	四川成都	云南省	云南东川府	(可能云南)
满文局名						
通称	宝黔局	宝迪局	宝伊局	阿克苏局	喀什噶尔局	叶尔羌局
局址	贵州贵阳	新疆迪化	新疆伊犁	新疆阿克苏城	新疆喀什噶尔城	新疆叶尔羌城
满文局名						
通称	库车局					
局址	新疆库车城					
满文局名						

清代各朝满文写法有差异,所代表的局址也有变化,特作说明。

撰写此书的目的之一是想积累一批素材。标本有计量数据才便于统计分析,积累的数据越多,统计分析的结论越接近实际。这项工作,今后还需要更多的人付出努力。目的之二是提出咸丰钱的"版式系列"。由于史籍中对古钱铸造的记载不够详细,因而存在许多后人难以弄清的问题。有人运用版式的分析,来推测某些古钱的铸造时间和地点。例如,《故宫清钱谱》记有:"据钱局遗老称,满文出头宝为北厂铸。"[1]由此,宝泉局中一大批钱币的铸厂就明了了。又如,有人根据发现地点及版式分析,从复杂的宝苏局咸丰钱中划分出淮阴分局铸造的部分咸丰钱[2]。这都说明只有当版式成了系列,对版式的具体划分才会更清晰。版式大约是钱币爱好者接触一枚钱币时最先注意的问题,所以,"版式系列"的提出有其重要意义。

作为业余古钱收藏者,编著钱币书籍实感力不从心,但想到个人对咸丰钱收藏的一些心得也许会对咸丰钱的研究有所裨益,也就勉力为之了。敬祈同好指正。

---

① 黄鹏霄《故宫清钱谱》,中央民族大学出版社 1994 年,32 页。

② 张玉山、胡彬、殷福星《淮阴宝苏分局铸咸丰钱考略》,《江苏钱币》1996 年 12 期 12 页。

第一部分 咸丰钱图谱

一、宝泉局

　　宝泉局为清代户部的铸钱局,咸丰钱铸量多,在今日所见咸丰钱中所占比例最大。由于分厂多,导致版式纷繁;由于钱文多为官员中善书者所写,文字多秀美。现所见宝泉局咸丰钱纪值分级有当千、当五百、当百、当五十、当十、当五、小平共7级。由于分级多,改版频繁,又一再减重,故同纪值中轻重差异悬殊,并在不同纪值等级间有轻重倒置现象。这些都清楚地显示出咸丰年间币制的混乱情况。

　　部分宝泉局咸丰钱大小排列有序,书体一致,形成"版式系列"。据现有资料可以区分出21个"版式系列"。由于一些版式属于试铸性质,今日已很难见到,故有些版式系列仅集到一枚代表。也有许多咸丰钱一式一品,不成系列,现分列于后。

　　本书收集宝泉局咸丰钱标本750枚。

壹　成系列的各版式

　　1."缶"宝"八"贝闭口宝正泉系列:纪值等级有当千、当五百、当百、当五十、当十、当五共6级。当十仅见祖钱拓图,没有行用钱。当五属试铸,没能集到。

　　①当千:据《光绪顺天府志》:"咸丰三年,……十一月,因巡防王大臣之请,又增铸当百、当五百、当千三种。当千者重二两,当五百者重一两六钱,铜色紫,当百者重一两四钱,铜色黄,皆磨滤精工,光泽如镜,文曰咸丰元宝";又据《东华录》:(咸丰)四年七月,"前据户部奏请停铸当千、当五百大钱,……均降旨允行"。所以,咸丰当千大钱只铸行了八个月。由于百姓抵制,实际行用时间当更短。但已经是版式既多,也出现了明显的减重。

第1-1-1-1号　当千。评级:肆。

　　径:63.6毫米。厚:4.0毫米。

　　重:70.0克。质:黄铜。

　　注:样钱。

第1-1-1-2号　当千。评级:肆。

　　径:63.1毫米。厚:4.0毫米。

　　重:78.0克。质:红铜。

　　注:样钱。

第 1—1—1—3 号   当千。评级:肆。

    径:62.6毫米。厚:4.3毫米。

    重:78.4克。质:红铜。

    注:样钱。

第 1—1—1—4 号   当千。评级:伍。

    径:62.4毫米。厚:4.2毫米。

    重:76.0克。质:红铜。

第1—1—1—5号　当千。评级:伍。

　　径:64.0毫米。厚:4.1毫米。

　　重:75.3克。质:红铜。

　　注:大田当。

②当五百:铸行情况一如当千。

第1—1—2—1号　当五百。评级:肆。

　　径:58.1毫米。厚:3.9毫米。

　　重:56.0克。质:青铜。

　　注:样钱。

第1—1—2—2号　当五百。评级:伍。

　　径:57.7毫米。厚:3.7毫米。

　　重:57.4克。质:黄铜。

第1—1—2—3号　当五百。评级:肆。

　　径:57.2毫米。厚:4.3毫米。

　　重:66.9克。质:红铜。

　　注:直泉,厚重。

第1—1—2—4号　当五百。评级:伍。

　　径:57.0毫米。

　　厚:3.9毫米。

　　重:53.5克。

　　质:红铜。

第1—1—2—5号　当五百。评级:伍。

　　径:57.6毫米。

　　厚:3.5毫米。

　　重:49.3克。

　　质:红铜。

　　注:大田当,外郭有旋纹。

第1—1—2—6号 当五百。评级:伍。

径:57.4毫米。厚:3.2毫米。

重:49.2克。质:红铜。

第1—1—2—7号 当五百。评级:肆。

径:55.5毫米。厚:4.4毫米。

重:70.2克。质:铅。

注:鎏金。

③当百:始铸于咸丰三年十一月,不到一年即因不能畅行而减少铸额,到咸丰五年已是壅滞难行。

第1—1—3—1号　当百。评级:伍。

　　径:51.9毫米。厚:4.0毫米。

　　重:51.3克。质:黄铜。

　　注:样钱。

第1—1—3—2号　当百。评级:伍。

　　径:52.3毫米。厚:3.6毫米。

　　重:42.2克。质:青铜。

　　注:样钱。

第1—1—3—3号　当百。评级:柒。

径:52.4毫米。

厚:4.0毫米。

重:50.7克。

质:黄铜。

注:头炉钱。

 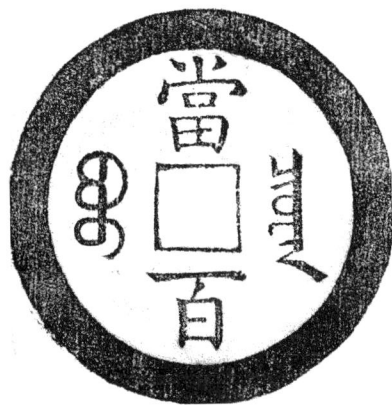

第1—1—3—4号　当百。评级:捌。

径:52.5毫米。

厚:3.5毫米。

重:46.3克。

质:黄铜。

 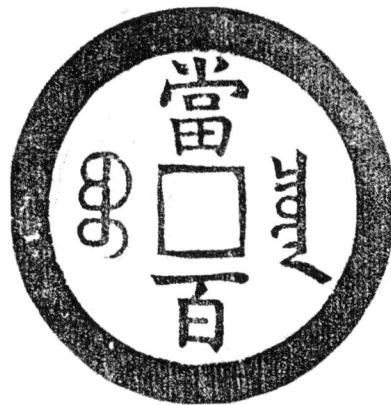

第1—1—3—5号　当百。评级:捌。

　　径:52.9毫米。厚:3.4毫米。

　　重:38.5克。质:黄铜。

第1—1—3—6号　当百。评级:捌。

　　径:52.2毫米。厚:3.8毫米。

　　重:46.8克。质:黄铜。

④当五十：咸丰三年八月，开始铸造当五十大钱，重一两八钱。十一月，减重为一两二钱。因之，咸丰当五十明显地区分为字体僵滞不美的早期大样，以及文字秀美的减重小样。"版式系列"所包含的版式，均为咸丰三年十一月以后所铸造，即属减重小样。

第1—1—4—1号　当五十。评级：玖。

径：48.8毫米。厚：3.6毫米。

重：36.0克。质：黄铜。

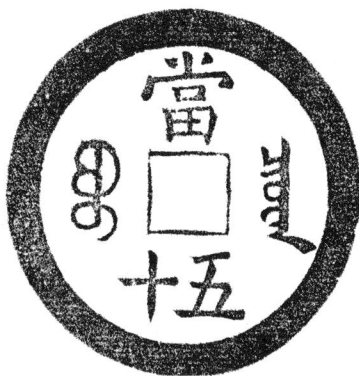

第1—1—4—2号　当五十。评级：玖。

径：48.4毫米。厚：3.6毫米。

重：37.2克。质：黄铜。

第1—1—4—3号　当五十。评级:玖。

径:47.4毫米。厚:3.2毫米。重:34.3克。质:黄铜。

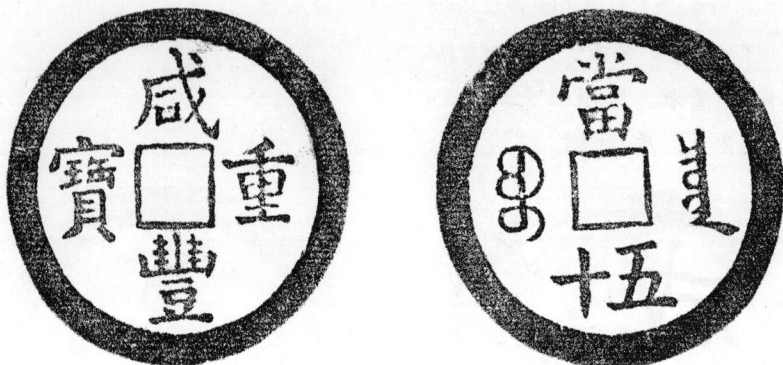

第1—1—4—4号　当五十。评级:玖。

径:46.5毫米。厚:3.4毫米。重:33.0克。质:黄铜。

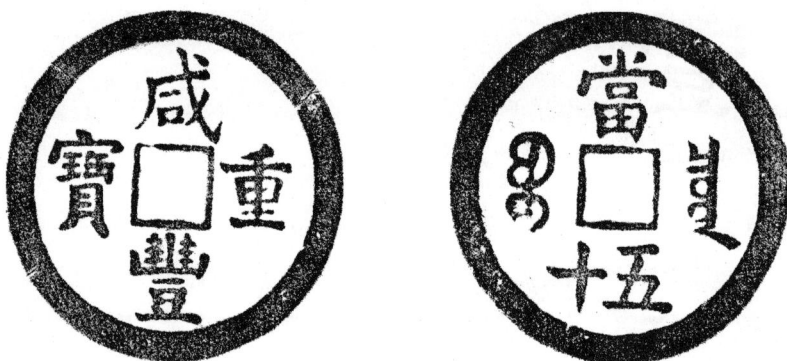

第1—1—4—5号　当五十。评级:捌。

径:47.1毫米。厚:3.8毫米。重:38.8克。质:黄铜。

注:私铸。

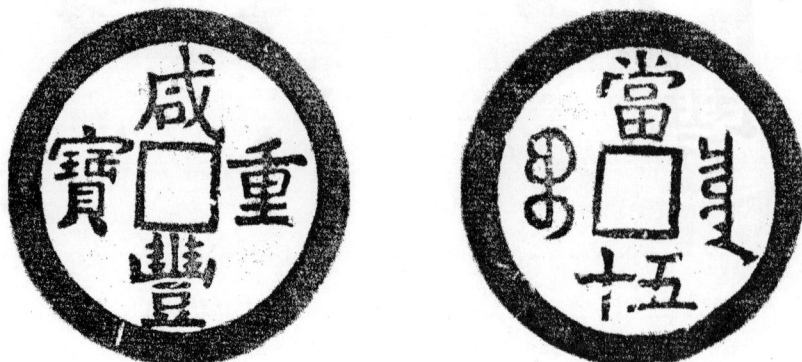

2."缶"宝"八"贝闭口宝短泉系列:从资料知本系列纪值等级应有当千、当五百、当百、当十共4级,但只集得当千与当十,其余向不曾见。

①当千

第1—2—1—1号　当千。评级:伍。

径:63.4毫米。厚:3.6毫米。

重:68.2克。质:红铜。

第1—2—1—2号　当千。评级:伍。径:63.6毫米。厚:3.8毫米。重:77.2克。质:红铜。

②当十

第1—2—2—1号当十。　评级:玖。

　　径:34.7毫米。

　　厚:3.1毫米。

　　重:17.5克。

　　质:黄铜。

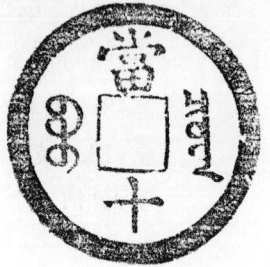

第1—2—2—2号　当十。评级:玖。

　　径:34.6毫米。

　　厚:3.2毫米。

　　重:17.5克。

　　质:青铜。

　　注:斜十。

第1—2—2—3号　当十。评级:玖。

　　径:34.6毫米。

　　厚:3.2毫米。

　　重:16.6克。

　　质:黄铜。

第1—2—2—4号　当十。评级:玖。

　　径:34.4毫米。

　　厚:3.3毫米。

　　重:18.0克。

　　质:青铜。

第1—2—2—5号　当十。评级:玖。

　　径:34.2毫米。

　　厚:3.2毫米。

　　重:18.0克。

　　质:黄铜。

第1—2—2—6号 当十。评级:玖。

径:33.9毫米。

厚:3.2毫米。

重:16.6克。

质:黄铜。

第1—2—2—7号 当十。评级:玖。

径:33.2毫米。

厚:3.3毫米。

重:17.5克。

质:黄铜。

第1—2—2—8号 当十。评级:玖。

径:33.2毫米。

厚:3.1毫米。

重:15.5克。

质:黄铜。

第1—2—2—9号 当十。评级:玖。

径:32.5毫米。

厚:3.1毫米。

重:15.3克。

质:黄铜。

第1—2—2—10号 当十。评级:玖。

径:32.2毫米。

厚:2.8毫米。

重:13.8克。

质:黄铜。

注:广穿。

第1—2—2—11号　当十。评级:玖。

　　径:31.2毫米。

　　厚:3.3毫米。

　　重:14.2克。

　　质:黄铜。

　　注:窄缘。

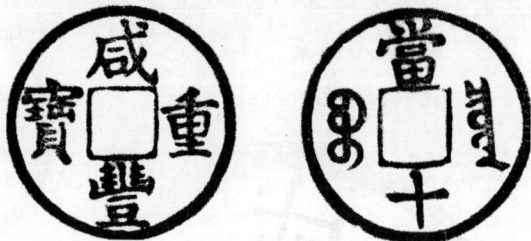

3. "缶"宝"八"贝闭口宝斜泉系列:纪值等级有当五百、当百、当五十共3级。本系列有一点例外,即当五百的满文宝贝窄细开口。

①当五百

第1—3—1—1号　当五百。评级:肆。

　　径:58.9毫米。

　　厚:3.4毫米。

　　重:53.9克。

　　质:红铜。

　　注:样钱。

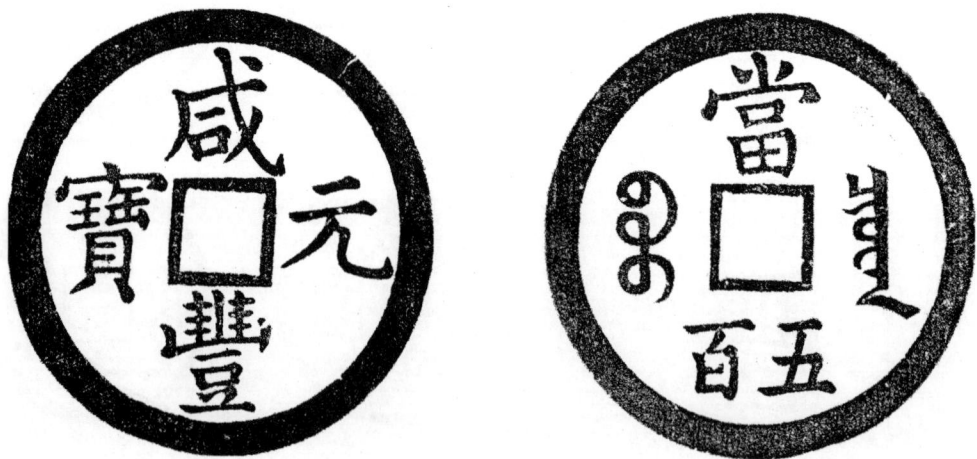

第1—3—1—2号　当五百。评级:陆。

　　径:58.0毫米。厚:3.5毫米。

　　重:53.0克。质:红铜。

第1—3—1—3号　当五百。评级:陆。

　　径:58.4毫米。厚:3.8毫米。

　　重:61.7克。质:黄铜。

②当百

第1—3—2—1号　当百。评级:玖。

　　径:52.1毫米。厚:3.8毫米。

　　重:53.9克。质:黄铜。

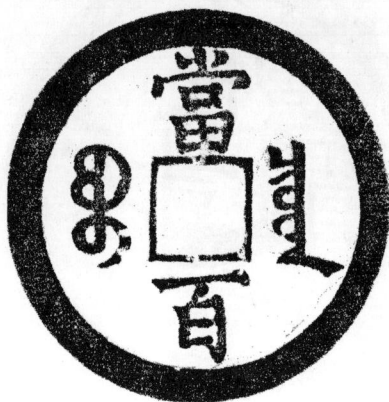

第1—3—2—2号　当百。评级:玖。

　　径:52.0毫米。厚:4.1毫米。

　　重:57.4克。质:黄铜。

第1—3—2—3号　当百。评级:玖。径:52.0毫米。厚:3.8毫米。重:50.0克。质:黄铜。

③当五十

第1—3—3—1号　当五十。评级:玖。径:48.9毫米。厚:3.4毫米。重:42.5克。质:黄铜。

第1—3—3—2号　当五十。评级:玖。径:48.8毫米。厚:3.8毫米。重:43.5克。质:黄铜。

第1—3—3—3号　当五十。评级:玖。

　　径:48.3毫米。厚:3.6毫米。重:41.9克。质:黄铜。

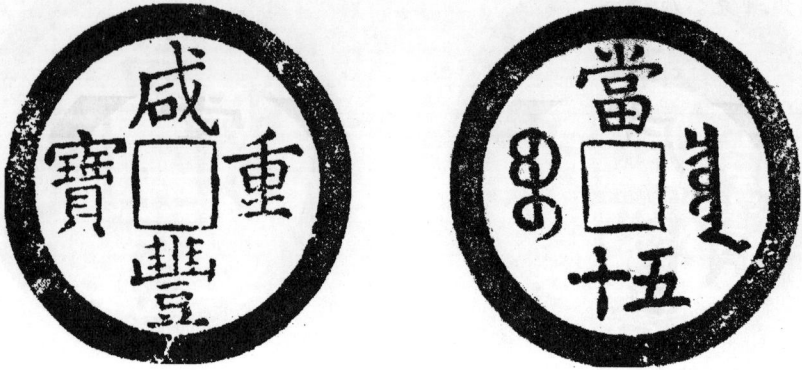

第1—3—3—4号　当五十。评级:玖。

　　径:48.2毫米。厚:3.2毫米。重:36.7克。质:黄铜。

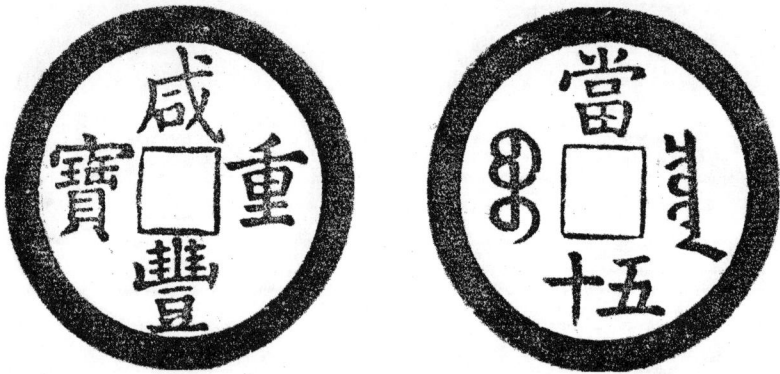

第1—3—3—5号　当五十。评级:玖。

　　径:47.9毫米。厚:3.4毫米。重:37.9克。质:黄铜。

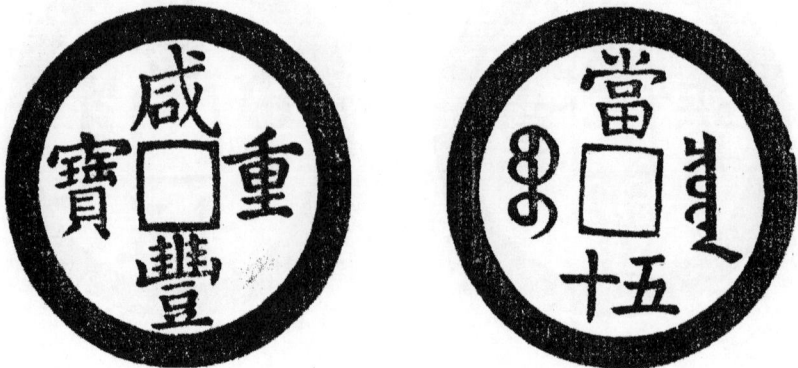

第1－3－3－6号　当五十。评级:玖。

径:47.7毫米。厚:3.2毫米。

重:36.4克。质:黄铜。

第1－3－3－7号　当五十。评级:捌。

径:47.0毫米。厚:4.7毫米。

重:53.5克。质:黄铜。

注:厚重。

第1-3-3-8号　当十。评级:玖。

　　径:46.2毫米。厚:2.7毫米。

　　重:29.3克。质:黄铜。

　　注:私铸。

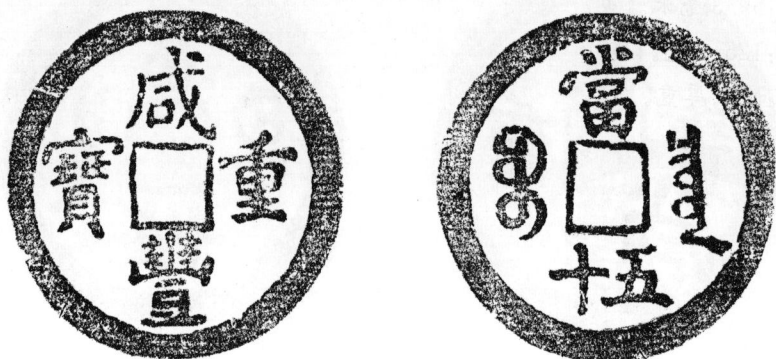

第1-3-3-9号　当五十。评级:玖。

　　径:46.1毫米。厚:4.0毫米。

　　重:42.5克。质:黄铜。

　　注:肥笔划。

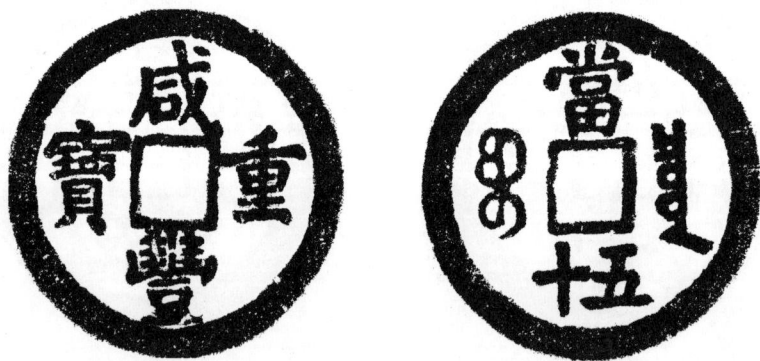

4. "缶"宝"八"贝开口宝系列：有当千、当五百、当百、当五十、当十共 5 个纪值等级。没能集到当五百。集到的当千则特别厚重。

①当千

第 1—4—1—1 号　当千。评级：肆。

　　径：59.3 毫米。厚：7.1 毫米。

　　重：125.0 克。质：黄铜。

　　注：特别厚重。

②当百

第 1—4—2—1 号　当百。评级：捌。

　　径：49.3 毫米。厚：3.8 毫米。

　　重：42.5 克。质：黄铜。

第1—4—2—2号　当百。评级:捌。径:48.5毫米。厚:4.0毫米。重:42.5克。质:黄铜。

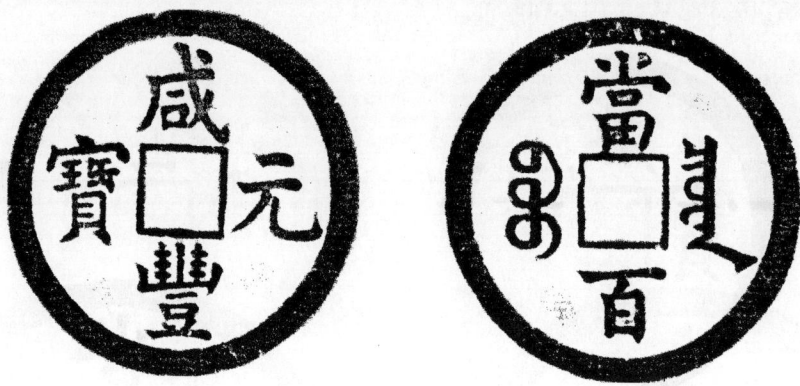

③当五十

第1—4—3—1号　当五十。评级:捌。径:47.1毫米。厚:4.0毫米。
　　重:45.6克。质:黄铜。

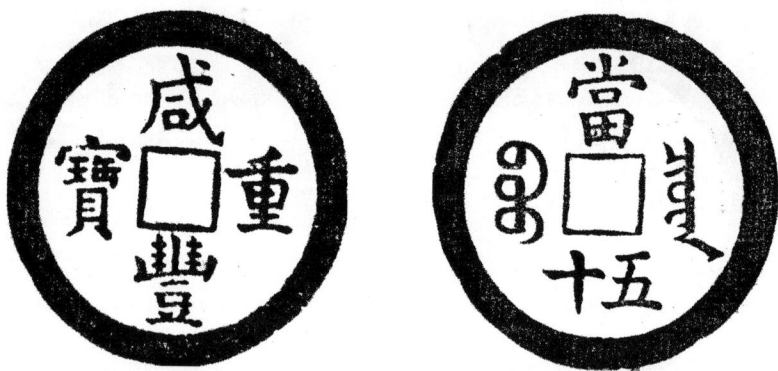

第1—4—3—2号　当五十。评级:捌。
　　径:46.7克。厚:3.8毫米。重:43.8克。质:黄铜。

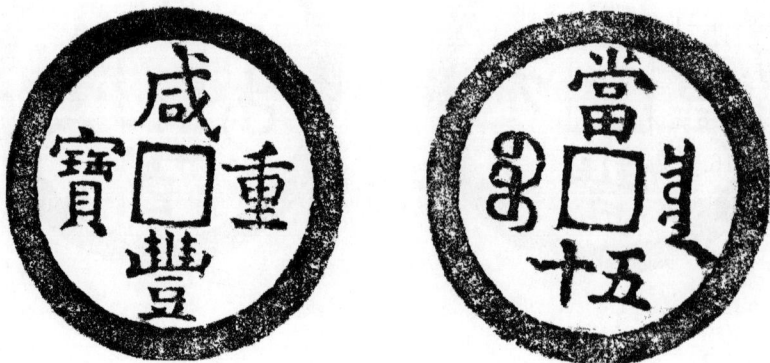

第1—4—3—3号　当五十。评级:玖。

　　径:46.3毫米。厚:3.7毫米。重:40.0克。质:黄铜。

第1—4—3—4号　当五十。评级:玖。

　　径:46.3毫米。厚:3.7毫米。

　　重:34.7克。质:黄铜。

④当十

第1—4—4—1号　当十。评级:拾。

　　径:34.0毫米。

　　厚:2.8毫米。

　　重:16.1克。

　　质:黄铜。

第1—4—4—2号　当十。评级:拾。

　　径:33.9毫米。

　　厚:3.0毫米。

　　重:16.6克。

　　质:黄铜。

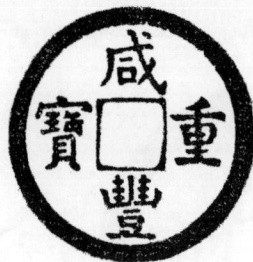

第1—4—4—3号　当十。评级:拾。

　　径:33.9毫米。

　　厚:2.6毫米。

　　重:13.1克。

　　质:黄铜。

第1—4—4—4号　当十。评级:拾。

　　径:33.8毫米。

　　厚:2.6毫米。

　　重:15.2克。

　　质:黄铜。

第1—4—4—5号　当十。评级:拾。

　　径:33.5毫米。

　　厚:2.4毫米。

　　重:13.7克。

　　质:黄铜。

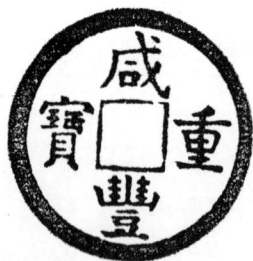

第1—4—4—6号　当十。评级:拾。

　　径:32.8毫米。

　　厚:2.7毫米。

　　重:14.1克。

　　质:黄铜。

第 1—4—4—7 号　当十。评级：拾。

　　径：32.8 毫米。

　　厚：2.6 毫米。

　　重：13.1 克。

　　质：黄铜。

第 1—4—4—8 号　当十。评级：拾。

　　径：32.5 毫米。

　　厚：2.6 毫米。

　　重：12.4 克。

　　质：黄铜。

第 1—4—4—9 号　当十。评级：拾。

　　径：32.3 毫米。

　　厚：2.8 毫米。

　　重：13.4 克。

　　质：黄铜。

第 1—4—4—10 号　当十。评级：拾。

　　径：32.3 毫米。

　　厚：2.7 毫米。

　　重：14.3 克。

　　质：黄铜。

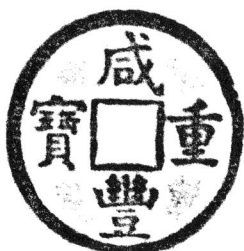

第 1—4—4—11 号　当十。评级：捌。

　　径：33.0 毫米。

　　厚：2.6 毫米。

　　重：14.2 克。

　　质：黄铜。

　　注：钩咸异式，意外之作。

5. "缶"宝左出头"ス"贝长满文系列：本系列的另一特征是钱体相对较厚。仅有当千、当五十、当十共3个纪值等级。

①当千

第1—5—1—1号　当千。评级：陆。

　　径：62.8毫米。厚：4.8毫米。

　　重：91.5克。质：红铜。

②当五十

第1—5—2—1号　当五十。评级：捌。

　　径：47.2毫米。厚：4.1毫米。

　　重：45.6克。质：黄铜。

第1—5—2—2号　当五十。评级:捌。

　　径:46.7毫米。厚:4.2毫米。重:45.7克。质:黄铜。

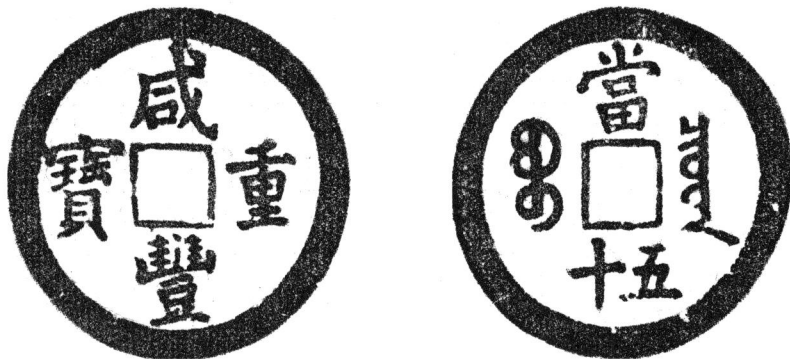

第1—5—2—3号　当五十。评级:捌。

　　径:46.7毫米。厚:4.0毫米。重:41.9克。质:黄铜。

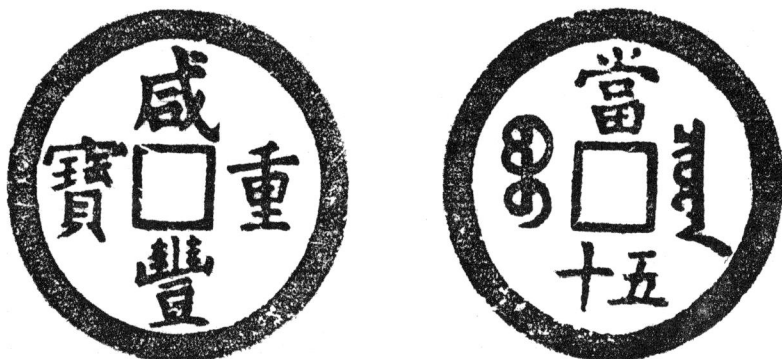

第1—5—2—4号　当五十。评级:捌。

　　径:45.8毫米。厚:4.0毫米。重:40.0克。质:黄铜。

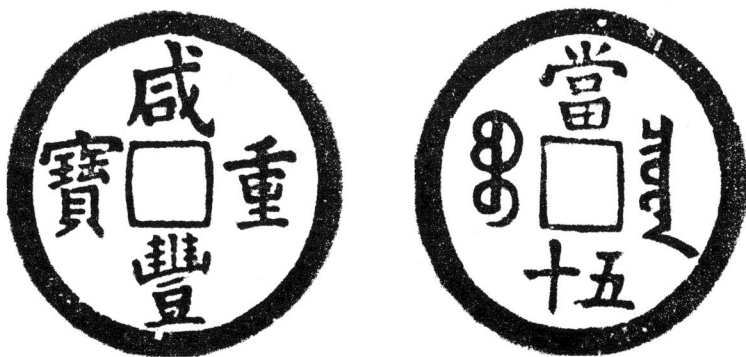

第1—5—2—5号 当五十。评级:捌。

径:45.7毫米。厚:4.3毫米。重:45.8克。质:黄铜。

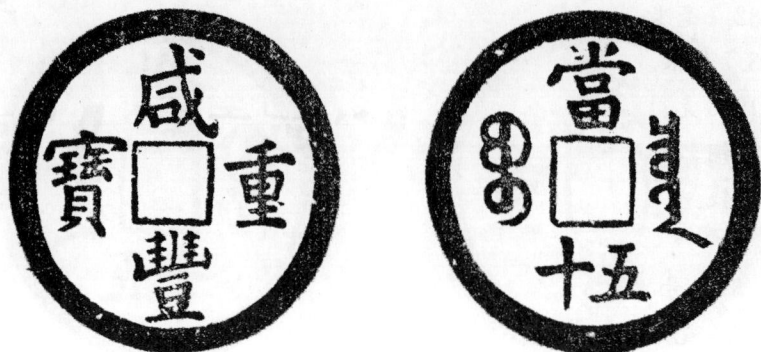

第1—5—2—6号 当五十。

评级:捌。径:44.2毫米。厚:3.5毫米。重:28.5克。质:青铜。注:私铸。

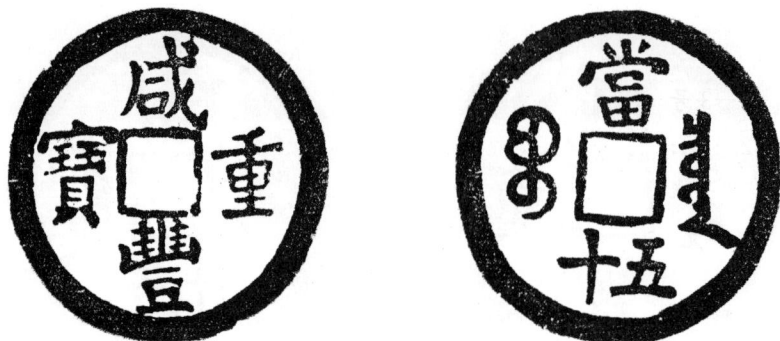

第1—5—2—7号 当五十。评级:捌。

径:44.1毫米。厚:3.6毫米。

重:30.2克。质:青铜。

注:私铸。

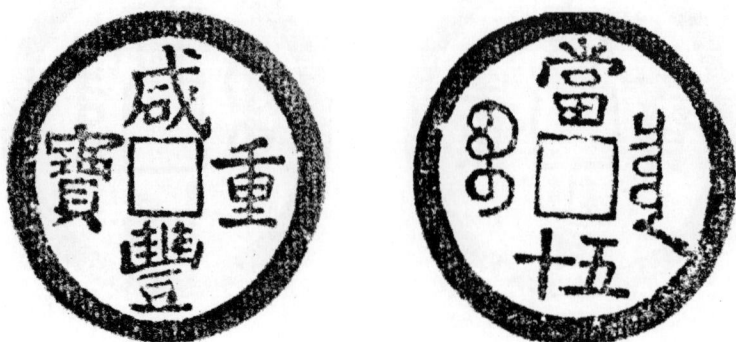

③当十

第1—5—3—1号　当十。评级:陆。

径:32.7毫米。

厚:3.7毫米。

重:19.8克。

质:黄铜。

注:样钱。

第1—5—3—2号　当十。评级:捌。

径:32.9毫米。

厚:3.7毫米。

重:16.7克。

质:黄铜。

第1—5—3—3号　当十。评级:捌。

径:32.4毫米。

厚:3.6毫米。

重:19.0克。

质:黄铜。

第1—5—3—4号　当十。评级:捌。

径:32.1毫米。

厚:3.7毫米。

重:18.2克。

质:黄铜。

6. 俯字系列：文字左俯为特色。仅有当千和当五百两个纪值等级。均较稀见。

① 当千

第 1—6—1—1 号　当千。评级：肆。

　　径：64.9毫米。厚：4.4毫米。

　　重：81.2克。质：黄铜。注：样钱。

② 当五百

第 1—6—2—1 号　当五百。评级：肆。

　　径：57.2毫米。厚：4.1毫米。

　　重：60.2克。质：红铜。注：样钱。

第1—6—2—2号　当五百。评级:陆。

径:58.1毫米。厚:3.8毫米。

重:58.5克。质:红铜。

第1—6—2—3号　当五百。评级:陆。

径:57.4毫米。厚:3.7毫米。

重:49.0克。质:红铜。

注:减重明显。

7. **"缶"宝左出头"ス"贝系列**：本系列有当百、当五十、当十共 3 个纪值等级。其中,当百是近年新发现的。诸谱无载,非常稀见。

①当百

第 1—7—1—1 号　当百。评级:肆。

　　径:51.9 毫米。厚:4.1 毫米。

　　重:52.7 克。质:黄铜。

　　注:目前仅知二枚。

②当五十

第 1—7—2—1 号　当五十。评级:伍。

　　径:48.0 毫米。厚:4.3 毫米。

　　重:46.8 克。质:黄铜。

　　注:样钱。

第1—7—2—2号　当五十。评级:捌。

　　径:47.2毫米。厚:3.9毫米。重:39.5克。质:黄铜。

　　注:笔划细,地张台状凸起。为母钱修整留下的痕迹。

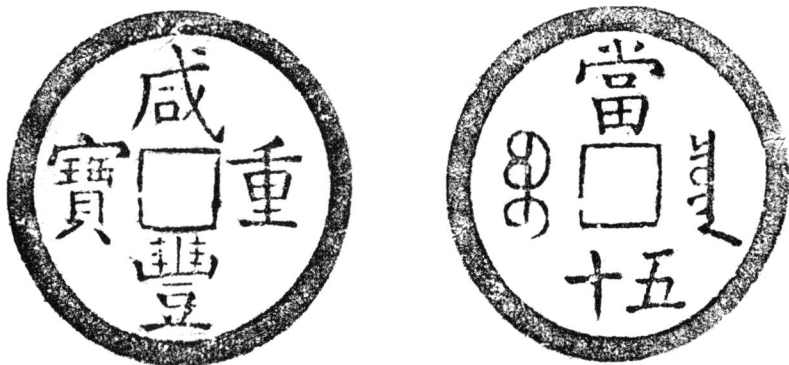

第1—7—2—3号　当五十。评级:捌。

　　径:47.1毫米。厚:4.0毫米。重:37.7克。质:黄铜。注:头炉钱。

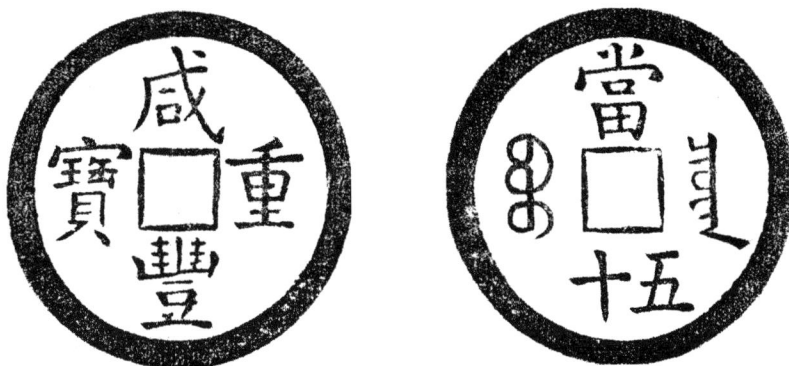

第1—7—2—4号　当五十。评级:玖。

　　径:46.2毫米。厚:3.4毫米。重:36.9克。质:黄铜。

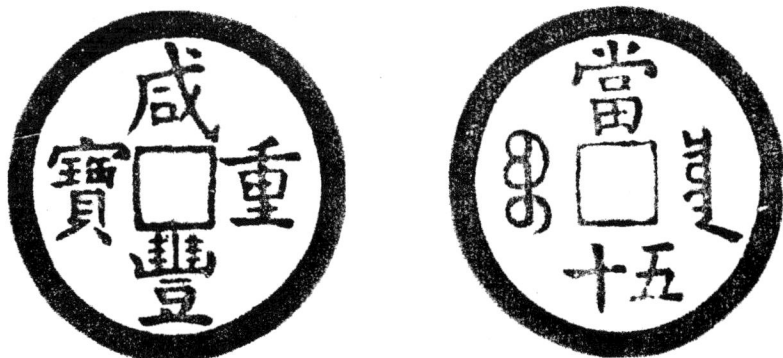

③当十

第1－7－3－1号　当十。评级:玖。

　　径:36.7毫米。

　　厚:2.9毫米。

　　重:18.1克。

　　质:黄铜。

第1－7－3－2号　当十。评级:玖。

　　径:36.1毫米。

　　厚:2.8毫米。

　　重:15.9克。

　　质:黄铜。

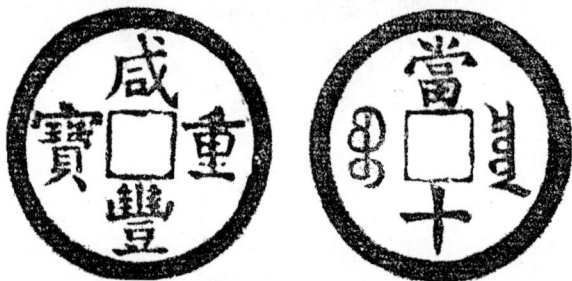

第1－7－3－3号　当十。

评级:玖。

　　径:36.0毫米。

　　厚:2.8毫米。

　　重:17.2克。

　　质:黄铜。

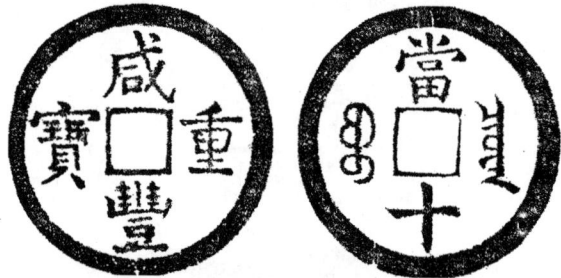

第1－7－3－4号　当十。

评级:玖。

　　径:35.9毫米。

　　厚:2.7毫米。

　　重:16.8克。

　　质:黄铜。

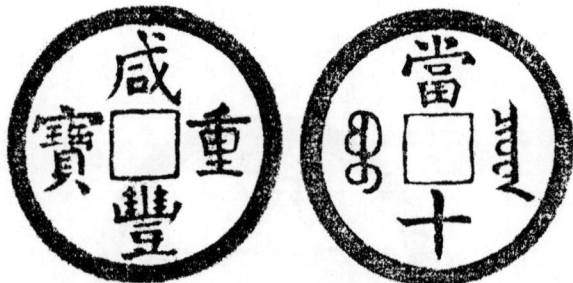

第1—7—3—5号　当十。评级:玖。
　　径:35.8毫米。
　　厚:2.9毫米。
　　重:16.1克。
　　质:黄铜。

第1—7—3—6号　当十。评级:玖。
　　径:35.7毫米。
　　厚:3.0毫米。
　　重:18.1克。
　　质:黄铜。

第1—7—3—7号　当十。评级:玖。
　　径:35.4毫米。
　　厚:2.6毫米。
　　重:13.8克。
　　质:黄铜。

第1—7—3—8号　当十。评级:玖。
　　径:35.1毫米。
　　厚:2.7毫米。
　　重:14.3克。
　　质:黄铜。

第1—7—3—9号　当十。评级:捌。

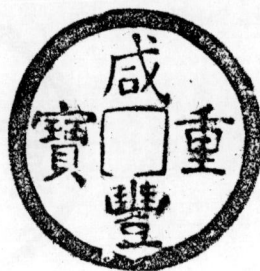

　　径:34.8毫米。

　　厚:2.7毫米。

　　重:14.7克。

　　质:黄铜。

　　注:异式。

8."缶"宝左出头"ス"贝小满文系列:与上系列版式相近。仅有当五十、当十两种纪值等级。

①当五十

第1—8—1—1号　当五十。评级:柒。

　　径:45.8毫米。厚:3.9毫米。重:37.6克。质:黄铜。

②当十

第1—8—2—1号　当十。评级:玖。

　　径:33.4毫米。

　　厚:2.7毫米。

　　重:12.6克。

　　质:黄铜。

第1—8—2—2号　当十。评级:玖。

　　径:33.2毫米。

　　厚:2.7毫米。

　　重:12.5克。

　　质:黄铜。

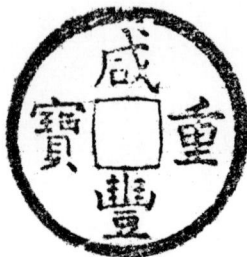

第1—8—2—3号　当十。评级:玖。

　　径:33.2毫米。

　　厚:2.6毫米。

　　重:12.0克。

　　质:黄铜。

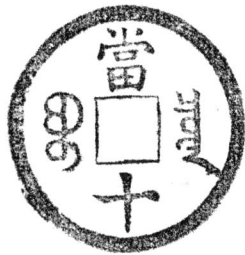

第1—8—2—4号　当十。评级:玖。

　　径:32.9毫米。

　　厚:2.9毫米。

　　重:15.0克。

　　质:黄铜。

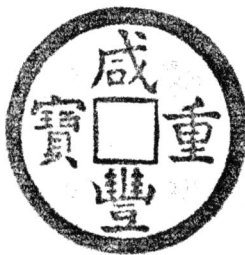

第1—8—2—5号　当十。评级:玖。

　　径:32.9毫米。

　　厚:2.9毫米。

　　重:13.8克。

　　质:黄铜。

　　注:精致。

第1—8—2—6号　当十。评级:玖。

　　径:32.6毫米。

　　厚:2.5毫米。

　　重:11.7克。

　　质:黄铜。

第1—8—2—7号　当十。评级:玖。

　　径:32.4毫米。

　　厚:2.5毫米。

　　重:11.9克。

　　质:黄铜。

第1－8－2－8号　当十。评级:玖。

　　径:32.2毫米。

　　厚:2.7毫米。

　　重:13.2克。

　　质:黄铜。

第1－8－2－9号　当十。评级:玖。

　　径:32.2毫米。

　　厚:2.4毫米。

　　重:10.4克。

　　质:黄铜。

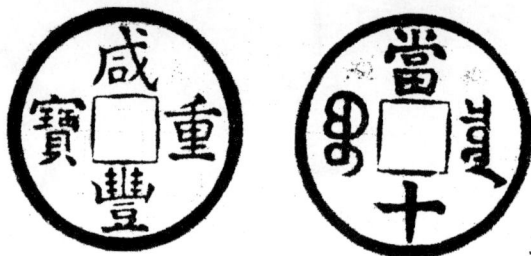

第1－8－2－10号　当十。评级:玖。

　　径:32.1毫米。

　　厚:2.9毫米。

　　重:13.4克。

　　质:黄铜。

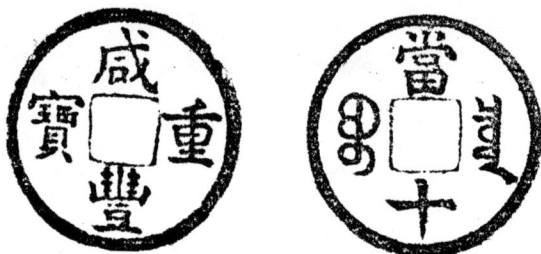

9.“缶”宝“ス”贝系列:本系列有当百、当五十、当十共3种纪值等级。

①当百

第1－9－1－1号　当百。评级:伍。

　　径:49.6毫米。厚:4.2毫米。重:50.0克。质:黄铜。

　　注:样钱。

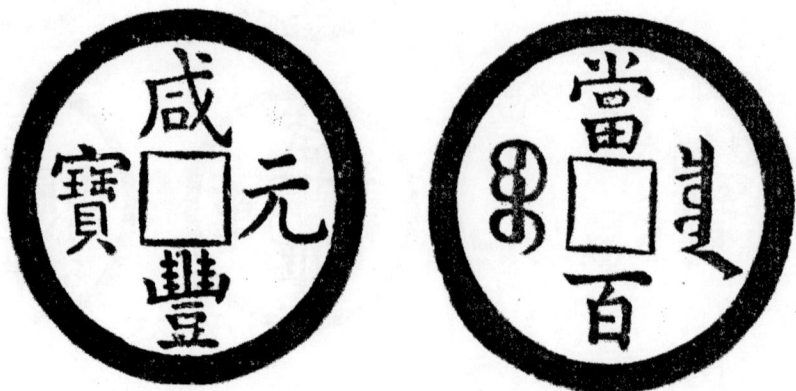

第1—9—1—2号　当百。评级:捌。

径:49.1毫米。厚:3.6毫米。重:41.6克。质:黄铜。

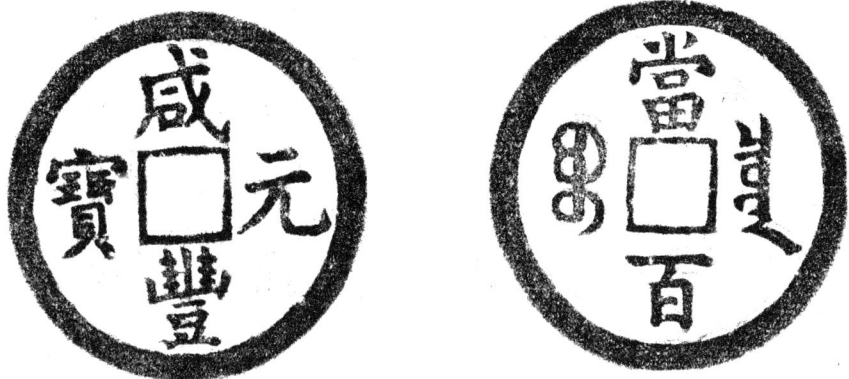

第1—9—1—3号　当百。评级:捌。

径:49.0毫米。厚:4.2毫米。重:42.1克。质:黄铜。

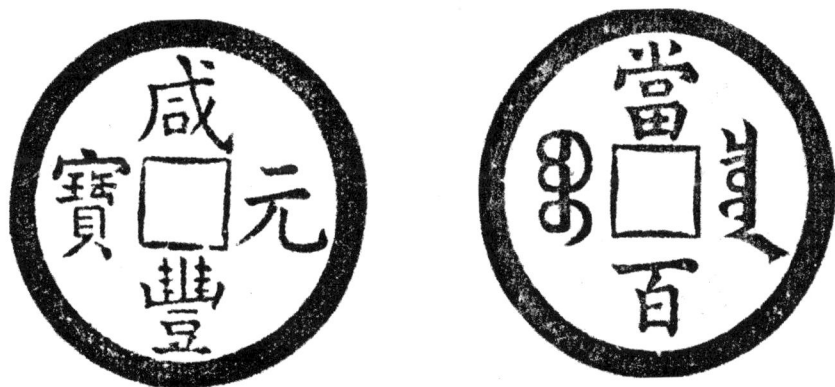

第1—9—1—4号　当百。评级:捌。

径:48.9毫米。厚:3.5毫米。重:36.1克。质:黄铜。注:轻薄。

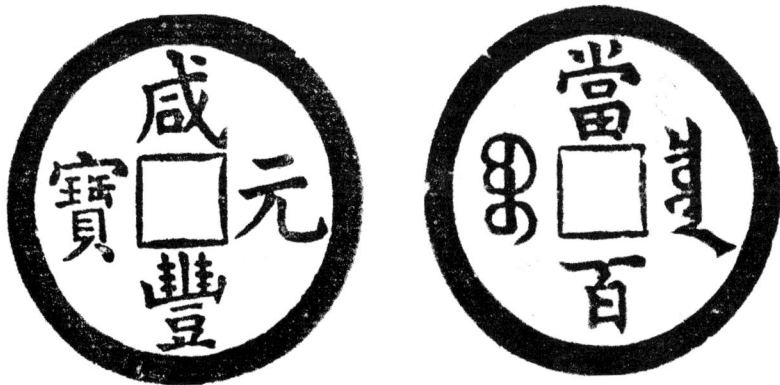

②当五十

第1—9—2—1号　当五十。评级:玖。

　　　径:46.7毫米。厚:4.0毫米。重:38.9克。质:黄铜。

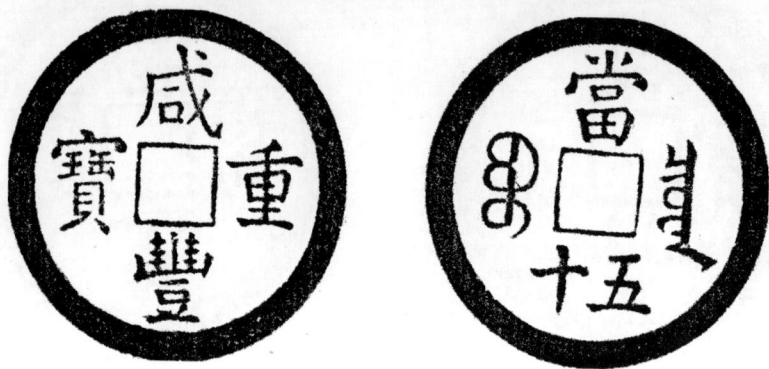

第1—9—2—2号　当五十。评级:玖。

　　　径:46.2毫米。厚:4.1毫米。重:41.5克。质:黄铜。

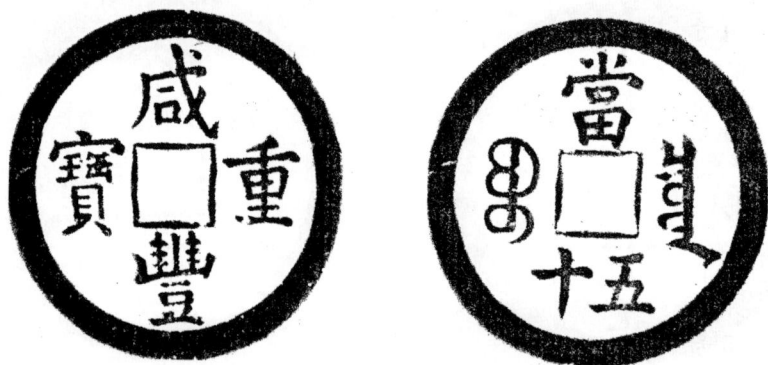

③当十

第1—9—3—1号　当十。

评级:叁。

　　　径:37.2毫米。

　　　厚:3.0毫米。

　　　重:18.7克。

　　　质:黄铜。

　　　注:母钱。

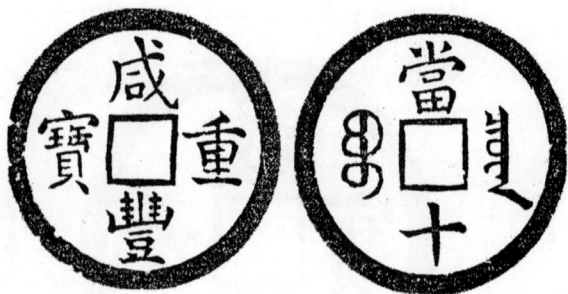

第1—9—3—2号　当十。评级：陆。

　　径：34.0毫米。

　　厚：2.8毫米。

　　重：14.5克。

　　质：黄铜。

　　注：样钱。

第1—9—3—3号　当十。评级：陆。

　　径：34.0毫米。

　　厚：2.6毫米。

　　重：14.2克。

　　质：黄铜。

　　注：样钱。

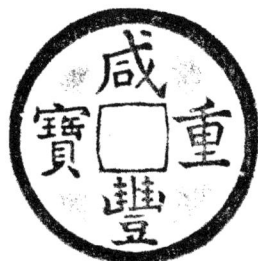

第1—9—3—4号　当十。评级：陆。

　　径：33.5毫米。

　　厚：3.0毫米。

　　重：14.9克。

　　质：黄铜。

　　注：样钱。

第1—9—3—5号　当十。评级：拾。

　　径：36.0毫米。

　　厚：2.9毫米。

　　重：16.4克。

　　质：黄铜。

第1-9-3-6号　当十。评级:拾。

　　径:36.0毫米。

　　厚:2.8毫米。

　　重:14.2克。

　　质:黄铜。

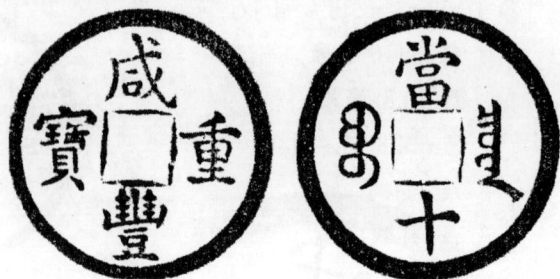

第1-9-3-7号　当十。评级:拾。

　　径:33.7毫米。

　　厚:2.7毫米。

　　重:12.7克。

　　质:黄铜。

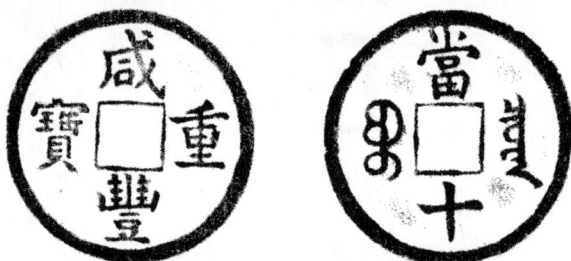

第1-9-3-8号　当十。评级:拾。

　　径:33.4毫米。

　　厚:2.6毫米。

　　重:13.7克。

　　质:黄铜。

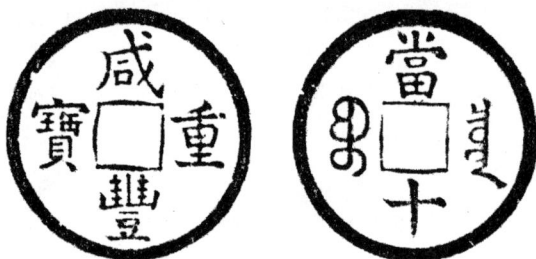

第1-9-3-9号　当十。评级:拾。

　　径:32.5毫米。

　　厚:2.4毫米。

　　重:12.7克。

　　质:黄铜。

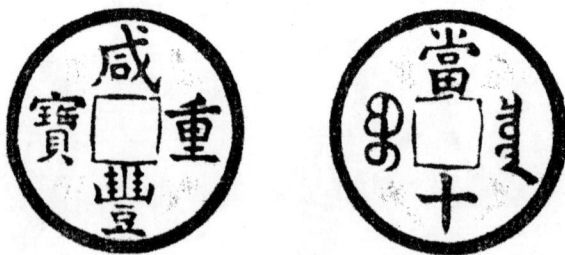

10."缶"宝左出头"八"贝系列:有当五百、当百、当五十、当十,共4个纪值等级。当十无行用钱。

①当五百

第1—10—1—1号　当五百。评级:陆。

　　径:59.0毫米。厚:3.8毫米。

　　重:53.8克。质:黄铜。

第1—10—1—2号　当五百。评级:陆。

　　径:56.6毫米。厚:4.0毫米。

　　重:63.2克。质:红铜。

第1—10—1—3号　当五百。评级:陆。

　　径:53.8毫米。厚:4.7毫米。

　　重:72.0克。质:红铜。

②当百

第1—10—2—1号　当百。评级:伍。

　　径:52.8毫米。厚:4.7毫米。

　　重:59.3克。质:青铜。

　　注:样钱。

第1—10—2—2号　当百。评级:柒。

径:53.4毫米。厚:4.6毫米。

重:63.2克。质:青铜。

注:厚重。

第1—10—2—3号　当百。评级:柒。

径:53.1毫米。厚:3.6毫米。

重:49.1克。质:黄铜。

第1—10—2—4号　当百。评级:柒。

　　径:52.4毫米。厚:4.1毫米。

　　重:53.7克。质:青铜。

③当五十

第1—10—3—1号　当五十。评级:叁。

　　径:48.5毫米。厚:5.2毫米。

　　重:59.6克。质:青铜。

　　注:母钱。

第1—10—3—2号　当五十。评级:伍。

　　径:46.6毫米。厚:4.3毫米。重:47.1克。质:黄铜,色金黄。

　　注:样钱。

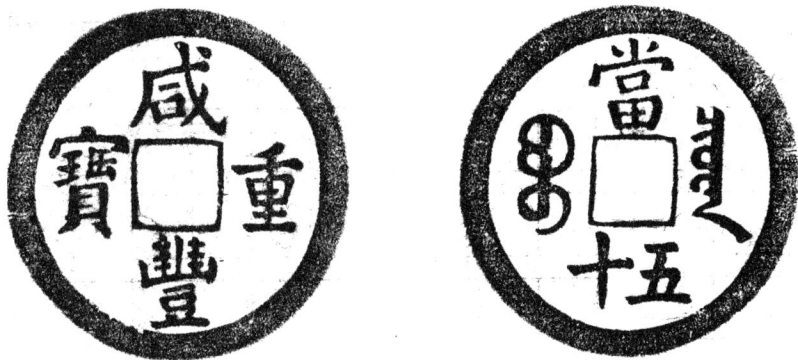

第1—10—3—3号　当五十。评级:捌。

　　径:46.6毫米。厚:3.8毫米。重:41.3克。质:青铜。

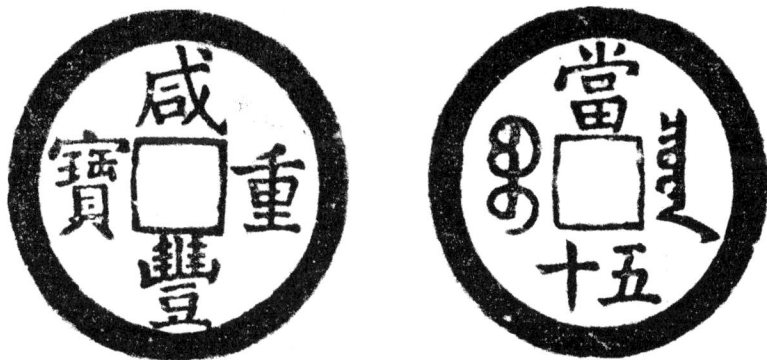

第1—10—3—4号　当五十。评级:捌。

　　径:45.8毫米。厚:4.2毫米。重:43.1克。质:黄铜。

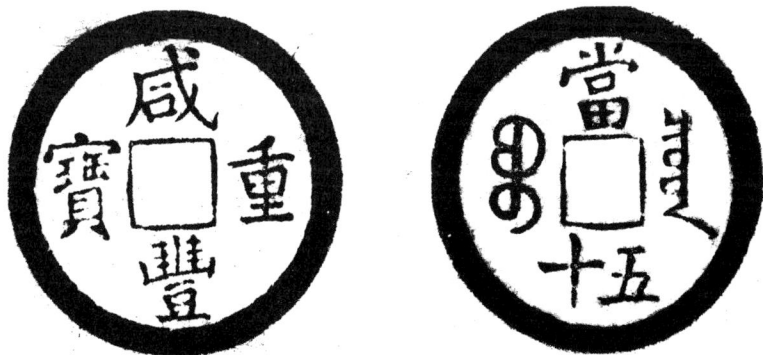

第1—10—3—5号　当五十。评级：玖。

　　径：45.7毫米。厚：4.4毫米。重：46.3克。质：黄铜。

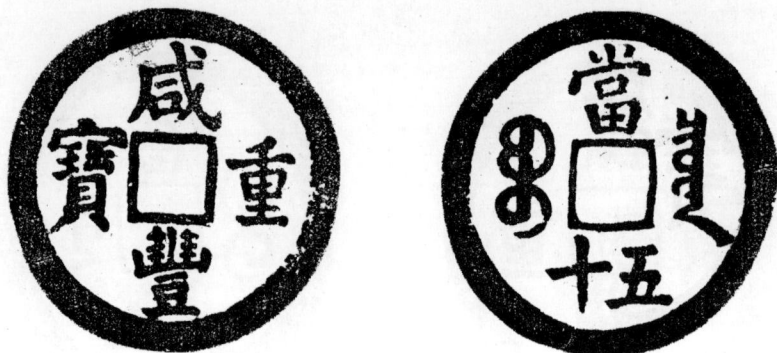

第1—10—3—6号　当五十。评级：玖。

　　径：45.2毫米。厚：4.3毫米。重：39.4克。质：黄铜。

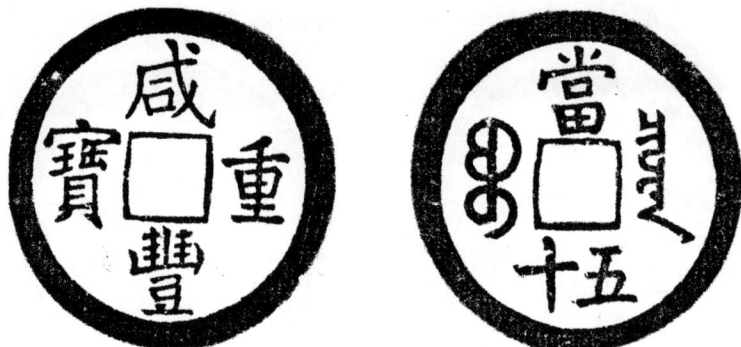

第1—10—3—7号　当五十。评级：玖。

　　径：45.1毫米。厚：4.2毫米。

　　重：41.1克。质：黄铜。

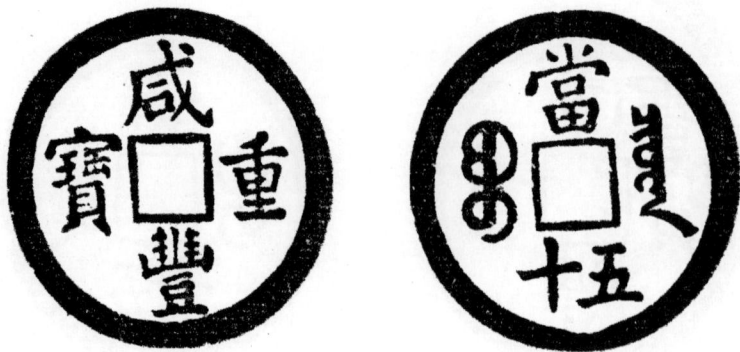

第1—10—3—8号　当五十。评级:玖。

径:44.8毫米。厚:4.3毫米。重:38.6克。质:黄铜。

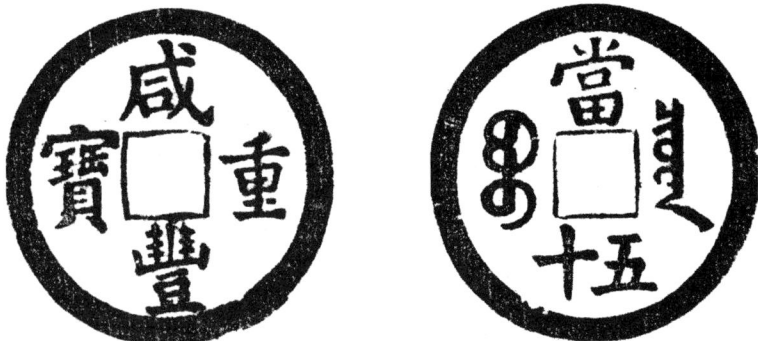

第1—10—3—9号　当五十。评级:捌。

径:44.4毫米。厚:5.1毫米。重:48.5克。质:黄铜。

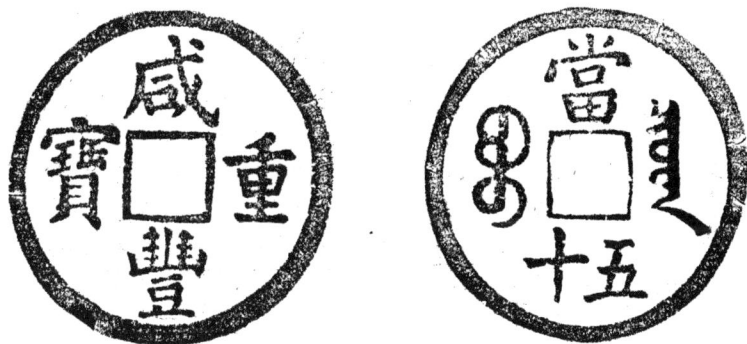

第1—10—3—10号　当五十。评级:玖。

径:44.7毫米。厚:3.0毫米。重:25.0克。质:黄铜。注:私铸。

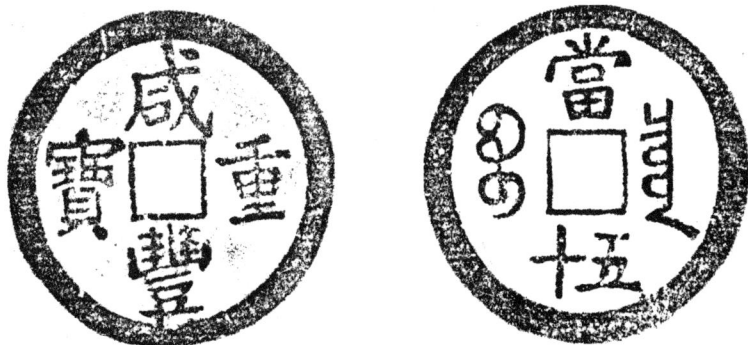

④当十

第1—10—4—1号　当十。评级:伍。径:37.8毫米。厚:2.6毫米。重:16.4克。质:黄铜。

　　注:试铸样钱。无行用钱。在系列中汉文书体一致,满文比例较小。

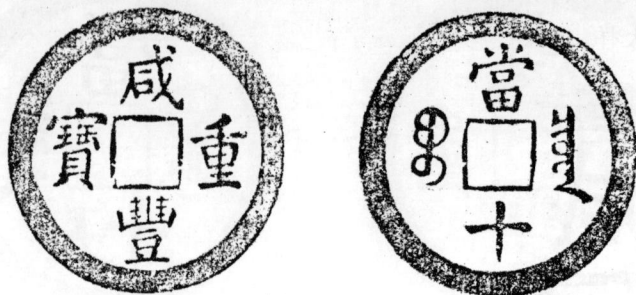

第1—10—4—2号　当十。评级:伍。径:37.7毫米。厚:3.8毫米。重:17.8克。质:黄铜。

11. 出头宝短满文系列:有当千、当五百、当百、当五十、当十共5个纪值等级。其中,当五十不见行用钱。

①当千

第1—11—1—1号　当千。评级:肆。径:63.8毫米。厚:4.5毫米。重:95.2克。

　　质:青铜。注:样钱。

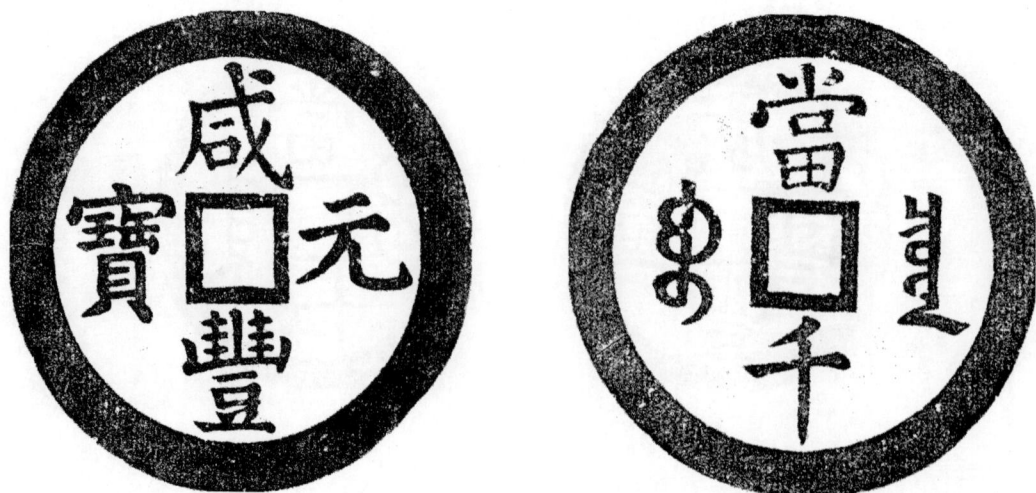

第1—11—1—2号　当千。评级:伍。

　　径:64.4毫米。厚:4.0毫米。

　　重:83.3克。质:黄铜。

　　注:宽缘大样。

第1—11—1—3号　当千。评级:陆。

　　径:60.1毫米。厚:4.1毫米。

　　重:69.1克。质:红铜。

　　注:窄缘小样。

②当五百

第 1—11—2—1 号　当五百。评级:伍。

　　径:60.1毫米。厚:4.0毫米。

　　重:67.7克。质:黄铜。

　　注:宽缘大样。

第 1—11—2—2 号　当五百。评级:陆。

　　径:58.3毫米。厚:4.0毫米。

　　重:68.5克。质:红铜。

③当百

第1—11—3—1号　当百。评级:捌。

　　径:51.9毫米。厚:4.0毫米。

　　重:55.8克。质:黄铜。

第1—11—3—2号　当百。评级:捌。

　　径:51.8毫米。厚:3.7毫米。

　　重:50.8克。质:青铜。

第1—11—3—3号　当百。评级:捌。

径:51.7毫米。厚:3.8毫米。重:49.6克。质:黄铜。

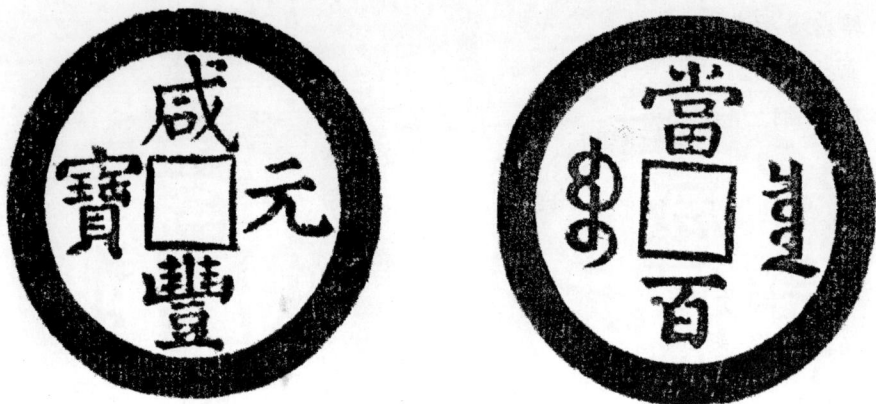

第1—11—3—4号　当百。评级:捌。

径:49.8毫米。厚:4.4毫米。重:54.2克。质:黄铜。

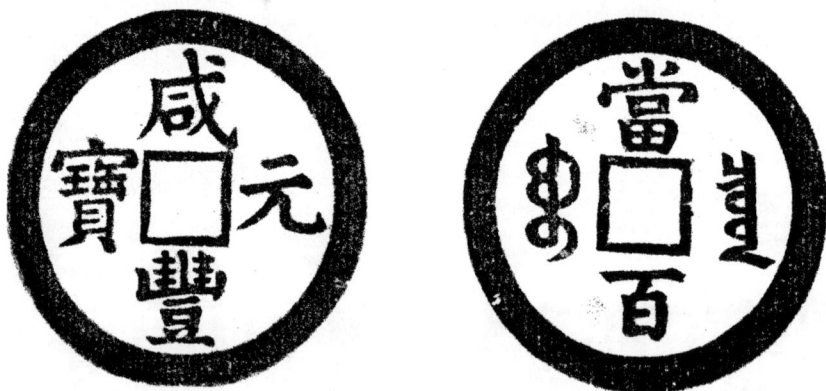

④当十

第1—11—4—1号　当十。评级:玖。

径:35.0毫米。

厚:2.5毫米。

重:13.5克。

质:青铜。

第1—11—4—2号　当十。评级:玖。

　　径:34.6毫米。

　　厚:2.9毫米。

　　重:15.6克。

　　质:黄铜。

第1—11—4—3号　当十。评级:玖。

　　径:34.6毫米。

　　厚:2.5毫米。

　　重:14.2克。

　　质:黄铜。

第1—11—4—4号　当十。评级:玖。

　　径:33.8毫米。

　　厚:2.1毫米。

　　重:12.3克。

　　质:青铜。

第1—11—4—5号　当十。评级:捌。

　　径:32.7毫米。

　　厚:3.4毫米。

　　重:18.4克。

　　质:黄铜。

　　注:厚重。

第1—11—4—6号　当十。评级:玖。

　　径:32.7毫米。

　　厚:2.5毫米。

　　重:14.2克。

　　质:黄铜。

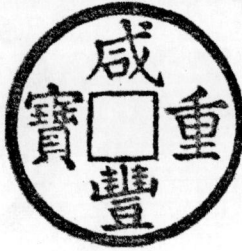

第1—11—4—7号　当十。评级:玖。

　　径:32.6毫米。

　　厚:2.7毫米。

　　重:12.5克。

　　质:黄铜。

12. 出头宝长满文系列:有当百、当五十、当十共3种纪值等级。

①当百

第1—12—1—1号　当百。评级:伍。

　　径:49.9毫米。厚:3.9毫米。

　　重:45.4克。质:黄铜。

　　注:样钱。

第1—12—1—2号　当百。评级:捌。

　　径:50.3毫米。厚:4.5毫米。重:51.9克。质:黄铜。

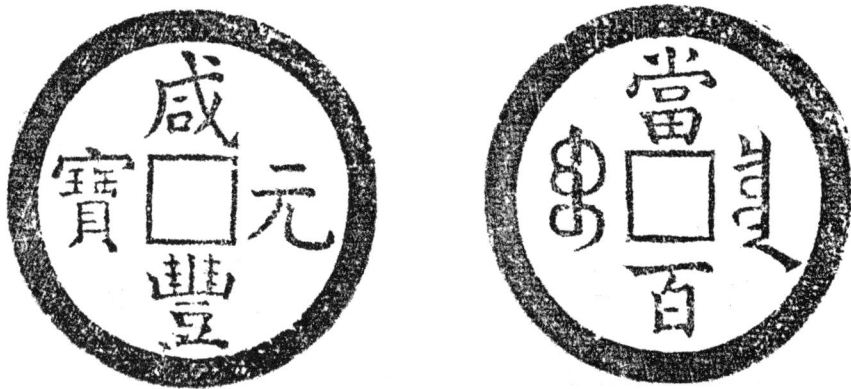

第1—12—1—3号　当百。评级:捌。径:49.3毫米。厚:4.0毫米。重:44.7克。质:黄铜。

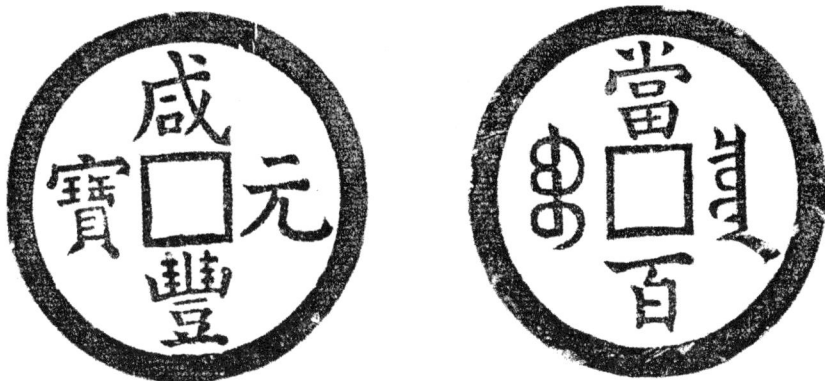

②当五十

第1—12—2—1号　当五十。评级:捌。

　　径:46.0毫米。厚:3.9毫米。重:40.1克。质:黄铜。

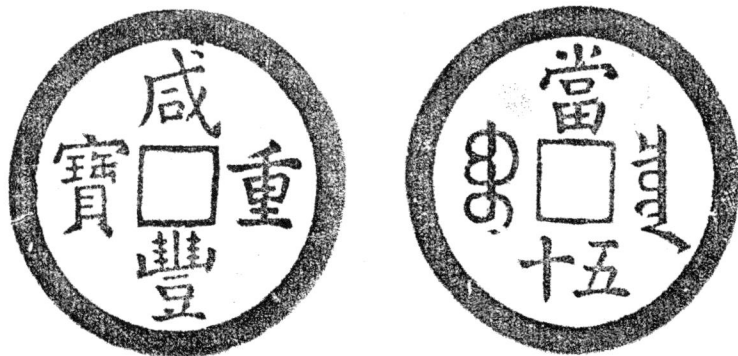

第1—12—2—2号　当五十。评级：捌。

　　径：46.0毫米。厚：3.8毫米。

　　重：37.6克。质：黄铜。

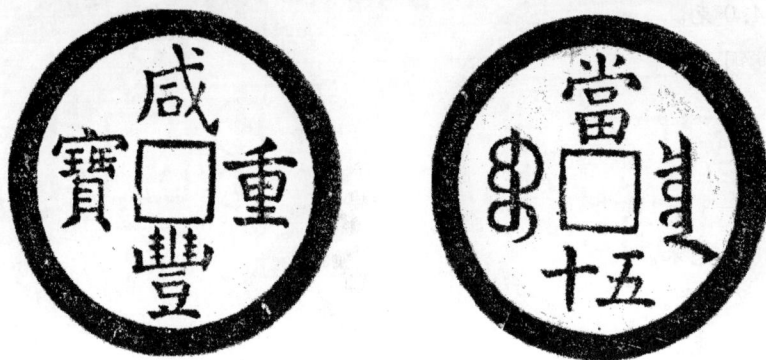

第1—12—2—3号　当五十。评级：捌。

　　径：45.4毫米。厚：3.7毫米。

　　重：37.6克。质：黄铜。

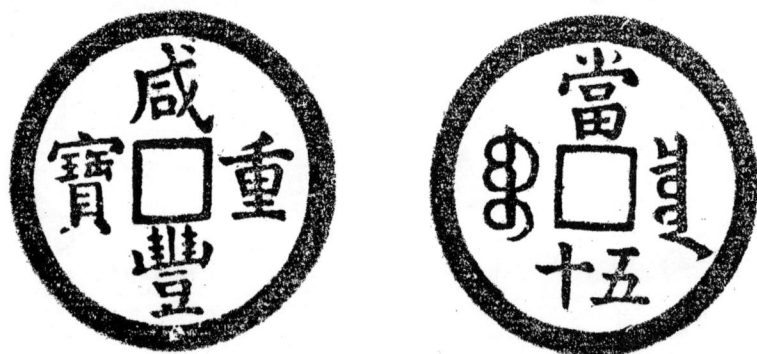

③当十

第1—12—3—1号　当十。评级：拾。

　　径：36.1毫米。

　　厚：2.6毫米。

　　重：14.9克。

　　质：黄铜。

第1—12—3—2号　当十。评级:拾。

　　径:36.0毫米。

　　厚:2.4毫米。

　　重:14.0克。

　　质:黄铜。

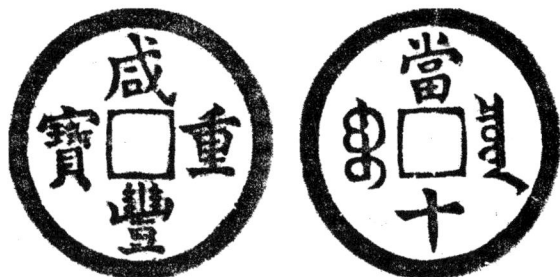

第1—12—3—3号　当十。评级:拾。

　　径:35.7毫米。

　　厚:2.7毫米。

　　重:16.5克。

　　质:黄铜。

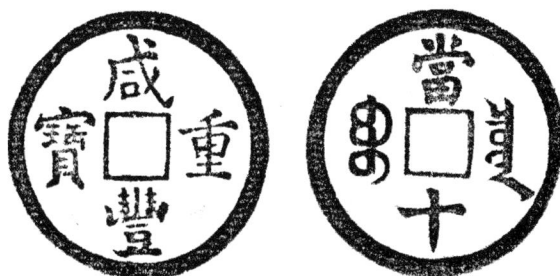

第1—12—3—4号　当十。评级:拾。

　　径:35.1毫米。

　　厚:2.6毫米。

　　重:15.8克。

　　质:黄铜。

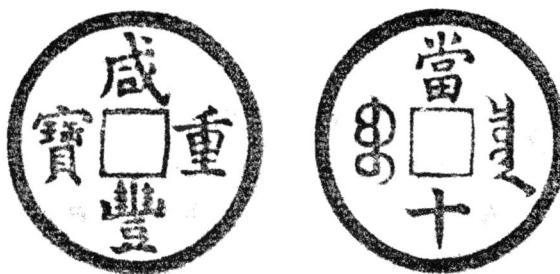

第1—12—3—5号　当十。评级:拾。

　　径:32.7毫米。

　　厚:2.7毫米。

　　重:14.1克。

　　质:黄铜。

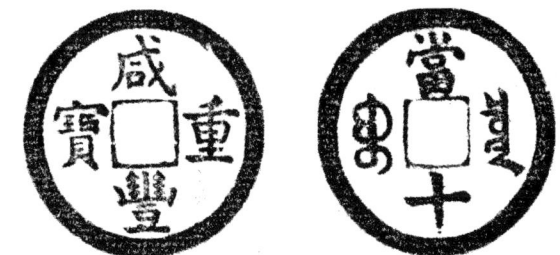

第1—12—3—6号　当十。评级:拾。

　　径:32.4毫米。

　　厚:2.4毫米。

　　重:12.6克。

　　质:黄铜。

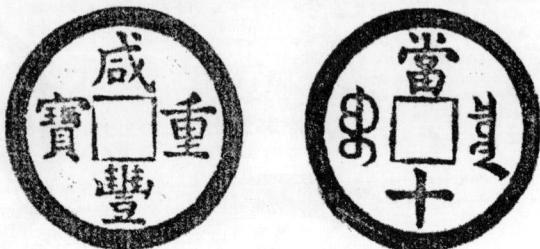

第1—12—3—7号　当十。评级:拾。

　　径:32.4毫米。

　　厚:2.5毫米。

　　重:12.7克。

　　质:黄铜。

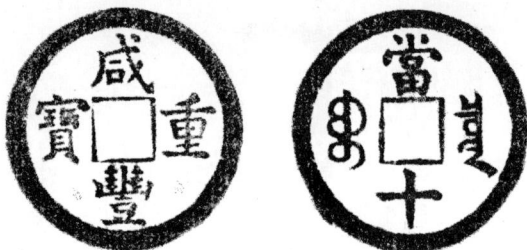

13. "尔"宝"ス"贝弯撇咸系列:本系列仅有当五十、当十两种纪值等级,都属大型钱。宝泉局铸大钱始于咸丰三年五月,铸当十,八月又铸当五十,十一月,两种钱即减重。所以,当十、当五十分早、晚期。早期文字僵滞呆板,而晚期大多秀美,这种前后矛盾的现象,至今无法解释。此版式均比较稀见。

①当五十

第1—13—1—1号　当五十。评级:贰。

　　径:57.2毫米。厚:4.7毫米。

　　重:69.4克。质:黄铜。

　　注:母钱。

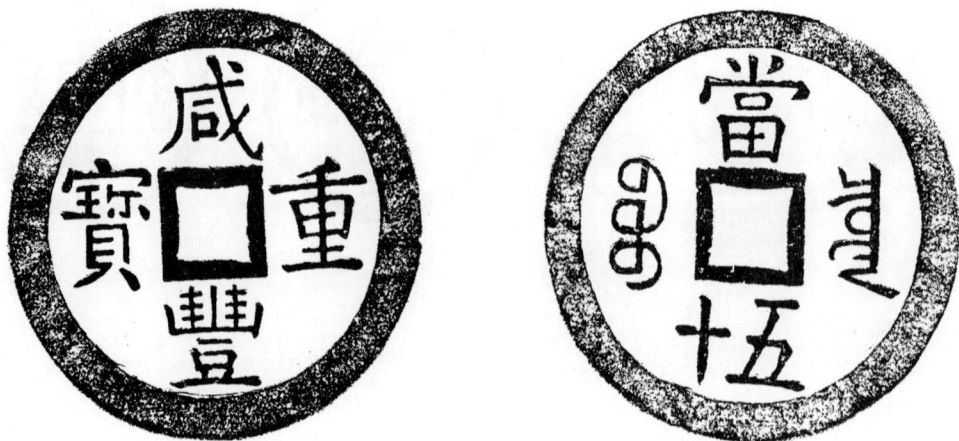

第1-13-1-2号　当五十。评级:肆。

　　径:56.1毫米。厚:4.3毫米。

　　重:68.2克。质:黄铜。

　　注:样钱,内外郭均较宽。

第1-13-1-3号　当五十。评级:陆。

　　径:56.3毫米。厚:4.8毫米。

　　重:74.0克。质:黄铜。

　　注:头炉钱。

第1—13—1—4号　当五十。评级:陆。

　　径:55.6毫米。厚:4.5毫米。

　　重:67.7克。质:黄铜。

　　注:头炉钱。

第1—13—1—5号　当五十。评级:柒。

　　径:56.0毫米。厚:3.5毫米。

　　重:48.4克。质:黄铜。

　　注:减重。

第1—13—1—6号 当五十。评级:柒。

径:55.8毫米。厚:4.0毫米。

重:57.8克。质:黄铜。

第1—13—1—7号 当五十。评级:柒。

径:54.9毫米。厚:3.5毫米。

重:49.0克。质:黄铜。

注:减重。

②当十

第1—13—2—1号　当十。

评级:肆。

　　径:38.8毫米。

　　厚:3.0毫米。

　　重:22.6克。

　　质:黄铜。

　　注:样钱,宽缘。

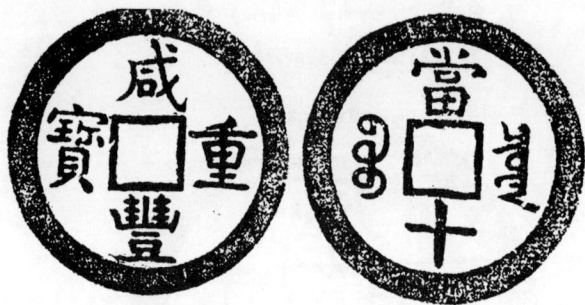

第1—13—2—2号　当十。

评级:陆。

　　径:39.1毫米。

　　厚:3.1毫米。

　　重:24.3克。

　　质:黄铜。

　　注:重、大。

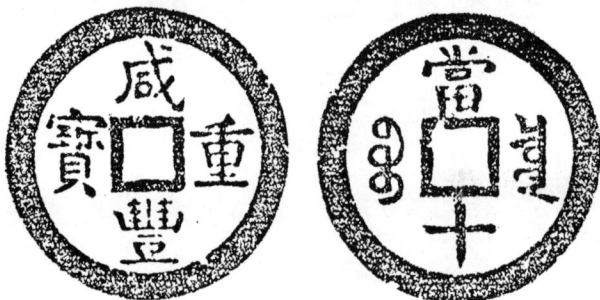

第1—13—2—3号　当十。评级:陆。

　　径:38.2毫米。

　　厚:2.9毫米。

　　重:21.1克。

　　质:黄铜。

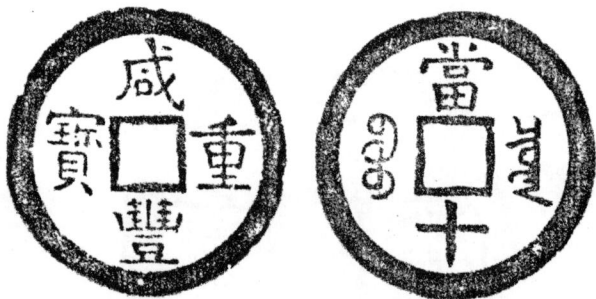

第1—13—2—4号　当十。评级:柒。

　　径:37.7毫米。

　　厚:3.0毫米。

　　重:22.7克。

　　质:黄铜。

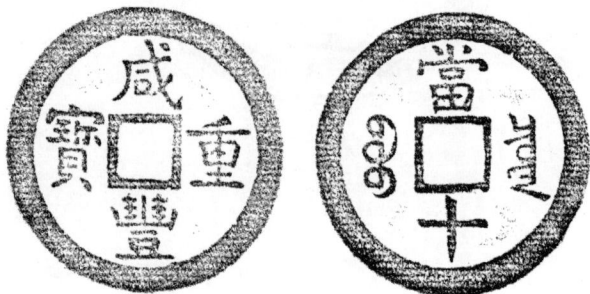

14. "尔"宝"八"贝闭口宝系列:有当百、当五十、当十,共3种纪值等级。铸造精致。

①当百

第1—14—1—1号　当百。评级:陆。

　　径:49.3毫米。厚:3.8毫米。重:45.6克。质:黄铜。注:样钱。

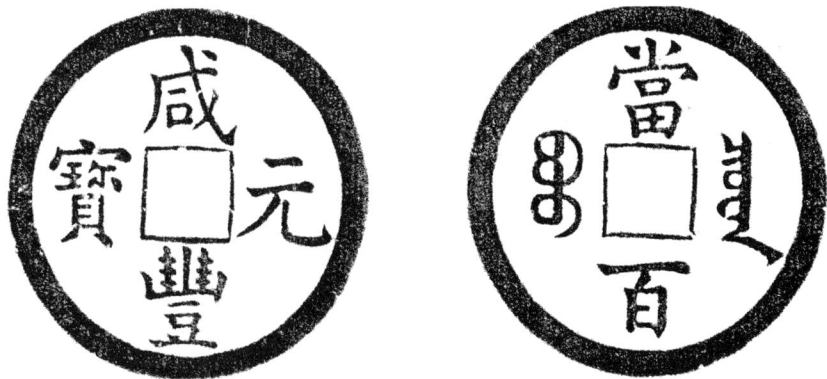

第1—14—1—2号　当百。评级:捌。径:49.6毫米。厚:4.1毫米。重:45.2克。质:黄铜。

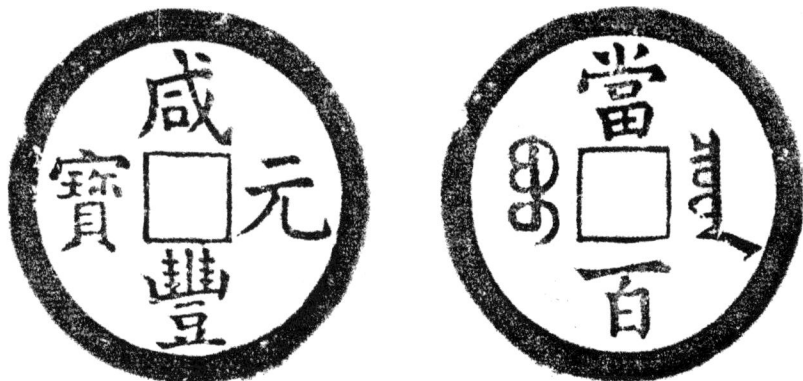

第1—14—1—3号　当百。评级:捌。径:48.5毫米。厚:4.0毫米。重:44.1克。质:黄铜。

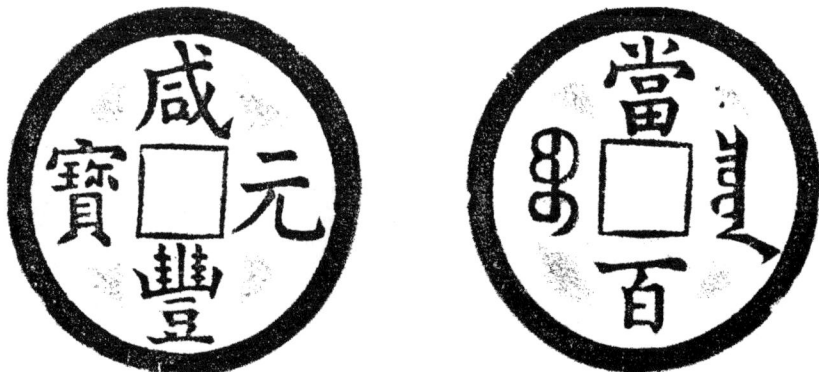

②当五十

第1—14—2—1号　当五十。评级:捌。

　　径:45.8毫米。厚:3.7毫米。重:35.3克。质:黄铜。

第1—14—2—2号　当五十。评级:捌。

　　径:45.7毫米。厚:4.5毫米。重:43.0克。质:黄铜。

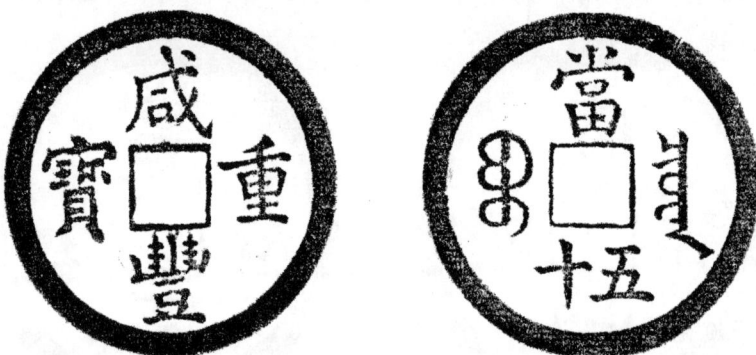

第1—14—2—3号　当五十。评级:捌。

　　径:45.7毫米。厚:4.1毫米。重:40.1克。质:黄铜。

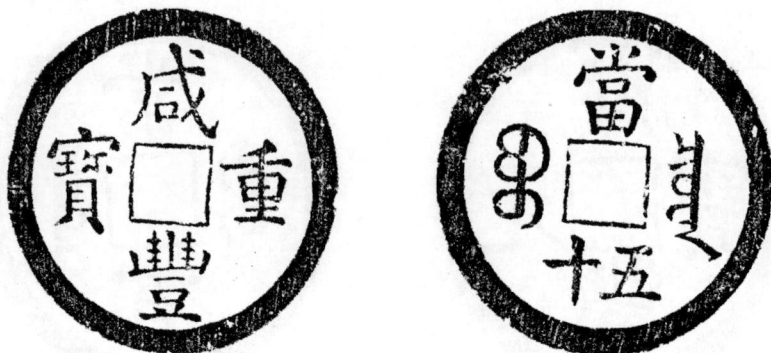

③当十

第1—14—3—1号　当十。评级:陆。

    径:36.7毫米。

    厚:2.5毫米。

    重:15.6克。

    质:黄铜。

    注:样钱。

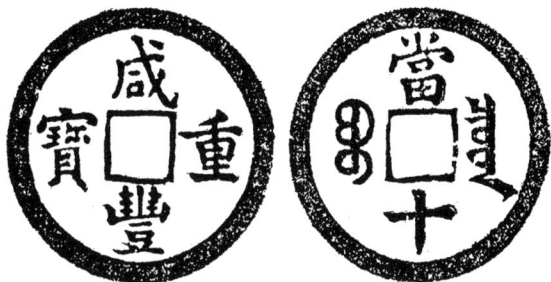

第1—14—3—2号　当十。评级:陆。

    径:36.3毫米。

    厚:2.7毫米。

    重:16.2克。

    质:黄铜。

    注:样钱。

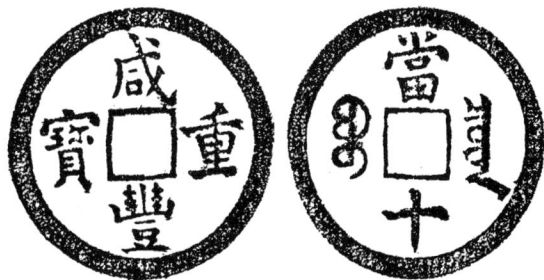

第1—14—3—3号　当十。评级:陆。

    径:35.4毫米。

    厚:2.9毫米。

    重:17.0克。

    质:黄铜。

    注:样钱。

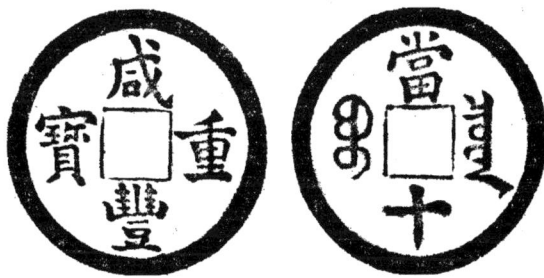

第1—14—3—4号　当十。评级:玖。

    径:36.8毫米。

    厚:2.8毫米。

    重:16.7克。

    质:黄铜。

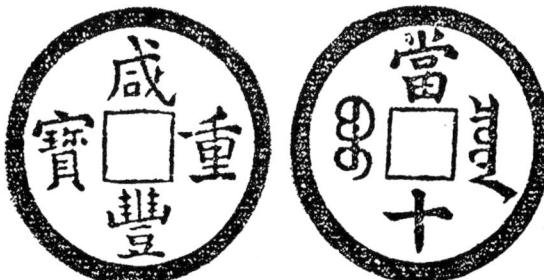

第1—14—3—5号　当十。评级:玖。

　　径:35.0毫米。

　　厚:2.5毫米。

　　重:13.4克。

　　质:黄铜。

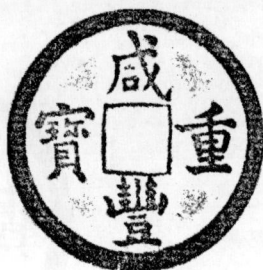

第1—14—3—6号　当十。评级:玖。

　　径:34.8毫米。

　　厚:2.5毫米。

　　重:13.4克。

　　质:黄铜。

第1—14—3—7号　当十。评级:玖。

　　径:34.2毫米。

　　厚:2.6毫米。

　　重:13.4克。

　　质:黄铜。

第1—14—3—8号　当十。评级:玖。

　　径:34.2毫米。

　　厚:2.3毫米。

　　重:12.8克。

　　质:黄铜。

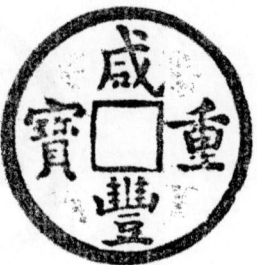

15. "尔"宝"八"贝开口宝系列:本系列仅有当五百、当百两个纪值等级。仅见祖钱及试铸样钱,没有行用钱。

①当五百

第1—15—1—1号　当五百。评级:贰。

径:54.7毫米。厚:4.1毫米。重:58.3克。质:红铜。注:试铸样钱(王文良提供)。

②当百

第1—15—2—1号　当百。评级:贰。

径:51.9毫米。厚:4.1毫米。重:51.6克。质:红铜。注:试铸样钱。

16."王"宝系列:只有当百、当五十两种纪值。从文字特点观察,系"缶"宝简笔形式。

①当百

第1—16—1—1号　当百。评级:陆。

　　径:50.5毫米。厚:3.3毫米。

　　重:39.7克。质:黄铜。

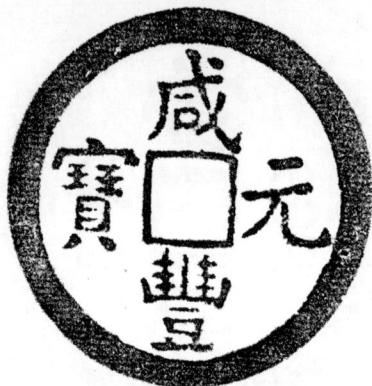

②当五十

第1—16—2—1号　当五十。评级:陆。

　　径:47.5毫米。厚:3.3毫米。

　　重:34.1克。质:黄铜。

第1—16—2—2号　当五十。评级:陆。

　　径:46.5毫米。厚:4.3毫米。

　　重:45.6克。质:黄铜。

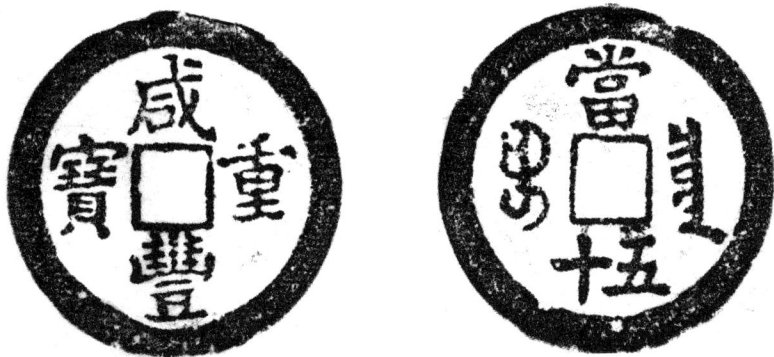

17."彡"宝"八"贝系列:有当十、小平两个纪值等级。为铁钱系列。铜质者为母钱或试铸样钱。

①当十

第1—17—1—1号　当十。评级:叁。

　　径:38.1毫米。

　　厚:3.1毫米。

　　重:19.9克。

　　质:黄铜。

　　注:母钱。

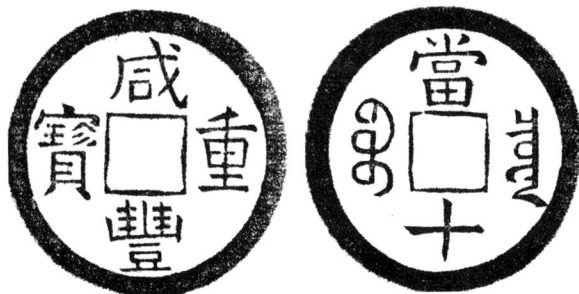

第1—17—1—2号　当十。评级:叁。

　　径:38.2毫米。

　　厚:3.4毫米。

　　重:23.6克。

　　质:黄铜。

　　注:母钱。

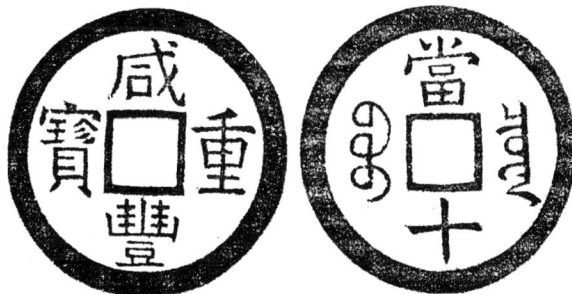

第1—17—1—3号　当十。评级:叁。

径:38.0毫米。

厚:3.0毫米。

重:20.4克。

质:铜色金黄。

注:铁母、宽重。

第1—17—1—4号　当十。评级:捌。

径:37.9毫米。

厚:3.2毫米。

重:18.1克。

质:铁。

注:文字中等大。

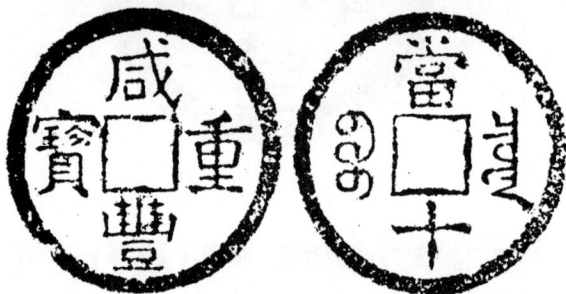

第1—17—1—5号　当十。评级:捌。

径:37.8毫米。

厚:3.1毫米。

重:18.5克。

质:铁。

注:小重。

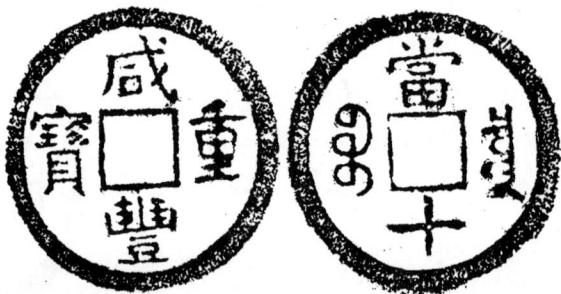

第1—17—1—6号　当十。评级:捌。

径:37.4毫米。

厚:3.1毫米。

重:18.0克。

质:铁。

注:精好。

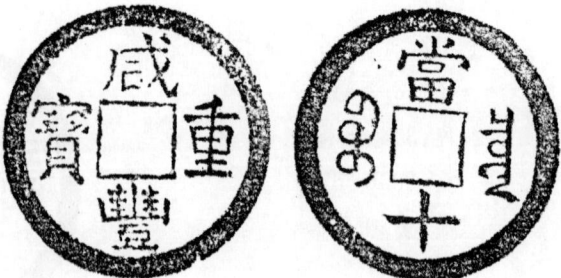

第1—17—1—7号　当十。评级：捌。

　　径：37.2毫米。

　　厚：3.0毫米。

　　重：19.4克。

　　质：铁。

　　注：大丰宽当。

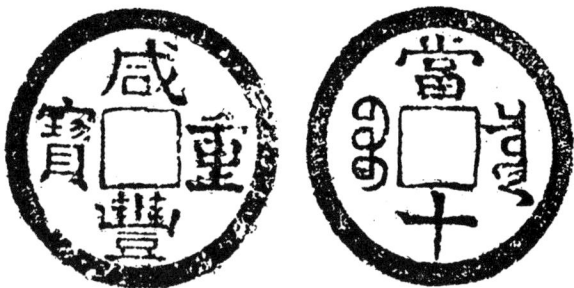

第1—17—1—8号　当十。评级：捌。

　　径：37.2毫米。

　　厚：2.8毫米。

　　重：16.3克。

　　质：铁。

　　注：大字。

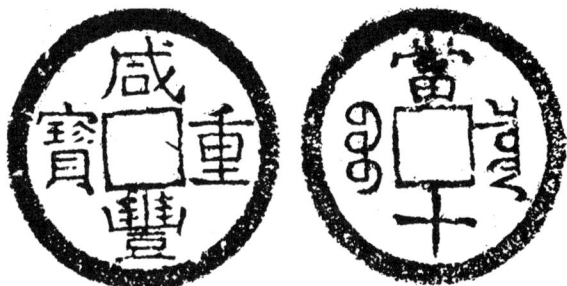

②小平

第1—17—2—1号　小平。评级：叁。

　　径：24.2毫米。厚：1.8毫米。

　　重：5.4克。质：黄铜。

　　注：母钱。

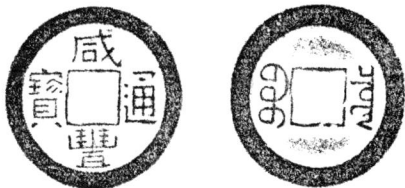

第1—17—2—2号　小平。评级：叁。

　　径：24.3毫米。厚：2.2毫米。

　　重：7.0克。质：黄铜。

　　注：母钱。

第1—17—2—3号　小平。评级：伍。

　　径：25.0毫米。厚：1.6毫米。

　　重：5.9克。质：黄铜。

　　注：宽缘试铸样钱。

第1—17—2—4号　小平。评级:玖。

径:25.2毫米。厚:2.0毫米。

重:5.5克。质:铁。

注:宽丰。

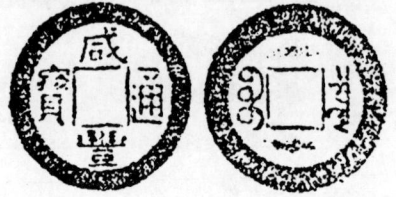

第1—17—2—5号　小平。评级:玖。

径:24.4毫米。厚:1.9毫米。

重:5.0克。质:铁。

注:大头宽通。

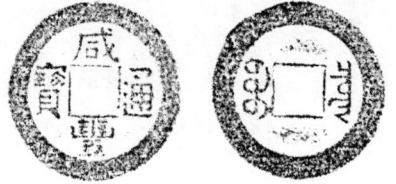

第1—17—2—6号　小平。评级:玖。

径:24.1毫米。厚:2.0毫米。

重:5.1克。质:铁。

注:狭贝狭通。

第1—17—2—7号　小平。评级:玖。

径:24.1毫米。厚:1.6毫米。

重:4.6克。质:铁。

注:宽丰。

第1—17—2—8号　小平。评级:玖。

径:23.9毫米。厚:1.9毫米。

重:4.7克。质:铁。

注:狭贝。

第1—17—2—9号　小平。评级:玖。

径:23.9毫米。厚:1.9毫米。

重:4.6克。质:铁。

注:狭贝宽丰。

第1—17—2—10号　小平。评级:玖。

　　径:23.9毫米。厚:1.8毫米。

　　重:4.2克。质:铁。

　　注:大字。

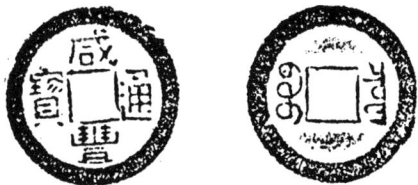

第1—17—2—11号　小平。评级:玖。

　　径:23.8毫米。厚:2.1毫米。

　　重:4.2克。质:铁。

　　注:大头宽通。

第1—17—2—12号　小平。评级:玖。

　　径:23.6毫米。厚:1.6毫米。

　　重:3.8克。质:铁。

　　注:长宝。

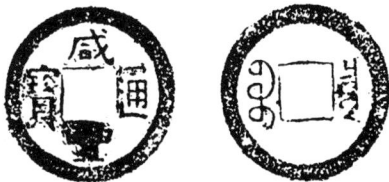

18. 三点宝"八"贝系列:有当十、小平两个纪值等级。为铁钱系列。铜质者为母钱。

①当十

第1—18—1—1号　当十。评级:叁。

　　径:38.1毫米。

　　厚:2.9毫米。

　　重:20.1克。

　　质:黄铜,色金黄。

　　注:母钱。

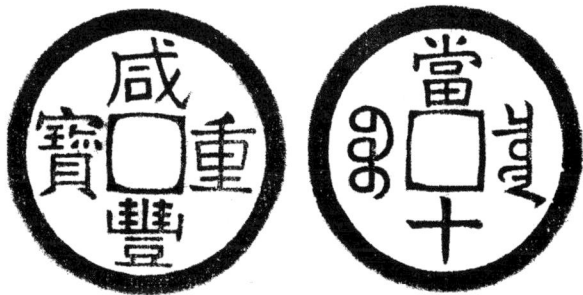

第1—18—1—2号　当十。评级:捌。

　　径:38.4毫米。

　　厚:3.2毫米。

　　重:19.5克。

　　质:铁。

　　注:小泉。

第1—18—1—3号　当十。评级：捌。

　　径：38.1毫米。

　　厚：3.2毫米。

　　重：20.2克。

　　质：铁。

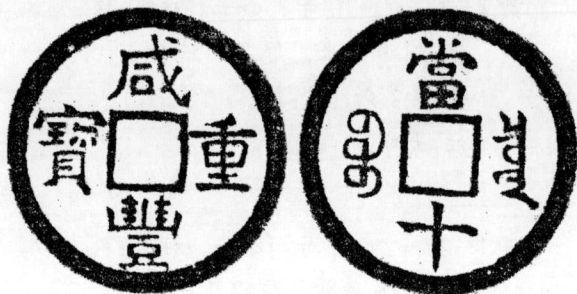

②小平

第1—18—2—1号　小平。评级：玖。

　　径：24.3毫米。厚：2.0毫米。

　　重：5.5克。质：铁。

　　注：宽缘。

第1—18—2—2号　小平。评级：玖。

　　径：23.8毫米。厚：1.6毫米。

　　重：4.2克。质：铁。

　　注：宽缘。

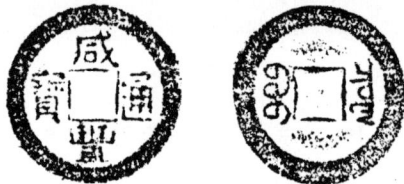

第1—18—2—3号　小平。评级：玖。

　　径：22.6毫米。厚：1.8毫米。

　　重：4.2克。质：铁。

　　注：小型。

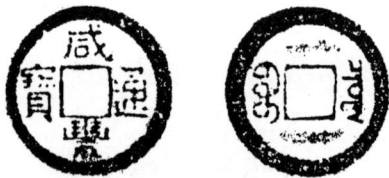

19.三点宝"ス"贝系列：有当十、小平两个纪值等级。为铁钱系列。没能集到当十。

①小平

第1—19—1—1号　小平。评级：玖。

　　径：24.4毫米。厚：1.9毫米。

　　重：5.0克。质：铁。

第1—19—1—2号　小平。评级:玖。
　　径:24.3毫米。厚:2.0毫米。
　　重:5.8克。质:铁。

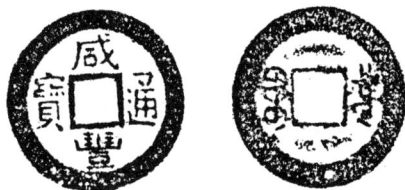

第1—19—1—3号　小平。评级:玖。
　　径:24.3毫米。厚:1.8毫米。
　　重:5.3克。质:铁。

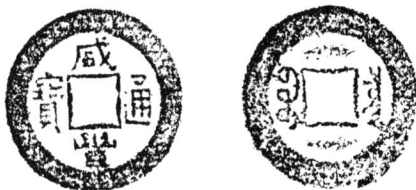

第1—19—1—4号　小平。评级:玖。
　　径:24.0毫米。厚:2.0毫米。
　　重:5.0克。质:铁。

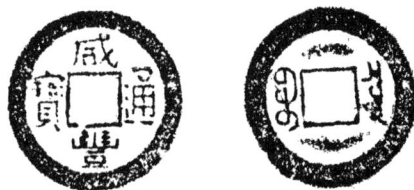

第1—19—1—5号　小平。评级:玖。
　　径:23.8毫米。厚:1.8毫米。
　　重:5.2克。质:铁。

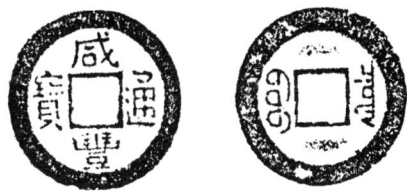

第1—19—1—6号　小平。评级:玖。
　　径:23.4毫米。厚:2.1毫米。
　　重:5.2克。质:铁。

第1—19—1—7号　小平。评级:玖。
　　径:23.0毫米。厚:1.9毫米。
　　重:4.7克。质:铁。

20. 戴书系列:为铁钱系列。有当十、当五、小平共3个纪值等级。仅小平钱较多见。所谓"戴书",是个约定俗成的称谓,传闻这一版式是善瘦金书的戴熙所为。但从其履历看,不大可能。

①当十

第1—20—1—1号　当十。评级:肆。

　　　径:38.4毫米。

　　　厚:3.6毫米。

　　　重:23.6克。

　　　质:铁。

②当五

第1—20—2—1号　当五。评级:壹。

　　　径:29.8毫米。厚:1.7毫米。

　　　重:6.6克。质:黄铜。

　　　注:此种当五颇稀少,无母钱特征。

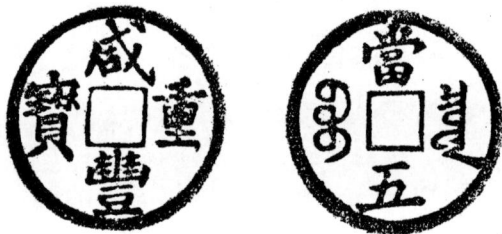

③小平

第1—20—3—1号　小平。评级:肆。

　　　径:23.0毫米。厚:2.0毫米。

　　　重:5.1克。质:黄铜。

　　　注:宽缘母钱。

第1—20—3—2号　小平。评级:肆。

　　　径:22.6毫米。厚:1.9毫米。

　　　重:4.5克。质:黄铜。

　　　注:窄缘母钱。

第1—20—3—3号　小平。评级:玖。

　　　径:22.9毫米。厚:1.7毫米。

　　　重:3.8克。质:铁。

　　　注:宽缘铁小平。

第1—20—3—4号　小平。评级:玖。

　　径:22.8毫米。厚:1.9毫米。

　　重:4.5克。质:铁。

　　注:宽缘小平。

第1—20—3—5号　小平。评级:拾。

　　径:22.8毫米。厚:1.9毫米。

　　重:4.4克。质:铁。

　　注:宽缘小平。

第1—20—3—6号　小平。评级:拾。

　　径:21.6毫米。厚:2.0毫米。

　　重:3.6克。质:铁。

　　注:窄缘小平。

21. 通宝大写纪值系列:为试铸样钱,很稀少。有拾文、伍文两个纪值等级。仅集得"拾文"。

　①拾文

　第1—21—1—1号　拾文。评级:参。

　　径:37.2毫米。

　　厚:1.9毫米。

　　重:12.8克。

　　质:黄铜。

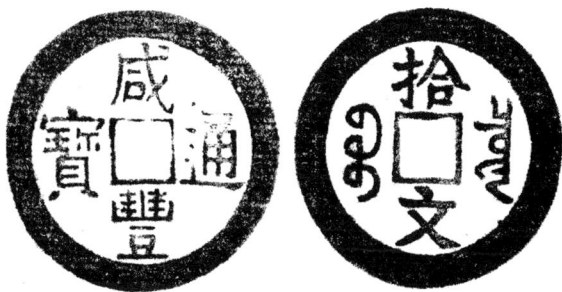

22. 断笔咸系列:为铁钱系列。仅有当十、小平两个纪值等级。

①当十:

第1—22—1—1号　当十。评级:肆。

　　径:40.0毫米。

　　厚:3.4毫米。

　　重:23.8克。

　　质:黄铜。

　　注:铁母。

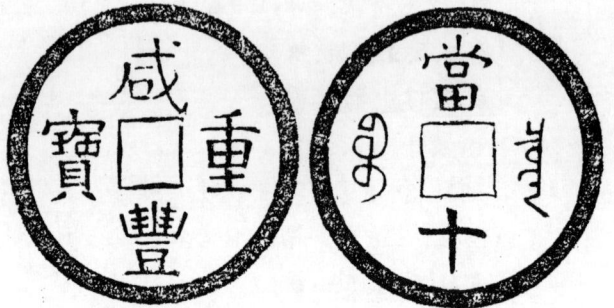

第1—22—1—2号　当十。评级:陆。

　　径:39.7毫米。

　　厚:3.2毫米。

　　重:20.4克。

　　质:黄铜。

　　注:铁式铜钱。

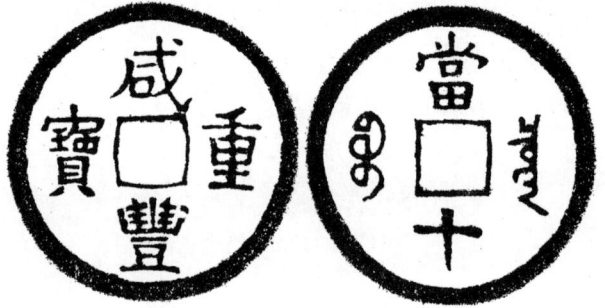

第1—22—1—3号　当十。评级:伍。

　　径:39.0毫米。

　　厚:3.2毫米。

　　重:18.9克。

　　质:铁。

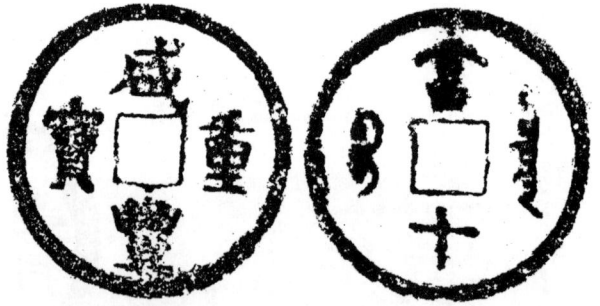

第1—22—1—4号　当十。评级:伍。

　　径:39.1毫米。

　　厚:3.2毫米。

　　重:18.3克。

　　质:铁。

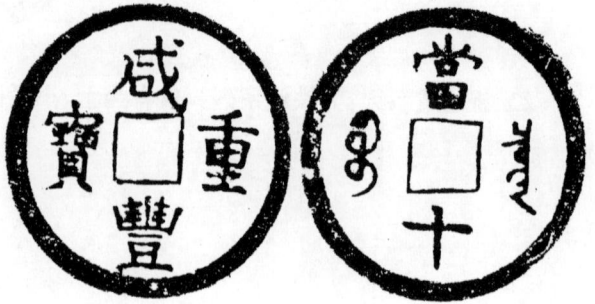

②小平

第1－22－2－1号　小平。评级:叁。

　　径:22.7毫米。厚:1.5毫米。

　　重:4.1克。质:黄铜。

　　注:铁母。

第1－22－2－2号　小平。评级:柒。

　　径:22.6毫米。厚:1.8毫米。

　　重:3.8克。质:铁。

第1－22－2－3号　小平。评级:柒。

　　径:22.5毫米。厚:1.6毫米。

　　重:3.6克。质:铁。

23. 开口宝短尾泉系列:从图录看,本系列应有当千、当五百、当百、当五十、当十,共5个纪值等级。但均很稀少,仅集到一枚当五百。

第1－23－0－1号　当五百。评级:肆。

　　径:58.4毫米。厚:4.3毫米。

　　重:63.8克。质:青铜。

　　注:样钱。

贰　不成系列的各版式

24.当千:

①大满宝

第1—24—1—1号　当千。评级:陆。

　　径:63.4毫米。厚:4.6毫米。

　　重:81.2克。质:红铜。

第1—24—1—2号　当千。评级:陆。

　　径:63.0毫米。厚:4.3毫米。

　　重:81.8克。质:红铜。

②异元

第1—24—2—1号　当千。评级:陆。

　　径:63.1毫米。厚:3.3毫米。

　　重:63.0克。质:红铜。

③出头宝

第1—24—3—1号　当千。评级:叁。

　　径:64.0毫米。厚:4.6毫米。

　　重:77.1克。质:黄铜。

　　注:母钱。

第1—24—3—2号　当千。评级:肆。

　　径:62.0毫米。厚:4.7毫米。

　　重:78.6克。质:红铜。

　　注:样钱。

25.当百:

①离足贝

第1—25—1—1号　当百。评级:伍。

　　径:53.5毫米。厚:3.7毫米。

　　重:49.2克。质:黄铜。

　　注:样钱。

第1—25—1—2号　当百。评级:柒。

径:52.8毫米。厚:6.6～5.4毫米。

重:89.7克。质:黄铜。

注:厚重。

第1—25—1—3号　当百。评级:捌。

径:52.8毫米。厚:4.8毫米。

重:62.9克。质:黄铜。

注:离足贝。地张不平整,说明铸母已损。

第1—25—1—4号　当百。评级:捌。

　　径:52.2毫米。厚:3.6毫米。

　　重:49.0克。质:黄铜。

　　注:离足贝。钱文的四周及边郭都有明显的凹痕,表明铸母经过修整。与上一钱可
　　　　能同母。铸母经过修整后铸出的子钱计量数据全面缩小。

第1—25—1—5号　当百。评级:柒。

　　径:52.9毫米。厚:4.1毫米。

　　重:73.7克。质:铅。

②左出头"八"贝

第1-25-2-1号　当百。评级:捌。

　　径:53.8毫米。厚:4.0毫米。

　　重:57.1克。质:黄铜。

　　注:短撇元。

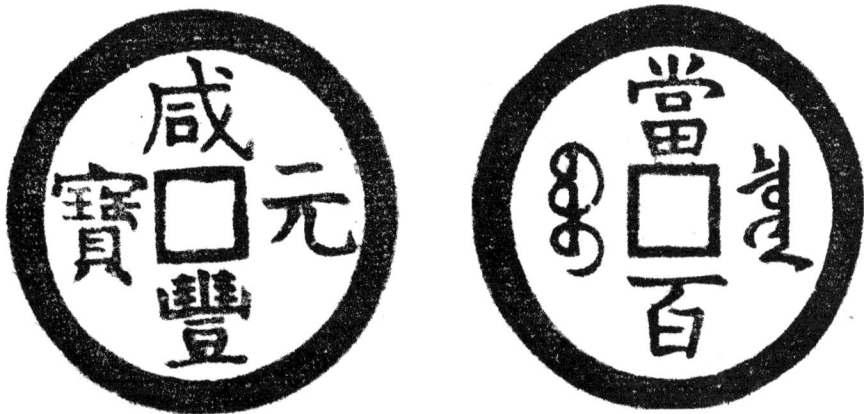

26. **当五十**:据《光绪顺天府志》,"咸丰三年,……八月,增重当五十钱一种,重一两八钱"。"十一月,……减当五十者为一两二钱。"所以,咸丰当五十钱明显地分为大样和小样。大样者文字僵滞不美,版式间缺少关联。小样则风格大变,不但文字秀美,且在同版式不同纪值间形成"版式系列"。所以,不成版式系列的当五十全系大样,并明确知道此类型当五十铸于咸丰三年八月到十一月之间。

①闭口宝

第1-26-1-1号　当五十。评级:捌。

　　径:55.3毫米。厚:3.7毫米。

　　重:61.5克。质:黄铜。

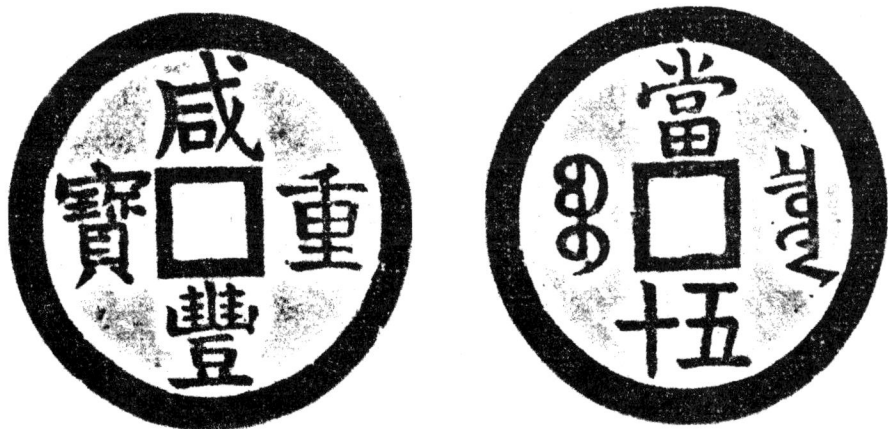

②异泉

第1—26—2—1号　当五十。评级:捌。

　　径:56.1毫米。厚:3.7毫米。

　　重:62.2克。质:黄铜。

③大田当

第1—26—3—1号　当五十。评级:玖。

　　径:56.2毫米。厚:4.1毫米。

　　重:67.0克。质:黄铜。

　　注:决穿。

第1—26—3—2号　当五十。评级:玖。

　　径:56.2毫米。厚:3.4毫米。

　　重:59.4克。质:黄铜。

第1—26—3—3号　当五十。评级:玖。

　　径:55.8毫米。厚:4.0毫米。

　　重:63.8克。质:黄铜。

④大头当

第1—26—4—1号　当五十。评级:伍。

　　径:56.0毫米。厚:4.9毫米。

　　重:72.7克。质:黄铜。

　　注:样钱。

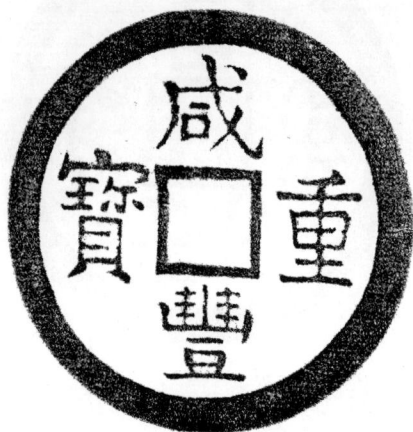

第1—26—4—2号　当五十。评级:柒。

　　径:56.5毫米。厚:4.7毫米。

　　重:79.2克。质:黄铜。

　　注:头炉钱。

第 1—26—4—3 号 当五十。评级:捌。

径:56.2 毫米。厚:4.3 毫米。

重:65.2 克。质:黄铜。

⑤"尔"宝"ス"贝

第 1—26—5—1 号 当五十。评级:陆。

径:56.5 毫米。厚:3.9 毫米。

重:60.1 克。质:黄铜。

注:样钱。

第1—26—5—2号　当五十。评级:陆。

　　径:56.2毫米。厚:4.6毫米。

　　重:70.6克。质:黄铜。

　　注:样钱,厚重。

第1—26—5—3号　当五十。评级:玖。

　　径:56.3毫米。厚:3.9毫米。

　　重:58.3克。质:黄铜。

第1—26—5—4号　当五十。评级:玖。

　　径:56.2毫米。厚:3.9毫米。

　　重:62.4克。质:黄铜。

第1—26—5—5号　当五十。评级:捌。

　　径:55.6毫米。厚:4.4毫米。

　　重:73.1克。质:黄铜。

　　注:厚重。

⑥出头宝

第1-26-6-1号　当五十。评级:伍。

　　径:55.8毫米。厚:4.2毫米。

　　重:77.0克。质:黄铜。

　　注:样钱,厚重。

第1-26-6-2号　当五十。评级:捌。

　　径:56.1毫米。厚:3.8毫米。

　　重:61.7克。质:黄铜。

第1－26－6－3号　当五十。评级：捌。

　　径：55.4毫米。厚：3.8毫米。

　　重：63.8克。质：黄铜。

　　注：宽穿郭。

27. 私铸当五十：

①"尔"宝"八"贝

第1－27－1－1号　当五十。评级：捌。

　　径：54.8毫米。厚：3.8毫米。

　　重：50.5克。质：黄铜。

第1—27—1—2号　当五十。评级:捌。

径:53.8毫米。厚:3.8毫米。

重:57.1克。质:黄铜。

第1—27—1—3号　当五十。评级:捌。

径:52.2毫米。厚:3.5毫米。

重:41.1克。质:黄铜。

第1—27—1—4号　当五十。评级:捌。

　　径:49.2毫米。厚:4.1毫米。

　　重:43.5克。质:黄铜。

第1—27—1—5号　当五十。评级:捌。

　　径:49.2毫米。厚:3.7毫米。

　　重:39.1克。质:黄铜。

第1—27—1—6号　当五十。评级:捌。

　　径:48.3毫米。厚:3.7毫米。

　　重:41.5克。质:黄铜。

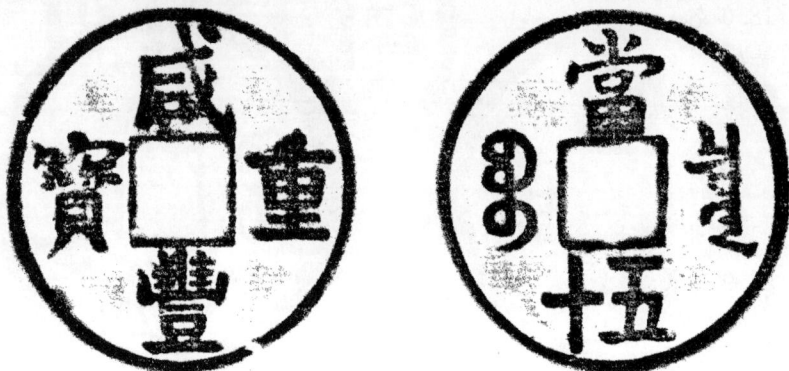

　　28. 当十:咸丰铸大钱,始自当十。据《光绪顺天府志》,"咸丰三年,……五月,先铸当十钱一种,文曰咸丰重宝,重六钱"。"十一月,……减……当十者为四钱四分,又减为三钱伍分,再减为二钱六分"。所以,当十咸丰钱明显分为初铸大样及减重的小样。由于一再减重,今日所见当十钱极为参差不齐,大小相差悬殊,版式繁杂多样。时至今日,还能发现新版式。

　　以下为早期大样:

　　①"尔"宝"八"贝大满文

　　第1—28—1—1号　当十。评级:肆。

　　　　径:38.3毫米。

　　　　厚:2.7毫米。

　　　　重:20.1克。

　　　　质:黄铜,色金黄。

　　　　注:母钱。

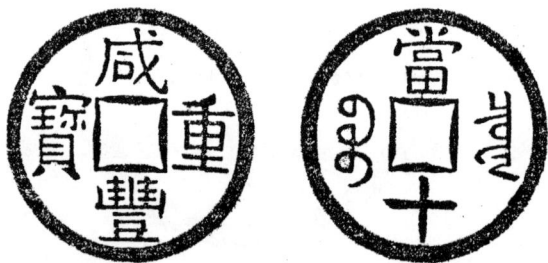

　　第1—28—1—2号　当十。评级:玖。

　　　　径:39.5毫米。

　　　　厚:2.4毫米。

　　　　重:19.8克。

　　　　质:黄铜。

　　　　注:大样。

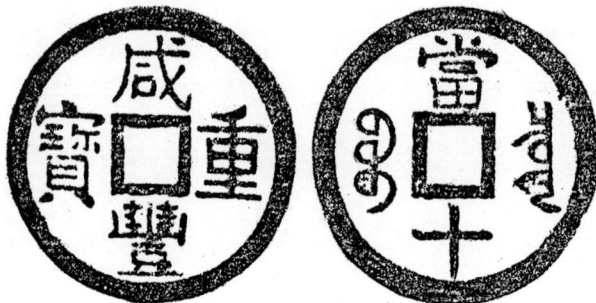

第1—28—1—3号　当十。评级:玖。

　　径:39.3毫米。

　　厚:2.2毫米。

　　重:18.0克。

　　质:黄铜。

　　注:大样。

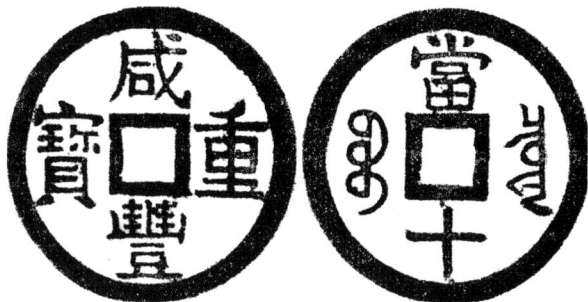

第1—28—1—4号　当十。评级:玖。

　　径:38.9毫米。

　　厚:2.5毫米。

　　重:19.0克。

　　质:黄铜。

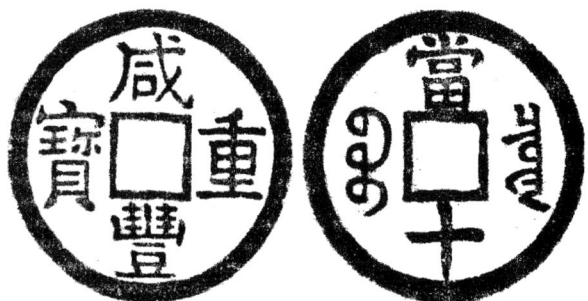

第1—28—1—5号　当十。评级:玖。

　　径:38.7毫米。

　　厚:2.7毫米。

　　重:20.6克。

　　质:黄铜。

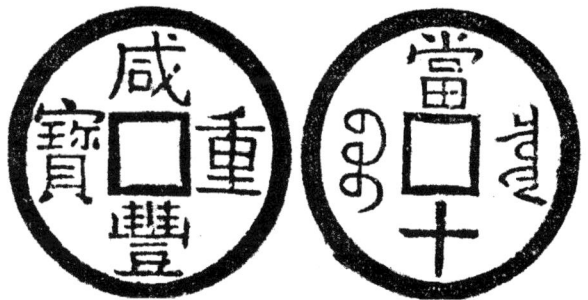

第1—28—1—6号　当十。评级:玖。

　　径:37.8毫米。

　　厚:2.4毫米。

　　重:17.5克。

　　质:黄铜。

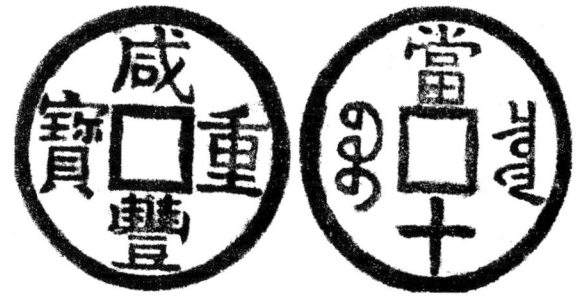

②"尔"宝"八"贝短头泉

第1—28—2—1号　当十。评级:壹。

　　径:37.8毫米。

　　厚:3.5毫米。

　　重:24.7克。

　　质:黄铜。

　　注:祖钱,铁钱式。

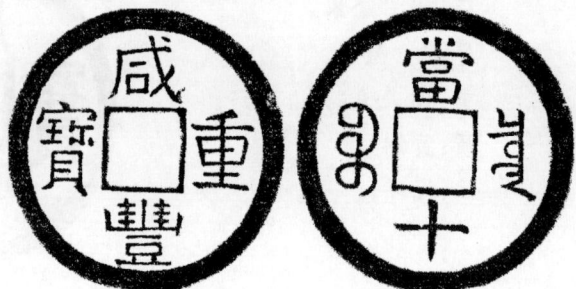

第1—28—2—2号　当十。评级:叁。

　　径:38.4毫米。

　　厚:2.6毫米。

　　重:20.2克。

　　质:黄铜。

　　注:母钱,浅字厚肉。

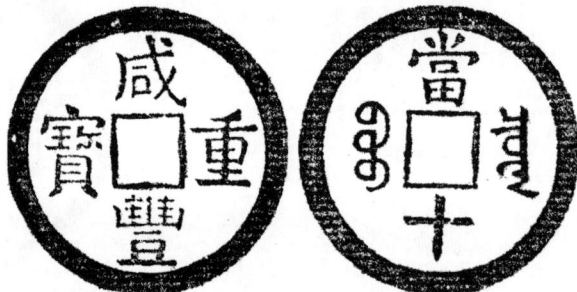

第1—28—2—3号　当十。评级:陆。

　　径:37.8毫米。

　　厚:2.8毫米。

　　重:19.5克。

　　质:黄铜。

　　注:样钱。

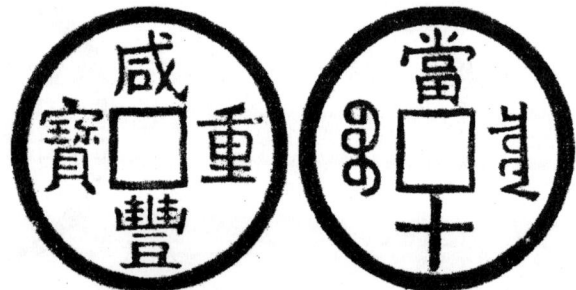

第1—28—2—4号　当十。评级:玖。

　　径:39.1毫米。

　　厚:2.5毫米。

　　重:17.9克。

　　质:黄铜。

　　注:短撇咸。

第1—28—2—5号　当十。评级:捌。

　　径:38.2毫米。

　　厚:4.6毫米。

　　重:33.4克。

　　质:黄铜。

　　注:厚重。

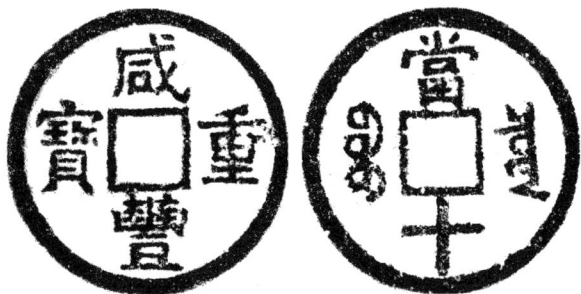

第1—28—2—6号　当十。评级:玖。

　　径:38.0毫米。

　　厚:3.1毫米。

　　重:21.2克。

　　质:黄铜。

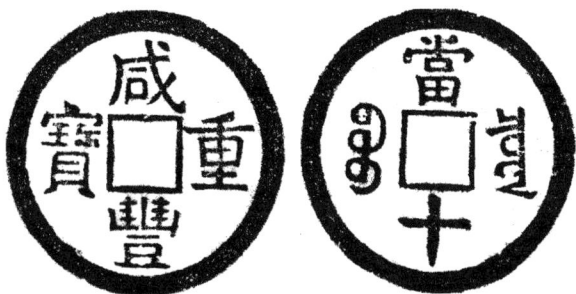

第1—28—2—7号　当十。评级:捌。

　　径:37.9毫米。

　　厚:3.7毫米。

　　重:25.1克。

　　质:黄铜。

　　注:厚重。

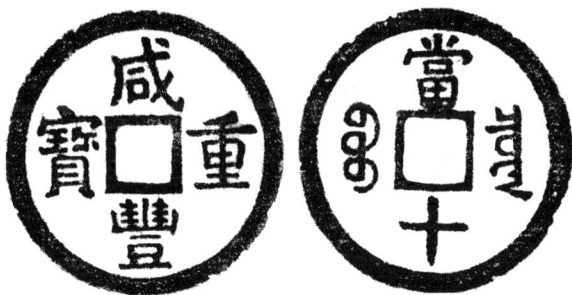

第1—28—2—8号　当十。评级:拾。

　　径:37.6毫米。

　　厚:3.0毫米。

　　重:21.8克。

　　质:黄铜。

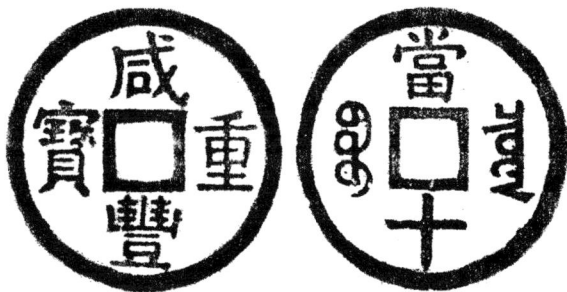

第1—28—2—9号 当十。评级:捌。

    径:37.4毫米。

    厚:3.6毫米。

    重:25.6克。

    质:黄铜。

    注:厚重。

第1—28—2—10号 当十。评级:玖。

    径:33.3毫米。

    厚:1.8毫米。

    重:9.7克。

    质:黄铜。

    注:私铸。

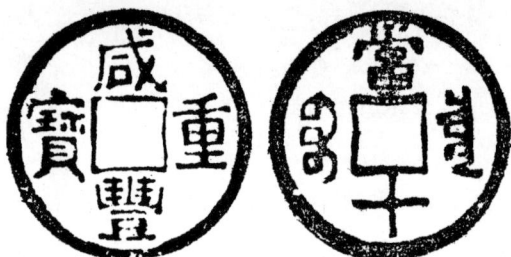

第1—28—2—11号 当十。评级:玖。

    径:38.5毫米。

    厚:3.5毫米。

    重:23.9克。

    质:铁。

第1—28—2—12号 当十。评级:玖。

    径:38.0毫米。

    厚:2.8毫米。

    重:18.5克。

    质:铁。

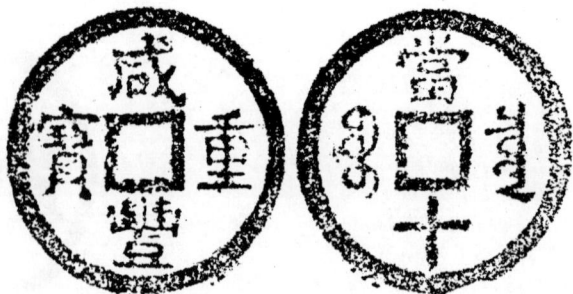

③"尔"宝"ス"贝大满文

第1—28—3—1号　当十。评级:叁。

  径:38.8毫米。

  厚:2.4毫米。

  重:19.5克。

  质:黄铜。

  注:母钱。

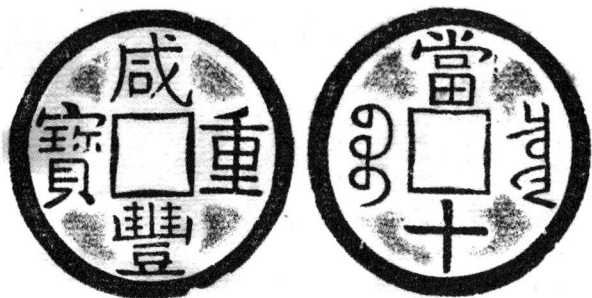

④"尔"宝"ス"贝短头泉

第1—28—4—1号

当十。评级:陆。

  径:37.5毫米。

  厚:2.7毫米。

  重:20.0克。

  质:黄铜。

  注:样钱。

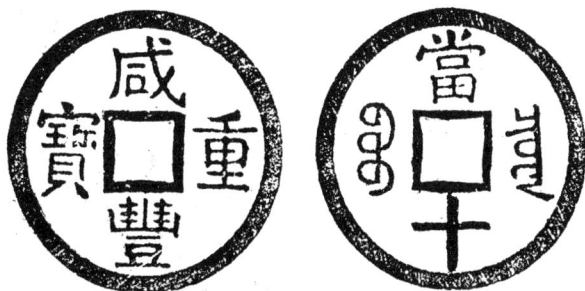

第1—28—4—2号　当十。评级:捌。

  径:38.1毫米。

  厚:3.9毫米。

  重:29.9克。

  质:黄铜。

  注:厚重。

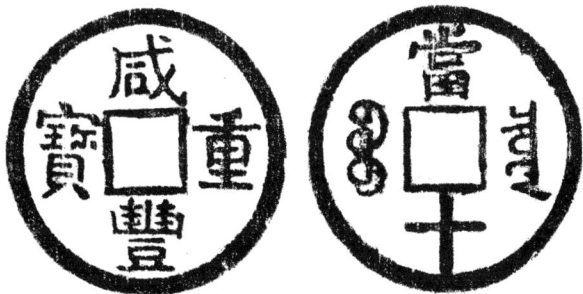

第1—28—4—3号　当十。评级:玖。

  径:37.3毫米。

  厚:2.6毫米。

  重:17.8克。

  质:黄铜。

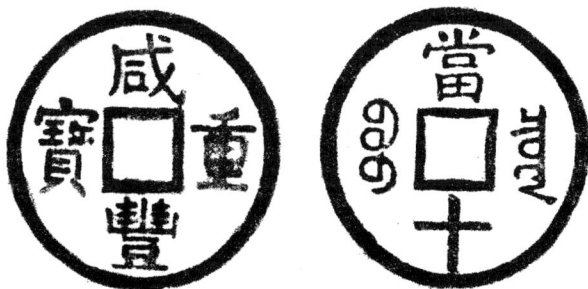

第1—28—4—4号 当十。评级:捌。

径:38.2毫米。

厚:3.0毫米。

重:19.3克。

质:铁。

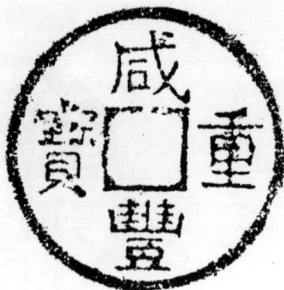

⑤"尔"宝"八"贝出头宝大字

第1—28—5—1号 当十。评级:陆。

径:39.2毫米。

厚:3.0毫米。

重:24.4克。

质:黄铜。

注:样钱。

第1—28—5—2号 当十。评级:陆。

径:38.3毫米。

厚:2.8毫米。

重:21.8克。

质:黄铜。

注:样钱。

第1—28—5—3号 当十。评级:捌。

径:38.8毫米。

厚:2.9毫米。

重:22.0克。

质:黄铜。

第1—28—5—4号　当十。评级:捌。

　　径:38.7毫米。

　　厚:2.8毫米。

　　重:21.8克。

　　质:黄铜。

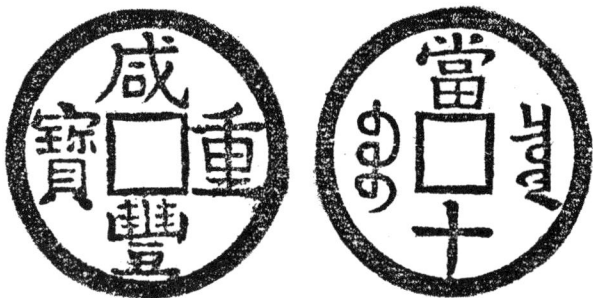

第1—28—5—5号　当十。评级:捌。

　　径:38.5毫米。

　　厚:3.0毫米。

　　重:22.6克。

　　质:黄铜。

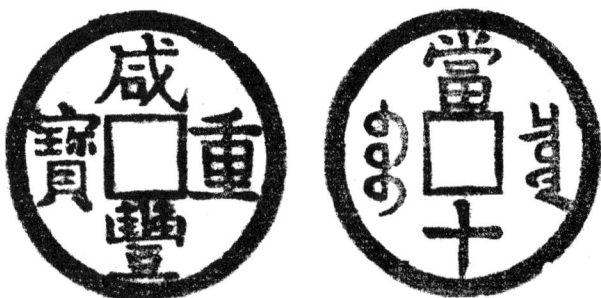

第1—28—5—6号　当十。评级:捌。

　　径:38.3毫米。

　　厚:2.7毫米。

　　重:19.7克。

　　质:黄铜。

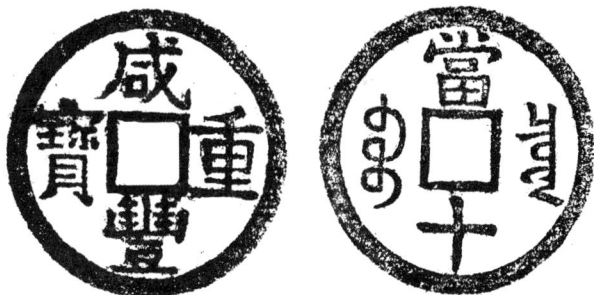

⑥"尔"宝"八"贝出头宝大满文

第1—28—6—1号　当十。评级:捌。

　　径:39.5毫米。

　　厚:3.1毫米。

　　重:25.5克。

　　质:黄铜。

　　注:头炉钱。

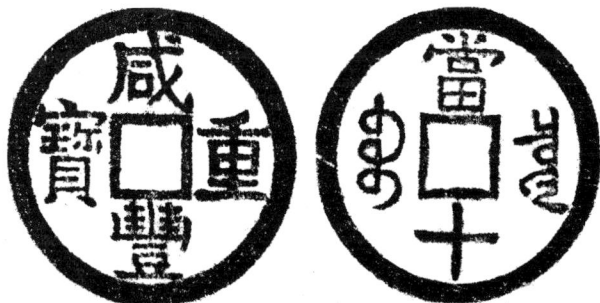

第1—28—6—2号　当十。评级:玖。

　　径:39.0毫米。

　　厚:2.4毫米。

　　重:18.1克。

　　质:黄铜。

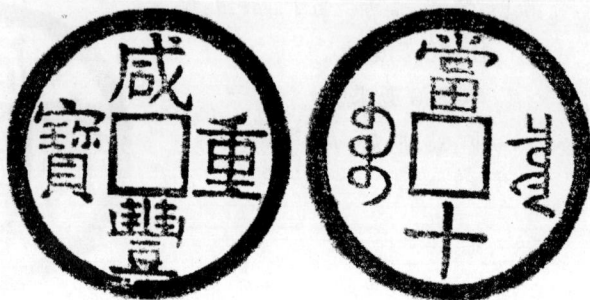

第1—28—6—3号　当十。评级:玖。

　　径:38.3毫米。

　　厚:2.5毫米。

　　重:17.9克。

　　质:黄铜。

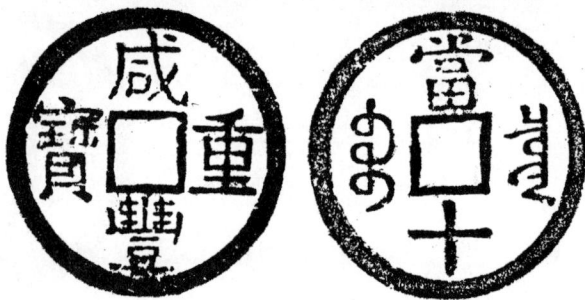

第1—28—6—4号　当十。评级:陆。

　　径:42.9毫米。厚:4.1毫米。重:46.0克。质:黄铜。

　　注:大厚重,文字极漫漶,从铜质精好推测,可能是雕母的毛胚。如是,铸钱工艺当
　　　有所修正。

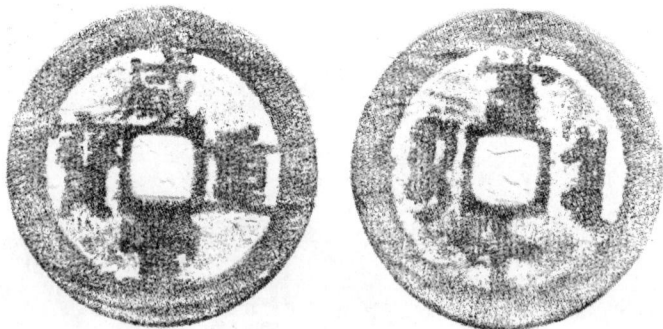

第1—28—6—5号　当十。评级:捌。

　　径:38.0毫米。

　　厚:2.0毫米。

　　重:13.4克。

　　质:铁。

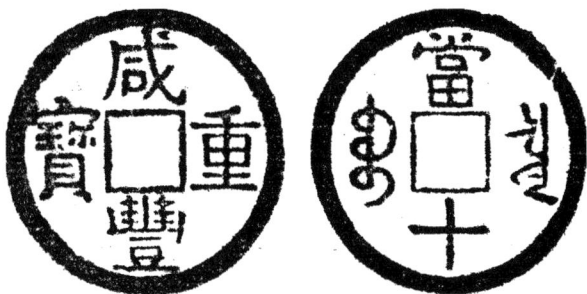

⑦"尔"宝"八"贝出头宝短头泉

第1—28—7—1号　当十。评级:玖。

　　径:38.0毫米。

　　厚:2.5毫米。

　　重:18.0克。

　　质:黄铜。

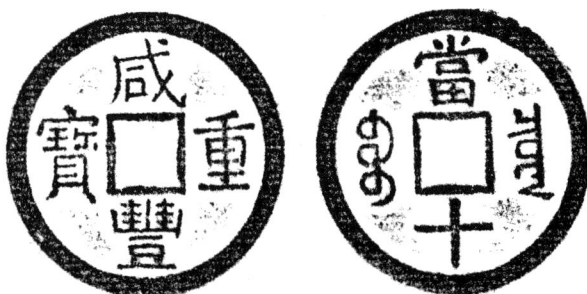

⑧"缶"宝"八"贝当十:"缶"宝当十大样均为铁钱,有铜质铁母。

第1—28—8—1号　当十。评级:肆。

　　径:37.6毫米。

　　厚:3.2毫米。

　　重:23.2克。

　　质:黄铜。

　　注:母钱。

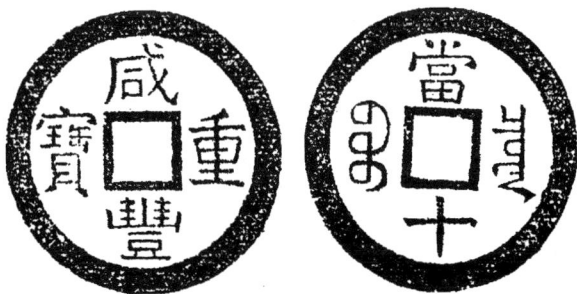

第1—28—8—2号　当十。评级:肆。

　　径:38.8毫米。

　　厚:3.6毫米。

　　重:26.9克。

　　质:黄铜。

　　注:母钱胚。

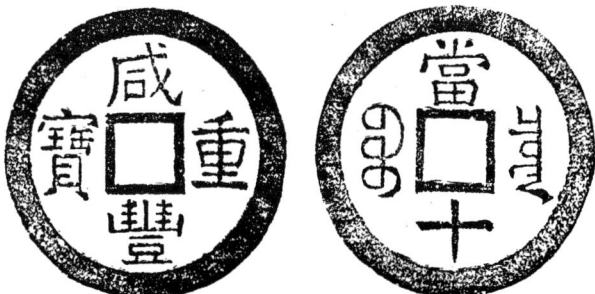

第1—28—8—3号　当十。评级:玖。

　　　径:38.4毫米。

　　　厚:3.6毫米。

　　　重:24.3克。

　　　质:铁。

　　　注:小字型。

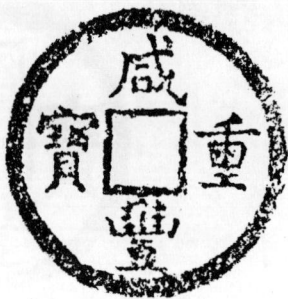

第1—28—8—4号　当十。评级:玖。

　　　径:38.3毫米。

　　　厚:2.8毫米。

　　　重:17.4克。

　　　质:铁。

　　　注:大泉。

第1—28—8—5号　当十。评级:玖。

　　　径:38.2毫米。

　　　厚:3.5毫米。

　　　重:20.8克。

　　　质:铁。

　　　注:中字型。

第1—28—8—6号　当十。评级:玖。

　　　径:38.0毫米。

　　　厚:3.0毫米。

　　　重:18.2克。

　　　质:铁。

　　　注:中字型。

第1—28—8—7号　当十。评级:玖。

　　径:38.0毫米。

　　厚:2.9毫米。

　　重:16.6克。

　　质:铁。

　　注:小字型。

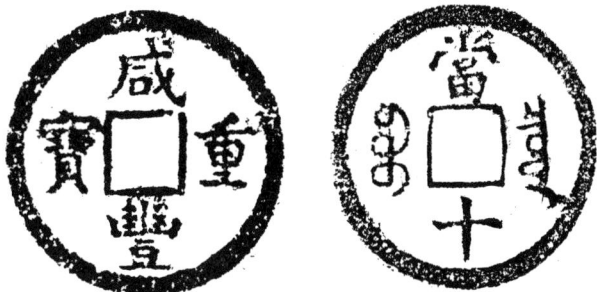

第1—28—8—8号　当十。评级:玖。

　　径:37.7毫米。

　　厚:2.8毫米。

　　重:15.6克。

　　质:铁。

　　注:中字型。

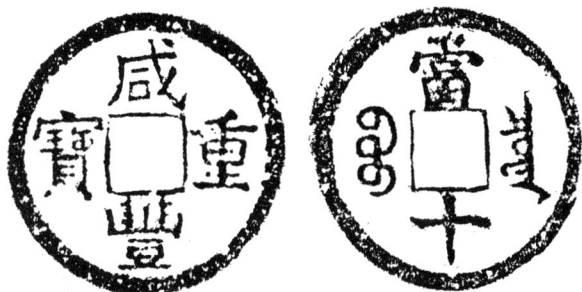

第1—28—8—9号　当十。评级:玖。

　　径:37.4毫米。

　　厚:3.0毫米。

　　重:17.1克。

　　质:铁。

　　注:大字型。

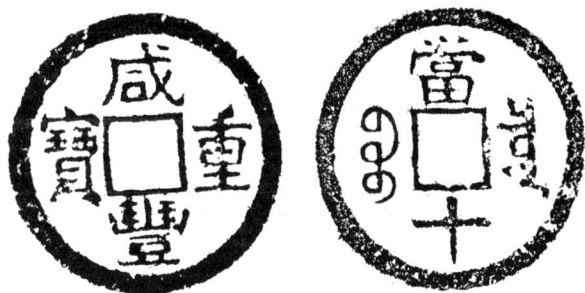

第1—28—8—10号　当十。评级:玖。

　　径:36.9毫米。

　　厚:3.0毫米。

　　重:18.3克。

　　质:铁。

　　注:大字型。

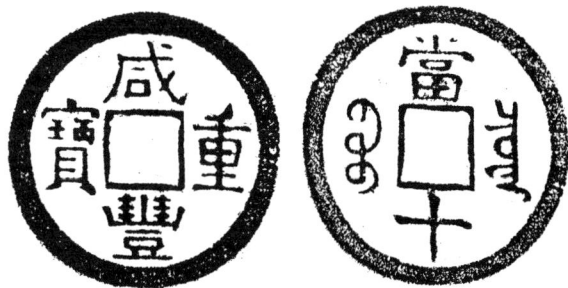

⑨大点"岳"宝左出头"八"贝当十：此版式甚稀少。

第1—28—9—1号　当十。评级：陆。

　　　径：37.8毫米。

　　　厚：2.7毫米。

　　　重：16.0克。

　　　质：黄铜。

　　　注：样钱。

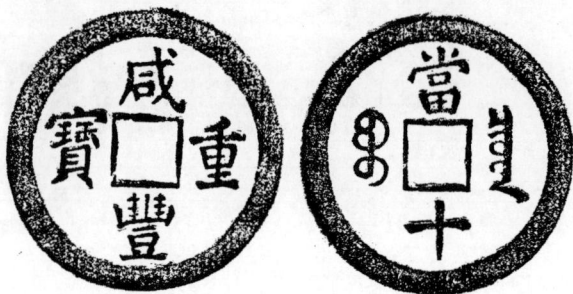

第1—28—9—2号　当十。评级：捌。

　　　径：37.3毫米。

　　　厚：2.5毫米。

　　　重：15.8克。

　　　质：黄铜。

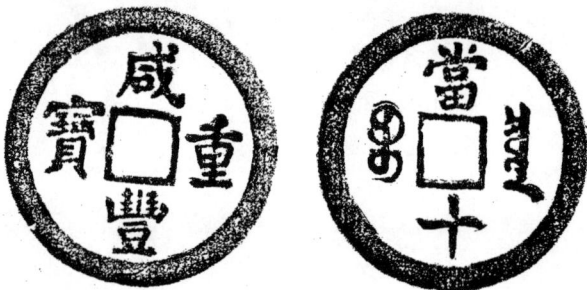

以下为减重后小样：

⑩"尔"宝"八"贝闭口宝宽缘当十

第1—28—10—1号　当十。评级：陆。

　　　径：34.8毫米。

　　　厚：2.7毫米。

　　　重：16.3克。

　　　质：黄铜。

　　　注：样钱。

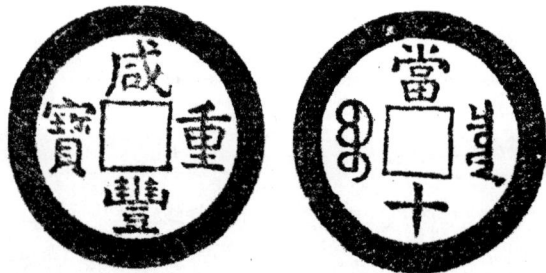

第1—28—10—2号　当十。评级：陆。

　　　径：34.6毫米。

　　　厚：2.6毫米。

　　　重：16.8克。

　　　质：黄铜。

　　　注：样钱。

第1—28—10—3号　当十。评级:拾。

　　径:34.4毫米。

　　厚:2.6毫米。

　　重:16.1克。

　　质:黄铜。

第1—28—10—4号　当十。评级:拾。

　　径:33.9毫米。

　　厚:2.6毫米。

　　重:15.0克。

　　质:黄铜。

第1—28—10—5号　当十。评级:拾。

　　径:33.7毫米。

　　厚:2.7毫米。

　　重:16.3克。

　　质:黄铜。

第1—28—10—6号　当十。评级:拾。

　　径:33.6毫米。

　　厚:2.5毫米。

　　重:14.6克。

　　质:黄铜。

第1—28—10—7号　当十。评级:拾。

　　径:33.5毫米。

　　厚:2.6毫米。

　　重:15.0克。

　　质:黄铜。

第1—28—10—8号　当十。评级:拾。
　　径:33.2毫米。
　　厚:2.4毫米。
　　重:14.0克。
　　质:黄铜。

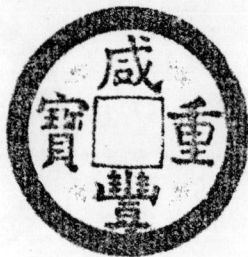

第1—28—10—9号　当十。评级:拾。
　　径:30.8毫米。
　　厚:2.1毫米。
　　重:9.5克。
　　质:黄铜。

第1—28—10—10号　当十。评级:玖。
　　径:32.6毫米。
　　厚:2.3毫米。
　　重:12.3克。
　　质:黄铜。
　　注:宽缘小字。

第1—28—10—11号　当十。评级:玖。
　　径:32.4毫米。
　　厚:2.2毫米。
　　重:11.2克。
　　质:黄铜。
　　注:宽缘小字。

第1—28—10—12号　当十。评级:拾。

径:31.8毫米。

厚:2.3毫米。

重:11.2克。

质:黄铜。

第1—28—10—13号　当十。评级:拾。

径:28.8毫米。

厚:1.9毫米。

重:8.2克。

质:黄铜。

第1—28—10—14号　当十。评级:拾。

径:28.3毫米。

厚:1.8毫米。

重:8.1克。

质:黄铜。

第1—28—10—15号　当十。评级:拾。

径:28.0毫米。

厚:2.0毫米。

重:8.9克。

质:黄铜。

第1—28—10—16号　当十。评级:拾。

径:27.6毫米。

厚:1.9毫米。

重:8.4克。

质:黄铜。

第1—28—10—17号　当十。评级:拾。

径:27.0毫米。

厚:1.6毫米。

重:5.2克。

质:黄铜。

⑪"尔"宝"八"贝闭口宝窄缘当十

第1—28—11—1号　当十。评级:肆。

径:32.2毫米。

厚:2.5毫米。

重:11.7克。

质:黄铜。

注:母钱。

第1—28—11—2号　当十。评级:拾。

径:34.7毫米。

厚:2.8毫米。

重:15.7克。

质:黄铜。

第1—28—11—3号　当十。评级:拾。

径:33.9毫米。

厚:2.7毫米。

重:14.6克。

质:黄铜。

第1—28—11—4号　当十。评级:拾。

径:33.5毫米。

厚:3.0毫米。

重:15.1克。

质:黄铜。

第1—28—11—5号　当十。评级:拾。

径:33.3毫米。

厚:2.9毫米。

重:15.4克。

质:黄铜。

第1—28—11—6号　当十。评级:拾。

径:33.2毫米。

厚:2.8毫米。

重:14.7克。

质:黄铜。

注:三点当。

第1—28—11—7号　当十。评级:拾。

径:33.2毫米。

厚:2.7毫米。

重:14.9克。

质:黄铜。

注:粗撇咸。

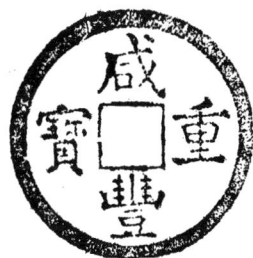

第1—28—11—8号　当十。评级:拾。

　　　径:33.1毫米。

　　　厚:2.7毫米。

　　　重:13.8克。

　　　质:黄铜。

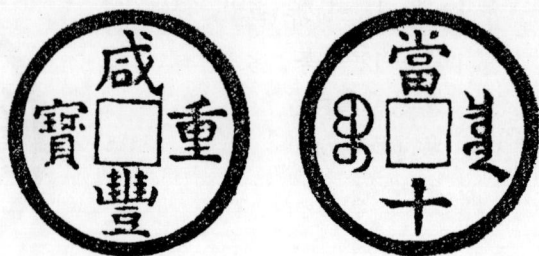

第1—28—11—9号　当十。评级:拾。

　　　径:33.0毫米。

　　　厚:2.6毫米。

　　　重:14.7克。

　　　质:黄铜。

　　　注:遍布磨纹。

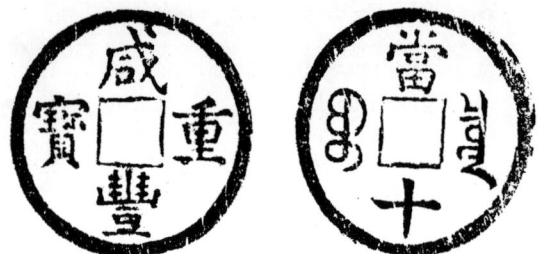

第1—28—11—10号　当十。评级:拾。

　　　径:32.9毫米。

　　　厚:2.6毫米。

　　　重:13.2克。

　　　质:黄铜。

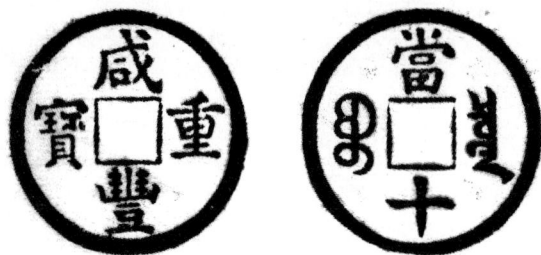

第1—28—11—11号　当十。评级:玖。

　　　径:32.1毫米。

　　　厚:2.2毫米。

　　　重:12.0克。

　　　质:黄铜。

　　　注:肥字。背左上星。

⑫"尔"宝"八"贝开口出头宝当十

第1—28—12—1号　当十。评级:叁。

　　径:34.7毫米。

　　厚:2.5毫米。

　　重:14.3克。

　　质:黄铜。

　　注:母钱。

第1—28—12—2号　当十。评级:陆。

　　径:34.5毫米。

　　厚:2.6毫米。

　　重:15.7克。

　　质:黄铜。

　　注:样钱。

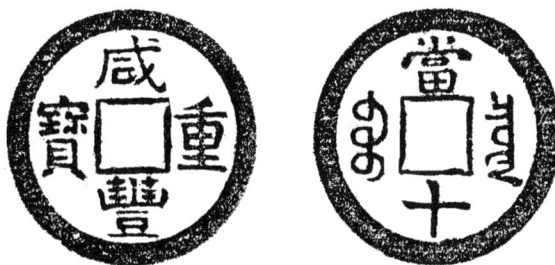

第1—28—12—3号　当十。评级:捌。

　　径:35.0毫米。

　　厚:2.7毫米。

　　重:14.5克。

　　质:黄铜。

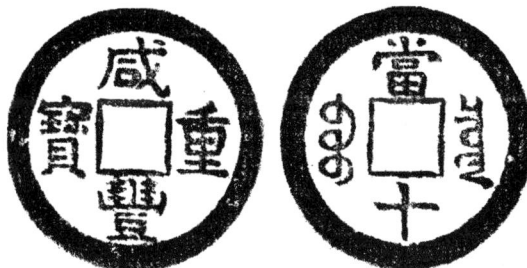

第1—28—12—4号　当十。评级:捌。

　　径:34.8毫米。

　　厚:2.2毫米。

　　重:14.0克。

　　质:黄铜。

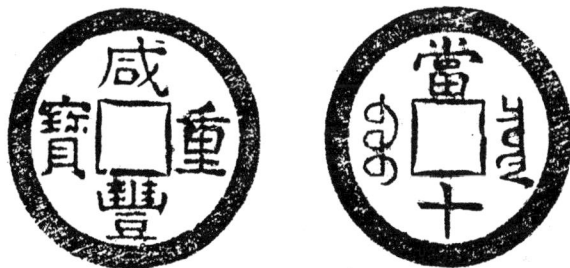

第1—28—12—5号　当十。评级:捌。

　　径:34.6毫米。

　　厚:2.5毫米。

　　重:15.3克。

　　质:黄铜。

第1—28—12—6号　当十。评级:捌。

　　径:34.6毫米。

　　厚:2.6～1.8毫米。

　　重:12.3克。

　　质:黄铜。

　　注:周郭厚薄不一。

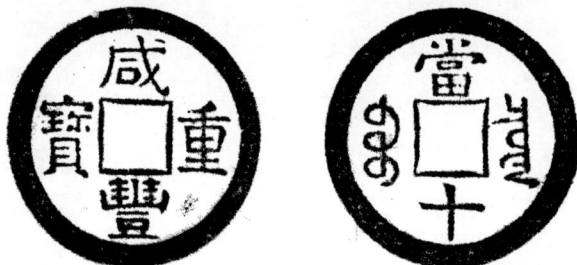

第1—28—12—7号　当十。评级:捌。

　　径:34.0毫米。

　　厚:2.4毫米。

　　重:13.2克。

　　质:黄铜。

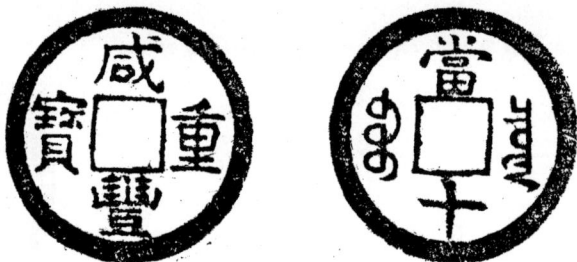

第1—28—12—8号　当十。评级:捌。

　　径:33.9毫米。

　　厚:2.6毫米。

　　重:15.3克。

　　质:黄铜。

第1—28—12—9号 当十。评级:捌。

径:33.5毫米。

厚:2.7毫米。

重:14.9克。

质:黄铜。

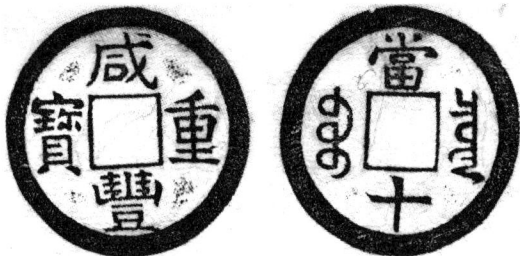

第1—28—12—10号 当十。评级:捌。

径:33.3毫米。

厚:2.3毫米。

重:11.6克。

质:黄铜。

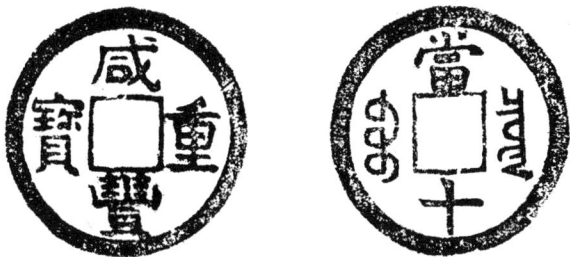

第1—28—12—11号 当十。评级:捌。

径:33.2毫米。

厚:1.9毫米。

重:9.6克。

质:黄铜。

注:私铸。

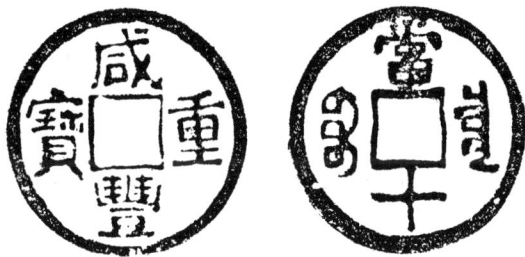

⑬"缶"宝左出头"八"贝小满文当十

第1—28—13—1号 当十。评级:贰。

径:36.7毫米。

厚:3.1毫米。

重:19.6克。

质:黄铜。

注:母钱。

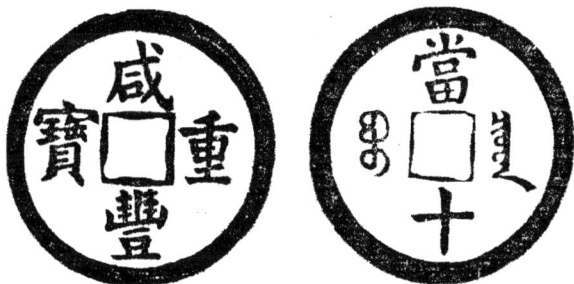

第1—28—13—2号　当十。评级:陆。

　　径:36.3毫米。

　　厚:3.2毫米。

　　重:20.4克。

　　质:黄铜。

　　注:样钱。

第1—28—13—3号　当十。评级:捌。

　　径:35.3毫米。

　　厚:3.1毫米。

　　重:16.7克。

　　质:黄铜。

第1—28—13—4号　当十。评级:捌。

　　径:35.1毫米。

　　厚:3.1毫米。

　　重:17.7克。

　　质:黄铜。

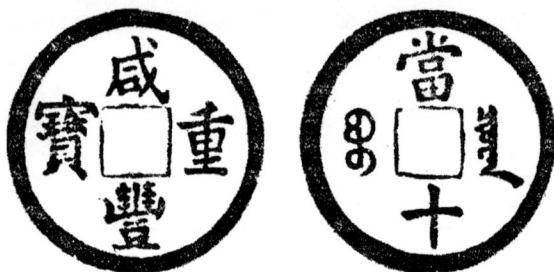

⑭"缶"宝左出头"八"贝异式当十

第1—28—14—1号　当十。评级:陆。

　　径:34.0毫米。

　　厚:2.9毫米。

　　重:15.5克。

　　质:黄铜。

　　注:此版式诸谱无载,仅见。

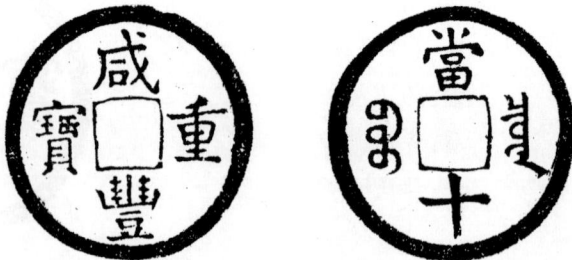

⑮"缶"宝"八"贝长泉当十

第1—28—15—1号　当十。评级:捌。

　　径:35.7毫米。

　　厚:3.4毫米。

　　重:21.1克。

　　质:黄铜。

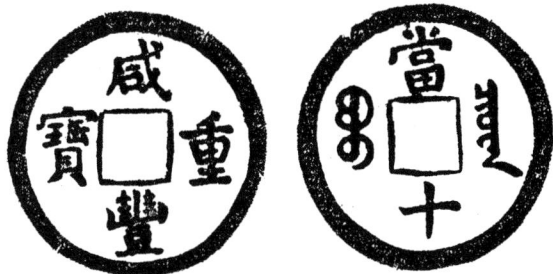

第1—28—15—2号　当十。评级:捌。

　　径:35.5毫米。

　　厚:3.2毫米。

　　重:18.6克。

　　质:黄铜。

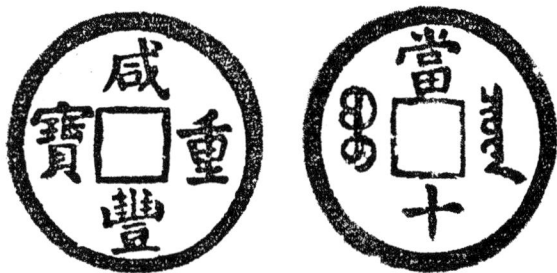

第1—28—15—3号　当十。评级:捌。

　　径:35.5毫米。

　　厚:3.0毫米。

　　重:15.4克。

　　质:黄铜。

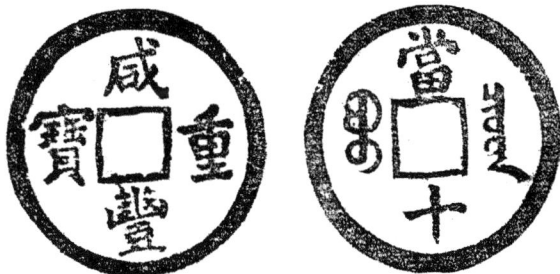

第1—28—15—4号　当十。评级:捌。

　　径:35.4毫米。

　　厚:3.1毫米。

　　重:17.8克。

　　质:黄铜。

　　注:钱面留有修整时失手的旋
　　　　痕,无意中留下了古钱加
　　　　工工艺的信息。

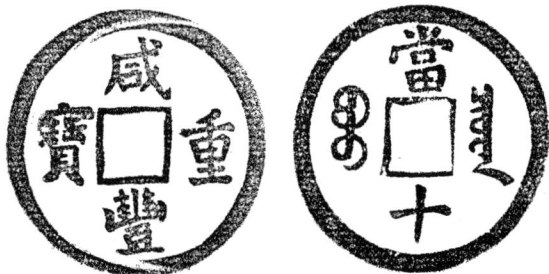

第1—28—15—5号　当十。评级:捌。
径:35.0毫米。
厚:3.1毫米。
重:16.6克。
质:黄铜。

第1—28—15—6号　当十。评级:捌。
径:36.1毫米。
厚:3.0毫米。
重:17.5克。
质:黄铜。

第1—28—15—7号　当十。评级:捌。
径:36.1毫米。
厚:2.9毫米。
重:16.1克。
质:黄铜。

第1—28—15—8号　当十。评级:捌。
径:35.9毫米。
厚:2.8毫米。
重:16.4克。
质:黄铜。

⑯"咸"宝"八"贝宽缘当十

第1—28—16—1号　当十。评级:陆。

　　径:34.2毫米。

　　厚:2.5毫米。

　　重:16.0克。

　　质:黄铜。

　　注:样钱。

第1—28—16—2号　当十。评级:玖。

　　径:34.5毫米。

　　厚:2.5毫米。

　　重:15.1克。

　　质:黄铜。

第1—28—16—3号　当十。评级:玖。

　　径:34.4毫米。

　　厚:2.5毫米。

　　重:15.0克。

　　质:黄铜。

第1—28—16—4号　当十。评级:玖。

　　径:34.0毫米。

　　厚:2.6毫米。

　　重:14.8克。

　　质:黄铜。

第1—28—16—5号　当十。评级:玖。

　　径:33.6毫米。

　　厚:2.5毫米。

　　重:15.4克。

　　质:黄铜。

第1—28—16—6号　当十。评级:陆。

　　径:31.3毫米。

　　厚:2.4毫米。

　　重:11.0克。

　　质:黄铜。

　　注:小型样钱。

第1—28—16—7号　当十。评级:拾。

　　径:31.3毫米。

　　厚:1.9毫米。

　　重:8.6克。

　　质:黄铜。

第1—28—16—8号　当十。评级:拾。

　　径:31.1毫米。

　　厚:2.4毫米。

　　重:12.1克。

　　质:黄铜。

第1—28—16—9号　当十。评级:拾。

　　径:31.0毫米。

　　厚:2.0毫米。

　　重:10.4克。

　　质:黄铜。

第1—28—16—10号　当十。评级:拾。

　　径:27.5毫米。

　　厚:1.5毫米。

　　重:5.0克。

　　质:黄铜。

　　注:广穿。

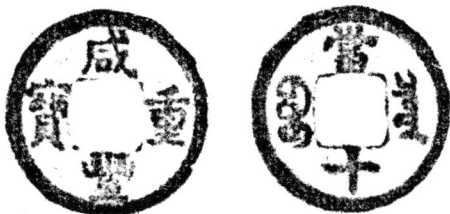

⑰"缶"宝"八"贝广穿当十

第1—28—17—1号　当十。评级:肆。

　　径:35.6毫米。

　　厚:3.2毫米。

　　重:20.8克。

　　质:黄铜。

　　注:母钱。

第1—28—17—2号　当十。评级:陆。

　　径:33.8毫米。

　　厚:3.8毫米。

　　重:19.4克。

　　质:黄铜。

　　注:样钱。

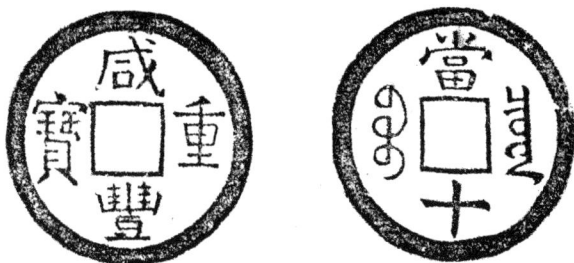

第1—28—17—3号　当十。评级:陆。

　　径:33.2毫米。

　　厚:3.0毫米。

　　重:16.6克。

　　质:黄铜。

　　注:样钱。

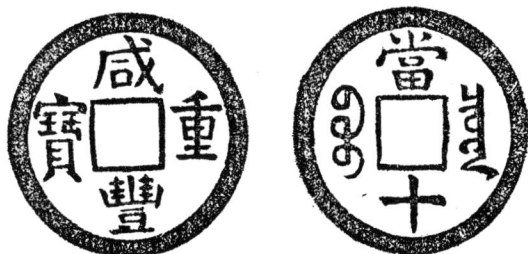

第1—28—17—4号　当十。评级:捌。

　　径:33.3毫米。

　　厚:2.9毫米。

　　重:15.1克。

　　质:黄铜。

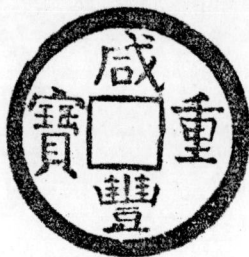

第1—28—17—5号　当十。评级:捌。

　　径:31.9毫米。

　　厚:2.6毫米。

　　重:12.9克。

　　质:黄铜。

⑱"缶"宝"ス"贝当十

第1—28—18—1号　当十。评级:陆。

　　径:33.5毫米。

　　厚:2.7毫米。

　　重:15.2克。

　　质:黄铜。

　　注:样钱。

第1—28—18—2号　当十。评级:陆。

　　径:33.5毫米。

　　厚:2.6毫米。

　　重:14.8克。

　　质:黄铜。

　　注:样钱。

第1—28—18—3号　当十。评级:玖。

径:32.2毫米。

厚:2.7毫米。

重:13.3克。

质:黄铜。

第1—28—18—4号　当十。评级:玖。

径:32.2毫米。

厚:2.6毫米。

重:12.7克。

质:黄铜。

第1—28—18—5号　当十。评级:玖。

径:29.6毫米。

厚:2.2毫米。

重:10.0克。

质:黄铜。

第1—28—18—6号　当十。评级:叁。

径:34.5毫米。

厚:2.9毫米。

重:15.9克。

质:黄铜。

注:母钱。

⑲"缶"宝"ス"贝宽缘当十

第1—28—19—1号　当十。评级:陆。

　　径:34.7毫米。

　　厚:2.9毫米。

　　重:18.2克。

　　质:黄铜。

　　注:样钱。

第1—28—19—2号　当十。评级:陆。

　　径:34.4毫米。

　　厚:2.6毫米。

　　重:15.8克。

　　质:黄铜。

　　注:样钱。

第1—28—19—3号　当十。评级:陆。

　　径:34.0毫米。

　　厚:2.7毫米。

　　重:16.9克。

　　质:黄铜。

　　注:样钱。

第1—28—19—4号　当十。评级:玖。

　　径:34.9毫米。

　　厚:2.6毫米。

　　重:16.2克。

　　质:黄铜。

第1—28—19—5号　当十。评级:玖。

径:34.4毫米。

厚:2.6毫米。

重:16.7克。

质:黄铜。

第1—28—19—6号　当十。评级:玖。

径:34.3毫米。

厚:2.7毫米。

重:16.4克。

质:黄铜。

第1—28—19—7号　当十。评级:玖。

径:32.5毫米。

厚:2.9毫米。

重:14.7克。

质:黄铜。

第1—28—19—8号　当十。评级:拾。

径:31.1毫米。

厚:2.3毫米。

重:11.7克。

质:黄铜。

第1—28—19—9号　当十。评级:拾。

径:27.8毫米。

厚:2.0毫米。

重:7.8克。

质:黄铜。

第1—28—19—10号　当十。评级:拾。

　　径:27.2毫米。

　　厚:1.9毫米。

　　重:6.7克。

　　质:黄铜。

第1—28—19—11号　当十。评级:陆。

　　径:33.5毫米。

　　厚:2.7毫米。

　　重:15.2克。

　　质:黄铜。

　　注:样钱。

⑳"缶"宝"八"贝闭口出头宝当十

第1—28—20—1号　当十。评级:捌。

　　径:34.0毫米。

　　厚:2.6毫米。

　　重:15.3克。

　　质:黄铜。

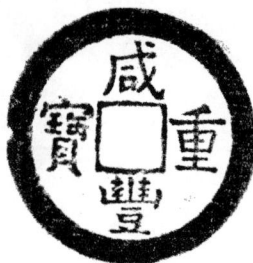

第1—28—20—2号　当十。评级:捌。

　　径:32.3毫米。

　　厚:2.8毫米。

　　重:13.7克。

　　质:黄铜。

　　注:翘边。

第1—28—20—3号　当十。评级:玖。

　　径:32.1毫米。

　　厚:2.4毫米。

　　重:12.6克。

　　质:黄铜。

第1—28—20—4号　当十。评级:玖。

　　径:31.8毫米。

　　厚:2.3毫米。

　　重:12.5克。

　　质:黄铜。

㉑"缶"宝"八"贝开口出头宝当十

第1—28—21—1号　当十。评级:陆。

　　径:33.0毫米。

　　厚:2.2毫米。

　　重:12.1克。

　　质:黄铜。

　　注:样钱。

第1—28—21—2号　当十。评级:陆。

　　径:32.8毫米。

　　厚:2.1毫米。

　　重:11.0克。

　　质:黄铜。

　　注:样钱。

第1—28—21—3号　当十。评级:玖。

　　　径:34.4毫米。

　　　厚:2.2毫米。

　　　重:11.6克。

　　　质:黄铜。

第1—28—21—4号　当十。评级:玖。

　　　径:33.7毫米。

　　　厚:2.5毫米。

　　　重:13.4克。

　　　质:黄铜。

第1—28—21—5号　当十。评级:玖。

　　　径:33.4毫米。

　　　厚:2.5毫米。

　　　重:14.1克。

　　　质:黄铜。

第1—28—21—6号　当十。评级:玖。

　　　径:33.4毫米。

　　　厚:2.4毫米。

　　　重:12.4克。

　　　质:黄铜。

第1—28—21—7号　当十。评级:拾。

　　　径:33.3毫米。

　　　厚:2.4毫米。

　　　重:12.4克。

　　　质:黄铜。

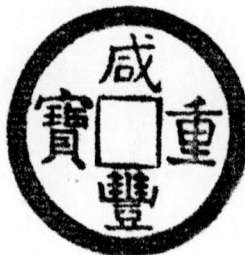

第1—28—21—8号　当十。评级:拾。

径:33.0毫米。

厚:2.7毫米。

重:15.5克。

质:黄铜。

第1—28—21—9号　当十。评级:拾。

径:32.7毫米。

厚:2.1毫米。

重:11.0克。

质:黄铜。

第1—28—21—10号　当十。评级:拾。

径:32.3毫米。

厚:2.9毫米。

重:14.8克。

质:黄铜。

第1—28—21—11号　当十。评级:拾。

径:32.0毫米。

厚:2.3毫米。

重:11.7克。

质:黄铜。

第1—28—21—12号　当十。评级:拾。

径:31.5毫米。

厚:2.3毫米。

重:11.9克。

质:黄铜。

注:宽缘小字。

第1—28—21—13号　当十。评级:拾。

　　径:31.4毫米。

　　厚:1.9毫米。

　　重:9.5克。

　　质:黄铜。

　　注:宽缘小字。

 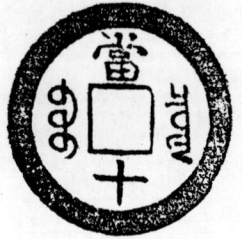

第1—28—21—14号　当十。评级:拾。

　　径:31.2毫米。

　　厚:2.1毫米。

　　重:10.4克。

　　质:黄铜。

第1—28—21—15号　当十。评级:玖。

　　径:29.5毫米。

　　厚:1.7毫米。

　　重:6.5克。

　　质:黄铜。

　　注:咸右星。

第1—28—21—16号　当十。评级:拾。

　　径:27.5毫米。

　　厚:1.5毫米。

　　重:4.3克。

　　质:黄铜。

第1—28—21—17号　当十。评级:拾。

　　径:27.3毫米。

　　厚:1.3毫米。

　　重:4.6克。

　　质:黄铜。

第 1—28—21—18 号　　当十。评级:拾。

　　径:27.2 毫米。

　　厚:1.4 毫米。

　　重:6.3 克。

　　质:黄铜。

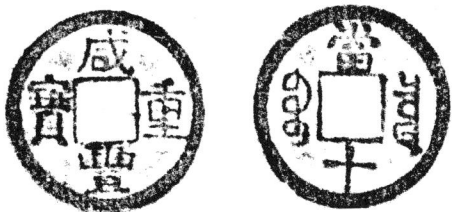

第 1—28—21—19 号　　当十。评级:拾。

　　径:27.0 毫米。

　　厚:1.6 毫米。

　　重:5.6 克。

　　质:黄铜。

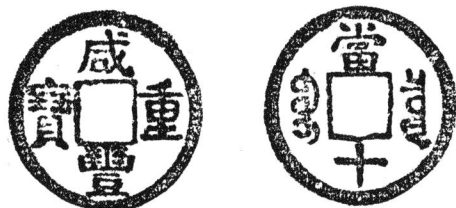

第 1—28—21—20 号　　当十。评级:拾。

　　径:26.4 毫米。

　　厚:1.3 毫米。

　　重:4.1 克。

　　质:黄铜。

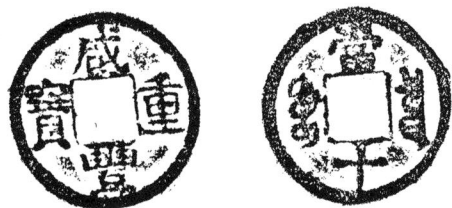

第 1—28—21—21 号　　当十。评级:拾。

　　径:26.3 毫米。

　　厚:1.3 毫米。

　　重:4.6 克。

　　质:黄铜。

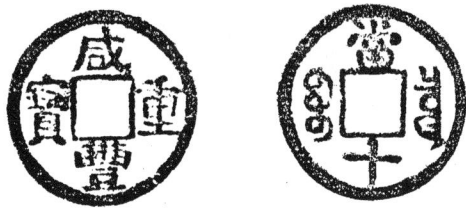

第 1—28—21—22 号　　当十。评级:玖。

　　径:25.9 毫米。

　　厚:1.4 毫米。

　　重:4.3 克。

　　质:黄铜。

　　注:背左上星。

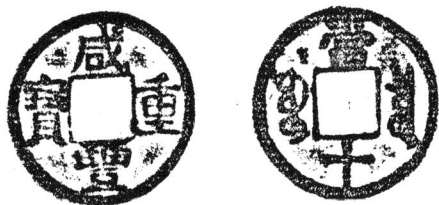

29. 小平钱

　　各铸钱局中,宝泉局所铸咸丰钱数量最大。宝泉局咸丰钱中,以小平钱数量最多,版式也最多。现存宝泉局咸丰小平钱的优势版别有四个版别群,即:

　　"尔"宝"八"贝方头双点通;"尔"宝"八"贝角头单点通;"尔"宝"ㄨ"贝角头双点通;"尔"宝"八"贝角头双点通出头宝。

　　《故宫清钱谱》载："盖宝泉局分立四厂,书法不同,亦厂别也。因书无记载,已不能详其所属(据钱局遗老称,满文出头宝为北厂铸。余未详)。"因之,上述的其他三种版别当分别为东、南、西三厂所铸。惜尚无资料可作进一步的区分。

　　以上四种版别又形成"版式类同"现象。即以上四种版式组成的几类钱式,大致相类,却存在小异。如大字、宽缘、背决文、细豆丰、小样等类。每类钱式均同样包含上面叙述的四种优势版别,验证了"书法不同,亦厂别也"的记载。故知,户部钱法堂每出新钱式,各作厂依新式铸做,却遵循原定文字特定写法,常年延用不变。

　　"版式类同"现象是宝泉局咸丰小平钱重要的内在规律。为使读者印象清晰深刻,本书从收集的钱币标本中择取具有"版式类同"现象者排列于此。这样的小平钱共有五类:

　　(1)宽缘类:

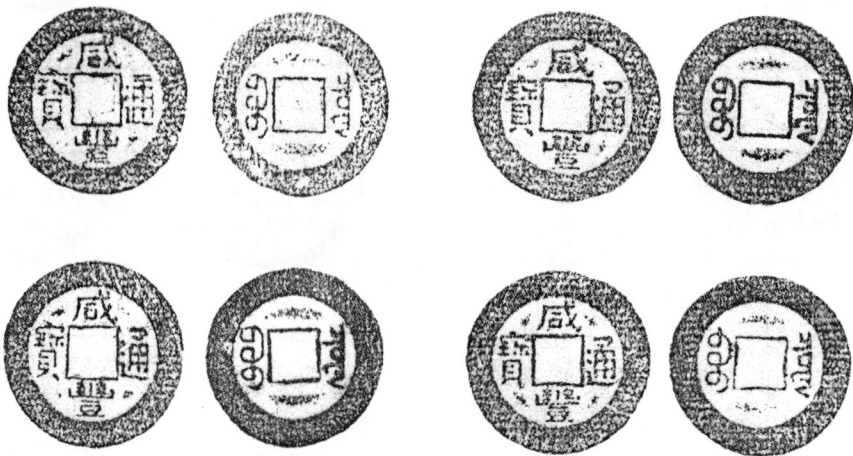

　　(2)大字类:三枚是样钱,只"单点通"是流通钱。

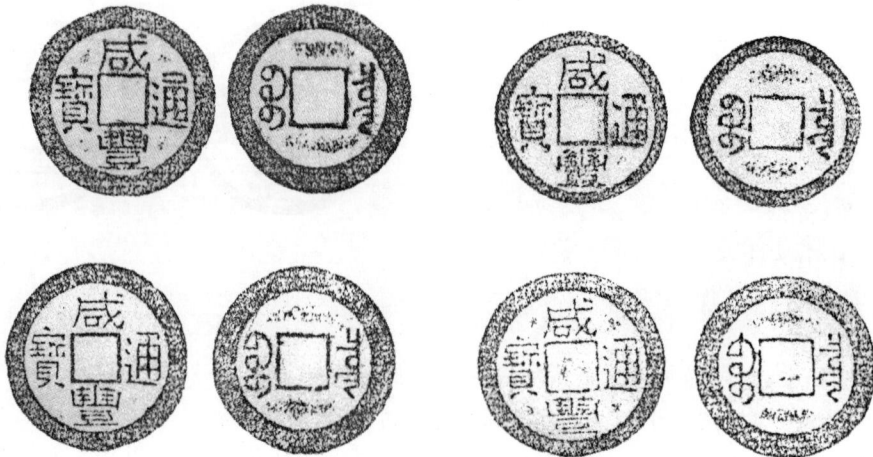

（3）背决文类：

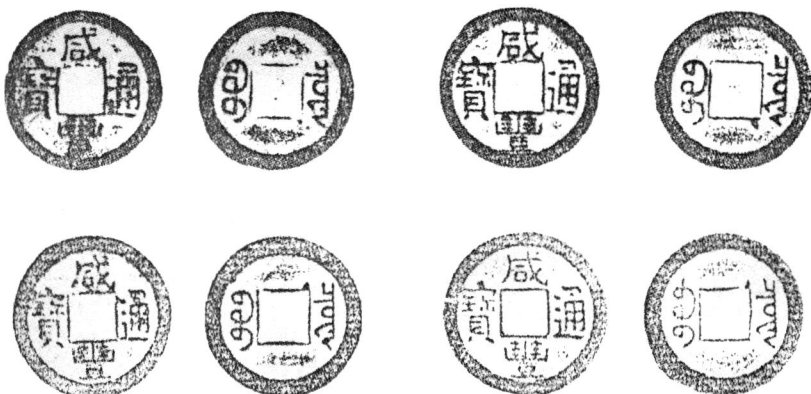

（4）小样类：

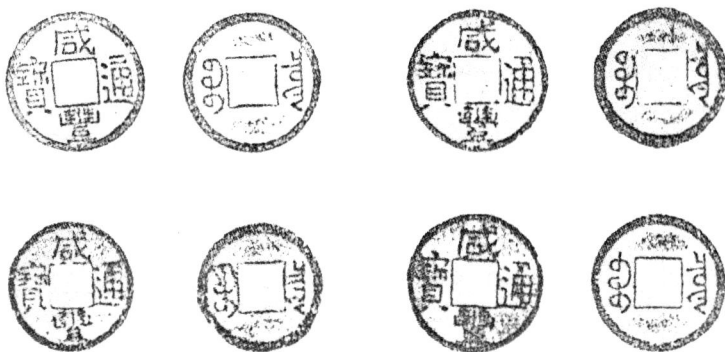

（5）细豆丰类：

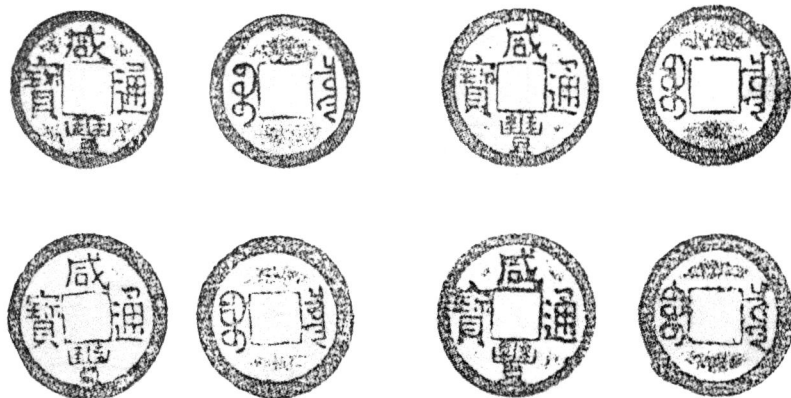

除了以上 4 种版别，宝泉局咸丰小平钱的版式尚多，但均相对数量较少，甚至是珍稀版
式了。

(1)"尔"宝"八"贝方头双点通小平钱

①部颁样钱:此式样钱可称标准制式。向各地方铸钱局颁发的小平样钱均属此类。

第1—29—1—1—1号　小平。评级:肆。

　　径:27.2毫米。厚:1.8毫米。

　　重:6.7克。质:黄铜。

　　注:部颁样钱。

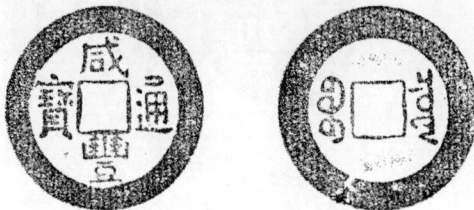

②大字:

第1—29—1—2—1号　小平。评级:陆。

　　径:26.6毫米。厚:1.8毫米。

　　重:6.8克。质:黄铜。

　　注:上呈样钱。

第1—29—1—2—2号　小平。评级:陆。

　　径:26.5毫米。厚:1.7毫米。

　　重:6.1克。质:黄铜。

　　注:上呈样钱。

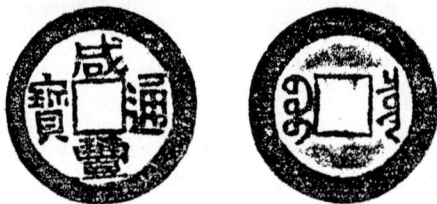

第1—29—1—2—3号　小平。评级:陆。

　　径:26.4毫米。厚:1.8毫米。

　　重:6.6克。质:黄铜。

　　注:上呈样钱。

第1—29—1—2—4号　小平。评级:玖。

　　径:25.6毫米。厚:1.4毫米。

　　重:5.2克。质:黄铜。

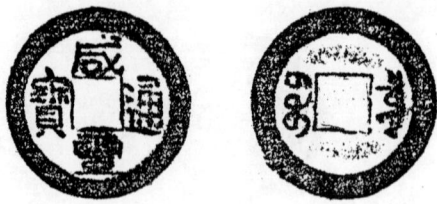

第1—29—1—2—5号　小平。评级:玖。
　　径:25.0毫米。厚:1.6毫米。
　　重:4.7克。质:黄铜。

第1—29—1—2—6号　小平。评级:拾。
　　径:24.8毫米。厚:1.6毫米。
　　重:5.0克。质:黄铜。

第1—29—1—2—7号　小平。评级:拾。
　　径:24.4毫米。厚:1.4毫米。
　　重:4.5克。质:黄铜。

第1—29—1—2—8号　小平。评级:拾。
　　径:24.3毫米。厚:1.6毫米。
　　重:4.7克。质:黄铜。

第1—29—1—2—9号　小平。评级:拾。
　　径:24.3毫米。厚:1.5毫米。
　　重:4.6克。质:黄铜。

第1—29—1—2—10号　小平。评级:拾。
　　径:24.0毫米。厚:1.4毫米。
　　重:4.1克。质:黄铜。

第1—29—1—2—11号　小平。评级:拾。

　　径:23.9毫米。厚:1.4毫米。

　　重:5.0克。质:黄铜。

第1—29—1—2—12号　小平。评级:拾。

　　径:23.3毫米。厚:1.5毫米。

　　重:4.4克。质:黄铜。

第1—29—1—2—13号　小平。评级:拾。

　　径:23.0毫米。厚:1.6毫米。

　　重:4.2克。质:黄铜。

③宽缘:

第1—29—1—3—1号　小平。评级:陆。

　　径:25.6毫米。厚:2.0毫米。

　　重:7.7克。质:黄铜。

　　注:此版式不见大型样钱,却有直径不

　　　大,铸造较精,重达7克以上者。

　　　大约即此式的上呈样钱。

第1—29—1—3—2号　小平。评级:玖。

　　径:26.1毫米。厚:1.8毫米。

　　重:6.7克。质:黄铜。

第1—29—1—3—3号　小平。评级:玖。

　　径:26.0毫米。厚:1.8毫米。

　　重:6.6克。质:黄铜。

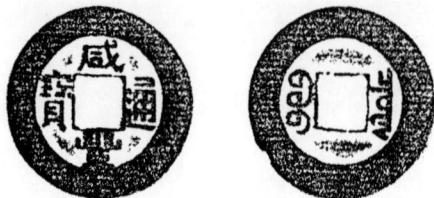

第1—29—1—3—4号 小平。评级:玖。
　　径:25.9毫米。厚:1.3毫米。
　　重:4.5克。质:黄铜。

第1—29—1—3—5号 小平。评级:玖。
　　径:25.7毫米。厚:1.6毫米。
　　重:5.9克。质:黄铜。

第1—29—1—3—6号 小平。评级:玖。
　　径:25.6毫米。厚:1.5毫米。
　　重:5.2克。质:黄铜。

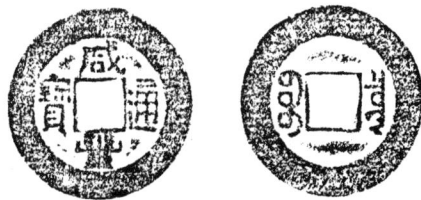

第1—29—1—3—7号 小平。评级:玖。
　　径:25.5毫米。厚:1.6毫米。
　　重:5.8克。质:黄铜。

第1—29—1—3—8号 小平。评级:玖。
　　径:25.4毫米。厚:1.6毫米。
　　重:5.7克。质:黄铜。

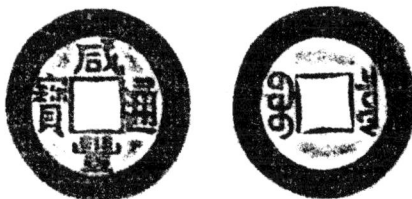

第1—29—1—3—9号 小平。评级:玖。
　　径:25.3毫米。厚:1.4毫米。
　　重:5.1克。质:黄铜。

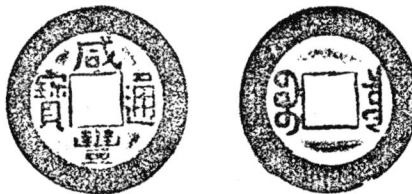

第1—29—1—3—10号　小平。评级:玖。
　　径:24.9毫米。厚:1.9毫米。
　　重:6.7克。质:黄铜。

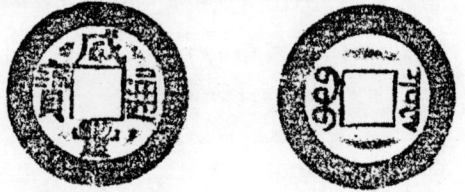

第1—29—1—3—11号　小平。评级:玖。
　　径:24.9毫米。厚:1.6毫米。
　　重:5.2克。质:黄铜。

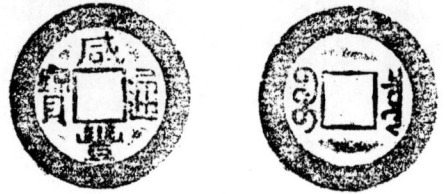

第1—29—1—3—12号　小平。评级:玖。
　　径:24.8毫米。厚:1.7毫米。
　　重:6.3克。质:黄铜。
　　注:厚重、决穿。

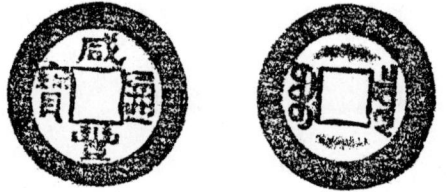

第1—29—1—3—13号　小平。评级:玖。
　　径:24.8毫米。厚:1.5毫米。
　　重:4.6克。质:黄铜。

④背决文:此版式在背穿角有一决文,多在右侧,或上角,或下角。目前只见铁钱有决文在左侧者。

第1—29—1—4—1号　小平。评级:拾。
　　径:23.4毫米。厚:1.4毫米。
　　重:4.1克。质:黄铜。
　　注:背穿右下角决文。

第1—29—1—4—2号　小平。评级:拾。
　　径:23.1毫米。厚:1.4毫米。
　　重:3.5克。质:黄铜。
　　注:背穿右下角决文。

第1—29—1—4—3号　小平。评级:拾。

径:23.0毫米。厚:1.8毫米。

重:4.4克。质:黄铜。

注:背穿右下角决文。

第1—29—1—4—4号　小平。评级:拾。

径:22.8毫米。厚:1.8毫米。

重:4.7克。质:黄铜。

注:背穿右下角决文。

第1—29—1—4—5号　小平。评级:拾。

径:22.4毫米。厚:1.5毫米。

重:3.7克。质:黄铜。

注:背穿右下角决文。

第1—29—1—4—6号　小平。评级:玖。

径:22.4毫米。厚:1.4毫米。

重:3.7克。质:黄铜。

注:背穿右上角决文。

第1—29—1—4—7号　小平。评级:拾。

径:21.3毫米。厚:1.5毫米。

重:3.7克。质:黄铜。

注:背穿右下角决文。

⑤细豆丰

第1—29—1—5—1号　小平。评级:拾。

径:23.1毫米。厚:1.4毫米。

重:3.8克。质:黄铜。

第1—29—1—5—2号　小平。评级:拾。
　　径:23.0毫米。厚:1.5毫米。
　　重:3.9克。质:黄铜。

第1—29—1—5—3号　小平。评级:拾。
　　径:22.9毫米。厚:1.5毫米。
　　重:4.3克。质:黄铜。

第1—29—1—5—4号　小平。评级:拾。
　　径:22.5毫米。厚:1.6毫米。
　　重:4.5克。质:黄铜。

第1—29—1—5—5号　小平。评级:拾。
　　径:20.8毫米。厚:1.5毫米。
　　重:3.3克。质:黄铜。

第1—29—1—5—6号　小平。评级:柒。
　　径:22.3毫米。厚:1.8毫米。
　　重:3.3克。质:铅。

⑥宽豆丰短撇咸

第1—29—1—6—1号　小平。评级:陆。
　　径:23.2毫米。厚:1.6毫米。
　　重:2.8克。质:铅。

第1—29—1—6—2号　小平。评级:拾。
　　径:22.3毫米。厚:1.5毫米。
　　重:3.9克。质:黄铜。

第1—29—1—6—3号　小平。评级:拾。
　　径:21.0毫米。厚:1.5毫米。
　　重:3.2克。质:黄铜。

第1—29—1—6—4号　小平。评级:拾。
　　径:20.7毫米。厚:1.5毫米。
　　重:3.3克。质:黄铜。

第1—29—1—6—5号　小平。评级:拾。
　　径:22.5毫米。厚:1.8毫米。
　　重:4.8克。质:黄铜。
　　注:样钱,决穿。

⑦长撇咸
第1—29—1—7—1号　小平。评级:拾。
　　径:23.5毫米。厚:1.7毫米。
　　重:4.7克。质:黄铜。

第1—29—1—7—2号　小平。评级:拾。
　　径:22.2毫米。厚:1.5毫米。
　　重:3.8克。质:黄铜。

第1—29—1—7—3号　小平。评级:拾。
　　径:21.0毫米。厚:1.5毫米。
　　重:3.4克。质:黄铜。

⑧小样

第1—29—1—8—1号　小平。评级:拾。
　　径:20.0毫米。厚:1.6毫米。
　　重:3.2克。质:黄铜。

第1—29—1—8—2号　小平。评级:拾。
　　径:19.7毫米。厚:1.5毫米。
　　重:2.7克。质:黄铜。

第1—29—1—8—3号　小平。评级:拾。
　　径:19.7毫米。厚:1.4毫米。
　　重:2.7克。质:黄铜。

第1—29—1—8—4号　小平。评级:拾。
　　径:19.6毫米。厚:1.4毫米。
　　重:2.7克。质:黄铜。

第1—29—1—8—5号　小平。评级:拾。
　　径:17.3毫米。厚:1.1毫米。
　　重:1.5克。质:黄铜。

⑨翘头通

第1—29—1—9—1号　小平。评级:捌。
　　径:24.3毫米。厚:1.8毫米。
　　重:4.6克。质:铁。
　　注:背穿左上角决文。

第1—29—1—9—2号　小平。评级:玖。

　　径:21.3毫米。厚:1.6毫米。

　　重:3.9克。质:黄铜。

第1—29—1—9—3号　小平。评级:玖。

　　径:20.4毫米。厚:1.7毫米。

　　重:3.8克。质:黄铜。

⑩隶咸

第1—29—1—10—1号　小平。评级:陆。

　　径:22.3毫米。厚:1.4毫米。

　　重:3.7克。质:黄铜。

　　注:样钱。

第1—29—1—10—2号　小平。评级:玖。

　　径:22.4毫米。厚:1.5毫米。

　　重:4.0克。质:黄铜。

第1—29—1—10—3号　小平。评级:玖。

　　径:22.1毫米。厚:1.6毫米。

　　重:3.8克。质:黄铜。

第1—29—1—10—4号　小平。评级:玖。

　　径:22.1毫米。厚:1.4毫米。

　　重:3.3克。质:黄铜。

第1-29-1-10-5号　小平。评级:玖。
　　径:22.0毫米。厚:1.7毫米。
　　重:4.0克。质:黄铜。

第1-29-1-10-6号　小平。评级:玖。
　　径:21.8毫米。厚:1.6毫米。
　　重:3.7克。质:黄铜。

第1-29-1-10-7号　小平。评级:玖。
　　径:21.8毫米。厚:1.5毫米。
　　重:3.2克。质:黄铜。

第1-29-1-10-8号　小平。评级:玖。
　　径:21.5毫米。厚:1.4毫米。
　　重:3.4克。质:黄铜。

第1-29-1-10-9号　小平。评级:玖。
　　径:21.5毫米。厚:1.4毫米。
　　重:3.3克。质:黄铜。

第1-29-1-10-10号　小平。评级:玖。
　　径:21.5毫米。厚:1.3毫米。
　　重:2.6克。质:黄铜。

第1-29-1-10-11号　小平。评级:玖。
　　径:21.4毫米。厚:1.4毫米。
　　重:3.1克。质:黄铜。

⑪仰咸

第1—29—1—11—1号　小平。评级:玖。
　　　径:23.0毫米。厚:1.5毫米。
　　　重:4.0克。质:黄铜。

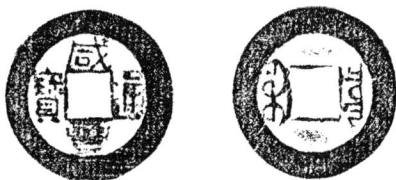

第1—29—1—11—2号　小平。评级:玖。
　　　径:23.0毫米。厚:1.3毫米。
　　　重:3.7克。质:黄铜。

第1—29—1—11—3号　小平。评级:玖。
　　　径:22.9毫米。厚:1.4毫米。
　　　重:4.0克。质:黄铜。

第1—29—1—11—4号　小平。评级:玖。
　　　径:22.8毫米。厚:1.6毫米。
　　　重:4.3克。质:黄铜。

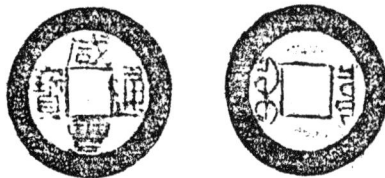

第1—29—1—11—5号　小平。评级:捌。
　　　径:21.5毫米。厚:1.2毫米。
　　　重:3.0克。质:黄铜。
　　　注:背穿上竖纹。

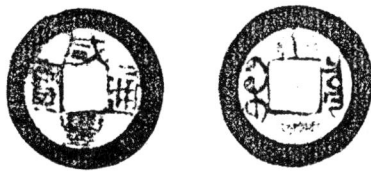

第1—29—1—11—6号　小平。评级:玖。
　　　径:21.4毫米。厚:1.4毫米。
　　　重:3.5克。质:黄铜。

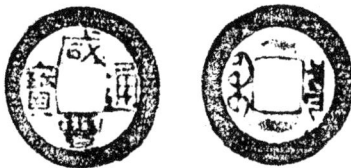

第1—29—1—11—7号　小平。评级:玖。
　　径:22.0毫米。厚:1.4毫米。
　　重:3.3克。质:黄铜。

第1—29—1—11—8号　小平。评级:玖。
　　径:19.5毫米。厚:1.7毫米。
　　重:3.0克。质:黄铜。

第1—29—1—11—9号　小平。评级:玖。
　　径:19.0毫米。厚:1.4毫米。
　　重:2.3克。质:黄铜。

第1—29—1—11—10号　小平。评级:玖。
　　径:17.8毫米。厚:1.2毫米。
　　重:1.4克。质:黄铜。

(2)"尔"宝"八"贝角头单点通小平钱
①大字
第1—29—2—1—1号　小平。评级:玖。
　　径:24.7毫米。厚:1.6毫米。
　　重:5.1克。质:黄铜。

第1—29—2—1—2号　小平。评级:玖。
　　径:24.6毫米。厚:1.8毫米。
　　重:5.4克。质:黄铜。

第1—29—2—1—3号　小平。评级:玖。
径:24.6毫米。厚:1.7毫米。
重:5.8克。质:黄铜。

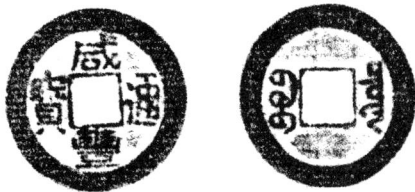

第1—29—2—1—4号　小平。评级:玖。
径:24.6毫米。厚:1.4毫米。
重:4.5克。质:黄铜。

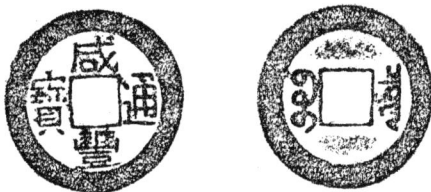

第1—29—2—1—5号　小平。评级:拾。
径:24.5毫米。厚:1.7毫米。
重:4.7克。质:黄铜。

第1—29—2—1—6号　小平。评级:拾。
径:24.4毫米。厚:1.7毫米。
重:5.1克。质:黄铜。

第1—29—2—1—7号　小平。评级:玖。
径:24.4毫米。厚:1.4毫米。
重:4.7克。质:黄铜。
注:背穿下贴郭半星。

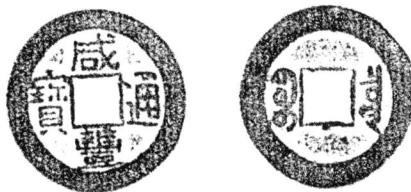

第1—29—2—1—8号　小平。评级:拾。
径:24.3毫米。厚:1.3毫米。
重:4.4克。质:黄铜。

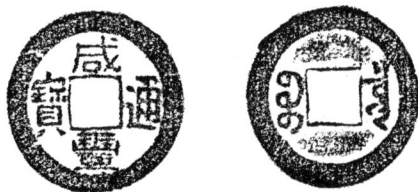

第1—29—2—1—9号　小平。评级:拾。
　　径:24.2毫米。厚:1.7毫米。
　　重:5.0克。质:黄铜。

第1—29—2—1—10号　小平。评级:拾。
　　径:24.2毫米。厚:1.5毫米。
　　重:4.4克。质:黄铜。

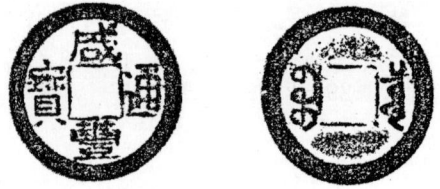

第1—29—2—1—11号　小平。评级:拾。
　　径:24.1毫米。厚:1.4毫米。
　　重:4.1克。质:黄铜。

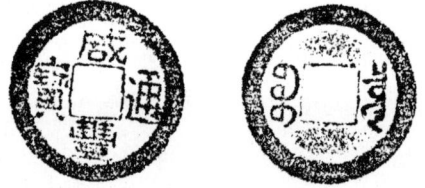

第1—29—2—1—12号　小平。评级:拾。
　　径:24.0毫米。厚:1.4毫米。
　　重:4.6克。质:黄铜。

第1—29—2—1—13号　小平。评级:拾。
　　径:23.9毫米。厚:1.5毫米。
　　重:4.7克。质:黄铜。

第1—29—2—1—14号　小平。评级:拾。
　　径:23.8毫米。厚:1.4毫米。
　　重:4.4克。质:黄铜。

第1—29—2—1—15号　小平。评级:拾。
　　径:23.3毫米。厚:1.4毫米。
　　重:3.9克。质:黄铜。

第1—29—2—1—16号　小平。评级:拾。
　　径:23.0毫米。厚:1.5毫米。
　　重:4.0克。质:黄铜。
　　注:瘦泉。

第1—29—2—1—17号　小平。评级:拾。
　　径:22.1毫米。厚:1.7毫米。
　　重:4.5克。质:黄铜。

②宽缘
第1—29—2—2—1号　小平。评级:陆。
　　径:26.0毫米。厚:1.6毫米。
　　重:5.8克。质:黄铜。
　　注:样钱。

第1—29—2—2—2号　小平。评级:陆。
　　径:25.0毫米。厚:1.7毫米。
　　重:5.6克。质:黄铜。
　　注:样钱。

第1—29—2—2—3号　小平。评级:捌。
　　径:26.0毫米。厚:1.6毫米。
　　重:6.4克。质:黄铜。

第1—29—2—2—4号　小平。评级:捌。
　径:26.0毫米。厚:1.6毫米。
　重:6.0克。质:黄铜。

第1—29—2—2—5号　小平。评级:捌。
　径:26.0毫米。厚:1.4毫米。
　重:5.4克。质:黄铜。

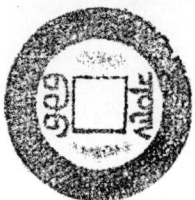

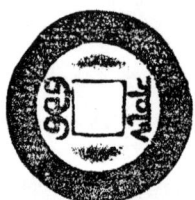

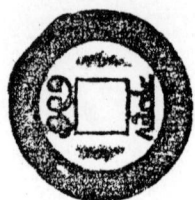

第1—29—2—2—6号　小平。评级:捌。
　径:25.9毫米。厚:1.5毫米。
　重:6.1克。质:黄铜。

第1—29—2—2—7号　小平。评级:捌。
　径:25.9毫米。厚:1.4毫米。
　重:5.4克。质:黄铜。

第1—29—2—2—8号　小平。评级:捌。
　径:25.8毫米。厚:1.5毫米。
　重:5.7克。质:黄铜。

第1—29—2—2—9号　小平。评级:玖。
　径:25.8毫米。厚:1.5～1.3毫米。
　重:5.4克。质:黄铜。

第1—29—2—2—10号　小平。评级:玖。
　　径:25.7毫米。厚:1.7毫米。
　　重:6.1克。质:黄铜。

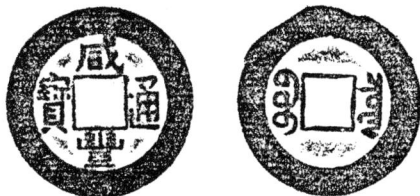

第1—29—2—2—11号　小平。评级:玖。
　　径:25.7毫米。厚:1.5毫米。
　　重:5.8克。质:黄铜。

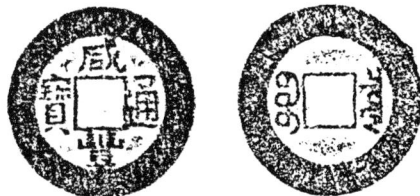

第1—29—2—2—12号　小平。评级:玖。
　　径:25.6毫米。厚:1.8毫米。
　　重:6.5克。质:黄铜。

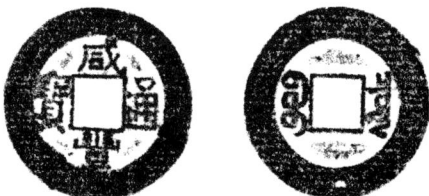

第1—29—2—2—13号　小平。评级:玖。
　　径:25.6毫米。厚:1.6毫米。
　　重:5.9克。质:黄铜。

第1—29—2—2—14号　小平。评级:玖。
　　径:25.5毫米。厚:1.6毫米。
　　重:5.2克。质:黄铜。

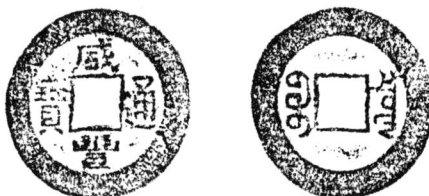

第1—29—2—2—15号　小平。评级:玖。
　　径:25.4毫米。厚:1.7毫米。
　　重:6.2克。质:黄铜。

第1—29—2—2—16号　小平。评级:玖。
　　径:25.1毫米。厚:1.7毫米。
　　重:5.7克。质:黄铜。

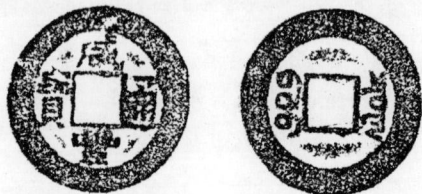

第1—29—2—2—17号　小平。评级:玖。
　　径:24.9毫米。厚:1.5毫米。
　　重:5.2克。质:黄铜。

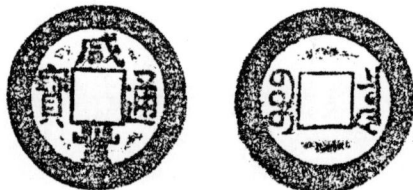

第1—29—2—2—18号　小平。评级:玖。
　　径:24.8毫米。厚:1.5毫米。
　　重:5.2克。质:黄铜。

第1—29—2—2—19号　小平。评级:玖。
　　径:23.2毫米。厚:1.5毫米。
　　重:4.6克。质:黄铜。

③背决文

第1—29—2—3—1号　小平。评级:伍。
　　径:23.0毫米。厚:1.7毫米。
　　重:3.3克。质:铅。
　　注:背穿右下角决文。

第1—29—2—3—2号　小平。评级:玖。
　　径:23.3毫米。厚:1.5毫米。
　　重:3.6克。质:铁。
　　注:背穿右上角决文。

第1—29—2—3—3号　小平。评级:玖。

　　径:22.9毫米。厚:1.8毫米。

　　重:4.1克。质:铁。

　　注:背穿右下角决文。

第1—29—2—3—4号　小平。评级:玖。

　　径:22.7毫米。厚:1.7毫米。

　　重:4.1克。质:铁。

　　注:背穿右下角决文。

第1—29—2—3—5号　小平。评级:拾。

　　径:23.6毫米。厚:1.5毫米。

　　重:4.1克。质:黄铜。

　　注:背穿右上角决文。

第1—29—2—3—6号　小平。评级:玖。

　　径:23.1毫米。厚:1.5毫米。

　　重:3.8克。质:黄铜。

　　注:背穿右下角决文,穿下星。

第1—29—2—3—7号　小平。评级:拾。

　　径:22.9毫米。厚:1.5毫米。

　　重:3.8克。质:黄铜。

　　注:背穿右上角决文。

第1—29—2—3—8号　小平。评级:拾。

　　径:22.9毫米。厚:1.5毫米。

　　重:3.7克。质:黄铜。

　　注:背穿右下角决文。

第1－29－2－3－9号　小平。评级:拾。

　　径:22.7毫米。厚:1.6毫米。

　　重:4.2克。质:黄铜。

　　注:背穿右上角决文。

第1－29－2－3－10号　小平。评级:拾。

　　径:22.7毫米。厚:1.6毫米。

　　重:3.9克。质:黄铜。

　　注:背穿右下角决文。

第1－29－2－3－11号　小平。评级:拾。

　　径:22.6毫米。厚:1.4毫米。

　　重:3.3克。质:黄铜。

　　注:背穿右下角决文。

第1－29－2－3－12号　小平。评级:玖。

　　径:22.5毫米。厚:1.6毫米。

　　重:3.9克。质:黄铜。

　　注:翘头通,背穿右下角决文。

第1－29－2－3－13号　小平。评级:拾。

　　径:22.5毫米。厚:1.5毫米。

　　重:3.8克。质:黄铜。

　　注:背穿右上角决文。

④细豆丰

第1－29－2－4－1号　小平。评级:肆。

　　径:21.9毫米。厚:1.6毫米。

　　重:4.0克。质:黄铜。

　　注:母钱。

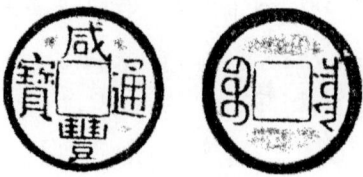

第1—29—2—4—2号 小平。评级:陆。
　　径:22.1毫米。厚:1.6毫米。
　　重:3.1克。质:铅。

第1—29—2—4—3号 小平。评级:拾。
　　径:23.4毫米。厚:1.5毫米。
　　重:4.6克。质:黄铜。

第1—29—2—4—4号 小平。评级:拾。
　　径:22.6毫米。厚:1.5毫米。
　　重:4.5克。质:黄铜。

第1—29—2—4—5号 小平。评级:拾。
　　径:22.4毫米。厚:1.5毫米。
　　重:4.1克。质:黄铜。

第1—29—2—4—6号 小平。评级:拾。
　　径:22.4毫米。厚:1.4毫米。
　　重:3.8克。质:黄铜。

第1—29—2—4—7号 小平。评级:陆。
　　径:22.0毫米。厚:1.4毫米。
　　重:3.8克。质:黄铜。
　　注:样钱。

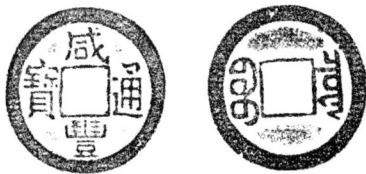

第1—29—2—4—8号　小平。评级:柒。
　　径:22.7毫米。厚:1.8毫米。
　　重:4.2克。质:铁。

⑤宽豆丰

第1—29—2—5—1号　小平。评级:拾。
　　径:21.7毫米。厚:1.6毫米。
　　重:3.7克。质:黄铜。

第1—29—2—5—2号　小平。评级:拾。
　　径:20.4毫米。厚:1.5毫米。
　　重:3.1克。质:黄铜。

(6)小样

第1—29—2—6—1号　小平。评级:拾。
　　径:20.1毫米。厚:1.6毫米。
　　重:3.4克。质:黄铜。

第1—29—2—6—2号　小平。评级:拾。
　　径:19.7毫米。厚:1.7毫米。
　　重:2.7克。质:黄铜。

第1—29—2—6—3号　小平。评级:玖。
　　径:19.3毫米。厚:1.4毫米。
　　重:2.7克。质:黄铜。
　　注:决穿,背穿上左星。

（3）"尔"宝"ス"贝角头双点通小平钱

①大字

第1—29—3—1—1号　小平。评级：伍。

径：26.5毫米。厚：1.9毫米。

重：6.4克。质：黄铜。

注：样钱。

第1—29—3—1—2号　小平。评级：陆。

径：23.2毫米。厚：1.8毫米。

重：3.1克。质：铅。

注：此式铅钱，前无报道。

第1—29—3—1—3号　小平。评级：捌。

径：25.2毫米。厚：1.4毫米。

重：4.3克。质：黄铜。

第1—29—3—1—4号　小平。评级：柒。

面径：25.1毫米。背径：24.2毫米。

厚：1.9毫米。重：5.8克。

质：黄铜。

注：缘、穿郭均具单向拔模斜度，稀见。

第1—29—3—1—5号　小平。评级：拾。

径：24.8毫米。厚：1.5毫米。

重：4.9克。质：黄铜。

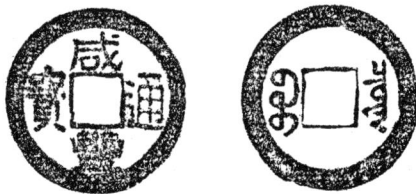

第1—29—3—1—6号　小平。评级:拾。

　　径:24.5毫米。厚:1.4毫米。

　　重:3.4克。质:黄铜。

第1—29—3—1—7号　小平。评级:拾。

　　径:24.4毫米。厚:1.5毫米。

　　重:4.5克。质:黄铜。

第1—29—3—1—8号　小平。评级:拾。

　　径:24.4毫米。厚:1.4毫米。

　　重:4.2克。质:黄铜。

第1—29—3—1—9号　小平。评级:拾。

　　径:23.4毫米。厚:1.5毫米。

　　重:4.3克。质:黄铜。

②宽缘

第1—29—3—2—1号　小平。评级:陆。

　　径:26.0毫米。厚:1.7毫米。

　　重:6.6克。质:黄铜。

　　注:上呈样钱。

第1—29—3—2—2号　小平。评级:玖。

　　径:26.3毫米。厚:1.6毫米。

　　重:5.5克。质:黄铜。

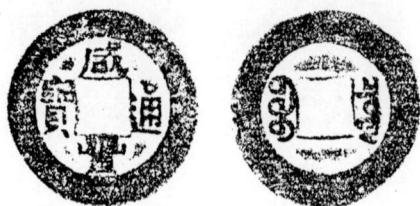

第1—29—3—2—3号 小平。评级:玖。

    径:26.1毫米。厚:1.8毫米。

    重:5.6克。质:黄铜。

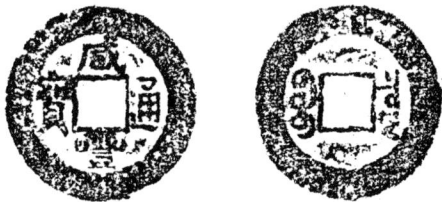

第1—29—3—2—4号 小平。评级:陆。

    径:25.9毫米。厚:2.0毫米。

    重:7.2克。质:黄铜。

    注:样钱。

第1—29—3—2—5号 小平。评级:玖。

    径:25.7毫米。厚:1.8毫米。

    重:6.4克。质:黄铜。

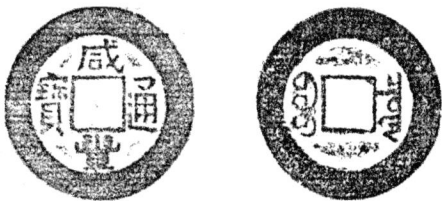

第1—29—3—2—6号 小平。评级:玖。

    径:25.7毫米。厚:1.4毫米。

    重:5.5克。质:黄铜。

第1—29—3—2—7号 小平。评级:玖。

    径:25.6毫米。厚:1.6毫米。

    重:5.7克。质:黄铜。

第1—29—3—2—8号 小平。评级:玖。

    径:25.3毫米。厚:1.7毫米。

    重:5.4克。质:黄铜。

第1—29—3—2—9号　小平。评级:玖。
　　径:25.3毫米。厚:1.5毫米。
　　重:5.7克。质:黄铜。

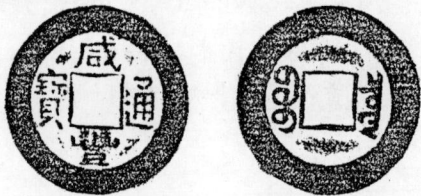

第1—29—3—2—10号　小平。评级:玖。
　　径:23.4毫米。厚:1.6毫米。
　　重:4.5克。质:黄铜。

第1—29—3—2—11号　小平。评级:玖。
　　径:22.2毫米。厚:2.0毫米。
　　重:4.7克。质:黄铜。

③背决文
第1—29—3—3—1号　小平。评级:伍。
　　径:24.2毫米。厚:1.8毫米。
　　重:4.3克。质:铅。
　　注:背穿右下角决文。

第1—29—3—3—2号　小平。评级:拾。
　　径:23.3毫米。厚:1.7毫米。
　　重:5.0克。质:黄铜。
　　注:背穿右上角决文。

第1—29—3—3—3号　小平。评级:拾。
　　径:23.2毫米。厚:1.7毫米。
　　重:4.2克。质:黄铜。
　　注:背穿右上角决文。

第1—29—3—3—4号　小平。评级:拾。

　　径:23.0毫米。厚:1.5毫米。

　　重:3.6克。质:黄铜。

　　注:背穿右下角决文。

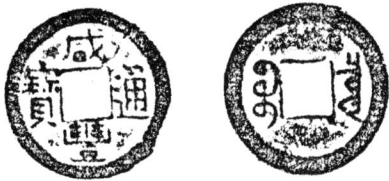

第1—29—3—3—5号　小平。评级:拾。

　　径:22.6毫米。厚:1.5毫米。

　　重:3.8克。质:黄铜。

　　注:背穿右上角决文。

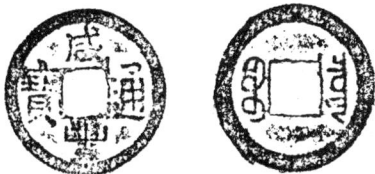

第1—29—3—3—6号　小平。评级:拾。

　　径:22.4毫米。厚:1.5毫米。

　　重:3.7克。质:黄铜。

　　注:背穿右上角决文。

④细豆丰

第1—29—3—4—1号　小平。评级:陆。

　　径:22.7毫米。厚:1.9毫米。

　　重:3.2克。质:铅。

第1—29—3—4—2号　小平。评级:捌。

　　径:24.0毫米。厚:1.8毫米。

　　重:4.6克。质:铁。

　　注:背穿上下贴穿郭星。

第1—29—3—4—3号　小平。评级:玖。

　　径:23.1毫米。厚:1.5毫米。

　　重:4.1克。质:黄铜。

　　注:背穿下左星。

第1—29—3—4—4号　小平。评级:拾。

　　径:22.5毫米。厚:1.8毫米。

　　重:4.8克。质:黄铜。

第1—29—3—4—5号　小平。评级:拾。

　　径:22.1毫米。厚:1.5毫米。

　　重:3.3克。质:黄铜。

第1—29—3—4—6号　小平。评级:拾。

　　径:22.0毫米。厚:1.7毫米。

　　重:4.2克。质:黄铜。

第1—29—3—4—7号　小平。评级:拾。

　　径:21.9毫米。厚:1.9毫米。

　　重:4.1克。质:黄铜。

⑤宽豆丰

第1—29—3—5—1号　小平。评级:玖。

　　径:24.9毫米。厚:1.4毫米。

　　重:4.8克。质:黄铜。

第1—29—3—5—2号　小平。评级:捌。

　　径:24.4毫米。厚:1.7毫米。

　　重:5.0克。质:黄铜。

　　注:背穿上星。

第1—29—3—5—3号　小平。评级:玖。

　　径:24.7毫米。厚:1.6毫米。

　　重:5.5克。质:黄铜。

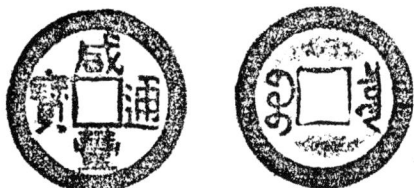

第1—29—3—5—4号　小平。评级:捌。

　　径:23.2毫米。厚:1.5毫米。

　　重:4.2克。质:黄铜。

　　注:咸左星。

⑥小样

第1—29—3—6—1号　小平。评级:柒。

　　径:20.2毫米。厚:1.7毫米。

　　重:2.9克。质:铅。

第1—29—3—6—2号　小平。评级:拾。

　　径:20.8毫米。厚:1.7毫米。

　　重:3.2克。质:黄铜。

第1—29—3—6—3号　小平。评级:拾。

　　径:20.7毫米。厚:1.4毫米。

　　重:3.1克。质:黄铜。

第1—29—3—6—4号　小平。评级:拾。

　　径:19.5毫米。厚:1.8毫米。

　　重:3.2克。质:黄铜。

第1—29—3—6—5号　小平。评级:拾。

　　径:18.5毫米。厚:1.4毫米。

　　重:2.4克。质:黄铜。

⑦中型字

第1—29—3—7—1号　小平。评级:拾。
　　　径:22.0毫米。厚:2.0毫米。
　　　重:4.7克。质:黄铜。

第1—29—3—7—2号　小字。评级:拾。
　　　径:21.7毫米。厚:1.8毫米。
　　　重:4.4克。质:黄铜。

⑧小咸

第1—29—3—8—1号　小平。评级:拾。
　　　径:24.2毫米。厚:1.6毫米。
　　　重:5.0克。质:黄铜。

第1—29—3—8—2号　小平。评级:拾。
　　　径:22.3毫米。厚:1.5毫米。
　　　重:4.0克。质:黄铜。

第1—29—3—8—3号　小平。评级:拾。
　　　径:22.1毫米。厚:1.6毫米。
　　　重:3.8克。质:黄铜。

第1—29—3—8—4号　小平。评级:玖。
　　　径:22.1毫米。厚:1.4毫米。
　　　重:3.7克。质:黄铜。
　　　注:背穿上右星。

⑨长撇咸

第1—29—3—9—1号　小平。评级:玖。

　　径:23.0毫米。厚:2.0毫米。

　　重:5.3克。质:黄铜。

　　注:稀少。

(4)"尔"宝"八"贝角头双点通出头宝小平钱

①大字

第1—29—4—1—1号　小平。评级:陆。

　　径:25.6毫米。厚:1.6毫米。

　　重:5.4克。质:黄铜。

　　注:样钱。

第1—29—4—1—2号　小平。评级:玖。

　　径:24.1毫米。厚:1.5毫米。

　　重:4.4克。质:黄铜。

第1—29—4—1—3号　小平。评级:拾。

　　径:24.0毫米。厚:1.6毫米。

　　重:4.9克。质:黄铜。

第1—29—4—1—4号　小平。评级:拾。

　　径:23.8毫米。厚:1.6毫米。

　　重:4.6克。质:黄铜。

第1—29—4—1—5号　小平。评级:拾。

　　径:23.8毫米。厚:1.6毫米。

　　重:4.2克。质:黄铜。

第1—29—4—1—6号　小平。评级:拾。
　　径:23.7毫米。厚:1.4毫米。
　　重:4.5克。质:黄铜。

第1—29—4—1—7号　小平。评级:拾。
　　径:23.6毫米。厚:1.8毫米。
　　重:4.8克。质:黄铜。

第1—29—4—1—8号　小平。评级:拾。
　　径:23.5毫米。厚:1.2毫米。
　　重:3.5克。质:黄铜。

第1—29—4—1—9号　小平。评级:拾。
　　径:23.3毫米。厚:1.5毫米。
　　重:4.2克。质:黄铜。

第1—29—4—1—10号　小平。评级:拾。
　　径:22.9毫米。厚:1.4毫米。
　　重:4.0克。质:黄铜。

②宽缘
第1—29—4—2—1号　小平。评级:陆。
　　径:25.8毫米。厚:1.8毫米。
　　重:6.6克。质:黄铜。
　　注:样钱。

第1—29—4—2—2号　小平。评级:玖。
　　径:25.7毫米。厚:1.7毫米。
　　重:5.8克。质:黄铜。

第1—29—4—2—3号　小平。评级:玖。
　　径:25.7毫米。厚:1.5毫米。
　　重:5.5克。质:黄铜。

第1—29—4—2—4号　小平。评级:玖。
　　径:25.4毫米。厚:1.4毫米。
　　重:5.4克。质:黄铜。

第1—29—4—2—5号　小平。评级:拾。
　　径:25.1毫米。厚:1.5毫米。
　　重:5.4克。质:黄铜。

第1—29—4—2—6号　小平。评级:捌。
　　径:25.0毫米。厚:1.8毫米。
　　重:6.0克。质:黄铜。

第1—29—4—2—7号　小平。评级:捌。
　　径:25.0毫米。厚:1.7毫米。
　　重:6.1克。质:黄铜。
　　注:小字。

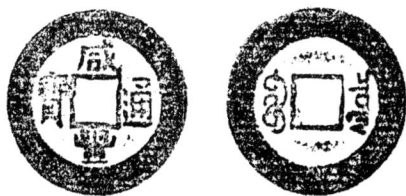

第1—29—4—2—8号　小平。评级:玖。

　　径:25.0毫米。厚:1.7毫米。

　　重:5.5克。质:黄铜。

　　注:规制。

第1—29—4—2—9号　小平。评级:捌。

　　径:24.9毫米。厚:1.4毫米。

　　重:5.0克。质:黄铜。

　　注:咸左星。

第1—29—4—2—10号　小平。评级:拾。

　　径:24.8毫米。厚:1.5毫米。

　　重:5.3克。质:黄铜。

第1—29—4—2—11号　小平。评级:拾。

　　径:24.6毫米。厚:1.4毫米。

　　重:4.5克。质:黄铜。

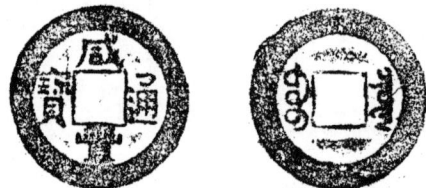

第1—29—4—2—12号　小平。评级:拾。

　　径:24.4毫米。厚:1.7毫米。

　　重:5.2克。质:黄铜。

③背决文

第1—29—4—3—1号　小平。评级:拾。

　　径:23.1毫米。厚:1.5毫米。

　　重:4.0克。质:黄铜。

　　注:背穿右上角决文,翘头通。

第1—29—4—3—2号　小平。评级:拾。

　　径:22.8毫米。厚:1.9毫米。

　　重:4.3克。质:黄铜。

　　注:背穿右下角决文。

第1—29—4—3—3号　小平。评级:拾。

　　径:22.8毫米。厚:1.4毫米。

　　重:3.9克。质:黄铜。

　　注:背穿右上角决文,翘头通。

第1—29—4—3—4号　小平。评级:拾。

　　径:22.7毫米。厚:1.5毫米。

　　重:3.7克。质:黄铜。

　　注:背穿右下角决文。

第1—29—4—3—5号　小平。评级:拾。

　　径:22.4毫米。厚:1.5毫米。

　　重:3.8克。质:黄铜。

　　注:背穿右上角决文。翘头通。

第1—29—4—3—6号　小平。评级:拾。

　　径:21.8毫米。厚:1.4毫米。

　　重:3.4克。质:黄铜。

　　注:背穿右下角决文。

第1—29—4—3—7号　小平。评级:玖。

　　径:20.4毫米。厚:1.3毫米。

　　重:2.2克。质:黄铜。

　　注:背穿左上角决文。铜钱左侧决文
者仅见此孤例。版式也有差异。

④细豆丰

第1—29—4—4—1号　小平。评级:拾。
　　径:23.4毫米。厚:1.5毫米。
　　重:4.4克。质:黄铜。

第1—29—4—4—2号　小平。评级:拾。
　　径:22.8毫米。厚:1.5毫米。
　　重:4.0克。质:黄铜。

第1—29—4—4—3号　小平。评级:拾。
　　径:22.6毫米。厚:1.3毫米。
　　重:3.7克。质:黄铜。

第1—29—4—4—4号　小平。评级:拾。
　　径:22.5毫米。厚:1.5毫米。
　　重:4.1克。质:黄铜。

第1—29—4—4—5号　小平。评级:拾。
　　径:22.5毫米。厚:1.3毫米。
　　重:3.3克。质:黄铜。

第1—29—4—4—6号　小平。评级:玖。
　　径:22.4毫米。厚:1.6毫米。
　　重:3.4克。质:黄铜。
　　注:背穿下贴郭半星。

⑤宽豆丰

第1—29—4—5—1号　小平。评级:拾。
　　径:21.6毫米。厚:1.6毫米。
　　重:3.6克。质:黄铜。

第1—29—4—5—2号　小平。评级:拾。
　　径:21.4毫米。厚:1.6毫米。
　　重:3.8克。质:黄铜。

第1—29—4—5—3号　小平。评级:拾。
　　径:21.1毫米。厚:1.7毫米。
　　重:3.9克。质:黄铜。

第1—29—4—5—4号　小平。评级:拾。
　　径:20.0毫米。厚:1.6毫米。
　　重:3.0克。质:黄铜。

第1—29—4—5—5号　小平。评级:拾。
　　径:18.9毫米。厚:1.0毫米。
　　重:1.9克。质:黄铜。

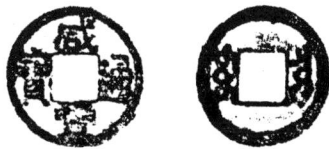

⑥小样直撇咸

第1—29—4—6—1号　小平。评级:拾。
　　径:19.8毫米。厚:1.6毫米。
　　重:3.0克。质:黄铜。

第1—29—4—6—2号　小平。评级:拾。
　　径:19.8毫米。厚:1.4毫米。
　　重:2.6克。质:黄铜。

⑦小样弯撇咸

第1—29—4—7—1号　小平。评级:拾。
　　径:21.5毫米。厚:1.3毫米。
　　重:3.3克。质:黄铜。

第1—29—4—7—2号　小平。评级:拾。
　　径:20.8毫米。厚:1.9毫米。
　　重:4.2克。质:黄铜。

第1—29—4—7—3号　小平。评级:拾。
　　径:20.0毫米。厚:2.0毫米。
　　重:3.9克。质:黄铜。

第1—29—4—7—4号　小平。评级:拾。
　　径:19.8毫米。厚:1.2毫米。
　　重:2.0克。质:黄铜。

第1—29—4—7—5号　小平。评级:拾。
　　径:19.6毫米。厚:1.1毫米。
　　重:1.7克。质:黄铜。

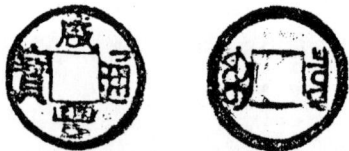

第1—29—4—7—6号　小平。评级:拾。
　　径:19.3毫米。厚:0.9毫米。
　　重:1.4克。质:黄铜。

第1—29—4—7—7号　小平。评级:拾。
　　径:19.2毫米。厚:1.0毫米。
　　重:1.8克。质:黄铜。

（5）"尔"宝"八"贝角头双点通小平钱

①样钱

第1—29—5—1—1号　小平。评级:伍。

　　径:29.2毫米。厚:1.7毫米。

　　重:7.0克。质:黄铜。

　　注:试铸样钱。

第1—29—5—1—2号　小平。评级:陆。

　　径:27.6毫米。厚:1.7毫米。

　　重:6.7克。质:黄铜。

　　注:部颁样钱。

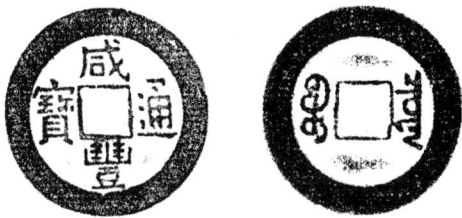

第1—29—5—1—3号　小平。评级:陆。

　　径:27.4毫米。厚:2.1毫米。

　　重:8.0克。质:黄铜。

　　注:部颁样钱。

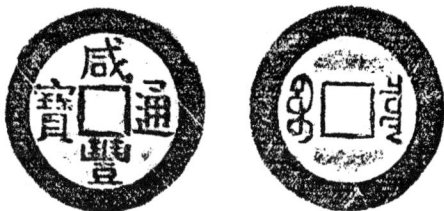

第1—29—5—1—4号　小平。评级:陆。

　　径:27.0毫米。厚:2.0毫米。

　　重:8.5克。质:黄铜。

　　注:部颁样钱。

②小样

第1—29—5—2—1号　小平。评级:玖。

　　径:19.2毫米。厚:1.1毫米。

　　重:1.8克。质:黄铜。

第1-29-5-2-2号　小平。评级:玖。

　　径:19.0毫米。厚:1.2毫米。

　　重:1.9克。质:黄铜。

③铁小平:在《咸丰泉汇》的年代,尚未发现此种版式。

第1-29-5-3-1号　小平。评级:捌。

　　径:24.6毫米。厚:1.8毫米。

　　重:5.0克。质:铁。

　　注:短尾满宝。

第1-29-5-3-2号　小平。评级:捌。

　　径:24.3毫米。厚:1.8毫米。

　　重:5.0克。质:铁。

　　注:窄贝。

第1-29-5-3-3号　小平。评级:捌。

　　径:24.3毫米。厚:1.7毫米。

　　重:4.5克。质:铁。

　　注:大通小宝。

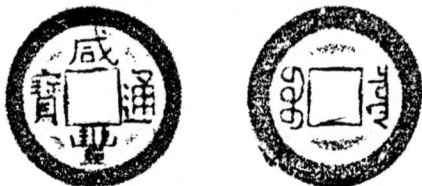

第1-29-5-3-4号　小平。评级:捌。

　　径:24.4毫米。厚:2.2毫米。

　　重:6.0克。质:铁。

　　注:宽咸细豆丰,窄尾满宝。

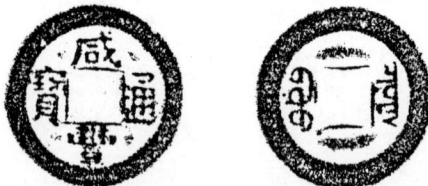

第1-29-5-3-5号　小平。评级:捌。

　　径:24.2毫米。厚:1.7毫米。

　　重:4.2克。质:铁。

　　注:短尾满宝。

第1—29—5—3—6号　小平。评级:捌。
径:24.1毫米。厚:2.0毫米。
重:5.2克。质:铁。
注:窄尾满宝。

第1—29—5—3—7号　小平。评级:捌。
径:23.9毫米。厚:1.7毫米。
重:4.3克。质:铁。
注:宽豆丰,背重文。

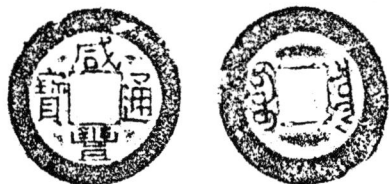

第1—29—5—3—8号　小平。评级:捌。
径:23.9毫米。厚:1.7毫米。
重:3.3克。质:铁。
注:短尾满宝。

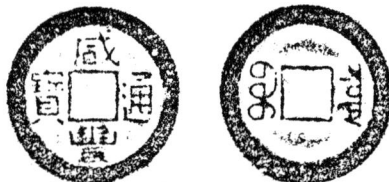

第1—29—5—3—9号　小平。评级:捌。
径:23.4毫米。厚:1.8毫米。
重:4.4克。质:铁。
注:短尾满宝。

第1—29—5—3—10号　小平。评级:捌。
径:23.2毫米。厚:1.9毫米。
重:4.2克。质:铁。
注:大通小宝。

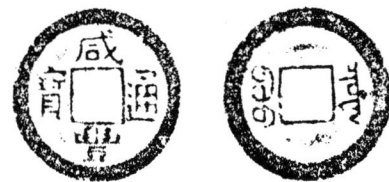

第1—29—5—3—11号　小平。评级:捌。
径:22.5毫米。厚:1.8毫米。
重:4.0克。质:铁。
注:背穿右上角决文。

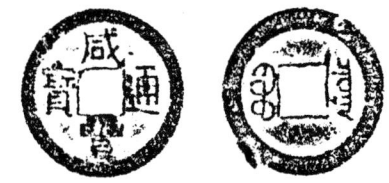

第1—29—5—3—12号　小平。评级:贰。

　　　径:24.8毫米。厚:1.9毫米。

　　　重:5.9克。质:黄铜。

　　　注:铁母。

(6)"尔"宝"八"贝方头双点通小平钱

为铁钱版式。是咸丰钱中最美的版式。

第1—29—6—1号　小平。评级:贰。

　　　径:23.2毫米。厚:1.8毫米。

　　　重:5.0克。质:铜。

　　　注:母钱。

第1—29—6—2号　小平。评级:伍。

　　　径:23.5毫米。厚:2.0毫米。

　　　重:5.2克。质:铁。

第1—29—6—3号　小平。评级:伍。

　　　径:23.0毫米。厚:1.7毫米。

　　　重:4.1克。质:铁。

(7)"尔"宝"八"贝方头单点通小平钱:

为铁钱版式。

第1—29—7—1号　小平。评级:玖。

　　　径:24.2毫米。厚:1.9毫米。

　　　重:5.3克。质:铁。

　　　注:宽缘,背穿左下角决文。

第1－29－7－2号　小平。评级:玖。

　　径:23.8毫米。厚:2.2毫米。

　　重:4.6克。质:铁。

　　注:背穿左下角决文。

第1－29－7－3号　小平。评级:玖。

　　径:23.1毫米。厚:1.7毫米。

　　重:4.5克。质:铁。

　　注:背穿右上角决文。

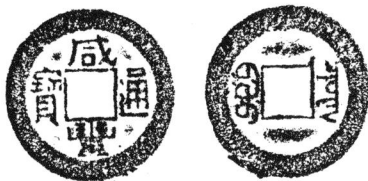

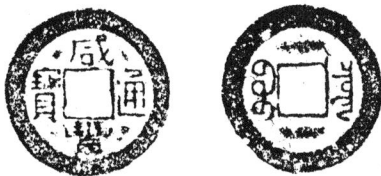

第1－29－7－4号　小平。评级:玖。

　　径:22.5毫米。厚:1.9毫米。

　　重:3.9克。质:铁。

　　注:背穿右上角决文。

第1－29－7－5号　小平。评级:玖。

　　径:24.6毫米。厚:2.0毫米。

　　重:5.6克。质:铁。

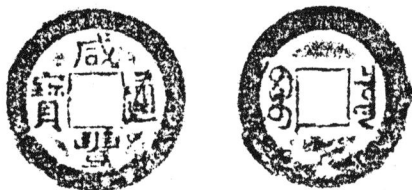

第1－29－7－6号　小平。评级:捌。

　　径:22.7毫米。厚:1.4毫米。

　　重:3.6克。质:黄铜。

　　注:铁式铜钱,背决穿。

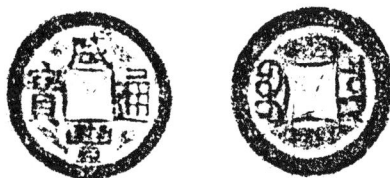

(8)"尔"宝左出头"ㅈ"贝方头双点通小平钱

第1－29－8－1号　小平。评级:捌。

　　径:26.1毫米。厚:1.3毫米。

　　重:3.0克。质:黄铜。

　　注:背穿下贴郭半星。

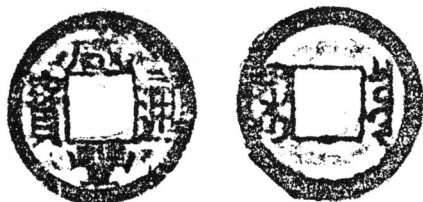

第1—29—8—2号　小平。评级：玖。
径：21.4毫米。厚：1.1毫米。
重：2.7克。质：黄铜。

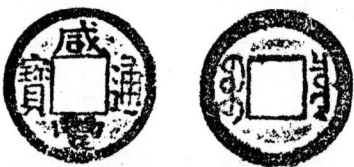

第1—29—8—3号　小平。评级：玖。
径：21.4毫米。厚：1.0毫米。
重：2.5克。质：黄铜。

第1—29—8—4号　小平。评级：玖。
径：21.2毫米。厚：1.0毫米。
重：2.7克。质：黄铜。

第1—29—8—5号　小平。评级：玖。
径：21.0毫米。厚：1.0毫米。
重：2.1克。质：黄铜。

第1—29—8—6号　小平。评级：玖。
径：21.4毫米。厚：1.0毫米。
重：2.6克。质：黄铜。

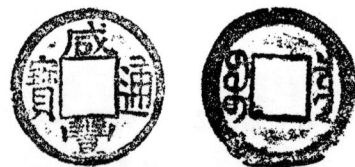

第1—29—8—7号　小平。评级：玖。
径：20.0毫米。厚：0.8毫米。
重：1.5克。质：黄铜。
注：减笔咸，出头宝。

(9)"缶"宝"八"贝角头单点通小平钱

①铜钱

第1—29—9—1—1号　小平。评级:玖。
　　径:21.9毫米。厚:1.3毫米。
　　重:3.2克。质:黄铜。

第1—29—9—1—2号　小平。评级:玖。
　　径:21.7毫米。厚:1.5毫米。
　　重:3.5克。质:黄铜。

第1—29—9—1—3号　小平。评级:玖。
　　径:21.7毫米。厚:1.2毫米。
　　重:3.2克。质:黄铜。

第1—29—9—1—4号　小平。评级:捌。
　　径:21.6毫米。厚:1.7毫米。
　　重:4.3克。质:黄铜。
　　注:厚重。

第1—29—9—1—5号　小平。评级:玖。
　　径:21.4毫米。厚:1.2毫米。
　　重:2.3克。质:黄铜。

第1—29—9—1—6号　小平。评级:玖。
　　径:21.4毫米。厚:1.1毫米。
　　重:2.3克。质:黄铜。

第1—29—9—1—7号　小平。评级:玖。
　　径:21.3毫米。厚:1.0毫米。
　　重:2.2克。质:黄铜。
　　注:无穿郭。

第1—29—9—1—8号　小平。评级:玖。
　　径:21.2毫米。厚:1.1毫米。
　　重:2.4克。质:黄铜。

第1—29—9—1—9号　小平。评级:玖。
　　径:21.1毫米。厚:1.2毫米。
　　重:2.6克。质:黄铜。

第1—29—9—1—10号　小平。评级:玖。
　　径:21.1毫米。厚:1.1毫米。
　　重:2.5克。质:黄铜。

第1—29—9—1—11号　小平。评级:玖。
　　径:20.7毫米。厚:1.1毫米。
　　重:2.2克。质:黄铜。

第1—29—9—1—12号　小平。评级:玖。
　　径:20.7毫米。厚:0.9毫米。
　　重:2.0克。质:黄铜。

第1—29—9—1—13号　小平。评级:玖。
　　径:20.5毫米。厚:1.1毫米。
　　重:2.2克。质:黄铜。
　　注:无穿郭。

第1—29—9—1—14号　小平。评级:玖。

　　径:20.1毫米。厚:1.0毫米。

　　重:2.1克。质:黄铜。

　　注:无穿郭。

第1—29—9—1—15号　小平。评级:玖。

　　径:19.8毫米。厚:1.6毫米。

　　重:3.0克。质:黄铜。

②铁钱

第1—29—9—2—1号　小平。评级:柒。

　　径:24.1毫米。厚:2.0毫米。

　　重:5.8克。质:铁。

　　注:背穿上下小星。

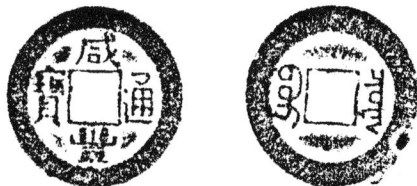

第1—29—9—2—2号　小平。评级:捌。

　　径:24.0毫米。厚:1.8毫米。

　　重:4.3克。质:铁。

　　注:瘦通。

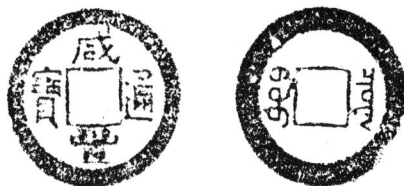

第1—29—9—2—3号　小平。评级:捌。

　　径:23.8毫米。厚:1.9毫米。

　　重:5.0克。质:铁。

　　注:瘦宝。

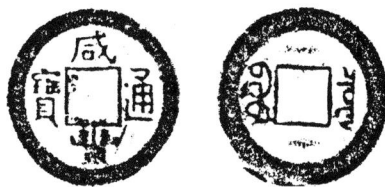

第1—29—9—2—4号　小平。评级:捌。

　　径:23.7毫米。厚:1.9毫米。

　　重:4.4克。质:铁。

　　注:大头通。

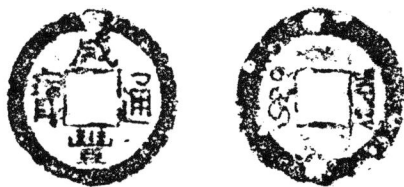

第1—29—9—2—5号　小平。评级:捌。

　　径:23.5毫米。厚:1.8毫米。

　　重:4.5克。质:铁。

　　注:宽通。

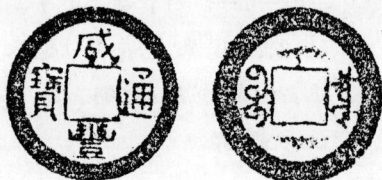

第1—29—9—2—6号　小平。评级:捌。

　　径:23.2毫米。厚:1.7毫米。

　　重:4.2克。质:铁。

　　注:宽头丰。

(10)异式小平钱:部分为私铸。其余版式特异,
不易定性,放在一处披示。

第1—29—10—1号　小平。评级:捌。

　　径:21.7毫米。厚:1.7毫米。

　　重:3.8克。质:黄铜。

　　注:二点宝。

第1—29—10—2号　小平。评级:玖。

　　径:22.2毫米。厚:1.0毫米。

　　重:2.3克。质:青铜。

　　注:"尔"宝"ス"贝方头单点通。

第1—29—10—3号　小平。评级:玖。

　　径:19.9毫米。厚:1.2毫米。

　　重:2.5克。质:黄铜。

　　注:简笔通。

第1—29—10—4号　小平。评级:玖。

　　径:20.7毫米。厚:1.0毫米。

　　重:2.0克。质:黄铜。

　　注:异泉。

第 1—29—10—5 号　小平。评级：玖。
径：21.7 毫米。厚：1.1 毫米。
重：2.5 克。质：黄铜。
注：异泉。

第 1—29—10—6 号　小平。评级：捌。
径：22.5 毫米。厚：1.3 毫米。
重：3.5 克。质：青铜。
注：背穿上竖月，异泉。

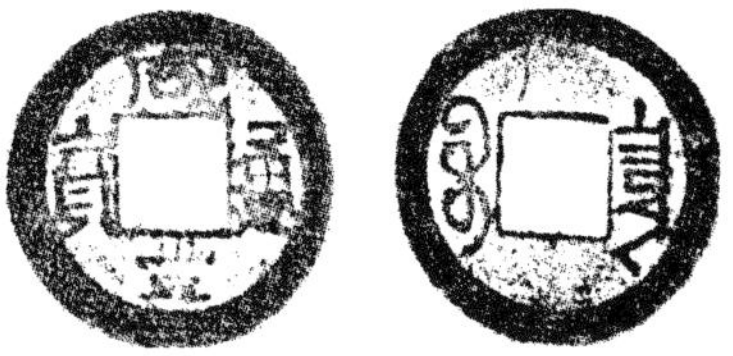

第 1—29—10—7 号　小平。评级：玖。
径：20.9 毫米。厚：1.0 毫米。
重：2.2 克。质：黄铜。
注：背文传形倒置。

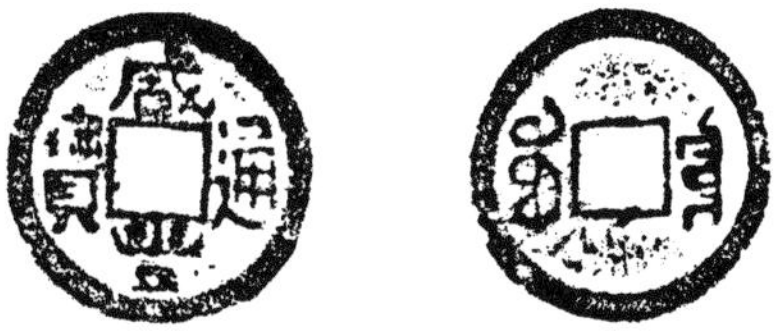

第 1—29—10—8 号　小平。评级：玖。
径：20.7 毫米。厚：1.0 毫米。
重：2.0 克。质：黄铜。
注：背文传形倒置。

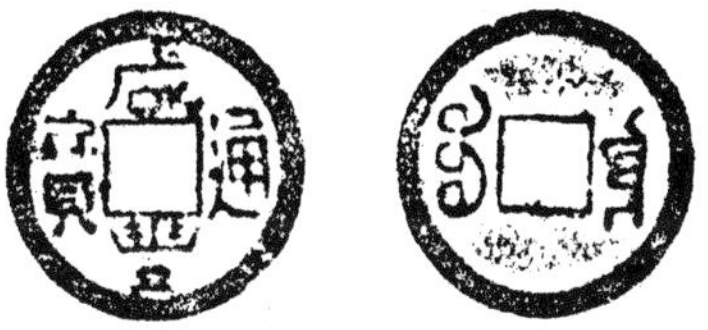

第 1—29—10—9 号　小平。评级：玖。
径：18.0 毫米。厚：1.1 毫米。
重：1.9 克。质：黄铜。
注：背文倒置。

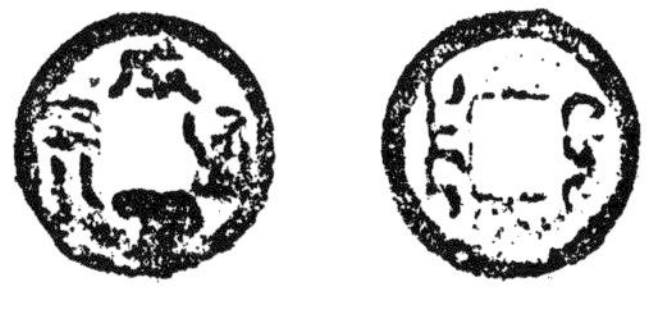

(11)尒宝小平钱：为铁钱版式。

第 1—29—11—1 号　小平。评级：壹。
径：25.0 毫米。厚：1.9 毫米。
重：6.8 克。质：黄铜。
注：祖钱。

第1—29—11—2号　小平。评级:玖。

　　径:24.4毫米。厚:1.7毫米。

　　重:4.5克。质:铁。

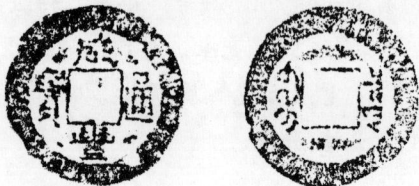

第1—29—11—3号　小平。评级:玖。

　　径:24.2毫米。厚:1.4毫米。

　　重:4.2克。质:铁。

30. 克勤郡王铸钱: 克勤郡王捐铜铸钱,附属于宝泉局。但钱背上左、上右加铸月、星纹。有当千、当五百、当四百、当三百、当二百、当百、当五十,共7个纪值等级。唯当四百没发现过实物;当三百背无星月纹,且极稀见。当二百也是大珍之品。

　　克勤郡王咸丰钱仅有一个版式系列。当五十有异版。

　　本书收集克勤郡王咸丰钱标本25枚。

　　①当千

　　第1—30—1—1号　当千。评级:贰。

　　　　径:62.6毫米。厚:4.4毫米。

　　　　重:81.9克。质:黄铜。

　　　　注:母钱。

第1—30—1—2号　当千。评级:肆。

　　径:60.7毫米。厚:4.4毫米。

　　重:76.8克。质:青铜。

　　注:样钱。

第1—30—1—3号　当千。评级:伍。

　　径:59.6毫米。厚:5.0毫米。

　　重:82.1克。质:红铜。

第 1—30—1—4 号　当千。评级：陆。

　　径：58.5毫米。厚：3.8毫米。

　　重：61.0克。质：红铜。

　　注：减重。

②当五百

第 1—30—2—1 号　当五百。评级：贰。

　　径：54.4毫米。厚：4.0毫米。

　　重：55.1克。质：青铜。

　　注：母钱。

第1—30—2—2号　　当五百。评级:伍。

　　径:53.4毫米。厚:3.6毫米。

　　重:45.7克。质:黄铜。

　　注:样钱。

第1—30—2—3号　　当五百。评级:陆。

　　径:54.3毫米。厚:3.9毫米。

　　重:54.8克。质:红铜。

③当三百

　第1—30—3—1号　当三百。评级：壹。

　　　径：52.2毫米。厚：4.1毫米。

　　　重：60.2克。质：黄铜。

　　　注：祖钱。（王文良藏品）

④当百

　第1—30—4—1号　当百。评级：伍。

　　　径：50.0毫米。厚：4.0毫米。

　　　重：50.3克。质：黄铜。

　　　注：样钱。

第1—30—4—2号　当百。评级：伍。

径：50.0毫米。厚：3.8毫米。重：45.8克。质：黄铜。注：样钱。

第1—30—4—3号　当百。评级：捌。

径：49.2毫米。厚：3.6毫米。重：41.6克。质：黄铜。

第1—30—4—4号　当百。评级：柒。

径：49.1毫米。厚：3.5毫米。重：38.6克。质：黄铜。注：无星月。

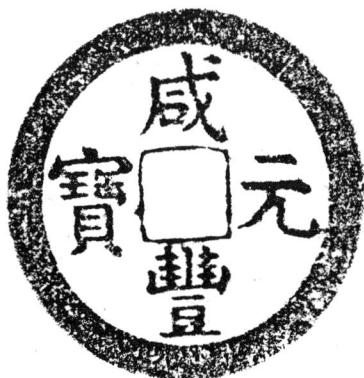

第 1—30—4—5 号　当百。评级:捌。

　　径:48.5毫米。厚:3.5毫米。重:41.2克。质:黄铜。

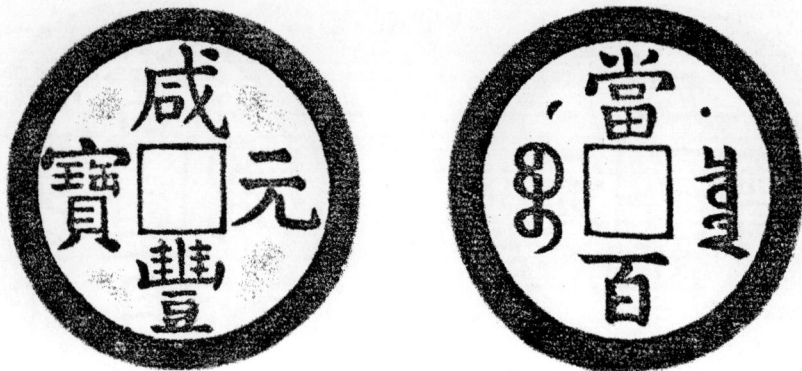

⑤当五十

第 1—30—5—1 号　当五十。评级:陆。

　　径:41.1毫米。厚:3.7毫米。重:30.6克。质:黄铜。注:样钱。

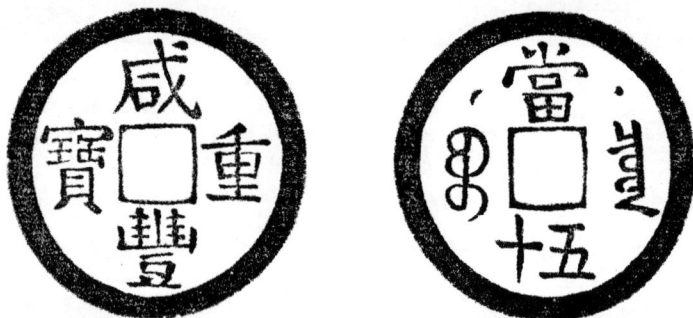

第 1—30—5—2 号　当五十。评级:捌。

　　径:42.6毫米。厚:4.8毫米。重:44.1克。质:黄铜。

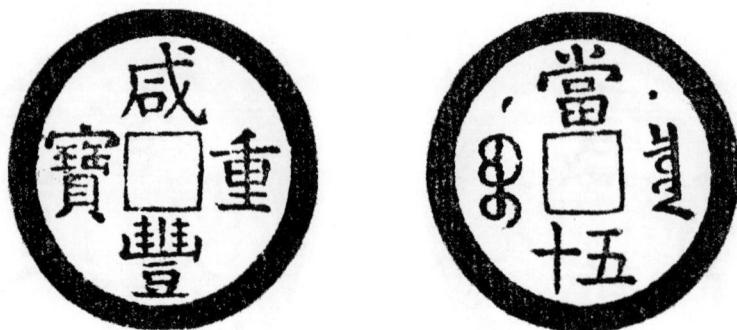

第1—30—5—3号 当五十。评级:捌。

    径:42.4毫米。厚:4.2毫米。

    重:37.0克。质:黄铜。

第1—30—5—4号 当五十。评级:捌。

    径:42.0毫米。厚:4.0毫米。

    重:34.6克。质:黄铜。

第1—30—5—5号 当五十。评级:柒。

    径:42.0毫米。厚:4.0毫米。

    重:34.5克。质:黄铜。

    注:无星月。

第 1—30—5—6 号　当五十。评级:柒。

　　径:41.7 毫米。厚:4.0 毫米。

　　重:35.6 克。质:黄铜。

　　注:无星月。

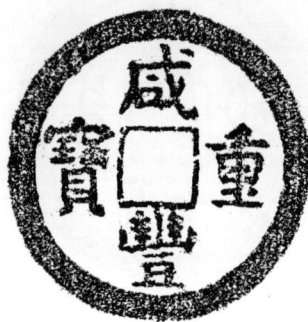

第 1—30—5—7 号　当五十。评级:柒。

　　径:41.6 毫米。厚:6.2 毫米。

　　重:51.4 克。质:黄铜。

　　注:厚重。

第 1—30—5—8 号　当五十。评级:捌。

　　径:40.2 毫米。厚:4.0 毫米。重:32.4 克。质:黄铜。

第1—30—5—9号　当五十。评级:伍。

径:46.8毫米。厚:3.3毫米。重:35.1克。质:黄铜。

注:大样。

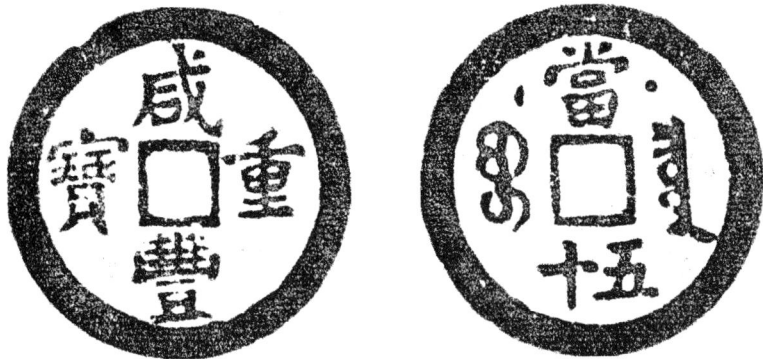

第1—30—5—10号　当五十。评级:肆。

径:46.4毫米。厚:3.7毫米。重:36.9克。质:黄铜。

注:大样异式。

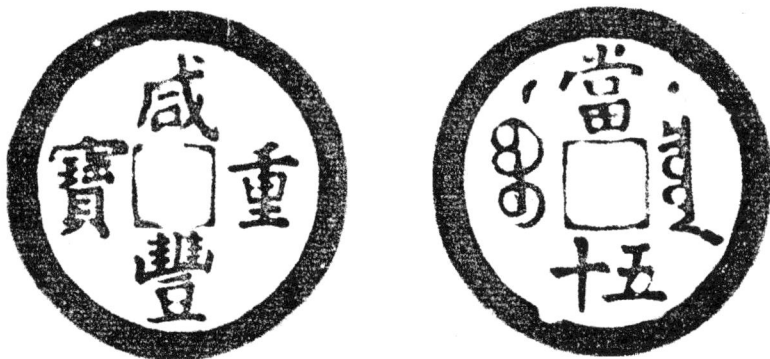

第1—30—5—11号　当五十。评级:肆。

径:42.0毫米。厚:5.0毫米。重:32.8克。质:铁。

二、宝源局

宝源局为清代工部的铸钱局。有当千、当五百、当百、当五十、当十、当五、小平共 7 个纪值等级。有 3 个版式系列以及不成系列的零散版式。其中，矮元系列没见过行用钱。

本书收集宝源局咸丰钱标本 297 枚。

壹　成系列的各版式

1. "缶"宝"ス"贝系列：有当千、当五百、当百、当五十、当十、当五等 6 个纪值等级。当五为"尔"宝，其他纪值均为"缶"宝。

①当千

第 2－1－1－1 号　当千。评级：叁。

　　径：63.0 毫米。厚：4.5 毫米。

　　重：81.4 克。质：黄铜。

　　注：母钱。

第2—1—1—2号　当千。评级:叁。

径:62.8毫米。厚:4.5毫米。

重:72.5克。质:黄铜。

注:母钱。

第2—1—1—3号　当千。评级:肆。

径:63.4毫米。厚:4.2毫米。

重:76.3克。质:黄铜。

注:样钱。

第2-1-1-4号　当千。评级:陆。

　　径:62.6毫米。厚:4.4毫米。

　　重:72.6克。质:红铜。

第2-1-1-5号　当千。评级:叁。

　　径:59.8毫米。厚:6.5毫米。

　　重:132.4克。质:黄铜。

　　注:特厚重。

②当五百

第2—1—2—1号　当五百。评级:肆。

径:56.4毫米。厚:4.0毫米。

重:60.0克。质:红铜。

注:样钱。

第2—1—2—2号　当五百。评级:肆。

径:57.2毫米。厚:4.3毫米。

重:62.3克。质:黄铜。

注:样钱。

第2—1—2—3号   当五百。评级:陆。

径:48.8毫米。厚:3.0毫米。重:28.0克。质:黄铜。注:轻薄小。

③当百

第2—1—3—1号   当百。评级:叁。

径:50.0毫米。厚:4.1毫米。重:47.6克。质:黄铜。注:母钱。

第2—1—3—2号   当百。评级:陆。

径:50.4毫米。厚:4.1毫米。重:46.1克。质:黄铜。注:样钱,长撇咸。

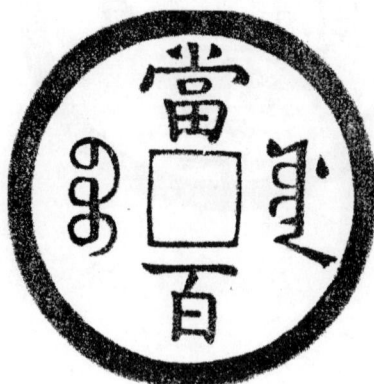

第2—1—3—3号　当百。评级：柒。

　　径：51.4毫米。厚：4.2毫米。重：50.2克。质：黄铜。注：大样。

第2—1—3—4号　当百。评级：捌。

　　径：50.0毫米。厚：3.6毫米。重：41.1克。质：黄铜。注：短撇咸。

第2—1—3—5号　当百。评级：捌。

　　径：50.5毫米。厚：3.5毫米。重：41.2克。质：黄铜。注：长撇咸。

第2—1—3—6号　当百。评级:捌。

　　径:50.5毫米。厚:3.4毫米。

　　重:41.8克。质:黄铜。

　　注:地张光洁,郭相对较薄,笔迹宽肥,重量相对较轻,说明钱的整体修整过。无母
　　　　钱特征,亦不可能是样钱。实为后人所为,眩人眼目,以增加钱币市价也! 宝源
　　　　局当百、当五十有较多钱品,铸的厚而精,常遭此手术。

第2—1—3—7号　当百。评级:陆。

　　径:50.4毫米。厚:4.8毫米。

　　重:62.8克。质:黄铜。

　　注:特厚重。

第2—1—3—8号　当百。评级:陆。

　　径:50.3毫米。厚:4.9~6.0毫米。重:67.6克。质:黄铜。注:特厚重,周郭厚薄不匀。

第2—1—3—9号　当百。评级:贰。

　　径:49.2毫米。厚:3.8毫米。重:41.9克。质:黄铜。注:背双星。

第2—1—3—10号　当百。评级:柒。

　　径:47.8毫米。厚:3.9毫米。重:35.5克。质:黄铜。注:窄缘。

第2—1—3—11号　当百。评级:柒。

　　径:49.0毫米。厚:4.0毫米。重:49.0克。质:青铜。注:私铸。

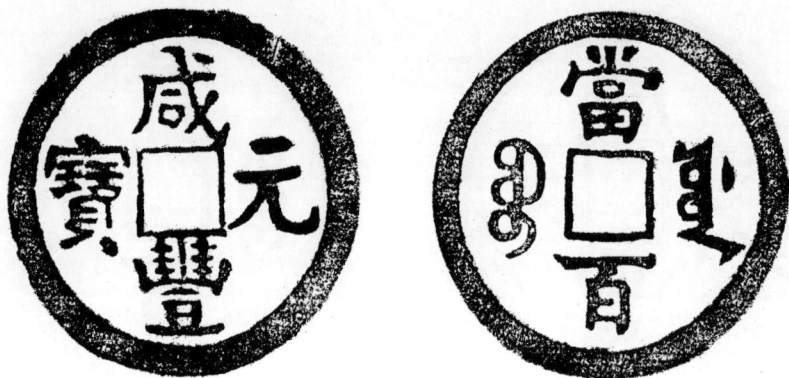

第2—1—3—12号　当百。评级:捌。

　　径:52.0毫米。厚:3.6毫米。重:51.8克。质:黄铜。注:私铸。

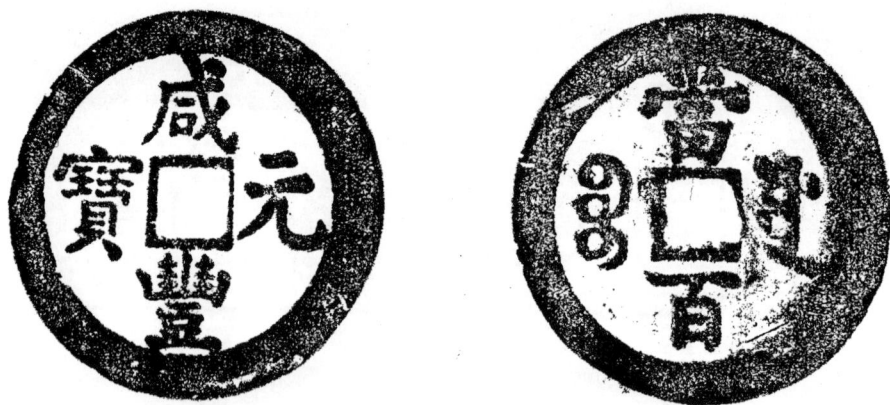

④当五十

第2—1—4—1号　当五十。评级:陆。

　　径:45.0毫米。厚:4.0毫米。重:34.7克。质:黄铜。注:样钱,文字高峻挺拔。

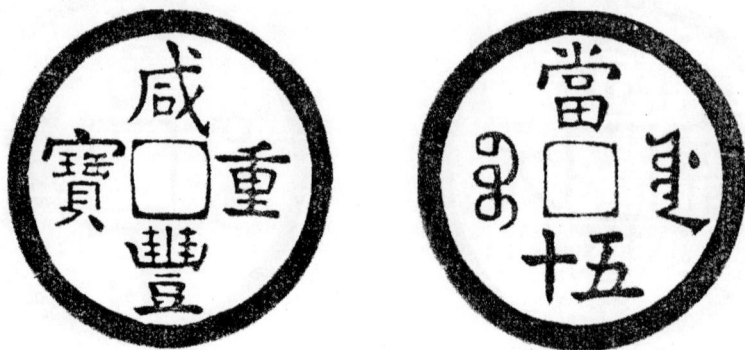

第2—1—4—2号　当五十。评级:陆。

径:44.6毫米。厚:3.5毫米。重:33.1克。质:黄铜。注:样钱,长撇咸。

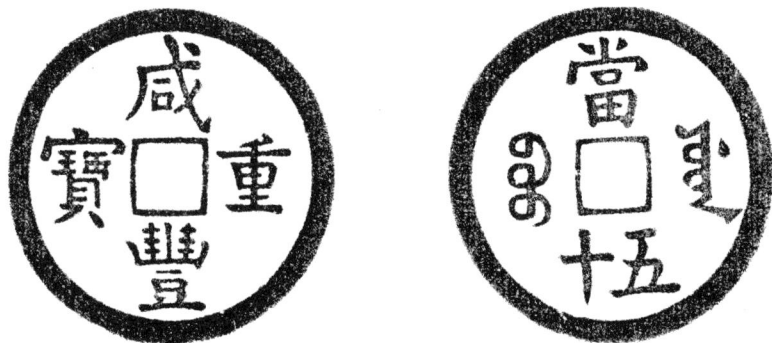

第2—1—4—3号　当五十。评级:陆。

径:44.5毫米。厚:4.1毫米。重:37.5克。质:黄铜。注:样钱,长撇咸。

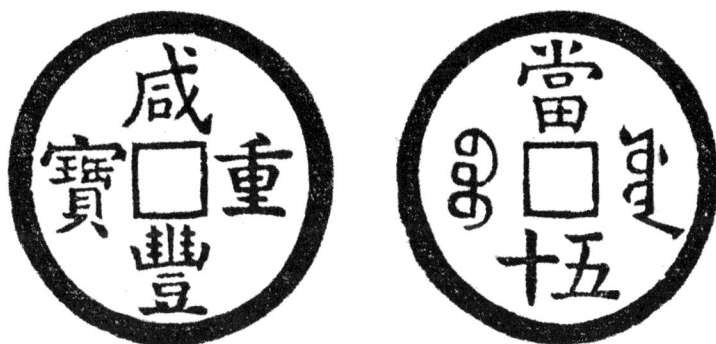

第2—1—4—4号　当五十。评级:陆。

径:44.1毫米。厚:4.6毫米。重:44.9克。质:青铜。注:小重,短尾满宝,当左星。

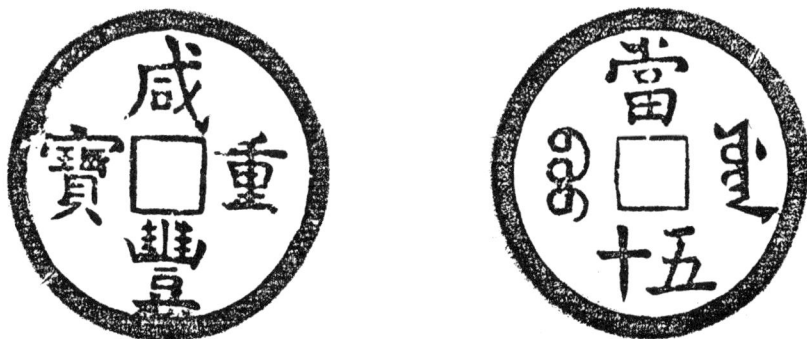

第2—1—4—5号　当五十。评级:捌。

径:43.9毫米。厚:3.4毫米。重:29.0克。质:黄铜。

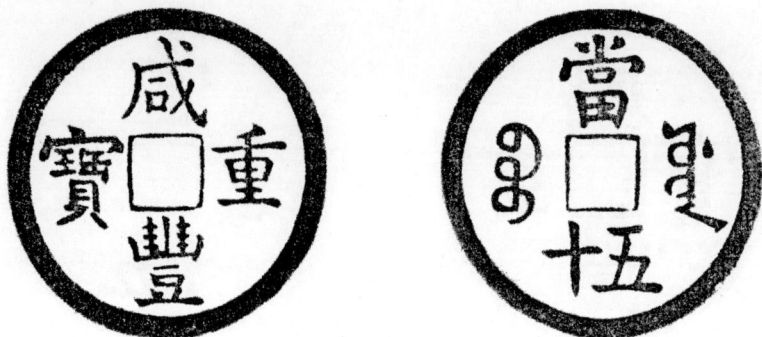

第2—1—4—6号　当五十。评级:捌。

径:43.1毫米。厚:3.9毫米。重:33.4克。质:黄铜。注:窄缘,长撇咸。

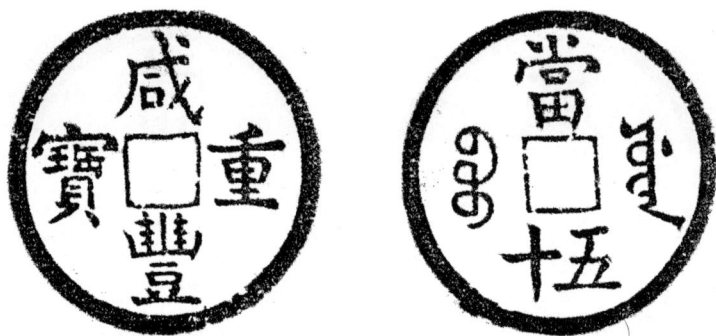

第2—1—4—7号　当五十。评级:捌。

径:42.5毫米。厚:3.2毫米。重:25.8克。质:黄铜。

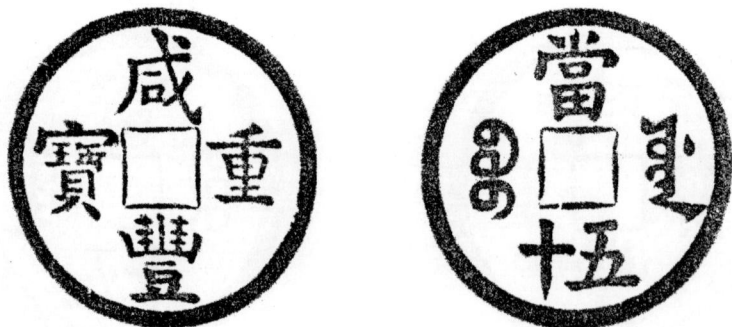

第2-1-4-8号 当五十。评级:捌。

　　径:42.3毫米。厚:3.9毫米。重:32.0克。质:黄铜。注:短撇咸。

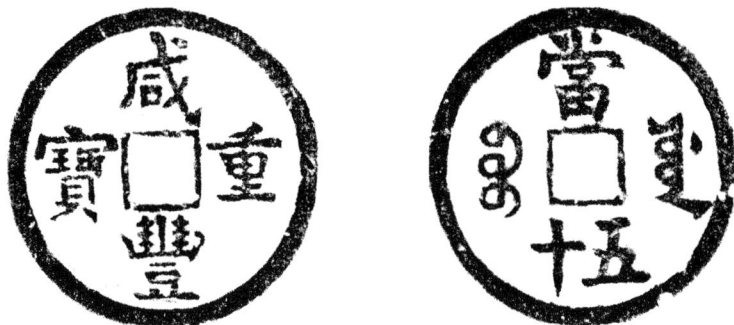

第2-1-4-9号 当五十。评级:捌。

　　径:45.8毫米。厚:3.3毫米。重:26.3克。质:黄铜。注:薄型。

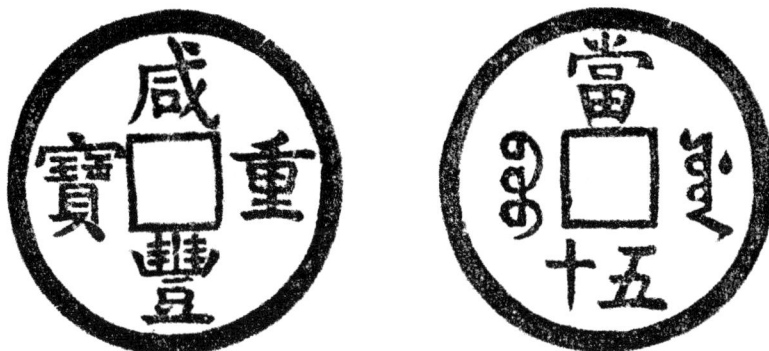

第2-1-4-10号 当五十。评级:陆。

　　径:43.8毫米。厚:4.9毫米。重:47.7克。质:黄铜。注:厚型样钱。

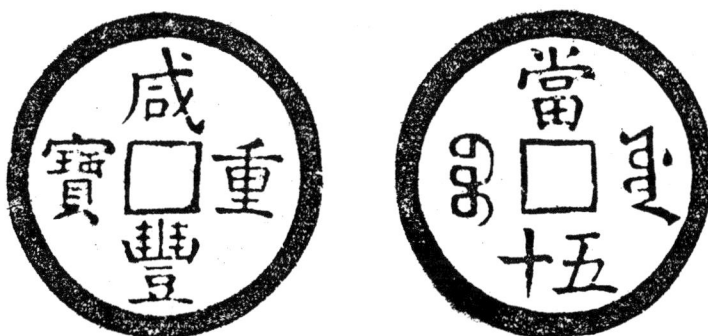

第2—1—4—11号　当五十。评级:柒。

　　　径:47.5毫米。厚:3.6毫米。重:41.7克。质:黄铜。注:离郭。

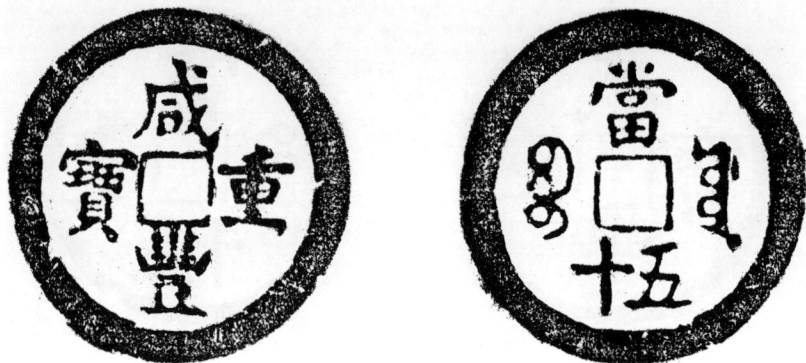

⑤当十

第2—1—5—1号　当十。评级:陆。

　　　径:36.7毫米。

　　　厚:2.5毫米。

　　　重:14.1克。

　　　质:黄铜。

　　　注:样钱,长撇咸。

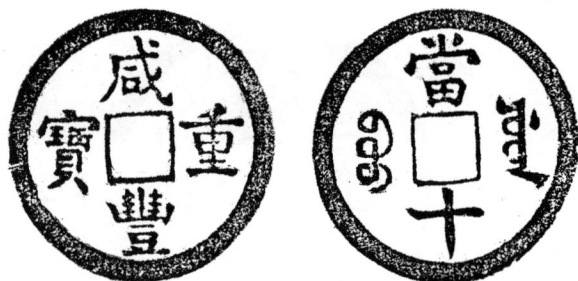

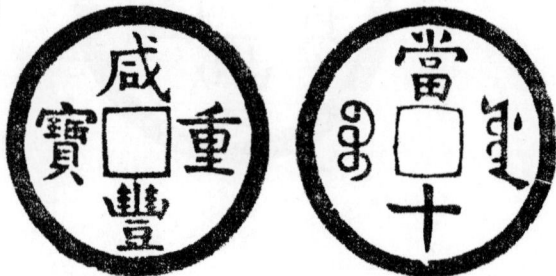

第2—1—5—2号　当十。评级:陆。

　　　径:36.6毫米。

　　　厚:2.5毫米。

　　　重:15.0克。

　　　质:黄铜。

　　　注:样钱。

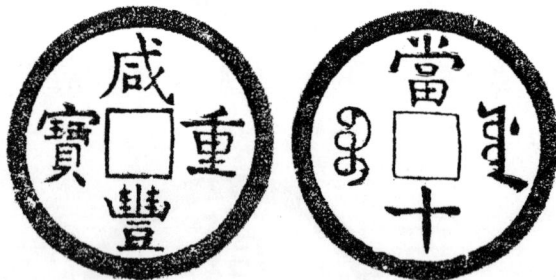

第2—1—5—3号　当十。评级:陆。

　　　径:36.0毫米。

　　　厚:2.7毫米。

　　　重:15.6克。

　　　质:黄铜。

　　　注:样钱,长撇咸。

第2—1—5—4号　当十。评级:陆。
　　径:34.3毫米。
　　厚:2.8毫米。
　　重:13.1克。
　　质:黄铜。
　　注:样钱,窄缘。

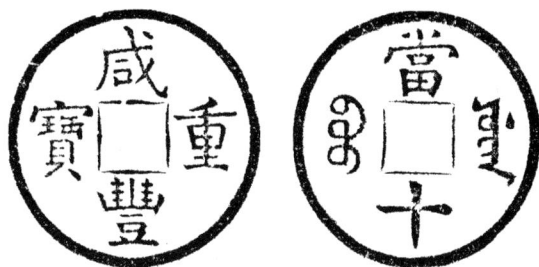

第2—1—5—5号　当十。评级:玖。
　　径:36.6毫米。
　　厚:2.5毫米。
　　重:15.2克。
　　质:黄铜。
　　注:长撇咸。

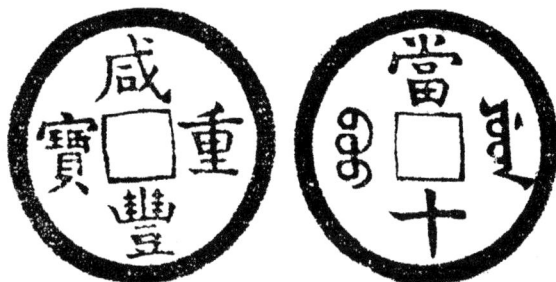

第2—1—5—6号　当十。评级:玖。
　　径:36.2毫米。
　　厚:2.7毫米。
　　重:15.1克。
　　质:黄铜。

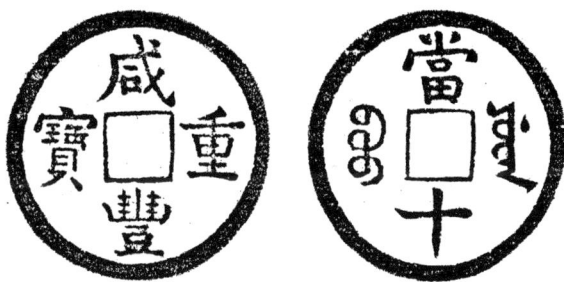

第2—1—5—7号　当十。评级:玖。
　　径:36.0毫米。
　　厚:2.4毫米。
　　重:14.0克。
　　质:黄铜。
　　注:大宝。

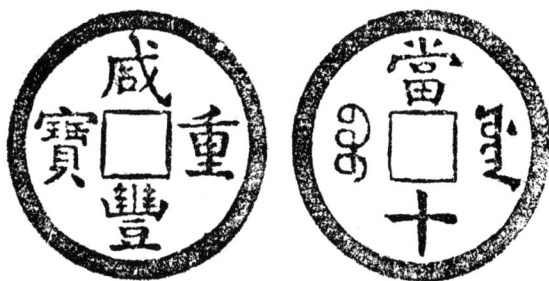

第2—1—5—8号　当十。评级:玖。
　　径:35.4毫米。
　　厚:2.3毫米。
　　重:15.2克。
　　质:黄铜。
　　注:宽缘。

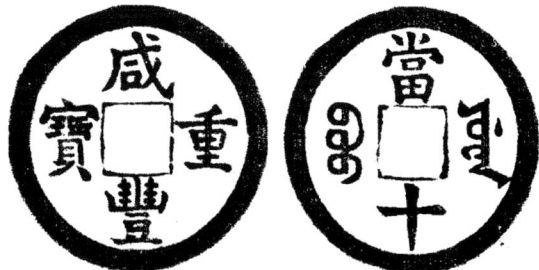

第2—1—5—9号　当十。评级:玖。

　　径:35.3毫米。

　　厚:2.2毫米。

　　重:13.8克。

　　质:黄铜。

　　注:宽缘。

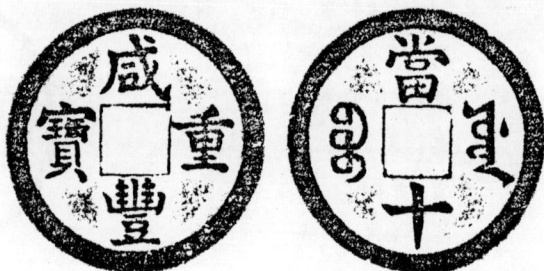

第2—1—5—10号　当十。评级:玖。

　　径:35.0毫米。

　　厚:2.5毫米。

　　重:13.2克。

　　质:黄铜。

　　注:长撇咸。

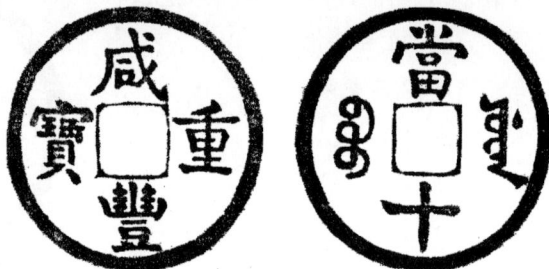

第2—1—5—11号　当十。评级:玖。

　　径:34.9毫米。

　　厚:2.6毫米。

　　重:15.9克。

　　质:黄铜。

　　注:大字。

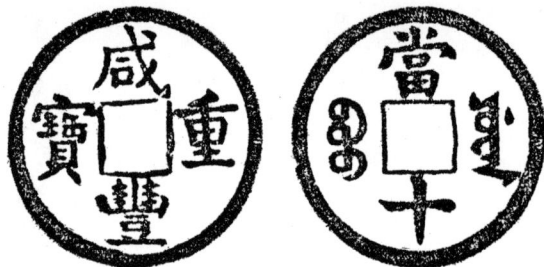

第2—1—5—12号　当十。评级:玖。

　　径:34.4毫米。

　　厚:2.9毫米。

　　重:14.2克。

　　质:黄铜。

　　注:窄缘。

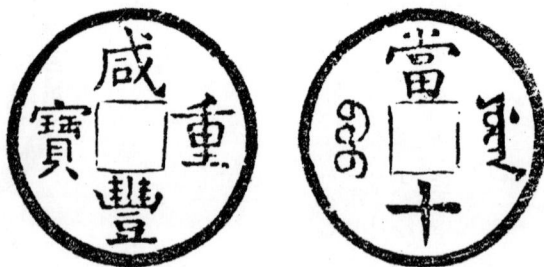

第2—1—5—13号　当十。评级:捌。

径:34.2毫米。

厚:4.6毫米。

重:23.2克。

质:黄铜。

注:厚重。

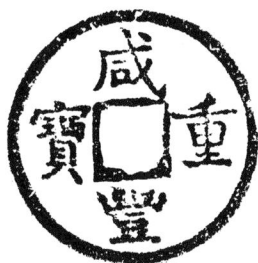 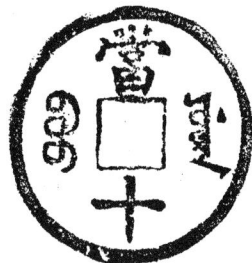

第2—1—5—14号　当十。评级:捌。

径:34.0毫米。

厚:2.4毫米。

重:11.9克。

质:黄铜。

第2—1—5—15号　当十。评级:玖。

径:32.3毫米。

厚:2.3毫米。

重:9.9克。

质:黄铜。

注:私铸。

第2—1—5—16号　当十。评级:玖。

径:28.7毫米。厚:1.9毫米。

重:6.6克。质:黄铜。

注:私铸。

⑥当五

第2—1—6—1号　当五。评级:陆。

　　径:31.3毫米。

　　厚:2.0毫米。

　　重:8.5克。

　　质:黄铜。

　　注:样钱。

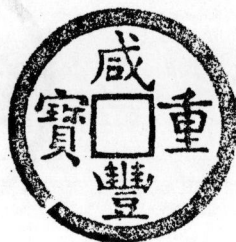

第2—1—6—2号　当五。评级:陆。

　　径:31.0毫米。厚:2.1毫米。

　　重:9.0克。质:黄铜。

　　注:样钱。

第2—1—6—3号　当五。评级:陆。

　　径:30.9毫米。厚:1.8毫米。

　　重:6.9克。质:黄铜。

　　注:样钱。

第2—1—6—4号　当五。评级:捌。

　　径:31.1毫米。厚:1.8毫米。

　　重:8.1克。质:黄铜。

　　注:宽缘大样。

第2—1—6—5号　当五。评级:捌。
径:31.0毫米。厚:1.8毫米。
重:7.7克。质:黄铜。
注:宽缘大样。

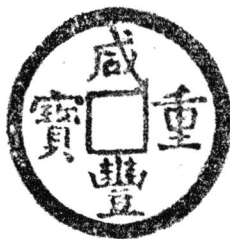

第2—1—6—6号　当五。评级:玖。
径:30.6毫米。厚:1.9毫米。
重:7.4克。质:黄铜。
注:长撇咸。

第2—1—6—7号　当五。评级:陆。
径:30.5毫米。厚:1.9毫米。
重:8.2克。质:黄铜。
注:样钱。

第2—1—6—8号　当五。评级:玖。
径:30.5毫米。厚:1.8毫米。
重:7.8克。质:黄铜。

第2—1—6—9号　当五。评级:玖。
径:29.0毫米。厚:1.8毫米。
重:5.6克。质:黄铜。
注:窄缘。

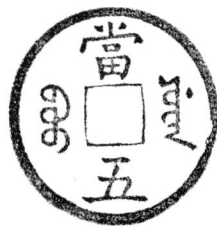

第 2—1—6—10 号　当五。评级:玖。
径:28.8毫米。厚:1.9毫米。
重:7.8克。质:黄铜。

第 2—1—6—11 号　当五。评级:玖。
径:28.6毫米。厚:1.8毫米。
重:6.5克。质:黄铜。
注:窄缘。

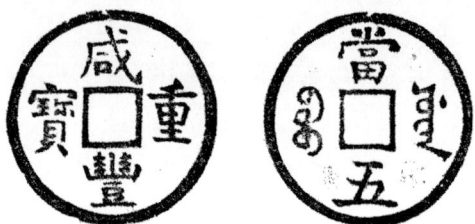

第 2—1—6—12 号　当五。评级:玖。
径:28.2毫米。厚:1.8毫米。
重:6.4克。质:黄铜。
注:窄缘。

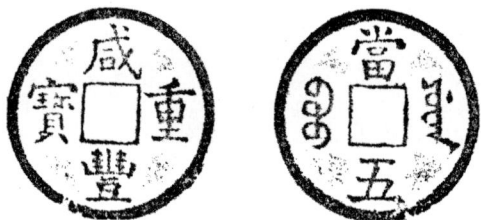

第 2—1—6—13 号　当五。评级:玖。
径:27.6毫米。厚:1.9毫米。
重:6.8克。质:黄铜。
注:宽缘小字。

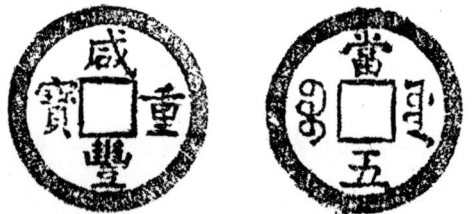

第 2—1—6—14 号　当五。评级:玖。
径:27.3毫米。厚:2.0毫米。
重:7.9克。质:黄铜。
注:宽缘小字,肥满文。

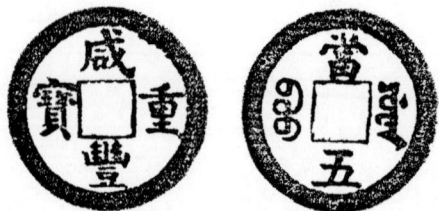

第 2—1—6—15 号　当五。评级:玖。

　　径:26.5 毫米。厚:2.1 毫米。

　　重:7.0 克。质:黄铜。

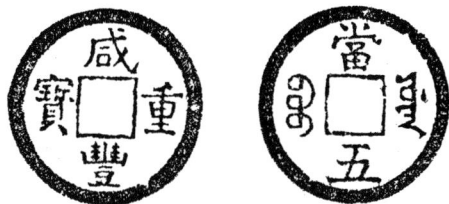

第 2—1—6—16 号　当五。评级:玖。

　　径:26.3 毫米。厚:2.0 毫米。

　　重:6.4 克。质:黄铜。

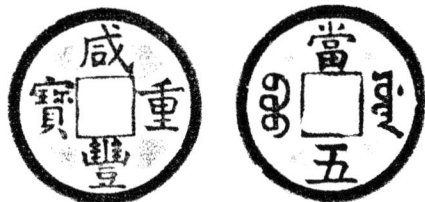

第 2—1—6—17 号　当五。评级:叁。

　　径:26.0 毫米。厚:2.3 毫米。

　　重:6.9 克。质:黄铜,色金黄。

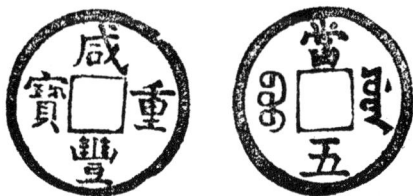

　　注:小型母钱(残损)。

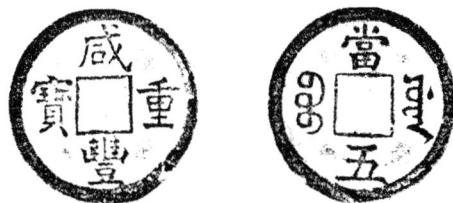

第 2—1—6—18 号　当五。评级:玖。

　　径:25.3 毫米。厚:2.2 毫米。

　　重:6.9 克。质:黄铜。

2. **"八"贝宝系列:**有当千、当五百、当百、当五十、当十、当五共 6 个纪值等级。当五为"尔"宝,其他纪值均为"缶"宝。

①当千

第2—2—1—1号　当千。评级：肆。

　　径：61.0毫米。厚：4.4毫米。

　　重：81.5克。质：红铜。

　　注：样钱。

第2—2—1—2号　当千。评级：陆。

　　径：61.0毫米。厚：4.3毫米。

　　重：71.3克。质：黄铜。

②当五百

第2－2－2－1号　当五百。评级:贰。

　　径:57.2毫米。厚:4.4毫米。

　　重:65.0克。质:黄铜。

　　注:母钱。

第2－2－2－2号　当五百。评级:肆。

　　径:56.1毫米。厚:4.0毫米。

　　重:53.9克。质:红铜。

　　注:样钱。

第2—2—2—3号　当五百。评级:陆。

　　径:55.8毫米。厚:3.6毫米。

　　重:52.3克。质:青铜。

第2—2—2—4号　当五百。评级:肆。

　　径:55.6毫米。厚:3.9毫米。

　　重:57.6克。质:红铜。

　　注:样钱。

第2—2—2—5号　当五百。评级:伍。

　　径:54.1毫米。厚:5.0毫米。

　　重:73.2克。质:黄铜。

　　注:厚重。

③当百

第2—2—3—1号　当百。评级:柒。

　　径:49.2毫米。厚:3.7毫米。

　　重:45.4克。质:黄铜。

第2—2—3—2号　当百。评级:柒。

径:49.2毫米。厚:3.7毫米。

重:43.0克。质:黄铜。

第2—2—3—3号　当百。评级:柒。

径:49.1毫米。厚:4.2毫米。

重:50.4克。质:黄铜。

注:面错范。

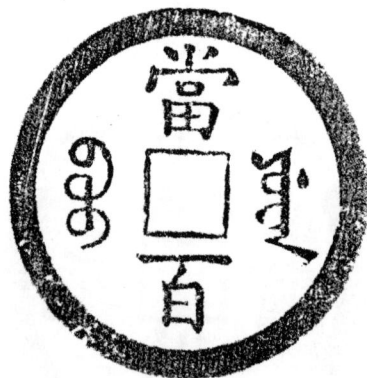

第2—2—3—4号　当百。评级:柒。

径:49.1毫米。厚:4.1毫米。重:45.5克。质:黄铜。

④当五十

第2—2—4—1号　当五十。评级:叁。

径:44.4毫米。厚:4.8毫米。重:49.0克。质:黄铜。注:母钱。

第2—2—4—2号　当五十。评级:捌。

径:44.5毫米。厚:4.4毫米。重:42.8克。质:黄铜。

第2-2-4-3号　当五十。评级:捌。

径:44.5毫米。厚:4.0毫米。重:38.6克。质:黄铜。

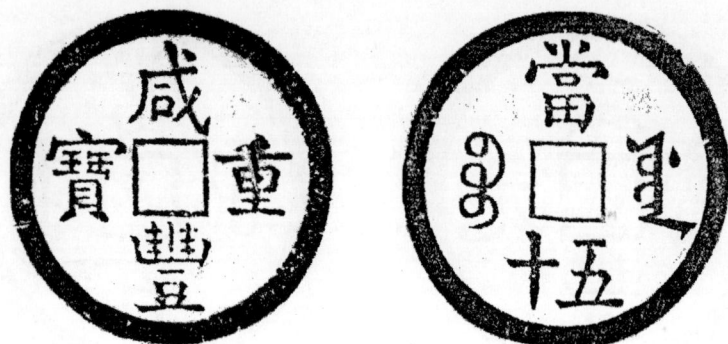

第2-2-4-4号　当五十。评级:柒。

径:43.8毫米。厚:5.5毫米。重:55.8克。质:黄铜。

注:厚重。

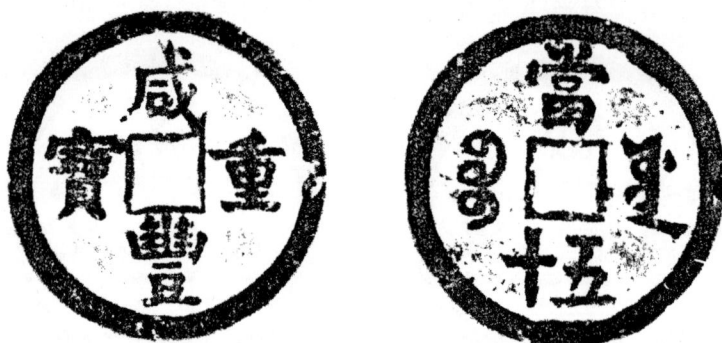

第2-2-4-5号　当五十。评级:陆。

径:43.6毫米。厚:3.8毫米。重:34.2克。质:红铜。

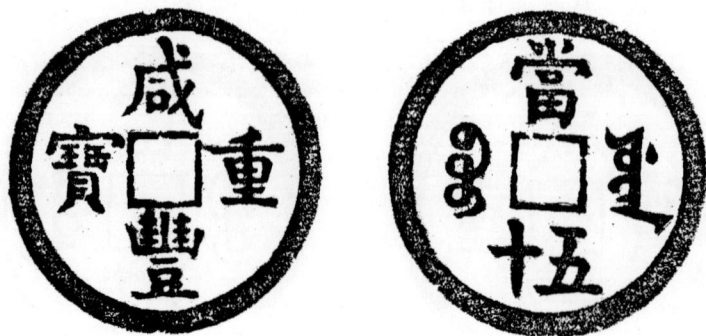

第2—2—4—6号　当五十。评级:捌。

　　径:43.0毫米。厚:2.9毫米。

　　重:24.7克。质:黄铜。

　　注:减重,铜水不足。

⑤当十

第2—2—5—1号　当十。评级:玖。

　　径:36.6毫米。

　　厚:2.7毫米。

　　重:16.2克。

　　质:黄铜。

第2—2—5—2号　当十。评级:玖。

　　径:36.3毫米。

　　厚:2.8毫米。

　　重:18.0克。

　　质:黄铜。

第2—2—5—3号　当十。评级:陆。

　　径:36.3毫米。

　　厚:2.3毫米。

　　重:15.1克。

　　质:黄铜。

　　注:样钱,宽缘决穿。

第2—2—5—4号　当十。评级:玖。

　　径:35.6毫米。

　　厚:3.0毫米。

　　重:19.0克。

　　质:黄铜。

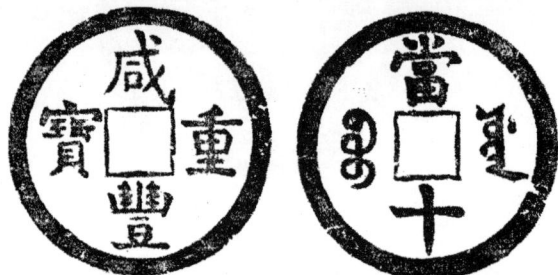

第2—2—5—5号　当十。评级:玖。

　　径:35.2毫米。

　　厚:2.3毫米。

　　重:12.7克。

　　质:黄铜。

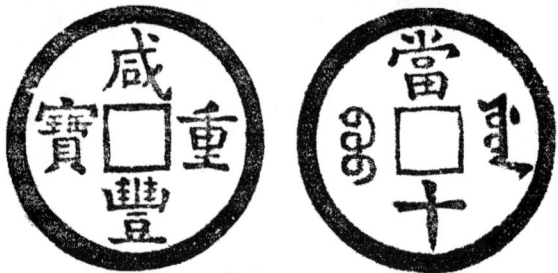

第2—2—5—6号　当十。评级:捌。

　　径:35.2毫米。

　　厚:2.3毫米。

　　重:13.6克。

　　质:黄铜。

　　注:大源。

第2—2—5—7号　当十。评级:玖。

　　径:35.0毫米。

　　厚:2.6毫米。

　　重:16.0克。

　　质:黄铜。

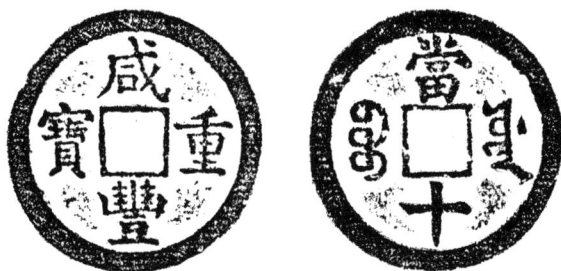

第2—2—5—8号　当十。评级:玖。

　　径:35.0毫米。

　　厚:2.5毫米。

　　重:13.4克。

　　质:黄铜。

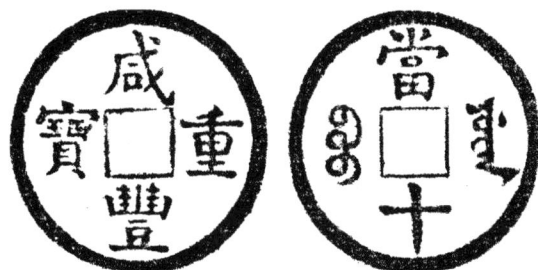

第2—2—5—9号　当十。评级:玖。

　　径:34.8毫米。

　　厚:2.1毫米。

　　重:11.6克。

　　质:黄铜。

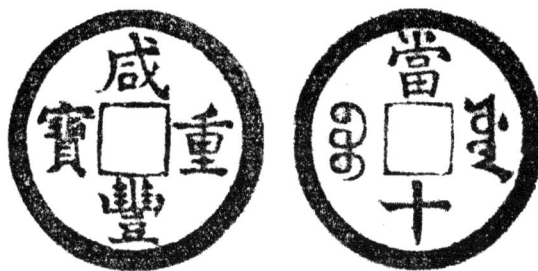

第2—2—5—10号　当十。评级:玖。

　　径:33.7毫米。

　　厚:2.4毫米。

　　重:12.1克。

　　质:黄铜。

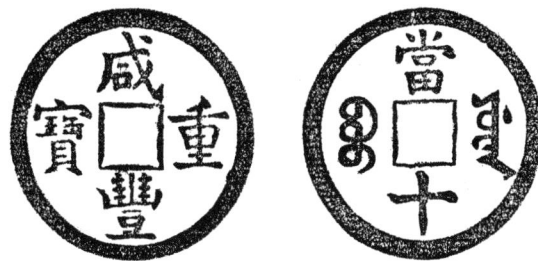

第2—2—5—11号　当十。评级:拾。
　　径:31.1毫米。
　　厚:2.6毫米。
　　重:11.6克。
　　质:黄铜。

⑥当五

第2—2—6—1号　当五。评级:伍。
　　径:29.2毫米。厚:1.9毫米。
　　重:8.1克。质:黄铜。
　　注:样钱。

第2—2—6—2号　当五。评级:捌。
　　径:28.7毫米。厚:1.9毫米。
　　重:7.8克。质:黄铜。

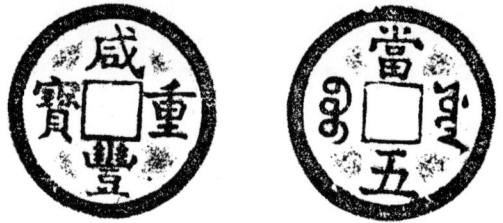

第2—2—6—3号　当五。评级:捌。
　　径:28.2毫米。厚:2.2毫米。
　　重:9.1克。质:黄铜。
　　重:宽缘小字,遍布磨纹,厚重。

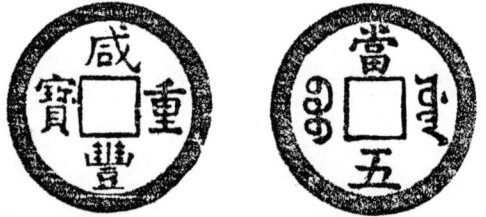

第2—2—6—4号　当五。评级:玖。
　　径:27.9毫米。厚:2.0毫米。
　　重:7.9克。质:黄铜。
　　注:宽缘小字。

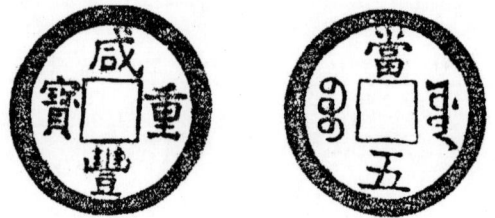

第2—2—6—5号　当五。评级:玖。
　　径:27.9毫米。厚:1.9毫米。
　　重:7.7克。质:黄铜。

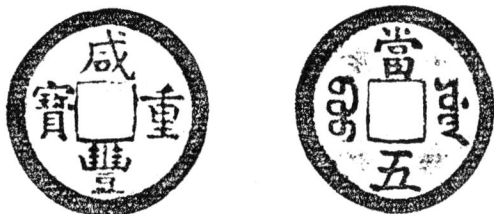

第2—2—6—6号　当五。评级:玖。
　　径:27.8毫米。厚:1.8毫米。
　　重:5.7克。质:黄铜。

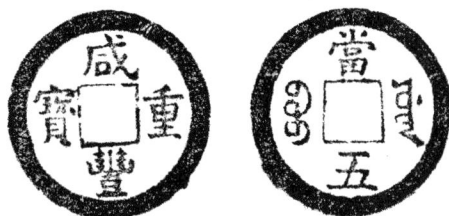

第2—2—6—7号　当五。评级:玖。
　　径:27.7毫米。厚:1.9毫米。
　　重:6.8克。质:黄铜。

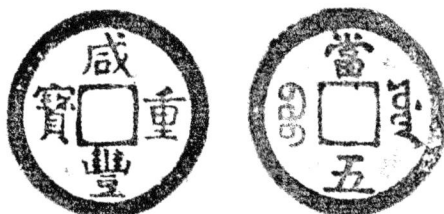

第2—2—6—8号　当五。评级:玖。
　　径:27.3毫米。厚:1.9毫米。
　　重:7.2克。质:黄铜。

第2—2—6—9号　当五。评级:玖。
　　径:26.7毫米。厚:1.4毫米。
　　重:5.4克。质:黄铜。

第2—2—6—10号　当五。评级:捌。
　　径:25.7毫米。厚:2.1毫米。
　　重:7.4克。质:黄铜。
　　注:磨边规制。

第 2—2—6—11 号　　当五。评级：玖。

　　径：25.1 毫米。厚：1.3 毫米。

　　重：4.3 克。质：黄铜。

　　注：细缘大字。

第 2—2—6—12 号　　当五。评级：玖。

　　径：24.7 毫米。厚：1.4 毫米。

　　重：3.8 克。质：黄铜。

　　注：细缘大字。

贰　不成系列的各版式

3. 当百

①"尔"宝"八"贝当百：均为私铸。

第 2—3—1—1 号　　当百。评级：柒。

　　径：48.3 毫米。厚：3.8 毫米。

　　重：39.2 克。质：黄铜。

第 2—3—1—2 号　当百。评级:柒。

　　径:48.4 毫米。厚:3.9 毫米。

　　重:44.4 克。质:青铜。

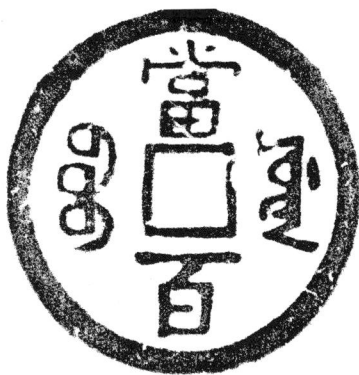

4. 当五十

①"尔"宝"八"贝当五十:此种铸造规整,形制大样的当五十,据《光绪顺天府志》"咸丰三年……八月,增铸当五十钱一种,重一两八钱。十一月,……而减当五十者为一两二钱"的记载,仅铸造于这三个月内。

第 2—4—1—1 号　当五十。评级:陆。

　　径:56.8 毫米。厚:3.9 毫米。

　　重:64.4 克。质:黄铜。

　　注:样钱。

第2-4-1-2号　当五十。评级:陆。

　　径:56.6毫米。厚:3.8毫米。

　　重:57.4克。质:黄铜。

　　注:样钱。

第2-4-1-3号　当五十。评级:伍。

　　径:56.4毫米。厚:5.6毫米。

　　重:84.1克。质:黄铜。

　　注:样钱,厚重。

第2-4-1-4号　当五十。评级:陆。

径:57.0毫米。厚:3.7毫米。

重:55.7克。质:黄铜。

注:样钱,宽缘小字。

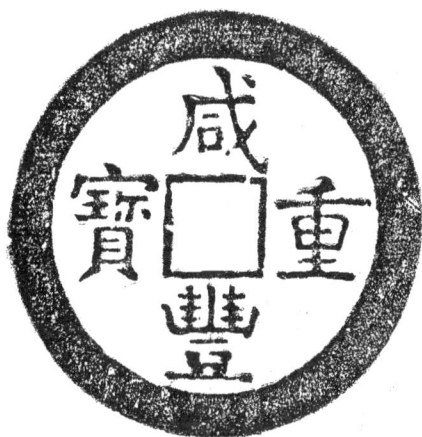

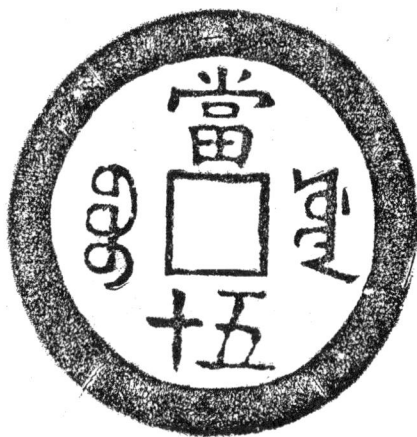

第2-4-1-5号　当五十。评级:陆。

径:57.1毫米。厚:4.0毫米。

重:61.3克。质:黄铜。

注:异式样钱。大样精好,决穿,遍布磨痕。

第2—4—1—6号　当五十。评级:捌。

　　径:56.7毫米。厚:4.3毫米。

　　重:64.9克。质:黄铜。

第2—4—1—7号　当五十。评级:玖。

　　径:56.2毫米。厚:3.8毫米。

　　重:58.3克。质:黄铜。

第 2—4—1—8 号　当五十。评级:捌。

　　径:56.0 毫米。厚:4.4 毫米。

　　重:62.4 克。质:黄铜。

第 2—4—1—9 号　当五十。评级:柒。

　　径:55.5 毫米。厚:3.8 毫米。

　　重:57.7 克。质:黄铜。

　　注:重轮。

第2-4-1-10号　当五十。评级:捌。

　　径:54.9毫米。厚:2.7毫米。

　　重:37.2克。质:黄铜。

　　注:轻薄。

第2-4-1-11号　当五十。评级:捌。

　　径:54.6毫米。厚:4.3~5.4毫米。

　　重:75.6克。质:黄铜。

　　注:厚重小样,边郭厚薄不一。

第2—4—1—12号　当五十。评级:捌。

　　径:46.1毫米。厚:3.2毫米。

　　重:33.0克。质:红铜。

　　注:私铸。

第2—4—1—13号　当五十。评级:柒。

　　径:44.0毫米。厚:3.4毫米。

　　重:33.4克。质:黄铜。

　　注:私铸。

第2—4—1—14号　当五十。评级:肆。

　　径:56.0毫米。厚:4.4毫米。

　　重:58.2克。质:铁。

　　注:极稀见。

第2—4—1—15号　当五十。评级:陆。

　　径:54.9毫米。厚:4.4毫米。

　　重:56.7克。质:铅。

　　注:稀见。

5. 当十

①"尔"宝"八"贝大样当十

第2—5—1—1号　当十。评级:肆。

　　径:38.9毫米。

　　厚:3.1毫米。

　　重:24.0克。

　　质:黄铜。

　　注:母钱。

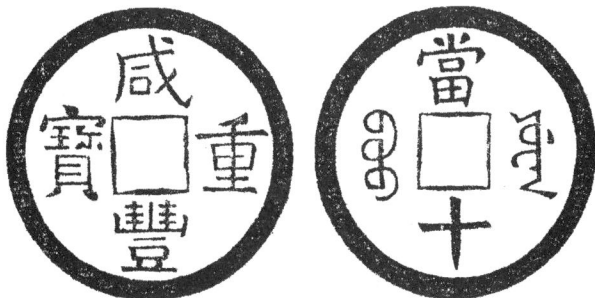

第2—5—1—2号　当十。评级:陆。

　　径:37.8毫米。

　　厚:2.9毫米。

　　重:20.6克。

　　质:黄铜。

　　注:样钱。

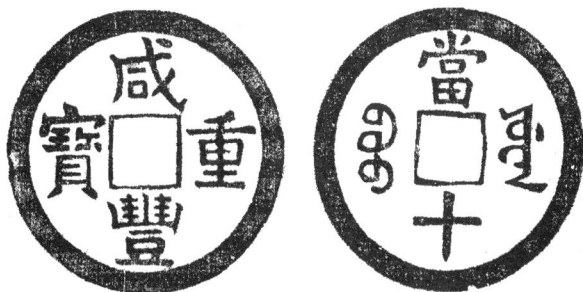

第2—5—1—3号　当十。评级:玖。

　　径:39.0毫米。

　　厚:2.9毫米。

　　重:22.8克。

　　质:黄铜。

　　注:重、大。

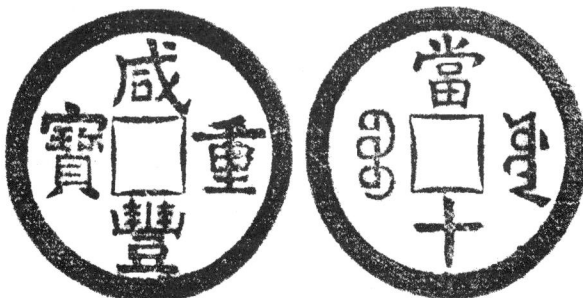

第2—5—1—4号　当十。评级:捌。

　　径:38.8毫米。

　　厚:2.8毫米。

　　重:21.6克。

　　质:黄铜。

　　注:面右上星。

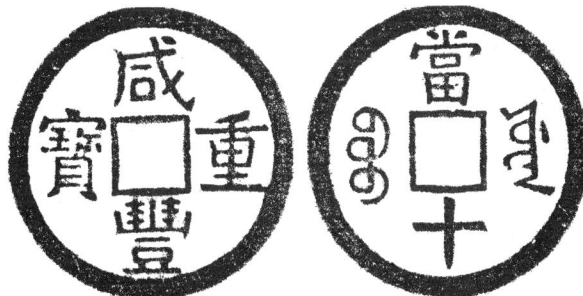

第 2—5—1—5 号　当十。评级:玖。

　　径:38.7 毫米。

　　厚:2.5 毫米。

　　重:19.3 克。

　　质:黄铜。

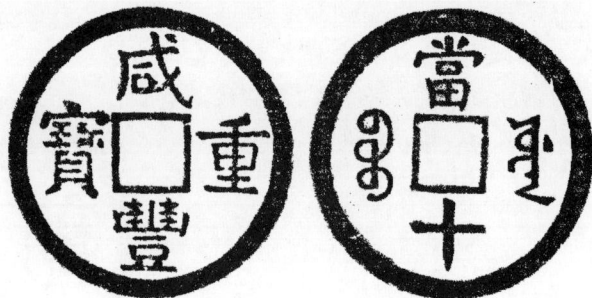

第 2—5—1—6 号　当十。评级:捌。

　　径:38.6 毫米。

　　厚:2.8 毫米。

　　重:20.9 克。

　　质:黄铜。

　　注:断"田"重。

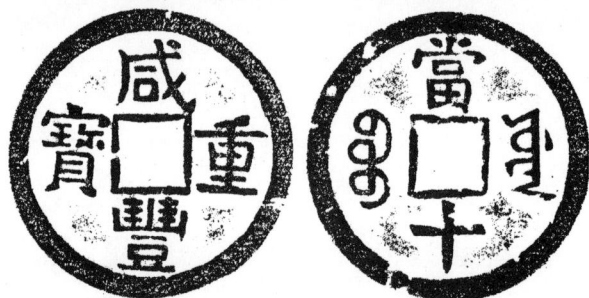

第 2—5—1—7 号　当十。评级:捌。

　　径:38.2 毫米。

　　厚:3.0 毫米。

　　重:23.6 克。

　　质:黄铜。

　　注:厚重浅字。

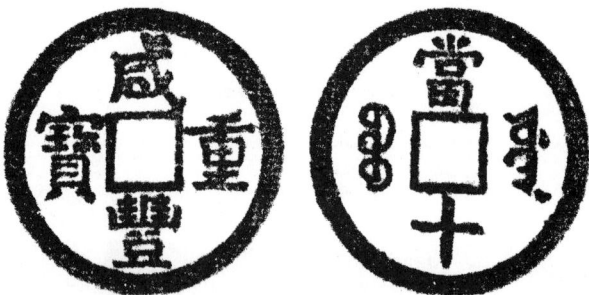

第 2—5—1—8 号　当十。评级:玖。

　　径:38.1 毫米。

　　厚:2.7 毫米。

　　重:20.8 克。

　　质:黄铜。

　　注:小当。

第2—5—1—9号　当十。评级:玖。

径:38.1毫米。

厚:2.7毫米。

重:20.5克。

质:黄铜。

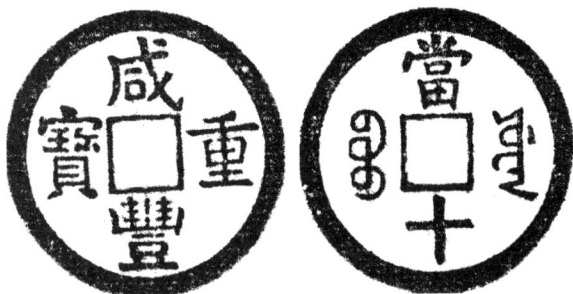

第2—5—1—10号　当十。评级:玖。

径:37.0毫米。

厚:2.7毫米。

重:19.5克。

质:黄铜。

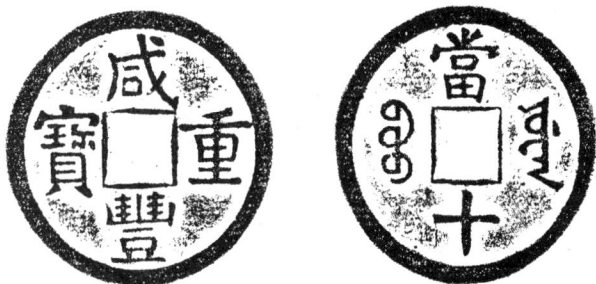

第2—5—1—11号　当十。评级:陆。

径:36.9毫米。

厚:2.8毫米。

重:18.4克。

质:红铜。

第2—5—1—12号　当十。评级:陆。

径:34.2毫米。

厚:2.2毫米。

重:13.8克。

质:红铜。

注:正背地张均铸花纹。

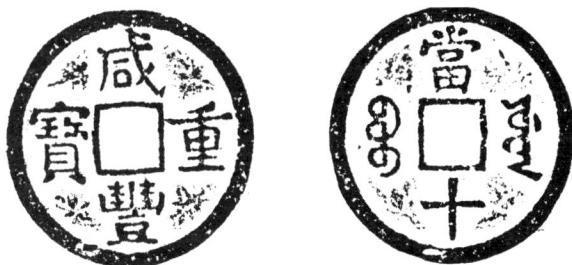

第2—5—1—13号　当十。评级:陆。

　　径:36.0毫米。

　　厚:2.0毫米。

　　重:12.0克。

　　质:铁。

②"尔"宝"八"贝小样当十

第2—5—2—1号　当十。评级:贰。

　　径:36.1毫米。

　　厚:2.5毫米。

　　重:15.1克。

　　质:黄铜。

　　注:祖钱,断"田"重。

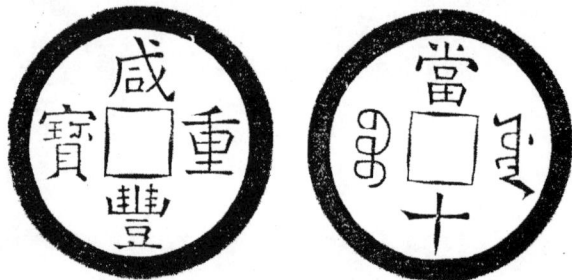

第2—5—2—2号　当十。评级:肆。

　　径:34.4毫米。

　　厚:2.6毫米。

　　重:16.3克。

　　质:黄铜。

　　注:母钱,断"田"重。

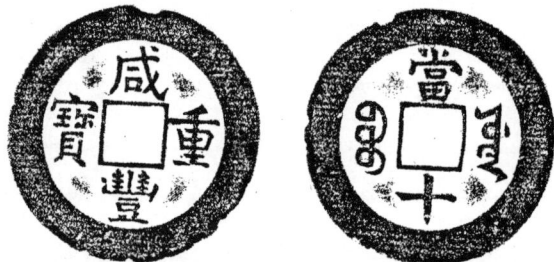

第2—5—2—3号　当十。评级:肆。

　　径:33.8毫米。

　　厚:2.4毫米。

　　重:14.1克。

　　质:黄铜。

　　注:母钱。

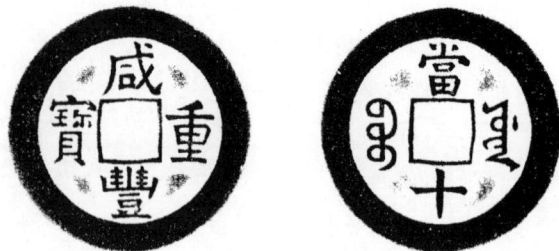

第2—5—2—4号　当十。评级：捌。

    径：35.5毫米。

    厚：2.5毫米。

    重：16.9克。

    质：黄铜。

    注：宽缘大样。

第2—5—2—5号　当十。评级：陆。

    径：34.6毫米。

    厚：2.5毫米。

    重：13.2克。

    质：黄铜。

    注：样钱。

第2—5—2—6号　当十。评级：陆。

    径：34.2毫米。

    厚：2.4毫米。

    重：14.5克。

    质：黄铜。

    注：样钱。

第2—5—2—7号　当十。评级：拾。

    径：34.9毫米。

    厚：2.3毫米。

    重：13.4克。

    质：黄铜。

第2—5—2—8号　当十。评级:捌。

　　径:34.7毫米。

　　厚:2.2毫米。

　　重:13.0克。

　　质:青铜。

第2—5—2—9号　当十。评级:拾。

　　径:33.7毫米。

　　厚:2.1毫米。

　　重:12.6克。

　　质:黄铜。

第2—5—2—10号　当十。评级:拾。

　　径:33.2毫米。

　　厚:2.5毫米。

　　重:14.9克。

　　质:黄铜。

第2—5—2—11号　当十。评级:拾。

　　径:32.1毫米。

　　厚:2.1毫米。

　　重:10.5克。

　　质:黄铜。

第2—5—2—12号　当十。评级:拾。

　　径:30.7毫米。

　　厚:2.2毫米。

　　重:10.2克。

　　质:黄铜。

第2—5—2—13号　当十。评级:拾。

　　径:30.4毫米。

　　厚:2.2毫米。

　　重:10.2克。

　　质:黄铜。

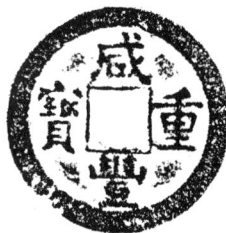

③"尔"宝"ス"贝大样当十

第2—5—3—1号　当十。评级:肆。

　　径:38.4毫米。

　　厚:2.8毫米。

　　重:20.8克。

　　质:黄铜。

　　注:母钱。

第2—5—3—2号　当十。评级:陆。

　　径:38.6毫米。

　　厚:3.0毫米。

　　重:22.4克。

　　质:黄铜。

　　注:样钱。

第2—5—3—3号　当十。评级:陆。

　　径:38.4毫米。

　　厚:2.9毫米。

　　重:20.9克。

　　质:黄铜。

　　注:样钱。

第2—5—3—4号　当十。评级:陆。

　　径:37.9毫米。

　　厚:2.6毫米。

　　重:19.1克。

　　质:黄铜。

　　注:样钱。

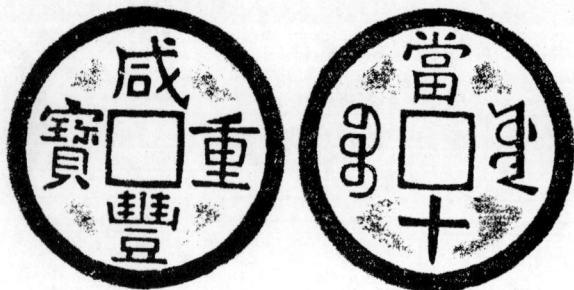

第2—5—3—5号　当十。评级:捌。

　　径:38.6毫米。

　　厚:3.0毫米。

　　重:22.2克。

　　质:黄铜。

　　注:厚重。

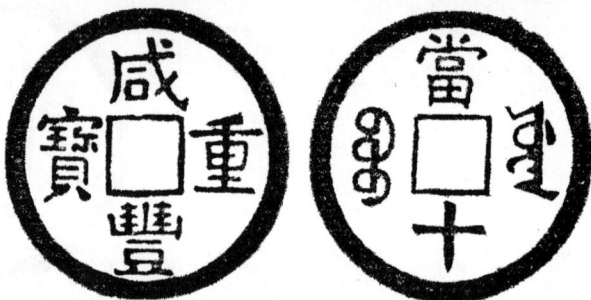

第2—5—3—6号　当十。评级:玖。

　　径:38.5毫米。

　　厚:2.7毫米。

　　重:20.5克。

　　质:黄铜。

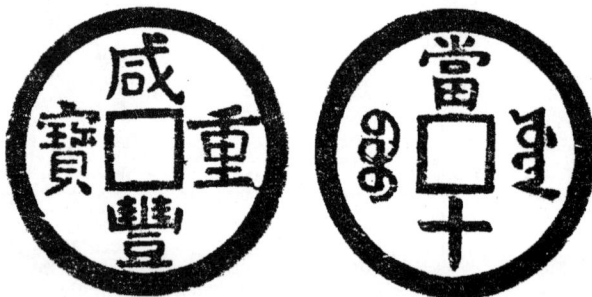

第2—5—3—7号　当十。评级:捌。

　　径:38.4毫米。

　　厚:3.1毫米。

　　重:22.7克。

　　质:黄铜。

　　注:厚重。

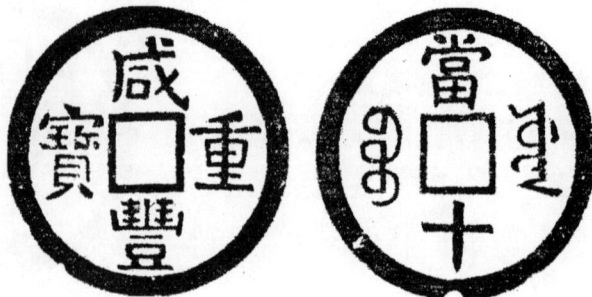

第2—5—3—8号 当十。评级:玖。

    径:37.6毫米。

    厚:3.0毫米。

    重:19.8克。

    质:黄铜。

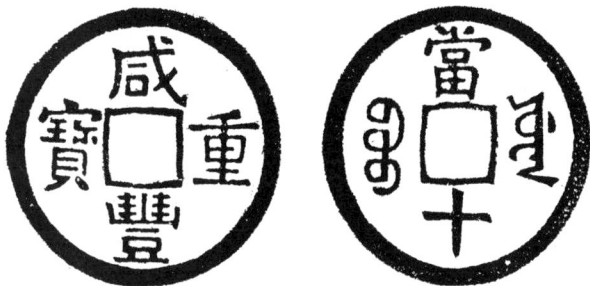

④"尔"宝"ス"贝小样当十

第2—5—4—1号 当十。评级:陆。

    径:32.8毫米。

    厚:2.4毫米。

    重:13.6克。

    质:黄铜。

    注:样钱。

第2—5—4—2号 当十。评级:捌。

    径:32.7毫米。

    厚:2.2毫米。

    重:11.9克。

    质:黄铜。

⑤"尔"宝左出头"ス"贝小样当十

第2—5—5—1号 当十。评级:肆。

    径:32.6毫米。

    厚:2.6毫米。

    重:14.4克。

    质:黄铜。

    注:母钱。

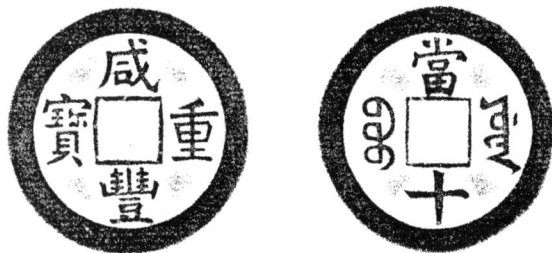

第2—5—5—2号　当十。评级:陆。

　　径:33.5毫米。

　　厚:2.3毫米。

　　重:13.6克。

　　质:黄铜。

　　注:样钱。

第2—5—5—3号　当十。评级:陆。

　　径:33.5毫米。

　　厚:2.3毫米。

　　重:12.8克。

　　质:黄铜。

　　注:样钱。

第2—5—5—4号　当十。评级:玖。

　　径:34.1毫米。

　　厚:2.5毫米。

　　重:16.2克。

　　质:黄铜。

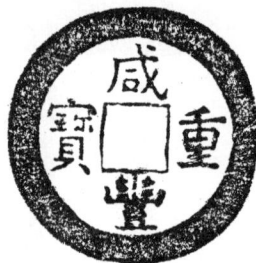 

第2—5—5—5号　当十。评级:玖。

　　径:33.3毫米。

　　厚:2.0毫米。

　　重:12.4克。

　　质:黄铜。

第2—5—5—6号　当十。评级:拾。

　　径:32.8毫米。

　　厚:2.3毫米。

　　重:13.1克。

　　质:黄铜。

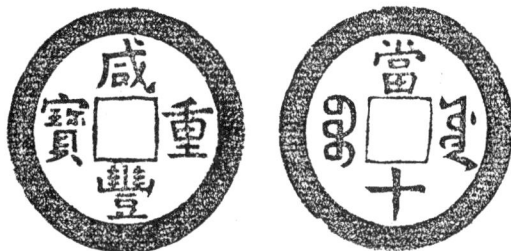

第2—5—5—7号　当十。评级:拾。

　　径:32.5毫米。

　　厚:2.3毫米。

　　重:13.5克。

　　质:黄铜。

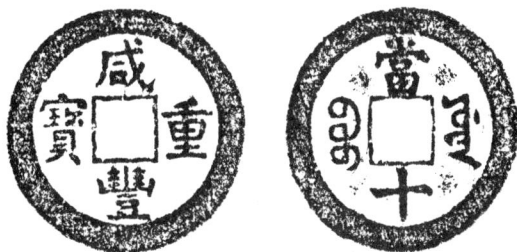

第2—5—5—8号　当十。评级:拾。

　　径:32.1毫米。

　　厚:2.1毫米。

　　重:10.5克。

　　质:黄铜。

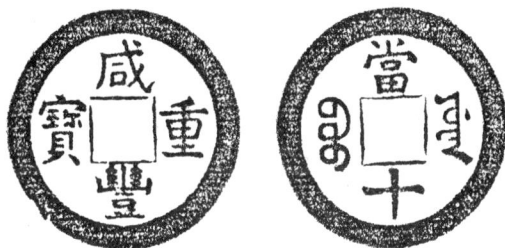

第2—5—5—9号　当十。评级:拾。

　　径:31.5毫米。

　　厚:2.6毫米。

　　重:13.3克。

　　质:黄铜。

第2—5—5—10号　当十。评级:拾。

　　径:31.4毫米。

　　厚:2.3毫米。

　　重:11.7克。

　　质:黄铜。

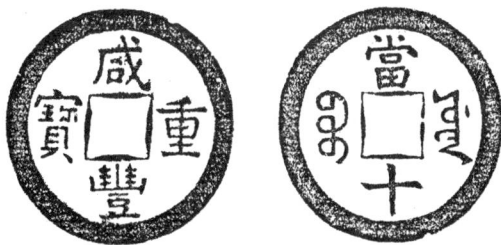

第 2—5—5—11 号　当十。评级:拾。

　　径:30.0毫米。厚:1.8毫米。

　　重:7.8克。质:黄铜。

　　注:笔划细致,铜质粗糙。

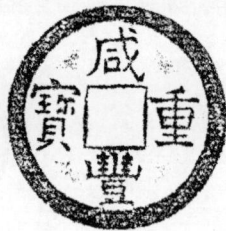

第 2—5—5—12 号　当十。评级:玖。

　　径:28.8毫米。厚:1.7毫米。

　　重:5.9克。质:黄铜。

　　注:细缘。

⑥"缶"宝"八"贝当十

第 2—5—6—1 号　当十。评级:玖。

　　径:31.3毫米。

　　厚:2.3毫米。

　　重:10.9克。

　　质:黄铜。

第 2—5—6—2 号　当十。评级:玖。

　　径:30.7毫米。

　　厚:2.4毫米。

　　重:10.7克。

　　质:黄铜。

第 2—5—6—3 号　当十。评级:玖。

　　径:30.7毫米。

　　厚:2.2毫米。

　　重:10.4克。

　　质:黄铜。

第2—5—6—4号　当十。评级:玖。

径:30.6毫米。

厚:2.4毫米。

重:11.4克。

质:黄铜。

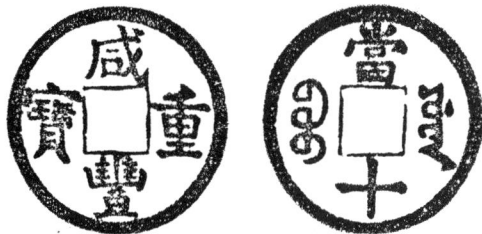

第2—5—6—5号　当十。评级:玖。

径:30.6毫米。

厚:2.4毫米。

重:10.9克。

质:黄铜。

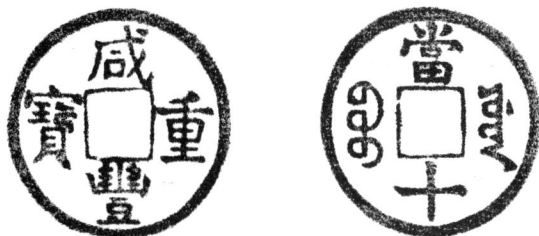

6. 小平

①"尔"宝"八"贝方头双点通小平

第2—6—1—1号　小平。评级:陆。

径:27.4毫米。

厚:1.9毫米。

重:7.4克。

质:黄铜。

注:部颁样钱。

第2—6—1—2号　小平。评级:陆。

径:27.1毫米。

厚:1.9毫米。

重:6.6克。

质:黄铜。

注:部颁样钱。

第2—6—1—3号　小平。评级:陆。

径:26.4毫米。厚:2.1毫米。

重:7.6克。质:黄铜。

注:部颁样钱。

第2-6-1-4号　小平。评级:捌。

　　径:23.7毫米。厚:1.8毫米。

　　重:3.9克。质:铅。

第2-6-1-5号　小平。评级:玖。

　　面径:23.4毫米。背径:22.6毫米。

　　厚:1.6毫米。重:4.3克。

　　质:黄铜。

　　注:面、背径明显差异的平钱,在宝
　　　源局较常见,疑为铁式铜钱。

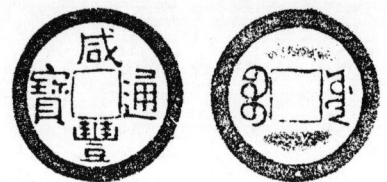

第2-6-1-6号　小平。评级:拾。

　　径:23.1毫米。厚:1.3毫米。

　　重:3.5克。质:黄铜。

第2-6-1-7号　小平。评级:拾。

　　径:23.0毫米。厚:1.3毫米。

　　重:3.5克。质:黄铜。

第2-6-1-8号　小平。评级:玖。

　　径:22.1毫米。厚:1.4毫米。

　　重:3.3克。质:黄铜。

　　注:细字。

第2-6-1-9号　小平。评级:拾。

　　径:22.0毫米。厚:1.0毫米。

　　重:1.8克。质:黄铜。

　　注:广穿小字。

第2—6—1—10号 小平。评级:玖。

    径:21.6毫米。厚:1.2毫米。

    重:2.3克。质:黄铜。

    注:异源

第2—6—1—11号 小平。评级:拾。

    径:20.4毫米。厚:1.1毫米。

    重:2.2克。质:黄铜。

第2—6—1—12号 小平。评级:拾。

    径:19.8毫米。厚:1.3毫米。

    重:2.6克。质:黄铜。

第2—6—1—13号 小平。评级:拾。

    径:19.7毫米。厚:1.4毫米。

    重:2.6克。质:黄铜。

第2—6—1—14号 小平。评级:拾。

    径:19.3毫米。厚:1.4毫米。

    重:2.5克。质:精黄铜。

②宽豆丰方头双点通小平:数量多,铸造精。

第2—6—2—1号 小平。评级:玖。

    径:23.1毫米。厚:1.5毫米。

    重:4.3克。质:黄铜。

    注:宽缘大样。

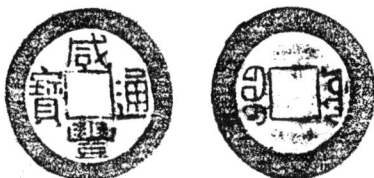

第2—6—2—2号 小平。评级:拾。

    径:22.8毫米。厚:1.8毫米。

    重:4.4克。质:黄铜。

第2-6-2-3号　小平。评级:拾。
　　径:22.7毫米。厚:1.7毫米。
　　重:4.4克。质:黄铜。

第2-6-2-4号　小平。评级:拾。
　　径:22.4毫米。厚:1.4毫米。
　　重:3.6克。质:黄铜。

第2-6-2-5号　小平。评级:拾。
　　径:22.3毫米。厚:1.5毫米。
　　重:4.2克。质:黄铜。

第2-6-2-6号　小平。评级:拾。
　　径:22.2毫米。厚:1.6毫米。
　　重:4.0克。质:黄铜。

第2-6-2-7号　小平。评级:捌。
　　径:22.2毫米。厚:1.6毫米。
　　重:3.9克。质:黄铜。
　　注:咸中从"古"

第2-6-2-8号　小平。评级:拾。
　　径:22.1毫米。厚:1.5毫米。
　　重:3.5克。质:黄铜。
　　注:精致,小咸。

第2-6-2-9号　小平。评级:拾。
　　径:22.0毫米。厚:1.6毫米。
　　重:3.9克。质:黄铜。

第2—6—2—10号　小平。评级:拾。
　　径:21.8毫米。厚:1.3毫米。
　　重:3.0克。质:黄铜。

第2—6—2—11号　小平。评级:拾。
　　径:21.3毫米。厚:1.6毫米。
　　重:3.6克。质:黄铜。

第2—6—2—12号　小平。评级:拾。
　　径:20.8毫米。厚:1.2毫米。
　　重:2.4克。质:黄铜。
　　注:面穿无郭。

第2—6—2—13号　小平。评级:拾。
　　径:20.3毫米。厚:1.0毫米。
　　重:2.0克。质:黄铜。
　　注:大字,面穿无郭。

第2—6—2—14号　小平。评级:玖。
　　径:20.1毫米。厚:1.1毫米。
　　重:1.9克。质:黄铜。
　　注:大钩咸,面穿无郭。

第2—6—2—15号　小平。评级:玖。
　　径:19.7毫米。厚:1.2毫米。
　　重:2.1克。质:黄铜。
　　注:背穿上小星。

第2—6—2—16号　小平。评级:拾。
　　径:19.0毫米。厚:1.0毫米。
　　重:1.8克。质:黄铜。
　　注:面穿无郭。

第2－6－2－17号　小平。评级:拾。
　　径:18.9毫米。厚:1.2毫米。
　　重:2.0克。质:黄铜。

第2－6－2－18号　小平。评级:拾。
　　径:18.8毫米。厚:1.1毫米。
　　重:1.8克。质:黄铜。

第2－6－2－19号　小平。评级:拾。
　　径:18.5毫米。厚:1.3毫米。
　　重:1.9克。质:黄铜。

第2－6－2－20号　小平。评级:拾。
　　径:18.3毫米。厚:1.3毫米。
　　重:1.8克。质:黄铜。
　　注:穿无郭。

第2－6－2－21号　小平。评级:拾。
　　径:18.0毫米。厚:1.2毫米。
　　重:1.7克。质:黄铜。
　　注:如此轻小,却笔划清晰,字体正规。
　　　此类小钱当是典型的"局私"。

③无点源方头双点通小平
第2－6－3－1号　小平。评级:拾。
　　径:19.6毫米。厚:1.2毫米。
　　重:1.9克。质:黄铜。

第2－6－3－2号　小平。评级:拾。
　　径:19.5毫米。厚:1.1毫米。
　　重:2.0克。质:黄铜。

第2—6—3—3号　小平。评级:拾。
　　径:19.5毫米。厚:1.0毫米。
　　重:1.6克。质:黄铜。

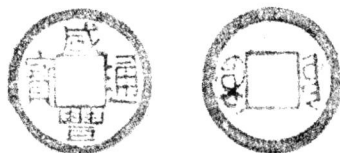

第2—6—3—4号　小平。评级:拾。
　　径:19.5毫米。厚:1.0毫米。
　　重:1.6克。质:黄铜。

第2—6—3—5号　小平。评级:捌。
　　径:19.1毫米。厚:1.0毫米。
　　重:1.6克。质:黄铜。
　　注:非常精美。轻小型钱是否也有
　　样钱?

第2—6—3—6号　小平。评级:拾。
　　径:18.8毫米。厚:1.0毫米。
　　重:1.5克。质:黄铜。

④异式长满文方头双点通小平
第2—6—4—1号　小平。评级:玖。
　　径:22.5毫米。厚:1.8毫米。
　　重:3.8克。质:黄铜。

第2—6—4—2号　小平。评级:玖。
　　径:21.8毫米。厚:1.1毫米。
　　重:2.7克。质:黄铜。

第2—6—4—3号　小平。评级:玖。
　　径:21.7毫米。厚:1.7毫米。
　　重:3.8克。质:黄铜。

第2—6—4—4号　小平。评级:玖。
　　径:21.6毫米。厚:1.3毫米。
　　重:2.9克。质:黄铜。

第2—6—4—5号　小平。评级:玖。
　　径:21.4毫米。厚:1.4毫米。
　　重:2.1克。质:黄铜。

第2—6—4—6号　小平。评级:玖。
　　径:21.1毫米。厚:1.0毫米。
　　重:2.6克。质:黄铜。

第2—6—4—7号　小平。评级:玖。
　　径:20.9毫米。厚:1.0毫米。
　　重:2.3克。质:黄铜。

第2—6—4—8号　小平。评级:玖。
　　径:19.1毫米。厚:1.0毫米。
　　重:1.6克。质:黄铜。

　⑤无内郭方头双点通小平:此式小钱为私铸。选取精好的行用钱,凿去内郭作为母钱而铸成。

第2—6—5—1号　小平。评级:拾。
　　径:19.1毫米。厚:1.0毫米。
　　重:1.4克。质:黄铜。

第2—6—5—2号　小平。评级:拾。
　　径:18.2毫米。厚:1.2毫米。
　　重:1.8克。质:黄铜。

第2—6—5—3号　小平。评级:拾。
　　　径:17.2毫米。厚:0.9毫米。
　　　重:1.1克。质:黄铜。

⑥铅质方头双点通小平
第2—6—6—1号　小平。评级:陆。
　　　径:23.4毫米。厚:1.7毫米。
　　　重:4.0克。质:铅。
　　　注:样钱。

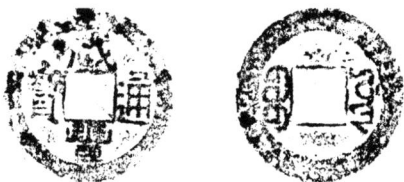

第2—6—6—2号　小平。评级:柒。
　　　径:22.7毫米。厚:1.5毫米。
　　　重:3.1克。质:铅。

第2—6—6—3号　小平。评级:柒。
　　　径:22.0毫米。厚:2.3毫米。
　　　重:4.0克。质:铅。

第2—6—6—4号　小平。评级:柒。
　　　径:21.1毫米。厚:1.6毫米。
　　　重:3.1克。质:铅。
　　　注:精好。

第2—6—6—5号　小平。评级:柒。
　　　径:20.7毫米。厚:1.3毫米。
　　　重:2.6克。质:铅。

第2—6—6—6号　小平。评级:捌。
　　　径:19.9毫米。厚:1.4毫米。
　　　重:1.8克。质:铅。

第2—6—6—7号　小平。评级:捌。
　　径:19.7毫米。厚:1.4毫米。
　　重:2.2克。质:铅。

第2—6—6—8号　小平。评级:捌。
　　径:19.6毫米。厚:1.4毫米。
　　重:2.1克。质:铅。

⑦铁质方头双点通小平

第2—6—7—1号　小平。评级:玖。
　　径:23.8毫米。厚:1.7毫米。
　　重:4.3克。质:铁。

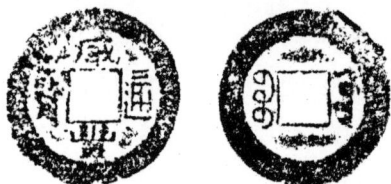

第2—6—7—2号　小平。评级:玖。
　　径:23.8毫米。厚:1.6毫米。
　　重:4.3克。质:铁。

第2—6—7—3号　小平。评级:玖。
　　径:23.6毫米。厚:1.5毫米。
　　重:4.0克。质:铁。

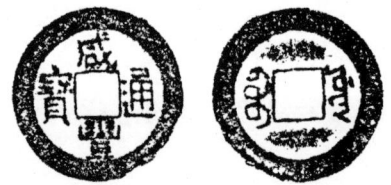

第2—6—7—4号　小平。评级:玖。
　　径:23.3毫米。厚:1.6毫米。
　　重:4.0克。质:铁。

⑧"尔"宝"八"贝方头单点通小平

第2－6－8－1号 小平。评级:玖。

　　径:24.5毫米。厚:1.5毫米。

　　重:4.7克。质:黄铜。

第2－6－8－2号 小平。评级:玖。

　　径:24.4毫米。厚:1.3毫米。

　　重:4.2克。质:黄铜。

第2－6－8－3号 小平。评级:玖。

　　径:24.1毫米。厚:1.4毫米。

　　重:4.3克。质:黄铜。

第2－6－8－4号 小平。评级:玖。

　　径:23.9毫米。厚:1.3毫米。

　　重:3.9克。质:黄铜。

第2－6－8－5号 小平。评级:玖。

　　径:23.6毫米。厚:1.3毫米。

　　重:3.8克。质:黄铜。

第2－6－8－6号 小平。评级:拾。

　　径:23.0毫米。厚:1.3毫米。

　　重:4.0克。质:黄铜。

第2—6—8—7号 小平。评级:拾。
　　径:22.5毫米。厚:1.5毫米。
　　重:3.3克。质:黄铜。

第2—6—8—8号 小平。评级:拾。
　　径:20.7毫米。厚:1.5毫米。
　　重:2.1克。质:黄铜。
　　注:无穿郭。

第2—6—8—9号 小平。评级:陆。
　　径:25.3毫米。厚:1.9毫米。
　　重:4.3克。质:铅。
　　注:样钱。

第2—6—8—10号 小平。评级:捌。
　　径:24.2毫米。厚:1.6毫米。
　　重:4.4克。质:铁。

⑨"尔"宝"八"贝角头双点通小平
第2—6—9—1号 小平。评级:肆。
　　径:28.5毫米。厚:1.6毫米。
　　重:7.2克。质:黄铜。
　　注:样钱,断"厂"咸。

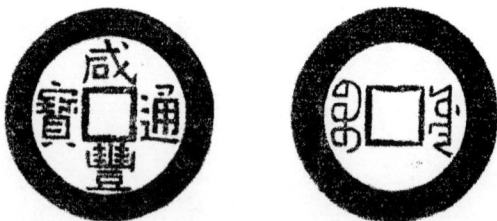

第2—6—9—2号 小平。评级:陆。
　　径:27.7毫米。厚:1.8毫米。
　　重:6.0克。质:黄铜。
　　注:部颁样钱。

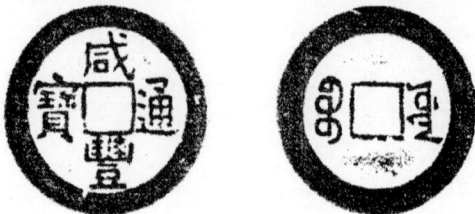

第2—6—9—3号　小平。评级:陆。
　　径:27.2毫米。厚:1.6毫米。
　　重:6.1克。质:黄铜。
　　注:部颁样钱。

第2—6—9—4号　小平。评级:柒。
　　径:25.7毫米。厚:1.4毫米。
　　重:4.9克。质:黄铜。
　　注:仿部颁式。

第2—6—9—5号　小平。评级:拾。
　　径:24.6毫米。厚:1.5毫米。
　　重:4.5克。质:黄铜。

第2—6—9—6号　小平。评级:拾。
　　径:24.4毫米。厚:1.5毫米。
　　重:4.1克。质:黄铜。

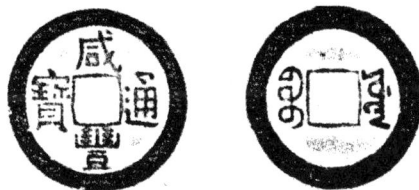

第2—6—9—7号　小平。评级:拾。
　　径:24.1毫米。厚:1.4毫米。
　　重:4.0克。质:黄铜。

第2—6—9—8号　小平。评级:拾。
　　径:23.7毫米。厚:1.4毫米。
　　重:4.1克。质:黄铜。

第2—6—9—9号　小平。评级：拾。
　　径：22.6毫米。厚：1.3毫米。
　　重：3.6克。质：黄铜。

第2—6—9—10号　小平。评级：柒。
　　径：24.3毫米。厚：1.9毫米。
　　重：4.3克。质：铅。
　　注：弯撇咸。

第2—6—9—11号　小平。评级：柒。
　　径：24.0毫米。厚：1.8毫米。
　　重：4.5克。质：铅。
　　注：弯撇咸。

第2—6—9—12号　小平。评级：陆。
　　径：23.6毫米。厚：1.7毫米。
　　重：4.0克。质：铅。
　　注：背穿下贴郭半星。

第2—6—9—13号　小平。评级：柒。
　　径：21.9毫米。厚：1.8毫米。
　　重：3.2克。质：铅。

第2—6—9—14号　小平。评级：捌。
　　径：19.7毫米。厚：1.1毫米。
　　重：1.9克。质：铅。
　　注：窄缘。

第2—6—9—15号　小平。评级：捌。
　　径：24.6毫米。厚：1.7毫米。
　　重：4.7克。质：铁。
　　注：宽缘。

第2—6—9—16号　小平。评级:玖。
　　径:23.7毫米。厚:1.8毫米。
　　重:4.2克。质:铁。

第2—6—9—17号　小平。评级:玖。
　　径:23.7毫米。厚:1.6毫米。
　　重:4.1克。质:铁。
　　注:小咸。

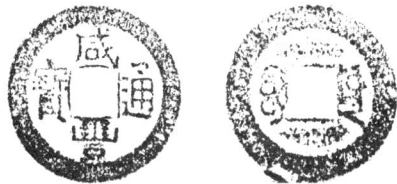

第2—6—9—18号　小平。评级:玖。
　　径:23.6毫米。厚:1.9毫米。
　　重:4.9克。质:铁。

⑩宽豆丰角头双点通小平:数量多,铸造
　精好。

第2—6—10—1号　小平。评级:拾。
　　径:23.9毫米。厚:1.7毫米。
　　重:4.9克。质:黄铜。

第2—6—10—2号　小平。评级:拾。
　　径:23.9毫米。厚:1.7毫米。
　　重:4.7克。质:黄铜。

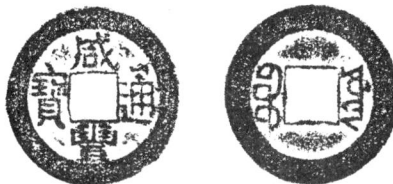

第2—6—10—3号　小平。评级:拾。
　　径:23.7毫米。厚:1.6毫米。
　　重:4.8克。质:黄铜。

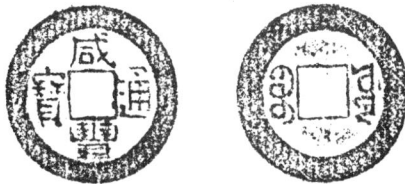

第 2—6—10—4 号　小平。评级:拾。
　　径:23.7毫米。厚:1.6毫米。
　　重:4.7克。质:黄铜。
　　注:大通。

第 2—6—10—5 号　小平。评级:拾。
　　径:23.6毫米。厚:1.7毫米。
　　重:5.0克。质:黄铜。

第 2—6—10—6 号　小平。评级:拾。
　　径:23.5毫米。厚:1.4毫米。
　　重:3.9克。质:黄铜。

第 2—6—10—7 号　小平。评级:拾。
　　径:23.4毫米。厚:1.1毫米。
　　重:3.6克。质:黄铜。

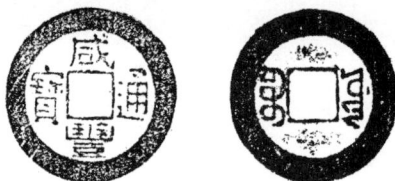

第 2—6—10—8 号　小平。评级:拾。
　　径:23.3毫米。厚:1.5毫米。
　　重:4.1克。质:黄铜。

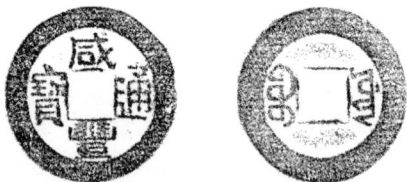

第 2—6—10—9 号　小平。评级:拾。
　　径:23.2毫米。厚:1.5毫米。
　　重:4.1克。质:黄铜。

第 2—6—10—10 号　小平。评级:拾。
　　径:23.1毫米。厚:1.5毫米。
　　重:4.4克。质:黄铜。

第2-6-10-11号　小平。评级:拾。
　　径:23.0毫米。厚:1.4毫米。
　　重:3.9克。质:黄铜。
　　注:宽缘小字。

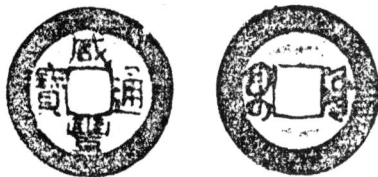

第2-6-10-12号　小平。评级:拾。
　　径:23.0毫米。厚:1.3毫米。
　　重:3.7克。质:黄铜。

第2-6-10-13号　小平。评级:拾。
　　径:22.8毫米。厚:1.6毫米。
　　重:4.1克。质:黄铜。

第2-6-10-14号　小平。评级:拾。
　　径:22.3毫米。厚:1.3毫米。
　　重:3.6克。质:黄铜。

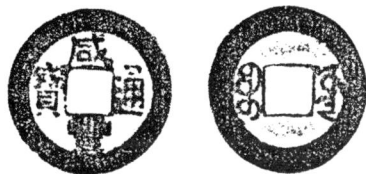

第2-6-10-15号　小平。评级:拾。
　　径:22.1毫米。厚:1.2毫米。
　　重:3.4克。质:黄铜。

第2-6-10-16号　小平。评级:拾。
　　径:22.0毫米。厚:1.2毫米。
　　重:3.4克。质:黄铜。

第2-6-10-17号　小平。评级:玖。
　　径:21.7毫米。厚:1.3毫米。
　　重:2.7克。质:黄铜。
　　注:短尾满宝,短尾源。

第2—6—10—18号　小平。评级:玖。
　　径:21.1毫米。厚:1.4毫米。
　　重:2.9克。质:黄铜。
　　注:决穿。

第2—6—10—19号　小平。评级:玖。
　　径:21.1毫米。厚:0.9毫米。
　　重:2.3克。质:黄铜。
　　注:异源。

第2—6—10—20号　小平。评级:拾。
　　径:21.0毫米。厚:1.6毫米。
　　重:3.4克。质:黄铜。

第2—6—10—21号　小平。评级:玖。
　　径:21.0毫米。厚:1.1毫米。
　　重:2.4克。质:黄铜。
　　注:异源。

第2—6—10—22号　小平。评级:拾。
　　径:20.7毫米。厚:1.3毫米。
　　重:2.8克。质:黄铜。

⑪"尔"宝"ス"贝角头双点通小平:此版式只见部颁样钱,无行用钱。
第2—6—11—1号　小平。评级:陆。
　　径:28.0毫米。厚:1.6毫米。
　　重:6.8克。质:黄铜。
　　注:部颁样钱。

第2—6—11—2号　小平。评级:陆。

　　径:27.8毫米。厚:1.6毫米。

　　重:5.5克。质:黄铜。

　　注:部颁样钱。

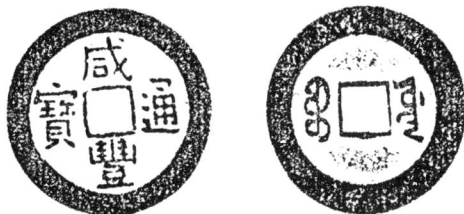

第2—6—11—3号　小平。评级:陆。

　　径:27.0毫米。厚:1.9毫米。

　　重:6.6克。质:黄铜。

　　注:部颁样钱。

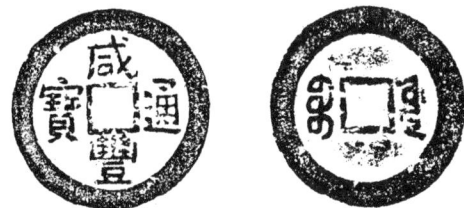

第2—6—11—4号　小平。评级:玖。

　　径:21.1毫米。厚:1.0毫米。

　　重:2.2克。质:黄铜。

　　注:私铸。

⑫"尔"宝"八"贝角头单点通小平:均为私铸。

第2—6—12—1号　小平。评级:玖。

　　径:21.2毫米。厚:1.0毫米。

　　重:2.1克。质:黄铜。

第2—6—12—2号　小平。评级:玖。

　　径:20.5毫米。厚:0.9毫米。

　　重:1.8克。质:黄铜。

⑬异式小平钱:均为私铸。

第2—6—13—1号　小平。评级:捌。

　　径:22.7毫米。厚:1.4毫米。

　　重:4.0克。质:青铜。

　　注:背文横置。

第 2—6—13—2 号　小平。评级:捌。

　　径:22.0毫米。厚:1.6毫米。

　　重:3.7克。质:黄铜。

　　注:背文倒置,背穿下星。

第 2—6—13—3 号　小平。评级:捌。

　　径:20.6毫米。厚:1.0毫米。

　　重:2.0克。质:黄铜。注:背传文。

三、宝直局

宝直局为清代直隶省的铸钱局,设于保定。有当百、当五十、当十、当五、小平,共 5 个纪值等级。当五极稀少。宝直局咸丰钱铸造工整精好,版式单一。大钱为"缶"宝,小平及铁钱多为"尔"宝。铜钱"尔"宝当十、当五均为铁母。由于在天津、正定、大名等处设分局铸造小平铁钱,故今见小平铁钱版式较多样。宝直局咸丰钱只有一个版式系列。

本书共收集宝直局咸丰钱标本 75 枚。

1."缶"宝"八"贝系列:有当百、当五十、当十、小平,共 4 个纪值等级。

①当百

第 3－1－1－1 号　当百。评级:贰。

　　径:49.2毫米。厚:4.2毫米。

　　重:50.5克。质:黄铜。

　　注:母钱。

第3—1—1—2号　当百。评级:陆。

　　径:49.7毫米。厚:4.2毫米。重:48.8克。质:黄铜。注:头炉大样。

第3—1—1—3号　当百。评级:柒。

　　径:49.5毫米。厚:4.7毫米。重:53.3克。质:黄铜。

第3—1—1—4号　当百。评级:柒。

　　径:49.5毫米。厚:4.5毫米。重:51.1克。质:黄铜。

第3—1—1—5号　当百。评级:陆。

　　径:48.2毫米。厚:4.7毫米。重:53.8克。质:黄铜。

　　注:头炉小样。

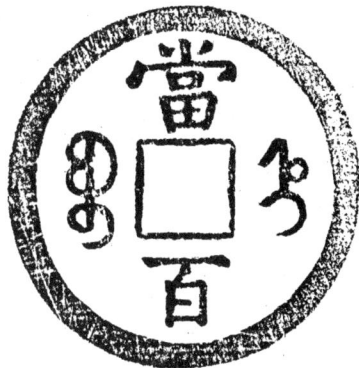

②当五十

第3—1—2—1号　当五十。评级:柒。

　　径:45.9毫米。厚:4.4毫米。重:40.0克。质:黄铜。

第3—1—2—2号　当五十。评级:柒。

　　径:45.5毫米。厚:4.2毫米。重:42.7克。质:黄铜。

第3—1—2—3号　当五十。评级:伍。

　　　径:45.2毫米。厚:4.0毫米。重:42.6克。质:黄铜。注:背宽缘。

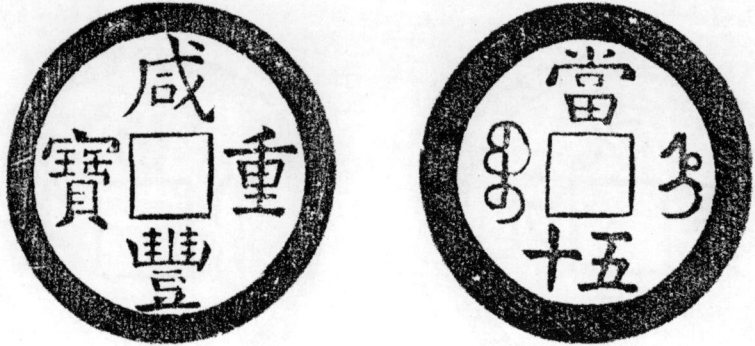

第3—1—2—4号　当五十。评级:伍。

　　　径:44.6毫米。厚:4.1毫米。重:43.1克。质:黄铜。注:背宽缘。

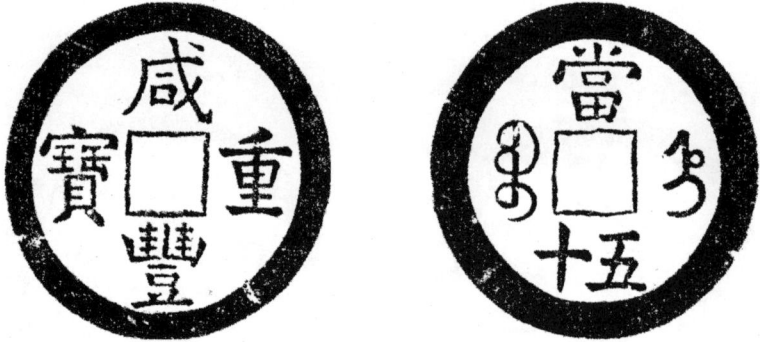

③当十

第3—1—3—1号　当十。评级:伍。

　　　径:34.3毫米。

　　　厚:2.7毫米。

　　　重:15.0克。

　　　质:黄铜。注:样钱。

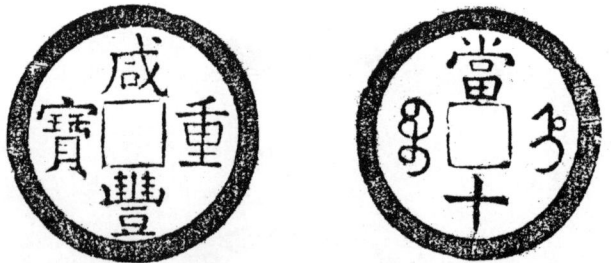

第3—1—3—2号　当十。评级:捌。

　　　径:34.7毫米。

　　　厚:3.1毫米。

　　　重:16.8克。

　　　质:黄铜。注:厚重。

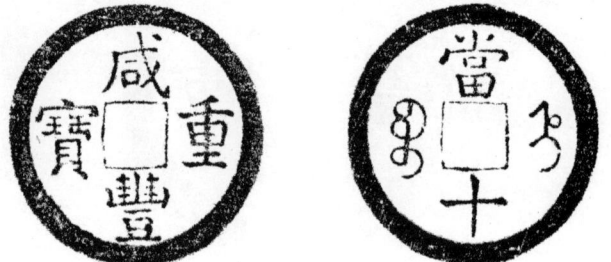

第3—1—3—3号　当十。评级:捌。

　　径:34.4毫米。

　　厚:3.0毫米。

　　重:15.6克。

　　质:黄铜。注:规制。

第3—1—3—4号　当十。评级:玖。

　　径:34.1毫米。

　　厚:2.8毫米。

　　重:13.4克。

　　质:黄铜。

第3—1—3—5号　当十。评级:玖。

　　径:34.1毫米。

　　厚:2.4毫米。

　　重:12.1克。

　　质:黄铜。

第3—1—3—6号　当十。评级:玖。

　　径:33.9毫米。

　　厚:2.7毫米。

　　重:13.5克。

　　质:黄铜。

第3—1—3—7号　当十。评级:玖。

　　径:33.3毫米。

　　厚:3.0毫米。

　　重:14.8克。

　　质:黄铜。

第3—1—3—8号　当十。评级:捌。

　　径:33.3毫米。

　　厚:3.3毫米。

　　重:17.2克。

　　质:黄铜。

　　注:厚重。

第3—1—3—9号　当十。评级:捌。

　　径:34.9毫米。

　　厚:3.0毫米。

　　重:16.4克。

　　质:黄铜。注:规制细字。

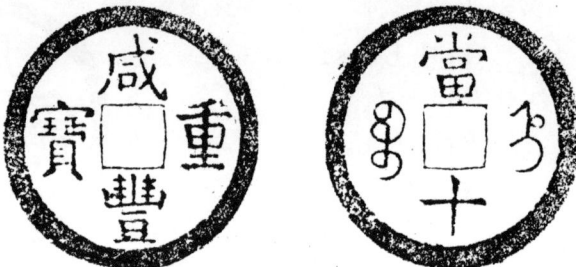

④小平

第3—1—4—1号　小平。评级:肆。

　　径:24.2毫米。厚:1.7毫米。

　　重:5.3克。质:黄铜。

　　注:样钱,"缶"宝。

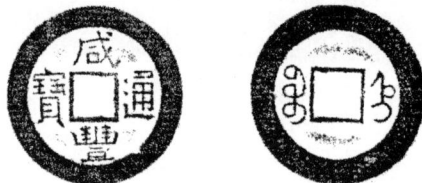

第3—1—4—2号　小平。评级:陆。

　　径:23.1毫米。厚:1.6毫米。

　　重:4.0克。质:黄铜。

　　注:铁式铜钱。

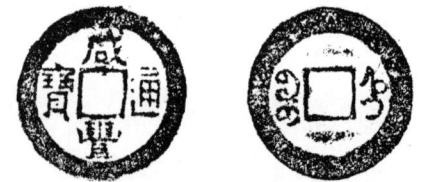

第3—1—4—3号　小平。评级:柒。

　　径:24.1毫米。厚:1.7毫米。

　　重:4.5克。质:铁。

　　注:"缶"宝。

第3—1—4—4号　小平。评级:柒。

　　径:23.2毫米。厚:1.6毫米。

　　重:3.6克。质:铁。

　　注:"缶"宝。

2. 不成系列的各版式

①"尔"宝当十

第 3−2−1−1 号

当十。评级:玖。

径:38.8 毫米。

厚:4.2 毫米。

重:19.3 克。

质:铁。

第 3−2−1−2 号

当十。评级:玖。

径:38.4 毫米。

厚:3.3 毫米。

重:21.8 克。

质:铁。

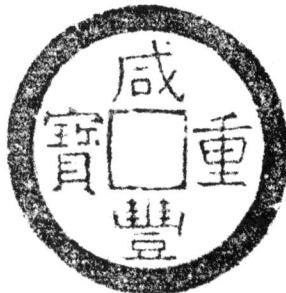 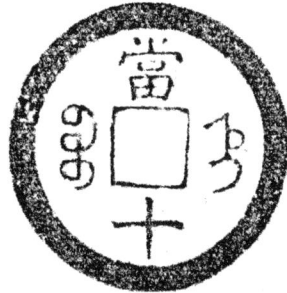

第 3−2−1−3 号

当十。评级:玖。

径:38.2 毫米。

厚:3.1 毫米。

重:19.4 克。

质:铁。

第 3−2−1−4 号

当十。评级:玖。

径:38.1 毫米。

厚:3.2 毫米。

重:20.5 克。

质:铁。

②"缶"宝当十

第3—2—2—1号　当十。评级：玖。

　　　径：38.8毫米。

　　　厚：3.5毫米。

　　　重：23.6克。

　　　质：铁。

　　　注：短尾满宝。

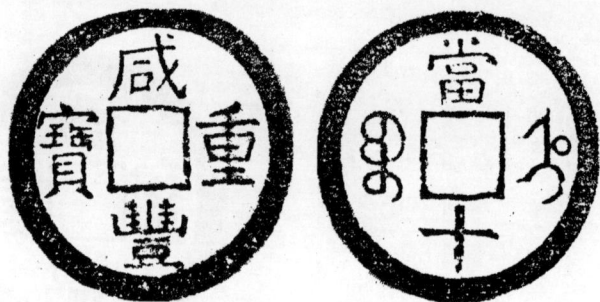

第3—2—2—2号　当十。评级：玖。

　　　径：38.7毫米。

　　　厚：3.7毫米。

　　　重：24.0克。

　　　质：铁。

　　　注：短尾满宝。

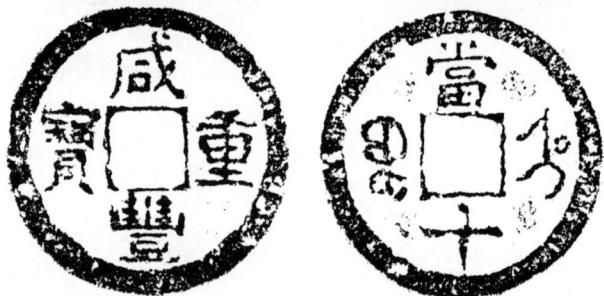

③部颁式铜质小平钱

第3—2—3—1号　小平。评级：陆。

　　　径：25.7毫米。厚：1.4毫米。

　　　重：4.6克。质：黄铜。

④铁式铜小平：此式有铁钱。

第3—2—4—1号　小平。评级：陆。

　　　径：23.8毫米。厚：1.6毫米。

　　　重：4.8克。质：黄铜。

　　　注：小直。

第3—2—4—2号　小平。评级：陆。

　　　径：23.7毫米。厚：1.8毫米。

　　　重：5.1克。质：黄铜。

　　　注：决穿。

⑤长直铜小平:此式尚没见过铁钱。

第3—2—5—1号　小平。评级:柒。

　　径:23.6毫米。厚:1.3毫米。

　　重:3.7克。质:黄铜。

第3—2—5—2号　小平。评级:柒。

　　径:23.5毫米。厚:1.4毫米。

　　重:4.2克。质:黄铜。

第3—2—5—3号　小平。评级:柒。

　　径:23.4毫米。厚:1.2毫米。

　　重:3.1克。质:黄铜。

⑥大直铜小平:此式没见过铁钱。近年在保定出土数千枚,一时成为较多见的版式。

第3—2—6—1号　小平。评级:柒。

　　径:23.6毫米。厚:1.6毫米。

　　重:4.5克。质:黄铜。

第3—2—6—2号　小平。评级:柒。

　　径:23.6毫米。厚:1.5毫米。

　　重:4.4克。质:黄铜。

第3—2—6—3号　小平。评级:柒。

　　径:23.5毫米。厚:1.5毫米。

　　重:4.3克。质:黄铜。

第3—2—6—4号　小平。评级:柒。
　　　径:23.4毫米。厚:1.5毫米。
　　　重:3.8克。质:黄铜。

第3—2—6—5号　小平。评级:柒。
　　　径:23.4毫米。厚:1.3毫米。
　　　重:3.4克。质:黄铜。

第3—2—6—6号　小平。评级:柒。
　　　径:23.3毫米。厚:1.5毫米。
　　　重:4.3克。质:黄铜。

第3—2—6—7号　小平。评级:柒。
　　　径:23.3毫米。厚:1.5毫米。
　　　重:3.9克。质:黄铜。

⑦长颈直铜小平:属相对多见的版式。
第3—2—7—1号　小平。评级:捌。
　　　径:22.7毫米。厚:1.5毫米。
　　　重:3.8克。质:黄铜。

第3—2—7—2号　小平。评级:捌。
　　　径:22.2毫米。厚:1.4毫米。
　　　重:2.9克。质:黄铜。

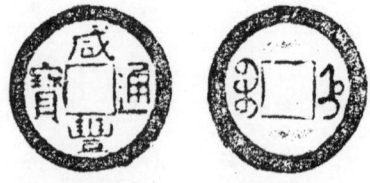

第3—2—7—3号　小平。评级:捌。
　　　径:22.2毫米。厚:1.1毫米。
　　　重:2.4克。质:黄铜。

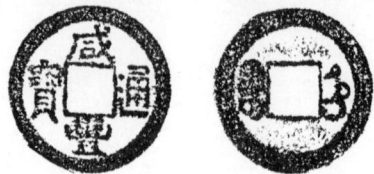

第3—2—7—4号　小平。评级:捌。
　　径:22.2毫米。厚:0.9毫米。
　　重:2.1克。质:黄铜。

第3—2—7—5号　小平。评级:捌。
　　径:22.1毫米。厚:1.4毫米。
　　重:3.0克。质:黄铜。

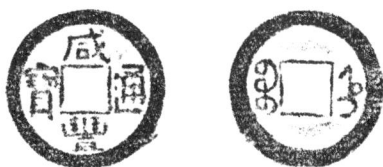

第3—2—7—6号　小平。评级:捌。
　　径:22.0毫米。厚:1.3毫米。
　　重:2.9克。质:黄铜。

第3—2—7—7号　小平。评级:捌。
　　径:22.0毫米。厚:1.0毫米。
　　重:2.2克。质:黄铜。

第3—2—7—8号　小平。评级:捌。
　　径:21.8毫米。厚:1.4毫米。
　　重:2.1克。质:黄铜。

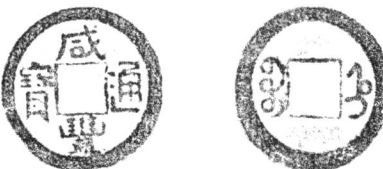

第3—2—7—9号　小平。评级:捌。
　　径:21.0毫米。厚:1.3毫米。
　　重:2.5克。质:黄铜。

第3—2—7—10号　小平。评级:捌。
　　径:20.9毫米。厚:1.4毫米。
　　重:2.9克。质:黄铜。

第3—2—7—11号　小平。评级:捌。
　　径:20.9毫米。厚:1.2毫米。
　　重:2.6克。质:黄铜。

第3—2—7—12号　小平。评级:柒。
　　径:23.5毫米。厚:2.5毫米。
　　重:7.7克。质:黄铜。
　　注:厚重。

⑧"氵"宝铁小平
第3—2—8—1号　小平。评级:陆。
　　径:23.8毫米。厚:1.7毫米。
　　重:4.1克。质:铁。

第3—2—8—2号　小平。评级:陆。
　　径:23.4毫米。厚:1.8毫米。
　　重:4.8克。质:铁。

⑨大直铁小平:与大直铜小平满文不同式。
第3—2—9—1号　小平。评级:柒。
　　径:24.6毫米。厚:2.2毫米。
　　重:6.4克。质:铁。

⑩常式铁小平:此式铜铁钱均见。
第3—2—10—1号　小平。评级:玖。
　　径:24.5毫米。厚:1.8毫米。
　　重:4.6克。质:铁。
　　注:背穿左上角决文。

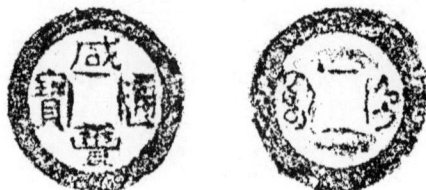

第3—2—10—2号 小平。评级:玖。
　　径:24.0毫米。厚:1.9毫米。
　　重:5.0克。质:铁。

第3—2—10—3号 小平。评级:玖。
　　径:24.0毫米。厚:1.8毫米。
　　重:4.5克。质:铁。

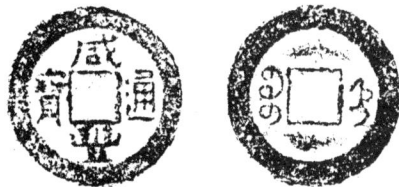

第3—2—10—4号 小平。评级:玖。
　　径:23.9毫米。厚:1.6毫米。
　　重:3.9克。质:铁。
　　注:决穿。

第3—2—10—5号 小平。评级:玖。
　　径:23.9毫米。厚:1.9毫米。
　　重:4.7克。质:铁。

第3—2—10—6号 小平。评级:玖。
　　径:23.8毫米。厚:1.6毫米。
　　重:3.9克。质:铁。

第3—2—10—7号 小平。评级:玖。
　　径:23.7毫米。厚:1.9毫米。
　　重:4.4克。质:铁。

第3—2—10—8号 小平。评级:玖。
　　径:23.6毫米。厚:1.5毫米。
　　重:4.0克。质:铁。

第3—2—10—9号 小平。评级:玖。

径:23.4毫米。厚:2.0毫米。

重:4.5克。质:铁。

⑪长颈直铁小平:此式铜铁均见。

第3—2—11—1号 小平。评级:玖。

径:23.8毫米。厚:2.0毫米。

重:4.4克。质:铁。

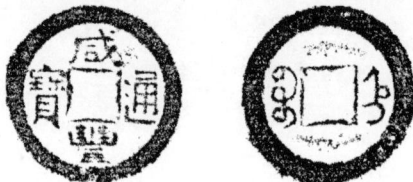

第3—2—11—2号 小平。评级:玖。

径:23.2毫米。厚:1.7毫米。

重:4.1克。质:铁。

第3—2—11—3号 小平。评级:玖。

径:22.9毫米。厚:1.5毫米。

重:3.2克。质:铁。

⑫长颈直出头宝铁小平

第3—2—12—1号 小平。评级:柒。

径:23.4毫米。厚:1.6毫米。

重:3.9克。质:铁。

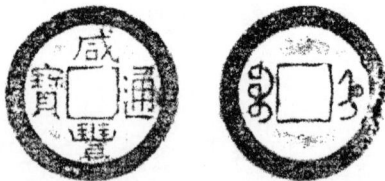

⑬小平铁母:宝直局的铁质小平钱版式较多,而小平铁母于上世纪末有小批量的发现,本人有幸,集到六种版式,集中颁出,以示隆重。

(1)第3—2—13—1号 小平。评级:叁。

径:24.0毫米。厚:1.8毫米。

重:5.3克。质:黄铜。

注:三点宝。

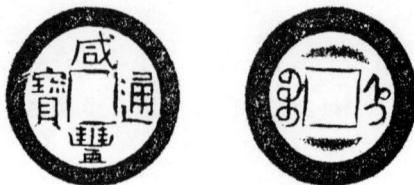

(2)第 3—2—13—2 号　小平。评级:叁。

　　径:23.6 毫米。厚:1.3 毫米。

　　重:3.9 克。质:黄铜。

　　注:"参"字宝。

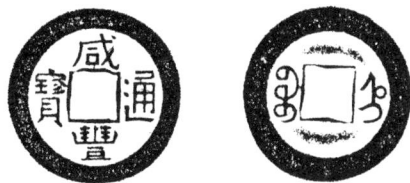

(3)第 3—2—13—3 号　小平。评级:肆。

　　径:24.2 毫米。厚:1.7 毫米。

　　重:4.9 克。质:黄铜。

　　注:"缶"宝。

(4)第 3—2—13—4 号　小平。评级:肆。

　　径:23.4 毫米。厚:1.6 毫米。

　　重:4.6 克。质:黄铜。

　　注:"尔"宝。

(5)第 3—2—13—5 号　小平。评级:肆。

　　径:23.6 毫米。厚:1.5 毫米。

　　重:4.6 克。质:黄铜。

　　注:"尔"宝出头满宝。

(6)第 3—2—13—6 号　小平。评级:肆。

　　径:25.2 毫米。厚:2.2 毫米。

　　重:7.4 克。质:黄铜。

　　注:"尔"宝半圈直。

四、宝蓟局

　　宝蓟局为清代直隶省蓟州的铸钱局。有当百、当五十、当十、当五、小平共 5 个纪值等级。当五与小平极罕见。依满文"蓟"上点的位置高低分成两个版式系列。当百、当五十为"缶"宝,当十以下为"尔"宝。

　　本书共收入宝蓟局咸丰钱标本 17 枚。

1. 满蓟高位点系列:有当百、当五十、当十共 3 个纪值等级。

①当百

第 4—1—1—1 号　当百。评级:叁。

　　　　径:53.3 毫米。

　　　　厚:4.0 毫米。

　　　　重:57.7 克。

　　　　质:黄铜。

②当五十

第4—1—2—1号　当五十。评级:肆。径:44.0毫米。厚:3.9毫米。重:37.4克。质:黄铜。注:样钱。

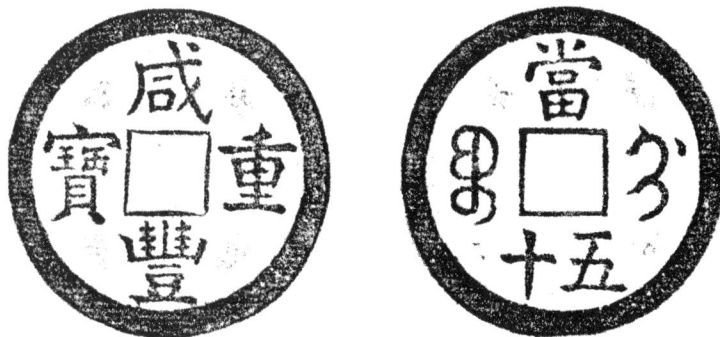

第4—1—2—2号　当五十。评级:陆。径:44.2毫米。厚:3.8毫米。重:36.1克。质:黄铜。

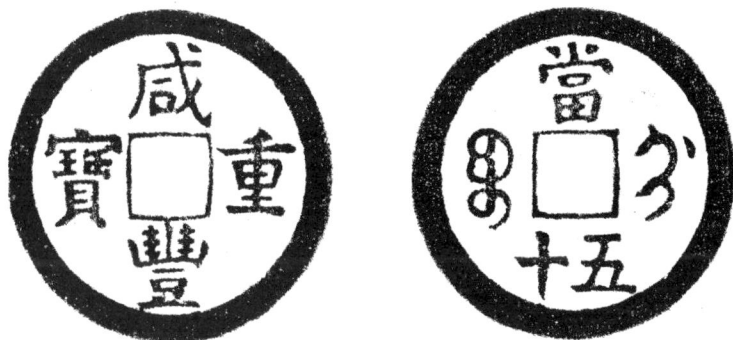

第4—1—2—3号　当五十。评级:陆。

径:44.0毫米。厚:4.7毫米。

重:46.5克。质:黄铜。

注:厚重。

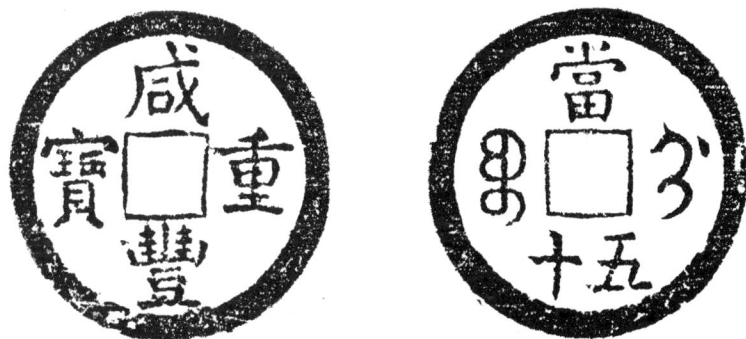

第4—1—2—4号　当五十。评级:陆。

　　径:43.5毫米。厚:3.1毫米。

　　重:32.0克。质:黄铜。

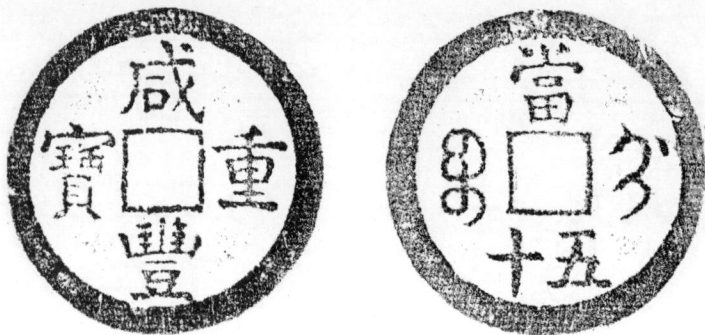

第4—1—2—5号　当五十。评级:陆。

　　径:43.3毫米。厚:3.6毫米。

　　重:36.3克。质:黄铜。

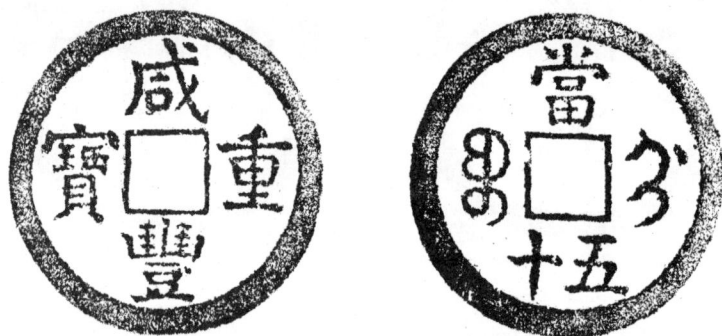

③当十

第4—1—3—1号　当十。评级:肆。

　　径:37.1毫米。

　　厚:3.1毫米。

　　重:19.8克。

　　质:黄铜。

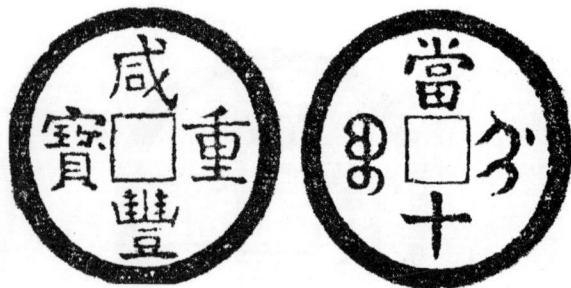

第4—1—3—2号　当十。评级:伍。

　　径:36.7毫米。

　　厚:2.8毫米。

　　重:15.7克。

　　质:铁。

2. 满蓟低位点系列:有当十、当五、小平 3 个纪值等级。

①当十

第4—2—1—1号　当十。评级:伍。

　　径:27.4毫米。厚:2.4毫米。

　　重:9.1克。质:黄铜。

　　注:样钱。

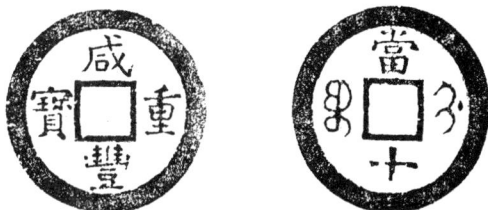

第4—2—1—2号　当十。评级:柒。

　　径:28.2毫米。厚:3.0毫米。

　　重:12.0克。质:黄铜。

　　注:大厚重。

第4—2—1—3号　当十。评级:柒。

　　径:28.0毫米。厚:2.9毫米。

　　重:11.4克。质:黄铜。

　　注:厚重。

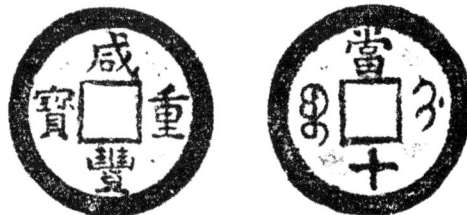

第4—2—1—4号　当十。评级:柒。

　　径:28.0毫米。厚:2.7毫米。

　　重:10.5克。质:黄铜。

　　注:宽缘。

第4—2—1—5号　当十。评级:柒。
　　径:28.0毫米。厚:2.6毫米。
　　重:10.6克。质:黄铜。

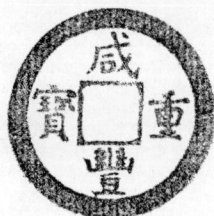

第4—2—1—6号　当十。评级:柒。
　　径:27.0毫米。厚:3.3毫米。
　　重:10.7克。质:黄铜。
　　注:厚缘。

②当五

第4—2—2—1号　当五。评级:贰。
　　径:28.1毫米。厚:2.9毫米。
　　重:11.1克。质:黄铜。
　　注:铁母。

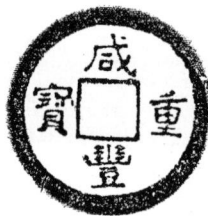

③小平

第4—2—3—1号　小平。评级:叁。
　　径:20.8毫米。厚:2.0毫米。
　　重:4.6克。质:黄铜。

第4—2—3—2号　小平。评级:捌。
　　径:19.7毫米。厚:0.8毫米。
　　重:1.7克。质:黄铜。
　　注:私铸。

五、宝德局

宝德局为清代直隶省热河地区承德的铸钱局。有当百、当五十、当十、当五、小平共 5 个纪值等级。有两个版式系列。

本书收集宝德局咸丰钱标本 27 枚。

1.“缶”宝系列：有当百、当五十、当十等 3 个纪值等级。

①当百

第 5—1—1—1 号　当百。评级：贰。

　　径：51.0 毫米。厚：4.5 毫米。

　　重：54.9 克。质：黄铜。

　　注：母钱。

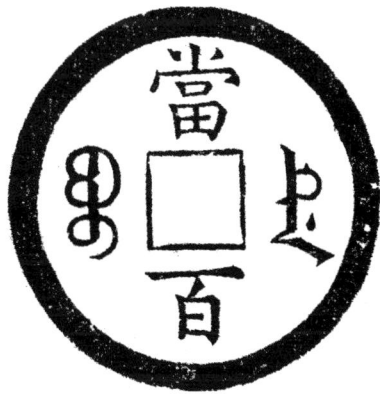

第5—1—1—2号　当百。评级:肆。

　　径:50.4毫米。厚:4.1毫米。重:55.2克。质:青铜。注:样钱。

第5—1—1—3号　当百。评级:陆。

　　径:49.9毫米。厚:3.9毫米。重:46.0克。质:黄铜。

第5—1—1—4号　当百。评级:陆。

　　径:49.8毫米。厚:3.5毫米。重:44.6克。质:黄铜。

第5—1—1—5号　当百。评级:陆。

　　径:48.5毫米。厚:4.0毫米。重:47.2克。质:黄铜。

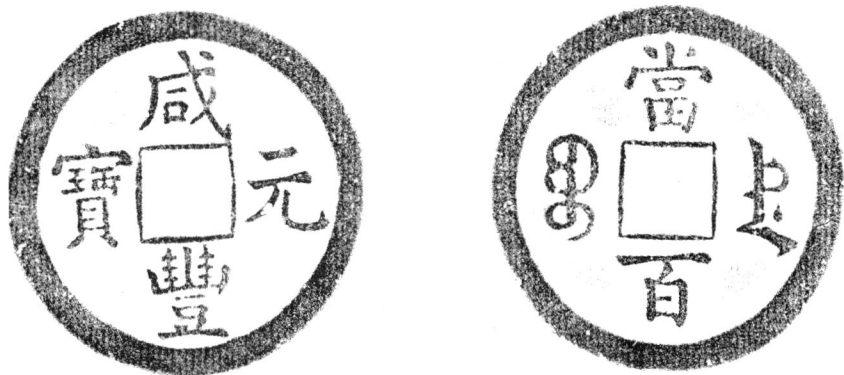

第5—1—1—6号　当百。评级:伍。

　　径:47.6毫米。厚:3.5毫米。重:41.6克。质:红铜。注:小样。

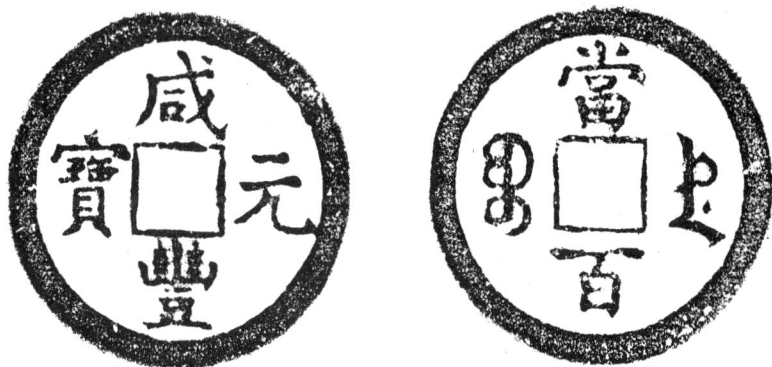

②当五十

第5—1—2—1号　当五十。评级:肆。

　　径:46.2毫米。厚:4.5毫米。重:50.3克。质:黄铜。注:样钱。

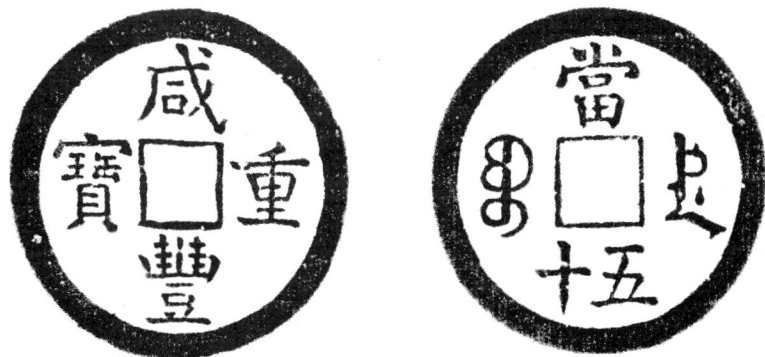

第5—1—2—2号　当五十。评级:陆。

径:46.2毫米。厚:4.3毫米。重:50.0克。质:青铜。注:厚重。

第5—1—2—3号　当五十。评级:陆。

径:46.0毫米。厚:4.9毫米。重:54.0克。质:黄铜。注:厚重。

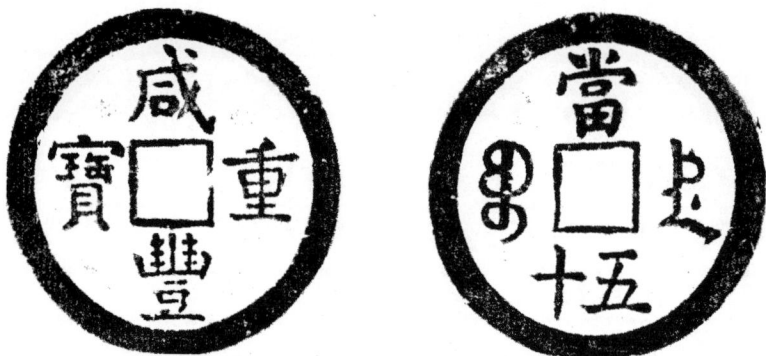

第5—1—2—4号　当五十。评级:陆。

径:45.8毫米。厚:4.0毫米。重:40.4克。质:青铜。

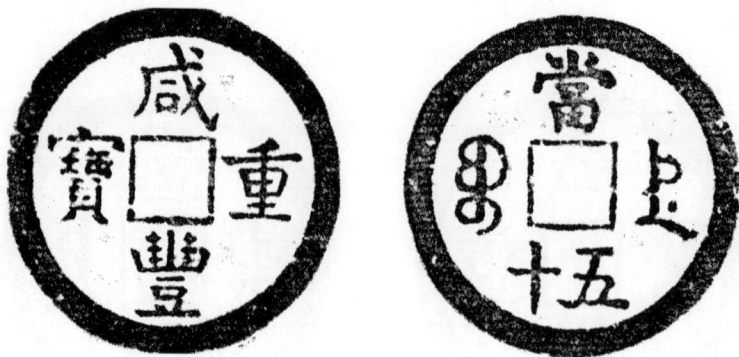

第 5—1—2—5 号　当五十。评级:陆。

　　径:45.7 毫米。厚:4.8 毫米。重:54.2 克。质:黄铜。注:厚重。

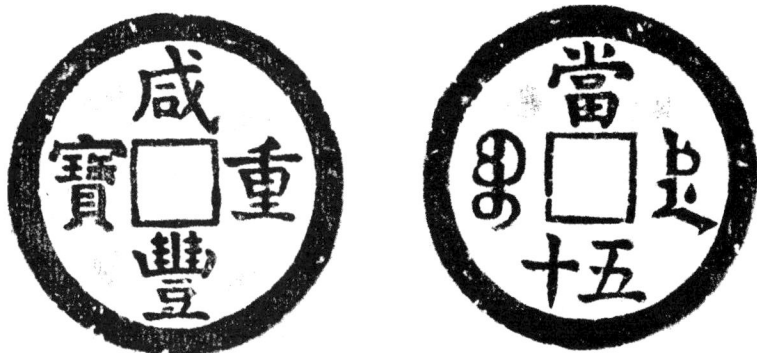

第 5—1—2—6 号　当五十。评级:柒。

　　径:45.4 毫米。厚:4.4 毫米。重:47.2 克。质:黄铜。

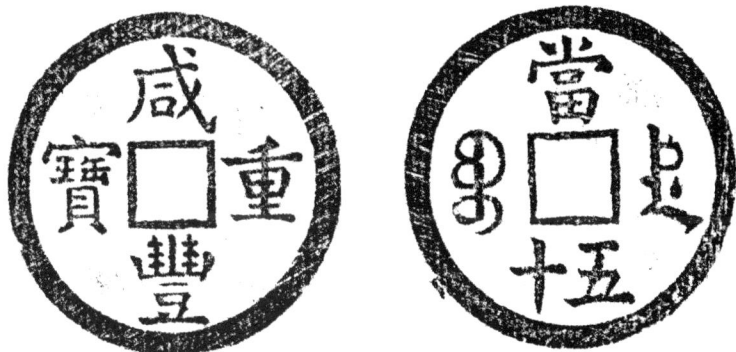

第 5—1—2—7 号　当五十。评级:柒。

　　径:45.4 毫米。厚:4.3 毫米。重:47.2 克。质:黄铜。

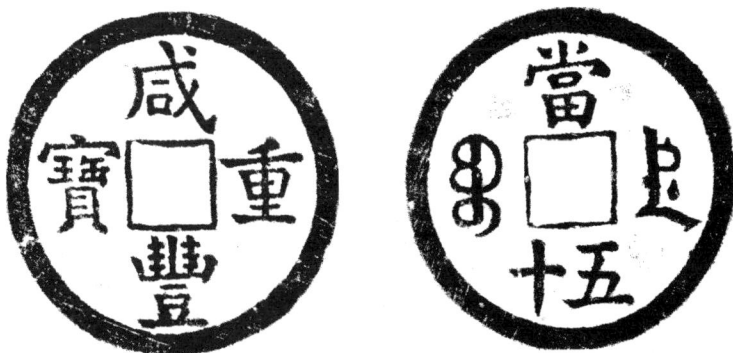

第5—1—2—8号 当五十。评级:柒。

径:45.3毫米。厚:4.3毫米。

重:46.6克。质:黄铜。

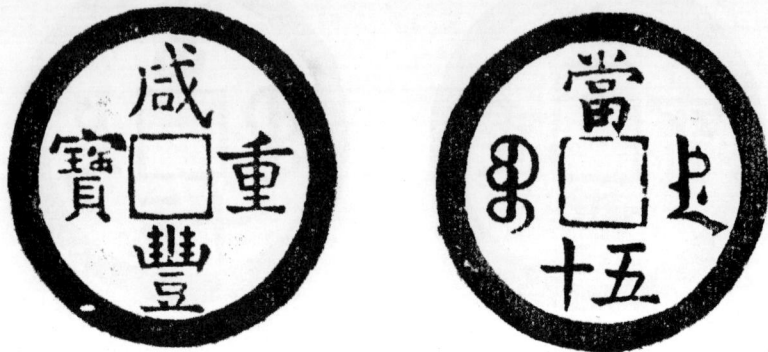

③当十:有铜钱和铁钱。

第5—1—3—1号 当十。评级:捌。

径:35.2毫米。

厚:2.9毫米。

重:16.8克。

质:黄铜。

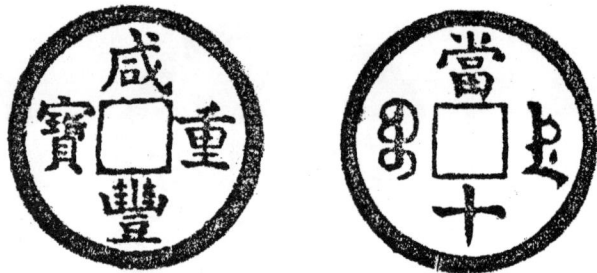

第5—1—3—2号 当十。评级:捌。

径:34.0毫米。

厚:2.9毫米。

重:17.4克。

质:黄铜。

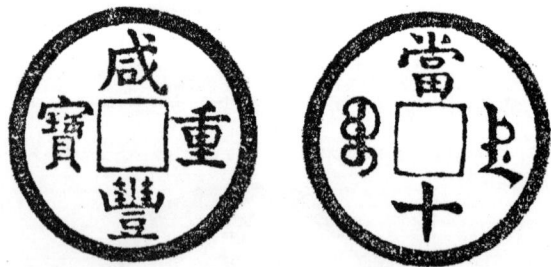

第5—1—3—3号 当十。评级:捌。

径:34.0毫米。

厚:2.7毫米。

重:14.8克。

质:黄铜。

第5—1—3—4号　当十。评级:捌。
　　径:33.1毫米。
　　厚:2.8毫米。
　　重:15.7克。
　　质:黄铜。

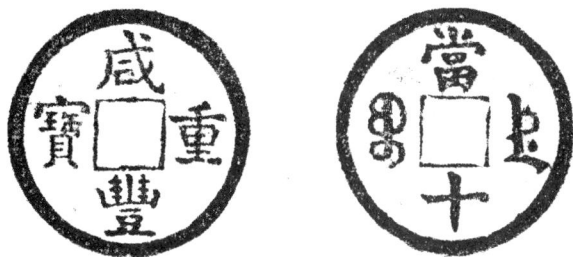

第5—1—3—5号　当十。评级:陆。
　　径:38.4毫米。
　　厚:3.2毫米。
　　重:20.0克。
　　质:铁。

2. "尔"宝系列:有当五、小平两个纪值等级。为铁钱系列,亦有少量铜钱。

①当五:为铁钱,铜质者为铁母。

第5—2—1—1号　当五。评级:贰。
　　径:28.5毫米。厚:1.9毫米。
　　重:8.0克。质:青铜。
　　注:铁母。

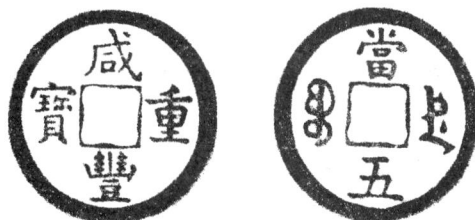

第5—2—1—2号　当五。评级:伍。
　　面径:26.2毫米。背径:27.3毫米。
　　厚:1.9毫米。重:6.9克。
　　质:黄铜。注:铁钱式铜钱,削边。

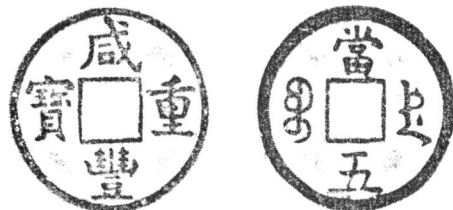

第5—2—1—3号　当五。评级:柒。
　　径:29.5毫米。厚:2.5毫米。
　　重:8.7克。质:铁。

第5—2—1—4号　当五。评级:柒。
　　径:28.3毫米。厚:1.8毫米。
　　重:6.5克。质:铁。

第5—2—1—5号　当五。评级:柒。
　　径:27.0毫米。厚:2.1毫米。
　　重:7.5克。质:铁。

②小平:为铁钱。

第5—2—2—1号　小平。评级:柒。
　　径:23.9毫米。厚:2.0毫米。
　　重:5.4克。质:铁。
　　注:角头单点通,宽缘。

第5—2—2—2号　小平。评级:柒。
　　径:21.8毫米。厚:2.0毫米。
　　重:4.3克。质:铁。
　　注:方头双点通,窄缘。

第5—2—2—3号　小平。评级:柒。
　　径:21.7毫米。厚:2.0毫米。
　　重:4.2克。质:铁。
　　注:方头双点通,窄缘。

六、宝河局

宝河局为清代河南省的铸钱局。有当千、当五百、当百、当五十、当十、小平共6个纪值等级。只有一个版式系列。近年有零星"尔"宝大钱发现,铸造粗糙,可能是私铸。今见当百大钱远多于当五十,且异书者甚多,径大厚重,不像私铸。

本书收集宝河局咸丰钱标本42枚。

1."缶"宝"八"贝系列:有当千、当五百、当百、当五十、当十、小平6个纪值等级。小平为"尔"宝,大钱为"缶"宝。

①当千

第6—1—1—1号 当千。评级:叁。

径:60.4毫米。厚:4.4毫米。重:72.2克。质:红铜。

②当五百

第6-1-2-1号　当五百。评级:叁。

　　径:55.7毫米。

　　厚:4.2毫米。

　　重:57.3克。

　　质:红铜。

③当百

第6-1-3-1号　当百。评级:壹。

　　径:51.0毫米。

　　厚:4.8毫米。

　　重:59.6克。

　　质:黄铜。

　　注:祖钱。

第6—1—3—2号　当百。评级:肆。

　　径:50.4毫米。厚:4.4毫米。重:57.9克。质:白铜。注:样钱。

第6—1—3—3号　当百。评级:肆。

　　径:49.1毫米。厚:4.8毫米。重:57.5克。质:白铜。注:样钱。

第6—1—3—4号　当百。评级:肆。

　　径:48.9毫米。厚:5.0毫米。重:56.2克。质:黄铜。注:样钱。

第6—1—3—5号　当百。评级:肆。

径:48.8毫米。厚:4.8毫米。重:60.2克。质:黄铜。注:样钱。

第6—1—3—6号　当百。评级:捌。

径:51.2毫米。厚:6.5~4.9毫米。重:70.0克。质:黄铜。注:厚重。

第6—1—3—7号　当百。评级:玖。

径:50.3毫米。厚:4.6毫米。重:57.3克。质:黄铜。注:宽缘。

第 6-1-3-8 号　当百。评级:捌。

　　径:49.9毫米。厚:6.0毫米。重:71.2克。质:黄铜。注:厚重。

第 6-1-3-9 号　当百。评级:玖。

　　径:48.6毫米。厚:4.6毫米。重:50.0克。质:黄铜。

第 6-1-3-10 号　当百。评级:陆。

　　径:51.9毫米。厚:3.7毫米。重:54.7克。质:黄铜。注:异式。

④当五十

第6—1—4—1号　当五十。评级:肆。

　　径:46.4毫米。厚:4.6毫米。重:48.7克。质:黄铜。注:样钱,宽缘小字。稀见。

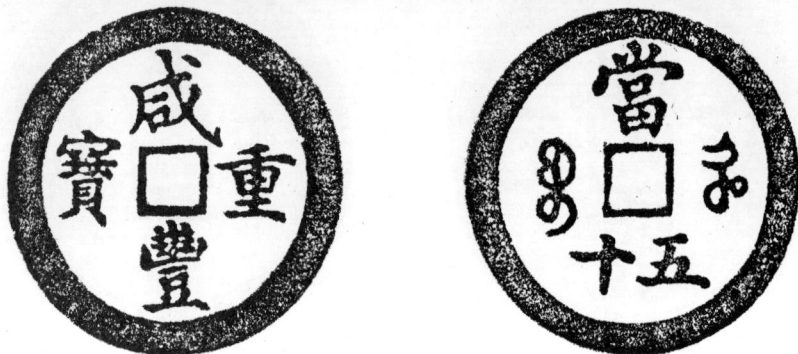

第6—1—4—2号　当五十。评级:捌。

　　径:45.8毫米。厚:5.0毫米。重:49.0克。质:白铜。

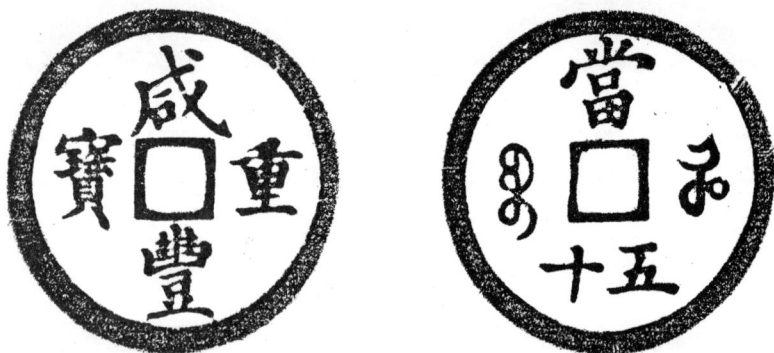

第6—1—4—3号　当五十。评级:捌。

　　径:45.4毫米。厚:4.9毫米。重:47.6克。质:青铜。注:规制。

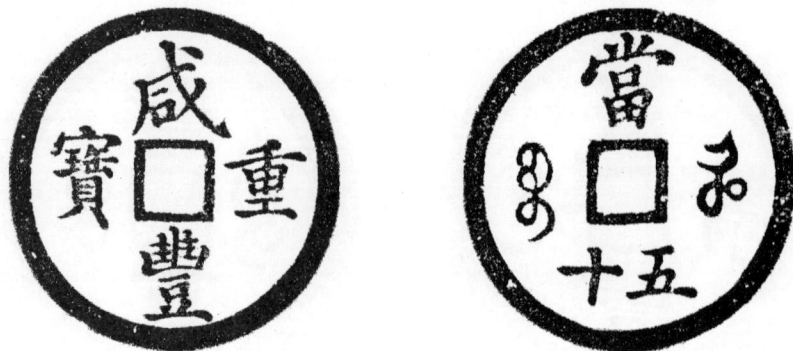

第6—1—4—4号　当五十。评级:捌。

　　径:45.4毫米。厚:4.9毫米。重:47.4克。质:青铜。

第6—1—4—5号　当五十。评级:捌。

　　径:45.3毫米。厚:4.9毫米。重:45.0克。质:黄铜。

第6—1—4—6号　当五十。评级:捌。

　　径:44.8毫米。厚:5.3毫米。重:51.4克。质:黄铜。注:厚重。

第6-1-4-7号　当五十。评级:捌。

　　径:44.7毫米。厚:4.7毫米。重:47.6克。质:青铜。

第6-1-4-8号　当五十。评级:捌。

　　径:44.3毫米。厚:4.4毫米。重:42.1克。质:黄铜。

第6-1-4-9号　当五十。评级:捌。

　　径:44.0毫米。厚:5.8毫米。重:52.8克。质:黄铜。注:厚重。

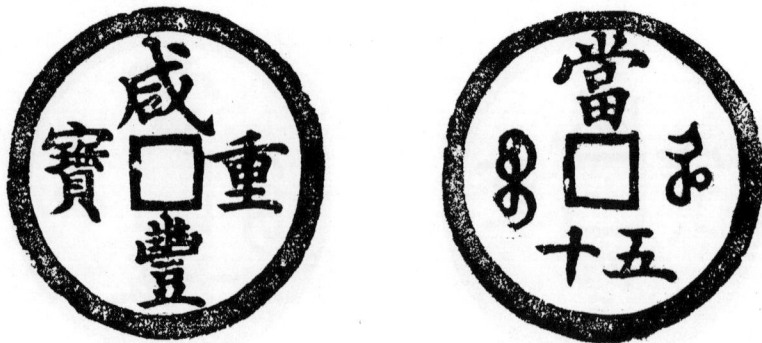

⑤当十

第6—1—5—1号　当十。评级:肆。

　　径:38.3毫米。

　　厚:2.8毫米。

　　重:17.2克。

　　质:黄铜。

　　注:样钱。

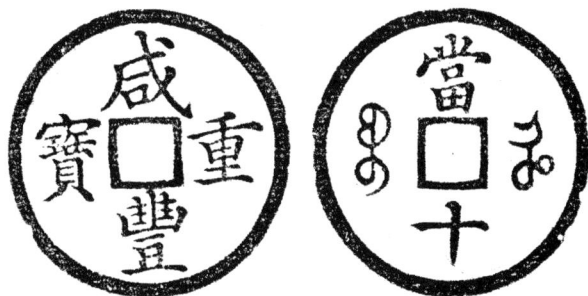

第6—1—5—2号　当十。评级:肆。

　　径:37.7毫米。

　　厚:2.7毫米。

　　重:18.3克。

　　质:黄铜。

　　注:样钱。

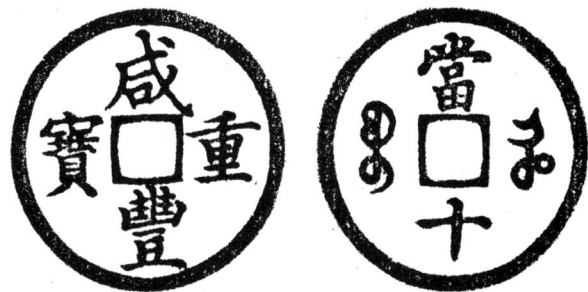

第6—1—5—3号　当十。评级:玖。

　　径:38.0毫米。

　　厚:2.7毫米。

　　重:17.7克。

　　质:黄铜。

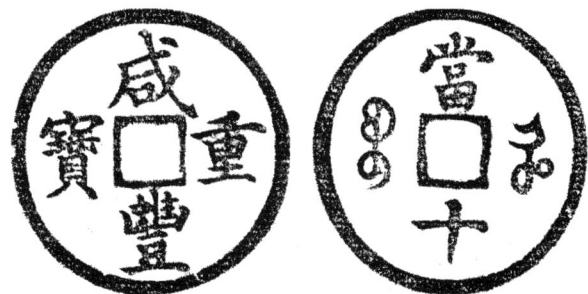

第6—1—5—4号　当十。评级:玖。

　　径:37.7毫米。

　　厚:3.2毫米。

　　重:19.2克。

　　质:黄铜。

　　注:厚重。

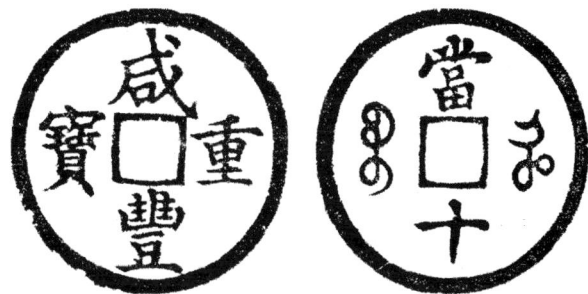

第6—1—5—5号　当十。评级:玖。

　　径:37.0毫米。

　　厚:2.8毫米。

　　重:17.4克。质:黄铜。

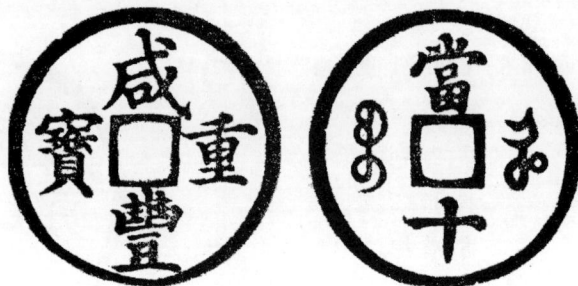

⑥小平

第6—1—6—1号　小平。评级:陆。

　　径:23.6毫米。厚:1.2毫米。

　　重:2.9克。质:黄铜。

第6—1—6—2号　小平。评级:陆。

　　径:23.3毫米。厚:1.1毫米。

　　重:2.7克。质:黄铜。

第6—1—6—3号　小平。评级:陆。

　　径:23.3毫米。厚:1.1毫米。

　　重:3.2克。质:黄铜。

第6—1—6—4号　小平。评级:陆。

　　径:22.9毫米。厚:1.2毫米。

　　重:3.0克。质:黄铜。

第6—1—6—5号　小平。评级:陆。

　　径:23.0毫米。厚:1.5毫米。

　　重:4.0克。质:黄铜。

2. 不成系列的各版式

今日所见宝河局咸丰钱,以当百最多。除常见版式外,多见缺笔、连笔者,铸造也粗糙。但多径大厚重,有达 78.3 克者,故不似私铸。清代铸钱以母钱为模,翻砂铸造流通钱。但至今不见缺、连笔划的母钱发现。第 6—2—1—5 号当百的"元"字居然歪斜到 30°左右,很难设想有这样的母钱存在。故清代铸钱还有哪种工艺? 值得探讨。

①当百

第 6—2—1—1 号　当百。评级:捌。

径:51.3 毫米。厚:4.9 毫米。重:60.0 克。质:黄铜。

注:厚大,"王"、"缶"连笔。

第 6—2—1—2 号　当百。评级:捌。

径:50.6 毫米。厚:6.0～4.8 毫米。重:78.3 克。质:黄铜。注:厚重。

第6-2-1-3号　当百。评级:捌。

　　径:50.0毫米。厚:4.5毫米。重:50.7克。质:黄铜。注:异书。

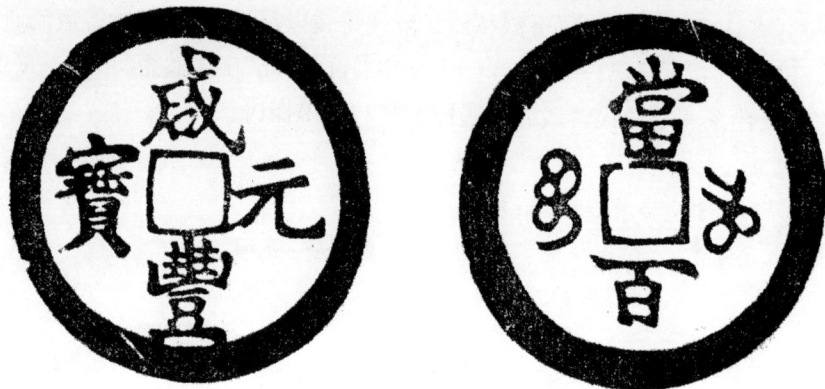

第6-2-1-4号　当百。评级:捌。

　　径:49.6毫米。厚:4.6毫米。重:58.0克。质:黄铜。注:简笔"缶"。

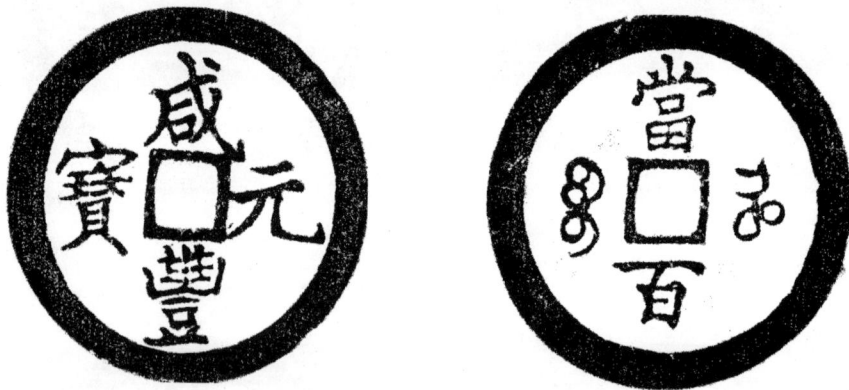

第6-2-1-5号　当百。评级:柒。

　　径:49.0毫米。厚:5.8毫米。重:72.0克。质:黄铜。注:厚重,一横"ス"贝,斜元。

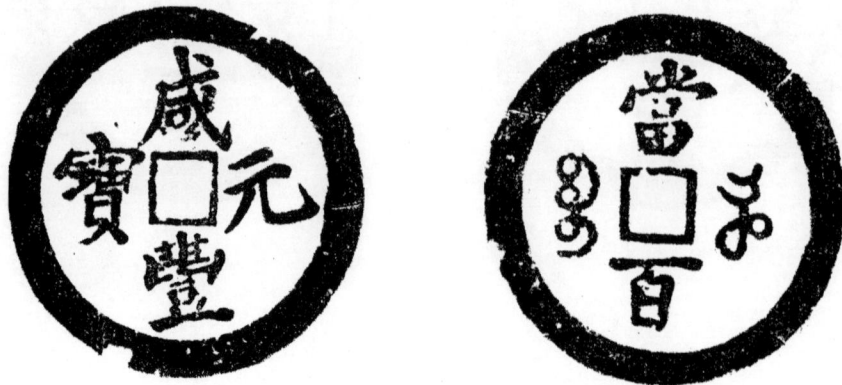

第6—2—1—6号　当百。评级:肆。

　　　径:49.8毫米。厚:3.6毫米。重:45.0克。质:黄铜。注:"尔"宝,左出头"ス"贝。

②小平

第6—2—2—1号　小平。评级:叁。

　　　径:24.2毫米。厚:2.2毫米。

　　　重:6.8克。质:黄铜。注:铁母。

第6—2—2—2号　小平。评级:伍。

　　　径:23.9毫米。厚:1.9毫米。

　　　重:4.8克。质:铁。

　　　注:三点宝,方头通。

第6—2—2—3号　小平。评级:拾。

　　　径:23.6毫米。厚:1.7毫米。

　　　重:4.4克。质:铁。注:方头通。

第6—2—2—4号　小平。评级:拾。

　　　径:24.5毫米。厚:2.1毫米。

　　　重:5.3克。质:铁。注:角头通。

第 6—2—2—5 号　小平。评级:拾。

径:24.5 毫米。厚:2.0 毫米。

重:5.6 克。质:铁。注:角头通。

七、宝济局

宝济局为清代山东省的铸钱局，设于济南。今见宝济局咸丰钱分"尔"宝和"缶"宝两个版式系列，均稀少。两个版式系列风格迥异。近年，"尔"宝各纪值钱币多出于山东临清，故可能为原临清局所铸。

本书收集宝济局咸丰钱标本 15 枚。

1. "尔"宝系列：有当百、当五十、当十、小平 4 个纪值等级。

①当百

第 7－1－1－1 号　当百。评级：贰。

　　径：57.1 毫米。厚：4.3 毫米。重：70.7 克。质：黄铜。注：样钱，厚重。

第7-1-1-2号　当百。评级:肆。

　　径:58.5毫米。

　　厚:2.7毫米。

　　重:48.0克。

　　质:青铜。

第7-1-1-3号　当百。评级:肆。

　　径:57.9毫米。

　　厚:2.6毫米。

　　重:43.1克。

　　质:黄铜。

第 7—1—1—4 号　当百。评级:肆。

　　径:57.7毫米。厚:2.9毫米。

　　重:46.5克。质:黄铜。

②当五十

　　第 7—1—2—1 号　当五十。评级:贰。

　　径:46.1毫米。

　　厚:3.3毫米。

　　重:34.9克。

　　质:黄铜。

③当十

第7—1—3—1号　当十。评级:贰。

　　　径:38.4毫米。

　　　厚:2.9毫米。

　　　重:22.7克。质:黄铜。

　　　注:样钱。

第7—1—3—2号　当十。评级:叁。

　　　径:36.0毫米。

　　　厚:3.3毫米。

　　　重:17.2克。质:黄铜。

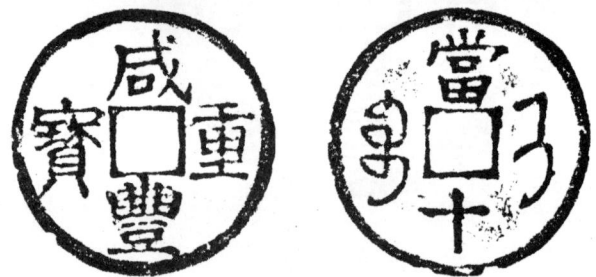

④小平

第7—1—4—1号　小平。评级:叁。

　　　径:22.5毫米。厚:1.2毫米。

　　　重:3.2克。质:青铜。

2."缶"宝系列:只有当五十、当十两个纪值等级。

①当五十

第7—2—1—1号　当五十。评级:贰。

　　　径:47.3毫米。厚:4.6毫米。重:48.5克。质:青铜。注:样钱,大样厚重。

第7—2—1—2号　当五十。评级:叁。

径:44.5毫米。厚:3.7毫米。重:37.8克。质:黄铜。注:大样。

第7—2—1—3号　当五十。评级:叁。

径:43.6毫米。厚:5.2毫米。重:56.2克。质:黄铜。注:厚重。

第7—2—1—4号　当五十。评级:叁。

径:43.4毫米。厚:4.1毫米。重:37.4克。质:黄铜。

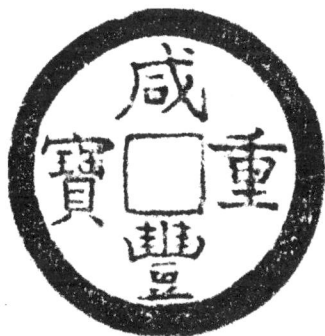

②当十

第7—2—2—1号　当十。评级:叁。
　　径:35.9毫米。厚:3.0毫米。
　　重:19.9克。质:黄铜。
　　注:宽缘大样。

第7—2—2—2号　当十。评级:肆。
　　径:33.9毫米。厚:3.5毫米。
　　重:19.7克。质:黄铜。

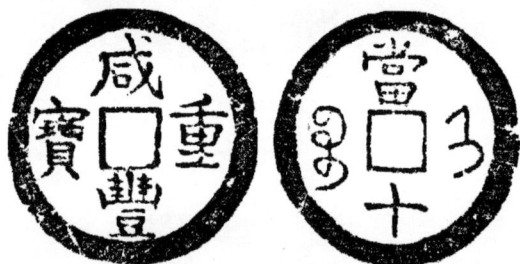

第7—2—2—3号　当十。评级:肆。
　　径:33.6毫米。厚:3.4毫米。
　　重:17.5克。质:黄铜。

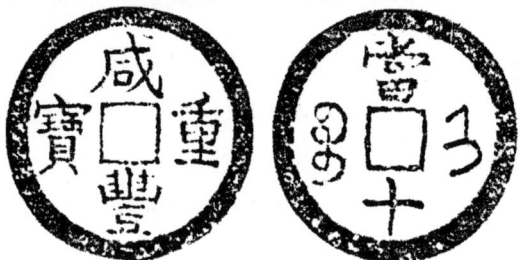

八、宝晋局

宝晋局为清代山西省的铸钱局。有当十、小平两个纪值等级。有铜、铁钱。无版式系列。
本书收集宝晋局咸丰钱标本 19 枚。

1. 当十

①"尔"宝当十：属部颁式。

第 8—1—1—1 号　当十。评级：拾。

　　　径：37.9 毫米。

　　　厚：2.3 毫米。

　　　重：17.7 克。

　　　质：黄铜。

第 8—1—1—2 号　当十。评级：拾。

　　　径：36.9 毫米。

　　　厚：2.1 毫米。

　　　重：15.4 克。

　　　质：黄铜。

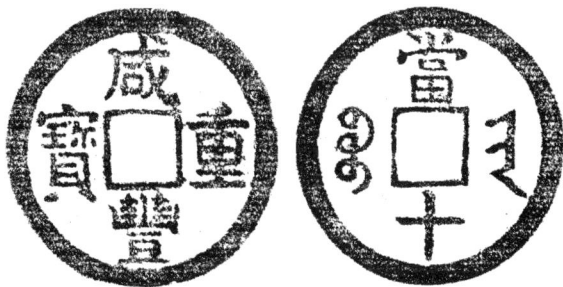

②"岙"宝当十：地方式。

第 8—1—2—1 号　当十。评级：玖。

　　　径：38.5 毫米。

　　　厚：3.0 毫米。

　　　重：18.0 克。

　　　质：黄铜。

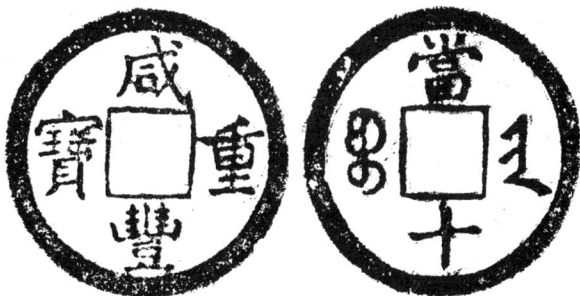

第8—1—2—2号　当十。评级:玖。

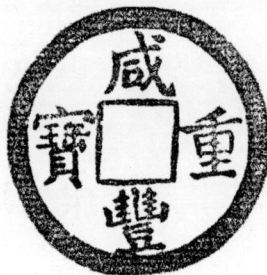

　　径:35.7毫米。

　　厚:3.2毫米。

　　重:19.0克。

　　质:黄铜。

第8—1—2—3号　当十。评级:玖。

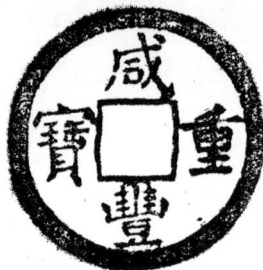

　　径:35.7毫米。

　　厚:2.9毫米。

　　重:17.2克。

　　质:黄铜。

2. 小平

①"尔"宝"八"贝方头通

第8—2—1—1号　小平。评级:肆。

　　径:27.3毫米。厚:1.4毫米。

　　重:5.9克。质:黄铜。

　　注:部颁样钱。

第8—2—1—2号　小平。评级:陆。

　　径:25.2毫米。

　　厚:1.1毫米。

　　重:3.5克。

　　质:黄铜。

　　注:部颁式。

第8—2—1—3号　小平。评级:捌。

　　径:19.8毫米。厚:0.6毫米。

　　重:1.3克。质:黄铜。

　　注:极轻薄。

②"尔"宝"ス"贝角头通

第8—2—2—1号　小平。评级:捌。

　　径:24.1毫米。

　　厚:1.6毫米。

　　重:3.7克。质:黄铜。

　　注:背穿右下角隐起决文。

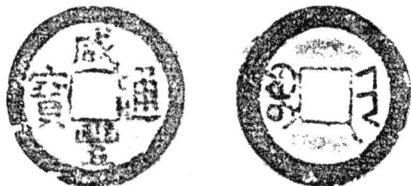

第8—2—2—2号　小平。评级:拾。

　　径:23.9毫米。

　　厚:1.7毫米。

　　重:4.5克。质:黄铜。

　　注:背穿右下角隐起决文。

第8—2—2—3号　小平。评级:拾。

　　径:23.6毫米。

　　厚:1.6毫米。

　　重:3.2克。质:黄铜。

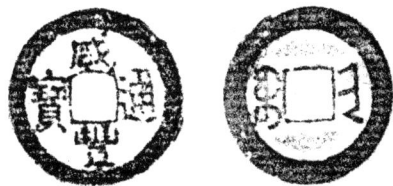

第8—2—2—4号　小平。评级:捌。

　　径:23.5毫米。

　　厚:1.5毫米。

　　重:4.0克。质:黄铜。

　　注:背穿右下角隐起决文。

第8—2—2—5号　小平。评级:玖。

　　径:23.4毫米。厚:1.4毫米。

　　重:4.0克。质:黄铜。

　　注:背郭布纹。

第8—2—2—6号　小平。评级:拾。

　　径:23.3毫米。

　　厚:1.4毫米。

　　重:4.4克。

　　质:黄铜。

第8—2—2—7号　小平。评级:拾。

　　径:23.3毫米。

　　厚:1.4毫米。

　　重:3.9克。

　　质:黄铜。

第8—2—2—8号　小平。评级:拾。

　　径:23.0毫米。

　　厚:1.6毫米。

　　重:4.4克。

　　质:黄铜。

第8—2—2—9号　小平。评级:拾。

　　径:22.2毫米。

　　厚:1.1毫米。

　　重:2.7克。质:黄铜。

第8—2—2—10号　小平。评级:柒。

　　径:23.9毫米。

　　厚:1.7毫米。

　　重:4.5克。

　　质:铁。

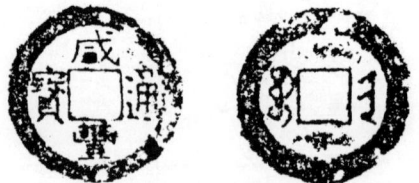

第8—2—2—11号　小平。评级:柒。

　　径:23.2毫米。

　　厚:1.5毫米。

　　重:3.1克。

　　质:铁。

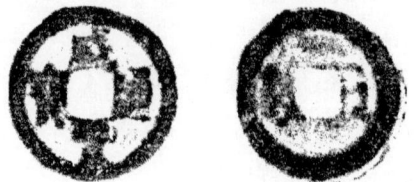

九、宝陕局

宝陕局为清代陕西省的铸钱局。有当千、当五百、当百、当五十、当十、小平共 6 个纪值等级。分大小样,形成 3 个版式系列。系列中版式存在小异。

本书共收集宝陕局咸丰钱标本 72 枚。

1. "八" 贝系列:有当千、当五百、当百、当五十、当十,共 5 个纪值等级。

①当千

第 9—1—1—1 号　当千。评级:贰。

　　径:72.0 毫米。厚:5.0 毫米。重:128.6 克。质:黄铜。

　　注:样钱。

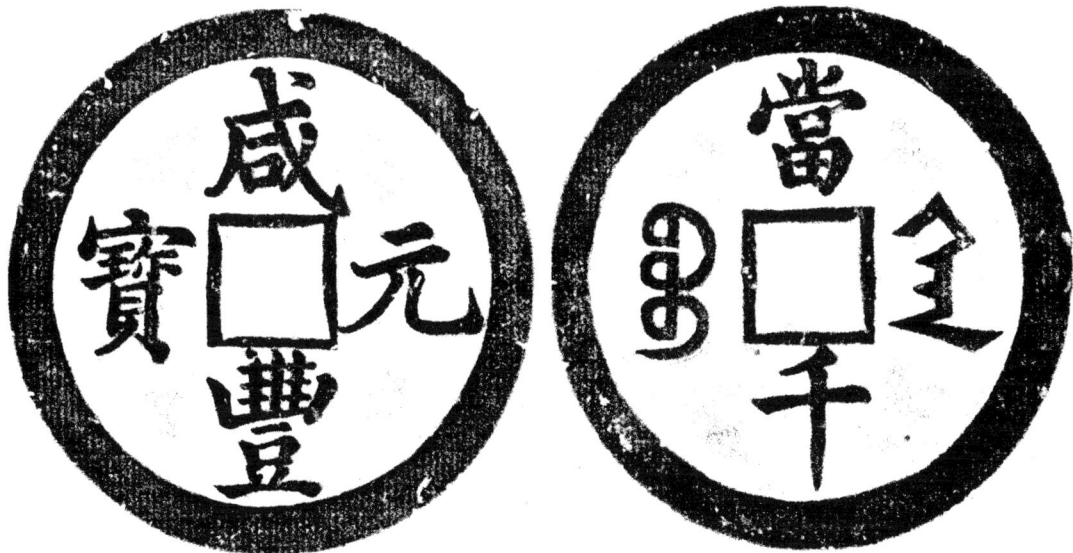

第9—1—1—2号　当千。评级:贰。

　　径:70.5毫米。厚:5.7毫米。重:140.6克。质:黄铜。

　　注:样钱。

第9—1—1—3号　当千。评级:叁。

　　径:71.4毫米。厚:4.0毫米。重:112.0克。质:红铜。

　　注:背下缘官字戳。

第9－1－1－4号　当千。评级:叁。

　　径:70.1毫米。厚:4.7毫米。

　　重:115.4克。质:红铜。

　　注:背下缘官字戳。

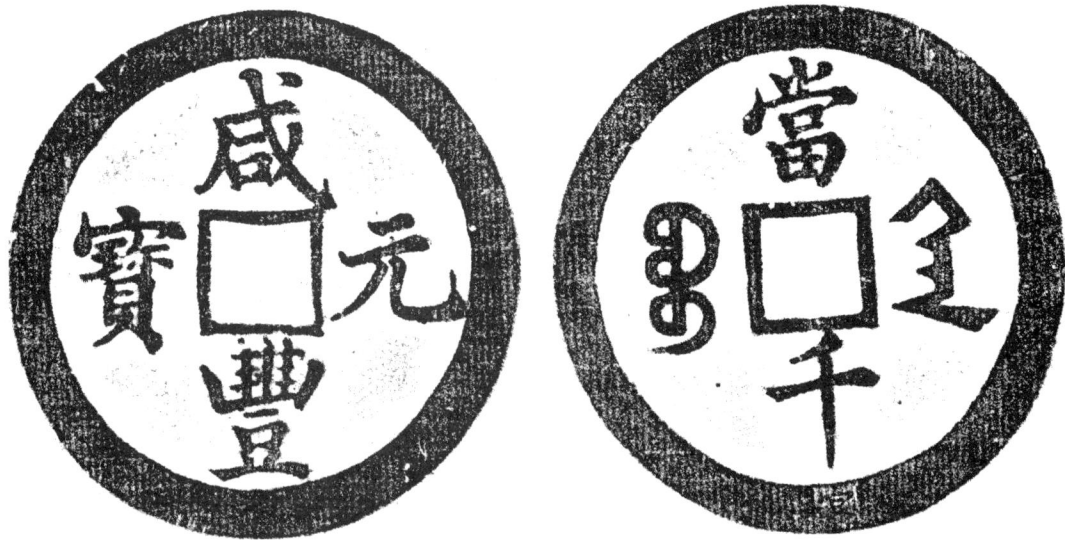

第9－1－1－5号　当千。评级:叁。

　　径:70.5毫米。厚:5.6毫米。

　　重:140.7克。质:红铜。

　　注:张卫东提供。

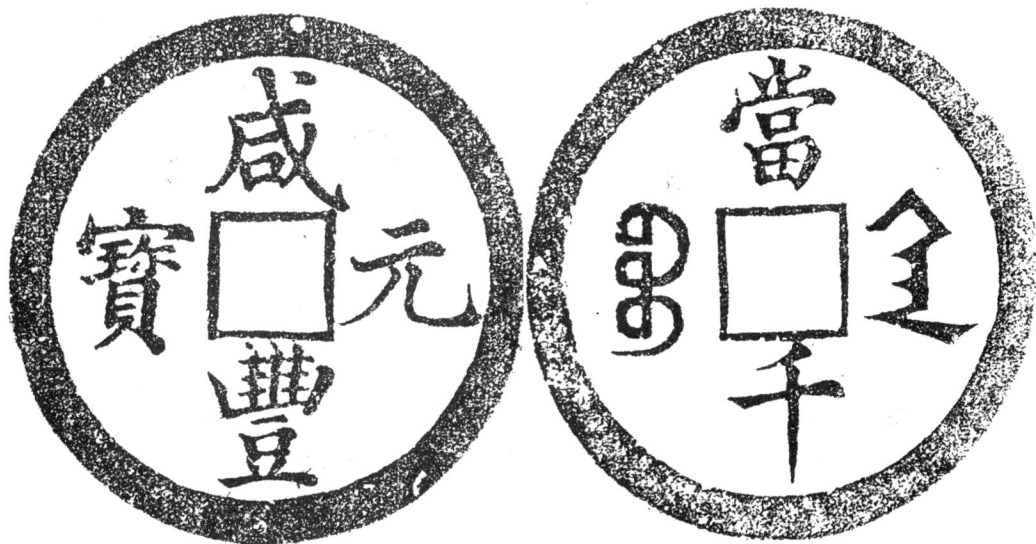

②当五百

第9-1-2-1号　当五百。评级:贰。

　　径:66.7毫米。厚:4.8毫米。

　　重:104.3克。质:黄铜。

　　注:样钱。

第9-1-2-2号　当五百。评级:叁。

　　直径:65.1毫米。厚:4.2毫米。

　　重:97.3克。质:红铜。

　　注:背上缘官字戳。

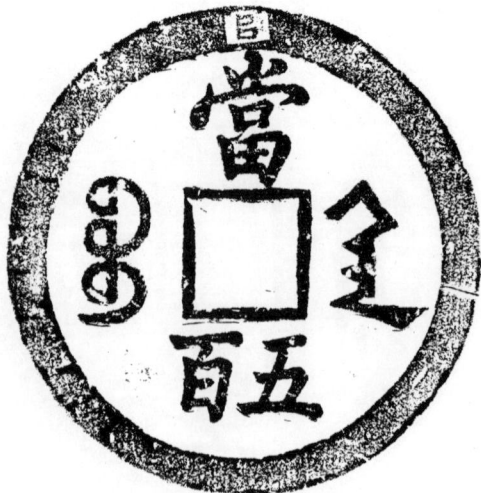

第9—1—2—3号 当五百。评级：叁。

　　径：67.0毫米。厚：4.7毫米。

　　重：104.4克。质：红铜。

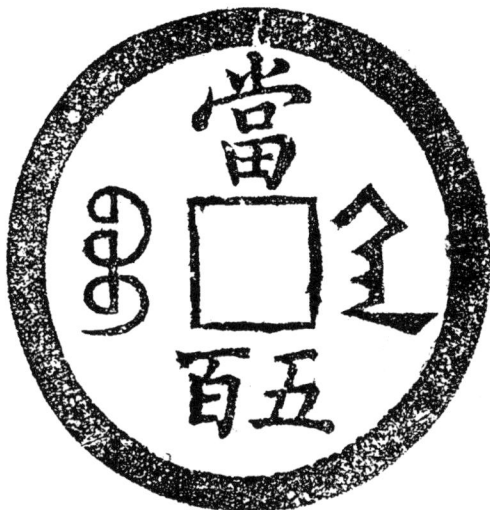

③当百

第9—1—3—1号 当百。评级：陆。

　　径：59.0毫米。

　　厚：5.4毫米。

　　重：91.6克。

　　质：青铜。

　　注：厚重。

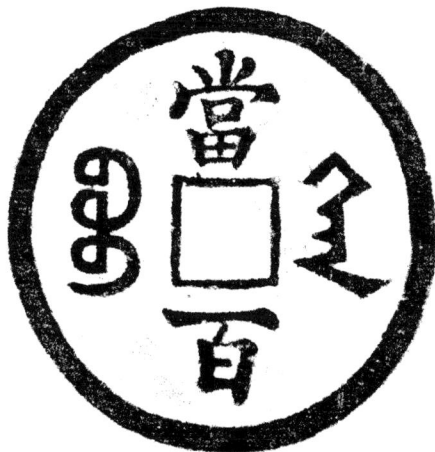

第 9-1-3-2 号　当百。评级:捌。

　　径:58.9毫米。

　　厚:4.0毫米。

　　重:63.7克。

　　质:黄铜。

　　注:规制。

第 9-1-3-3 号　当百。评级:柒。

　　径:58.1毫米。

　　厚:5.2毫米。

　　重:78.9克。

　　质:青铜。

　　注:厚重。

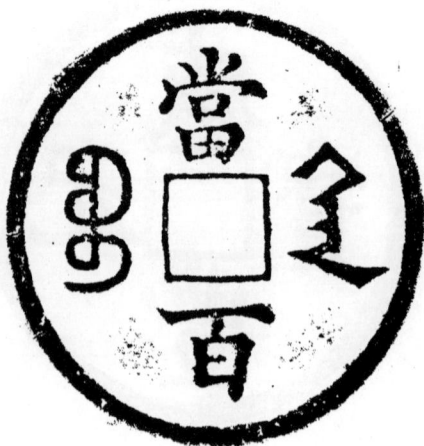

第 9－1－3－4 号　当百。评级:柒。

　　径:57.1毫米。

　　厚:4.3毫米。

　　重:72.5克。

　　质:黄铜。

　　注:私铸。

④当五十

第 9－1－4－1 号　当五十。评级:肆。

　　径:52.3毫米。

　　厚:4.6毫米。

　　重:58.8克。

　　质:黄铜。

　　注:样钱。

第9—1—4—2号　当五十。评级:捌。

　　径:51.0毫米。

　　厚:3.7毫米。

　　重:47.9克。

　　质:黄铜。

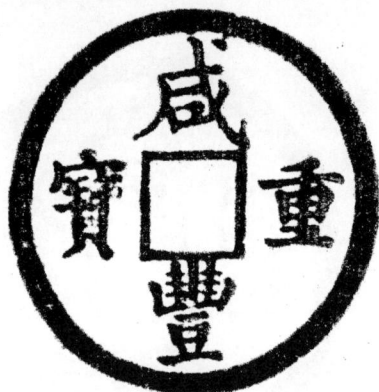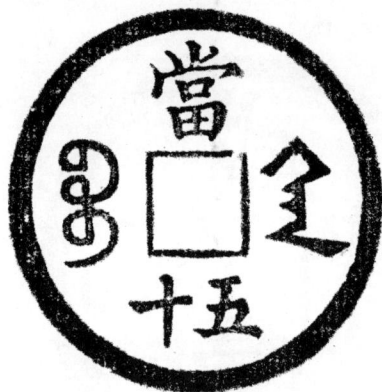

⑤当十

第9—1—5—1号　当十。评级:叁。

　　径:42.8毫米。

　　厚:2.3毫米。

　　重:19.2克。

　　质:黄铜。

　　注:样钱,大满文大样。

2."ㄨ"贝系列：有当百、当五十、当十，共 3 个纪值等级。

①当百

第 9－2－1－1 号　当百。评级：捌。

　　径：53.9 毫米。

　　厚：4.3 毫米。

　　重：52.3 克。

　　质：黄铜。

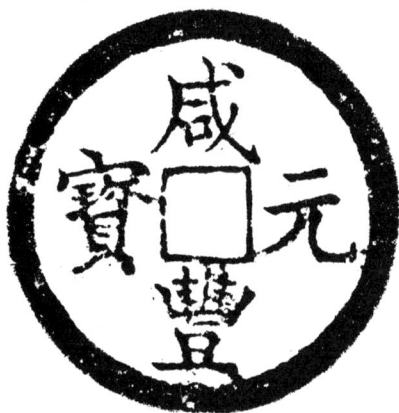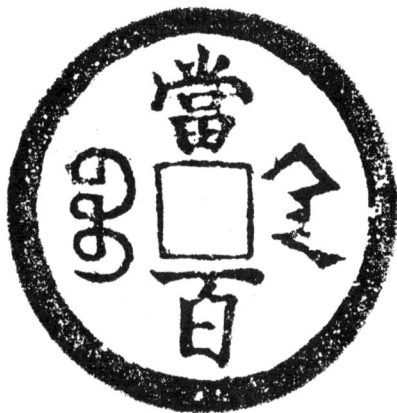

第 9－2－1－2 号　当百。评级：柒。

　　径：53.5 毫米。

　　厚：4.6 毫米。

　　重：61.4 克。

　　质：黄铜。

　　注：厚重。

第9—2—1—3号 当百。评级:捌。

　　径:52.2毫米。

　　厚:4.1毫米。

　　重:53.4克。

　　质:黄铜。

第9—2—1—4号 当百。评级:柒。

　　径:52.0毫米。

　　厚:5.0毫米。

　　重:66.9克。

　　质:黄铜。

　　注:厚重。

第9—2—1—5号　当百。评级：捌。

径：51.0毫米。厚：4.2毫米。重：57.2克。质：黄铜。

第9—2—1—6号　当百。评级：柒。

径：50.0毫米。厚：5.4毫米。重：64.4克。质：黄铜。注：小样、厚重。

②当五十

第9—2—2—1号　当五十。评级：捌。径：49.3毫米。厚：3.4毫米。重：41.7克。质：黄铜。

第9—2—2—2号　当五十。评级:柒。

　　径:48.2毫米。厚:3.5毫米。重:38.1克。质:黄铜。注:宽缘。

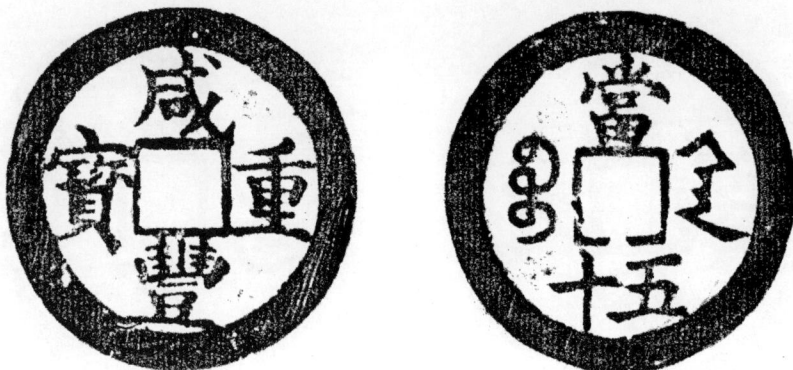

第9—2—2—3号　当五十。评级:柒。

　　径:47.7毫米。厚:3.6毫米。重:38.1克。质:黄铜。注:宽缘。

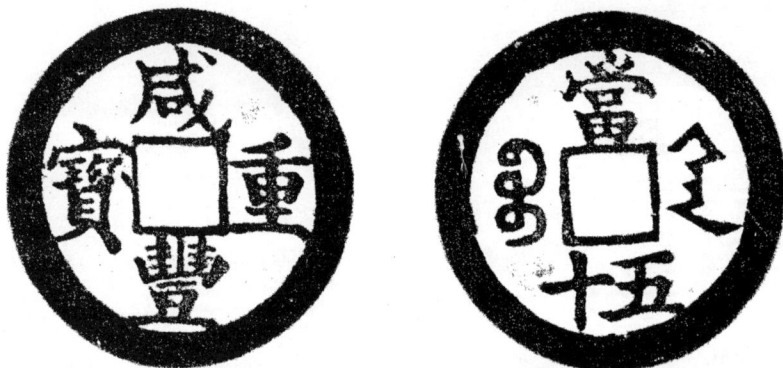

第9—2—2—4号　当五十。评级:柒。

　　径:45.9毫米。厚:4.4毫米。重:45.0克。质:黄铜。注:窄缘大字。

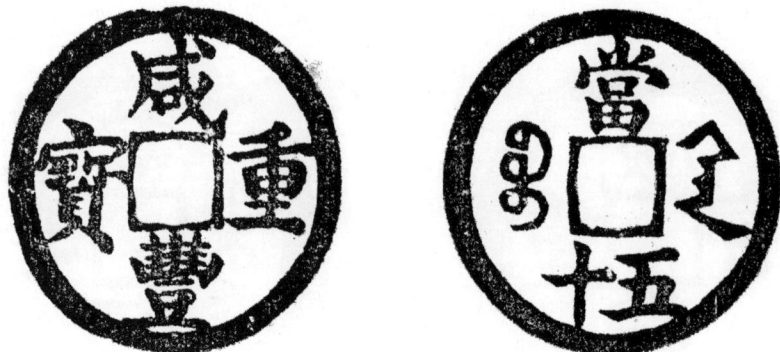

第9—2—2—5号　当五十。评级:陆。

　　径:49.6毫米。

　　穿郭厚:3.9毫米。

　　边郭内缘厚:3.4毫米。

　　边郭外缘厚:2.7毫米。

　　重:45.6克。

　　质:黄铜。

　　注:异式。

③当十

第9—2—3—1号　当十。评级:陆。

　　径:36.6毫米。

　　厚:3.0毫米。

　　重:19.0克。

　　质:黄铜。

　　注:样钱。

第9—2—3—2号　当十。评级:拾。

　　径:36.5毫米。

　　厚:2.6毫米。

　　重:17.9克。

　　质:黄铜。

第9—2—3—3号　当十。评级:拾。

　　径:36.4毫米。

　　厚:2.7毫米。

　　重:16.4克。

　　质:黄铜。

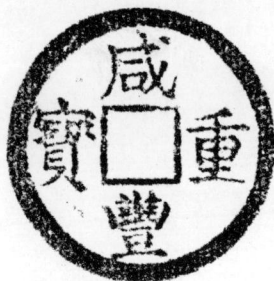

第9—2—3—4号　当十。评级:拾。

　　径:36.2毫米。

　　厚:2.5毫米。

　　重:15.6克。

　　质:黄铜。

第9—2—3—5号　当十。评级:拾。

　　径:36.2毫米。

　　厚:2.6毫米。

　　重:15.1克。

　　质:黄铜。

3. 部颁式系列:在行用钱中,只见部颁式的当十和小平钱。

①当十

第9—3—1—1号　当十。评级:拾。

　　径:39.0毫米。

　　厚:2.4毫米。

　　重:17.5克。

　　质:黄铜。

　　注:大样,隐起文。

第9—3—1—2号　当十。评级:拾。

径:37.4毫米。

厚:2.7毫米。

重:18.4克。

质:黄铜。

第9—3—1—3号　当十。评级:拾。

径:37.3毫米。

厚:2.8毫米。

重:16.5克。

质:黄铜。

第9—3—1—4号　当十。评级:拾。

径:37.3毫米。

厚:2.0毫米。

重:11.8克。

质:黄铜。

注:轻薄。

第9—3—1—5号　当十。评级:拾。

径:37.0毫米。

厚:2.6毫米。

重:15.7克。

质:黄铜。

②小平

第9—3—2—1号　小平。评级:伍。
　　径:26.5毫米。
　　厚:1.5毫米。
　　重:5.3克。质:黄铜。
　　注:部颁样钱。

第9—3—2—2号　小平。评级:陆。
　　径:25.5毫米。
　　厚:1.4毫米。
　　重:4.6克。质:黄铜。
　　注:大型部颁式。

第9—3—2—3号　小平。评级:拾。
　　径:23.6毫米。厚:1.7毫米。
　　重:4.4克。质:黄铜。
　　注:小型部颁式。

第9—3—2—4号　小平。评级:拾。
　　径:23.4毫米。
　　厚:1.6毫米。
　　重:4.8克。质:黄铜。

第9—3—2—5号　小平。评级:玖。
　　径:22.5毫米。
　　厚:1.9毫米。
　　重:4.5克。质:黄铜。
　　注:单足宝。

第9—3—2—6号　小平。评级:拾。
　　径:22.5毫米。
　　厚:1.5毫米。
　　重:3.6克。质:黄铜。

第9-3-2-7号 小平。评级:玖。

　　径:22.4毫米。厚:2.2毫米。

　　重:5.0克。质:黄铜。

　　注:单足宝,厚重。

第9-3-2-8号 小平。评级:玖。

　　径:22.4毫米。厚:2.0毫米。

　　重:4.4克。质:黄铜。

　　注:单足宝。

第9-3-2-9号 小平。评级:玖。

　　径:22.3毫米。厚:2.0毫米。

　　重:4.8克。质:黄铜。

　　注:单足宝。

第9-3-2-10号 小平。评级:拾。

　　径:22.3毫米。

　　厚:1.6毫米。

　　重:3.6克。质:黄铜。

第9-3-2-11号 小平。评级:玖。

　　径:22.1毫米。厚:2.1毫米。

　　重:4.5克。质:黄铜。

　　注:单足宝。

第9-3-2-12号 小平。评级:玖。

　　径:22.8毫米。

　　厚:2.0毫米。

　　重:4.6克。质:铁。

第9-3-2-13号 小平。评级:玖。

　　径:22.1毫米。

　　厚:2.1毫米。

　　重:4.1克。质:铁。

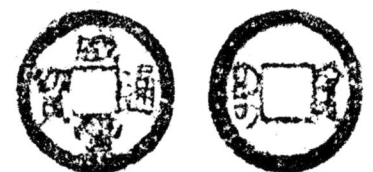

4.不成系列的各版式：

①陕十

第9—4—1—1号　陕十。评级：肆。

　　径：37.4毫米。

　　厚：2.7毫米。

　　重：17.6克。

　　质：黄铜。

　　注："尔"宝陕十。

第9—4—1—2号　陕十。评级：肆。

　　径：37.0毫米。

　　厚：2.1毫米。

　　重：12.7克。

　　质：黄铜。

　　注："尔"宝陕十。

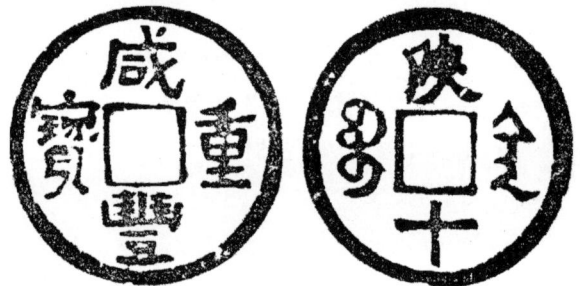

②异型当十：此种版式没见过报道。据闻，出于汉中地区。

第9—4—2—1号　当十。评级：柒。

　　径：38.5毫米。

　　厚：2.2毫米。

　　重：13.4克。

　　质：黄铜。

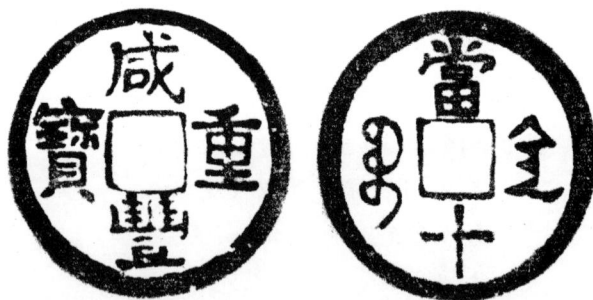

第9—4—2—2号　当十。评级：柒。

　　径：38.3毫米。

　　厚：2.4毫米。

　　重：15.4克。

　　质：黄铜。

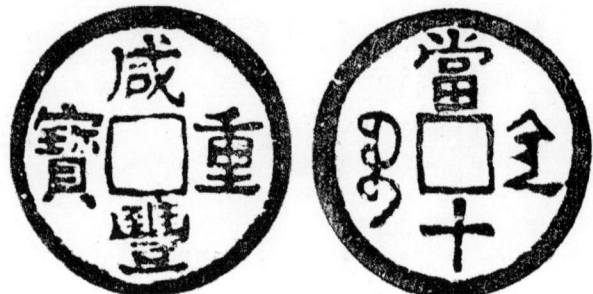

第9—4—2—3号　当十。评级:柒。

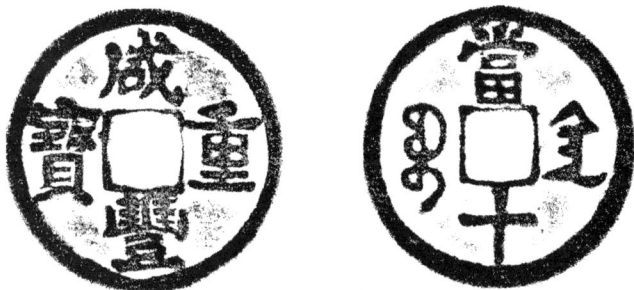

　径:37.5毫米。

　厚:2.2毫米。

　重:14.6克。

　质:黄铜。

③地方式宽缘小平

第9—4—3—1号　小平。评级:陆。

　径:20.8毫米。厚:1.9毫米。

　重:4.2克。质:黄铜。

　注:样钱。

第9—4—3—2号　小平。评级:拾。

　径:21.8毫米。

　厚:1.4毫米。

　重:3.7克。质:黄铜。

第9—4—3—3号　小平。评级:拾。

　径:21.6毫米。

　厚:1.5毫米。

　重:3.4克。质:黄铜。

第9—4—3—4号　小平。评级:拾。

　径:21.5毫米。

　厚:1.5毫米。

　重:4.1克。

　质:黄铜。

第9—4—3—5号　小平。评级:拾。

　径:21.1毫米。

　厚:1.5毫米。重:3.4克。

　质:黄铜。

第9—4—3—6号 小平。评级:拾。

　　径:21.1毫米。

　　厚:1.4毫米。

　　重:3.0克。质:黄铜。

第9—4—3—7号 小平。评级:拾。

　　径:21.1毫米。

　　厚:1.2毫米。

　　重:2.8克。质:黄铜。

第9—4—3—8号 小平。评级:玖

　　径:20.7毫米。厚:1.4毫米。

　　重:3.2克。质:黄铜。

　　注:小丰。

第9—4—3—9号 小平。评级:拾。

　　径:19.9毫米。

　　厚:0.9毫米。

　　重:1.9克。质:黄铜。

④地方式窄缘小平

第9—4—4—1号 小平。评级:拾

　　径:19.0毫米。厚:1.3毫米。

　　重:1.9克。质:黄铜。

第9—4—4—2号 小平。评级:拾

　　径:18.9毫米。

　　厚:1.7毫米。

　　重:2.6克。质:黄铜。

第9—4—4—3号 小平。评级:拾

　　径:18.7毫米。厚:1.3毫米。

　　重:2.2克。质:黄铜。

第9—4—4—4号　小平。评级:拾

径:18.5毫米。厚:1.7毫米。

重:2.6克。质:黄铜。

第9—4—4—5号　小平。评级:玖

径:17.0毫米。厚:1.1毫米。

重:1.8克。质:黄铜。注:私铸。

⑤其他

第9—4—5—1号　小平。评级:柒

径:26.1毫米。厚:1.2毫米。

重:4.1克。质:黄铜。

注:背满汉文陕,套钱。

第9—4—5—2号　小平。评级:捌

径:24.5毫米。厚:1.9毫米。

重:5.3克。质:铁。

注:大样,宽缘小字。

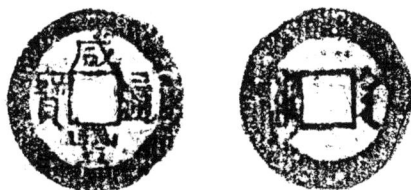

第9—4—5—3号　小平。评级:玖

径:22.1毫米。厚:1.6毫米。

重:4.0克。质:黄铜。

注:角头单点通。

5. 镇库钱:

第9—5—0—1号。评级:叁。

面“太平重宝”、背“宝陕镇库”。虽无年号,亦是咸丰铸大钱时物。

径:51.3毫米。厚:3.9毫米。重:49.4克。质:黄铜。

十、宝巩局

宝巩局为清代甘肃省的铸钱局。版式依满文巩字弯钩或直钩分类。直钩中又有宋体字版式及满文巩字上位点、下位点之分别。此外,当五十、当十有部颁样钱,均很稀见。有当千、当五百、当百、当五十、当十、当五、小平,共 7 个纪值等级。谱载尚有当二,已多年没有再发现。近年又发现一个重宝系列。

宝巩局咸丰钱存在 9 个版式系列。

本书共收集宝巩局咸丰钱标本 103 枚。

1. "尔"宝弯钩巩系列:有当千、当五百、当百、当五十、当十、当五,共 6 个纪值等级。

①当千

第 10—1—1—1 号　当千。评级:叁。

　　径:67.2毫米。厚:3.5毫米。重:79.5克。

　　质:红铜。注:宽缘大样。

第10—1—1—2号 当千。评级:肆。

径:66.6毫米。厚:4.3毫米。

重:72.6克。质:红铜。

第10—1—1—3号 当千。评级:贰。

径:64.0毫米。厚:3.8毫米。

重:66.8克。质:黄铜。注:窄缘小样,极稀少。张卫东提供。

②当五百

第10-1-2-1号　当五百。评级:贰。

　　径:63.3毫米。

　　厚:3.7毫米。

　　重:63.0克。质:红铜。

　　注:宽缘大样。

第10-1-2-2号　当五百。评级:贰。

　　径:57.0毫米。

　　厚:4.2毫米。

　　重:58.5克。质:黄铜。

　　注:窄缘小样。极稀少。

第10—1—2—3号　当五百。评级:贰。

　　径:57.35毫米。

　　厚:3.9毫米。

　　重:58.26克。

　　质:黄铜。

　　注:窄缘小样,极稀少。张卫东提供。

③当百

第10—1—3—1号　当百。评级:肆。

　　径:55.3毫米。

　　厚:3.4毫米。

　　重:55.2克。

　　质:黄铜。

　　注:宽缘样钱。

第 10—1—3—2 号　当百。评级:伍。

　　径:52.2 毫米。

　　厚:3.8 毫米。

　　重:53.1 克。

　　质:黄铜。

　　注:样钱。

第 10—1—3—3 号　当百。评级:捌。

　　径:53.4 毫米。

　　厚:3.4 毫米。

　　重:49.6 克。

　　质:黄铜。

第 10－1－3－4 号　当百。评级：捌。

径：52.2毫米。

厚：5.1毫米。

重：68.2克。

质：黄铜。

注：减笔宝。

第 10－1－3－5 号　当百。评级：捌。

径：51.6毫米。

厚：4.9毫米。

重：63.2克。

质：黄铜。

注：减笔宝。

④当五十

第10—1—4—1号　当五十。评级:壹。

　　径:47.3毫米。厚:3.5毫米。重:31.7克。质:黄铜。注:祖钱。

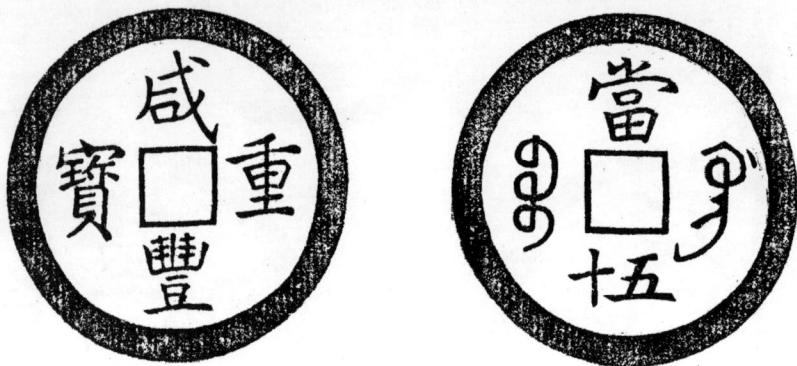

第10—1—4—2号　当五十。评级:捌。

　　径:47.9毫米。厚:3.5毫米。重:39.8克。质:黄铜。

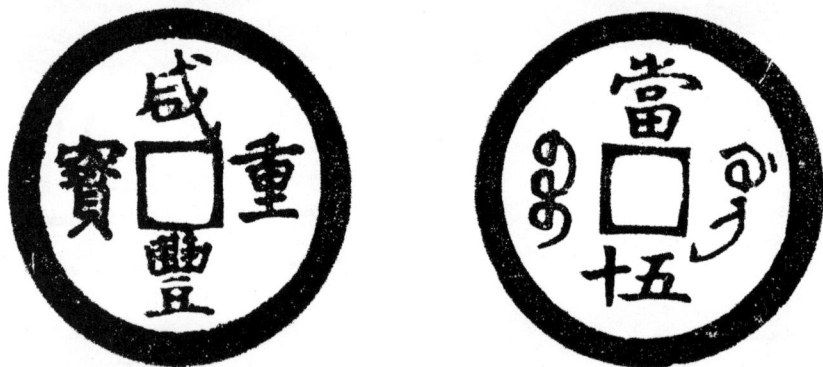

⑤当十

第10—1—5—1号　当十。评级:壹。

　　径:35.0毫米。

　　厚:3.0毫米。

　　重:13.1克。

　　质:黄铜。

　　注:祖钱。

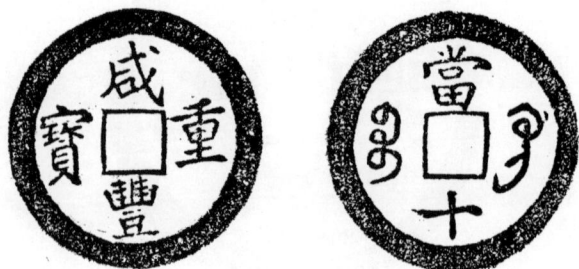

第10—1—5—2号　当十。评级:贰。

　　径:35.0毫米。

　　厚:2.2毫米。

　　重:12.1克。

　　质:黄铜。注:母钱。

第10—1—5—3号　当十。评级:伍。

　　径:36.4毫米。

　　厚:3.0毫米。

　　重:18.6克。

　　质:黄铜。注:样钱。

第10—1—5—4号　当十。评级:捌。

　　径:35.8毫米。

　　厚:2.3毫米。

　　重:14.2克。

　　质:黄铜。

第10—1—5—5号　当十。评级:玖。

　　径:35.0毫米。

　　厚:2.3毫米。

　　重:13.8克。

　　质:黄铜。

第10—1—5—6号　当十。评级:捌。

　　径:34.6毫米。

　　厚:2.7毫米。

　　重:15.6克。质:红铜。

第10—1—5—7号　当十。评级:捌。

　　径:33.8毫米。

　　厚:2.6毫米。

　　重:9.5克。

　　质:红铜。

第10—1—5—8号　当十。评级:捌。

　　径:32.6毫米。

　　厚:2.9毫米。

　　重:14.5克。

　　质:青铜。

⑥当五

第10—1—6—1号　当五。评级:玖。

　　径:28.8毫米。

　　厚:2.3毫米。

　　重:9.3克。质:黄铜。

第10—1—6—2号　当五。评级:玖。

　　径:28.8毫米。

　　厚:2.1毫米。

　　重:8.7克。

　　质:红铜。

第10—1—6—3号　当五。评级:玖。

　　径:28.6毫米。

　　厚:2.0毫米。

　　重:7.3克。

　　质:黄铜。

第 10－1－6－4 号　当五。评级:玖。

　　径:28.5 毫米。

　　厚:2.0 毫米。

　　重:7.7 克。

　　质:红铜。

2. "尔"宝直钩巩上位点系列:有当百、当五十、当十、当五,共 4 个纪值等级。

①当百

第 10－2－1－1 号　当百。评级:叁。

　　径:56.2 毫米。厚:3.8 毫米。重:58.7 克。质:黄铜。注:母钱。

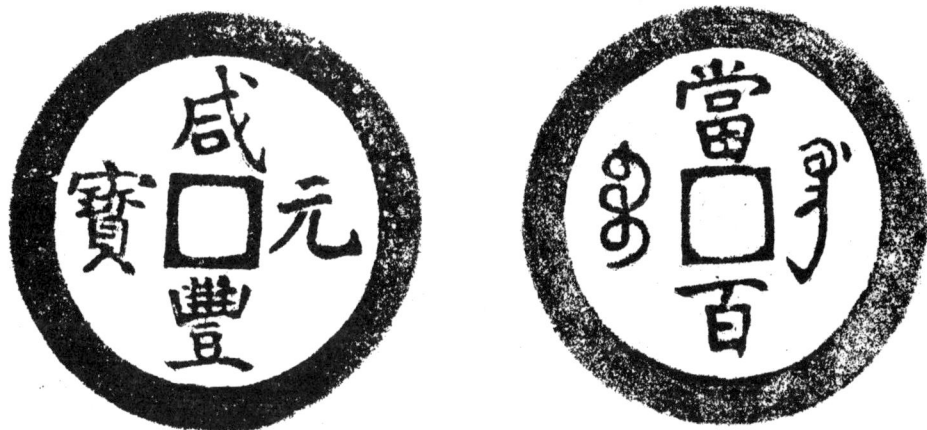

第 10－2－1－2 号　当百。评级:捌。

　　径:54.1 毫米。厚:3.8 毫米。重:55.4 克。质:黄铜。

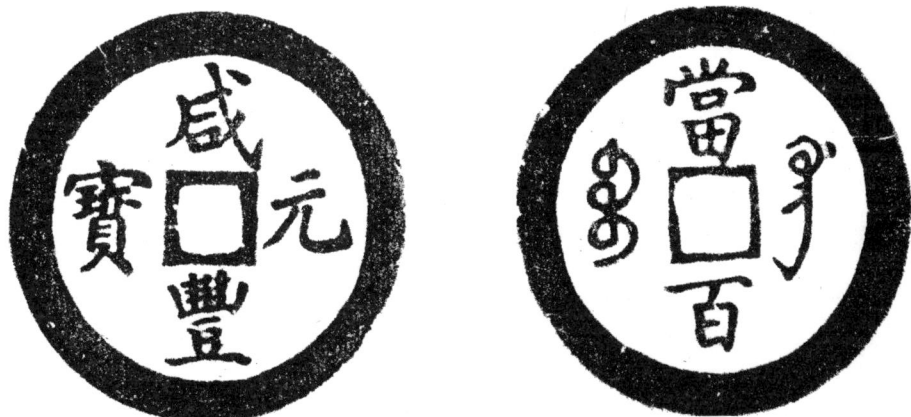

第 10－2－1－3 号　　当百。评级:柒。

　　径:54.0 毫米。

　　厚:5.6 毫米。

　　重:73.5 克。

　　质:黄铜。

　　注:厚重。

第 10－2－1－4 号　　当百。评级:捌。

　　径:53.3 毫米。

　　厚:4.0 毫米。

　　重:56.9 克。

　　质:黄铜。

第10—2—1—5号 当百。评级:陆。

　　径:53.4毫米。厚:4.2毫米。重:63.8克。质:红铜。

第10—2—1—6号 当百。评级:陆。

　　径:52.3毫米。周郭厚:4.6~6.0毫米。穿郭厚:6.8毫米。

　　重:96.6克。质:黄铜。

　　注:饼形钱,特厚重。

②当五十

第10－2－2－1号　当五十。评级:叁。

　　径:49.9毫米。厚:3.3毫米。重:42.1克。质:黄铜。注:母钱。

第10－2－2－2号　当五十。评级:伍。

　　径:50.4毫米。厚:3.6毫米。重:46.1克。质:黄铜。注:样钱。

第10－2－2－3号　当五十。评级:伍。

　　径:50.4毫米。厚:3.3毫米。重:45.9克。质:黄铜。注:样钱。

③当十

第10—2—3—1号　当十。评级:陆。

　　径:29.8毫米。

　　厚:1.9毫米。

　　重:9.6克。质:黄铜。

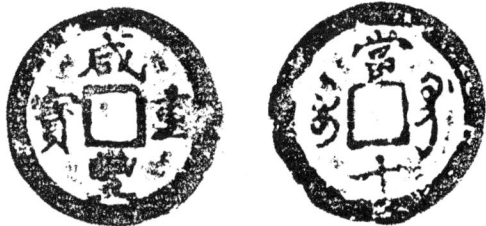

④当五

第10—2—4—1号　当五。评级:贰。

　　径:28.6毫米。厚:2.3毫米。

　　重:8.6克。质:黄铜。

　　注:母钱。

第10—2—4—2号　当五。评级:柒。

　　径:29.1毫米。

　　厚:2.0毫米。

　　重:7.8克。质:红铜。

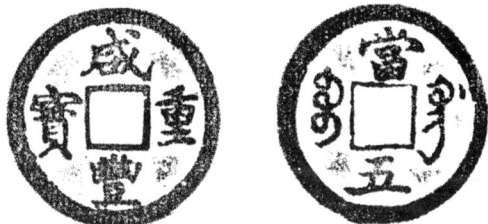

第10—2—4—3号　当五。评级:柒。

　　径:28.6毫米。

　　厚:2.2毫米。

　　重:8.2克。质:红铜。

3."尔"宝直钩巩下位点系列:有当十、当五两个纪值等级。均较稀见。

①当十

第10—3—1—1号　当十。评级:伍。

　　径:34.9毫米。

　　厚:2.7毫米。

　　重:15.2克。质:红铜。

②当五

第10—3—2—1号　当五。评级:伍。

径:29.0毫米。

厚:2.0毫米。

重:7.7克。质:红铜。

第10—3—2—2号　当五。评级:伍。

径:28.9毫米。

厚:2.4毫米。

重:7.1克。质:红铜。

4."缶"宝直钩巩上位点系列:有当十、当五两个纪值等级。

①当十

第10—4—1—1号　当十。评级:柒。

径:34.8毫米。

厚:2.3毫米。

重:12.7克。

质:红铜。

第10—4—1—2号　当十。评级:柒。

径:34.6毫米。

厚:2.2毫米。

重:11.5克。

质:红铜。

第10—4—1—3号　当十。评级:柒。

径:34.0毫米。

厚:2.6毫米。

重:11.5克。

质:红铜。

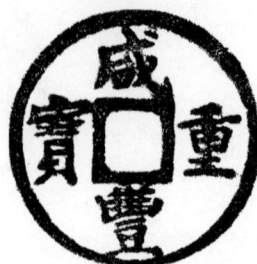

②当五

第10—4—2—1号　当五。评级:捌。

　　径:28.5毫米。

　　厚:2.1毫米。

　　重:6.6克。

　　质:红铜。

第10—4—2—2号　当五。评级:捌。

　　径:28.2毫米。

　　厚:1.7毫米。

　　重:6.0克。质:黄铜。

第10—4—2—3号　当五。评级:捌。

　　径:27.4毫米。

　　厚:1.7毫米。

　　重:6.7克。

　　质:青铜。

5.“缶”宝弯钩巩系列:有当十、当五两个纪值等级。

①当十

第10—5—1—1号　当十。评级:柒。

　　径:36.7毫米。

　　厚:3.6毫米。

　　重:18.9克。

　　质:红铜。

　　注:宽缘大样。

第10—5—1—2号　当十。评级:捌。

　　径:33.4毫米。

　　厚:2.4毫米。

　　重:13.3克。

　　质:青铜。

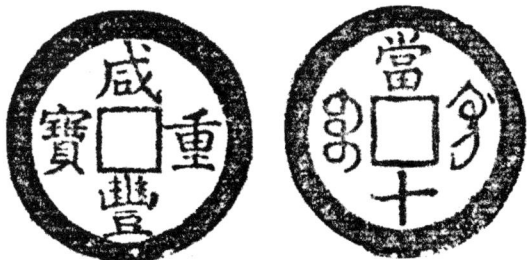

第10—5—1—3号　当十。评级:捌。

　　径:33.1毫米。

　　厚:2.4毫米。

　　重:13.1克。

　　质:青铜。

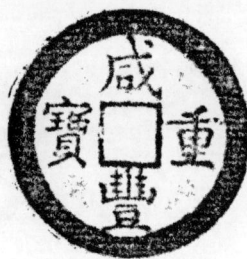

第10—5—1—4号　当十。评级:捌。

　　径:33.0毫米。

　　厚:2.6毫米。

　　重:13.8克。

　　质:青铜。

第10—5—1—5号　当十。评级:捌。

　　径:33.0毫米。

　　厚:2.2～3.0毫米。

　　重:15.0克。

　　质:黄铜。注:厚重。

第10—5—1—6号　当十。评级:捌。

　　径:33.0毫米。

　　厚:2.0毫米。

　　重:11.6克。

　　质:黄铜。

第10—5—1—7号　当十。评级:玖。

　　径:32.8毫米。

　　厚:2.0毫米。

　　重:10.6克。

　　质:黄铜。

第10—5—1—8号　当十。评级:玖。

　　径:32.3毫米。

　　厚:2.1～2.8毫米。

　　重:12.6克。

　　质:黄铜。

第10—5—1—9号　当十。评级:玖。

　　径:32.1毫米。

　　厚:2.1毫米。

　　重:10.0克。

　　质:青铜。

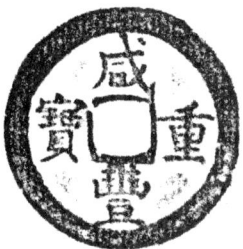

第10—5—1—10号　当十。评级:玖。

　　径:32.1毫米。

　　厚:1.9～2.5毫米。

　　重:10.8克。

　　质:青铜。

第10—5—1—11号　当十。评级:玖。

　　径:32.0毫米。

　　厚:2.3毫米。

　　重:12.6克。

　　质:黄铜。

②当五

第10—5—2—1号　当五。评级:玖。

　　径:26.7毫米。

　　厚:1.9毫米。

　　重:6.7克。质:黄铜。

第10—5—2—2号　当五。评级:玖。

　　　径:26.5毫米。

　　　厚:1.6毫米。

　　　重:5.5克。质:黄铜。

第10—5—2—3号　当五。评级:玖。

　　　径:26.3毫米。

　　　厚:1.6毫米。

　　　重:4.8克。质:黄铜。

第10—5—2—4号　当五。评级:玖。

　　　径:25.9毫米。

　　　厚:2.1毫米。

　　　重:6.5克。质:黄铜。

第10—5—2—5号　当五。评级:玖。

　　　径:25.1毫米。

　　　厚:1.8毫米。

　　　重:6.0克。质:青铜。

6. 宋体字系列:仅有当十、当五两个纪值等级。

①当十

第10—6—1—1号　当十。评级:柒。

　　　径:28.4毫米。

　　　厚:2.2毫米。

　　　重:7.3克。质:红铜。

②当五

第10—6—2—1号　当五。评级:柒。

　　　径:28.4毫米。

　　　厚:2.2毫米。

　　　重:7.3克。质:红铜。

第10—6—2—2号　当五。评级:柒。

　　径:27.8毫米。

　　厚:1.8毫米。

　　重:6.5克。质:红铜。

第10—6—2—3号　当五。评级:柒。

　　径:27.4毫米。

　　厚:2.0毫米。

　　重:6.3克。质:红铜。

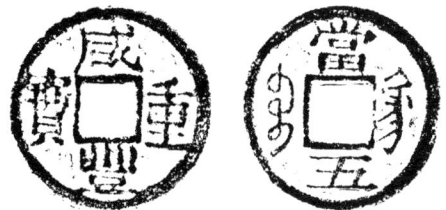

第10—6—2—4号　当五。评级:柒。

　　径:27.3毫米。

　　厚:2.3毫米。

　　重:7.7克。质:红铜。

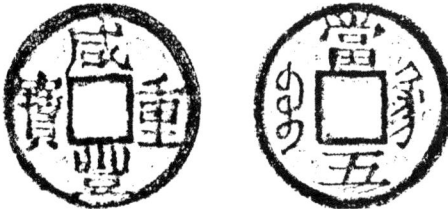

第10—6—2—5号　当五。评级:柒。

　　径:27.1毫米。

　　厚:1.9毫米。

　　重:5.6克。质:红铜。

7. 部颁式系列:仅知有当五十、当十、小平3种纪值的部颁样钱,都是大型钱。《光绪顺天府志》记:"咸丰三年,……五月,先铸当十钱一种,文曰咸丰重宝,重六钱,与制钱相辅而行。八月,增铸当五十钱一种,重一两八钱,十一月,因巡防王大臣之请,又增铸当百、当五百、当千三种,当千者重二两,当五百者重一两六钱,铜色紫,当百者重一两四钱,铜色黄,……文曰咸丰元宝;而减当五十者为一两二钱,当十者为四钱四分,又减为三钱五分,再改为二钱六分。"所以,咸丰部颁钱应是咸丰三年八月增铸当五十钱至十一月当五十钱开始减重这三个月内的事。由于部颁钱由户部颁发,由宝泉局铸造。所以,部颁钱都是京局式,与地方钱式明显有别。本人仅集到当五十。

①当五十

第10—7—1—1号　当五十。评级:壹。

　　　径:56.2毫米。厚:4.0毫米。重:66.9克。质:黄铜。注:部颁样钱。

8."尔"宝半弯钩巩:此版式仅见当五。

①"尔"宝半弯钩巩当五:

第10—8—1—1号　当五。评级:柒。

　　　径:28.0毫米。

　　　厚:1.6毫米。

　　　重:4.8克。质:红铜。

第10—8—1—2号　当五。评级:柒。

　　　径:27.5毫米。

　　　厚:1.8毫米。

　　　重:6.5克。质:红铜。

②宽满宝当五

第10—8—2—1号　当五。评级:贰。

　　　径:26.0毫米。

　　　厚:1.6毫米。

　　　重:5.4克。

　　　质:黄铜。注:母钱。

第10—8—2—2号　当五。评级:肆。

    径:26.2毫米。

    厚:1.7毫米。

    重:5.0克。

    质:黄铜。注:样钱。

第10—8—2—3号　当五。评级:捌。

    径:26.3毫米。厚:1.9毫米。

    重:6.2克。质:黄铜。

    注:大字。

第10—8—2—4号　当五。评级:捌。

    径:26.2毫米。

    厚:2.0毫米。

    重:5.1克。质:黄铜。

第10—8—2—5号　当五。评级:捌。

    径:26.1毫米。

    厚:1.6毫米。

    重:5.4克。质:红铜。

第10—8—2—6号　当五。评级:捌。

    径:26.0毫米。

    厚:1.8毫米。

    重:4.9克。质:红铜。

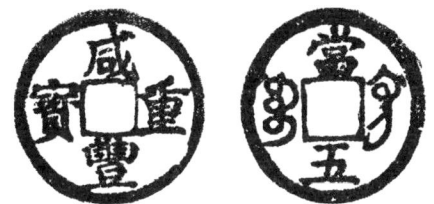

第10—8—2—7号　当五。评级:捌。

    径:25.7毫米。

    厚:1.5毫米。重:5.2克。

    质:黄铜。注:小巩。

第10—8—2—8号　当五。评级:捌。

　　　　径:26.9毫米。

　　　　厚:1.2毫米。

　　　　重:4.1克。质:黄铜。

9. 小平

①"尔"宝"八"贝大巩

第10—9—1—1号　小平。评级:玖。

　　　　径:20.3毫米。厚:1.1毫米。

　　　　重:2.2克。质:黄铜。注:宽缘。

②"尔"宝"八"贝小巩

第10—9—2—1号　小平。评级:拾。

　　　　径:20.7毫米。厚:1.4毫米。

　　　　重:3.0克。质:黄铜。

第10—9—2—2号　小平。评级:拾。

　　　　径:20.6毫米。

　　　　厚:1.6毫米。

　　　　重:3.3克。质:黄铜。

第10—9—2—3号　小平。评级:拾。

　　　　径:20.3毫米。

　　　　厚:1.8毫米。

　　　　重:3.0克。质:黄铜。

第10—9—2—4号　小平。评级:拾。

　　　　径:20.2毫米。厚:1.4毫米。

　　　　重:2.7克。质:黄铜。

第10—9—2—5号　小平。评级:拾。
　　径:19.8毫米。厚:2.6毫米。
　　重:2.7克。质:黄铜。

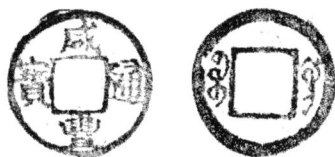

③"尔"宝"ス"贝大巩
第10—9—3—1号　小平。评级:拾。
　　径:20.0毫米。厚:1.5毫米。
　　重:3.2克。质:黄铜。

第10—9—3—2号　小平。评级:拾。
　　径:20.0毫米。厚:1.4毫米。
　　重:3.3克。质:黄铜。

第10—9—3—3号　小平。评级:拾。
　　径:19.9毫米。厚:1.5毫米。
　　重:2.9克。质:黄铜。

第10—9—3—4号　小平。评级:拾。
　　径:19.2毫米。厚:1.5毫米。
　　重:2.7克。质:青铜。

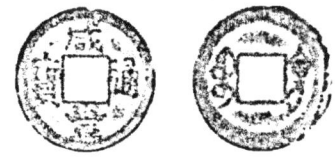

第10—9—3—5号　小平。评级:拾。
　　径:19.1毫米。厚:1.4毫米。
　　重:2.7克。质:青铜。

第10—9—3—6号　小平。评级:拾。
　　径:18.7毫米。厚:1.2毫米。
　　重:2.4克。质:黄铜。

第10—9—3—7号　小平。评级:拾。
　　径:18.2毫米。厚:1.0毫米。
　　重:1.8克。质:黄铜。

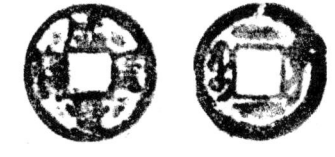

第 10—9—3—8 号　小平。评级:玖。

　　径:20.9 毫米。厚:1.4 毫米。

　　重:3.1 克。质:黄铜。注:背穿上星。

10. 重宝系列(张光华提供):本系列为近十年来陆续发现,有当百、当五十、当十共 3 个纪值等级。逾出咸丰铸钱的纪值规律,均称重宝。

①当百

　　第 10—10—1—1 号　当百。评级:贰。

　　　径:67.0 毫米。厚:3.9 毫米。重:95.5 克。质:黄铜。注:目前是孤品。

②当五十

　　第 10—10—2—1 号　当五十。评级:叁。

　　　径:54.0 毫米。厚:4.4 毫米。重:69.0 克。质:黄铜。注:目前仅发现二枚。

③当十

第 10—10—3—1 号　当十。评级:肆。

径:39.3 毫米。厚:3.0 毫米。重:22.6 克。

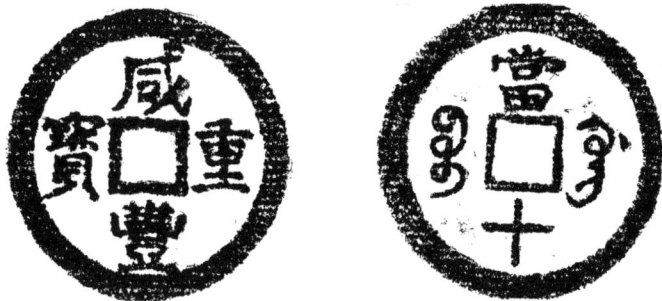

11. 宋体大头巩系列(李晓健提供):仅有当十、当五两种纪值。

①当十

第 10—11—1—1 号　当十。评级:贰。

径:33.6 毫米。厚:2.7 毫米。

重:15.3 克。质:黄铜。

注:母钱。

②当五

第 10—11—2—1 号　当五。评级:贰。

径:28.6 毫米。厚:3.5 毫米。

重:8.8 克。质:红铜。

注:母钱。

12. 零散当十(李晓健提供)

①"尔"宝长满文

第 10—12—1—1 号　评级:叁。

径:34.5 毫米。

厚:2.6 毫米。

重:13.05 克。

质:黄铜。注:仅见。

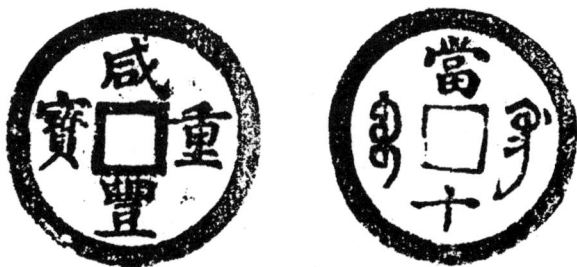

②"尔"宝短腿巩

第10—12—1—2号　评级:叁。

径:34.4毫米。

厚:2.0毫米。

重:12.5克。

质:红铜。注:仅见。

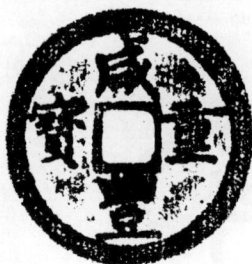

③直钩大头巩

第10—12—1—3号　评级:伍。

径:34.2毫米。

厚:2.5毫米。

重:9.8克。

质:红铜。

注:仅知有二品。

13. 钩咸当五(李晓健提供)

第10—13—0—1号　评级:叁。

径:27.5毫米。

厚:2.0毫米。

重:7.0克。

注:仅见二品。

十一、宝苏局

宝苏局为清代江苏省的铸钱局。现已确知,除苏州的宝苏总局外,淮阴的清江浦分局及浙江省海盐一个专铸试样钱的分局都铸造宝苏局咸丰钱。宝苏局咸丰钱版式极多,形成9个版式系列。

宝苏局咸丰钱具有自己的特点。除遵循当百称元宝,当五十以下称重宝,小平称通宝的规律外,当百为"缶"宝,当五十以下为"尔"宝。突破此规律者多为稀见的版式。

今见有当百、当五十、当三十、当二十、当十、当五、小平共7个纪值等级。个别收藏家于几十年前集得当千、当五百,今已无存。近闻于淮阴发现一枚当千。所以,实有9个纪值等级。

本书共收集宝苏局咸丰钱标本258枚。

壹　成系列的各版式

1. 楷式系列:有当百、当五十、当十、小平共4个纪值等级。书体工整,铜质精好,可称为宝苏局咸丰钱的主体系列。

①当百

第11—1—1—1号　当百。评级:柒。

径:57.2毫米。厚:3.7毫米。重:66.2克。质:黄铜。

②当五十

第 11—1—2—1 号　当五十。评级:柒。

　　径:50.7毫米。

　　厚:3.1毫米。

　　重:41.7克。

　　质:黄铜。

第 11—1—2—2 号　当五十。评级:柒。

　　径:50.4毫米。

　　厚:3.3毫米。

　　重:43.4克。

　　质:黄铜。

第 11－1－2－3 号　　当五十。评级:柒。

　　径:50.4 毫米。

　　厚:3.0 毫米。

　　重:37.6 克。

　　质:黄铜。

第 11－1－2－4 号　　当五十。评级:柒。

　　径:50.4 毫米。

　　厚:2.5 毫米。

　　重:33.9 克。

　　质:黄铜。

③当十

第11—1—3—1号　当十。评级:陆。

径:37.0毫米。

厚:2.6毫米。

重:17.6克。

质:黄铜。

注:样钱。

第11—1—3—2号　当十。评级:陆。

径:36.7毫米。

厚:2.3毫米。

重:15.4克。质:黄铜。

注:样钱,短十。

第11—1—3—3号　当十。评级:陆。

径:36.3毫米。

厚:2.0毫米。

重:13.0克。

质:黄铜。

注:样钱。

第11—1—3—4号　当十。评级:柒。

径:36.7毫米。

厚:2.1毫米。

重:13.6克。

质:黄铜。

注:短十。

第11—1—3—5号　当十。评级:捌。

　　径:37.5毫米。

　　厚:2.1毫米。

　　重:14.3克。

　　质:黄铜。

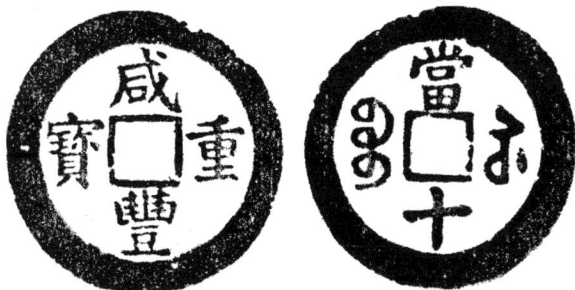

第11—1—3—6号　当十。评级:柒。

　　径:37.1毫米。

　　厚:2.8毫米。

　　重:19.0克。

　　质:黄铜。

　　注:厚重。

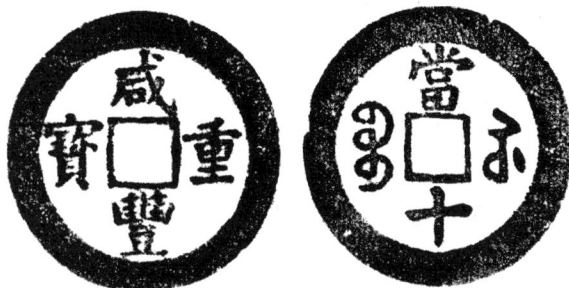

第11—1—3—7号　当十。评级:柒。

　　径:36.8毫米。

　　厚:2.0毫米。

　　重:14.9克。

　　质:黄铜。

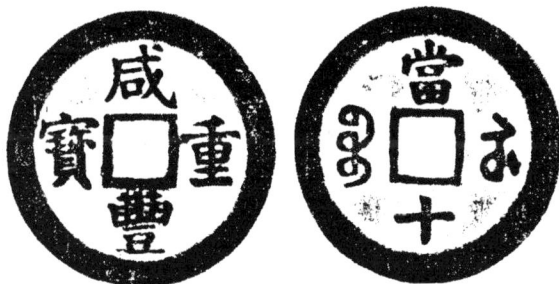

④小平

第11—1—4—1号　小平。评级:玖。

　　径:22.7毫米。厚:1.5毫米。

　　重:4.3克。质:黄铜。

　　注:宽缘。

第11—1—4—2号　小平。评级:拾。

　　径:22.0毫米。

　　厚:1.7毫米。

　　重:4.5克。

　　质:黄铜。

第11—1—4—3号　小平。评级:拾。

　　径:21.8毫米。

　　厚:1.6毫米。

　　重:3.9克。

　　质:黄铜。

第11—1—4—4号　小平。评级:拾。

　　径:21.8毫米。

　　厚:1.2毫米。

　　重:2.8克。

　　质:黄铜。

第11—1—4—5号　小平。评级:拾。

　　径:21.6毫米。

　　厚:1.1毫米。

　　重:3.0克。

　　质:黄铜。

第11—1—4—6号　小平。评级:拾。

　　径:21.6毫米。

　　厚:1.0毫米。

　　重:2.1克。

　　质:黄铜。

第11—1—4—7号　小平。评级:拾。

　　径:21.5毫米。

　　厚:1.7毫米。

　　重:3.7克。质:黄铜。

第11—1—4—8号　小平。评级:拾。

　　径:21.5毫米。厚:1.1毫米。

　　重:2.7克。

　　质:黄铜。

　　注:朴刀撇咸。

第11—1—4—9号　　小平。评级:玖。

　　径:21.5毫米。

　　厚:1.0毫米。

　　重:2.7克。

　　质:黄铜。

　　注:小字。

第11—1—4—10号　　小平。评级:拾。

　　径:21.4毫米。

　　厚:1.2毫米。

　　重:2.9克。

　　质:黄铜。

第11—1—4—11号　　小平。评级:拾。

　　径:21.4毫米。

　　厚:1.2毫米。

　　重:2.8克。

　　质:黄铜。

　　注:长尾满宝。

第11—1—4—12号　　小平。评级:拾。

　　径:21.4毫米。

　　厚:1.1毫米。

　　重:2.4克。

　　质:黄铜。

第11—1—4—13号　　小平。评级:拾。

　　径:21.2毫米。

　　厚:1.4毫米。

　　重:2.8克。

　　质:黄铜。

第11—1—4—14号　小平。评级:拾。

　　　径:21.9毫米。

　　　厚:1.2毫米。

　　　重:3.2克。

　　　质:黄铜。

2. 钩咸"八"贝系列:有当百、当五十、当十共3个纪值等级。

①当百

第11—2—1—1号　当百。评级:伍。

　　　径:61.0毫米。厚:3.2毫米。重:59.4克。质:白铜。注:样钱。

第11—2—1—2号　当百。评级:捌。

　　　径:60.0毫米。厚:3.0毫米。重:58.6克。质:黄铜。

第 11—2—1—3 号　当百。评级：肆。

　　径：67.5 毫米。厚：4.0 毫米。重：106.2 克。质：黄铜。

　　注：特宽缘试铸钱。

第 11—2—1—4 号　当百。评级：柒。

　　径：60.7 毫米。

　　厚：3.2 毫米。

　　重：57.4 克。

　　质：黄铜。

　　注：规制。

第11—2—1—5号　当百。评级:伍。

　　径:59.5毫米。

　　厚:3.3毫米。

　　重:59.0克。

　　质:黄铜。

　　注:异苏。

②当五十

第11—2—2—1号　当五十。评级:柒。

　　径:55.4毫米。

　　厚:3.0毫米。

　　重:48.8克。

　　质:黄铜。

　　注:大样。

第 11—2—2—2 号　当五十。评级:玖。

　　径:54.6 毫米。

　　厚:3.0 毫米。

　　重:45.6 克。

　　质:黄铜。

第 11—2—2—3 号　当五十。评级:玖。

　　径:53.6 毫米。

　　厚:3.0 毫米。

　　重:41.4 克。

　　质:黄铜。

第11-2-2-4号　当五十。评级:玖。

径:53.4毫米。厚:3.2毫米。重:42.7克。质:黄铜。

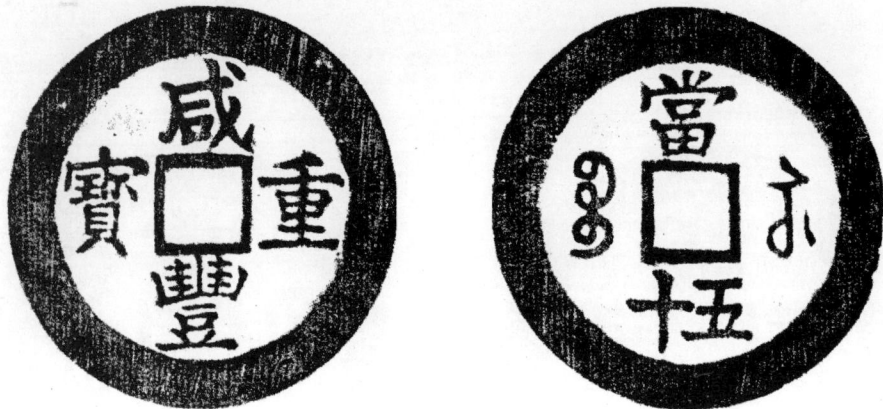

第11-2-2-5号　当五十。评级:玖。

径:53.3毫米。厚:3.0毫米。重:42.9克。质:黄铜。

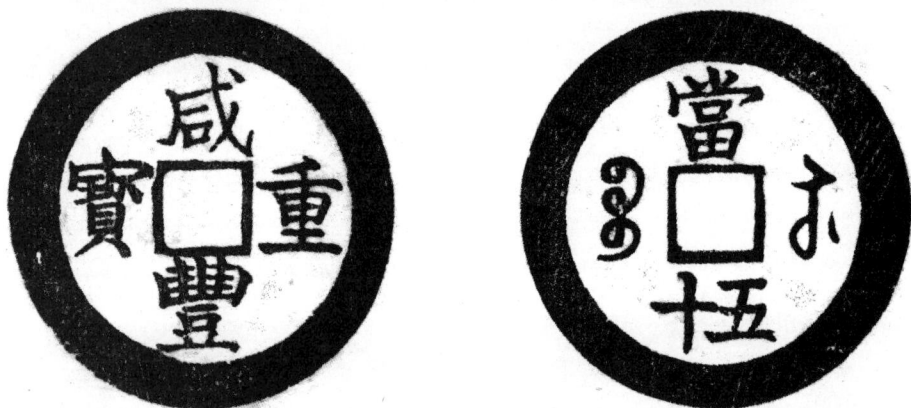

③当十

第11-2-3-1号　当十。评级:伍。

径:38.6毫米。

厚:2.5毫米。

重:19.7克。

质:黄铜。

注:样钱。

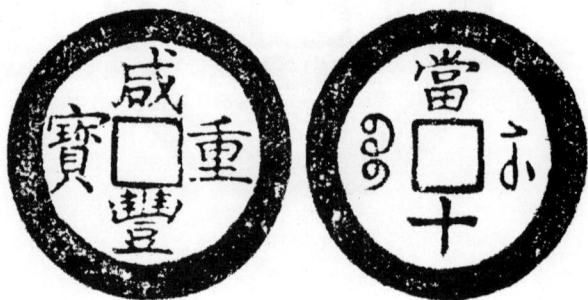

第 11—2—3—2 号　当十。评级：陆。

径：38.6 毫米。

厚：2.3 毫米。

重：16.3 克。

质：黄铜。

注：试铸钱。

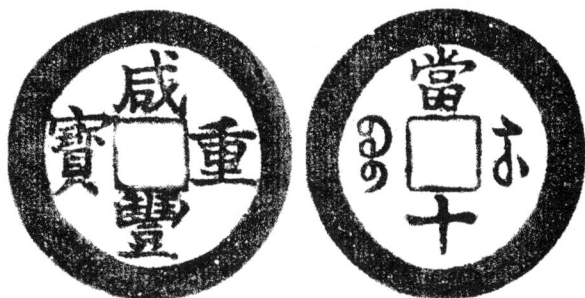

3. 钩咸"爪"贝系列：与上系列版式基本一致，只是"贝"下左出头。有当百、当五十、当十、当五共 4 个纪值等级。当十、当五为稀罕品。没能集到当五。

①当百

第 11—3—1—1 号　当百。评级：伍。

径：61.6 毫米。

厚：2.7 毫米。

重：56.0 克。

质：黄铜。

注：宽缘样钱。

第 11—3—1—2 号　　当百。评级:伍。

　　　　径:60.6毫米。

　　　　厚:3.9毫米。

　　　　重:70.0克。

　　　　质:黄铜。

　　　　注:样钱。

第 11—3—1—3 号　　当百。评级:陆。

　　　　径:62.1毫米。

　　　　厚:3.5毫米。

　　　　重:74.9克。

　　　　质:黄铜。

　　　　注:宽缘双"王"宝。

第11-3-1-4号　当百。评级:陆。

　　径:60.9毫米。

　　厚:3.4毫米。

　　重:70.6克。

　　质:黄铜。

　　注:宽缘。

第11-3-1-5号　当百。评级:柒。

　　径:59.7毫米。

　　厚:3.6毫米。

　　重:55.6克。

　　质:黄铜。

　　注:小字离郭。

第 11—3—1—6 号　当百。评级:捌。

　　径:59.1毫米。

　　厚:2.7毫米。

　　重:43.3克。

　　质:黄铜。

第 11—3—1—7 号　当百。评级:捌。

　　径:58.7毫米。

　　厚:2.9毫米。

　　重:49.5克。

　　质:黄铜。

②当五十

第 11－3－2－1 号　当五十。评级:陆。

　　径:53.6 毫米。

　　厚:3.8 毫米。

　　重:57.7 克。

　　质:黄铜。

第 11－3－2－2 号　当五十。评级:捌。

　　径:53.2 毫米。

　　厚:3.3 毫米。

　　重:46.4 克。

　　质:黄铜。

第11—3—2—3号　当五十。评级:捌。

　　径:53.0毫米。

　　厚:3.1毫米。

　　重:43.9克。

　　质:黄铜。

③当十

第11—3—3—1号　当十。评级:陆。

　　　　径:37.3毫米。

　　　　厚:2.8毫米。

　　　　重:19.6克。

　　　　质:黄铜。

　　　　注:试样钱。

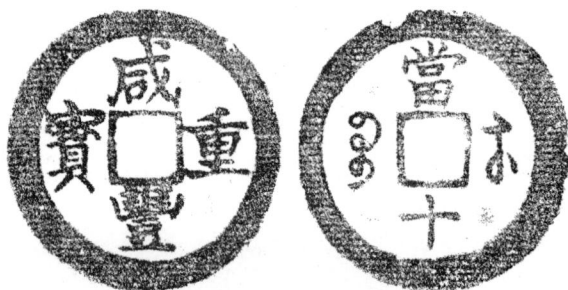

第11—3—3—2号　当十。评级:陆。

　　　　径:37.0毫米。

　　　　厚:2.9毫米。

　　　　重:20.0克。

　　　　质:黄铜。

　　　　注:试样钱。

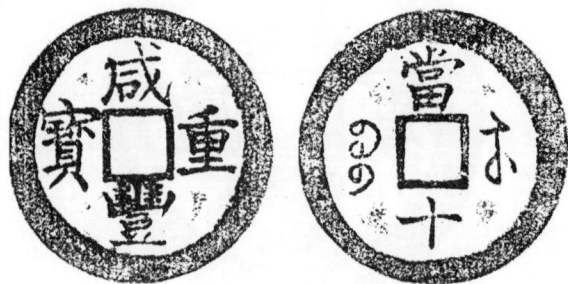

4. 断"厂"咸系列:有当百、当五十、当十,共 3 个纪值等级。

①当百

第 11—4—1—1 号   当百。评级:柒。

径:61.0 毫米。

厚:3.2 毫米。

重:58.2 克。质:黄铜。

②当五十

第 11—4—2—1 号   当五十。评级:玖。

径:55.3 毫米。

厚:2.8 毫米。

重:41.0 克。

质:黄铜。

注:大样。

第11—4—2—2号　当五十。评级:玖。

　　径:54.9毫米。

　　厚:3.0毫米。

　　重:43.1克。

　　质:黄铜。

第11—4—2—3号　当五十。评级:玖。

　　径:54.2毫米。

　　厚:2.4毫米。

　　重:34.5克。

　　质:黄铜。

第11—4—2—4号　当五十。评级:玖。

　　径:54.0毫米。厚:3.1毫米。重:42.8克。

　　质:黄铜。

第11—4—2—5号　当五十。评级:玖。

　　径:53.9毫米。厚:3.2毫米。

　　重:47.9克。质:黄铜。

③当十

第11—4—3—1号　当十。评级:陆。

　　径:34.9毫米。

　　厚:2.0毫米。

　　重:12.6克。

　　质:黄铜。

第11—4—3—2号　当十。评级:陆。

　　径:34.3毫米。

　　厚:2.5毫米。

　　重:13.4克。

　　质:黄铜。

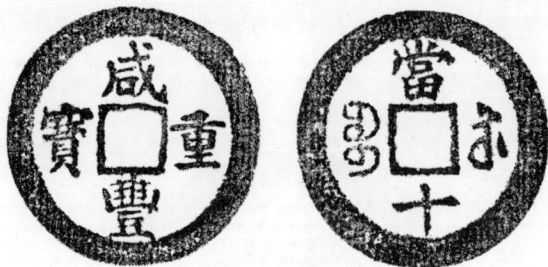

　　5."缶"宝系列:本系列最大纪值为当五十。按宝苏局常例,本应都是"尔"宝。所以,本系列是常例之外的版式,都较少见。本系列版式并不一致,但在相异间又可看到笔意的相类。故归为一类。有当五十、当十、小平共3个纪值等级。

　　①撇咸当五十

　　第11—5—1—1号　当五十。评级:肆。

　　　　径:54.0毫米。厚:3.1毫米。重:50.0克。质:黄铜。注:宽缘试样钱。

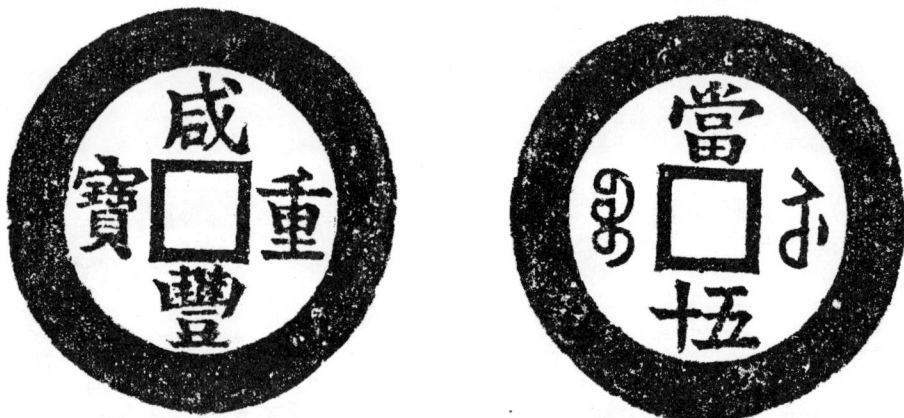

　　②钩咸当五十

　　第11—5—2—1号　当五十。评级:柒。

　　　　径:53.3毫米。厚:3.3毫米。重:41.5克。质:黄铜。

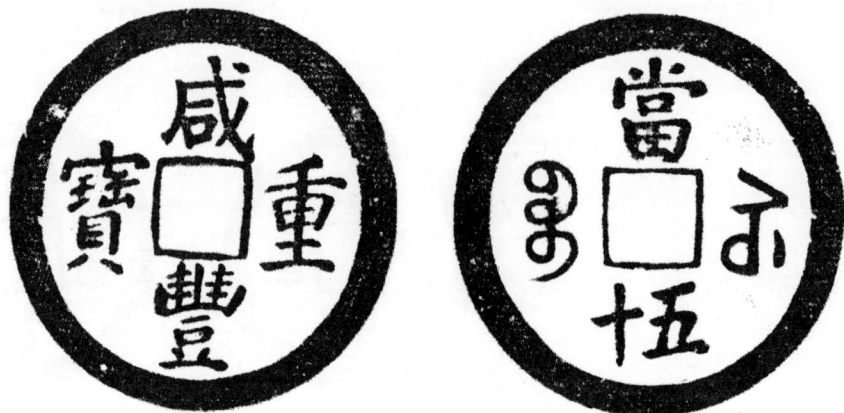

第 11—5—2—2 号　当五十。评级:柒。

　　径:52.7 毫米。

　　厚:3.5 毫米。

　　重:42.0 克。

　　质:黄铜。

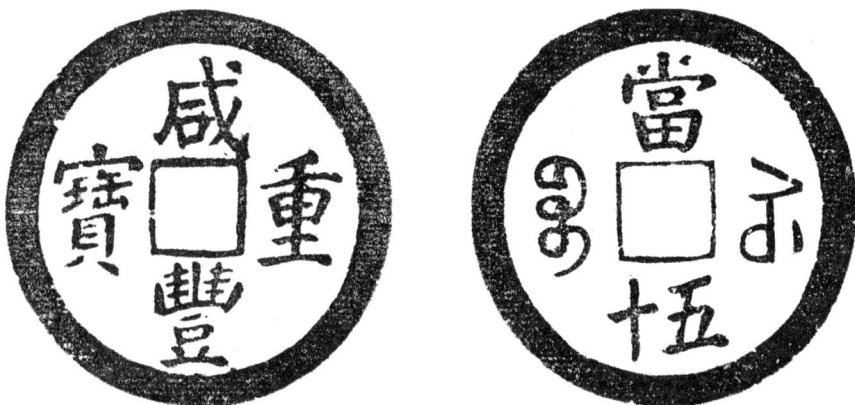

③长字短十当十

第 11—5—3—1 号　当十。评级:捌。

　　径:37.4 毫米。

　　厚:2.3 毫米。

　　重:13.7 克。

　　质:黄铜。

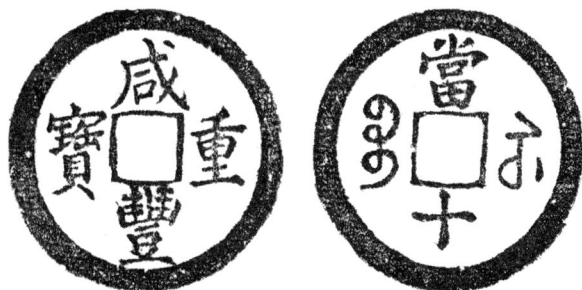

第 11—5—3—2 号　当十。评级:捌。

　　径:37.2 毫米。

　　厚:2.1 毫米。

　　重:12.8 克。

　　质:黄铜。

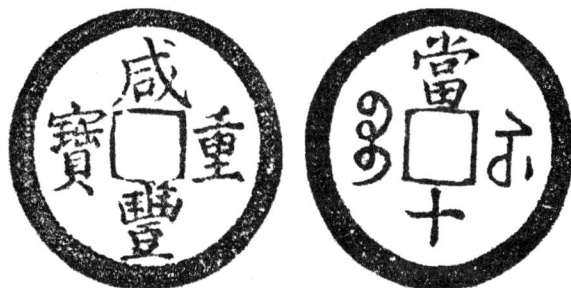

④长字长十当十

第11—5—4—1号　当十。评级:捌。

　　　径:37.3毫米。

　　　厚:2.5毫米。

　　　重:17.3克。

　　　质:黄铜。

第11—5—4—2号　当十。评级:捌。

　　　径:37.0毫米。

　　　厚:2.2毫米。

　　　重:13.6克。

　　　质:黄铜。

⑤矮字当十

第11—5—5—1号　当十。评级:柒。

　　　径:36.1毫米。

　　　厚:2.3毫米。

　　　重:15.9克。

　　　质:黄铜。

第11—5—5—2号　当十。评级:柒。

　　　径:35.8毫米。

　　　厚:2.0毫米。

　　　重:13.6克。

　　　质:黄铜。

第11—5—5—3号　当十。评级:柒。

　　径:35.5毫米。

　　厚:2.6毫米。

　　重:16.1克。

　　质:黄铜。

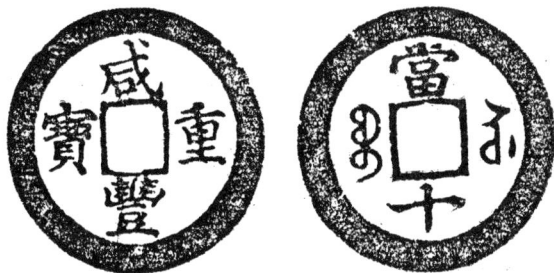

⑥中字当十

第11—5—6—1号　当十。评级:伍。

　　径:36.6毫米。

　　厚:2.8毫米。

　　重:18.7克。

　　质:黄铜。

　　注:作者1998年首次报道此

版式。

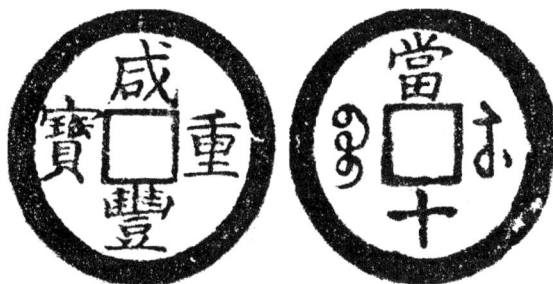

⑦方头通小平

第11—5—7—1号　小平。评级:柒。

　　径:23.8毫米。

　　厚:1.1毫米。

　　重:3.1克。

　　质:黄铜。

　　注:大样,规制。

第11—5—7—2号　小平。评级:柒。

　　径:23.8毫米。

　　厚:1.5毫米。

　　重:4.1克。

　　质:黄铜。

　　注:大样、规制。

第11—5—7—3号　小平。评级:捌。

　　径:23.6毫米。厚:1.0毫米。

　　重:2.8克。质:黄铜。

第11—5—7—4号　小平。评级:捌。

　　径:22.8毫米。

　　厚:1.0毫米。

　　重:2.6克。

　　质:黄铜。

⑧角头通小平

第11—5—8—1号　小平。评级:拾。

　　径:21.5毫米。

　　厚:1.3毫米。

　　重:3.4克。

　　质:黄铜。

第11—5—8—2号　小平。评级:拾。

　　径:21.2毫米。

　　厚:1.5毫米。

　　重:3.8克。

　　质:黄铜。

第11—5—8—3号　小平。评级:拾。

　　径:21.2毫米。

　　厚:1.2毫米。

　　重:2.8克。

　　质:黄铜。

第 11—5—8—4 号　小平。评级:拾。
　　径:21.1毫米。厚:1.4毫米。
　　重:3.3克。质:黄铜。

第 11—5—8—5 号　小平。评级:拾。
　　径:21.0毫米。
　　厚:1.5毫米。
　　重:3.3克。
　　质:黄铜。

第 11—5—8—6 号　小平。评级:拾。
　　径:20.7毫米。
　　厚:1.4毫米。
　　重:3.1克。
　　质:黄铜。

第 11—5—8—7 号　小平。评级:拾。
　　径:20.7毫米。
　　厚:1.3毫米。
　　重:2.6克。
　　质:黄铜。

第 11—5—8—8 号　小平。评级:拾。
　　径:20.7毫米。
　　厚:1.2毫米。
　　重:2.5克。
　　质:黄铜。

第 11—5—8—9 号　小平。评级:拾。
　　径:19.9毫米。
　　厚:1.2毫米。
　　重:2.4克。质:黄铜。

第 11—5—8—10 号　小平。评级:拾。

径:19.8毫米。

厚:1.0毫米。

重:2.2克。

质:黄铜。

第 11—5—8—11 号　小平。评级:玖。

径:21.3毫米。

厚:1.4毫米。

重:3.1克。

质:黄铜。

注:朴刀撇。

6. "缶"宝当三十、当二十系列:虽为"缶"宝,但与"缶"宝系列笔意不一致,故单独列出。本系列仅有当三十、当二十两个纪值等级。

①当三十

第 11—6—1—1 号　当三十。评级:陆。

径:46.0毫米。厚:2.7毫米。重:28.8克。质:黄铜。

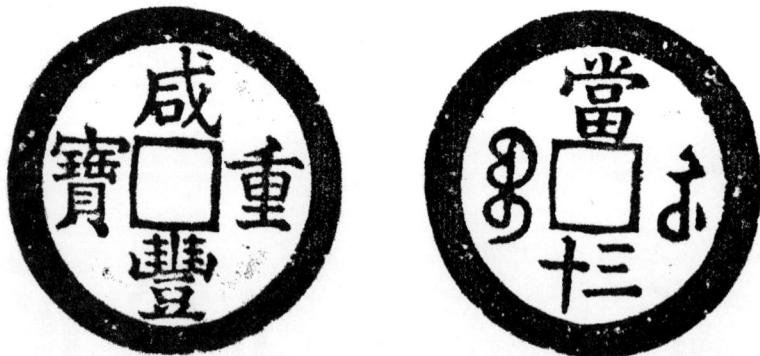

②当二十

第 11—6—2—1号　当二十。评级:陆。

径:40.1毫米。

厚:2.6毫米。

重:22.3克。

质:黄铜。

7. 撇咸左出头"ス"贝系列:本系列仅见当五十、当十两种纪值等级。

①当五十

第 11—7—1—1号　当五十。评级:玖。

径:53.7毫米。

厚:3.2毫米。

重:49.2克。

质:黄铜。

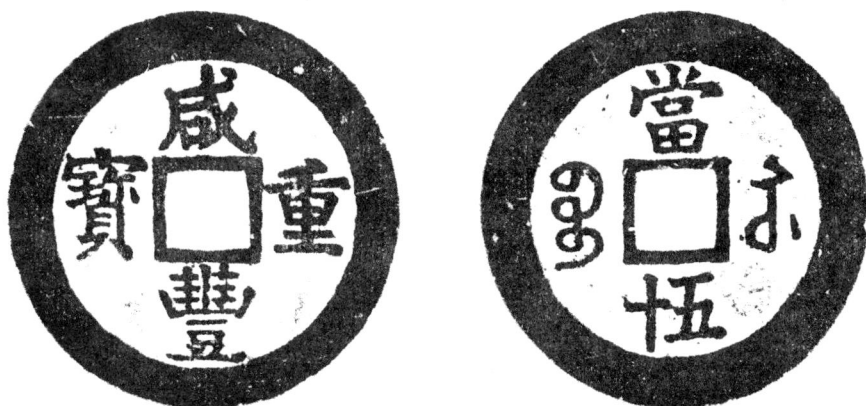

第11-7-1-2号　当五十。评级:玖。

　　径:52.8毫米。厚:3.1毫米。重:41.9克。质:黄铜。

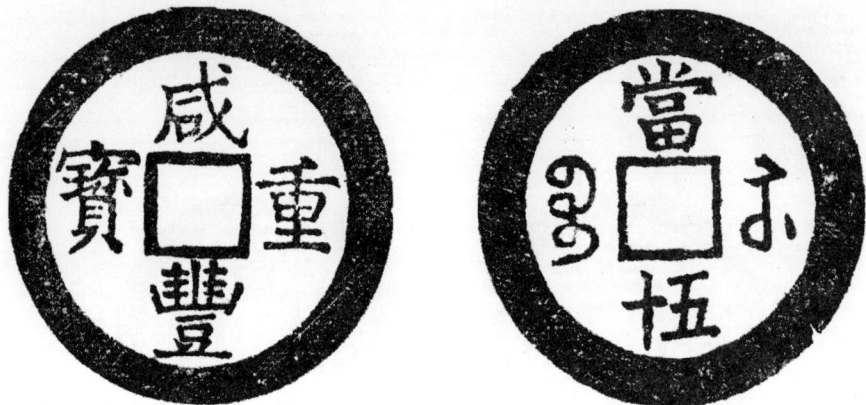

第11-7-1-3号　当五十。评级:玖。

　　径:52.0毫米。厚:3.0毫米。重:40.8克。质:黄铜。

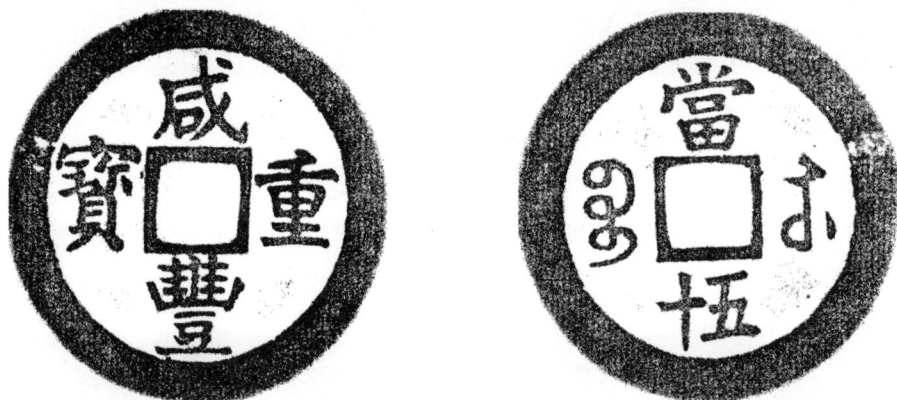

②当十

第11-7-2-1号　当十。评级:柒。

　　径:37.0毫米。

　　厚:2.2毫米。

　　重:14.0克。

　　质:黄铜。

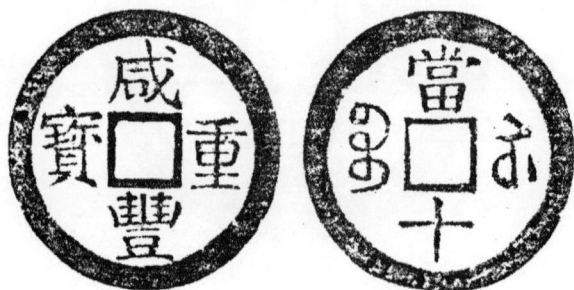

第11—7—2—2号　当十。评级:柒。

　　径:36.9毫米。

　　厚:2.4毫米。

　　重:16.1克。

　　质:黄铜。

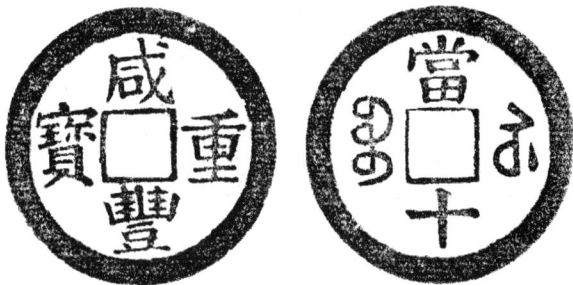

第11—7—2—3号　当十。评级:柒。

　　径:36.7毫米。

　　厚:2.6毫米。

　　重:16.5克。

　　质:黄铜。

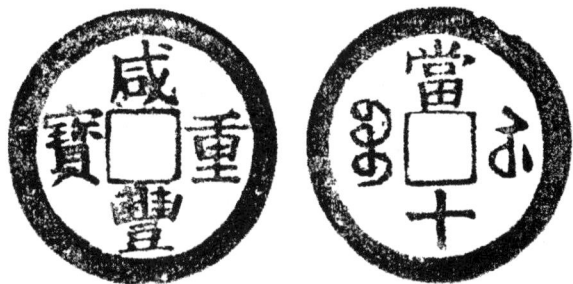

8.异苏系列:仅有当五十、当十两种纪值等级。

①当五十

　　第11—8—1—1号　当五十。评级:陆。

　　　　径:51.1毫米。厚:3.3毫米。重:48.5克。质:黄铜。

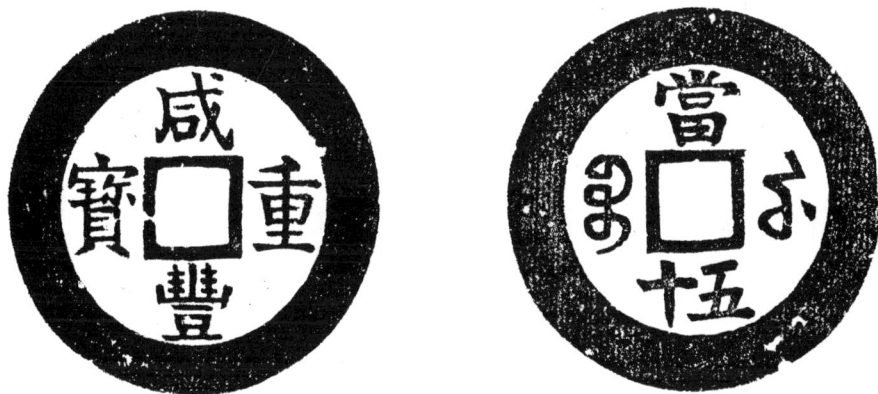

②当十

　　第11—8—2—1号　当十。评级:柒。

　　　　径:35.4毫米。

　　　　厚:1.9毫米。

　　　　重:12.1克。

　　　　质:黄铜。

9. 秀美系列:仅有当百、当五十两种纪值等级。没能集到当五十。

①当百

第 11—9—1—1 号　当百。评级:伍。

　　径:60.0 毫米。厚:3.2 毫米。

　　重:58.8 克。质:黄铜。

　　注:样钱。

第 11—9—1—2 号　当百。评级:柒。

　　径:60.2 毫米。厚:3.3 毫米。

　　重 54.9 克。质:黄铜。

贰 不成系列的各版式

10. 当百

第 11—10—0—1 号　当百。评级:捌。

径:62.1毫米。厚:2.7毫米。重:56.6克。质:黄铜。注:宽缘。

第 11—10—0—2 号　当百。评级:柒。

径:61.5毫米。

厚:4.3毫米。

重:80.3克。

质:黄铜。

第11—10—0—3号　当百。评级:玖。

径:61.4毫米。

厚:3.3毫米。

重:60.2克。

质:黄铜。

第11—10—0—4号　当百。评级:柒。

径:60.3毫米。

厚:3.0～3.5毫米。

重:61.8克。

质:黄铜。

注:长撇咸,矮元。

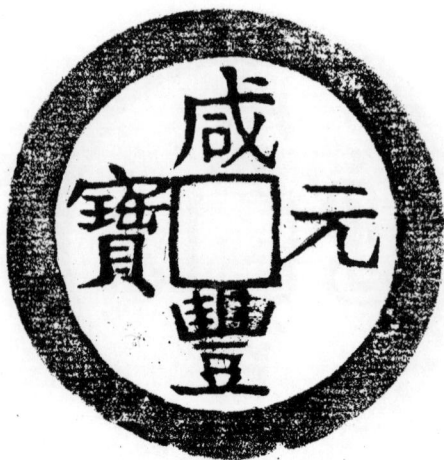

第 11－10－0－5 号　当百。评级:玖。

　　径:61.4 毫米。

　　厚:3.3 毫米。

　　重:60.2 克。

　　质:黄铜。

第 11－10－0－6 号　当百。评级:捌。

　　径:59.1 毫米。

　　厚:3.0 毫米。

　　重:52.2 克。

　　质:黄铜。

　　注:横足贝。

第11—10—0—7号　当百。评级:陆。

径:59.1毫米。

厚:2.6毫米。

重:43.1克。

质:黄铜。

注:此版式前谱无载。

第11—10—0—8号　当百。评级:柒。

径:58.9毫米。

厚:3.9毫米。

重:75.4克。

质:黄铜。

注:厚重。

第 11—10—0—9 号　当百。评级:捌。

　　径:58.6 毫米。

　　厚:3.5 毫米。

　　重:55.4 克。

　　质:黄铜。

　　注:大二元。

第 11—10—0—10 号　当百。评级:玖。

　　径:58.4 毫米。

　　厚:3.4 毫米。

　　重:63.1 克。

　　质:黄铜。

　　注:扁元。

第11—10—0—11号　当百。评级:陆。

径:60.3毫米。

厚:3.8毫米。

重:67.7克。

质:黄铜。

注:钩咸样撇咸。极稀见。试铸样钱。江苏泗洪泉友提供。

11. 当五十

第11—11—0—1号　当五十。评级:伍。

径:60.9毫米。

厚:3.4毫米。

重:63.4克。质:黄铜。

注:宽缘大样,丰左星,试铸钱。

第 11—11—0—2 号　当五十。评级:伍。

　　径:59.1毫米。

　　厚:3.0毫米。

　　重:62.2克。

　　质:黄铜。

　　注:宽缘大型。

第 11—11—0—3 号　当五十。评级:玖。

　　径:54.4毫米。

　　厚:3.0毫米。

　　重:46.2克。

　　质:黄铜。

第 11—11—0—4 号　　当五十。评级：捌。

　　径：54.1毫米。原：2.8毫米。重：40.0克。质：黄铜。注：扁咸。

第 11—11—0—5 号　　当五十。评级：玖。径：53.8毫米。厚：3.0毫米。重：41.3克。质：黄铜。

第 11—11—0—6 号　　当五十。评级：玖。径：53.4毫米。厚：4.0毫米。重：49.5克。质：黄铜。

第 11—11—0—7 号　当五十。评级:捌。

　　径:53.1 毫米。

　　厚:4.2 毫米。

　　重:61.2 克。

　　质:黄铜。

　　注:厚重。

第 11—11—0—8 号　当五十。评级:柒。

　　径:53.0 毫米。

　　厚:3.2 毫米。

　　重:49.9 克。

　　质:黄铜。

　　注:丰下星。

第 11—11—0—9 号　　当五十。评级:玖。

　　径:52.5 毫米。

　　厚:2.9 毫米。

　　重:42.1 克。

　　质:黄铜。

第 11—11—0—10 号　　当五十。评级:肆。

　　径:52.8 毫米。

　　厚:3.3 毫米。

　　重:59.5 克。

　　质:铅。

　　注:样钱。

12. 当二十

第 11—12—0—1 号　当二十。评级:叁。

径:42.2毫米。厚:2.6毫米。重:25.0克。质:黄铜。注:"尔"宝样钱。

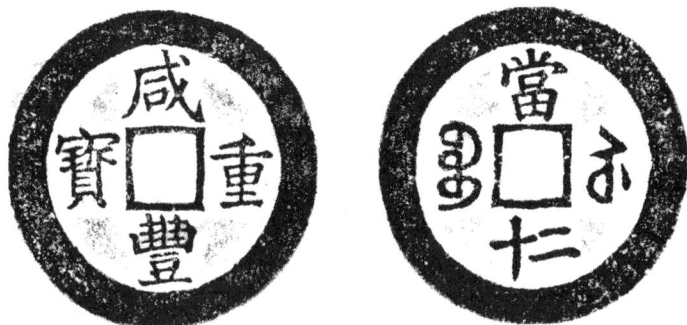

13. 当十

①"尔"宝"ス"贝撇咸当十

第 11—13—1—1 号　当十。评级:伍。

径:44.0毫米。厚:2.6毫米。重:27.2克。质:黄铜。注:特大型样钱。

第 11—13—1—2 号　当十。评级:拾。

径:39.8毫米。

厚:2.7毫米。

重:23.3克。

质:黄铜。

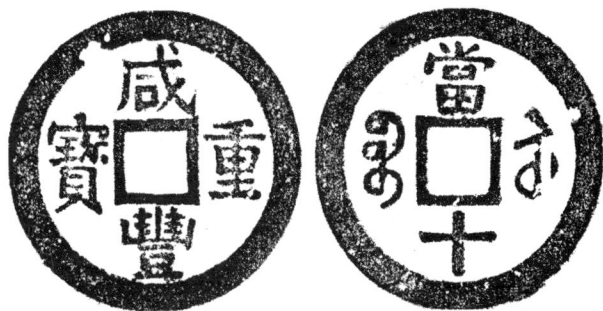

第11—13—1—3号　当十。评级:拾。
　　径:39.3毫米。
　　厚:2.4毫米。
　　重:21.3克。
　　质:黄铜。

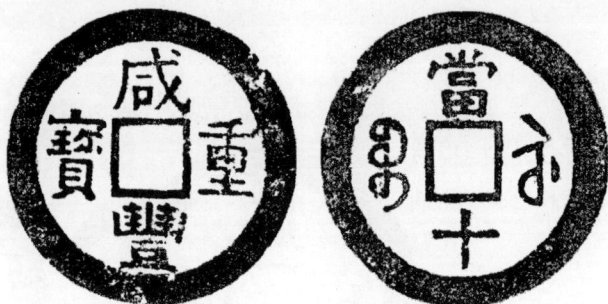

第11—13—1—4号　当十。评级:拾。
　　径:38.8毫米。
　　厚:2.9毫米。
　　重:23.5克。
　　质:黄铜。

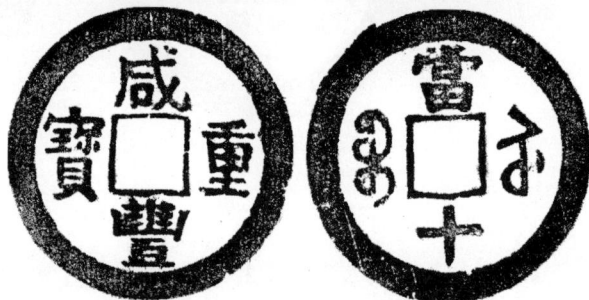

第11—13—1—5号　当十。评级:拾。
　　径:38.6毫米。
　　厚:2.3毫米。
　　重:16.7克。
　　质:黄铜。

第11—13—1—6号　当十。评级:拾。
　　径:38.4毫米。
　　厚:2.3毫米。
　　重:17.5克。
　　质:黄铜。

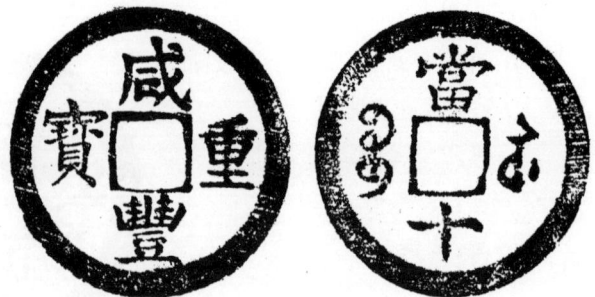

第11—13—1—7号　当十。评级:拾。

　　径:38.4毫米。

　　厚:2.3毫米。

　　重:17.4克。

　　质:黄铜。

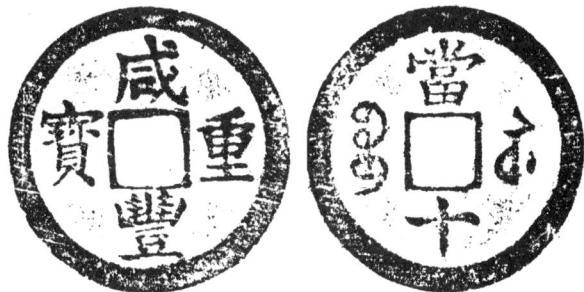

第11—13—1—8号　当十。评级:拾。

　　径:38.1毫米。

　　厚:3.2毫米。

　　重:23.2克。

　　质:黄铜。

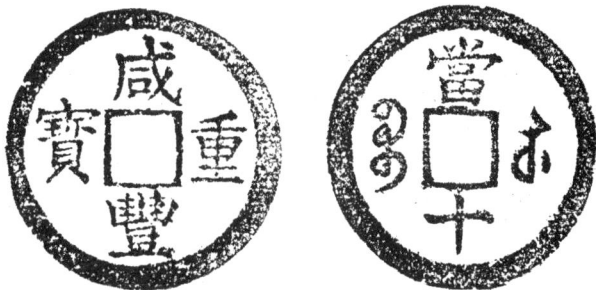

第11—13—1—9号　当十。评级:捌。

　　径:36.7毫米。

　　厚:2.5毫米。

　　重:15.0克。

　　质:黄铜。

　　注:断"厂"咸。

第11—13—1—10号　当十。评级:拾。

　　径:36.7毫米。

　　厚:2.5毫米。

　　重:15.0克。

　　质:黄铜。

　　注:斜宝。

第11—13—1—11号　当十。评级:拾。

　　　径:36.0毫米。

　　　厚:2.7毫米。

　　　重:17.1克。

　　　质:黄铜。

　　　注:斜宝。

第11—13—1—12号　当十。评级:拾。

　　　径:36.0毫米。

　　　厚:2.3毫米。

　　　重:14.4克。

　　　质:黄铜。

　　　注:粗划浅字。

第11—13—1—13号　当十。评级:拾。

　　　径:35.0毫米。

　　　厚:2.2毫米。

　　　重:12.5克。

　　　质:黄铜。

　　　注:粗划浅字。

第11—13—1—14号　当十。评级:陆。

　　　径:34.7毫米。

　　　厚:2.6毫米。

　　　重:15.7克。

　　　质:黄铜。

　　　注:大当,试样钱。

②"尔"宝"八"贝撇咸宽缘当十

第11—13—2—1号　当十。评级:玖。

　　径:34.6毫米。

　　厚:2.4毫米。

　　重:14.9克。

　　质:黄铜。

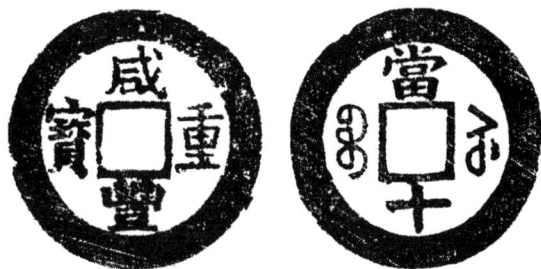

第11—13—2—2号　当十。评级:拾。

　　径:33.6毫米。

　　厚:2.9毫米。

　　重:14.6克。

　　质:黄铜。

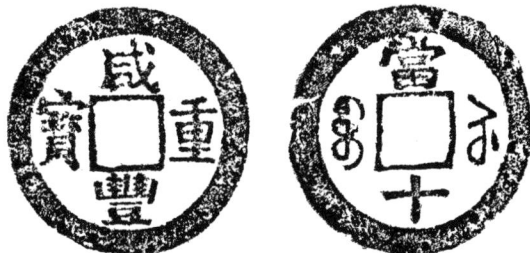

第11—13—2—3号　当十。评级:拾。

　　径:33.3毫米。

　　厚:2.6毫米。

　　重:15.5克。

　　质:黄铜。

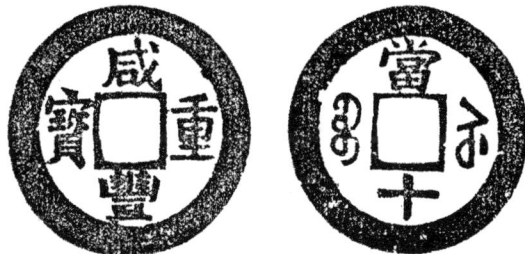

第11—13—2—4号　当十。评级:玖。

　　径:33.2毫米。

　　厚:2.4毫米。

　　重:13.8克。

　　质:黄铜。

　　注:低点咸。

第11—13—2—5号　当十。评级:拾。

　　径:32.8毫米。

　　厚:2.6毫米。

　　重:14.3克。

　　质:黄铜。

第11—13—2—6号　当十。评级:柒。

　　径:32.0毫米。

　　厚:5.0毫米。

　　重:27.8克。

　　质:黄铜。

　　注:特厚重。

③"尔"宝"八"贝撇咸窄缘当十

第11—13—3—1号　当十。评级:玖。

　　径:35.0毫米。

　　厚:2.5毫米。

　　重:15.0克。

　　质:黄铜。

第11—13—3—2号　当十。评级:玖。

　　径:35.1毫米。

　　厚:2.6毫米。

　　重:16.5克。

　　质:黄铜。

④钩咸大样当十

第11—13—4—1号　当十。评级:捌。

径:39.8毫米。

厚:2.4毫米。

重:20.0克。

质:黄铜。

注:面穿上三角纹。

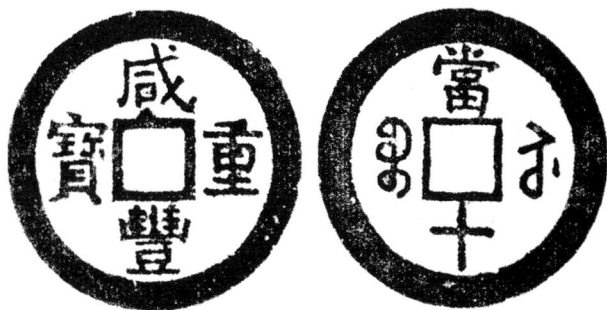

第11—13—4—2号　当十。评级:拾。

径:38.7毫米。

厚:2.9毫米。

重:22.2克。

质:黄铜。

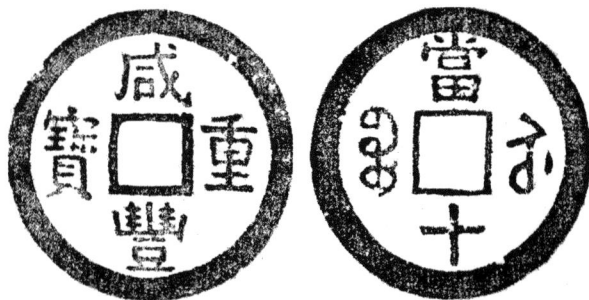

第11—13—4—3号　当十。评级:玖。

径:38.3毫米。

厚:3.4毫米。

重:25.0克。

质:黄铜。

注:厚重。

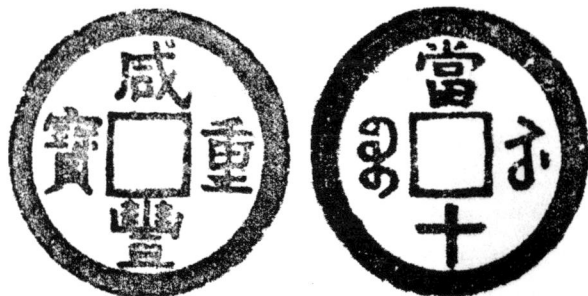

⑤钩咸宽缘当十

第11—13—5—1号　当十。评级:叁。

径:38.7毫米。

厚:2.5毫米。

重:18.7克。

质:黄铜。

注:宽缘大样母钱。

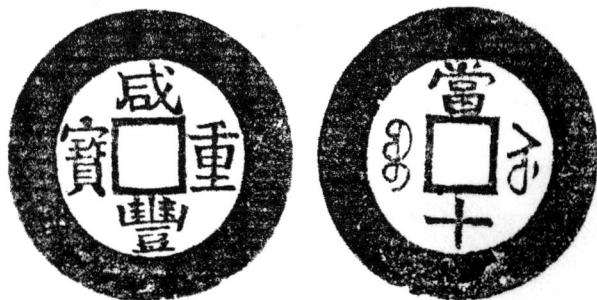

第11—13—5—2号　当十。评级:捌。

　　径:36.8毫米。

　　厚:2.2毫米。

　　重:16.8克。

　　质:黄铜。

第11—13—5—3号　当十。评级:玖。

　　径:36.3毫米。

　　厚:2.4毫米。

　　重:16.1克。

　　质:黄铜。

第11—13—5—4号　当十。评级:玖。

　　径:35.1毫米。

　　厚:2.1毫米。

　　重:13.5克。

　　质:黄铜。

第11—13—5—5号　当十。评级:玖。

　　径:35.0毫米。

　　厚:2.7毫米。

　　重:16.6克。

　　质:黄铜。

第11—13—5—6号　当十。评级:玖。

　　径:34.9毫米。

　　厚:2.3毫米。

　　重:14.2克。

　　质:黄铜。

　　注:大咸,小满宝。

第11—13—5—7号　当十。评级:拾。

径:34.1毫米。

厚:2.1毫米。

重:12.9克。

质:黄铜。

注:扁咸,小满宝。

第11—13—5—8号　当十。评级:拾。

径:33.6毫米。

厚:2.5毫米。

重:13.1克。

质:黄铜。

注:小咸,大满宝。

第11—13—5—9号　当十。评级:拾。

径:33.6毫米。

厚:2.3毫米。

重:12.8克。

质:黄铜。

注:面大字,小满宝。

第11—13—5—10号　当十。评级:玖。

径:33.5毫米。

厚:3.9毫米。

重:19.8克。

质:黄铜。

注:厚重,咸下星。

第11—13—5—11号　当十。评级:玖。

径:33.4毫米。

厚:2.5毫米。

重:14.4克。

质:黄铜。

注:咸下星。

第11—13—5—12号　当十。评级:拾。

　　　径:33.4毫米。

　　　厚:2.3毫米。

　　　重:12.5克。

　　　质:黄铜。

第11—13—5—13号　当十。评级:拾。

　　　径:32.6毫米。

　　　厚:2.7毫米。

　　　重:13.8克。

　　　质:黄铜。

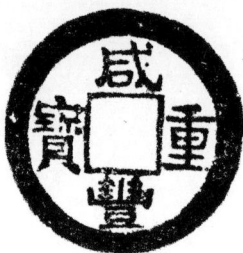

第11—13—5—14号　当十。评级:玖。

　　　径:31.9毫米。厚:2.6毫米。

　　　重:12.1克。质:黄铜。注:大字。

14. 当五

①通宝当五

第11—14—1—1号　当五。评级:叁。

　　　径:31.4毫米。

　　　厚:2.3毫米。

　　　重:10.8克。

　　　质:黄铜。

　　　注:样钱。

第11—14—1—2号　当五。评级:肆。

　　　径:31.1毫米。

　　　厚:1.9毫米。

　　　重:8.7克。

　　　质:黄铜。

　　　注:试铸钱。

15. 小平

①方头通直山丰小平

第11—15—1—1号　小平。评级：陆。

    径：29.2毫米。

    厚：1.5毫米。

    重：6.8克。

    质：黄铜。

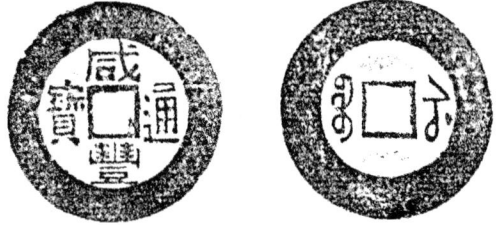

第11—15—1—2号　小平。评级：柒。

    径：27.1毫米。

    厚：1.5毫米。

    重：5.1克。

    质：红铜。

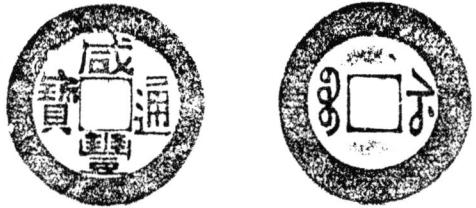

第11—15—1—3号　小平。评级：玖。

    径：25.0毫米。

    厚：1.6毫米。

    重：5.0克。

    质：黄铜。

第11—15—1—4号　小平。评级：玖。

    径：24.5毫米。

    厚：1.4毫米。

    重：4.3克。

    质：黄铜。

第11—15—1—5号　小平。评级：玖。

    径：24.2毫米。

    厚：1.5毫米。

    重：4.7克。

    质：黄铜。

第 11—15—1—6 号　小平。评级:玖。

　　径:24.1 毫米。

　　厚:1.7 毫米。

　　重:4.4 克。质:黄铜。

第 11—15—1—7 号　小平。评级:玖。

　　径:24.0 毫米。

　　厚:2.0 毫米。

　　重:5.4 克。质:黄铜。

第 11—15—1—8 号　小平。评级:拾。

　　径:22.7 毫米。

　　厚:1.6 毫米。

　　重:4.1 克。

　　质:黄铜。

②方头通斜山丰小平

第 11—15—2—1 号　小平。评级:拾。

　　径:22.7 毫米。

　　厚:1.4 毫米。

　　重:3.4 克。

　　质:黄铜。

第 11—15—2—2 号　小平。评级:拾。

　　径:22.3 毫米。

　　厚:1.3 毫米。

　　重:3.3 克。

　　质:黄铜。

第 11—15—2—3 号　小平。评级:拾。

　　径:22.1 毫米。

　　厚:1.8 毫米。

　　重:4.1 克。质:黄铜。

第11—15—2—4号　小平。评级:拾。

　　径:21.9毫米。

　　厚:1.4毫米。

　　重:3.0克。质:黄铜。

第11—15—2—5号　小平。评级:拾。

　　径:21.6毫米。

　　厚:1.2毫米。

　　重:2.8克。质:黄铜。

第11—15—2—6号　小平。评级:拾。

　　径:21.4毫米。

　　厚:1.2毫米。

　　重:2.8克。质:黄铜。

第11—15—2—7号　小平。评级:拾。

　　径:21.0毫米。厚:1.2毫米。

　　重:2.5克。质:黄铜。

第11—15—2—8号　小平。评级:拾。

　　径:20.7毫米。

　　厚:1.0毫米。

　　重:2.4克。质:黄铜。

第11—15—2—9号　小平。评级:拾。

　　径:20.5毫米。厚:1.0毫米。

　　重:2.1克。质:黄铜。

③简笔走之小平

第11—15—3—1号　小平。评级:玖。

　　径:22.0毫米。厚:1.4毫米。

　　重:3.6克。质:黄铜。

第11－15－3－2号　小平。评级:拾。
　　径:22.0毫米。
　　厚:1.2毫米。
　　重:3.4克。质:黄铜。

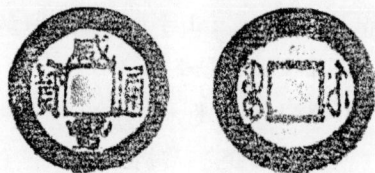

第11－15－3－3号　小平。评级:拾。
　　径:20.0毫米。
　　厚:1.2毫米。
　　重:3.2克。质:黄铜。

第11－15－3－4号　小平。评级:拾。
　　径:21.7毫米。厚:1.3毫米。
　　重:3.3克。质:黄铜。

第11－15－3－5号　小平。评级:拾。
　　径:21.7毫米。厚:1.3毫米。
　　重:3.1克。质:黄铜。

第11－15－3－6号　小平。评级:玖。
　　径:21.6毫米。厚:1.2毫米。
　　重:3.0克。质:黄铜。注:背右上星。

第11－15－3－7号　小平。评级:拾。
　　径:21.3毫米。
　　厚:1.2毫米。
　　重:3.1克。质:黄铜。

第11－15－3－8号　小平。评级:拾。
　　径:21.0毫米。
　　厚:1.0毫米。
　　重:2.5克。质:黄铜。

④小样宽缘直山丰小平

第11—15—4—1号　小平。评级:陆。
　　　径:19.1毫米。厚:1.1毫米。
　　　重:2.1克。质:红铜。
　　　注:样钱。

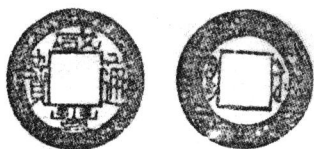

第11—15—4—2号　小平。评级:玖。
　　　径:19.6毫米。
　　　厚:1.2毫米。
　　　重:2.3克。质:黄铜。

第11—15—4—3号　小平。评级:玖。
　　　径:19.2毫米。
　　　厚:0.9毫米。
　　　重:1.7克。质:黄铜。

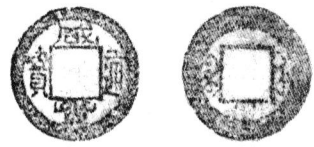

第11—15—4—4号　小平。评级:拾。
　　　径:19.0毫米。
　　　厚:1.1毫米。
　　　重:2.2克。质:黄铜。

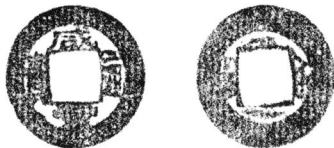

第11—15—4—5号　小平。评级:拾。
　　　径:18.7毫米。
　　　厚:1.1毫米。
　　　重:1.8克。质:黄铜。

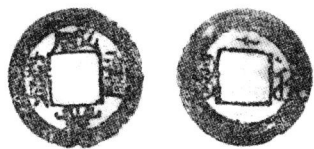

第11—15—4—6号　小平。评级:拾。
　　　径:18.0毫米。厚:1.1毫米。
　　　重:2.0克。质:黄铜。

第11—15—4—7号　小平。评级:拾。
　　　径:18.0毫米。厚:1.1毫米。
　　　重:1.7克。质:黄铜。

第11—15—4—8号　小平。评级:拾。

　　径:17.9毫米。厚:0.9毫米。

　　重:1.5克。质:黄铜。

第11—15—4—9号　小平。评级:拾。

　　径:17.5毫米。

　　厚:1.0毫米。

　　重:1.4克。质:黄铜。

⑤小样宽缘斜山丰小平:逐渐减重为窄郭。

第11—15—5—1号　小平。评级:玖。

　　径:19.4毫米。

　　厚:0.9毫米。

　　重:1.8克。质:黄铜。

第11—15—5—2号　小平。评级:玖。

　　径:19.0毫米。

　　厚:1.2毫米。

　　重:2.3克。质:黄铜。

第11—15—5—3号　小平。评级:玖。

　　径:19.0毫米。

　　厚:1.0毫米。

　　重:1.6克。质:黄铜。

第11—15—5—4号　小平。评级:拾。

　　径:18.7毫米。

　　厚:1.1毫米。

　　重:1.8克。质:黄铜。

第11—15—5—5号　小平。评级:拾。

　　径:18.2毫米。厚:0.9毫米。

　　重:1.4克。质:黄铜。

第11—15—5—6号 小平。评级:拾。

    径:17.3毫米。厚:0.8毫米。

    重:1.2克。质:黄铜。

第11—15—5—7号 小平。评级:拾。

    径:16.4毫米。厚:0.9毫米。

    重:1.0克。质:黄铜。

第11—15—5—8号 小平。评级:拾。

    径:16.1毫米。厚:0.6毫米。

    重:0.9克。质:黄铜。

⑥角头通斜山丰小平

第11—15—6—1号 小平。评级:肆。

    径:29.4毫米。厚:1.6毫米。

    重:7.8克。

    质:青铜。注:样钱

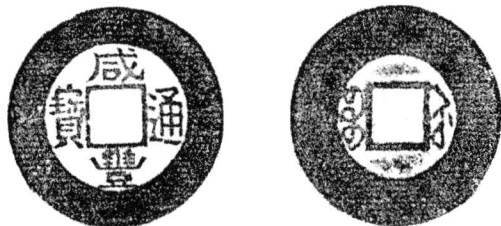

第11—15—6—2号 小平。评级:伍。

    径:28.7毫米。厚:1.6毫米。

    重:7.5克。

    质:黄铜。注:样钱。

第11—15—6—3号 小平。评级:捌。

    径:25.3毫米。厚:1.5毫米。

    重:5.3克。质:黄铜。

第11—15—6—4号 小平。评级:拾。

    径:24.2毫米。厚:1.4毫米。

    重:3.8克。质:黄铜。

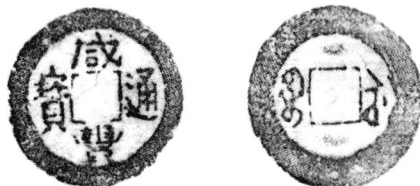

第11—15—6—5号　小平。评级:玖。
　　径:24.0毫米。厚:2.0毫米。
　　重:5.2克。质:红铜。

第11—15—6—6号　小平。评级:拾。
　　径:24.0毫米。厚:1.7毫米。
　　重:4.6克。质:黄铜。

第11—15—6—7号　小平。评级:拾。
　　径:23.0毫米。厚:1.5毫米。
　　重:3.3克。质:红铜。

第11—15—6—8号　小平。评级:拾。
　　径:22.8毫米。厚:1.4毫米。
　　重:3.7克。
　　质:黄铜。

第11—15—6—9号　小平。评级:拾。
　　径:22.7毫米。
　　厚:1.2毫米。
　　重:3.2克。质:黄铜。注:大字。

第11—15—6—10号　小平。评级:拾。
　　径:22.6毫米。厚:1.1毫米。
　　重:3.2克。质:黄铜。注:小字。

第11—15—6—11号　小平。评级:拾。
　　径:22.4毫米。厚:1.2毫米。
　　重:3.2克。质:黄铜。注:大字。

第11—15—6—12号　小平。评级:拾。
　　径:22.0毫米。厚:1.3毫米。
　　重:3.1克。质:黄铜。注:细笔小字。

第11—15—6—13号　小平。评级:拾。
　　径:21.8毫米。厚:1.3毫米。
　　重:2.8克。质:黄铜。注:细笔小字。

第11—15—6—14号　小平。评级:陆。
　　径:21.5毫米。厚:1.6毫米。
　　重:4.0克。质:黄铜。注:小型样钱。

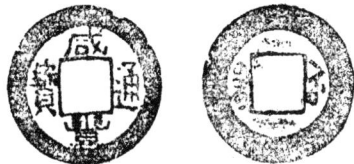

第11—15—6—15号　小平。评级:玖。
　　径:21.4毫米。厚:1.2毫米。
　　重:2.9克。质:黄铜。注:三点宝。

第11—15—6—16号　小平。评级:玖。
　　径:20.9毫米。厚:1.7～1.5毫米。
　　重:3.5克。质:黄铜。

第11—15—6—17号　小平。评级:拾。
　　径:19.0毫米。
　　厚:1.1毫米。
　　重:2.1克。质:黄铜。

⑦角头通直山丰小平
第11—15—7—1号　小平。评级:拾。
　　径:23.0毫米。厚:1.3毫米。
　　重:3.5克。
　　质:黄铜。

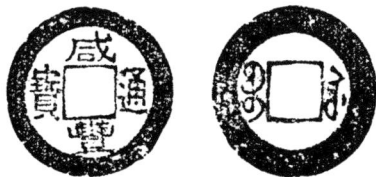

第 11—15—7—2 号　小平。评级:拾。
　　径:22.6 毫米。
　　厚:1.7 毫米。
　　重:4.4 克。质:黄铜。

第 11—15—7—3 号　小平。评级:拾。
　　径:22.0 毫米。厚:1.5 毫米。
　　重:3.8 克。质:黄铜。
　　注:宽缘小字。

第 11—15—7—4 号　小平。评级:玖。
　　径:20.0 毫米。厚:1.1 毫米。
　　重:2.8 克。质:黄铜。注:丰右星。

第 11—15—7—5 号　小平。评级:拾。
　　径:21.7 毫米。厚:1.4 毫米。
　　重:3.3 克。质:黄铜。

第 11—15—7—6 号　小平。评级:玖。
　　径:21.4 毫米。厚:1.3 毫米。
　　重:3.0 克。质:黄铜。注:细笔长苏。

第 11—15—7—7 号　小平。评级:拾。
　　径:21.1 毫米。厚:1.5 毫米。
　　重:3.8 克。质:黄铜。注:仰咸。

第 11—15—7—8 号　小平。评级:拾。
　　径:21.2 毫米。
　　厚:1.2 毫米。
　　重:2.6 克。质:黄铜。

第11—15—7—9号 小平。评级:拾。
　　径:21.0毫米。厚:1.2毫米。
　　重:2.8克。质:黄铜。
　　注:广穿。

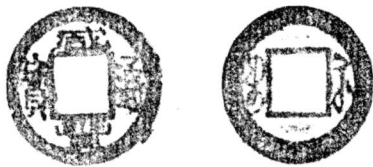

第11—15—7—10号 小平。评级:拾。
　　径:20.9毫米。厚:1.3毫米。
　　重:2.7克。质:黄铜。注:广穿。

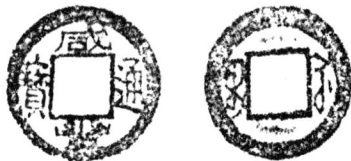

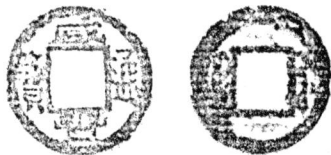

第11—15—7—11号 小平。评级:拾。
　　径:20.5毫米。厚:1.0毫米。
　　重:2.4克。质:黄铜。

第11—15—7—12号 小平。评级:拾。
　　径:20.2毫米。厚:1.0毫米。
　　重:1.8克。质:黄铜。
　　注:广穿。

第11—15—7—13号 小平。评级:拾。
　　径:19.7毫米。厚:1.3毫米。
　　重:2.7克。质:黄铜。注:广穿。

⑧角头单点通小平
第11—15—8—1号 小平。评级:壹。
　　径:24.8毫米。厚:1.8毫米。
　　重:6.9克。质:银。注:背"丁巳"。

第11—15—8—2号 小平。评级:捌。
　　径:22.7毫米。厚:1.8毫米。
　　重:4.5克。质:黄铜。

⑨方头单点通小平

第11－15－9－1号　小平。评级：捌。
　　　径：22.0毫米。厚：1.2毫米。
　　　重：2.8克。质：黄铜。

第11－15－9－2号　小平。评级：玖。
　　　径：22.5毫米。
　　　厚：1.8毫米。
　　　重：4.0克。质：黄铜。

第11－15－9－3号　小平。评级：玖。
　　　径：22.4毫米。
　　　厚：1.6毫米。
　　　重：4.0克。质：黄铜。

第11－15－9－4号　小平。评级：玖。
　　　径：21.7毫米。
　　　厚：1.6毫米。
　　　重：3.1克。质：黄铜。

第11－15－9－5号　小平。评级：玖。
　　　径：19.5毫米。
　　　厚：0.9毫米。
　　　重：1.5克。质：黄铜。

⑩断笔咸小平

第11－15－10－1号　小平。评级：玖。
　　　径：22.5毫米。厚：1.3毫米。
　　　重：3.4克。
　　　质：黄铜。

第 11—15—10—2 号　小平。评级:玖。

　　径:22.3毫米。厚:0.9毫米。

　　重:2.3克。质:黄铜。

第 11—15—10—3 号　小平。评级:玖。

　　径:22.2毫米。

　　厚:1.1毫米。

　　重:2.4克。质:黄铜。

⑪异式小平

第 11—15—11—1 号　小平。评级:玖。

　　径:22.6毫米。厚:1.1毫米。

　　重:2.9克。质:黄铜。

　　注:"尔"宝左出头"八"贝,断"厂"咸。

第 11—15—11—2 号　小平。评级:玖。

　　径:20.7毫米。厚:1.4毫米。

　　重:3.0克。质:黄铜。

　　注:背文横置。

第 11—15—11—3 号　小平。评级:玖。

　　径:20.7毫米。厚:0.9毫米。

　　重:1.8克。质:黄铜。注:背文横置。

第 11—15—11—4 号　小平。评级:玖。

　　径:19.4毫米。厚:0.8毫米。

　　重:1.6克。质:黄铜。注:背文倒置。

第 11—15—11—5 号　小平。评级:玖。

　　径:19.3毫米。厚:0.9毫米。

　　重:1.8克。质:黄铜。注:背文倒置。

第 11—15—11—6 号　小平。评级:玖。
　　径:19.2 毫米。厚:0.6 毫米。
　　重:1.4 克。质:黄铜。注:背文倒置。

第 11—15—11—7 号　小平。评级:玖。
　　径:17.0 毫米。厚:0.7 毫米。
　　重:1.0 克。质:黄铜。注:背文倒置。

第 11—15—11—8 号　小平。评级:捌。
　　径:22.2 毫米。厚:1.0 毫米。
　　重:3.0 克。质:黄铜。注:反头苏。

第 11—15—11—9 号　小平。评级:捌。
　　径:22.2 毫米。厚:1.0 毫米。
　　重:2.8 克。质:黄铜。

第 11—15—11—10 号　小平。评级:捌。
　　径:17.3 毫米。厚:0.95 毫米。
　　重:1.5 克。质:黄铜。注:小型反头苏。

第 11—15—11—11 号　小平。评级:捌。
　　径:22.3 毫米。厚:1.4 毫米。
　　重:3.6 克。质:黄铜。
　　注:背文倒置反头苏。

第 11—15—11—12 号　小平。评级:捌。
　　径:22.0 毫米。厚:1.1 毫米。
　　重:2.4 克。质:黄铜。
　　注:背文倒置反头苏。

⑫背文难释小平

第 11—15—12—1 号　小平。评级:玖。
　　径:21.6毫米。厚:1.2毫米。
　　重:3.2克。质:黄铜。

第 11—15—12—2 号　小平。评级:玖。
　　径:18.0毫米。厚:0.7毫米。
　　重:1.2克。质:黄铜。

第 11—15—12—3 号　小平。评级:玖。
　　径:20.3毫米。厚:1.0毫米。
　　重:2.1克。质:黄铜。

第 11—15—12—4 号　小平。评级:玖。
　　径:20.0毫米。厚:1.4毫米。
　　重:3.2克。质:黄铜。

第 11—15—12—5 号　小平。评级:玖。
　　径:20.3毫米。厚:1.0毫米。
　　重:1.7克。质:黄铜。

十二、宝安局

宝安局为江宁府(今南京市)专为安徽铸钱的钱局(时安徽布政使驻扎江宁)。咸丰三年始铸大钱时,江宁府已是太平天国的京师所在地。故宝安局没有可能铸过咸丰钱。今见宝安局咸丰钱均系户部于咸丰三年八月至十一月间所颁之样钱。咸丰三年五月始铸大钱,先铸当十,重六钱。八月,增铸当五十,重一两八钱。十一月,又增铸当千、当五百、当百。当五十减重为一两二钱。现存的咸丰部颁样钱只见当五十、当十和小平钱,而且全是大样。据而可知,咸丰的部颁样钱是咸丰三年八月增铸当五十大钱,到十一月当五十减重这三个月内铸行的。减重后的当五十以及当百、当五百、当千均没发现过部颁样钱,也可旁证此论断。

宝安局咸丰部颁样钱,只发现过当五十和当十。已见当五十实物及拓图,均为《咸丰泉汇》13－2－2祖钱的翻铸之物。从钱图正背两面所具的斑痕特征可见证。各谱所载面文漫漶之当十,为张纲伯旧物。另一枚品相较好者,上世纪八十年代初从山东德州被携来天津。经手之人均不识,几经转手,流去台湾。今闻又流去新加坡。本人与之擦肩而过,失之交臂,常觉遗憾。

本书仅收集到宝安局咸丰钱标本一枚。

1. 当五十

第12－1－1－1号　当五十。评级:贰。

径:57.8毫米。厚:4.1毫米。重:73.1克。质:黄铜。注:部颁样钱。

十三、宝浙局

宝浙局为清代浙江省的铸钱局。行用钱只有当十和小平两种纪值等级。另有当百、当五十、当四十、当三十、当二十纪值的大小样试铸钱,形成 3 个版式系列。均稀少难觅。

本书共收集宝浙局咸丰钱标本 54 枚。

1. 当十:有窄缘、宽缘之分。

①窄缘

第 13-1-1-1 号　当十。评级:拾。

　　径:38.0 毫米。厚 2.4 毫米。

　　重:16.4 克。质:黄铜。

　　注:大样。

第 13-1-1-2 号　当十。评级:拾。

　　径:37.8 毫米。厚:2.1 毫米。

　　重:14.6 克。质:黄铜。

第 13—1—1—3 号   当十。评级:玖。

径:37.7毫米。厚:2.7毫米。

重:17.8克。质:黄铜。

注:直浙。

第 13—1—1—4 号   当十。评级:玖。

径:37.7毫米。厚:2.3毫米。

重:14.4克。质:黄铜。注:直浙。

第 13—1—1—5 号   当十。评级:玖。

径:37.5毫米。厚:2.7毫米。

重:19.6克。质:黄铜。

注:直浙。

第13—1—1—6号　当十。评级:玖。

　　径:37.4毫米。厚:2.2毫米。

　　重:16.2克。质:黄铜。

　　注:直浙。

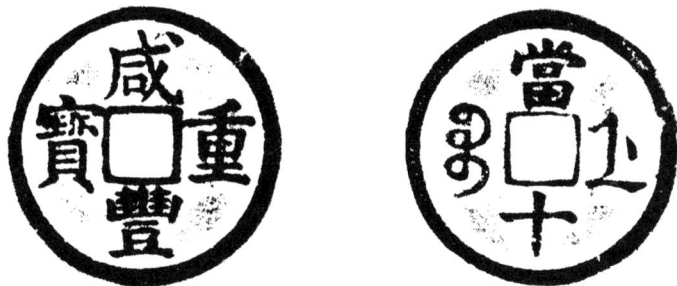

第13—1—1—7号　当十。评级:拾。

　　径:37.4毫米。厚:1.9毫米。重:12.3克。质:黄铜。

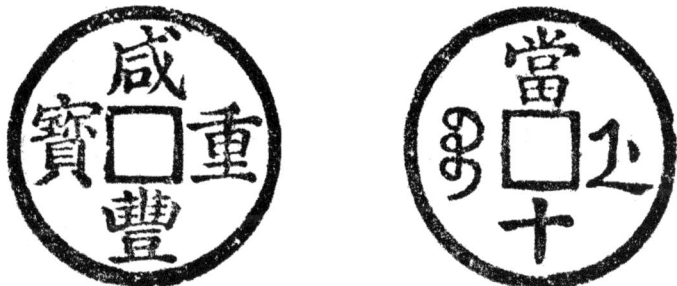

第13—1—1—8号　当十。评级:拾。

　　径:37.3毫米。厚:2.0毫米。

　　重:13.6克。质:黄铜。

　　注:短竖十。

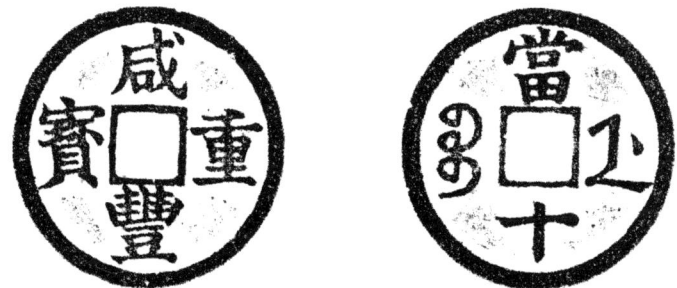

第13－1－1－9号　当十。评级:拾。

　　径:37.3毫米。厚:2.0毫米。

　　重:13.6克。质:黄铜。

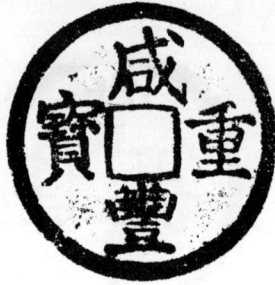

第13－1－1－10号　当十。评级:玖。

　　径:37.1毫米。厚:2.2毫米。

　　重:15.6克。质:黄铜。

　　注:美制。

第13－1－1－11号　当十。评级:拾。

　　径:36.6毫米。厚:2.1毫米。

　　重:13.4克。质:黄铜。

　　注:窄缘。

第13—1—1—12号　当十。评级:玖。

　　径:36.0毫米。厚:2.1毫米。

　　重:11.5克。质:黄铜。

　　注:异版。

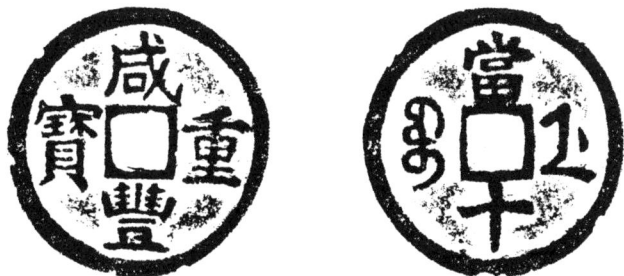

②宽缘

第13—1—2—1号　当十。评级:拾。

　　径:37.3毫米。厚:2.4毫米。

　　重:15.4克。质:黄铜。

　　注:小字。

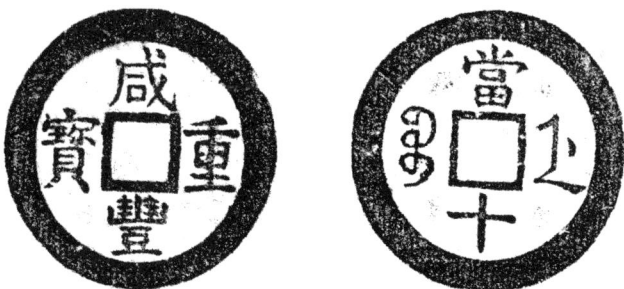

　　第13—1—2—2号　当十。评级:拾。

　径:37.1毫米。厚:2.2毫米。

　重:16.1克。质:黄铜。

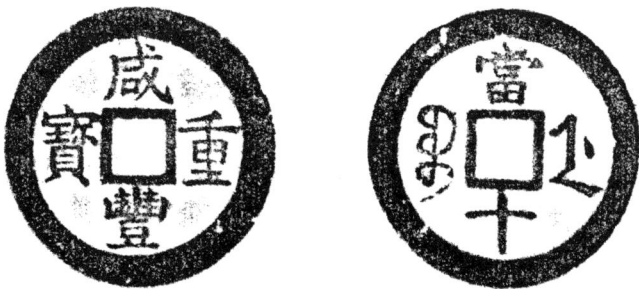

第13—1—2—3号　当十。评级:玖。

　　径:37.1毫米。厚:2.3~3.6毫米。

　　重:22.1克。质:黄铜。注:厚重。

第13—1—2—4号　当十。评级:玖。

　　径:37.6毫米。厚:2.4毫米。

　　重:16.4克。质:黄铜。

2. 小平:可区分为部颁式、地方式、铁钱式等。

①部颁式

第13—2—1—1号　小平。评级:伍。

　　径:26.6毫米。厚:1.6毫米。

　　重:4.7克。质:铜杂铁。

　　注:部颁式宽缘样钱。

第13—2—1—2号　小平。评级:玖。

　　径:24.3毫米。厚:2.0毫米。

　　重:5.2克。质:黄铜。

　　注:部颁式小样。

第13-2-1-3号　小平。评级:玖。

　　径:23.9毫米。

　　厚:1.6毫米。

　　重:4.0克。质:黄铜。

　　注:部颁式小样。

第13-2-1-4号　小平。评级:拾。

　　径:23.7毫米。

　　厚:1.4毫米。

　　重:3.9克。质:黄铜。

　　注:部颁式小样。

第13-2-1-5号　小平。评级:拾。

　　径:23.6毫米。

　　厚:1.5毫米。

　　重:4.1克。

　　质:红铜。

第13-2-1-6号　小平。评级:拾。

　　径:23.6毫米。

　　厚:1.4毫米。

　　重:3.7克。

　　质:黄铜。

第13-2-1-7号　小平。评级:拾。

　　径:23.4毫米。

　　厚:1.5毫米。

　　重:3.9克。质:黄铜。

第13-2-1-8号　小平。评级:拾。

　　径:23.6毫米。

　　厚:1.4毫米。

　　重:3.6克。质:黄铜。

②地方式

第13—2—2—1号　小平。评级:拾。
　　径:22.3毫米。
　　厚:1.4毫米。
　　重:3.8克。质:黄铜。
　　注:大宝小通。

第13—2—2—2号　小平。评级:拾。
　　径:22.0毫米。
　　厚:1.5毫米。
　　重:4.3克。质:黄铜。
　　注:大宝小通。

第13—2—2—3号　小平。评级:拾。
　　径:22.0毫米。
　　厚:1.7毫米。
　　重:4.3克。质:黄铜。
　　注:大宝小通。

第13—2—2—4号　小平。评级:拾。
　　径:21.2毫米。厚:1.6毫米。
　　重:3.9克。质:黄铜。
　　注:小宝,扁咸。

第13—2—2—5号　小平。评级:拾。
　　径:21.2毫米。厚:1.9毫米。
　　重:3.9克。质:黄铜。
　　注:扁咸。

第13—2—2—6号　小平。评级:拾。
　　径:21.1毫米。
　　厚:1.6毫米。
　　重:3.5克。质:黄铜。

第13—2—2—7号　小平。评级：玖。
　　径：20.8毫米。厚：1.6毫米。
　　重：3.6克。质：黄铜。
　　注：背穿下星。

第13—2—2—8号　小平。评级：拾。
　　径：20.1毫米。
　　厚：1.4毫米。
　　重：2.7克。质：黄铜。

第13—2—2—9号　小平。评级：玖。
　　径：19.7毫米。厚：1.2毫米。
　　重：2.5克。质：黄铜。
　　注：宽缘，小满文。

第13—2—2—10号　小平。评级：拾。
　　径：19.3毫米。厚：1.6毫米。
　　重：3.1克。质：黄铜。
　　注：窄缘。

第13—2—2—11号　小平。评级：拾。
　　径：17.9毫米。厚：1.2毫米。
　　重：2.1克。质：青铜。
　　注：小样。

③铁钱式铜钱：或系铜铁两铸。
第13—2—3—1号　小平。评级：柒。
　　面径：22.0毫米。
　　背径：21.3毫米。
　　厚：1.9毫米。重：5.5克。
　　质：黄铜。注：厚重。

第13－2－3－2号　小平。评级:玖。
　　径:21.7毫米。厚:1.4毫米。
　　重:3.5克。质:黄铜。注:宽缘。

第13－2－3－3号　小平。评级:拾。
　　径:21.1毫米。厚:1.7毫米。
　　重:4.1克。质:黄铜。

第13－2－3－4号　小平。评级:拾。
　　径:21.1毫米。厚:1.4毫米。
　　重:3.4克。质:黄铜。

第13－2－3－5号　小平。评级:拾。
　　径:20.8毫米。厚:1.8毫米。
　　重:4.0克。质:黄铜。

第13－2－3－6号　小平。评级:玖。
　　面径:20.7毫米。背径:20.4毫米。
　　厚:1.6毫米。重:3.6克。质:黄铜。
　　注:面、背径差异明显,单向拔模斜度,
　　　具铁钱特征。

第13－2－3－7号　小平。评级:拾。
　　径:20.7毫米。厚:1.5毫米。
　　重:3.5克。质:黄铜。
　　注:与上枚钱似为同母的子钱。

第13－2－3－8号　小平。评级:拾。
　　径:20.7毫米。厚:1.6毫米。
　　重:3.5克。质:黄铜。

第13—2—3—9号　小平。评级:玖。
面径:20.4毫米。背径:20.0毫米。
厚:1.5毫米。重:3.3克。
质:黄铜。

第13—2—3—10号　小平。评级:玖。
面径:20.1毫米。背径:20.0毫米。
厚:1.7毫米。重:3.4克。质:黄铜。

第13—2—3—11号　小平。评级:拾。
面径:20.0毫米。
背径:19.8毫米。
厚:1.4毫米。重:2.7克。
质:黄铜。

第13—2—3—12号　小平。评级:拾。
面径:19.5毫米。
背径:19.1毫米。
厚:1.5毫米。重:3.2克。
质:黄铜。

第13—2—3—13号　小平。评级:拾。
径:20.7毫米。厚:1.8毫米。
重:4.0克。质:黄铜。

第13—2—3—14号　小平。评级:拾。
径:20.7毫米。厚:1.6毫米。
重:3.6克。
质:黄铜。

④角头单点通小平

第13—2—4—1号　小平。评级:捌。

　　　径:18.3毫米。厚:0.9毫米。

　　　重:1.3克。质:黄铜。

　　　注:断"厂"咸。

第13—2—4—2号　小平。评级:捌。

　　　径:18.1毫米。厚:1.0毫米。

　　　重:1.6克。质:黄铜。

　　　注:断"厂"咸。

第13—2—4—3号　小平。评级:捌。

　　　径:18.3毫米。厚:0.9毫米。

　　　重:1.4克。质:黄铜。

第13—2—4—4号　小平。评级:捌。

　　　径:18.3毫米。厚:0.8毫米。

　　　重:1.2克。质:黄铜。

⑤其他

第13—2—5—1号　小平。评级:陆。

　　　径:27.1毫米。

　　　厚:1.6毫米。

　　　重:6.2克。质:白铜。

　　　注:背满汉文浙。据文字风格可认定

　　　　　为宝福局所铸之套子钱。

十四、宝昌局

宝昌局为清代江西省的铸钱局。今见当五十、当十、小平 3 个纪值等级。其中,宽缘当五十及当十为一个版式系列。

本书共收集宝昌局咸丰钱标本 43 枚。

1. 宽缘系列:仅有当五十、当十两个纪值等级。

①当五十

第 14—1—1—1 号　当五十。评级:伍。

　　径:53.8毫米。

　　厚:3.4毫米。

　　重:52.8克。

　　质:黄铜。

　　注:大型样钱。

第14—1—1—2号　当五十。评级:陆。

　　径:52.8毫米。

　　厚:3.3毫米。

　　重:45.8克。

　　质:黄铜,色淡黄。

　　注:大型样钱。

第14—1—1—3号　当五十。评级:肆。

　　径:52.1毫米。厚:3.3毫米。重:46.9克。质:白铜,色银白。

　　注:样钱。笔划纤细高峻。笔划末端与内外郭间有多处细若游丝的相接。此式
　　仅见。

第14—1—1—4号　当五十。评级:陆。

　　径:52.0毫米。

　　厚:3.3毫米。

　　重:46.6克。

　　质:白铜。

　　注:样钱。

第14—1—1—5号　当五十。评级:玖。

　　径:52.2毫米。

　　厚:3.2毫米。

　　重:45.1克。

　　质:黄铜。

　　注:规制。

第 14—1—1—6 号　当五十。评级:玖。

　　径:51.8 毫米。

　　厚:3.8 毫米。

　　重:52.3 克。

　　质:黄铜。

　　注:异昌。

第 14—1—1—7 号　当五十。评级:捌。

　　径:51.2 毫米。

　　厚:3.5 毫米。

　　重:45.6 克。

　　质:白铜。

　　注:大田当。

②当十

第14—1—2—1号　当十。评级:玖。

    径:37.5毫米。

    厚:2.5毫米。

    重:18.7克。

    质:黄铜。

    注:遍体磨纹。

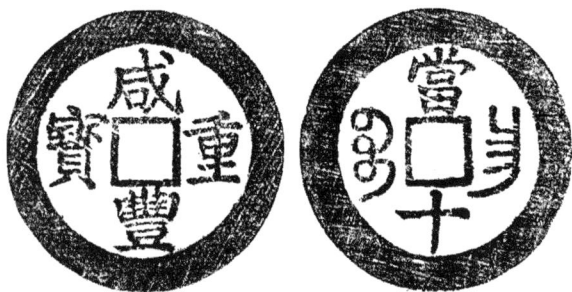

第14—1—2—2号　当十。评级:玖。

    径:37.4毫米。

    厚:2.0毫米。

    重:15.2克。

    质:黄铜。

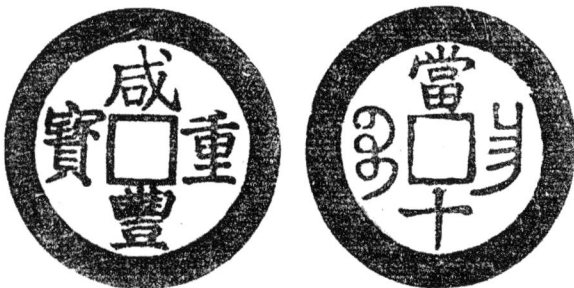

第14—1—2—3号　当十。评级:玖。

    径:37.3毫米。

    厚:2.1毫米。

    重:15.0克。

    质:黄铜。

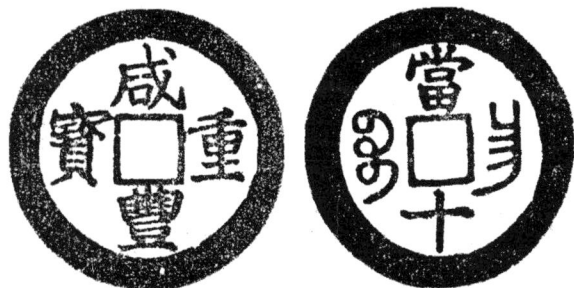

第14—1—2—4号　当十。评级:玖。

    径:37.2毫米。

    厚:2.4毫米。

    重:17.5克。

    质:黄铜。

    注:精铜厚重。

第14—1—2—5号　当十。评级:玖。

　　　径:37.2毫米。

　　　厚:2.0毫米。

　　　重:13.7克。

　　　质:白铜。

　　　注:肥字。

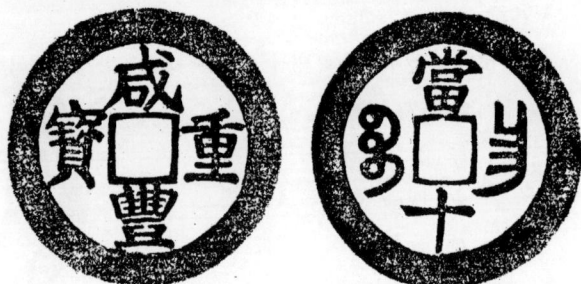

第14—1—2—6号　当十。评级:玖。

　　　径:37.0毫米。

　　　厚:2.3毫米。

　　　重:14.8克。

　　　质:黄铜。

　　　注:异书。

第14—1—2—7号　当十。评级:玖。

　　　径:37.0毫米。

　　　厚:2.1毫米。

　　　重:14.6克。

　　　质:白铜。

　　　注:瘦昌。

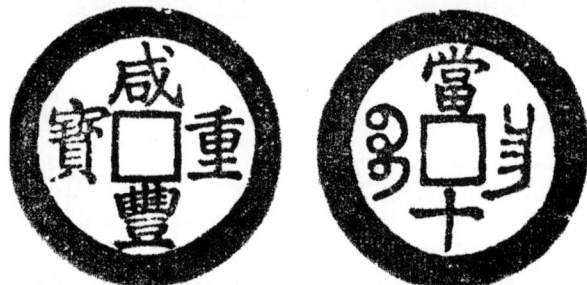

第14—1—2—8号　当十。评级:玖。

　　　径:36.5毫米。

　　　厚:2.0毫米。

　　　重:14.8克。

　　　质:白铜。

　　　注:小当。

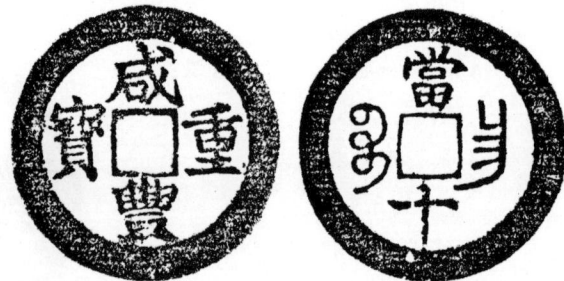

第14—1—2—9号　当十。评级:玖。

　　径:36.5毫米。

　　厚:2.1毫米。

　　重:15.2克。

　　质:黄铜。

　　注:异咸。

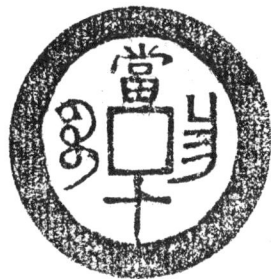

第14—1—2—10号　当十。评级:捌。

　　径:35.4毫米。

　　厚:2.4毫米。

　　重:14.9克。

　　质:黄铜。

　　注:异书。

第14—1—2—11号　当十。评级:捌。

　　径:35.5毫米。

　　厚:1.7毫米。

　　重:11.4克。

　　质:黄铜。

　　注:异书。

2. 不成系列的各版式:

①窄缘当十

第14—2—1—1号　当十。评级:陆。

　　径:36.7毫米。

　　厚:3.0毫米。

　　重:17.7克。

　　质:黄铜。

　　注:样钱。

第14—2—1—2号　当十。评级:玖。

　　径:36.3毫米。

　　厚:2.8毫米。

　　重:14.5克。

　　质:黄铜。注:规制。

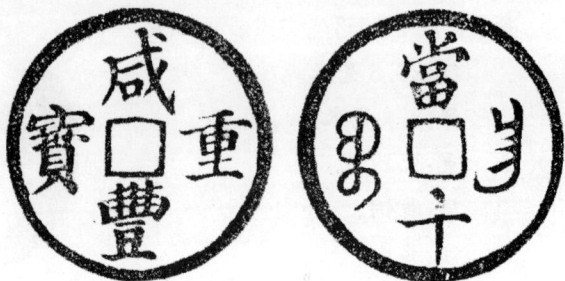

第14—2—1—3号　当十。评级:玖。

　　径:36.2毫米。

　　厚:2.6毫米。

　　重:14.8克。

　　质:白铜。

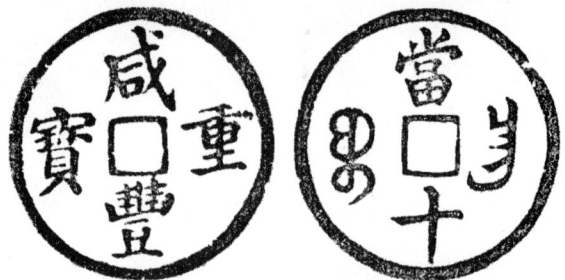

第14—2—1—4号　当十。评级:玖。

　　径:36.1毫米。

　　厚:3.0毫米。

　　重:16.1克。

　　质:黄铜。注:规制。

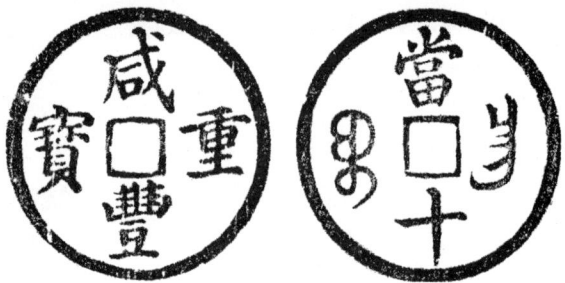

②部颁式小平

第14—2—2—1号　小平。评级:玖。

　　径:24.9毫米。

　　厚:1.4毫米。

　　重:4.5克。

　　质:黄铜。

第14—2—2—2号　小平。评级:玖。

　　径:24.8毫米。

　　厚:1.5毫米。

　　重:5.0克。

　　质:黄铜。

第14-2-2-3号 小平。评级:玖。

　　径:24.8毫米。

　　厚:1.4毫米。

　　重:4.1克。

　　质:黄铜。

第14-2-2-4号 小平。评级:玖。

　　径:24.5毫米。

　　厚:1.3毫米。

　　重:3.9克。

　　质:黄铜。

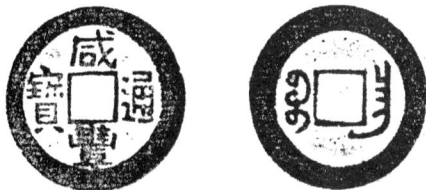

第14-2-2-5号 小平。评级:拾。

　　径:24.4毫米。

　　厚:1.5毫米。

　　重:4.5克。质:黄铜。

第14-2-2-6号 小平。评级:拾。

　　径:24.4毫米。

　　厚:1.4毫米。

　　重:4.3克。

　　质:黄铜。

第14-2-2-7号 小平。评级:拾。

　　径:22.8毫米。

　　厚:1.2毫米。

　　重:3.7克。质:黄铜。

第14-2-2-8号 小平。评级:拾。

　　径:22.6毫米。

　　厚:1.1毫米。

　　重:3.0克。

　　质:黄铜。

第14—2—2—9号　小平。评级:拾。

　　径:22.4毫米。

　　厚:1.0毫米。

　　重:2.6克。质:黄铜。

第14—2—2—10号　小平。评级:拾。

　　径:21.9毫米。

　　厚:1.0毫米。

　　重:2.7克。质:黄铜。

第14—2—2—11号　小平。评级:玖。

　　径:21.8毫米。

　　厚:1.0毫米。

　　重:2.8克。质:黄铜。

　　注:背穿上星。

第14—2—2—12号　小平。评级:玖。

　　径:24.7毫米。

　　厚:1.9毫米。

　　重:5.9克。

　　质:黄铜。

③地方式小平

第14—2—3—1号　小平。评级:拾。

　　径:22.6毫米。

　　厚:1.0毫米。

　　重:2.7克。

　　质:黄铜。

第14—2—3—2号　小平。评级:拾。

　　径:21.0毫米。

　　厚:1.0毫米。

　　重:2.2克。质:黄铜。

第14-2-3-3号　小平。评级:玖。

径:20.1毫米。厚:1.1毫米。

重:2.2克。质:黄铜。

注:私铸。

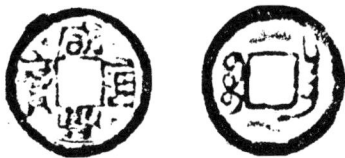

第14-2-3-4号　小平。评级:拾。

径:19.7毫米。

厚:1.0毫米。

重:1.8克。质:黄铜。

第14-2-3-5号　小平。评级:拾。

径:18.2毫米。

厚:1.1毫米。

重:1.7克。质:黄铜。

第14-2-3-6号　小平。评级:拾。

径:17.5毫米。

厚:0.7毫米。

重:1.2克。质:黄铜。

第14-2-3-7号　小平。评级:玖。

径:17.0毫米。厚:0.9毫米。

重:1.3克。质:黄铜。

第14-2-3-8号　小平。评级:玖。

径:18.0毫米。厚:0.7毫米。

重:1.3克。质:黄铜。

注:背文倒置。

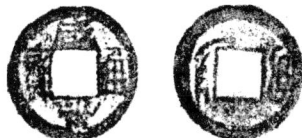

第14-2-3-9号　小平。评级:玖。

径:17.7毫米。厚:0.8毫米。

重:0.9克。质:黄铜。

注:背文倒置。

十五、宝福局

　　宝福局为清代福建省的铸钱局。宝福局咸丰钱极有特色,与户部颁布的式样规格不同。计有 11 种版式系列。但只有通宝小字、重宝、重宝边郭计重等 3 个系列普遍流通。其余属试铸性质,均稀见。而且,稀见版式系列均有纪值的缺档,至今尚未发现实物,有待今后的发现。宝福局咸丰钱共有当百、当五十、当二十、当十、当五、小平钱共 6 个纪值等级。本书仅收入常见的 3 个版式系列。小平钱有铜、铁钱,版式极多。

　　本书共收集宝福局咸丰钱标本 86 枚。

1. 通宝小字系列:有当百、当五十、当二十、当十共 4 个纪值等级。

①当百

第 15－1－1－1 号　当百。评级:陆。

　　　面径:72.5 毫米。背径:70.8 毫米。厚:8.0 毫米。重:200.4 克。

　　　质:红铜。注:面背外缘有五处钱庄戳记。

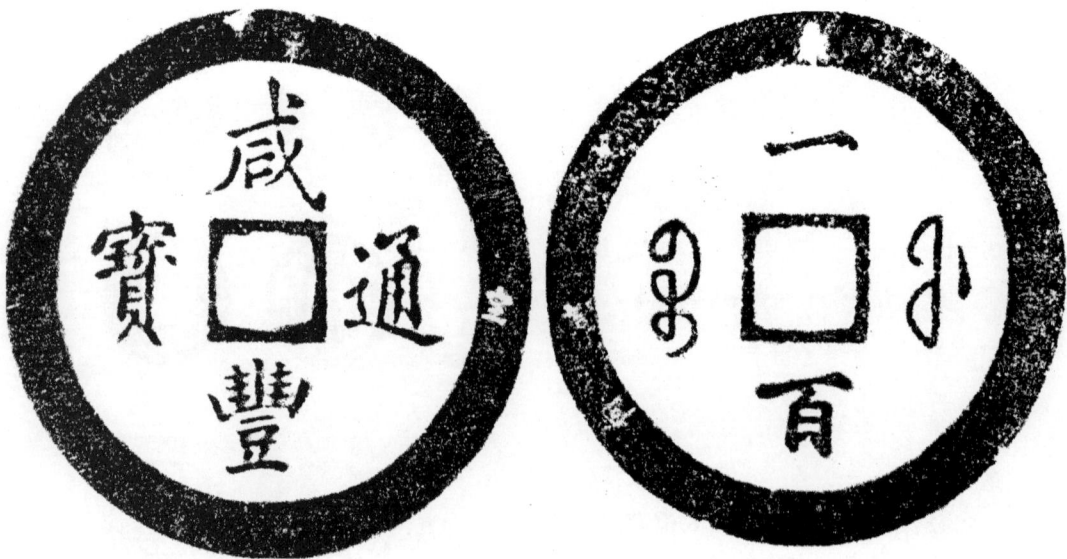

②当五十

第15—1—2—1号　当五十。评级:柒。

　　面径:58.3毫米。背径:57.0毫米。厚:5.9毫米。重:94.1克。质:红铜。

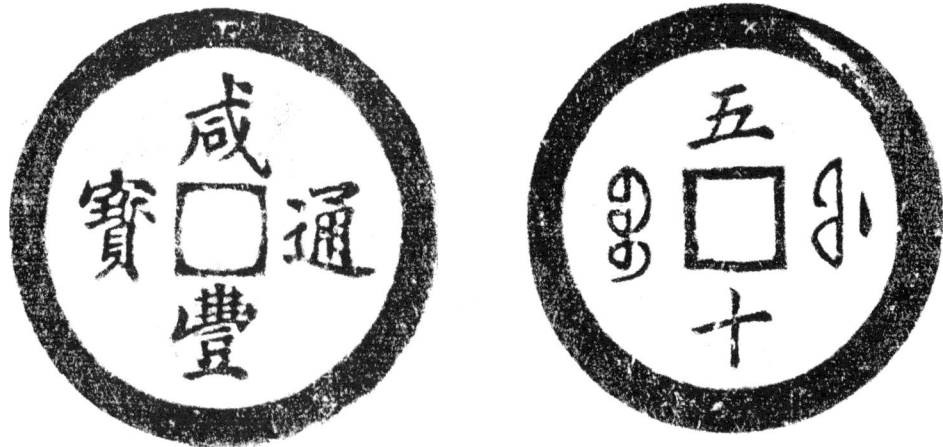

③当二十

第15—1—3—1号　当二十。评级:玖。

　　面径:45毫米。背径:40.8毫米。厚:3.5毫米。重:42.2克。质:红铜。

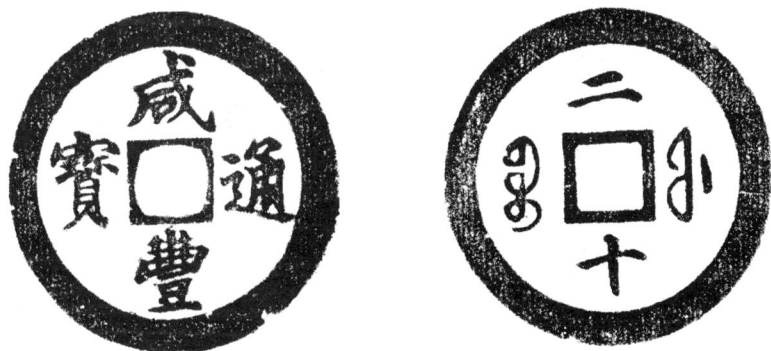

④当十

第15—1—4—1号　当十。评级:拾。

　　面径:36.4毫米。

　　背径:35.6毫米。

　　厚:3.0毫米。

　　重:18.8克。

　　质:青铜。

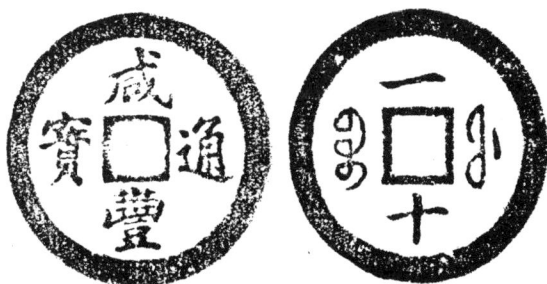

第15—1—4—2号　当十。评级:拾。

　　面径:36.2毫米。

　　背径:35.8毫米。

　　厚:2.5毫米。

　　重:14.7克。

　　质:红铜。

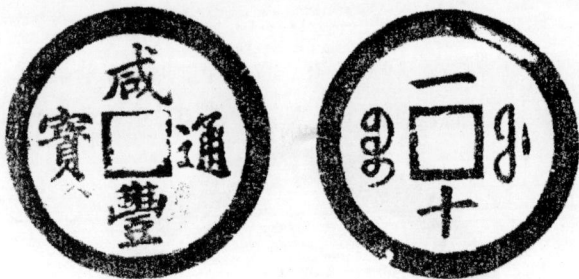

第15—1—4—3号　当十。评级:拾。

　　径:33.1毫米。

　　厚:2.3毫米。

　　重:13.6克。

　　质:红铜。注:小型。

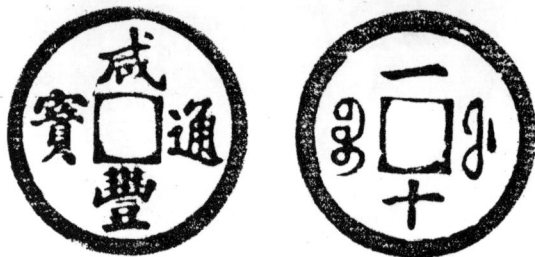

2.重宝系列:有当百、当五十、当二十、当十共4个纪值等级。

①当百

第15—2—1—1号　当十。评级:陆。

　　面径:71.3毫米。背径:69.4毫米。厚:7.2毫米。重:181.6克。质:红铜。

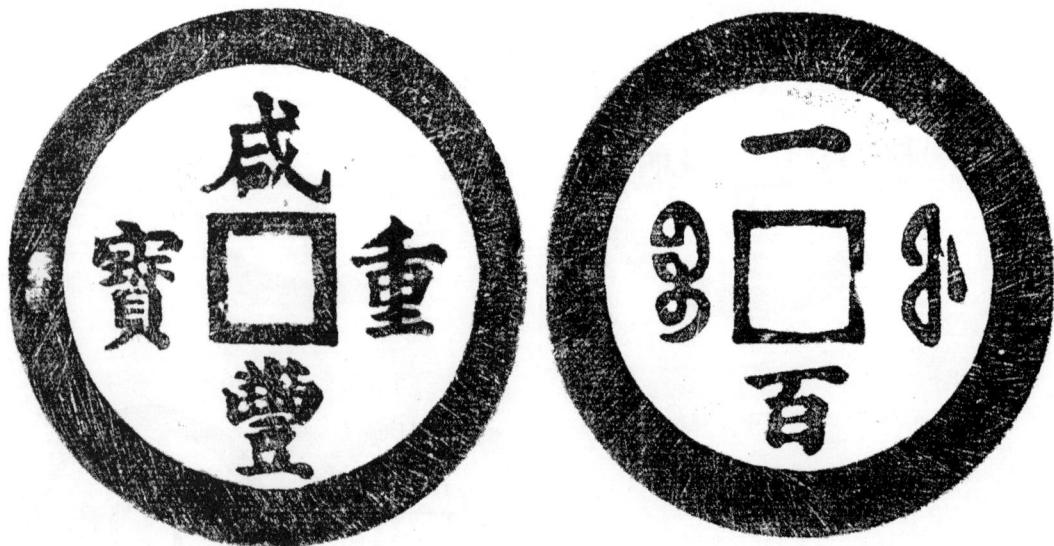

②当五十

第15—2—2—1号　当五十。评级:柒。

面径:56.0毫米。背径:55.0毫米。厚:5.5毫米。重:86.1克。质:红铜。

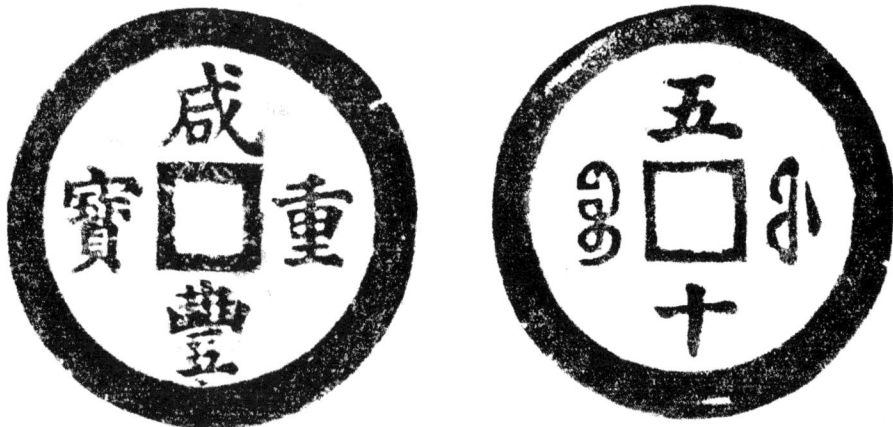

③当二十

第15—2—3—1号　当二十。评级:玖。

面径:47.0毫米。背径:46.1毫米。厚:3.3毫米。重:39.6克。质:红铜。

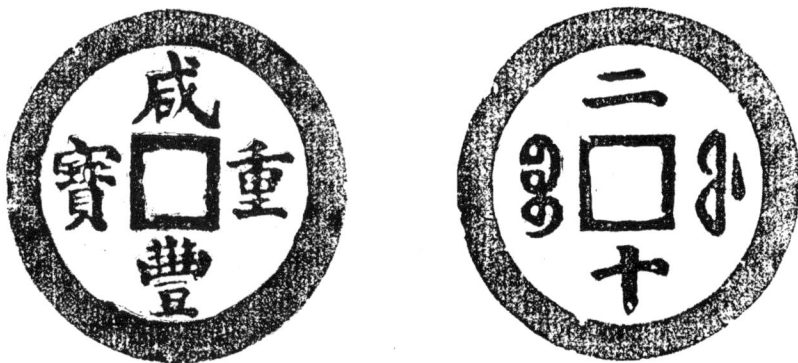

第15—2—3—2号　当二十。评级:玖。

面径:46.2毫米。前径:45.4毫米。厚:3.2毫米。重:36.2克。质:红铜。

④当十

第15—2—4—1号　当十。评级:拾。

    面径:37.4毫米。

    前径:37.0毫米。

    厚:3.4毫米。

    重:23.9克。

    质:青铜。

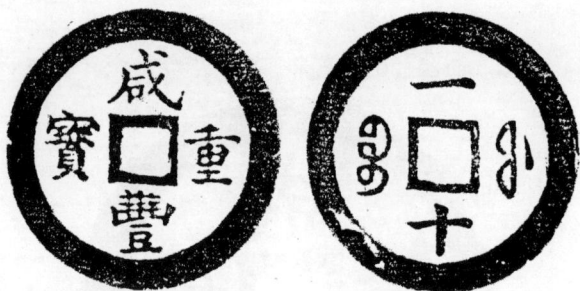

第15—2—4—2号　当十。评级:拾。

    面径:36.9毫米。

    背径:36.7毫米。

    厚:2.7毫米。

    重:15.3克。

    质:红铜。

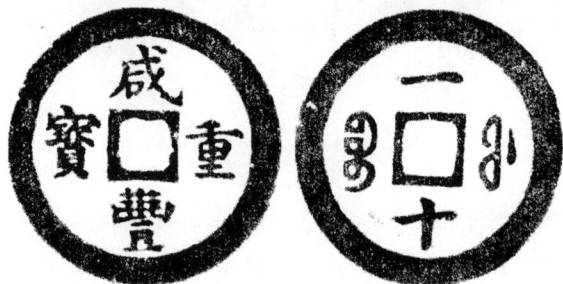

3. 重宝边郭纪重系列:有当百(五两)、当五十(二两五钱)、当二十(一两)、当十(五钱)、当五(二钱五分)共5种纪值等级。其中,当百及当五极稀少,没能集得。

①当五十

第15—3—1—1号　当五十。评级:陆。

    面径:58.4毫米。背径:57.0毫米。厚:6.1毫米。重:95.6克。质:红铜。

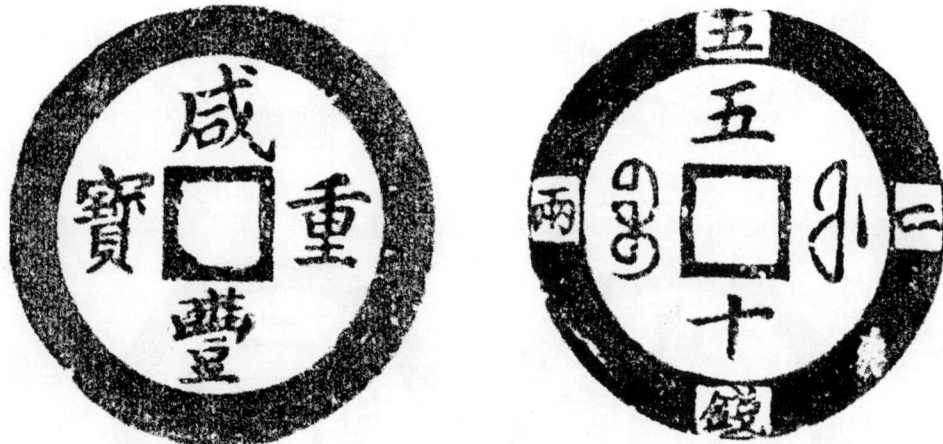

②当二十

第15-3-2-1号　当二十。评级:捌。

　　面径:46.4毫米。背径:45.9毫米。厚:3.1毫米。重:31.9克。质:红铜。

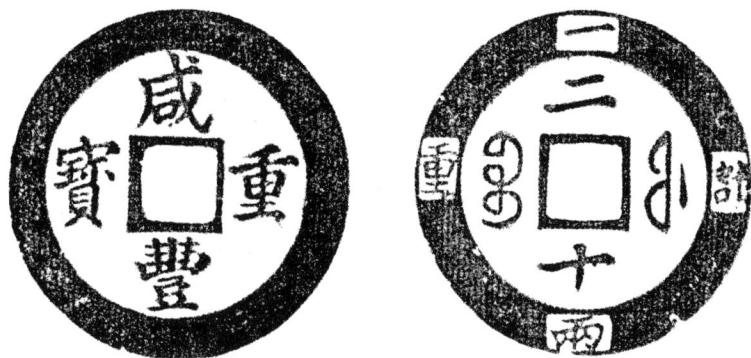

③当十

第15-3-3-1号　当十。评级:伍。

　　面径:36.7毫米。

　　背径:36.4毫米。

　　厚:3.0毫米。

　　重:19.2克。

　　质:青铜。注:样钱。

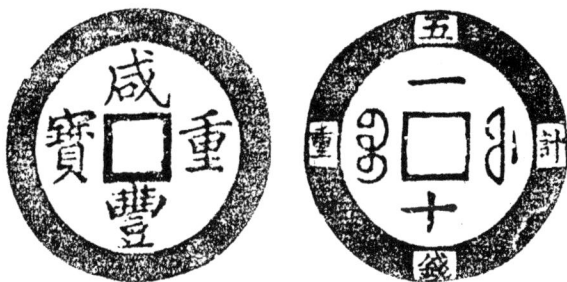

第15-3-3-2号　当十。评级:捌。

　　面径:36.5毫米。

　　背径:36.1毫米。

　　厚:3.0毫米。

　　重:19.9克。

　　质:黄铜。

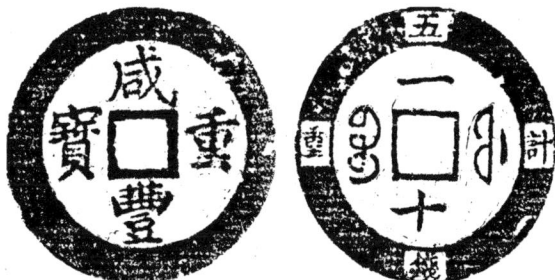

第15-3-3-3号　当十。评级:玖。

　　面径:36.1毫米。

　　背径:35.7毫米。

　　厚:3.0毫米。

　　重:17.6克。

　　质:红铜。

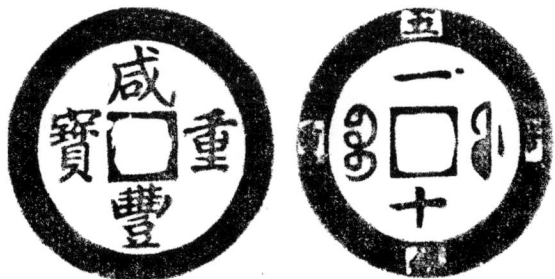

4. 铜质小平钱

①仿部颁式

第 15－4－1－1 号　　小平。评级:陆。

　　　径:26.6 毫米。

　　　厚:1.0 毫米。

　　　重:3.9 克。

　　　质:黄铜。

第 15－4－1－2 号　　小平。评级:拾。

　　　径:23.5 毫米。

　　　厚:1.0 毫米。

　　　重:2.8 克。

　　　质:黄铜。

第 15－4－1－3 号　　小平。评级:玖。

　　　径:23.4 毫米。

　　　厚:1.4 毫米。

　　　重:3.6 克。质:黄铜。

第 15－4－1－4 号　　小平。评级:捌。

　　　面径:23.3 毫米。

　　　背径:22.8 毫米。

　　　厚:1.7 毫米。重:4.9 克。

　　　质:黄铜。注:厚重。

第 15－4－1－5 号　　小平。评级:玖。

　　　径:23.1 毫米。

　　　厚:1.6 毫米。

　　　重:4.5 克。

　　　质:黄铜。

第 15－4－1－6 号　小平。评级:拾。

　　径:23.0 毫米。

　　厚:1.2 毫米。

　　重:3.2 克。

　　质:黄铜。

第 15－4－1－7 号　小平。评级:拾。

　　径:21.2 毫米。

　　厚:0.8 毫米。

　　重:1.9 克。质:黄铜。

第 15－4－1－8 号　小平。评级:拾。

　　径:19.9 毫米。厚:0.6 毫米。

　　重:1.4 克。质:黄铜。

　　注:私铸。

第 15－4－1－9 号　小平。评级:拾。

　　径:19.7 毫米。厚:0.7 毫米。

　　重:1.3 克。质:黄铜。

　　注:私铸。

第 15－4－1－10 号　小平。评级:拾。

　　径:18.2 毫米。厚:0.5 毫米。

　　重:1.1 克。质:黄铜。

　　注:私铸。

第 15－4－1－11 号　小平。评级:玖。

　　径:23.7 毫米。

　　厚:1.3 毫米。

　　重:3.9 克。质:黄铜。

　　注:异满文垂尾宝。

②铁钱式铜钱

第15－4－2－1号　小平。评级:陆。

　　面径:26.0毫米。

　　背径:25.5毫米。

　　厚:2.0毫米。重:6.5克。

　　质:白铜。注:铁母。

第15－4－2－2号　小平。评级:陆。

　　面径:24.0毫米。

　　前径:23.3毫米。

　　厚:2.2毫米。重:6.1克。

　　质:黄铜。注:铁母。

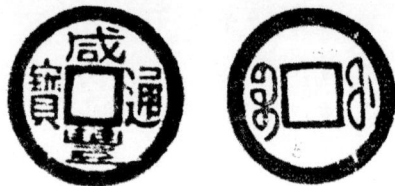

第15－4－2－3号　小平。评级:陆。

　　面径:21.2毫米。

　　背径:21.0毫米。

　　厚:1.4毫米。重:2.9克。

　　质:黄铜。注:小型铁母。

第15－4－2－4号　小平。评级:捌。

　　面径:23.6毫米。

　　直径:23.1毫米。

　　厚:1.7毫米。重:5.1克。

　　质:黄铜。

第15－4－2－5号　小平。评级:捌。

　　面径:23.0毫米。直径:22.6毫米。

　　厚:1.7毫米。重:4.4克。

　　质:黄铜。

第 15—4—2—6 号　小平。评级:捌。
　　面径:23.0 毫米。直径:22.4 毫米。
　　厚:1.6 毫米。重:3.6 克。
　　质:青铜。

第 15—4—2—7 号　小平。评级:捌。
　　径:27.0 毫米。
　　厚:1.5 毫米。
　　重:5.4 克。
　　质:黄铜。

第 15—4—2—8 号　小平。评级:玖。
　　径:22.9 毫米。
　　厚:1.2 毫米。
　　重:3.2 克。
　　质:黄铜。

第 15—4—2—9 号　小平。评级:玖。
　　径:21.0 毫米。
　　厚:0.9 毫米。
　　重:2.2 克。质:黄铜。

③大字

第 15—4—3—1 号　小平。评级:玖。
　　径:25.8 毫米。
　　厚:1.3 毫米。
　　重:5.0 克。
　　质:黄铜。

第 15—4—3—2 号　小平。评级:玖。
　　径:25.8 毫米。
　　厚:1.4 毫米。
　　重:4.7 克。质:青铜。

第15—4—3—3号　小平。评级:玖。
　　径:25.8毫米。
　　厚:1.2毫米。
　　重:4.4克。
　　质:黄铜。

第15—4—3—4号　小平。评级:玖。
　　径:25.7毫米。
　　厚:1.3毫米。
　　重:4.2克。
　　质:黄铜。

第15—4—3—5号　小平。评级:玖。
　　径:25.4毫米。
　　厚:1.3毫米。
　　重:4.6克。
　　质:黄铜。

第15—4—3—6号　小平。评级:玖。
　　径:25.4毫米。
　　厚:1.2毫米。
　　重:4.3克。
　　质:黄铜。

第15—4—3—7号　小平。评级:玖。
　　径:25.3毫米。
　　厚:1.2毫米。
　　重:4.6克。质:黄铜。

④短宽福

第15—4—4—1号　小平。评级:柒。

　　径:26.3毫米。厚:1.0毫米。

　　重:4.1克。质:黄铜。

　　注:样钱,短尾满宝。

第15—4—4—2号　小平。评级:拾。

　　径:26.6毫米。

　　厚:1.1毫米。

　　重:4.0克。

　　质:黄铜。

第15—4—4—3号　小平。评级:拾。

　　径:26.5毫米。

　　厚:1.2毫米。

　　重:4.4克。

　　质:黄铜。

第15—4—4—4号　小平。评级:拾。

　　径:26.4毫米。

　　厚:1.1毫米。

　　重:4.4克。

　　质:黄铜。

　　注:短尾满宝。

第15—4—4—5号　小平。评级:拾。

　　径:26.4毫米。

　　厚:1.1毫米。

　　重:4.1克。

　　质:黄铜。

第15—4—4—6号　小平。评级:拾。
　　径:26.0毫米。
　　厚:1.1毫米。
　　重:3.8克。
　　质:黄铜。

第15—4—4—7号　小平。评级:拾。
　　径:25.9毫米。
　　厚:1.4毫米。
　　重:5.0克。
　　质:黄铜。

第15—4—4—8号　小平。评级:拾。
　　径:25.7毫米。
　　厚:1.3毫米。
　　重:4.6克。
　　质:黄铜。

⑤尖头福,闭口宝
第15—4—5—1号　小平。评级:拾。
　　径:26.0毫米。
　　厚:1.3毫米。
　　重:4.5克。
　　质:黄铜。

第15—4—5—2号　小平。评级:拾。
　　径:25.9毫米。
　　厚:1.6毫米。
　　重:5.6克。
　　质:黄铜。

第15—4—5—3号　小平。评级:拾。
　　径:25.8毫米。
　　厚:1.5毫米。
　　重:5.3克。质:黄铜。

第15—4—5—4号　小平。评级:拾。
　　径:25.8毫米。
　　厚:1.3毫米。
　　重:4.4克。
　　质:黄铜。

第15—4—5—5号　小平。评级:拾。
　　径:25.7毫米。
　　厚:1.3毫米。
　　重:4.6克。质:黄铜。

第15—4—5—6号　小平。评级:拾。
　　径:25.7毫米。
　　厚:1.3毫米。
　　重:4.3克。
　　质:黄铜。

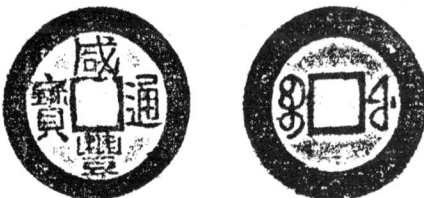

第15—4—5—7号　小平。评级:拾。
　　径:25.6毫米。
　　厚:1.3毫米。
　　重:4.2克。
　　质:黄铜。

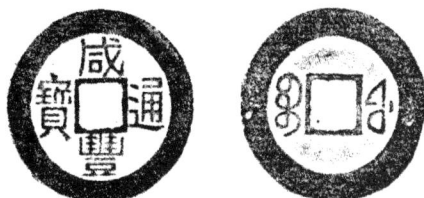

第15—4—5—8号　小平。评级:拾。
　　径:25.6毫米。
　　厚:1.2毫米。
　　重:4.2克。
　　质:黄铜。

⑥尖头福,开口宝

第15—4—6—1号　小平。评级:玖。

　　径:26.0毫米。

　　厚:1.4毫米。

　　重:4.8克。

　　质:黄铜。

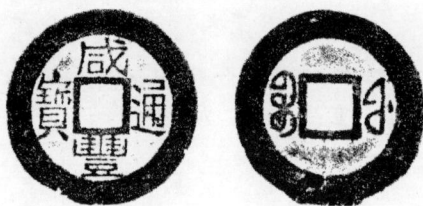

第15—4—6—2号　小平。评级:拾。

　　径:25.4毫米。

　　厚:1.6毫米。

　　重:5.2克。

　　质:黄铜。

第15—4—6—3号　小平。评级:拾。

　　径:25.0毫米。

　　厚:1.4~2.2毫米。

　　重:5.5克。

　　质:黄铜。

　　注:精铜厚重。

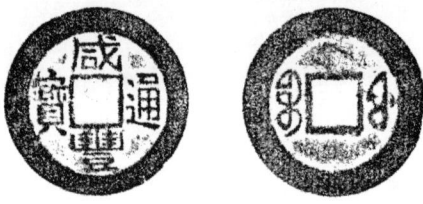

第15—4—6—4号　小平。评级:拾。

　　径:23.3毫米。

　　厚:0.7毫米。

　　重:2.3克。

　　质:黄铜。

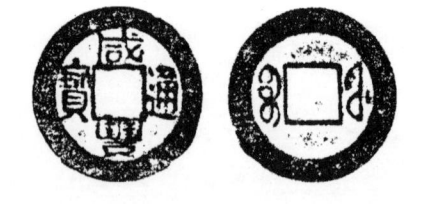

⑦扁咸宽福

第15—4—7—1号　小平。评级:拾。

　　径:25.7毫米。

　　厚:1.3毫米。

　　重:4.8克。

　　质:黄铜。

第15—4—7—2号　小平。评级:拾。

　　径:25.3毫米。

　　厚:1.3毫米。

　　重:4.6克。

　　质:黄铜。

第15—4—7—3号　小平。评级:拾。

　　径:25.0毫米。

　　厚:1.3毫米。

　　重:4.9克。

　　质:黄铜。

第15—4—7—4号　小平。评级:拾。

　　径:25.0毫米。

　　厚:1.2毫米。

　　重:4.0克。

　　质:黄铜。

⑧扁咸窄福

第15—4—8—1号　小平。评级:拾。

　　径:25.2毫米。

　　厚:1.2毫米。

　　重:4.4克。

　　质:黄铜。

第15—4—8—2号　小平。评级:拾。

　　径:25.0毫米。

　　厚:1.2毫米。

　　重:4.5克。

　　质:黄铜。

第15—4—8—3号　小平。评级:拾。

　　径:24.8毫米。

　　厚:1.3毫米。

　　重:4.3克。

　　质:黄铜。

5. 铁质小平钱

①窄缘宽福

第15—5—1—1号　小平。评级:玖。

　　径:27.1毫米。

　　厚:2.5毫米。

　　重:7.8克。

　　质:铁。

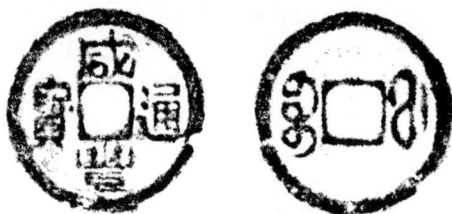

第15—5—1—2号　小平。评级:拾。

　　径:25.4毫米。

　　厚:2.3毫米。

　　重:5.8克。

　　质:铁。

第15—5—1—3号　小平。评级:拾。

　　径:25.2毫米。

　　厚:2.1毫米。

　　重:5.5克。

　　质:铁。

②宽缘窄福

第15—5—2—1号　小平。评级:捌。

　　径:27.4毫米。

　　厚:1.9毫米。

　　重:7.0克。

　　质:铁。

　　注:背穿上星,面丰侧双星。

第15—5—2—2号　小平。评级:拾。
　　径:28.1毫米。
　　厚:2.4毫米。
　　重:8.0克。
　　质:铁。

第15—5—2—3号　小平。评级:拾。
　　径:27.1毫米。
　　厚:1.5毫米。
　　重:5.5克。
　　质:铁。

第15—5—2—4号　小平。评级:拾。
　　径:27.0毫米。
　　厚:2.2毫米。
　　重:5.3克。
　　质:铁。

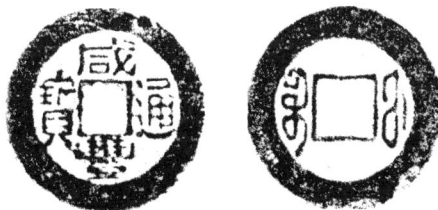

第15—5—2—5号　小平。评级:拾。
　　径:27.0毫米。
　　厚:1.8毫米。
　　重:5.3克。
　　质:铁。

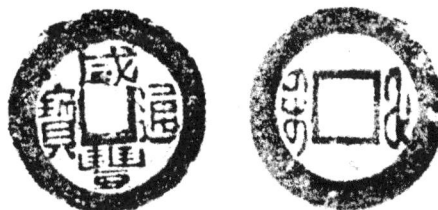

第15—2—2—6号　小平。评级:拾。
　　径:27.0毫米。
　　厚:1.8毫米。
　　重:5.2克。
　　质:铁。

第15—5—2—7号　小平。评级:拾。
　　径:26.9毫米。
　　厚:2.0毫米。
　　重:5.6克。
　　质:铁。

第15—5—2—8号　小平。评级:拾。

　　　径:26.9毫米。

　　　厚:2.0毫米。

　　　重:5.3克。

　　　质:铁。

第15—5—2—9号　小平。评级:拾。

　　　径:26.6毫米。

　　　厚:2.0毫米。

　　　重:6.1克。

　　　质:铁。

第15—5—2—10号　小平。评级:拾。

　　　径:26.3毫米。

　　　厚:2.4毫米。

　　　重:7.1克。

　　　质:铁。

第15—5—2—11号　小平。评级:拾。

　　　径:26.0毫米。

　　　厚:1.9毫米。

　　　重:4.3克。

　　　质:铁。

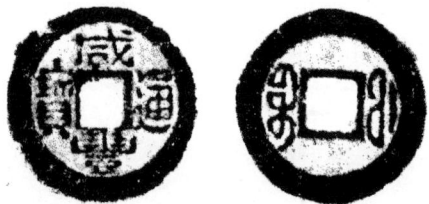

第15—5—2—12号　小平。评级:拾。

　　　径:25.4毫米。

　　　厚:2.3毫米。

　　　重:6.0克。

　　　质:铁。

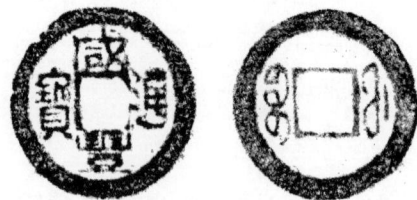

十六、宝台局

　　宝台局为清代福建省台湾府的铸钱局。行用钱只见小平,而且不多见。版式为部颁式。外缘常不圆整。

　　本书收集宝台局咸丰钱标本7枚。

1. 小平

　　第16－1－0－1号　小平。评级:捌。

　　　　径:26.2毫米。

　　　　厚:1.4毫米。

　　　　重:4.8克。

　　　　质:黄铜。

　　第16－1－0－2号　小平。评级:捌。

　　　　径:25.6毫米。

　　　　厚:1.2毫米。

　　　　重:3.9克。

　　　　质:黄铜。

　　第16－1－0－3号　小平。评级:捌。

　　　　径:25.4毫米。

　　　　厚:1.3毫米。

　　　　重:4.0克。

　　　　质:黄铜。

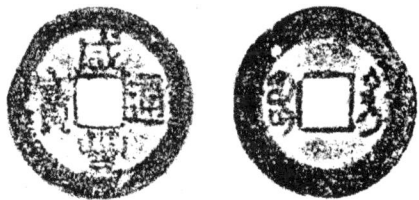

　　第16－1－0－4号　小平。评级:捌。

　　　　径:25.3毫米。

　　　　厚:0.9毫米。

　　　　重:3.4克。

　　　　质:黄铜。

第 16－1－0－5 号　小平。评级:捌。

径:25.2 毫米。

厚:1.4 毫米。

重:5.2 克。

质:黄铜。注:厚重。

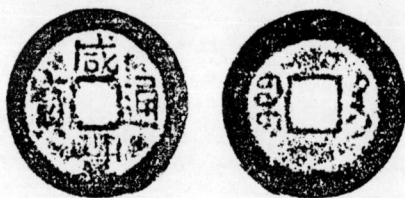

第 16－1－0－6 号　小平。评级:捌。

径:25.1 毫米。

厚:1.1 毫米。

重:3.8 克。

质:黄铜。

第 16－1－0－7 号　小平。评级:柒。

径:24.9 毫米。

厚:1.4 毫米。

重:4.4 克。

质:青铜。

十七、宝武局

　　宝武局为清代湖北省的铸钱局。局址在武昌,咸丰年间毁于战火。宝武局咸丰钱是"由五个民间字号分别完成的"①,形成宝武局咸丰钱多种版别。今日所见,宝武局咸丰钱共有7个版式系列,以及数量其少的小平钱。其中,"缶"宝者仅一个系列,各纪值等级均为珍稀品。其余各版式系列均为"尔"宝,仅月纹系列较稀见。

　　本书共收集宝武局咸丰钱标本 55 枚。

　　1."缶"宝系列:除为"缶"宝外,其另一特征是满文"武"的首笔是断开的。有当百、当五十、当十、当五、小平共 5 个纪值等级。1940 年,钱币学家丁福保出版《历代古钱图说》,刊出一枚宝武局"缶"宝当五。至今,70 余年过去,尚没发现第二枚,但陆续发现了同版式系列中的其他纪值的实物。其中,当五十与小平相对多几枚。当十仅发现二枚。当百则仅见。

　　①当百

　　第 17—1—1—1 号　当百。评级:壹。

　　　　径:53.6毫米。厚:3.3毫米。重:50.5克。质:黄铜。注:地张布满网络纹。

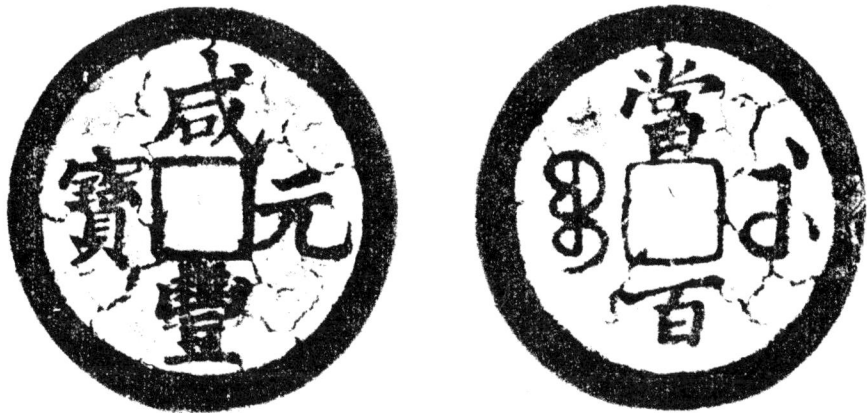

---

　　①　张或定、张啸峰《湖广武昌局与湖北宝武局地址考》,《中国钱币论文集》第四辑 391 页。

②当五十

第17—1—2—1号 当五十。评级:叁。

径:47.5毫米。

厚:3.8毫米。

重:40.7克。

质:黄铜。

注:地张稍有纹络。

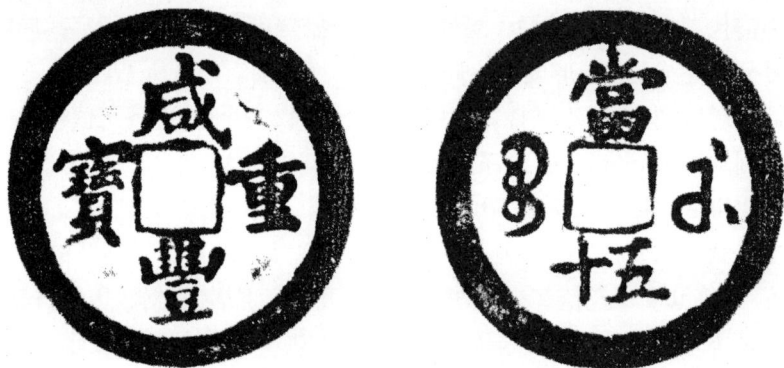

③当十

第17—1—3—1号 当十。评级:贰。

径:35.5毫米。

厚:2.7毫米。

重:16.5克。

质:黄铜。

④小平

第17—1—4—1号 小平。评级:肆。

径:23.4毫米。厚:2.2毫米。

重:5.2克。质:黄铜。

2. 月纹系列: 特征为背右上地张有月纹。部分当十在面左上兼有星纹。字体与长满文版式相类。有当百、当五十、当十共3个纪值等级。当百、当十为"八"贝宝,当五十为"ㄡ"贝宝。

①当百

第17—2—1—1号　当百。评级:伍。

径:56.5毫米。厚:3.5毫米。重:50.6克。质:黄铜。

②当五十

第17—2—2—1号　当五十。评级:陆。

径:49.6毫米。厚:2.9毫米。重:32.9克。质:黄铜。

③当十

第17—2—3—1号　当十。评级:捌。

径:35.1毫米。

厚:2.5毫米。

重:14.5克。

质:黄铜。

第17—2—3—2号　当十。评级:柒。

　　径:35.4毫米。

　　厚:2.6毫米。

　　重:16.1克。质:黄铜。

　　注:面星背月。

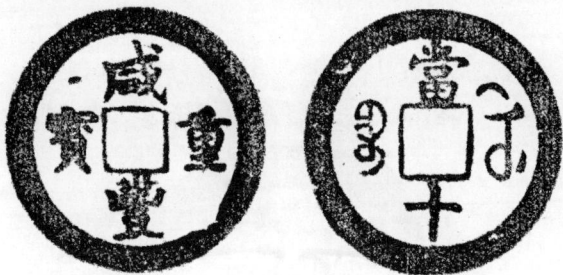

3. 长满文系列: 与月纹系列书体一致,只是没有月纹。有当百、当五十、当十共3种纪值等级。当百、当十为"八"贝宝,当五十为"乄"贝宝。

①当百

第17—3—1—1号　当百。评级:捌。径:56.1毫米。厚:3.3毫米。重:53.9克。质:黄铜。

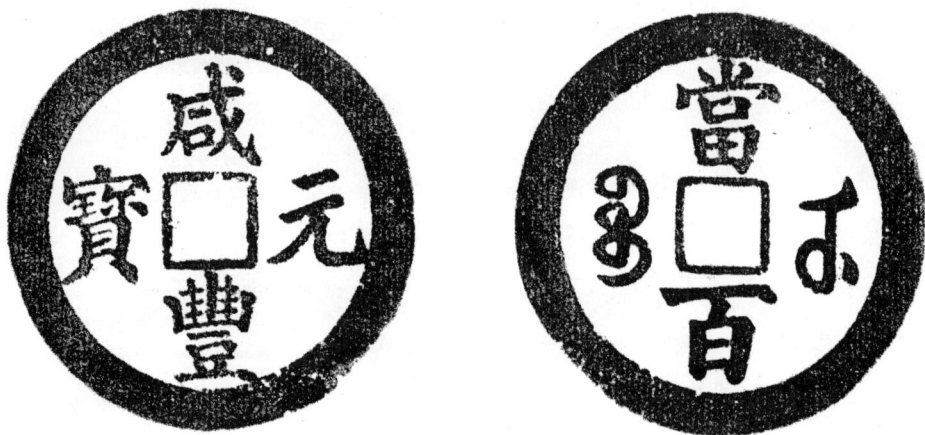

②当五十

第17—3—2—1号　当五十。评级:玖。

　　径:51.6毫米。厚:3.2毫米。重:43.1克。质:黄铜。

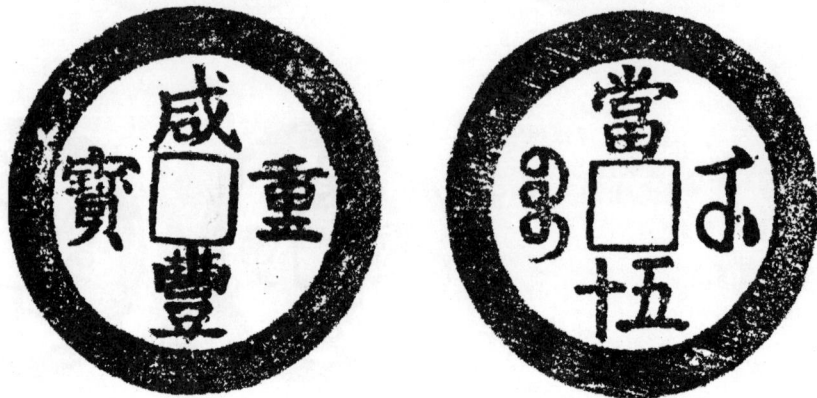

第17－3－2－2号　当五十。评级:玖。

径:51.4毫米。厚:3.9毫米。重:46.7克。质:黄铜。

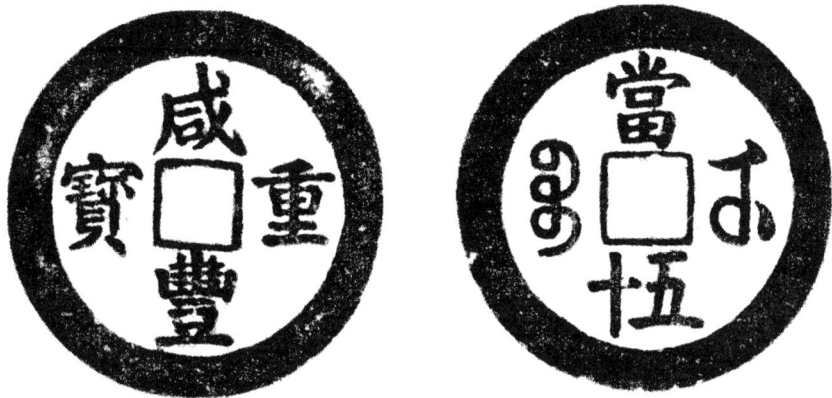

③当十

第17－3－3－1号　当十。评级:玖。

径:37.3毫米。

厚:3.8毫米。

重:26.8克。

质:黄铜。

注:厚重。

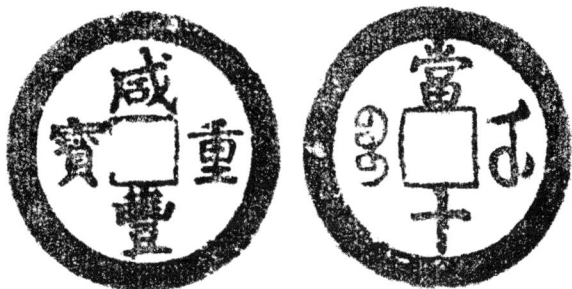

第17－3－3－2号　当十。评级:拾。

径:36.3毫米。

厚:3.3毫米。

重:20.5克。

质:黄铜。

第17－3－3－3号　当十。评级:玖。

径:36.1毫米。

厚:2.6毫米。

重:15.6克。

质:黄铜。

注:咸下星。

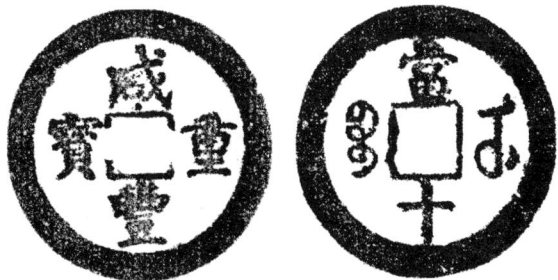

第 17—3—3—4 号　当十。评级：拾。

　　　径：35.7 毫米。

　　　厚：2.6 毫米。

　　　重：17.8 克。

　　　质：黄铜。

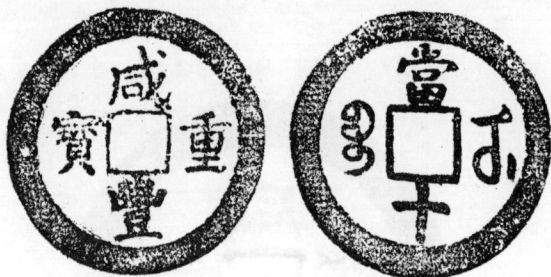

4. 小满文系列： 有当百、当五十、当十共 3 种纪值等级。

① 当百

第 17—4—1—1 号　当百。评级：捌。

　　　径：55.6 毫米。厚：3.3 毫米。重：47.3 克。质：黄铜。

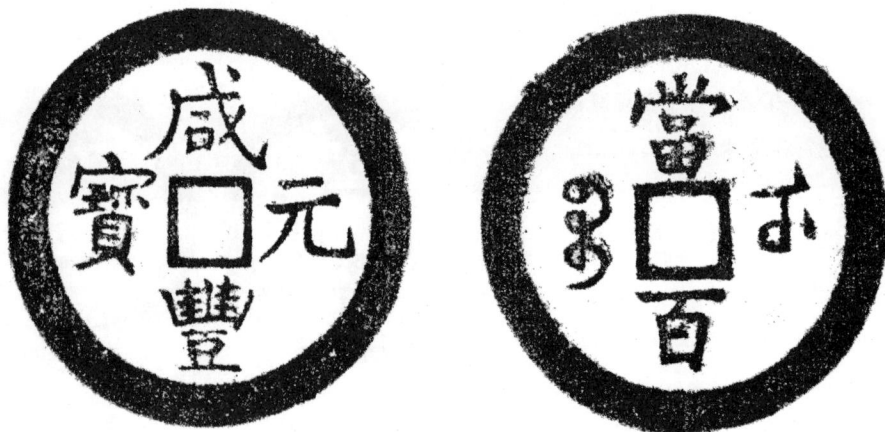

② 当五十

第 17—4—2—1 号　当五十。评级：玖。

　　　径：49.4 毫米。厚：3.6 毫米。重：39.5 克。质：黄铜。

第17—4—2—2号　当五十。评级:玖。

　　径:48.5毫米。厚:3.0毫米。重:32.6克。质:黄铜。

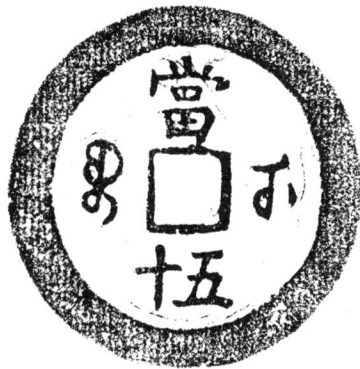

③当十

第17—4—3—1号　当十。评级:柒。

　　径:35.5毫米。

　　厚:2.5毫米。

　　重:15.7克。

　　质:黄铜。

第17—4—3—2号　当十。评级:柒。

　　径:35.4毫米。

　　厚:2.2毫米。

　　重:13.9克。

　　质:黄铜。

5. 大字版式系列：有当百、当五十、当十共 3 种纪值等级。

①当百

第 17—5—1—1 号　当百。评级：捌。径：55.6 毫米。厚：3.4 毫米。重：51.4 克。质：黄铜。

第 17—5—1—2 号　当百。评级：捌。径：55.4 毫米。厚：2.7 毫米。重：48.6 克。质：黄铜。

第 17—5—1—3 号　当百。评级：捌。径：54.9 毫米。厚：2.9 毫米。重：45.6 克。质：黄铜。

②当五十

第17—5—2—1号 当五十。评级:捌。

径:48.6毫米。厚:3.0毫米。重:37.7克。质:黄铜。

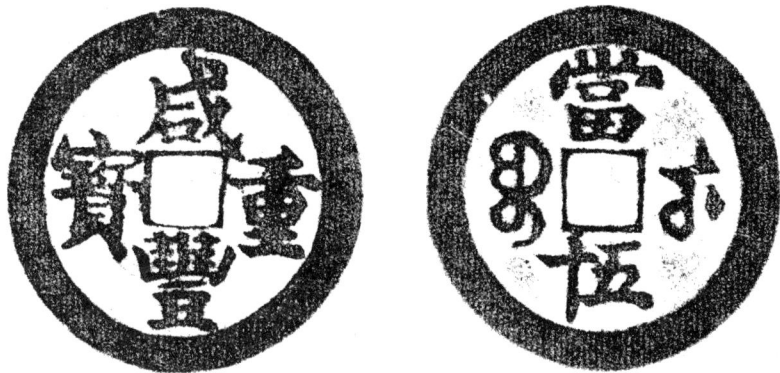

第17—5—2—2号 当五十。评级:捌。

径:48.5毫米。厚:3.5毫米。重:42.4克。质:黄铜。

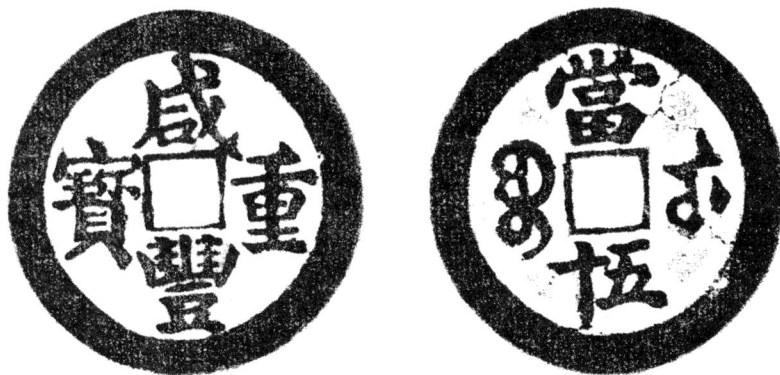

③当十

第17—5—3—1号 当十。评级:玖。

径:37.1毫米。

厚:2.5毫米。

重:16.9克。

质:黄铜。

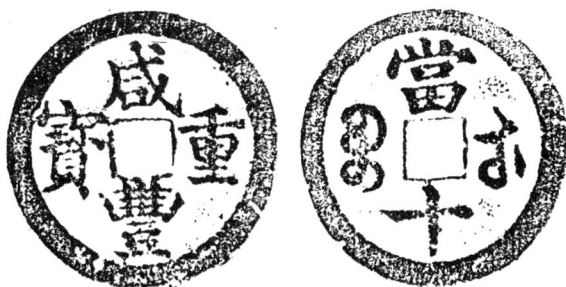

第17—5—3—2号　当十。评级:玖。

　　径:37.0毫米。

　　厚:2.2毫米。

　　重:15.2克。

　　质:黄铜。

第17—5—3—3号　当十。评级:捌。

　　径:36.8毫米。

　　厚:2.8毫米。

　　重:19.2克。

　　质:黄铜。

　　注:厚重。

第17—5—3—4号　当十。评级:玖。

　　径:36.2毫米。

　　厚:2.2毫米。

　　重:13.4克。

　　质:黄铜。

第17—5—3—5号　当十。评级:玖。

　　径:35.8毫米。

　　厚:2.5毫米。

　　重:17.8克。

　　质:黄铜。

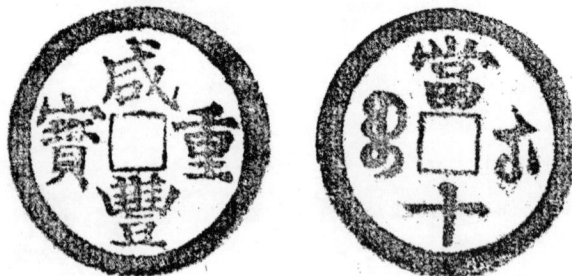

6. 大字长满文系列：有当百、当五十、当十共 3 种纪值等级。

①当百

第 17—6—1—1 号　当百。评级：伍。

　　径：56.4 毫米。

　　厚：2.7 毫米。

　　重：41.2 克。

　　质：黄铜。

　　注：样钱。

第 17—6—1—2 号　当百。评级：捌。

　　径：56.4 毫米。

　　厚：3.4 毫米。

　　重：48.5 克。

　　质：黄铜。

第17—6—1—3号　当百。评级:捌。

　　径:56.4毫米。

　　厚:2.9毫米。

　　重:48.6克。

　　质:黄铜。

②当五十

第17—6—2—1号　当五十。评级:捌。

　　径:51.7毫米。

　　厚:2.9毫米。

　　重:37.8克。

　　质:黄铜。

③当十

第17—6—3—1号　当十。评级:捌。

　　径:36.2毫米。

　　厚:2.6毫米。

　　重:16.5克。

　　质:黄铜。

7. 部颁式系列:没有见过宝武局的部颁样钱。有依式铸造的当十、小平部颁式行用钱。当十极多,小平稀见且减重。

①当十

第17—7—1—1号　当十。评级:捌。

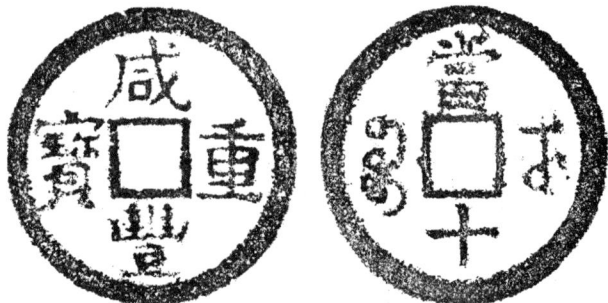

　　径:39.6毫米。

　　厚:3.2毫米。

　　重:24.1克。

　　质:黄铜。

第17—7—1—2号　当十。评级:捌。

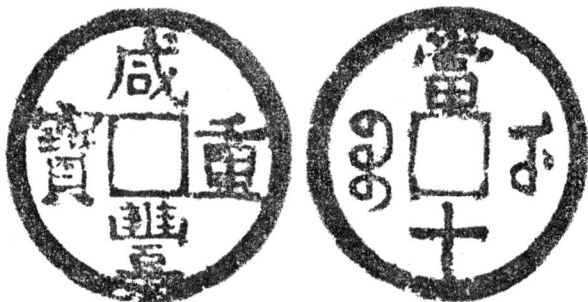

　　径:39.1毫米。

　　厚:2.9毫米。

　　重:18.9克。

　　质:黄铜。

②小平

第17—7—2—1号　小平。评级:肆。

　　径:27.1毫米。

　　厚:1.5毫米。

　　重:6.3克。质:黄铜。

　　注:仿部颁样钱。

第17—7—2—2号　小平。评级:柒。

　　　径:23.8毫米。

　　　厚:1.6毫米。

　　　重:4.7克。质:黄铜。

8. 地方式小平

①宝武式

第17—8—1—1号　小平。评级:玖。

　　　径:23.5毫米。

　　　厚:1.7毫米。

　　　重:4.9克。质:黄铜。注:厚重。

第17—8—1—2号　小平。评级:玖。

　　　径:23.0毫米。

　　　厚:1.9毫米。

　　　重:5.0克。质:黄铜。注:厚重。

第17—8—1—3号　小平。评级:玖。

　　　径:23.0毫米。厚:1.8毫米。

　　　重:4.8克。质:黄铜。注:厚重。

第17—8—1—4号　小平。评级:拾。

　　　径:23.0毫米。

　　　厚:1.3毫米。

　　　重:3.7克。质:黄铜。

第17—8—1—5号　小平。评级:拾。

　　　径:23.0毫米。

　　　厚:1.3毫米。

　　　重:3.6克。质:黄铜。

第17-8-1-6号　小平。评级:拾。

　　径:22.5毫米。

　　厚:1.2毫米。

　　重:2.8克。

　　质:黄铜。

第17-8-1-7号　小平。评级:玖。

　　径:22.8毫米。

　　厚:1.3毫米。

　　重:3.4克。质:黄铜。

　　注:规制。

第17-8-1-8号　小平。评级:拾。

　　径:21.3毫米。

　　厚:0.8毫米。

　　重:1.5克。质:黄铜。

②角头通

第17-8-2-1号　小平。评级:捌。

　　径:23.8毫米。

　　厚:1.3毫米。

　　重:4.1克。质:黄铜。

第17-8-2-2号　小平。评级:捌。

　　径:23.5毫米。

　　厚:1.6毫米。

　　重:4.8克。质:黄铜。

第17-8-2-3号　小平。评级:捌。

　　径:22.9毫米。

　　厚:1.6毫米。

　　重:4.4克。质:黄铜。

第17—8—2—4号　小平。评级:捌。

　　径:22.6毫米。

　　厚:1.1毫米。

　　重:2.4克。质:黄铜。

③断笔咸

第17—8—3—1号　小平。评级:柒。

　　径:21.0毫米。

　　厚:1.1毫米。

　　重:2.4克。质:黄铜。

第17—8—3—2号　小平。评级:柒。

　　径:20.4毫米。

　　厚:1.0毫米。

　　重:2.3克。质:黄铜。

④宝苏式

第17—8—4—1号　小平。评级:捌。

　　径:19.9毫米。

　　厚:1.0毫米。

　　重:1.9克。质:黄铜。

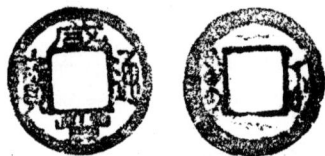

十八、宝南局

宝南局为清代湖南省的铸钱局。今日能见的仅小平钱一种。谱载有当五十、当十,均为部颁钱,极稀少。

本书收集宝南局咸丰钱标本 18 枚。

1. 小平钱

第 18－1－0－1 号　小平。评级:拾。
　　径:23.4毫米。
　　厚:1.6毫米。
　　重:4.5克。质:黄铜。

第 18－1－0－2 号　小平。评级:拾。
　　径:23.3毫米。
　　厚:1.5毫米。
　　重:4.0克。质:黄铜。

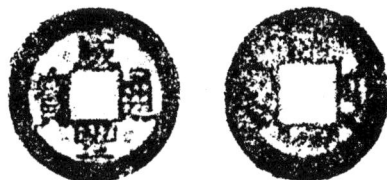

第 18－1－0－3 号　小平。评级:拾。
　　径:23.1毫米。
　　厚:1.4毫米。
　　重:3.9克。
　　质:黄铜。

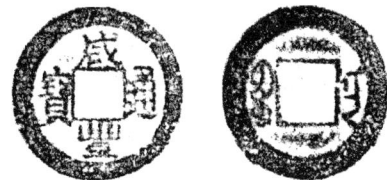

第 18－1－0－4 号　小平。评级:柒。
　　径:23.0毫米。
　　厚:1.2毫米。
　　重:3.5克。质:白铜。
　　注:背穿上星。

第18—1—0—5号　小平。评级:拾。
　　径:22.7毫米。
　　厚:1.1毫米。
　　重:3.0克。质:黄铜。

第18—1—0—6号　小平。评级:拾。
　　径:22.6毫米。
　　厚:1.4毫米。
　　重:4.3克。质:黄铜。

第18—1—0—7号　小平。评级:拾。
　　径:22.6毫米。
　　厚:1.2毫米。
　　重:3.1克。质:黄铜。

第18—1—0—8号　小平。评级:拾。
　　径:22.5毫米。
　　厚:1.1毫米。
　　重:3.1克。质:黄铜。

第18—1—0—9号　小平。评级:拾。
　　径:22.4毫米。
　　厚:1.2毫米。
　　重:3.3克。质:黄铜。

第18—1—0—10号　小平。评级:拾。
　　径:22.2毫米。
　　厚:1.2毫米。
　　重:3.3克。质:黄铜。

第18—1—0—11号　小平。评级:拾。
　　径:22.2毫米。
　　厚:1.1毫米。
　　重:3.1克。质:黄铜。

第18-1-0-12号　小平。评级:拾。

径:22.0毫米。

厚:1.3毫米。

重:3.0克。质:黄铜。

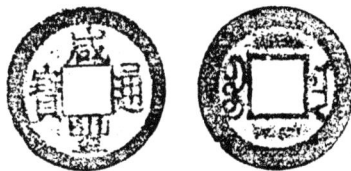

第18-1-0-13号　小平。评级:拾。

径:21.4毫米。

厚:1.3毫米。

重:2.8克。质:黄铜。

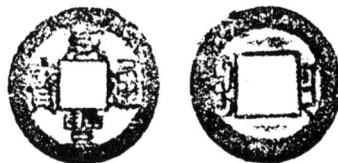

第18-1-0-14号　小平。评级:玖。

径:21.1毫米。

厚:1.2毫米。

重:2.7克。质:白铜。

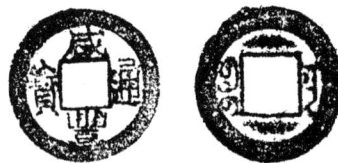

第18-1-0-15号　小平。评级:拾。

径:20.9毫米。

厚:1.1毫米。

重:2.3克。质:黄铜。

第18-1-0-16号　小平。评级:玖。

径:20.3毫米。厚:1.0毫米。

重:2.2克。质:黄铜。

注:小样精致。

第18-1-0-17号　小平。评级:玖。

径:20.0毫米。

厚:0.9毫米。

重:1.9克。质:黄铜。

第18-1-0-18号　小平。评级:玖。

径:19.7毫米。

厚:1.2毫米。

重:2.2克。质:黄铜。

506

十九、宝广局

宝广局为清代广东省的铸钱局。行用钱仅见小平一种，为部颁式，但满文有大头广、小头广、短尾广的区别。

本书收集宝广局咸丰钱标本 6 枚。

1. 小平钱：满文广有大头、小头和短尾三式。

①大头广

第 19—1—1—1 号　小平。评级：捌。

　　径：25.0 毫米。

　　厚：1.5 毫米。

　　重：4.9 克。质：黄铜。

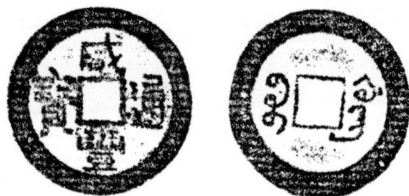

第 19—1—1—2 号　小平。评级：捌。

　　径：25.0 毫米。

　　厚：1.5 毫米。

　　重：4.5 克。

　　质：黄铜。

第 19—1—1—3 号　小平。评级：捌。

　　径：24.9 毫米。

　　厚：1.9 毫米。

　　重：5.6 克。

　　质：黄铜。注：厚型。

第 19—1—1—4 号　小平。评级：捌。

　　径：24.5 毫米。

　　厚：1.4 毫米。

　　重：4.0 克。质：黄铜。

②小头广

第 19－1－2－1 号　小平。评级:陆。

　　　径:22.6 毫米。

　　　厚:1.3 毫米。

　　　重:3.7 克。质:黄铜。

　　　注:罕见。

③短尾广

第 19－1－3－1 号　小平。评级:柒。

　　　径:24.5 毫米。

　　　厚:1.4 毫米。

　　　重:4.0 克。

　　　质:黄铜。

二十、宝桂局

宝桂局为清代广西省的铸钱局。今见当五十、当十，小平 3 种纪值等级。大钱的正、背外郭常有旋磨细纹。

本书收集宝桂局咸丰钱标本 17 枚。

1. 当五十

第 20—1—0—1 号　当五十。评级：伍。

　　径：54.9 毫米。厚：3.0 毫米。重：46.3 克。质：黄铜。

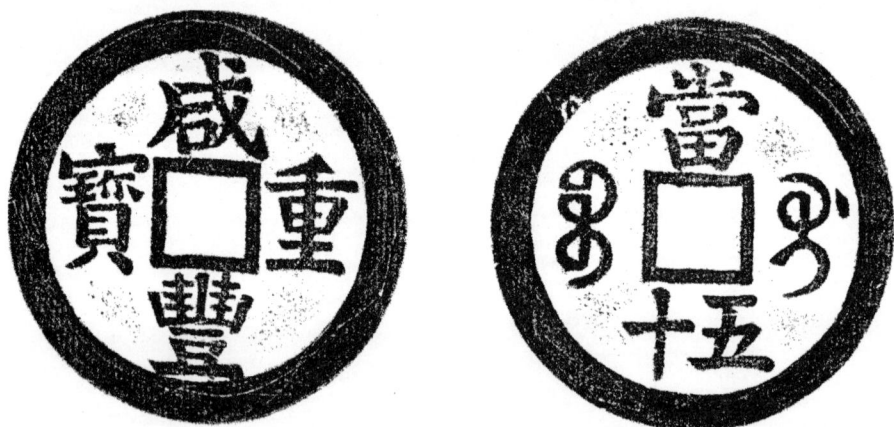

2. 当十

第 20—2—0—1 号　当十。评级：捌。

　　径：40.9 毫米。

　　厚：2.4 毫米。

　　重：20.7 克。

　　质：黄铜。

　　注：厚重。

第20—2—0—2号　当十。评级:陆。
　　径:40.4毫米。
　　厚:3.4毫米。
　　重:27.5克。
　　质:黄铜。
　　注:厚重,样钱。

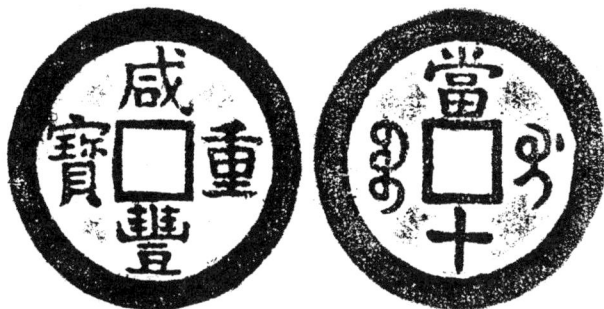

第20—2—0—3号　当十。评级:玖。
　　径:40.3毫米。
　　厚:2.2毫米。
　　重:19.1克。
　　质:黄铜。

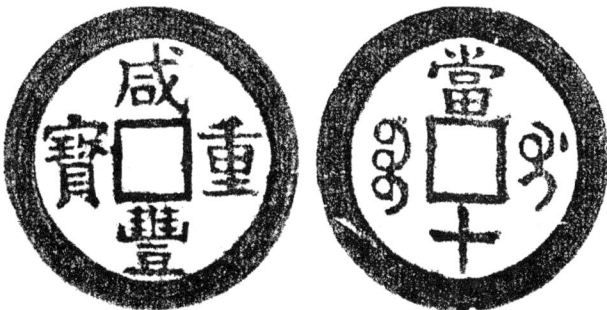

第20—2—0—4号　当十。评级:柒。
　　径:40.2毫米。
　　厚:3.0毫米。
　　重:23.3克。
　　质:黄铜。
　　注:厚重。

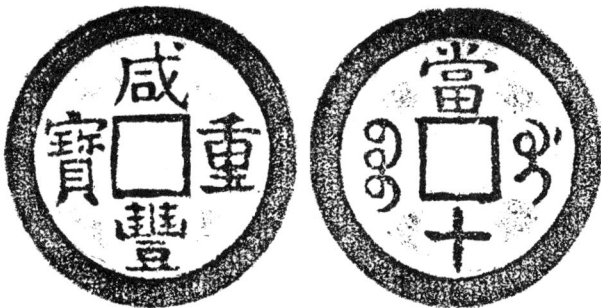

第20—2—0—5号　当十。评级:玖。
　　径:40.0毫米。
　　厚:2.2毫米。
　　重:18.4克。
　　质:黄铜。

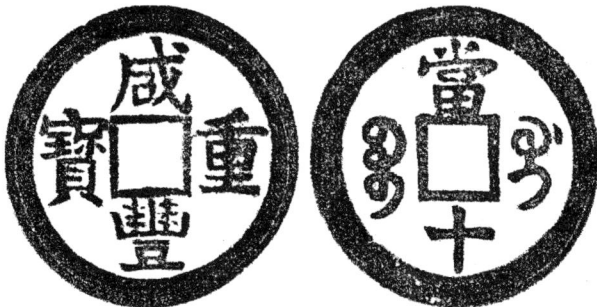

第20—2—0—6号　当十。评级:玖。

　　　径:40.0毫米。

　　　厚:2.2毫米。

　　　重:14.7克。

　　　质:黄铜。

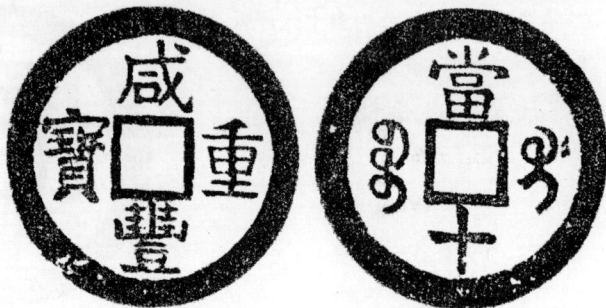

第20—2—0—7号　当十。评级:玖。

　　　径:40.0毫米。

　　　厚:2.0毫米。

　　　重:17.4克。

　　　质:黄铜。

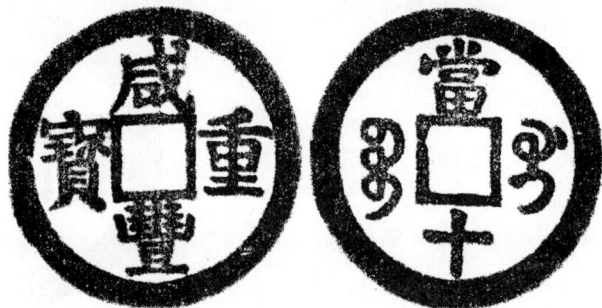

3. 小平

第20—3—0—1号　小平。评级:玖。

　　　径:22.2毫米。厚:1.1毫米。

　　　重:3.0克。质:黄铜。

第20—3—0—2号　小平。评级:拾。

　　　径:22.1毫米。

　　　厚:1.1毫米。

　　　重:2.9克。质:黄铜。

第20—3—0—3号　小平。评级:玖。

　　　径:21.1毫米。

　　　厚:1.0毫米。

　　　重:2.4克。质:黄铜。

　　　注:小字。

第20—3—0—4号　小平。评级:拾。

径:20.9毫米。

厚:0.9毫米。

重:2.0克。质:黄铜。

第20—3—0—5号　小平。评级:玖。

径:20.2毫米。厚:0.7毫米。

重:1.5克。质:黄铜。

注:异形桂。

第20—3—0—6号　小平。评级:拾。

径:20.1毫米。

厚:1.0毫米。

重:1.9克。质:黄铜。

第20—3—0—7号　小平。评级:玖。

径:19.8毫米。厚:0.7毫米。

重:1.4克。质:黄铜。

注:异形桂。

第20—3—0—8号　小平。评级:拾。

径:19.4毫米。

厚:0.9毫米。

重:1.7克。质:黄铜。

第20—3—0—9号　小平。评级:玖。

径:22.3毫米。

厚:1.2毫米。

重:3.1克。质:黄铜。

注:规制。

二十一、宝川局

宝川局为清代四川省的铸钱局。有当百、当五十、当十、小平 4 个纪值等级。铜色多样，没有明显的版式系列。

本书收集宝川局咸丰钱标本 43 枚。

1. 当百

第 21—1—0—1 号　当百。评级:肆。

　　径:56.2 毫米。

　　厚:3.2 毫米。

　　重:51.2 克。

　　质:白铜。

　　注:样钱。

第21—1—0—2号　当百。评级:柒。

　　径:55.5毫米。

　　厚:3.3毫米。

　　重:48.6克。

　　质:黄铜。

　　注:大弯撇咸。

第21—1—0—3号　当百。评级:柒。

　　径:55.1毫米。

　　厚:3.5毫米。

　　重:53.5克。

　　质:黄铜。

　　注:规制。

第21—1—0—4号　当百。评级:捌。

　　径:53.7毫米。

　　厚:3.1毫米。

　　重:43.0克。

　　质:黄铜。

第21—1—0—5号　当百。评级:捌。

　　径:53.0毫米。

　　厚:3.0毫米。

　　重:46.2克。

　　质:黄铜。

　　注:小样,铜质细润。

第21—1—0—6号 当百。评级:柒。

　　径:56.0毫米。

　　厚:3.1毫米。

　　重:50.8克。

　　质:黄铜。

　　注:异版。

2. 当五十

第21—2—0—1号 当五十。评级:肆。

　　径:50.3毫米。

　　厚:3.8毫米。

　　重:50.1克。

　　质:黄铜。

　　注:样钱。

第21—2—0—2号　当五十。评级:玖。

　　径:50.3毫米。

　　厚:3.4毫米。

　　重:42.9克。

　　质:黄铜。

第21—2—0—3号　当五十。评级:玖。

　　径:50.1毫米。

　　厚:3.5毫米。

　　重:46.2克。

　　质:黄铜。

3. 当十

①试铸样钱

第21-3-1-1号　当十。评级:贰。

　　径:44.0毫米。

　　厚:3.2毫米。

　　重:30.7克。

　　质:黄铜。

　　注:"缶"宝。

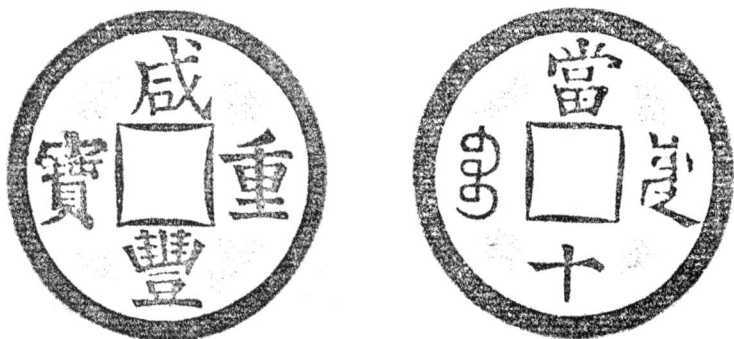

②小满文当十

第21-3-2-1号　当十。评级:肆。

　　径:36.0毫米。

　　厚:2.7毫米。

　　重:17.5克。

　　质:黄铜。

　　注:样钱。

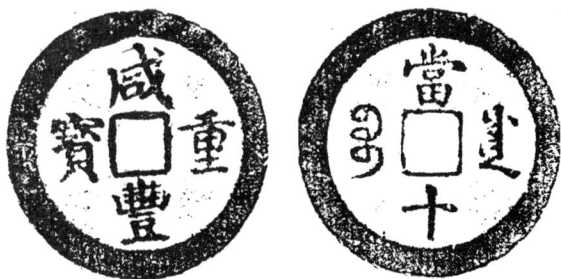

第21-3-2-2号　当十。评级:玖。

　　径:35.9毫米。

　　厚:2.4毫米。

　　重:16.6克。

　　质:黄铜。

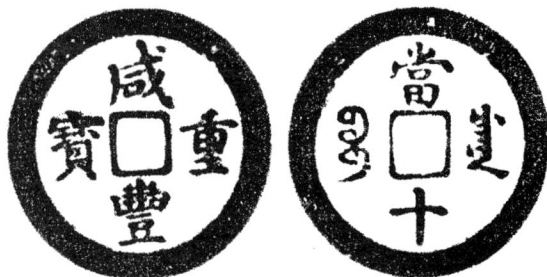

第21—3—2—3号　当十。评级:玖。

　　　　径:35.2毫米。

　　　　厚:2.5毫米。

　　　　重:14.7克。

　　　　质:黄铜。

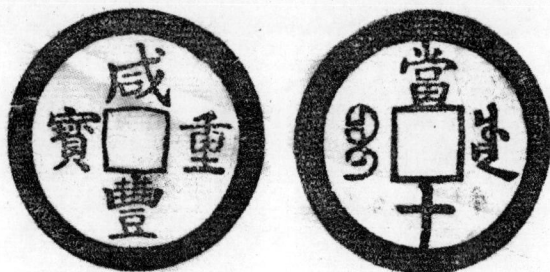

第21—3—2—4号　当十。评级:捌。

　　　　径:35.2毫米。

　　　　厚:2.3毫米。

　　　　重:14.9克。

　　　　质:黄铜。

　　　　注:背左上星。

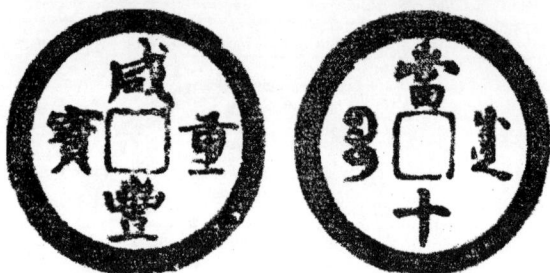

③大满文当十

第21—3—3—1号　当十。评级:玖。

　　　　径:36.7毫米。

　　　　厚:2.4毫米。

　　　　重:15.8克。

　　　　质:黄铜。

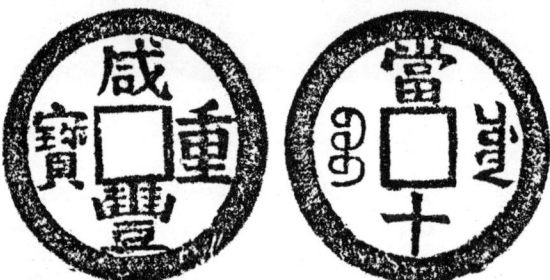

第21—3—3—2号　当十。评级:玖。

　　　　径:36.4毫米。

　　　　厚:3.3毫米。

　　　　重:23.3克。

　　　　质:青铜。

　　　　注:厚重。

第21—3—3—3号　当十。评级:玖。

　　　　径:36.3毫米。

　　　　厚:2.2毫米。

　　　　重:14.1克。

　　　　质:黄铜。

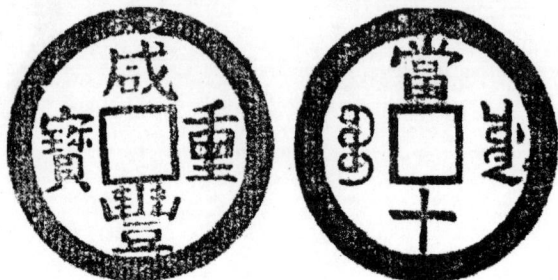

第21—3—3—4号　当十。评级:玖。

　　径:36.1毫米。

　　厚:2.1毫米。

　　重:13.1克。

　　质:黄铜。

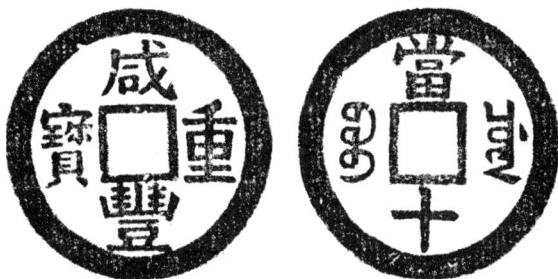

第21—3—3—5号　当十。评级:玖。

　　径:36.0毫米。

　　厚:2.1毫米。

　　重:12.4克。

　　质:红铜。

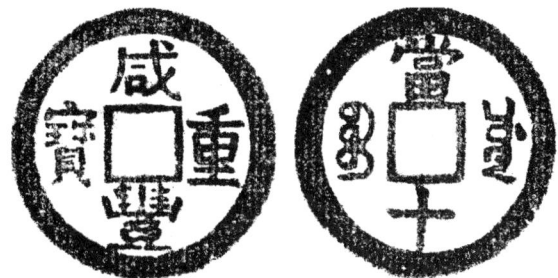

第21—3—3—6号　当十。评级:玖。

　　径:36.0毫米。

　　厚:1.8毫米。

　　重:11.3克。

　　质:黄铜。

4. 小平

①部颁式小平

第21—4—1—1号　小平。评级:肆。

　　径:26.4毫米。

　　厚:1.7毫米。

　　重:6.4克。质:黄铜。

　　注:部颁样钱。

第21—4—1—2号　小平。评级:陆。

　　径:26.3毫米。

　　厚:1.3毫米。

　　重:4.6克。质:黄铜。

　　注:仿部颁样钱。

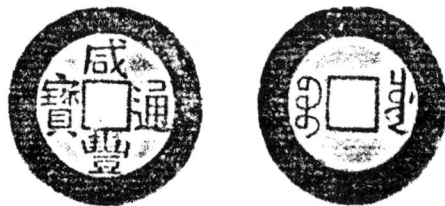

第 21－4－1－3 号　小平。评级:陆。

　　　径:26.3 毫米。

　　　厚:1.2 毫米。

　　　重:4.6 克。质:黄铜。

　　　注:仿部颁样钱。

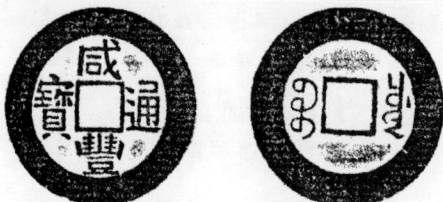

②地方式小平

第 21－4－2－1 号　小平。评级:叁。

　　　径:22.3 毫米。厚:1.5 毫米。

　　　重:3.9 克。质:黄铜。

　　　注:母钱。

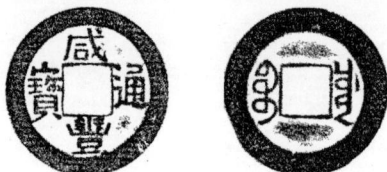

第 21－4－2－2 号　小平。评级:玖。

　　　径:22.8 毫米。厚:1.8 毫米。

　　　重:4.9 克。质:黄铜。

　　　注:厚重。

第 21－4－2－3 号　小平。评级:拾。

　　　径:22.8 毫米。厚:1.4 毫米。

　　　重:4.2 克。质:黄铜。

　　　注:小通。

第 21－4－2－4 号　小平。评级:拾。

　　　径:22.7 毫米。厚:1.6 毫米。

　　　重:4.5 克。质:黄铜。

　　　注:短撇咸。

第 21－4－2－5 号　小平。评级:玖。

　　　径:22.6 毫米。厚:1.9 毫米。

　　　重:5.0 克。质:红铜。注:厚重。

第 21－4－2－6 号　小平。评级:拾。

　　　径:22.5 毫米。

　　　厚:1.3 毫米。

　　　重:3.4 克。质:红铜。

第21-4-2-7号　小平。评级:玖。

　　径:22.5毫米。厚:1.1毫米。

　　重:2.6克。质:红铜。

　　注:背穿上右向竖月纹。

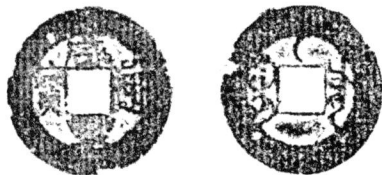

第21-4-2-8号　小平。评级:玖。

　　径:22.4毫米。厚:2.0毫米。

　　重:5.7克。质:红铜。

　　注:厚重。

第21-4-2-9号　小平。评级:拾。

　　径:22.4毫米。

　　厚:1.3毫米。

　　重:3.4克。质:红铜。

第21-4-2-10号　小平。评级:拾。

　　径:22.3毫米。厚:1.5毫米。

　　重:3.6克。质:红铜。

　　注:无内郭。

第21-4-2-11号　小平。评级:拾。

　　径:22.2毫米。

　　厚:1.8毫米。

　　重:4.8克。质:红铜。

第21-4-2-12号　小平。评级:拾。

　　径:22.2毫米。

　　厚:1.2毫米。

　　重:3.3克。质:红铜。

第21-4-2-13号　小平。评级:捌。

　　径:22.1毫米。厚:1.3毫米。

　　重:2.9克。质:红铜。

　　注:背穿下大钱纹。

第21-4-2-14号　小平。评级:拾。

　　径:21.5毫米。

　　厚:1.0毫米。

　　重:2.6克。质:黄铜。

第21-4-2-15号　小平。评级:玖。

　　径:21.4毫米。厚:0.9毫米。

　　重:2.2克。质:黄铜。

　　注:长撇咸。

第21-4-2-16号　小平。评级:捌。

　　径:20.8毫米。厚:1.0毫米。

　　重:2.4克。质:黄铜。

　　注:规制,长川。

第21-4-2-17号　小平。评级:拾。

　　径:20.3毫米。厚:0.9毫米。

　　重:2.1克。质:黄铜。

　　注:小字。

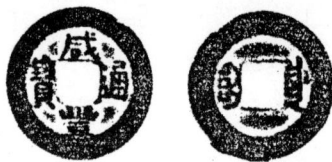

第21-4-2-18号　小平。评级:捌。

　　径:23.1毫米。

　　厚:1.6毫米。

　　重:3.9克。质:铁。

第21-4-2-19号　小平。评级:玖。

　　径:21.4毫米。厚:0.9毫米。

　　重:2.4克。质:黄铜。

　　注:背穿上竖月纹。

第21-4-2-20号　小平。评级:玖。

　　径:19.8毫米。厚:1.0毫米。

　　重:1.7克。质:黄铜。

　　注:异式。

二十二、宝云局

宝云局为清代云南省的铸钱局。有当五十、当十、小平3种纪值等级。部颁式与地方版式区别明显。地方式小平钱常有多种背纹,铸造不精。没形成版式系列。

本书收集宝云局咸丰钱标本64枚。

1. 当五十

第22—1—0—1号　当五十。评级:叁。

径:55.9毫米。

厚:2.7毫米。

重:43.9克。

质:黄铜。

注:背郭有旋纹。

2. 当十

第22—2—0—1号　当十。评级:玖。

径:40.3毫米。

厚:2.9毫米。

重:25.2克。

质:黄铜。

注:厚重大。

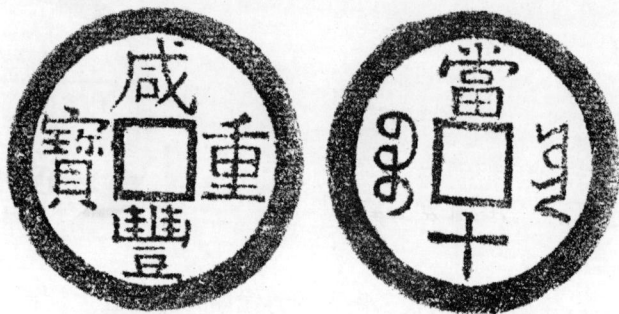

第22—2—0—2号　当十。评级:玖。

径:40.1毫米。

厚:2.9毫米。

重:24.0克。

质:黄铜。

注:厚重。

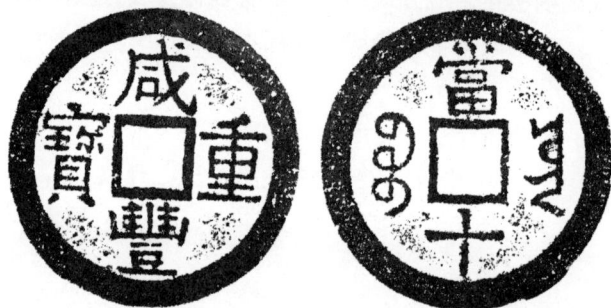

第22—2—0—3号　当十。评级:拾。

径:39.5毫米。

厚:2.2毫米。

重:18.6克。

质:黄铜。

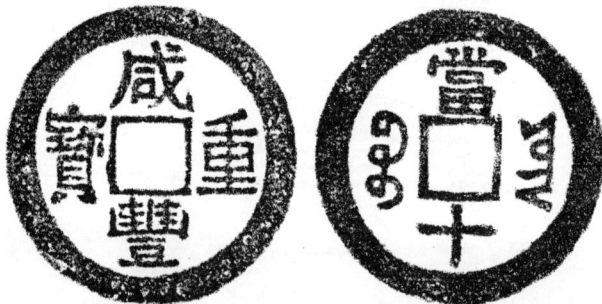

第22—2—0—4号　当十。评级:玖。

径:39.4毫米。

厚:3.0毫米。

重:23.0克。

质:黄铜。

注:厚重。

第22—2—0—5号 当十。评级:捌。

　　径:38.5毫米。

　　厚:1.8毫米。

　　重:13.8克。

　　质:黄铜。

　　注:背左上星。

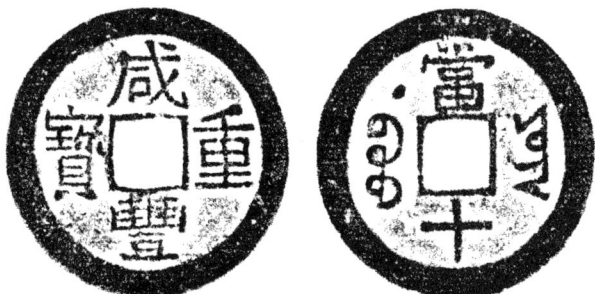

第22—2—0—6号 当十。评级:捌。

　　径:38.4毫米。

　　厚:2.1毫米。

　　重:14.9克。

　　质:黄铜。

　　注:背左上星。

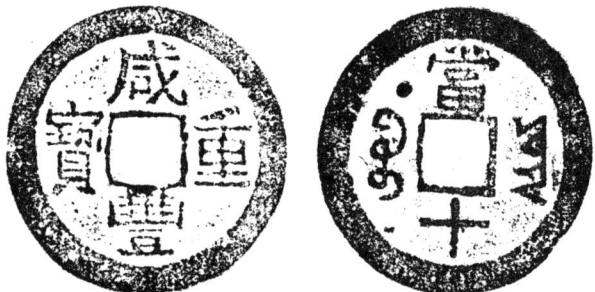

第22—2—0—7号 当十。评级:拾。

　　径:38.2毫米。

　　厚:1.7毫米。

　　重:13.3克。

　　质:黄铜。

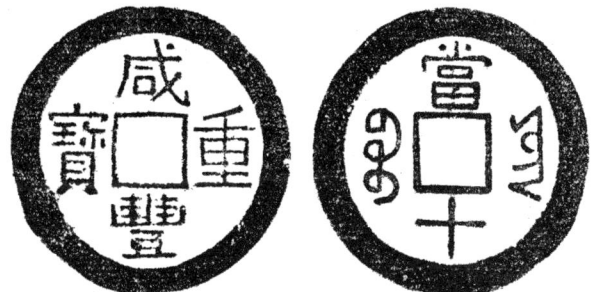

第22—2—0—8号 当十。评级:玖。

　　径:38.1毫米。

　　厚:2.0毫米。

　　重:14.9克。

　　质:白铜。注:规制。

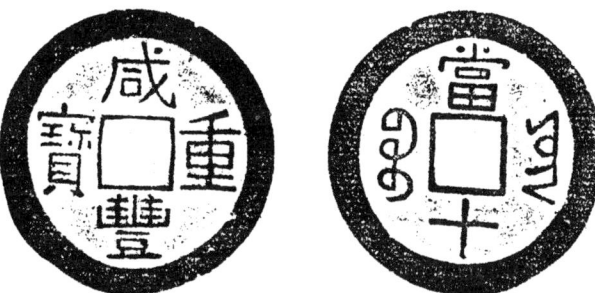

第22—2—0—9号 当十。评级:捌。

　　径:36.4毫米。

　　厚:1.2毫米。

　　重:8.4克。

　　质:黄铜。

　　注:异式。

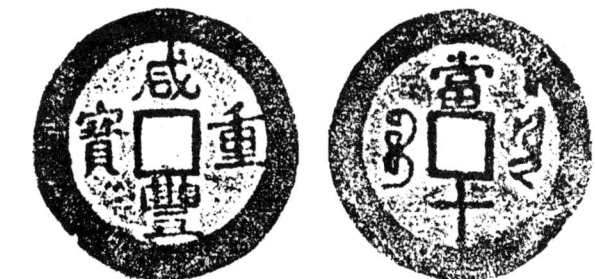

第22—2—0—10号 当十。评级:捌。
径:37.6毫米。
厚:1.9毫米。
重:12.7克。
质:铁。

第22—2—0—11号 当十。评级:捌。
径:37.0毫米。
厚:2.2毫米。
重:13.7克。
质:黄铜。

第22—2—0—12号 当十。评级:玖。
径:38.1毫米。
厚:1.7毫米。
重:14.1克。
质:黄铜。
注:大样。

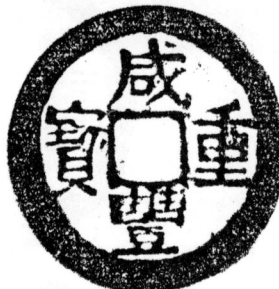 

第22—2—0—13号 当十。评级:玖。
径:37.3毫米。
厚:2.2毫米。
重:14.7克。
质:黄铜。

3. 小平

①部颁式小平

第22－3－1－1号　小平。评级:肆。

　　径:27.4毫米。

　　厚:1.5毫米。

　　重:5.9克。质:黄铜。

　　注:部颁样钱。

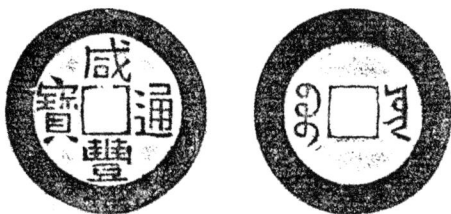

第22－3－1－2号　小平。评级:玖。

　　径:26.4毫米。

　　厚:1.7毫米。

　　重:6.7克。

　　质:黄铜。注:厚重。

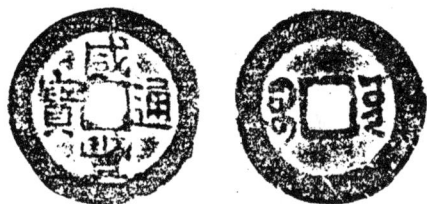

第22－3－1－3号　小平。评级:拾。

　　径:26.3毫米。

　　厚:1.3毫米。

　　重:5.0克。

　　质:黄铜。

第22－3－1－4号　小平。评级:拾。

　　径:25.9毫米。

　　厚:1.3毫米。

　　重:4.6克。

　　质:黄铜。

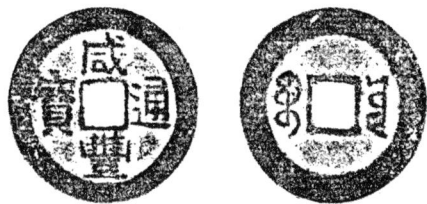

第22－3－1－5号　小平。评级:拾。

　　径:25.8毫米。

　　厚:1.3毫米。

　　重:4.6克。

　　质:黄铜。

第22－3－1－6号　小平。评级:拾。

　　径:25.2毫米。

　　厚:1.2毫米。

　　重:3.9克。

　　质:黄铜。

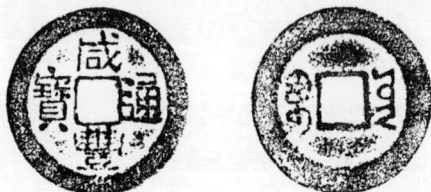

②地方式大样小平

第22－3－2－1号　小平。评级:玖。

　　径:25.8毫米。

　　厚:1.2毫米。

　　重:4.3克。质:黄铜。

　　注:大咸大丰。

第22－3－2－2号　小平。评级:玖。

　　径:25.4毫米。

　　厚:1.2毫米。

　　重:4.1克。质:红铜。

　　注:背穿上巨星。

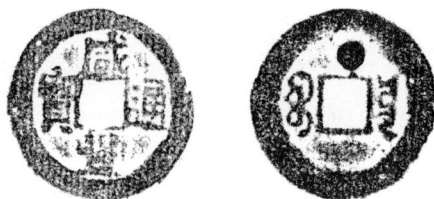

第22－3－2－3号　小平。评级:拾。

　　径:25.3毫米。

　　厚:1.2毫米。

　　重:4.1克。

　　质:黄铜。

第22－3－2－4号　小平。评级:拾。

　　径:24.8毫米。

　　厚:0.8毫米。

　　重:2.7克。

　　质:黄铜。

第22—3—2—5号　小平。评级:玖。

　　径:25.0毫米。

　　厚:1.1毫米。

　　重:3.1克。质:红铜。

　　注:背穿上"×"。

③地方式小样小平:"尔"宝"ス"贝。

第22—3—3—1号　小平。评级:叁。

　　径:22.7毫米。厚:1.4毫米。

　　重:3.6克。质:黄铜。

　　注:母钱。

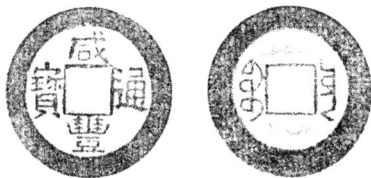

第22—3—3—2号　小平。评级:捌。

　　径:22.7毫米。厚:1.1毫米。

　　重:2.6克。质:红铜。

　　注:背穿上日下仰月。

第22—3—3—3号　小平。评级:玖。

　　径:22.6毫米。厚:1.0毫米。

　　重:2.7克。质:黄铜。

　　注:背穿上月孕星。

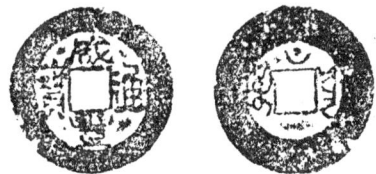

第22—3—3—4号　小平。评级:柒。

　　径:22.5毫米。

　　厚:1.2毫米。

　　重:2.7克。质:红铜。

　　注:背穿上柿蒂纹。

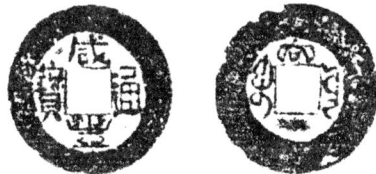

第22—3—3—5号　小平。评级:柒。

　　径:22.3毫米。

　　厚:1.1毫米。

　　重:2.9克。质:红铜。

　　注:背穿下蝙蝠纹。

第22—3—3—6号　小平。评级:捌。
径:22.1毫米。厚:1.5毫米。
重:3.4克。质:红铜。
注:背穿上月孕星,穿下重纹旭日。

第22—3—3—7号　小平。评级:拾。
径:22.1毫米。
厚:1.3毫米。
重:3.3克。质:黄铜。

第22—3—3—8号　小平。评级:拾。
径:21.9毫米。
厚:1.3毫米。
重:3.1克。质:黄铜。

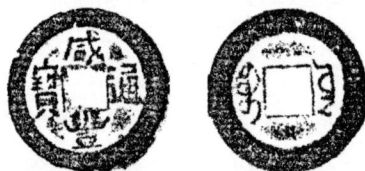

第22—3—3—9号　小平。评级:拾。
径:21.9毫米。
厚:1.2毫米。
重:3.1克。质:黄铜。

第22—3—3—10号　小平。评级:玖。
径:21.9毫米。厚:1.1毫米。
重:2.6克。质:黄铜。
注:背下贴郭丰星。

第22—3—3—11号　小平。评级:玖。
径:21.9毫米。
厚:1.4～2.1毫米。
重:4.6克。质:红铜。
注:背穿上月孕星,厚薄不匀。

第22-3-3-12号　小平。评级:玖。

　　径:21.9毫米。厚:1.0毫米。

　　重:2.4克。质:红铜。

　　注:背穿上月孕星。

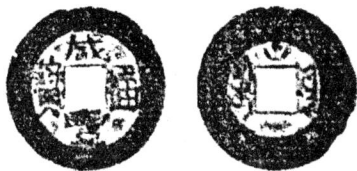

第22-3-3-13号　小平。评级:拾。

　　径:21.9毫米。

　　厚:0.9毫米。

　　重:2.3克。质:黄铜。

第22-3-3-14号　小平。评级:玖。

　　径:21.8毫米。

　　厚:1.6毫米。

　　重:3.8克。质:红铜。

　　注:背穿上"○"。

第22-3-3-15号　小平。评级:玖。

　　径:21.7毫米。

　　厚:1.2毫米。

　　重:2.8克。质:红铜。

　　注:背穿上月孕星。

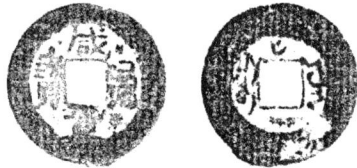

第22-3-3-16号　小平。评级:玖。

　　径:21.7毫米。

　　厚:1.0毫米。

　　重:2.6克。质:黄铜。

　　注:背穿上小月孕星。

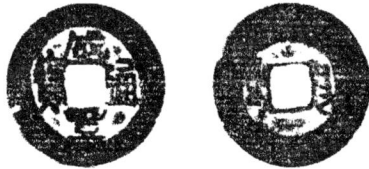

第22-3-3-17号　小平。评级:玖。

　　径:21.6毫米。

　　厚:1.4毫米。

　　重:3.3克。质:红铜。

　　注:背穿上"区"。

第22—3—3—18号　小平。评级:拾。

　　径:21.4毫米。

　　厚:1.5毫米。

　　重:3.9克。质:黄铜。

第22—3—3—19号　小平。评级:玖。

　　径:21.4毫米。

　　厚:1.4毫米。

　　重:3.4克。质:红铜。

　　注:背穿上"×"。

第22—3—3—20号　小平。评级:玖。

　　径:21.4毫米。

　　厚:1.1毫米。

　　重:2.9克。质:黄铜。

　　注:背穿下巨星。

第22—3—3—21号　小平。评级:拾。

　　径:21.3毫米。

　　厚:1.6毫米。

　　重:3.9克。质:黄铜。

第22—3—3—22号　小平。评级:玖。

　　径:21.3毫米。

　　厚:1.2毫米。

　　重:2.9克。质:红铜。

　　注:宽缘小字。

第22—3—3—23号　小平。评级:玖。

　　径:21.2毫米。

　　厚:1.3毫米。

　　重:2.8克。质:红铜。

　　注:背穿上"乄"。

第22—3—3—24号 小平。评级:拾。

　径:21.2毫米。厚:1.3毫米。

　重:3.3克。质:黄铜。

　注:大字。

第22—3—3—25号 小平。评级:拾。

　径:21.2毫米。厚:1.2毫米。

　重:2.9克。质:红铜。

　注:扁咸。

第22—3—3—26号 小平。评级:玖。

　径:20.8毫米。厚:1.2毫米。

　重:2.7克。质:黄铜。

　注:背穿下星。

第22—3—3—27号 小平。评级:捌。

　径:22.2毫米。厚:1.2毫米。

　重:3.3克。质:青铜。

　注:背缘上阴文日纹,背穿下贴缘星。

第22—3—3—28号 小平。评级:玖。

　径:21.4毫米。厚:1.0毫米。

　重:2.5克。质:黄铜。

　注:细字。

④"尔"宝"八"贝小样平钱

第22—3—4—1号 小平。评级:玖。

　径:23.1毫米。

　厚:1.1毫米。

　重:3.0克。

　质:黄铜。

⑤广穿小平钱

第22-3-5-1号　小平。评级:拾。

　　径:19.5毫米。

　　厚:0.7毫米。

　　重:1.2克。质:黄铜。

第22-3-5-2号　小平。评级:拾。

　　径:18.9毫米。

　　厚:0.9毫米。

　　重:1.3克。质:黄铜。

第22-3-5-3号　小平。评级:拾。

　　径:18.4毫米。

　　厚:0.8毫米。

　　重:1.3克。质:黄铜。

第22-3-5-4号　小平。评级:拾。

　　径:18.4毫米。

　　厚:0.7毫米。

　　重:1.5克。质:黄铜。

第22-3-5-5号　小平。评级:拾。

　　径:18.0毫米。

　　厚:0.6毫米。重:1.1克。

　　质:黄铜。

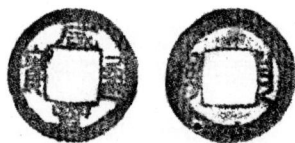

⑥异式小平

第22-3-6-1号　小平。评级:玖。

　　径:20.8毫米。

　　厚:1.1毫米。

　　重:2.1克。质:黄铜。

　　注:背传文倒置。

第22－3－6－2号　小平。评级：玖。

　　径：20.7毫米。厚：1.4毫米。

　　重：2.4克。质：黄铜。

　　注：背文横置。

第22－3－6－3号　小平。评级：玖。

　　径：20.5毫米。厚：1.3毫米。

　　重：2.4克。质：黄铜。

　　注：背文横置。

第22－3－6－4号　小平。评级：玖。

　　径：18.0毫米。厚：1.2毫米。

　　重：2.0克。质：黄铜。

　　注：背文倒置。

⑦特大样平钱

第22－3－7－1号　小平。评级：陆。

　　径：44.0毫米。

　　厚：2.6毫米。

　　重：25.4克。

　　质：黄铜。

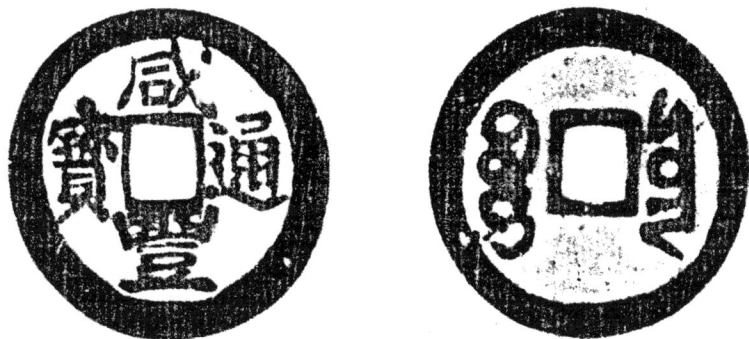

二十三、宝东局

宝东局为清代云南省东川府的铸钱局。只见当十与小平两种纪值等级。

本书收集宝东局咸丰钱标本 29 枚。

1. 当十

第 23—1—0—1 号　当十。评级:玖。

径:37.7 毫米。

厚:2.1 毫米。

重:14.8 克。

质:黄铜。

第 23—1—0—2 号　当十。评级:玖。

径:37.7 毫米。

厚:2.0 毫米。

重:13.6 克。

质:黄铜。

第 23—1—0—3 号　当十。评级:捌。

径:32.5 毫米。

厚:1.9 毫米。

重:11.8 克。

质:黄铜。

注:小样。

2. 小平

①部颁式:行用钱仅保持了"形",已大为减重。

第23—2—1—1号　小平。评级:拾。

　　径:23.4毫米。

　　厚:1.0毫米。

　　重:3.2克。质:黄铜。

第23—2—1—2号　小平。评级:拾。

　　径:23.3毫米。

　　厚:1.1毫米。

　　重:3.4克。

　　质:黄铜。

第23—2—1—3号　小平。评级:拾。

　　径:23.2毫米。

　　厚:1.0毫米。

　　重:3.0克。

　　质:黄铜。

第23—2—1—4号　小平。评级:拾。

　　径:23.2毫米。

　　厚:0.8毫米。

　　重:2.6克。

　　质:黄铜。

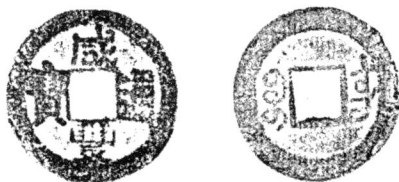

第23—2—1—5号　小平。评级:玖。

　　径:22.9毫米。

　　厚:1.0毫米。

　　重:2.7克。质:黄铜。

　　注:宽满宝,大点东。

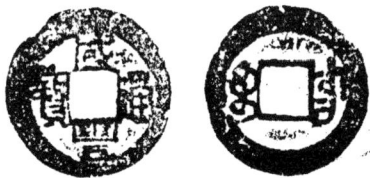

第23—2—1—6号　小平。评级:拾。

　　径:22.5毫米。

　　厚:1.2毫米。

　　重:3.1克。质:黄铜。

第23—2—1—7号　小平。评级:拾。

　　径:21.7毫米。

　　厚:1.4毫米。

　　重:2.8克。质:黄铜。

第23—2—1—8号　小平。评级:拾。

　　径:21.3毫米。

　　厚:1.0毫米。

　　重:2.3克。

　　质:黄铜。

第23—2—1—9号　小平。评级:拾。

　　径:20.6毫米。

　　厚:1.3毫米。

　　重:3.3克。质:黄铜。

第23—2—1—10号　小平。评级:拾。

　　径:20.3毫米。

　　厚:1.2毫米。

　　重:2.2克。质:黄铜。

第23—2—1—11号　小平。评级:拾。

　　径:20.1毫米。

　　厚:1.1毫米。

　　重:2.3克。质:黄铜。

②地方式:此式铜铁两铸。

第23—2—2—1号　小平。评级:陆。

　　径:25.6毫米。

　　厚:1.1毫米。

　　重:4.1克。质:黄铜。

　　注:样钱。

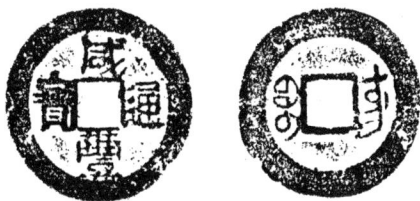

第23—2—2—2号　小平。评级:玖。

　　径:24.0毫米。

　　厚:1.4毫米。

　　重:3.6克。

　　质:黄铜。

第23—2—2—3号　小平。评级:玖。

　　径:24.0毫米。

　　厚:1.2毫米。

　　重:3.4克。

　　质:黄铜。

第23—2—2—4号　小平。评级:玖。

　　径:23.9毫米。

　　厚:1.3毫米。

　　重:3.7克。

　　质:黄铜。

第23—2—2—5号　小平。评级:玖。

　　径:23.8毫米。

　　厚:1.1毫米。

　　重:3.7克。

　　质:黄铜。

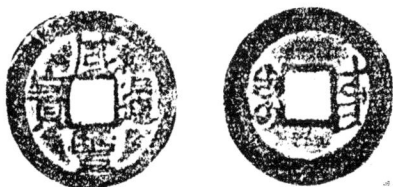

第23—2—2—6号　小平。评级:玖。

　　径:23.6毫米。

　　厚:1.1毫米。

　　重:3.2克。

　　质:黄铜。

第23—2—2—7号　小平。评级:玖。

　　径:23.5毫米。

　　厚:1.2毫米。

　　重:3.8克。

　　质:黄铜。

第23—2—2—8号　小平。评级:玖。

　　径:23.5毫米。

　　厚:1.1毫米。

　　重:3.5克。

　　质:黄铜。

第23—2—2—9号　小平。评级:玖。

　　径:23.4毫米。

　　厚:1.0毫米。

　　重:2.6克。质:黄铜。

第23—2—2—10号　小平。评级:玖。

　　径:23.2毫米。

　　厚:1.1毫米。

　　重:3.5克。质:黄铜。

第23—2—2—11号　小平。评级:玖。

　　径:23.1毫米。

　　厚:1.1毫米。

　　重:3.2克。质:黄铜。

第23—2—2—12号　小平。评级:玖。

　　径:22.6毫米。

　　厚:1.2毫米。

　　重:3.1克。质:黄铜。

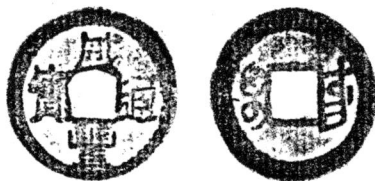

③异式

第23—2—3—1号　小平。评级:捌。

　　径:20.6毫米。厚:1.2毫米。

　　重:2.3克。质:黄铜。

　　注:背文传形倒置。

第23—2—3—2号　小平。评级:玖。

　　径:22.8毫米。厚:1.0毫米。

　　重:2.1克。质:红铜。

　　注:背穿上仰月。

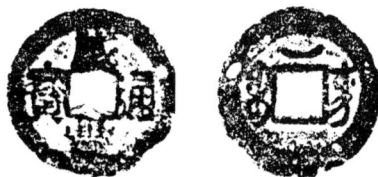

第23—2—3—3号　小平。评级:捌。

　　径:21.6毫米。厚:1.0毫米。

　　重:3.2克。质:黄铜。

　　注:背三个戳印"益"。

二十四、宝州局

史书无载,仅据满文音释为宝州局。铸钱风格及铜色近似宝云、宝东等局。仅见小平钱一种。背穿上常有日、月纹。铸制粗糙。

本书收集宝州局咸丰钱标本 13 枚。

1. 小平钱:明显分为两种类型。一型为普通黄铜铸,文字较深且较规整。但满文硬折不圆润。数量相对少,似属样钱。二型满文圆润但多漫漶,铜色昏暗,常有背纹。

①样钱类

第24—1—1—1号　小平。评级:陆。

　　径:22.1毫米。厚:1.0毫米。

　　重:2.5克。质:黄铜。

第24—1—1—2号　小平。评级:陆。

　　径:21.5毫米。

　　厚:1.0毫米。

　　重:2.4克。

　　质:黄铜。

②满文圆润小平

第24—1—2—1号　小平。评级:捌。

　　径:23.5毫米。

　　厚:1.0毫米。

　　重:3.0克。

　　质:黄铜。

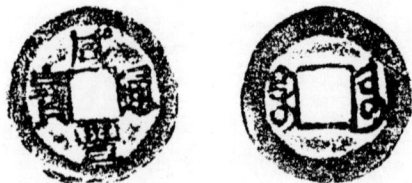

第24—1—2—2号 小平。评级:捌。

　　径:23.4毫米。厚:1.2毫米。

　　重:3.4克。质:黄铜。

　　注:背穿上仰月纹。

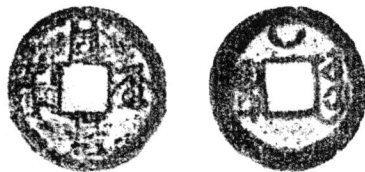

第24—1—2—3号 小平。评级:捌。

　　径:22.2毫米。

　　厚:1.1毫米。

　　重:2.8克。质:黄铜。

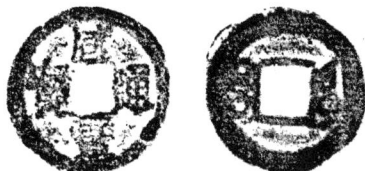

第24—1—2—4号 小平。评级:捌。

　　径:22.2毫米。

　　厚:1.0毫米。

　　重:2.7克。质:黄铜。

第24—1—2—5号 小平。评级:捌。

　　径:22.0毫米。厚:1.0毫米。

　　重:2.6克。质:黄铜。

　　注:背穿上"○"。

第24—1—2—6号 小平。评级:捌。

　　径:21.9毫米。厚:0.9毫米。

　　重:2.0克。质:黄铜。

　　注:背穿上仰月。

第24—1—2—7号 小平。评级:捌。

　　径:21.7毫米。

　　厚:1.0毫米。

　　重:2.4克。质:黄铜。

第24—1—2—8号 小平。评级:捌。

　　径:21.5毫米。厚:0.8毫米。

　　重:2.0克。质:黄铜。

第 24—1—2—9 号　小平。评级:捌。

　　径:21.2 毫米。

　　厚:1.1 毫米。

　　重:2.5 克。质:黄铜。

　　注:背穿上"〇"。

第 24—1—2—10 号　小平。评级:捌。

　　径:21.2 毫米。

　　厚:1.0 毫米。

　　重:2.5 克。质:黄铜。

　　注:背穿上"〇"。

第 24—1—2—11 号　小平。评级:捌。

　　径:22.5 毫米。

　　厚:1.1 毫米。

　　重:3.2 克。

　　质:黄铜。

二十五、宝黔局

宝黔局为清代贵州省的铸钱局。行用钱见当十、小平两种纪值等级。另有部颁样钱当五十，极罕见。小平钱分"方头通"和"角头通"。前者属部颁式，后者背穿上常有记号。大多铸造不精。本书收集宝黔局咸丰钱标本 23 枚。

1. 当十

第25—1—0—1号　当十。评级：捌。

　　径：38.8毫米。

　　厚：3.2毫米。

　　重：23.0克。

　　质：黄铜。

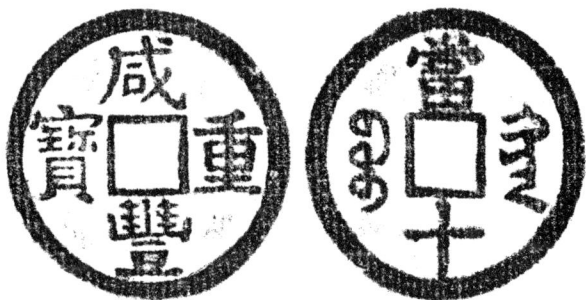

第25—1—0—2号　当十。评级：捌。

　　径：38.6毫米。

　　厚：2.7毫米。

　　重：20.0克。

　　质：黄铜。

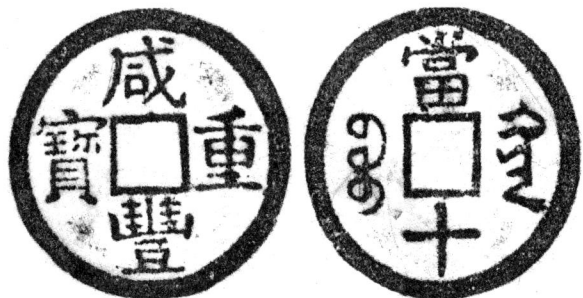

第25—1—0—3号　当十。评级：捌。

　　径：37.5毫米。

　　厚：2.5毫米。

　　重：15.4克。

　　质：黄铜。

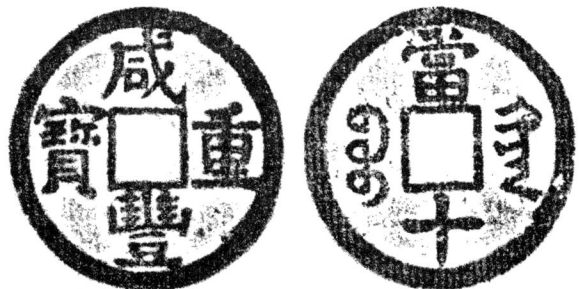

2. 小平

①部颁式

第25－2－1－1号　小平。评级：肆。

　　径：26.9毫米。

　　厚：1.1毫米。

　　重：4.8克。质：黄铜。

　　注：部颁样钱。

第25－2－1－2号　小平。评级：陆。

　　径：26.2毫米。

　　厚：1.1毫米。

　　重：4.5克。质：黄铜。

　　注：仿部颁式样钱。

第25－2－1－3号　小平。评级：玖。

　　径：25.9毫米。

　　厚：1.3毫米。

　　重：4.2克。

　　质：红铜。注：宽缘。

第25－2－1－4号　小平。评级：玖。

　　径：25.5毫米。

　　厚：0.9毫米。

　　重：2.9克。

　　质：红铜。

第25－2－1－5号　小平。评级：拾。

　　径：24.3毫米。

　　厚：1.6毫米。

　　重：4.7克。

　　质：黄铜。

第 25－2－1－6 号　小平。评级:拾。

径:24.2毫米。厚:1.2毫米。

重:3.7克。质:黄铜。

第 25－2－1－7 号　小平。评级:拾。

径:24.0毫米。

厚:1.6毫米。

重:4.2克。

质:黄铜。

第 25－2－1－8 号　小平。评级:拾。

径:23.1毫米。

厚:0.9毫米。

重:3.0克。

质:黄铜。

第 25－2－1－9 号　小平。评级:拾。

径:25.4毫米。厚:1.2毫米。

重:4.1克。

质:黄铜。

②地方式

第 25－2－2－1 号　小平。评级:玖。

径:24.4毫米。厚:0.9毫米。

重:2.2克。质:红铜。

注:背穿上"十"。

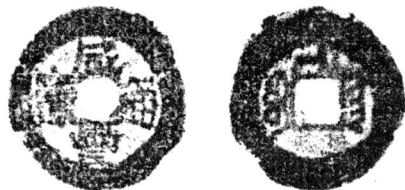

第 25－2－2－2 号　小平。评级:玖。

径:24.2毫米。

厚:1.2毫米。

重:3.3克。质:红铜。

注:背穿上巨星。

第25－2－2－3号　小平。评级:玖。
　　　径:24.1毫米。
　　　厚:1.1毫米。
　　　重:3.1克。质:红铜。

第25－2－2－4号　小平。评级:玖。
　　　径:24.0毫米。
　　　厚:1.4毫米。
　　　重:3.2克。质:红铜。
　　　注:背穿上横置"文"。

第25－2－2－5号　小平。评级:拾。
　　　径:24.0毫米。
　　　厚:1.0毫米。
　　　重:3.0克。质:红铜。

第25－2－2－6号　小平。评级:玖。
　　　径:23.9毫米。
　　　厚:1.0毫米。
　　　重:2.8克。质:红铜。
　　　注:背穿上"┤"。

第25－2－2－7号　小平。评级:玖。
　　　径:23.8毫米。
　　　厚:1.1毫米。
　　　重:3.2克。质:红铜。
　　　注:背穿上"‖"。

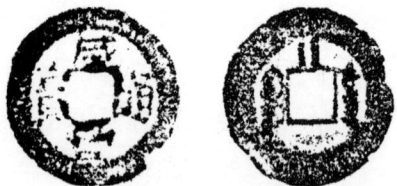

第25－2－2－8号　小平。评级:玖。
　　　径:23.8毫米。
　　　厚:1.1毫米。
　　　重:2.8克。质:红铜。
　　　注:背穿上"⊥"。

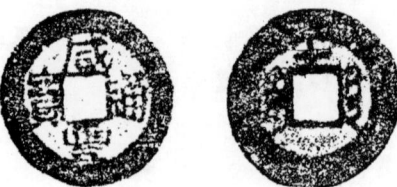

第 25—2—2—9 号　小平。评级:玖。

　　　径:23.7 毫米。

　　　厚:1.2 毫米。

　　　重:3.2 克。质:红铜。

　　　注:背穿上横置"文"。

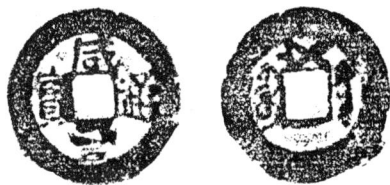

第 25—2—2—10 号　小平。评级:玖。

　　　径:23.7 毫米。

　　　厚:1.0 毫米。

　　　重:2.9 克。质:红铜。

　　　注:背穿上"×"。

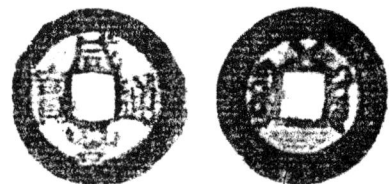

第 25—2—2—11 号　小平。评级:玖。

　　　径:23.6 毫米。

　　　厚:1.0 毫米。

　　　重:3.1 克。质:红铜。

　　　注:背穿上"×"。

第 25—2—2—12 号　小平。评级:玖。

　　　径:20.8 毫米。

　　　厚:1.0 毫米。

　　　重:2.2 克。质:红铜。

　　　注:轻小。

二十六、宝迪局

宝迪局为清代新疆地区天山北路迪化的铸钱局。今见有当八十、当十、当八共3个纪值等级。当十有大、小样及"尔"、"缶"宝之分。

当八十、当八形成版式系列。

本书收集宝迪局咸丰钱标本22枚。

1.八进位系列

①当八十

第26—1—1—1号　当八十。评级：贰。

　　径：51.7毫米。厚：3.2毫米。重：44.1克。质：黄铜。

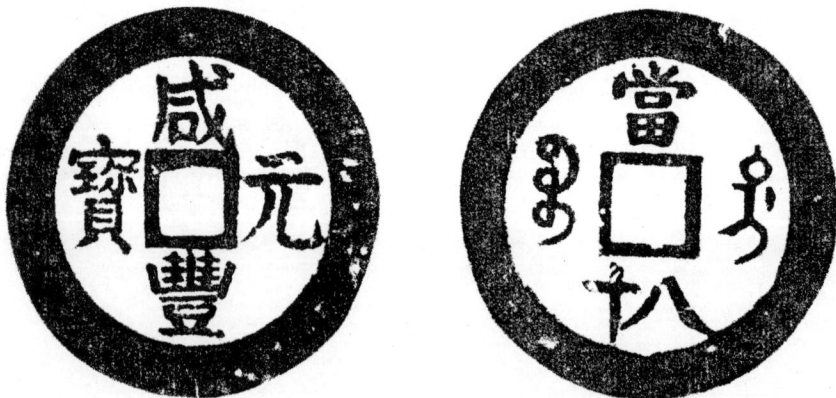

②当八

第26—1—2—1号　当八。评级：玖。

　　径：28.1毫米。

　　厚：2.4毫米。

　　重：7.8克。质：黄铜。

　　注：厚大，大八。

第26—1—2—2号　当八。评级:捌。

　　径:27.3毫米。

　　厚:2.0毫米。

　　重:6.9克。质:红铜。

　　注:大八,丰左星。

第26—1—2—3号　当八。评级:拾。

　　径:26.3毫米。

　　厚:2.0毫米。

　　重:5.6克。质:红铜。

　　注:精致。

第26—1—2—4号　当八。评级:拾。

　　径:25.9毫米。

　　厚:2.0毫米。

　　重:5.4克。质:红铜。

第26—1—2—5号　当八。评级:拾。

　　径:26.7毫米。

　　厚:1.6毫米。

　　重:5.7克。

　　质:红铜。

第26—1—2—6号　当八。评级:拾。

　　径:26.2毫米。

　　厚:1.7毫米。

　　重:6.2克。质:红铜。

第26—1—2—7号　当八。评级:拾。

　　径:26.0毫米。

　　厚:1.7毫米。

　　重:6.1克。质:青铜。

2. 大型当十

①"尔"宝

第26-2-1-1号　当十。评级:肆。

　　　径:33.1毫米。厚:3.0毫米。

　　　重:19.9克。质:铅。

　　　注:样钱。

第26-2-1-2号　当十。评级:肆。

　　　径:32.6毫米。

　　　厚:2.8毫米。

　　　重:18.9克。

　　　质:铅。

　　　注:样钱。

第26-2-1-3号　当十。评级:陆。

　　　径:32.5毫米。

　　　厚:2.5毫米。

　　　重:15.2克。

　　　质:黄铜。

第26-2-1-4号　当十。评级:陆。

　　　径:35.0毫米。

　　　厚:2.0毫米。

　　　重:15.5克。

　　　质:高铅铜。

　　　注:质较软。

②"缶"宝

第26—2—2—1号　当十。评级:陆。

径:31.2毫米。

厚:1.9毫米。

重:8.3克。

质:红铜。

第26—2—2—2号　当十。评级:陆。

径:31.6毫米。

厚:1.7毫米。

重:7.7克。

质:黄铜。

3. 小型当十

第26—3—0—1号　当十。评级:肆。

径:26.4毫米。

厚:1.8毫米。

重:6.1克。质:青铜。

注:样钱。

第26—3—0—2号　当十。评级:陆。

径:27.4毫米。

厚:2.2毫米。

重:7.5克。质:红铜。

注:小型大样。

第26—3—0—3号　当十。评级:陆。

径:27.3毫米。

厚:1.9毫米。

重:6.2克。质:红铜。

注:小型大样。

第 26－3－0－4 号　当十。评级:拾。

　　径:27.0毫米。

　　厚:2.0毫米。

　　重:6.9克。

　　质:红铜。

第 26－3－0－5 号　当十。评级:玖。

　　径:26.5毫米。

　　厚:2.6毫米。

　　重:8.4克。

　　质:红铜。注:厚重。

第 26－3－0－6 号　当十。评级:玖。

　　径:26.2毫米。

　　厚:1.7毫米。

　　重:5.4克。

　　质:黄铜。

第 26－3－0－7 号　当十。评级:拾。

　　径:26.2毫米。

　　厚:1.6毫米。

　　重:5.6克。

　　质:红铜。

第 26－3－0－8 号　当十。评级:拾。

　　径:25.2毫米。

　　厚:1.9毫米。

　　重:5.6克。

　　质:红铜。

二十七、宝伊局

宝伊局为清代新疆地区天山北路伊犁的铸钱局。今见当百、当五十、当十、当四、小平共5种纪值等级。近闻有当千、当五百发现，可能是有少量试铸，极稀少。

本书收集宝伊局咸丰钱标本23枚。

1. 当百

第27-1-0-1号　当百。评级:贰。

　　径:52.3毫米。

　　厚:3.1毫米。

　　重:45.6克。

　　质:黄铜。

　　注:母钱。

第 27－1－0－2 号　　当百。评级:贰。

　　径:52.0 毫米。

　　厚:3.2 毫米。

　　重:44.0 克。

　　质:红铜。

　　注:母钱。

第 27－1－0－3 号　　当百。评级:肆。

　　径:53.5 毫米。

　　厚:3.4 毫米。

　　重:45.8 克。

　　质:黄铜。

　　注:样钱。

第27—1—0—4号　当百。评级:肆。

　　径:52.5毫米。

　　厚:3.4毫米。

　　重:52.0克。

　　质:黄铜。

　　注:样钱。

第27—1—0—5号　当百。评级:陆。

　　径:53.9毫米。

　　厚:3.3毫米。

　　重:45.3克。

　　质:红铜。

　　注:宽缘大样。

第 27—1—0—6 号　当百。评级:陆。

径:52.7 毫米。

厚:3.4 毫米。

重:44.9 克。

质:红铜。

注:异书。

第 27—1—0—7 号　当百。评级:陆。

径:52.4 毫米。

厚:3.3 毫米。

重:46.6 克。

质:高铅铜。

注:铜质软,刮削可现出亮银色。

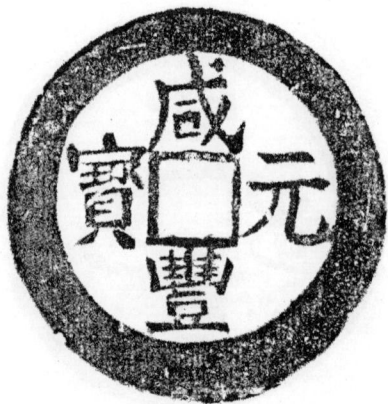

第27—1—0—8号　当百。评级:陆。

径:51.3毫米。厚:5.1~4.0毫米。重:66.6克。质:黄铜。注:厚重。

2. 当五十

第27—2—0—1号　当五十。评级:陆。

径:46.2毫米。厚:2.6毫米。重:29.2克。质:红铜。注:宽缘、大字大样。

第27—2—0—2号　当五十。评级:柒。

径:46.3毫米。厚:3.0毫米。重:31.4克。质:黄铜。注:小字。

第27—2—0—3号　当五十。评级:柒。

　　　径:45.5毫米。

　　　厚:2.9毫米。

　　　重:31.3克。

　　　质:黄铜。

　　　注:小字。

3. 当十

第27—3—0—1号　当十。评级:陆。

　　　径:37.0毫米。

　　　厚:1.9毫米。

　　　重:15.0克。

　　　质:高铅铜。

　　　注:大样,铜质软。

第27—3—0—2号　当十。评级:陆。

　　　径:34.8毫米。

　　　厚:1.9毫米。

　　　重:12.0克。

　　　质:黄铜。

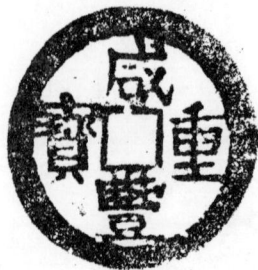

4. 当四

第27—4—0—1号 当四。评级:柒。

    径:34.7毫米。

    厚:2.4毫米。

    重:12.5克。

    质:红铜。

第27—4—0—2号 当四。评级:柒。

    径:34.9毫米。

    厚:2.2毫米。

    重:16.0克。

    质:红铜。

第27—4—0—3号 当四。评级:柒。

    径:34.3毫米。

    厚:2.0毫米。

    重:14.1克。

    质:红铜。

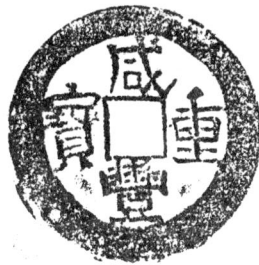

5. 小平

第27—5—0—1号 小平。评级:柒。

    径:24.3毫米。厚:2.0毫米。

    重:5.9克。质:红铜。

    注:仰头通。

第27—5—0—2号 小平。评级:陆。

    径:23.9毫米。厚:1.6毫米。

    重:5.4克。质:红铜。

    注:仰头通,宝上星。

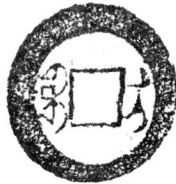

第 27—5—0—3 号　小平。评级:柒。

径:23.6 毫米。厚:1.6 毫米。

重:3.8 克。质:红铜。

注:俯头通。

第 27—5—0—4 号　小平。评级:柒。

径:23.4 毫米。厚:2.0 毫米。

重:5.0 克。质:红铜。

注:平头通,厚重。

第 27—5—0—5 号　小平。评级:柒。

径:23.4 毫米。

厚:1.6 毫米。

重:3.7 克。质:红铜。

注:平头通。

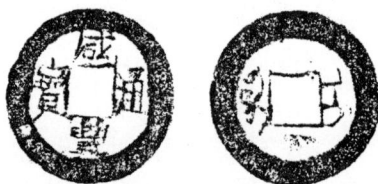

第 27—5—0—6 号　小平。评级:柒。

径:23.6 毫米。

厚:2.0 毫米。

重:7.4 克。

质:红铜。

第 27—5—0—7 号　小平。评级:柒。

径:23.0 毫米。

厚:2.1 毫米。

重:6.9 克。

质:红铜。

二十八、阿克苏局

　　阿克苏局为清代新疆地区天山南路阿克苏城的铸钱局。今见行用钱有当百、当五十、当十、当五共 4 种纪值等级。当五十、当十、小平均有部颁样钱。但不见依式铸造的行用钱。
　　本书收集阿克苏局咸丰钱标本 23 枚。

1. 当百

第 28—1—0—1 号　当百。评级:陆。
　　径:45.1毫米。厚:2.3毫米。重:24.4克。质:红铜。注:维文钩尾。

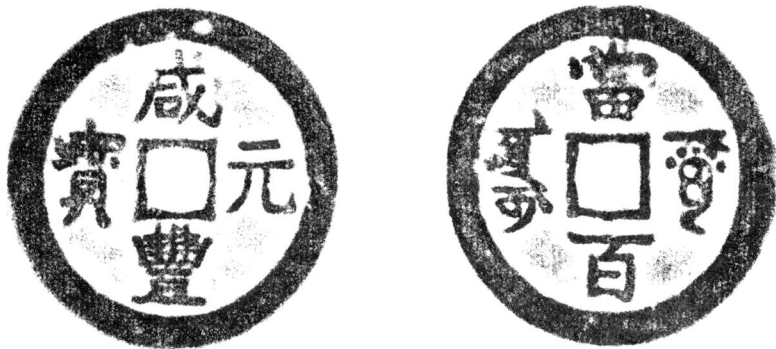

第 28—1—0—2 号　当百。评级:陆。
　　径:44.6毫米。厚:2.1毫米。重:21.8克。质:红铜。注:维文垂尾,大样。

第28—1—0—3号　当百。评级:柒。

　　径:40.9毫米。厚:3.0毫米。重:24.8克。质:红铜。注:维文垂尾,小样。

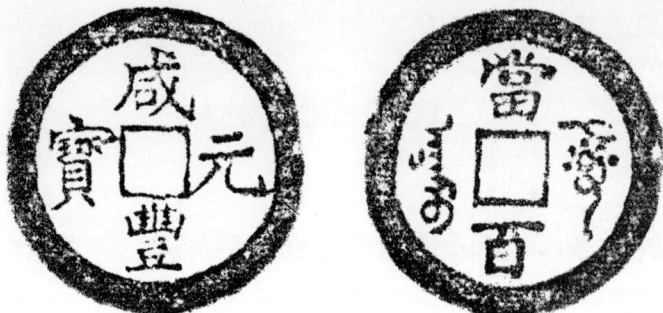

2. 当五十

第28—2—0—1号　当五十。评级:叁。

　　径:38.5毫米。

　　厚:3.5毫米。

　　重:31.3克。

　　质:红铜。

　　注:样钱。

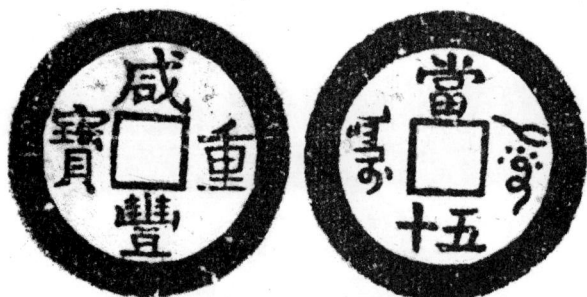

第28—2—0—2号　当五十。评级:柒。

　　径:37.8毫米。

　　厚:1.8毫米。

　　重:13.1克。

　　质:红铜。

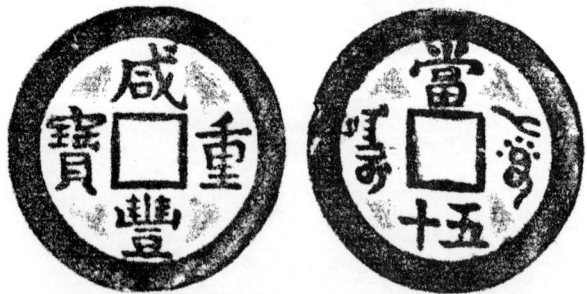

第28—2—0—3号　当五十。评级:柒。

　　径:35.1毫米。

　　厚:2.0毫米。

　　重:11.1克。

　　质:红铜。注:小样。

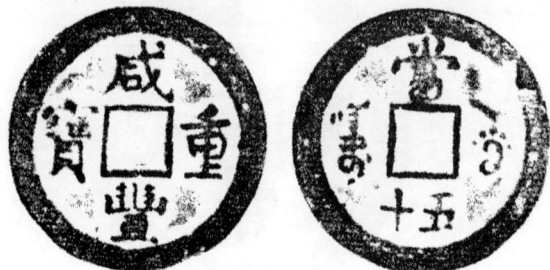

3. 当十

第28—3—0—1号 当十。评级:壹。

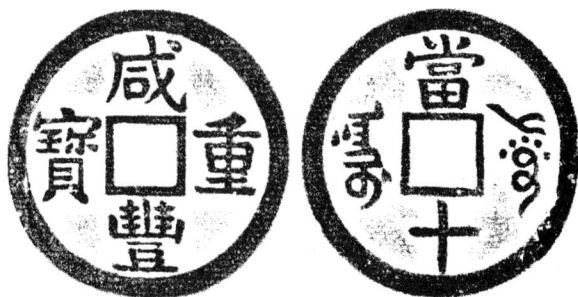

径:38.4毫米。

厚:3.2毫米。

重:23.0克。

质:黄铜。

注:部颁样钱。

第28—3—0—2号 当十。评级:拾。

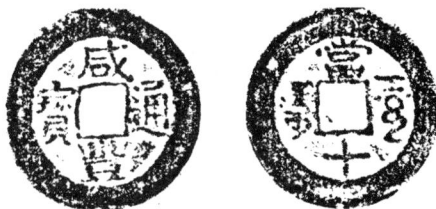

径:26.7毫米。

厚:1.5毫米。

重:6.0克。质:红铜。

注:"尔"宝"八"贝。

第28—3—0—3号 当十。评级:拾。

径:26.7毫米。

厚:1.5毫米。

重:5.4克。质:红铜。

注:左出头"八"贝。

第28—3—0—4号 当十。评级:拾。

径:26.4毫米。

厚:1.4毫米。

重:5.3克。

质:红铜。

第28—3—0—5号 当十。评级:拾。

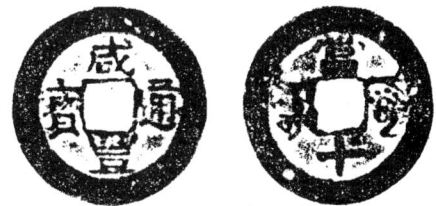

径:26.4毫米。

厚:1.3毫米。

重:5.2克。质:红铜。

注:一横"贝"。

第28—3—0—6号　当十。评级:拾。

　　径:26.4毫米。

　　厚:1.2毫米。

　　重:4.3克。质:红铜。

　　注:大当。

第28—3—0—7号　当十。评级:拾。

　　径:26.0毫米。

　　厚:1.3毫米。

　　重:5.3克。质:红铜。

　　注:大当。

第28—3—0—8号　当十。评级:拾。

　　径:26.0毫米。

　　厚:1.3毫米。

　　重:4.8克。

　　质:红铜。

第28—3—0—9号　当十。评级:拾。

　　径:25.9毫米。

　　厚:1.2毫米。

　　重:4.9克。质:红铜。

　　注:圆肩当。

第28—3—0—10号　当十。评级:拾。

　　径:25.5毫米。厚:1.6毫米。

　　重:5.7克。

　　质:红铜。

第28—3—0—11号　当十。评级:拾。

　　径:25.1毫米。

　　厚:1.4毫米。

　　重:4.4克。质:红铜。

　　注:大弯撇咸。

第28—3—0—12号　当十。评级:拾。

　　径:25.0毫米。厚:1.2毫米。

　　重:4.0克。质:红铜。

　　注:大弯撇咸。

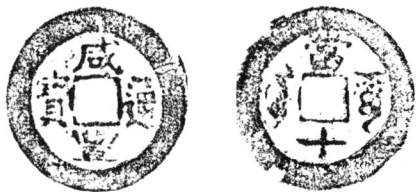

4. 当五

第28—4—0—1号　当五。评级:拾。

　　径:24.7毫米。厚:1.4毫米。

　　重:4.2克。质:红铜。

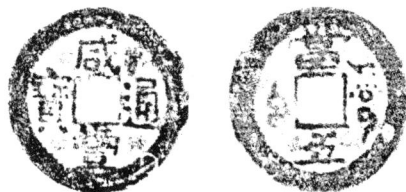

第28—4—0—2号　当五。评级:拾。

　　径:24.6毫米。厚:1.3毫米。

　　重:4.1克。质:红铜。

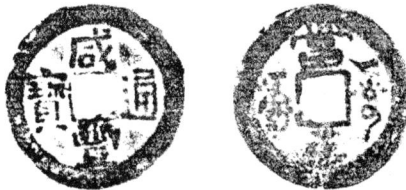

第28—4—0—3号　当五。评级:拾。

　　径:24.5毫米。

　　厚:1.4毫米。

　　重:5.2克。

　　质:红铜。

第28—4—0—4号　当五。评级:拾。

　　径:24.0毫米。

　　厚:1.2毫米。

　　重:3.7克。

　　质:红铜。

第28—4—0—5号　当五。评级:拾。

　　径:23.6毫米。厚:1.3毫米。

　　重:3.9克。质:红铜。

　　证:弯撇咸。

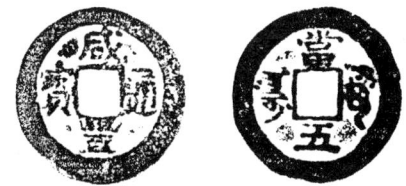

二十九、喀什噶尔局

喀什噶尔局为清代新疆地区天山南路喀什噶尔城的铸钱局。有当百、当五十、当十、当五共4种纪值等级。其中,当五极稀少。

本书收集喀什噶尔局咸丰钱标本5枚。

1. 当百

第29—1—0—1号　当百。评级:肆。

  径:40.9毫米。

  厚:2.2毫米。

  重:17.4克。

  质:红铜。

2. 当五十

第29—2—0—1号　当五十。评级:肆。

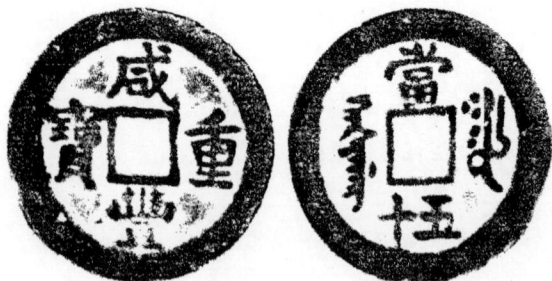

  径:36.3毫米。

  厚:2.0毫米。

  重:15.3克。

  质:红铜。

3. 当十

第29—3—0—1号　当十。评级:拾。

  径:26.8毫米。

  厚:1.4毫米。

  重:5.6克。

  质:红铜。

第 29—3—0—2 号　当十。评级:拾。

　　径:26.5 毫米。

　　厚:1.4 毫米。

　　重:5.6 克。

　　质:红铜。

第 29—3—0—3 号　当十。评级:拾。

　　径:26.4 毫米。

　　厚:1.4 毫米。

　　重:5.2 克。

　　质:红铜。

三十、叶尔羌局

叶尔羌局为清代新疆地区天山南路叶尔羌城的铸钱局。有当百、当五十、当十共3种纪值等级。

本书收集叶尔羌局咸丰钱标本6枚。

1. 当百

第30—1—0—1号　当百。评级:陆。

　　径:51.5毫米。厚:2.5毫米。

　　重:34.6克。质:红铜。

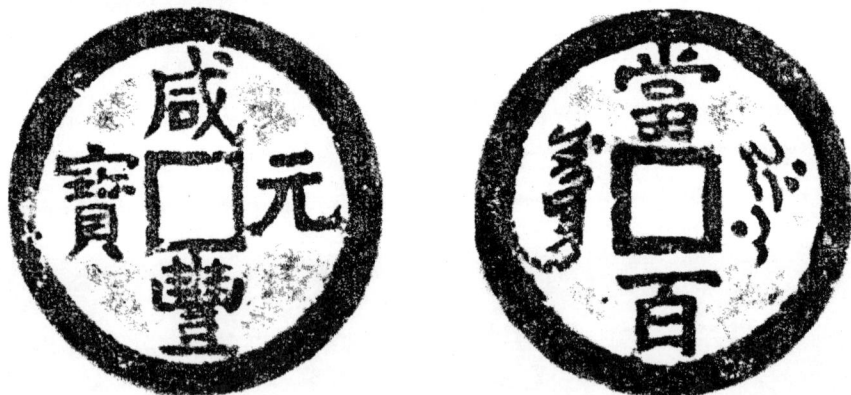

2. 当五十

第30—2—0—1号　当五十。评级:陆。

　　径:39.0毫米。

　　厚:2.2毫米。

　　重:18.0克。

　　质:红铜。

3. 当十

第 30—3—0—1 号   当十。评级:拾。
　　　径:26.3毫米。
　　　厚:1.2毫米。
　　　重:4.5克。
　　　质:红铜。

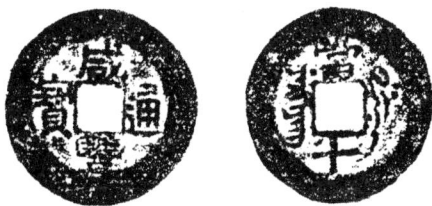

第 30—3—0—2 号   当十。评级:拾。
　　　径:26.3毫米。
　　　厚:1.0毫米。
　　　重:3.6克。
　　　质:红铜。

第 30—3—0—3 号   当十。评级:拾。
　　　径:25.8毫米。
　　　厚:1.2毫米。
　　　重:4.9克。
　　　质:红铜。

第 30—3—0—4 号   当十。评级:拾。
　　　径:25.4毫米。
　　　厚:1.0毫米。
　　　重:3.8克。
　　　质:红铜。

三十一、库车局

库车局为清代新疆地区天山南路库车城的铸钱局。有当百、当五十、当十、当五共 4 种纪值等级。

本书收集库车局咸丰钱标本 6 枚。

1. 当百

第 31—1—0—1 号　当百。评级：柒。

　　径：42.0 毫米。厚：2.8 毫米。重：21.8 克。质：红铜。

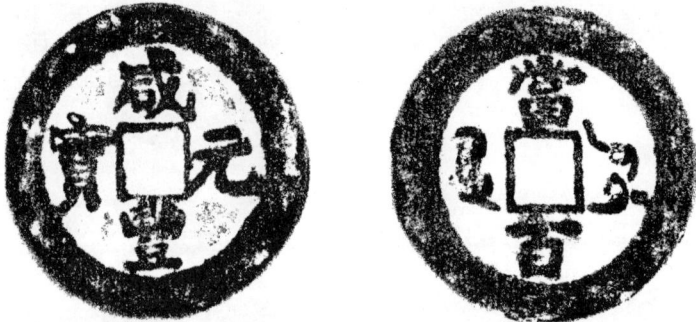

第 31—1—0—2 号　当百。评级：柒。

　　径：40.5 毫米。厚：2.1 毫米。重：20.0 克。质：红铜。

2. 当五十

第31—2—0—1号 当五十。

评级:伍。

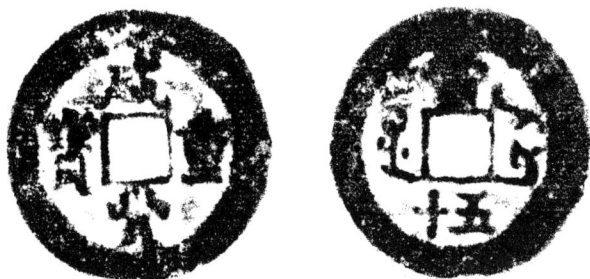

  径:36.0毫米。

  厚:2.3毫米。

  重:12.7克。

  质:红铜。

3. 当十

第31—3—0—1号 当十。评级:拾。

  径:25.3毫米。

  厚:1.6毫米。

  重:6.2克。

  质:红铜。

第31—3—0—2号 当十。评级:拾。

  径:25.3毫米。

  厚:1.4毫米。

  重:4.7克。

  质:红铜。

4. 当五

第31—4—0—1号 当五。评级:玖。

  径:24.8毫米。

  厚:1.2毫米。

  重:3.6克。

  质:红铜。

三十二、吉祥钱

咸丰年号的吉祥钱虽非行用钱,却具当时的铸钱风格,且大多为官局所铸,铸制精好,极具欣赏价值。除京局铸的吉祥钱外,地方局亦有铸造,各具特色。

本书收集咸丰年号吉祥钱标本16枚。

第32—0—0—1号 "天下太平"。评级:陆。

径:45.8毫米。厚:3.6毫米。重:40.9克。质:黄铜。注:"缶"宝"八"贝。

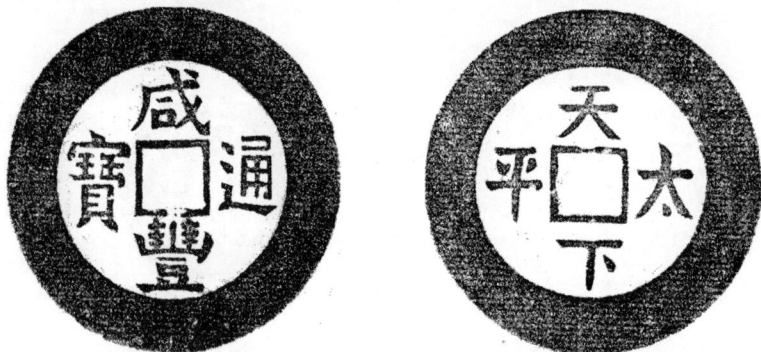

第32—0—0—2号 "天下太平"。评级:陆。

径:45.7毫米。厚:2.9毫米。重:33.4克。质:黄铜。注:"缶"宝"八"贝。

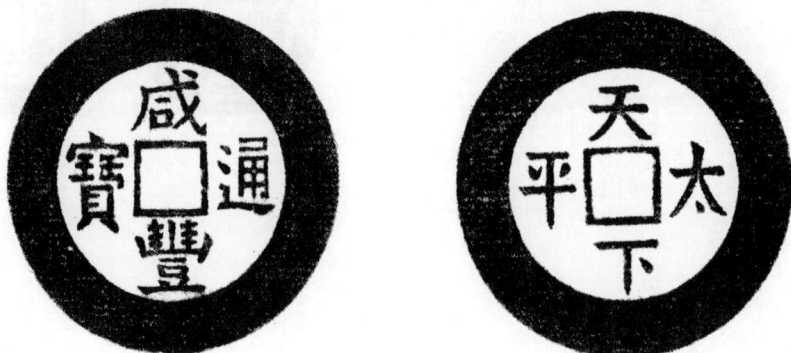

第32-0-0-3号 "天下太平"。评级:陆。

　　径:44.2毫米。厚:2.9毫米。重:32.0克。质:黄铜。注:"尔"宝"八"贝。

第32-0-0-4号 "天下太平"。评级:陆。

　　径:44.0毫米。厚:3.2毫米。重:37.4克。质:黄铜。注:"尔"宝"八"贝。

第32-0-0-5号 "天下太平"。评级:陆。

　　径:43.8毫米。厚:2.6毫米。重:27.1克。质:黄铜。注:细豆丰。

第32—0—0—6号　"天下太平"。评级:陆。

　　径:40.6毫米。

　　厚:2.6毫米。

　　重:22.8克。

　　质:黄铜。

　　注:宽丰。

第32—0—0—7号　"天下太平"。评级:陆。

　　径:40.0毫米。

　　厚:2.6毫米。

　　重:24.2克。

　　质:黄铜。

　　注:宽丰连笔豆。

第 32—0—0—8 号 "天下太平"。评级:陆。

    径:37.5 毫米。

    厚:2.6 毫米。

    重:21.2 克。

    质:黄铜。

    注:楷书。

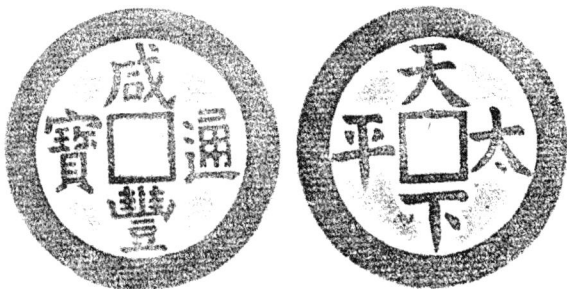

第 32—0—0—9 号 "天下太平"。评级:柒。

    径:26.4 毫米。

    厚:1.5 毫米。

    重:4.6 克。质:黄铜。

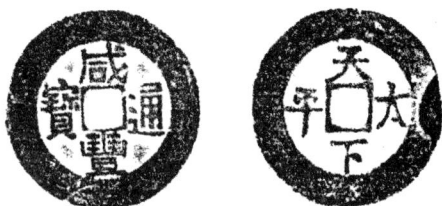

第 32—0—0—10 号 "天下太平"。评级:柒。

    径:38.8 毫米。

    厚:3.2 毫米。

    重:27.5 克。

    质:黄铜。

    注:重宝。

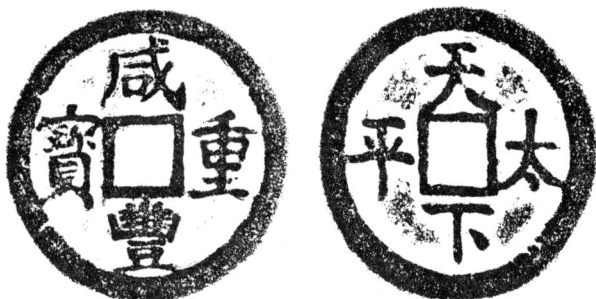

第 32—0—0—11 号 "一统天下"。评级:陆。

    径:46.4 毫米。厚:1.9 毫米。重:1.9 克。质:黄铜。

第32—0—0—12号 "天子万年"。评级:柒。

　　径:26.5毫米。

　　厚:1.3毫米。

　　重:4.9克。质:黄铜。

第32—0—0—13号 "桂子兰孙"。评级:

陆。

　　径:38.4毫米。

　　厚:2.1毫米。

　　重:17.1克。

　　质:黄铜。

第32—0—0—14号 背"八卦"。评级:陆。

　　径:31.5毫米。

　　厚:1.6毫米。

　　重:8.9克。

　　质:黄铜。

第32—0—0—15号 "大清一统"。评级:柒。

　　径:26.3毫米。

　　厚:1.5毫米。

　　重:5.8克。质:黄铜。

第32—0—0—16号 "福寿"。评级:柒。

　　径:26.3毫米。

　　厚:1.5毫米。

　　重:5.8克。质:黄铜。

第二部分　集泉文集

"大泉二千"轶闻

"大泉二千"近十几年来未有报道,足见少有,公认为三国孙吴所铸。

我于1985年因公赴日本,曾去东京的钱币商店,发现有四枚"大泉二千"陈列出售。探询得知,约在1982年,有一批约600余枚流向日本。十余年前,东京钱币市场曾有一枚"大泉二千",拍卖起价为30万日元。现由于大量涌入市场,每枚跌价至3.5万日元。我尽管囊中外币有限,仍是尽力购回一枚。这枚钱锈色漆黑,又有斑驳翠绿硬锈,径3.2、穿1、边郭厚0.2厘米,重11.5克。

越二年,得知这批"大泉二千"已流向世界各地,东京亦不可复得。

(原刊陕西《钱币研究》1988年12期)

少见的匽刀背文

最近我发现一枚五期磬折匽刀，背文极稀见①，全长 13.9、身长 7.9、环径 1.6、首宽 1.7 厘米，重 16.9 克。仔细揣摸，背面的一匽弧，类似于面文"晏"的上笔，下部则似"前"字。经与《金石大字典》对证，基本相符，因而揣度此背文为"前晏"二字合文。如是，则燕国的铸币机构又有了"晏"及"前晏"的区分。在五期匽刀中有一种铜质粗劣的光背刀②，是匽刀走向衰亡时期的铸币。"前晏"背文稀见，意味着出现这一铸币机构的时期，已接近匽刀的衰亡。

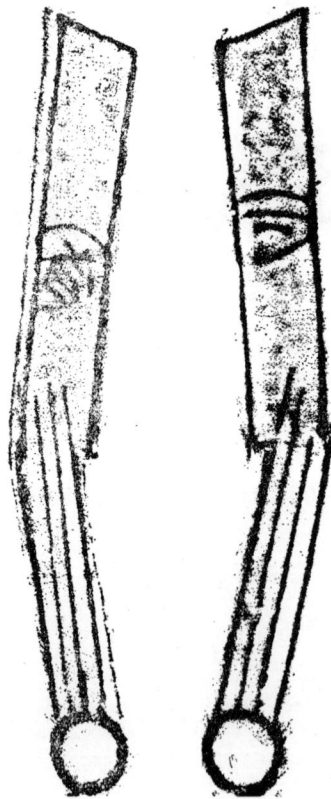

（原刊陕西《钱币研究》1989 年 1 期）

---

①　《古钱大辞典》明刀一○七四背文相类，但无释。

②　佟达、张正岩《辽宁抚顺县巴沟出土燕国刀币》，《考古》1985 年 6 期。

背有巨形星月的"圣宋元宝"

　　泉友刘志强在一堆宋钱中，挑出此枚"圣宋元宝"。生坑，径 2.3、穿 0.5 厘米，重 4.9
克。背穿上一大仰月，穿下一巨星。星稍高于边郭。

（原刊陕西《钱币研究》1991 年 6 期）

三枚唐钱

一、开元通宝

唐代铸钱方法,虽有不同说法,但唐代有母钱已是共识。这枚开元通宝母钱,径 26.0、穿 7.0、厚 1.6 毫米,重 4.5 克。正面通体黑绿包浆,有红斑、蓝锈、背面穿上仰月,通体黑绿色。铸造非常工整,文字笔划纤细挺拔,与内外郭均无连接,背面仰月纤细,周郭工整,应是母钱(图 1)。

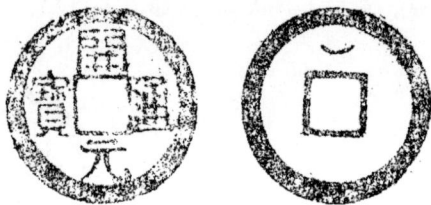

图　1

二、乾元重宝白铜母钱

当十“乾元重宝”白铜母钱有传世品[1]。此枚亦为白铜质。通体有一层致密蓝锈包裹。径 30.5、穿 7.1、厚 2.0 毫米,重 9.5 克(图 2)。文字笔划纤细高挺,铸造极精美,应是母钱。惜曾流通,边郭有磕伤。

图　2

三、大型乾元重宝

直 37.0、穿 8.0、厚 2.3 毫米,重 16.6 克(图 3)。正面极工整。背面重轮,穿下俯月。此外,背面斜贯全线有一直纹。当为翻砂中,砂型受损造成。此钱的特点是大于常品。

孙仲汇先生认为,开元钱的铸法是母钱与木质组合范打印泥质子范铸成,很有说服力[2]。此枚大型“乾元重宝”背面的铸损情况,似是翻砂法铸造中失手造成。因为,子范如有残损,多半不会使用。

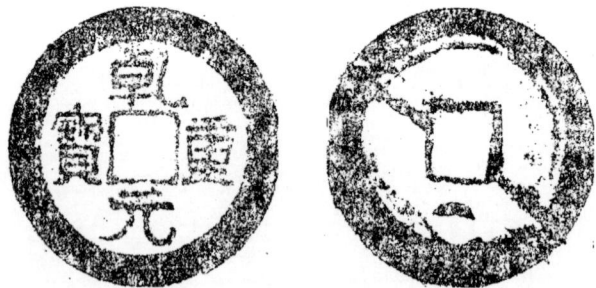

图　3

(原刊陕西《钱币研究》1991 年 8 期)

---

① 孙仲汇《开元通宝铸法探讨》,《陕西金融》钱币专辑 9。

② 同上。

"印尼出天辅和贞祐钱质疑"答疑

在《钱币研究》1992年第1期的质疑栏中,内蒙古巴导先生提出的疑问,本人略知一二,发表以答疑。平岛春水先生是日本籍华人,原名郑添旺,祖籍台湾省台中市。经营集币多年,在港台常有文章发表。约20年前,郑先生听说印尼巴厘岛发现大量中国古钱,出资购下十余吨,在当地培训六人专门捡选古币异品。"天辅"和"贞祐"即此时发现。笔者曾寓目此枚"贞祐",印象是曾长时期流通过。

此批古币中,有一类是中原地区没见过的。年号大多为北宋,但字不成体,且缺笔少划。与郑先生讨论中,笔者提出,早年流徙东南亚的华人很多,带去的中国铜钱有限。一旦流通需要,必然要自己铸币,由于流徙东南亚的多系劳动人民,文化水平不高,故只能采用中国旧年号(其中也包括传统的向心力影响),字迹则缺笔少划。当时郑先生称"创见"。

我想,"天辅"和"贞祐"必然是先民带到海外的流通币。

(原刊陕西《钱币研究》1992年5期)

咸丰钱珍稀品四例

　　一、宝河局当百铸母：黄铜，质地精良。径 50.0、穿 11.0、厚 5.0 毫米，重 59.8 克。边、穿郭及笔划具极明显的拔模斜度。字体高耸、秀丽，当能表现周容斋太史书体原貌矣。背面满文"宝"、"河"二字中间均断开，流通钱中不见此版式，或是翻砂铸钱时此处被壅平（图 1）。

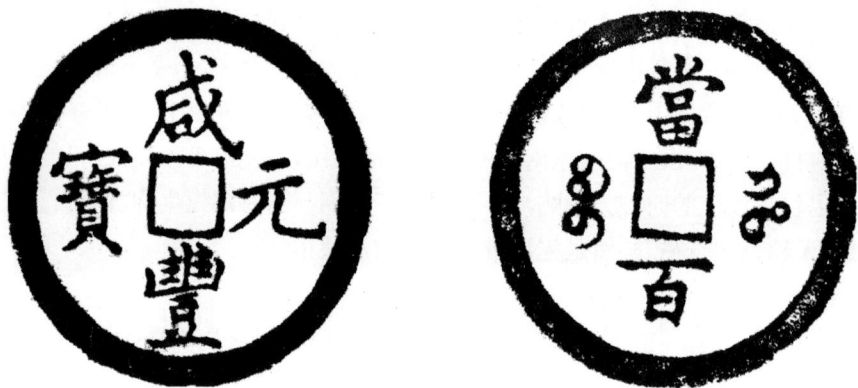

图　　1

　　二、宝直局小平铸母：径 24.0、穿 7.0、厚 1.5 毫米，重 5.5 克。生坑，边郭为褐色锈，地张为蓝色锈。除锈后始露出黄铜质，但边郭被锈蚀得充满麻点。此钱除铸造精良，文字清晰，稍厚重外，看不出铸母的特征。初疑为样钱。据文揣摸，特别是看到宝直局一般小平钱的漫漶形状，才断定这是一枚母钱（图 2）。

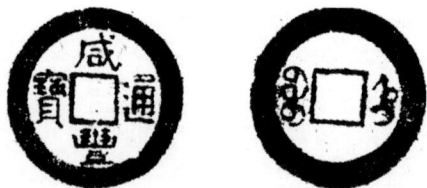

图　　2

　　三、宝蓟局当百大：黄铜质。径 53.3、穿 13.0、厚 4.0 毫米，重 57.7 克。钱面文字笔划粗于背面。宝蓟局即在天津市附近。但听说近年只发现宝蓟局当百大钱三枚，可见其稀（图 3）。

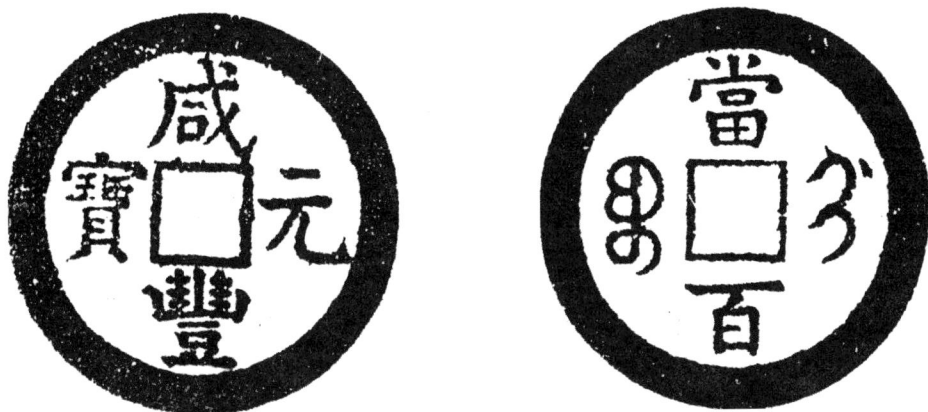

图　3

四、宝济局当十：黄铜质。径 33.0、穿 8.5、厚 3.0 毫米，重 19.8 克。集咸丰钱多年，宝济局钱仅集此一枚，还是山东泉友代集的，可见其稀（图 4）。

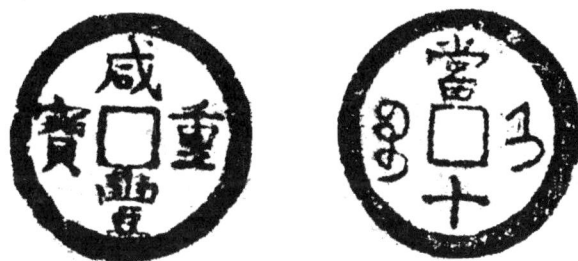

图　4

（原刊陕西《钱币研究》1992 年 7 期）

"大观"小平钱的讨论

《陕西金融钱币研究》1991年第7期发表了郝朝之、常润富两篇议论"大观"小平钱的文章,读后很受启发。现不揣冒昧,参与议论和求教。

一、"远点通"确是新版式,与"楷通"的差异明显。平时"楷通"尚可集到,"远点通"则是前所未见,本人集有"楷通"二品。图1,径25.0、穿6.0毫米,重3.9克。图2,径24.5、穿6.0毫米,重3.6克。

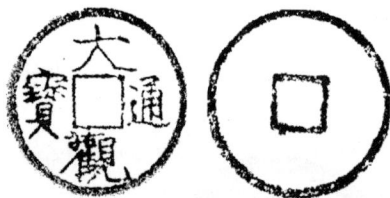

图 1

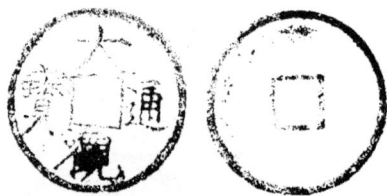

图 2

二、细审"连草冠"拓图,疑即《古钱币图解》179页中的"楷通大字"。最突出特点是"通"字中的"甬"字头异于其他,亦甚稀少,本人集有一枚,径26.0、穿6.5毫米,重3.6克(图3)。

三、"离通"一枚,径25.2、穿6.5毫米,重4.3克(图4)。"降通"一枚,径25.0、穿6.0毫米,重4.4克(图5)。共同特点是品相好,笔划很细,土锈很易去掉。钱身包有一层"黑漆古",结合钱币精好考虑,似是经过特殊处理的结果。

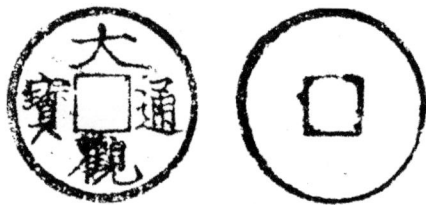

图 3

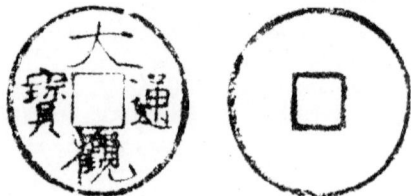

图 4

图 5

四、"宽观"一枚,径25.5、穿6.5毫米,重3.8克(图6),和以上的图1"楷通",在笔划之间布有一层杏红(宽观)和杏黄(楷通)色物质。其上的土锈很易清除,故钱币显得艳丽。这一层杏红(黄)的物质是什么? 如何会在钱币上? 请识者指教。

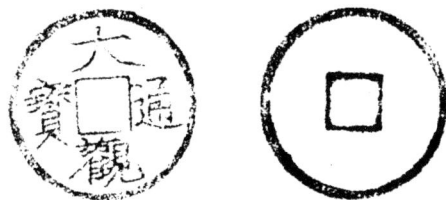

图 6

（原刊陕西《钱币研究》1992 年 9 期）

一批咸丰小平铁钱

彭信威在《中国货币史》中阐述"铁钱局设于咸丰四五年间。铸小制钱和当十钱。……因制作精整民间并不加以歧视,……"。

1992年春季,一批清代小平铁钱流入天津市,总数在五千枚左右。这批铁钱很有特色。介绍于下:

一、品相绝好。这批铁钱铸造工整,字迹清晰,通体呈"黑漆古"色,光泽滋润,字里行间有铁锈色。比一般铜质咸丰小平钱还要整齐。

二、绝大部分年号为"咸丰"。但一泉友从中捡出"乾隆通宝"(图1,径21、穿6.5、厚1.5毫米,重3克)和"嘉庆通宝"(图2,径21、穿7.0、厚1.2毫米,重2.6克)铁小平各一枚。如前述"铁钱局设于咸丰四五年间"似不应有"乾隆"、"嘉庆"铁钱。从两钱的铸造规格看,大约也铸于咸丰年间。铸前朝的年号铁钱,尚未见过报道,值得有兴趣的泉友进一步探讨(均为宝源局)。

图　1　　　　　　　　　　　　　　　图　2

三、咸丰小平铁钱中,绝大部分为戴书钱(图3,径23.0、穿宽6.0、厚2.0毫米,重4.2克)。另有一种窄缘戴书钱,数量少得多(图4,径21.0、穿6.0、厚2.0毫米,重3.4克)。

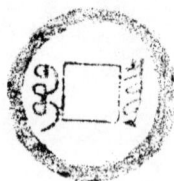

图　3　　　　　　　　　　　　　　　图　4

四、其他宝泉局铁钱捡出三种版式,数量都很少。

1."叁"字宝:径24.0、穿7.0、厚1.8毫米,重4.5克(图5)。2."方"头通:径24.0、穿7.0、厚2.0毫米,重4.5克(图6)。3."角"头通三点宝:径24.0、穿7.5、厚1.8毫米,重4.8克(图7)。

图 5

图 6

图 7

五、宝直局捡出四个版式,数量均少。

1."尒"字宝:径24.0、穿7.0、厚1.8毫米,重4.1克(图8)。宝直局"尒"字宝咸丰小平铁钱没见过报道,但据闻已有铜质铁母被发现。2. 满文出头宝:径23.0、穿7.5、厚1.6毫米,重3.8克(图9)。3. 满文大字:径24.0、穿7.5、厚2毫米,重6.3克(图10)。4. 满文中字:径24.0、穿7.5、厚1.5毫米,重4.7克(图11)。

图 8

图 9

图 10

图 11

六、捡出少量宝河局铁小平(图12):径24.0、穿7.5、厚2.0毫米,重4.7克。

七、捡出少量陕局铁小平(图13):径22.5、穿7.5、厚1.6毫米,重4.6克。

图　12

图　13

八、捡出铅质咸丰平钱两枚。

1.宝泉局:径2.0、穿7.0、厚1.2毫米,重2.7克(图14)。2.宝源局:径21.0、穿7.0、厚1.5毫米,重3.1克(图15)。曾捡出一枚宝德局小平铁钱,惜失之交臂。

图　14

图　15

(原刊《陕西金融》1993年4期)

宝福局咸丰小平铁钱版式

1985 年,在天津市区三叉河口大沽炮台遗址处,因基建挖到宝福局小平铁钱数十吨。由于一些原因除取出部分标本外,又重新封于地下。

这批铁钱经过流通,钱眼中有贯穿物朽痕,估计是成串埋于地下的。按满文"福"字的宽窄可将它们分为"窄福"和"宽福"二类。每类中又分大、小样,"福"字的宽、窄也有异。此外,"窄福"是宽郭。"宽福"则郭较窄。这批钱,绝大部分为"窄福"。面径大于背径,因而郭侧面是斜的。现择五枚典型者介绍于下:

单位:厘米、克

图号	面径	背径	穿宽	郭厚	重
1	2.8	2.7	0.7	0.2	7.8
2	2.6	2.5	0.65	0.2	6.9
3	2.7	2.6	0.8	0.2	7.7
4	2.65	2.5	0.7	0.2	5.7
5	2.5	2.45	0.8	0.2	5.4

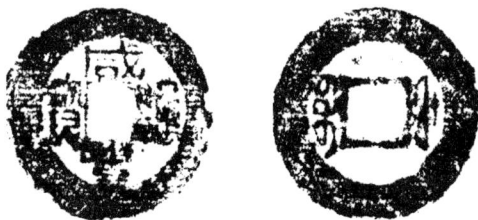

图 1

图 2

图 3

图 4   图 5

（原刊《陕西金融》1993 年 5 期）

一枚宝源局咸丰当千样钱

今年 7 月 17 日的《中国文物报》三版刊登了一枚湖南省博物馆珍藏的宝源局咸丰当千雕母钱,称"……这枚咸丰元宝宝源局当千雕母钱,现有各钱谱泉汇均无记载,为珍藏仅见之品",以示其珍重。适本人藏有一枚宝源局"咸丰元宝"当千样钱,版式相类,发表出来,供有兴趣者研究。

此枚钱黄铜铸,径 63.5、厚 4.1 毫米、重 76.3 克。铸工精细,文字清晰无流铜。钱文字口深峻(面郭深 1.2 毫米),虽是铸币,但笔划仍铸出清楚的雕刻痕迹。因而,这是一枚初铸样钱(见图)。

以上二枚钱币的共同之处是,面文"宝"字下部为"开口贝",不同于"封口贝"的紫铜当千钱。直径也稍大于紫铜者,比较稀见。

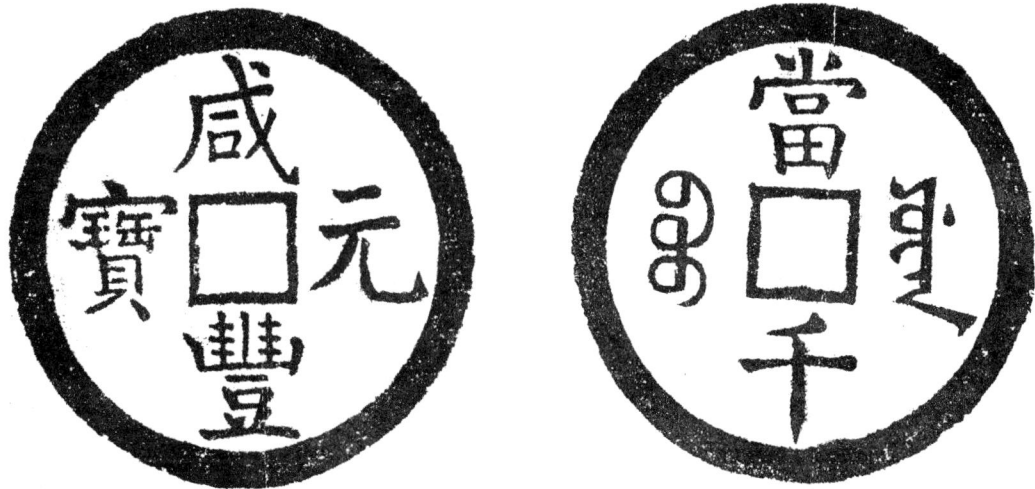

(原刊《陕西金融》1994 年 9 期)

三枚"铁范铜"咸丰小平钱

　　近日,一次得到三枚咸丰小平铜钱,一枚为宝泉局"戴书",一为宝直局,一为宝河局。不具备母钱特征。正巧手边均有同一版式的铁钱,两相比较,铜钱并不显得厚大。所以,我认为三枚铜钱为"铁范铜"。各项数据见附表。图1、3、5为铜钱,图2、4、6为铁钱。

单位:毫米、克

图号	钱径	穿宽	郭厚	重
1	22.3	8.2	2.0	4.2
2	22.7	8.1	1.92	4.3
3	23.7	8.2	1.80	4.7
4	23.6	8.4	1.90	4.6
5	23.8	7.7	1.80	4.5
6	23.8	7.8	2.0	4.7

图 1　　　　　　　　　　图 2

图 3　　　　　　　　　　图 4

图 5　　　　　　　　　　图 6

（原刊《陕西金融》1994年12期）

咸丰钱研究

一、六枚咸丰钱珍稀品

遗留至今的咸丰钱尚多,但珍稀品稀少。本文介绍六枚咸丰珍稀品。

1. 宝迪局当八十:径 51.56、厚 3.4 毫米,重 45.0 克。铜色似黄,但包浆发红。自 1987 年第 3 期《中国钱币》披露发现此种咸丰钱以来,据我所知不足 10 枚,弥足珍贵。此枚得自乌鲁木齐(图 1)。

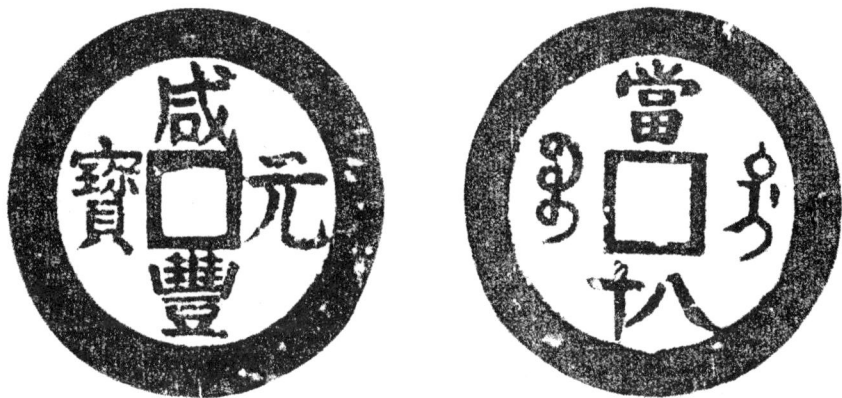

图　1

2. 宝蓟局大样当十:径 37.0、厚 3.0 毫米,重 19.7 克。黄铜质。宝蓟局大样当十远少于小样当十。近年发现约十余枚。大多品相不佳,此枚为最佳者。过去认为大样当十为铁母。但在发现的十余枚中,没有一枚具母钱特征,看来铁母之说不确,顶多是铜、铁两铸,即所谓"铁范铜"(图 2)。

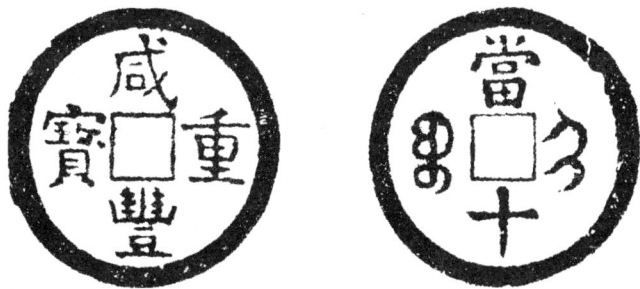

图　2

3. 宝直局当五：径 32.0、厚 2.58 毫米,重
12.9 克。黄铜质。在马定祥先生遗著《咸丰
泉汇》中有两种版式的宝直局当五,均很稀少。
此枚为其中之直径较大者。从字体看,与目前
常见的宝直局诸品,不是一个版式系列(图 3)。

4. 宝巩局当五十部颁样钱：径 56.1、厚
4.1 毫米,重 66.8 克。黄铜质。此钱完全为宝
泉局大样当五十的风格,与宝巩局铸钱截然不同,应是部颁样钱(图 4)。

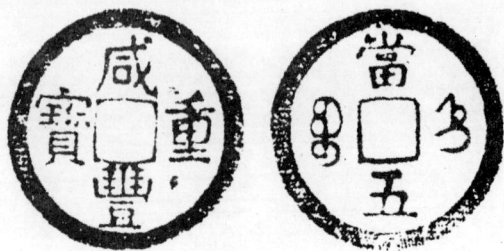

图　3

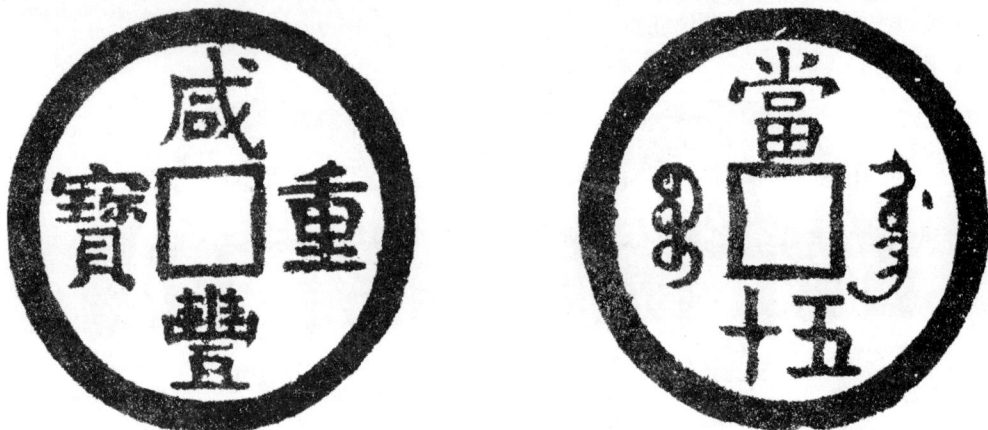

图　4

5. 宝济局当五十大字版：径 45.92、厚 3.1 毫米,重 34.7 克。黄铜质。宝济局各种咸丰
钱均很稀少,大字当五十尤其少见(图 5)。

图　5

6. 宝武局当五十"缶"宝版式：径 47.6、厚 3.34 毫米,重 36.8 克。黄铜质。《咸丰泉汇》
中披露宝武局"缶"宝有一个系列,当五、当十、当五十、当百,均很稀少。此枚当五十边郭有
缺损,美中不足(图 6)!

图 6

二、咸丰钱中的部颁样钱与部颁式钱

收集咸丰钱时,常能见到一些铸造精美的铸钱,与该铸局其他铸钱的风格截然不同,而与户部宝泉局的风格一致。这就是部颁样钱和部颁式钱,很容易与一般行用钱相区别。但区别部颁样钱和部颁式钱,就需要有一定的经验。本人认为,主要不同点在于铜质精好程度、铜色及铸造精好的程度。

图 7 为部颁宝云局小平样钱。黄铜铸,铜质精好,铸工精良。完全是户部宝泉局风格,与宝云局小平行用钱区别明显。径 27.46、厚 1.50 毫米,重 5.9 克。

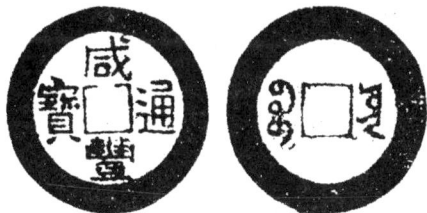

图 7

图 8

图 8 为宝川局按照部颁样钱铸的部颁式小平钱。径 26.30、厚 1.16 毫米,重 4.6 克。风格一如宝泉局,但铜质不精,铜色暗红。尺寸及重量都有缩减。

图 9 为黄铜质,铸工较精。径 26.32、厚 1.18 毫米,重 4.5 克。由于铜质不算精、尺寸及重量有缩减,所以,只能认定是一枚宝川局所铸的部颁式小平钱。

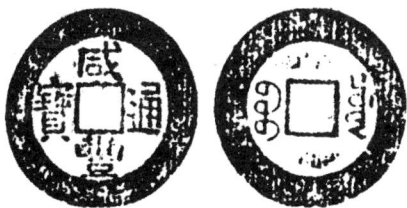

图 9

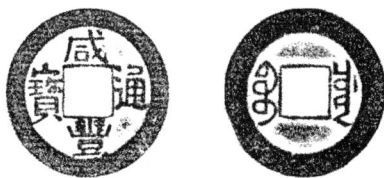

图 10

图 10 为宝川局自有风格的小平母钱。径 22.28、厚 1.50 毫米,重 3.9 克。黄铜质,铜质精良。

图 11 是宝川局小平行用品。径 22.7、厚 1.6 毫米,重 4.5 克。铜色发红、发暗。其尺寸和厚度都大于图 10 母钱,重量却较轻,可见铜质不良。如此品相的宝川小平钱已是相当少见,大多品相极差。

图　11

三、三种铜质的宝陕局咸丰当千

古代铸钱,当属咸丰朝最为复杂。铸钱局多达 32 局;纪值达 17 等;各种钱又有雕样、祖钱、母钱、子钱等区别;铸钱材质有银、铜、铁、铅,以铜为主,铜质又分为紫铜、红铜、青铜、黄铜、白铜。本人收集的三枚宝陕局当千咸丰即三种铜质。

图 12 为紫铜质。径 71.4、厚 4.46 毫米,重 111.9 克。铸造规整。背郭正下方打印一"官"字。郭与铸字均较浅,这是宝陕行用大钱的特色。为行用钱。

图　12

图 13 为青铜质。径 72.1、厚 5.1 毫米,重 128.6 克。铸造规整,地张经过加工。字迹较浅。为行用钱。

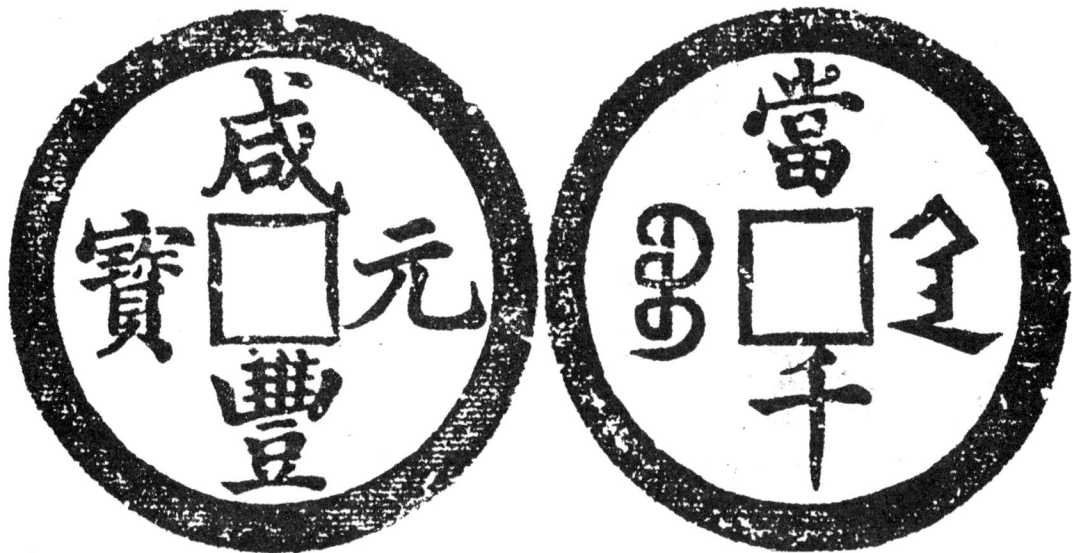

图　13

　图 14 为黄铜质。径 70.5、厚 5.52 毫米,重 140.5 克。字迹较深。铸造精美、厚重。地张经过加工。为开门见山的样钱。

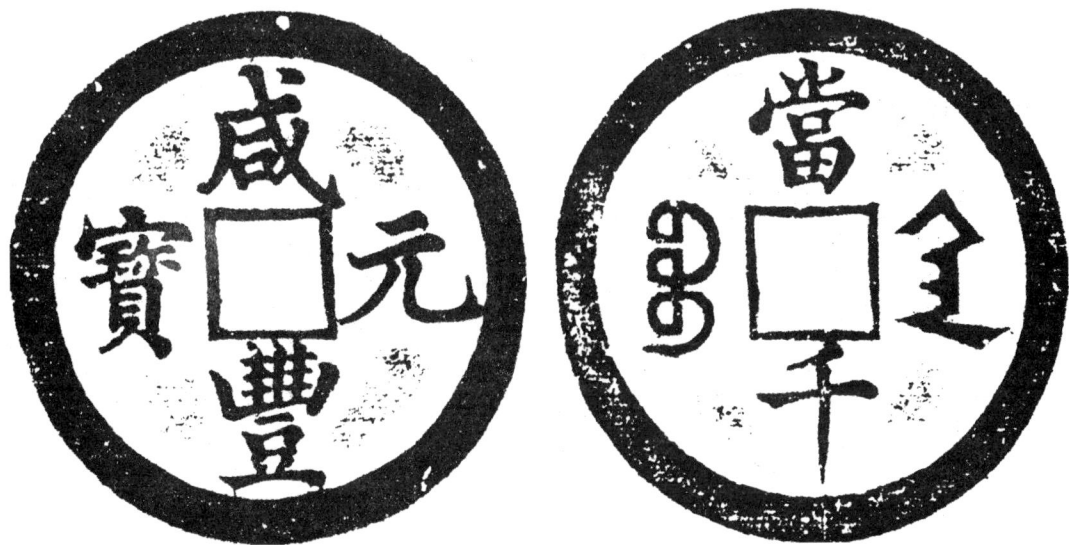

图　14

（原刊《陕西金融》1995 年 4 期）

咸丰铁母钱和铁母毛坯钱

　　咸丰钱是最复杂的年号钱之一。除材质、面值、钱局、版式外,近年通过实物资料发现,在铸造工艺方面,有新的内容。

　　咸丰钱中,宝直局小平铜钱比较少见,以致先贤丁福保的著作缺载。现在见到的宝直局小平铜钱,薄小漫漶不精,大致可分两式。数年前于一堆生坑清钱中,捡出一枚咸丰宝直局小平钱(图1、径24.1、穿6.8、厚1.7毫米,重5.2克),黄铜质,"缶"宝"平"头通。当时包满褐色及深蓝色的原锈。以醋浸泡后,浮锈退尽。发现此钱铸造相当精好,上有锈蚀,表面有麻点。对此钱的定性,颇费周折。首先,铜钱中不见此种版式。铁钱中有此版式,但此钱虽精好,却无母钱特征,不是"铁母"。因而,只能按老传统称之为"铁范铜"。

图　1　　　　　　　　　　　　　　　　　　图　2

　　不久前,又得到一枚咸丰宝直小平钱(图2、径24.6、穿7.2、厚1.9毫米,重6.0克),黄铜质,为"缶"宝"角"头通。其精好程度及特点,亦如上一枚钱。故仍认为是"铁范铜"。

　　最近,见到一小批咸丰宝直小平铜钱,钱系"铁母"并具有以上二枚钱特征。由于种种原因,只得到四枚不同式的"铁母"。分别为"缶"宝式(图3、径24.1、穿6.9、厚1.66毫米,重4.6克);"尔"宝式(图4、径24.2、穿7.6、厚1.68毫米,重4.7克);"三点"宝式(图5、径24.4、穿6.94、厚1.66毫米,重5.0克);"参"宝式(图6、径24.0穿7.5、厚1.78毫米,重4.9克)。四枚"铁母"由于铸钱工艺的需要,铸成后经过雕琢再加工,特点明显。其平均数据为:径24.2、穿7.24、厚1.7毫米,重4.8克。以上二枚(图1、2)不见加工痕迹,小平钱的平均数据为:径24.35、穿7.0、厚1.8毫米,重5.6克。对比两类实物的数据悟出,前二枚钱是"铁母钱"的毛坯。"铁母"由于加过工,故直径小了、钱薄了、穿径大了、重量轻了。从铸钱程序上说,"铁范铜"为"铁母"翻铸成,是子钱。而"铁母毛坯钱"是与母钱同一辈分的。两枚毛坯钱的性质,长时间没认清。其实,在其他版式的咸丰钱中,也有此类情况。但掌握实物少,只因此批宝直小平钱的发现,才得以加深认识。如图7的"参"宝当十(径38.4、穿11.2、厚3.54毫米,重23.5克),黄铜质,厚重精好,也是一枚"铁母毛坯钱"。其所以没有加工成"铁母",是因为铸造上有缺陷,"咸"字的一撇铜水不足。图8是所谓"戴书"咸丰当十,黄铜质,铁钱版式,不是"铁母",较薄,即所谓"铁范铜"。

　　此批咸丰宝直小平钱流入市场后,虽努力打听其出处,没能如愿。其中,除四式"铁母"外,尚有"厽"宝、"缶"宝、"尔宝"毛坯钱,没能集到,很是遗憾!

图　3

图　4

图　5

图　6

图　7

图　8

（原刊《陕西金融》1996 年 2 期）

宝武局"缶"宝咸丰钱

　　《历代古钱图说》刊一枚宝武局咸丰当五钱,系"缶"宝,至今未发现第二枚。但是,却陆续发现了咸丰"缶"宝的小平、当十、当五十及当百等钱。从字体特征看,当属同一版式系列。最突出特点,一是"缶"宝;另,满文"武"的首笔是断开的,但小平钱的字体近仿宋体。除具有以上特点外,"咸"字的造型结构,与其他面值也很近似。

　　当今所见宝武局咸丰钱,可分为七个版式系列,有六个版式系列均为"尔"宝。其中的部颁式只有小平和当十两个面值。其他五个系列都有小平、当十、当五十、当百四个面值。独此"缶"宝系列又多出一个当五面值。此系列中,小平及当五十尚见过数枚,当十及当百则罕见。

　　兹附咸丰宝武局"缶"宝咸丰钱如下表及图。

单位:毫米、克

图号	面值	直径	郭厚	重量
1	当百	53.5	3.5	50.4
2	当五十	47.4	3.9	41.8
3	当十	35.5	2.8	16.4
4	小平	23.3	2.0	5.1

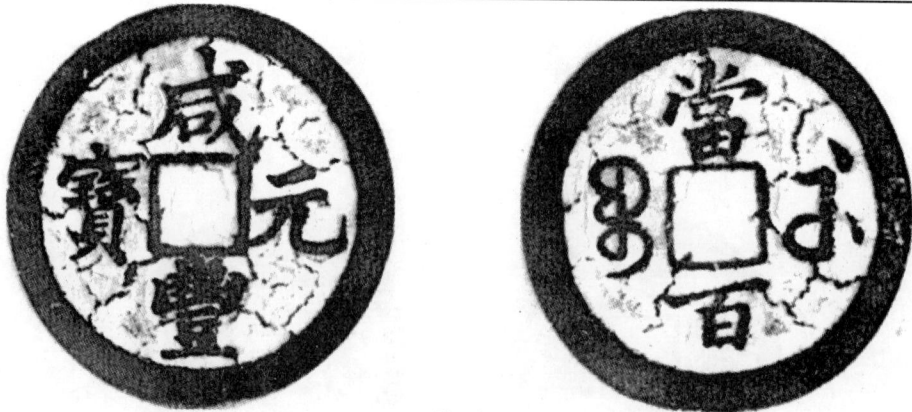

图　1

图　2

图　3　　　　　　　　图　4

（原刊《中国钱币》1997 年 1 期）

也谈宝河局咸丰大钱

　　读《安徽钱币》1997年第3期喻战勇先生《宝河局咸丰大钱版别初探》后,甚是兴奋。本人也想披露几枚宝河局咸丰大钱,就有关问题一并向同好请教。

　　一、宝河局咸丰当百母钱:此钱黄铜,铜质精好,径5.0、厚0.48厘米,重59.6克(图1)。拔模斜度明显,应是一枚母钱。地张干净、光润,色深黑。笔锋甚锐,秀美俊逸,尚能表现周太史的墨风。该钱有一特征,即满文"宝河"二字中间连笔处皆为隐起文,墨拓则表现断开。此种断开现象在流通钱上少见,可能因间隙太小,在翻铸中失去,或是一种少见版式。

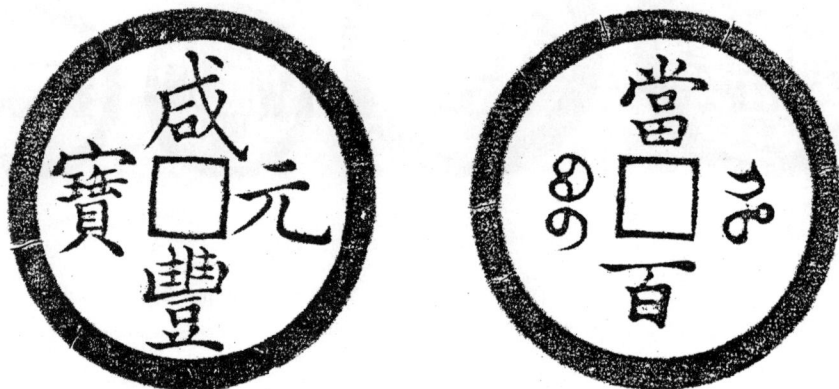

图　1

　　二、斜元当百:黄铜质,面径4.87、背径4.84、厚0.6厘米,重72克(图2)。

图　2

此钱问题最多,文字存宝河局特征,但已远称不上俊逸。"宝"下"贝"中缺一横,下边封口是"人",而不是一般宝河局大钱的"八"贝。

"元"字明显歪斜,很难设想有这样的母钱。自晚清以来,向有人猜想,某些古钱是由活字模铸出,看了这枚当百,也许可能。此钱总的印象是相当粗犷,有私铸征象,但厚重异常,故而又否定了私铸的可能。总之,这枚古钱有几个不解的问题,请识者指教。

三、宝河局当千和当五百:二枚钱均为紫铜质。包浆基本完整,色深紫,相当美观。当千径 6.04、厚 0.48 厘米,重 72.3 克(图 3)。当五百径 5.58、厚 0.42 厘米,重 57.4 克(图 4)。常听说宝河局当千、当五百都是样钱,故少见。见到实物后,虽相当精好,但不是样钱。都是流通钱。此类大钱虽少,也非不可得,听说近年在河南每年都有二三枚发现,多数都流向了省外的钱币市场。

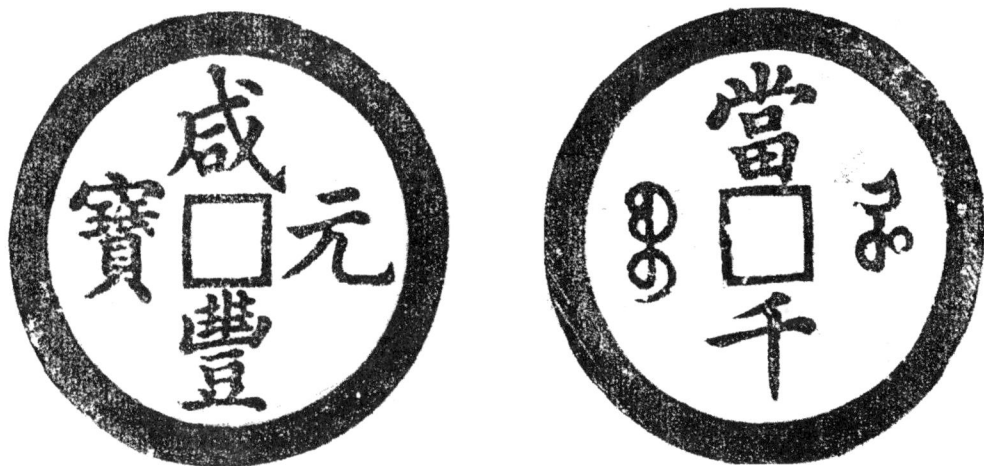

图 3

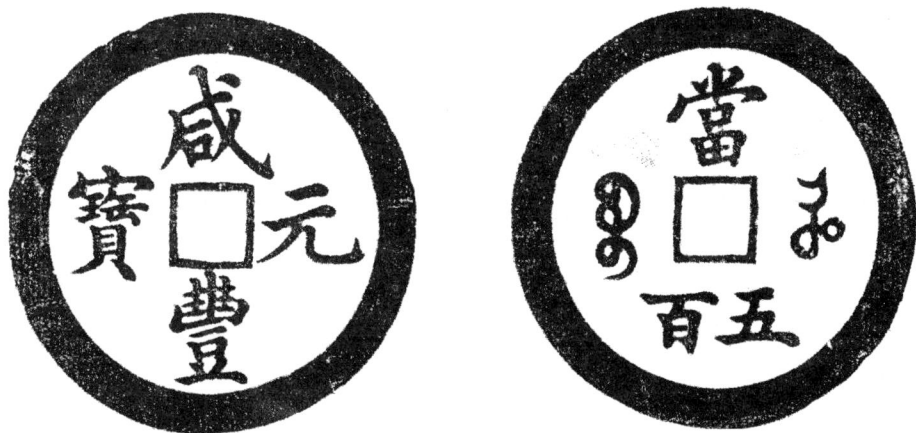

图 4

(原刊《安徽钱币》1997 年 4 期)

介绍几枚咸丰当十祖钱、母钱

　　读完本刊1997年第4期《咸丰宝泉当十铁母》一文后，颇有心得。因本人注重收集咸丰钱的版式系列，在长期的集藏过程中，也偶然会碰上祖、母钱等珍品。今响应李宪章、王复生两位先生的呼吁，披露几枚本人集到的祖、母钱，以就教于读者。图1为一枚"尔"宝祖钱，地张布满刀痕，黄铜，质极细腻。周郭无脊，即不是所谓"鲤鱼背"。边郭有重创，可能因此作废而混入流通钱中。也可能是作废而加以破坏。当年，眼力有限，仅看其精好、厚重，当母钱购入。一次，孙仲汇先生登门造访，指出这是一枚祖钱，因而格外珍视。径3.79、厚0.36厘米，重24.7克。

图　1

　　图2是一枚"缶"宝母钱。因与《咸丰泉汇》66页1－3－114号铁钱相类，估计是铁母。黄铜质，地张稍凸起。外郭有明显的脊，致使拓图的直径比钱币实际直径小0.21厘米。径3.76、厚0.32厘米，重23.1克。

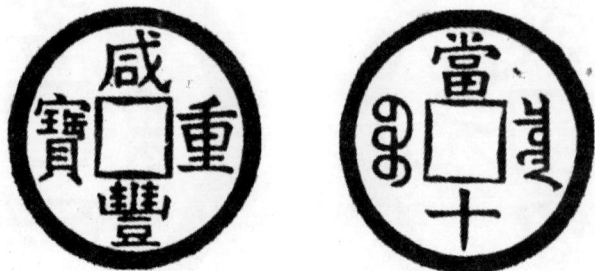

图　2

　　图3是一枚减重的"出头宝"母钱。因其薄小，引起多人疑虑，我才得以购得。黄铜质，不算精致。但地张凸，修饰的刀痕明显。径3.47、厚0.24厘米、重14.2克。

图　3

图 4 为"彡"字宝铁母。黄铜质。外郭有不太高的脊。正好集有同版式的铁钱（附图 5）。铁母径 3.81、厚 0.30 厘米，重 19.9 克。铁钱径 3.74、厚 0.32 厘米，重 18.0 克。

图　4

图　5

图 6 为"灬"宝铁母。宽贝宝版式。黄铜，色金黄。几枚祖、母钱中，以此枚的铜色最接近金黄，铜质也最细腻，地张凸起最明显。集得不同版式的"灬"宝铁钱一并附图于此（见图7）。铁母径 3.81、厚 0.29 厘米，重 20.1 克。铁钱径 3.83、厚 0.32 厘米，重 19.5 克。

图　6

图　7

（原刊《安徽钱币》1998 年 1 期）

介绍两枚宝苏局咸丰当百钱

宝苏局咸丰钱版式繁多,铸钱场所也较多。直至近年,尚有宝苏局咸丰钱新版式及新铸地发现。本人于1997年内集到两枚未见著录的宝苏局咸丰当百钱。希望通过《江苏钱币》介绍给同好,供研究。

一、图1为常见的钩咸"八"贝版式,只是边郭特别宽,最宽处超过12毫米,因而钱的直径达到68毫米,可称超大型。郭厚4.2毫米。肉厚郭浅,钱重达106.2克。黄铜质。

此枚钱铸工较粗糙。面穿左处因铜水不足而下陷,影响到"宝"字。钱面背均有宝苏局大钱常见的纵向磨纹。背外郭左缘被人为磨去一段棱边。包浆完整,宝苏局大钱的神韵十足。

图 1

二、图2近似于宝苏局撇咸类当百大钱,但没见过此种版式。直观包浆完整自然,具宝苏局大钱风韵。但郭厚只有2.6毫米,重43克,直径59毫米,偏轻小。但神韵及文字的规整不像私铸。

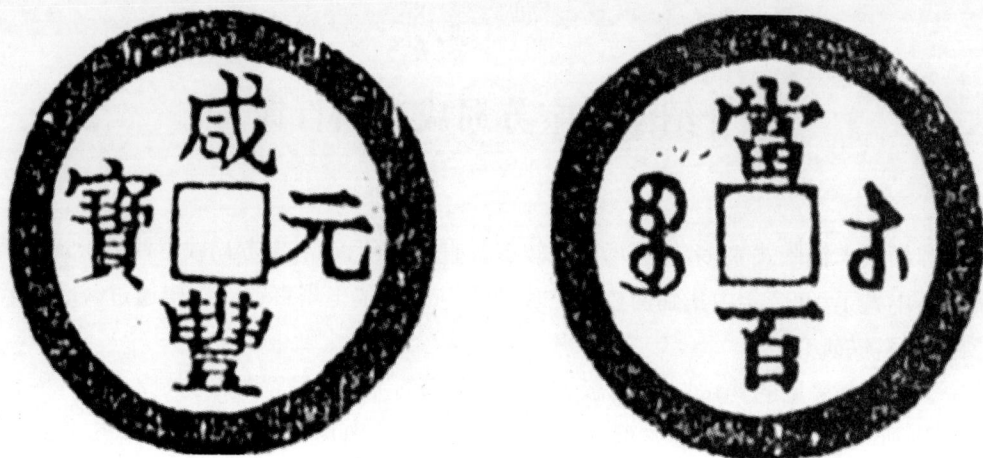

图　2

（原刊《江苏钱币》1998 年 1 期）

略论宝苏局咸丰钱的版式系列

收集、研究古钱,大约首先注意的是版式。因为,版式可能蕴藏着多种内涵。如果不同面值咸丰钱具有共同书体特征,形成系列,那么研究版式系列是否能解释古钱更多的内涵呢? 今试为之。

众所周知,部颁样钱具有户部铸钱的一些规则。如小平钱称通宝,当五至当五十称重宝,当百以上称元宝。各省铸钱往往又有自己一些规律。宝苏局咸丰钱除遵循户部规则外,又有自己的规律。如当百为"缶"宝,当五十以下多为"尔"宝。当五十以下为"缶"宝者,多为较稀少的版式。详见后述。

所谓版式系列,即不同面值的咸丰钱。除元、重、通及"缶"、"尔"的区别外,笔体一致,形成系列。当然,包含两种面值以上才能形成系列。

"系列"注重书体的总体效果,某些笔划的相对粗细或长短,可能系铸造中形成,可忽略。郭的宽窄也看作"系列"内的区别。

宝苏局咸丰钱的版式极多。但能形成系列者不多,本人即梳理出六个版式系列。

一、楷书系列:这个系列只有当百、当五十、当十共三种纪值等级。特点是书体端正,铸造精良,铜质纯正。为正宗的黄铜铸,不见有杂铜的个体。由于铸造精良,枚枚都像样钱。我认为,这一系列可称为宝苏局咸丰钱的最优代表。由于具有这一特点,是否可以估计这一系列的咸丰钱是苏州府宝苏局最早铸造的咸丰大钱呢? 参看图1(径57.2、厚3.7毫米,重66.2克)、图2(径50.4、厚3.3毫米,重43.4克)、图3(径36.7、厚2.0毫米,重15.4克)。

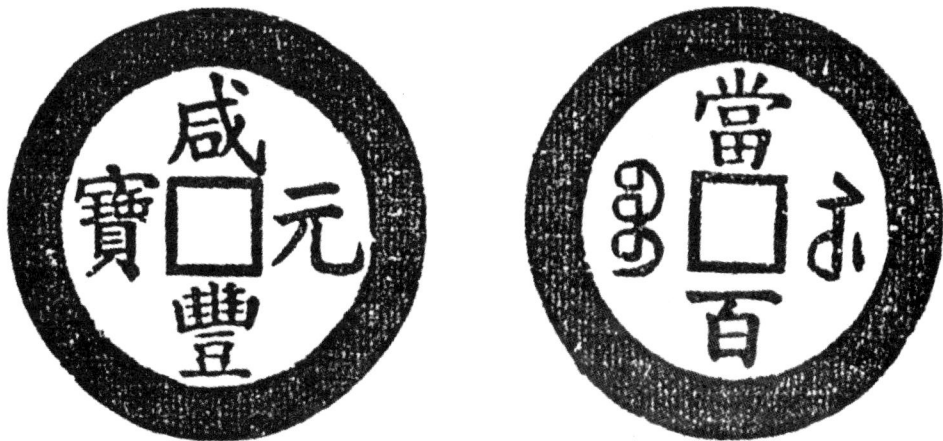

图　1

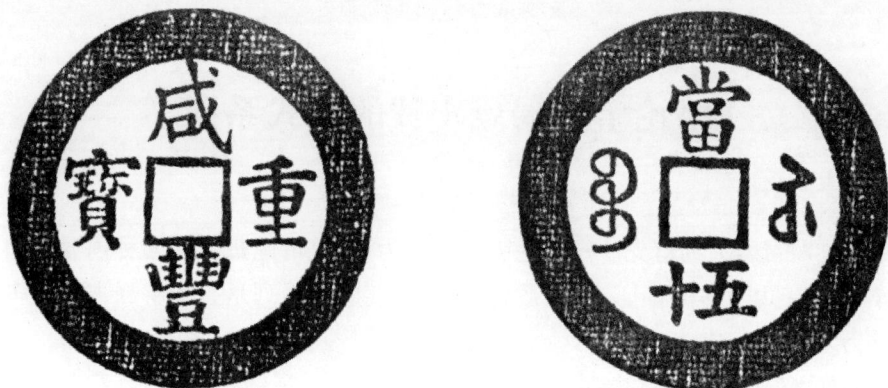

图 2

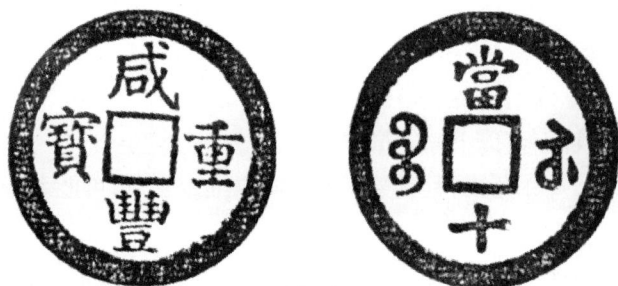

图 3

二、断厂咸系列：在书体上与楷书系列极相近，似一人所书。是否也可估计为同厂所铸？但铸工已不如前者工整。只有当百、当五十、当十共三种纪值等级。参看图4（径61.0、厚3.2毫米，重58.2克）、图5（直径54.0、厚3.1毫米，重42.8克）、图6（径34.3、厚2.5毫米，重13.4克）。

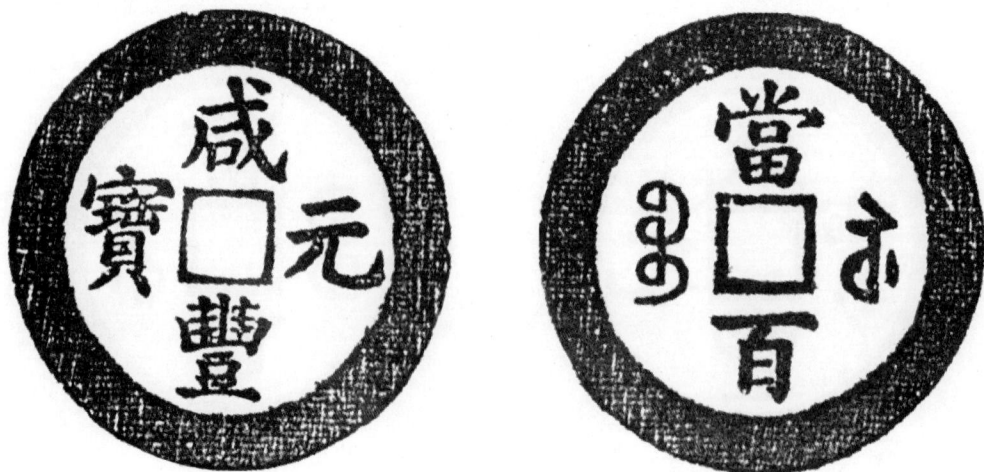

图 4

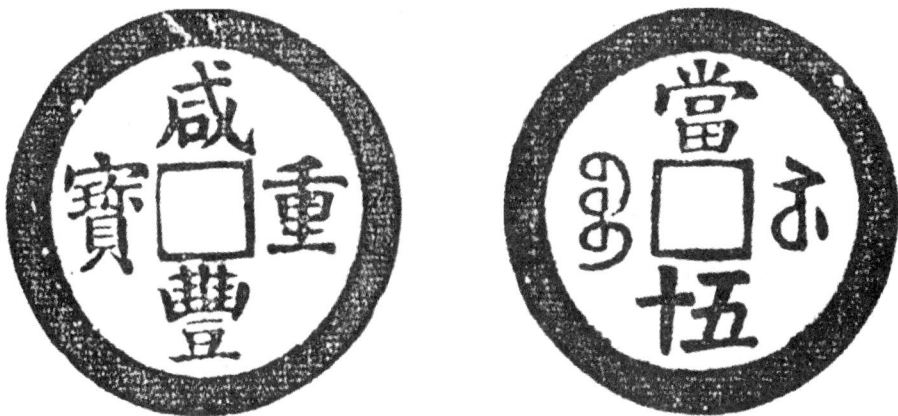

图 5

图 6

三、前面提及宝苏局咸丰钱当五十以下"缶"宝各面值都是较珍稀的版式。这些钱币中，"缶"宝当二十、当三十是一个版式系列，单独列出。其余在书体上都有明显差异，不成系列。但排在一起看，又有很多相似处，是否为一人所书，是将字体拉长或压矮造成的差异？参看图 7(径 54.0、厚 3.1 毫米，重 50.0 克)、图 8(径 53.3、厚 3.3 毫米，重 41.5 克)、图 9(径 37.2、厚 2.1 毫米，重 12.8 克)、图 10(径 36.1、厚 2.3 毫米，重 15.9 克)、图 11(径 36.6、厚 2.8 毫米，重 18.7 克)、图 12(径 22.8、厚 1.0 毫米，重 2.6 克。红铜"コ"头通)、图 13(径 21.2、厚 1.5 毫米，重 3.8 克。"マ"头通)，这几枚钱，宝字极相似，重字也相似。图 8 当五十与图 9 当十，如果不是"钩咸"和"撇咸"的差异，即可形成系列了！我认为是一人所书的不同笔意，但都写成"缶"宝。因而，我也将之划为一个版式系列。这是所有各铸局咸丰钱的七十余版式系列的唯一例外。

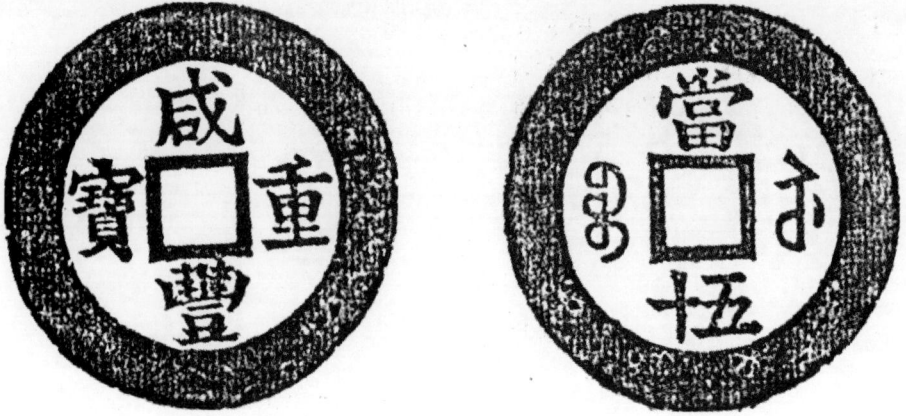

图　7

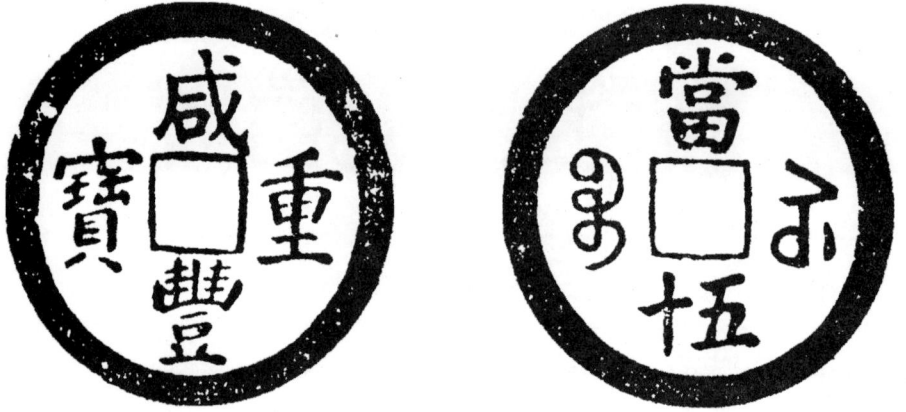

图　8

图　9

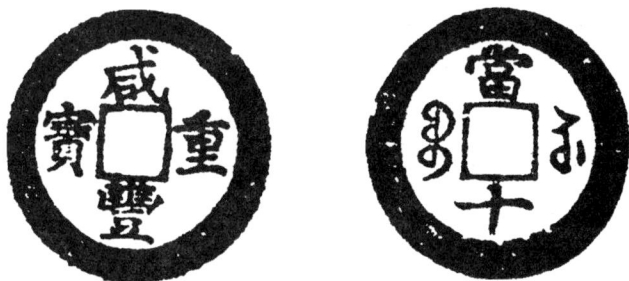

图 10

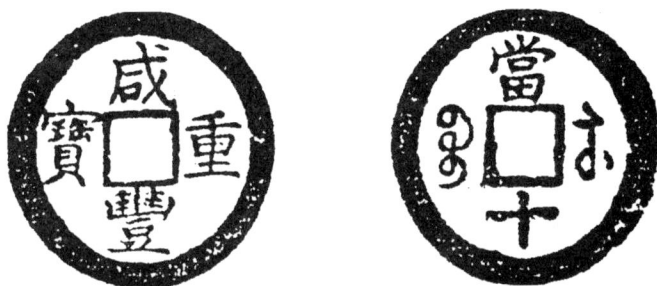

图 11

图 12　　　　　　　　　　　　　图 13

　　需重点说明的是图11这枚"缶"宝当十,前此没见过记载,可能系首次发现,虽系新版,但其笔意与图9、图10很相似,尤其是"重"字和"丰"字。从另一角度显示"缶"宝系列各枚钱为一人所书。

　　四、钩咸"八"贝系列:有当百、当五十、当十共三个纪值等级。参看图14(径61.0、厚3.2毫米,重59.4克。白铜)、图15(径55.4、厚3.0毫米,重48.8克)、图16(径38.6、厚2.3毫米,重16.3克)。

图　　14

图　　15

图　　16

五、钩咸"爪"贝系列：有当百、当五十、当十、当五共四个纪值等级。当十及当五都很稀少,至今未能集得。参看图 17(径 61.6、厚 2.7 毫米,重 56.0 克)、图 18(径 53.0、厚 3.1 毫米,重 43.9 克)。

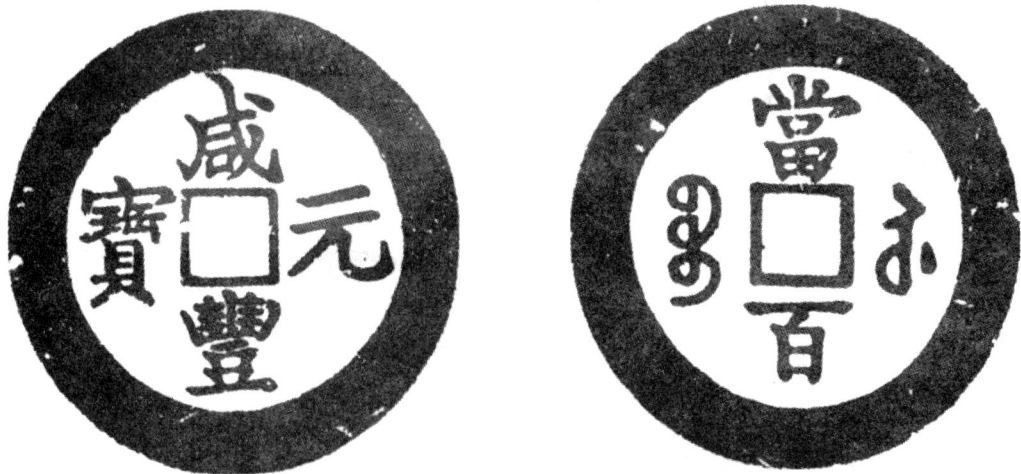

图 17

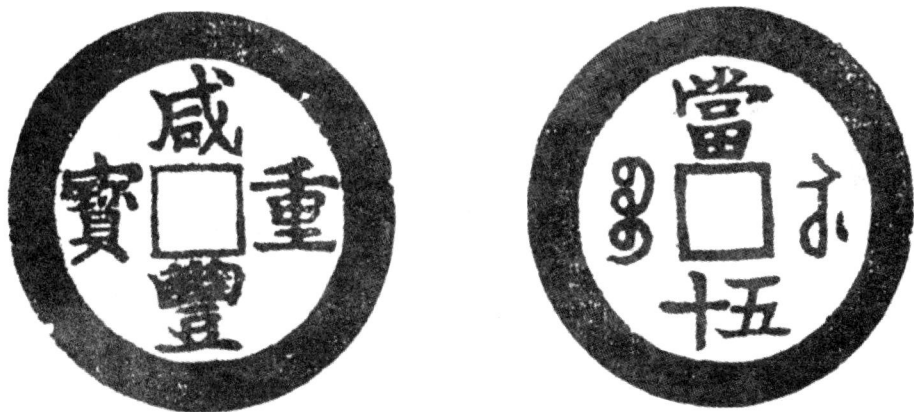

图 18

四、五两个"版式系列"包容的钱币内容很复杂。大面值者往往有大、小样,宽、窄缘等差别。铸工也精粗不一,差别极大。铜质不一,形成各种色调的包浆,甚至铜钱泛出铁锈。反映出铜源紧缺,币材杂乱的情状。小面值者数量都很少。

六、"缶"宝当三十、当二十系列:本系列只有当三十、当二十两个纪值等级。存世量较少,铜色一致,铸工较精。参看图 19(径 46.0、厚 2.7 毫米,重 28.8 克)、图 20(径 40.1、厚 2.6 毫米,重 22.3 克)。

图　19

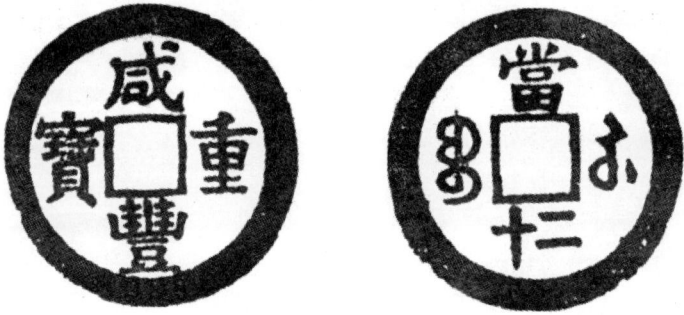

图　20

（原刊《江苏钱币》1998 年 4 期）

宝苏局咸丰钱"缶"宝当十发现新版式

宝苏局咸丰钱版式之多样,仅次于宝泉局。宝苏局咸丰钱可寻觅到一定的固有规律性。如当百钱均为"缶"宝,当百以下大多为"尔"宝。当百以下的"缶"宝版式,则是较稀少的版式。

"缶"宝当十,常见到长字版式如图1(径37.2、厚2.1毫米,重12.9克),矮字版式如图2(径36.1、厚2.5毫米,重15.9克)。

图 1

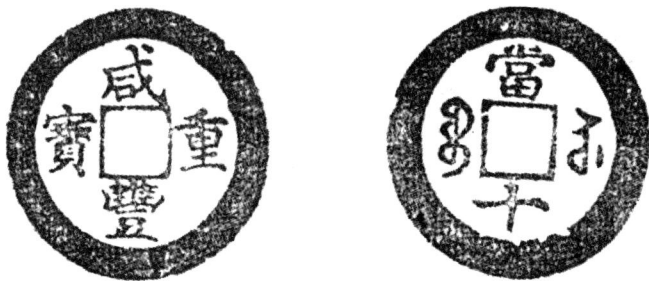

图 2

近日在南京泉市地摊的一串铜钱中发现一枚宝苏"缶"宝当十。当时一惊,觉得眼生,当即买下,经查对《咸丰泉汇》、《宝苏局钱币》、《简明钱币辞典》,均无载。故可认定为新发现的宝苏局"缶"宝当十咸丰钱版式,可称为宽字版式。见图3(径36.6、厚2.8毫米,重18.7克)。此次的发现,再一次证实咸丰钱这一领域仍大有发现余地,现披露出来与咸丰钱的爱好者共赏。

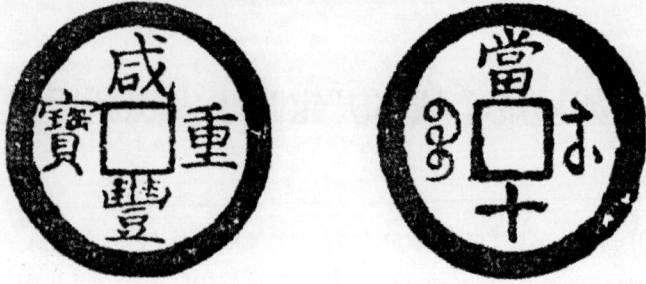

图 3

（原刊《江苏钱币》1999 年 1 期）

咸丰大钱两则

一、宝泉局铅铸鎏金咸丰当五百

近集得宝泉局铅铸咸丰当五百一枚。铅铸咸丰钱相当稀见,大面值者更少。此枚钱的品相较好,尤其是正面。特殊之处是此钱的正面在内穿、外郭及字迹的一些部位,有一层暗黄色的膜,郭的侧面也断续存在,背面则一点没有。开始,本人认为是镀铜,作铅钱的保护层用。进而考虑其铸造工艺,怎么铸的?不得其解。在与泉友的探讨中。有人提出是否鎏金。经天津市金银鉴定专家鉴定,肯定是金。用稀硝酸一点,经擦拭,则真正金光灿烂了。

铅铸大面值咸丰钱各谱有载,铅铸鎏金则未闻。铅铸而鎏金,有何特殊意义?现刊出与同好共同探讨。此钱径 55.5、厚 4.4 毫米,重 70.2 克。此钱版式在咸丰当五百中常见(图1)。

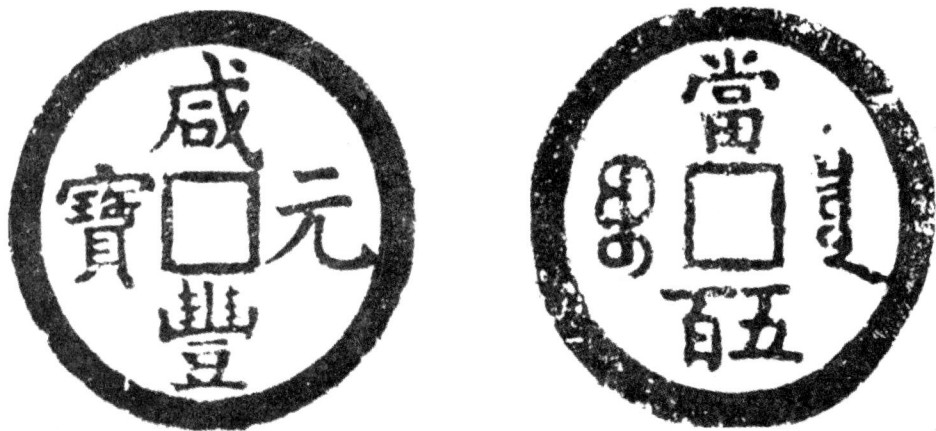

图　　1

二、宝巩局咸丰当五百版式

多年收集咸丰钱,尤感当千、当五百大钱以宝巩局当五百最稀见。

本人收集的两枚宝巩当五百,风格不同,各有特色,简介如下:

图2,径 63.3、厚 3.7 毫米,重 63 克。红铜质。缘宽达 8 毫米,如此的宽郭大样,在以前发表的拓图中尚没见过。郭为内厚边薄呈坡状,有极淡的旋边痕。由于坡状边郭,旋边不到位,故边郭不够光滑平整。图3,径 57.0、厚 4.0 毫米,重 58.5 克。黄铜质。此前,没见过黄铜铸宝巩当五百的报道。此枚当五百与宝巩局弯钩巩当百同一风格,包浆自然,无假钱之嫌。两枚当五百,笔意一致,应属同一版式。但由于铜色不同,郭宽相差很大,乍看之下,显

示不同风格。

图　2

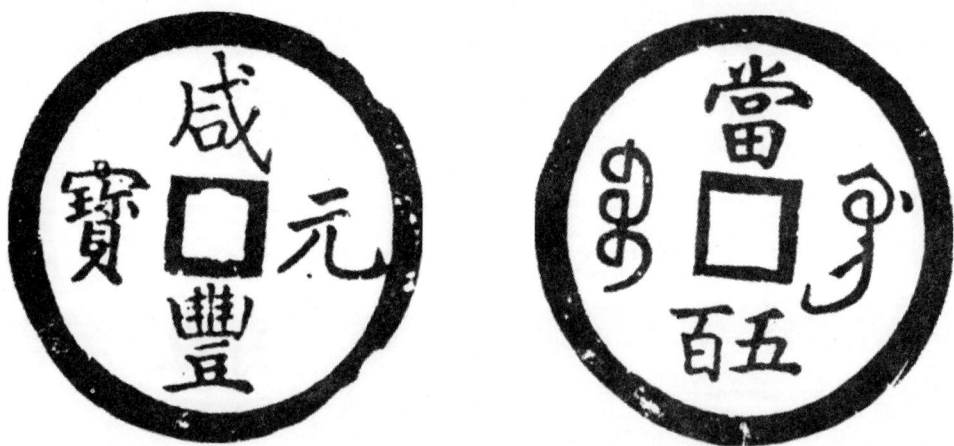

图　3

（原刊《安徽钱币》1999 年 2、3 期合刊）

阿克苏局咸丰钱珍品二则

　　《新疆钱币》1999 年第 3 期白云峰的文章介绍了新疆清钱的几枚雕、铸母，非常可贵。因为，以前知道新疆清钱的雕、铸母及样钱是很稀见的。箧中藏有阿克苏局咸丰当十部颁样钱及当五十地方铸样钱各一枚，披露出来锦上添花。

　　当十部颁样钱为精黄铜铸，正面看一如宝泉局当十。早年毁弃，在宝字边郭凿下小玉米粒大一块。此钱直径与当五十样钱相当，依样铸造必然亏损，估计这是毁弃的原因。所以，此钱应当是没有到过新疆的。见图 1，径 38.5、厚 3.2 毫米，重 23.0 克。

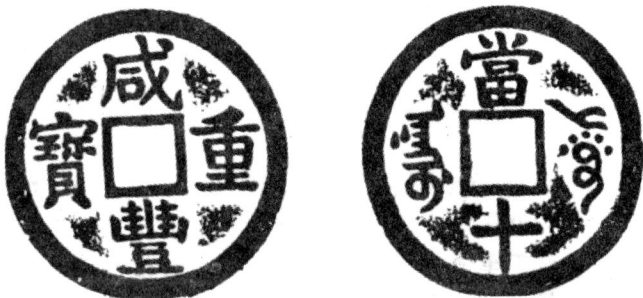

图　　1

　　当五十样钱。见图 2，径 38.5、厚 3.5 毫米，重 31.3 克。红铜铸。此钱远小于部颁当五十样钱。但背面维、满文字一如部颁。加之铸造精好，当是阿克苏局铸的样钱。虽保存较好，但红铜较软，钱体有许多小凹点。

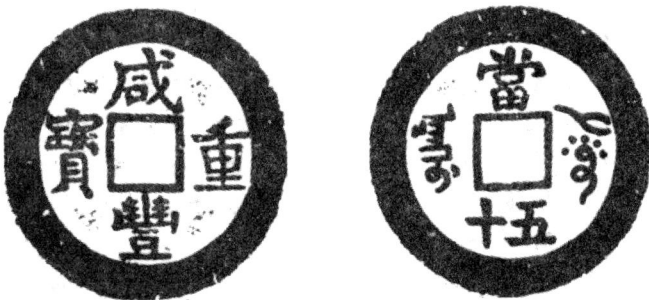

图　　2

（原刊《新疆钱币》1999 年 4 期）

大样宣统通宝"瘦宣"版式

清末宣统时,只剩宝泉、宝云、乌什三局尚以旧法铸行宣统通宝,故版式也少。宝泉局宣统通宝分大小样,又各有满文宝是否出头之分。均较常见。示例如下:

图1,满宝出头,双点通,连点贝,黄铜质。径24.1、厚1.5毫米,重5.0克。面、背穿均微四决。

图2,满宝不出头,单点通,离点贝,黄铜质。径23.7、厚1.4毫米,重4.5克。面穿微四决。

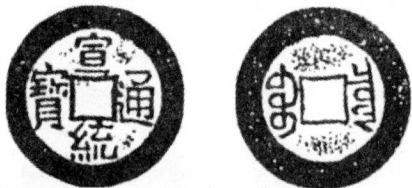

今集到满宝不出头者一枚。明显不同的是"宣"字中间的"日"较窄,可称"瘦宣"。此外,此枚钱稍厚大,估计是一枚试铸样钱,在各泉书中尚没见过此版式的报道。如图3,径25.0、厚1.6毫米,重5.6克。黄铜质。

图　1

图　2

图　3

(原刊《江苏钱币》1999年4期)

介绍一枚篆书圣宋小平雕母

　　宋钱铁母中,小平少于当二。圣宋小平铁母更少于其他年号铁母。近集得圣宋小平篆书雕母一枚,很有特色,介绍出来,供爱好者共同研究,也是资料的积累。

　　此小平雕母质青铜,郭厚 3.1 毫米,重达 10.5 克。没有所谓"鲤鱼脊",但母钱特征明显。面径 24.3、背径 24.1、面穿径 7.6,背穿径 6.8 毫米,形成整体的拨模斜度。字口极深峻,笔划的基部宽,顶部细如线。故每一笔划的侧面都形成明显的坡。坡长约 1.4 毫米。背面相当平夷,边、穿郭虽明显,但很浅。

图　　1

　　此雕母为生坑,包浆完好,有薄硬绿锈。正面字里行间壅满土锈,严重影响拓图,清锈后发现,正面也包浆完好。铸造极精。宋字宝盖右笔侧面有一明显的刀痕。故此铁母应为雕母。

　　　　　　　　　　　　　　　　（原刊陕西《钱币研究》2000 年合订本）

古钱述考(二则)

一、刀欤? 刀币欤?

先秦刀币起源于削刀已是共识。各式刀币的发现成千上万,原始刀则寥若晨星。

山西盂县发现的尖首刀中有一枚早期尖首刀①,此式尖首刀在戴葆庭的珍泉拓②中亦有披示,是难得的重要发现。至于原始刀币,无论山东寿光发现的"巳"字削刀③,还是"齐篆古刀"④都没有再发现,成为孤品。

原始刀币,是实物货币向真正的货币发展的必经阶段,必然有相当数量。今日所见甚少,除年代久远外,不认识、被忽略也是重要原因。现刊示三枚标本,分析其属工具刀,还是原始刀币。

图1:全长131.0、刀身长81.5、环横径21.5、环纵径15.3、刀与柄接合处脊厚3.5毫米,重18.8克。此削刀的特点是刀身平整光滑,无廓和任何纹饰,脊厚刃薄,利于切割。因而是一把工具削刀,柄部的纹饰,说明年代较晚近。

图2:全长157.0、刀身长94.0、环径21.5、刀柄接合处脊厚4.2毫米,重36.6克。此削刀单面范铸,通体粗糙无打磨痕迹,具有高的背廓,刃部也有较低的廓,无法用于切割。因而应是一枚刀币。

图3:直形,单面范铸。全长140.0、刀身长91.0、背厚2.1、环横径17.2毫米,重20.8克。此直刀全身纵贯两条不明显的凹槽,有不明显的周廓。首与刃部的廓线相对明显一些。因而不是工具刀,是一枚早期刀币。刀的正面中部似曾有文字或记号。惜已锈蚀,仅余些许痕迹,其中一斜向短划凸起很明显。观其形制。应与"白人"、"甘丹"、"成白"等直形刀币有渊源关系。

二、常平通宝母钱

中国古代货币文化影响到周边国家,这些国家的铸币也是方孔圆钱,币文为汉字。晚清,周边国家的铸币曾大量流入中国。故今日发现的古钱中常混有高丽、日本、安南的铸币。

货币交流都是行用钱。祖钱、母钱等理应存在于原铸币国,故在我国发现是稀少的。本人收藏一枚常平通宝小平母钱(图4),背穿上"训"、穿下"生"、穿右"六"。直径24.9、厚1.1

①　唐晋源《山西盂县发现一批尖首刀》,《中国钱币》1998年2期。
②　戴志强、沈鸣镝《戴葆庭集拓中外钱币珍品》,中华书局1990年。
③　贾效礼《山东寿光县发现一批纪国铜器》,《文物》1985年3期。
④　任日新《齐篆古刀与刘燕庭》,《中国文物报》1991年刊。

毫米,重 3.7 克。黄铜质,锈色红绿入骨,与铜色包浆
混在一起,形成不规则的花色钱,非常漂亮滋润。此枚
母钱的精美,反映高丽铸钱水平是很优秀的。

　　常平二字是采用了铸币机构之一常平厅的名称。
以此名称持续铸钱二百余年,参与铸钱的机构达几十
个。又放开民间铸钱,故常平钱的背文极繁多。但从
背文可知道是哪个机构所铸,并大致知道铸造的年代。
如此枚母钱是训练都监所铸,是 1633 年开始铸常平通宝时的早期铸品。

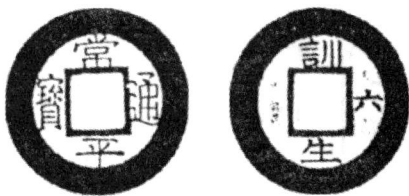

图　4

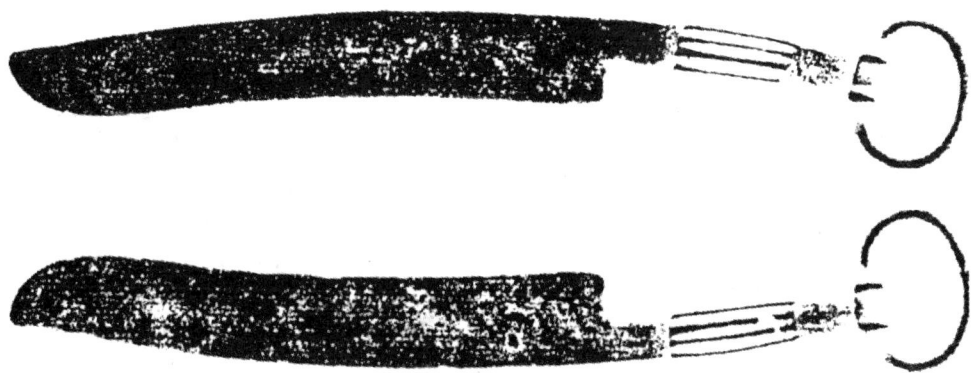

图　1

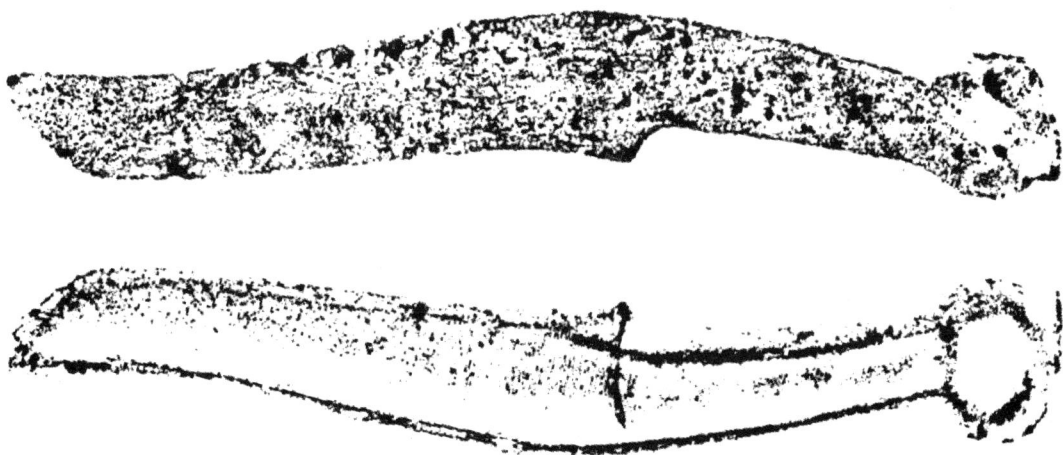

图　2

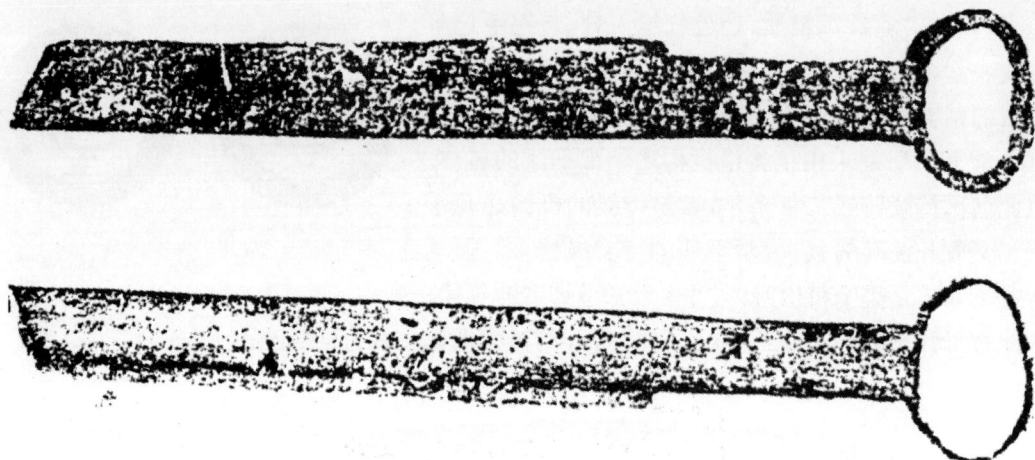

图 3

（原刊《江苏钱币》2000 年 1 期）

光绪通宝背千字文钱的版式

清钱实物遗留下来很多，版式又很复杂，因而清钱成为许多集币者的重点集藏之一。光绪通宝小平钱背千字文是很有特色的一组钱币。其中，以宝泉局、宝源局种类最多，有宇、宙、日、列、往、来6种背文，并各有多种版式。现据本人所集实物，披露于下，与同好交流。

一、宝泉局共有4个系列：

1."コ"头双点通系列：见图1～6。

2."マ"头单点通系列：见图7～12。

3."マ"头双点通出头宝系列：见图13～18。

4."マ"头双点通"ス"贝系列：见图19～24。

二、宝源局共有3个系列：

1."マ"头单点通系列：见图25～30。

2."コ"头单点通出头宝系列：见图31～36。

3."コ"头单点通系列：见图37～42。

三、尚待探索的系列：

宝泉局发现一枚"マ"头双点通背"来"字，见图43。宝源局发现一枚"コ"头双点通背"宇"字，见图44。尚未发现其他背文者，有待发现（以上钱币标本的数据见附表）。

收集光绪通宝千字文小平钱的几点体会：

1. 以上共列出7种版式系列，是最基本的区分。各系列内起码还有穿形不同、满文不同、小字等区别。

2. 钱币直径有很大差别，但差别是渐进的，故不易严格区分为大小样。小样往往铸造粗糙，可能是私铸。

3.6种背文中，"宙"字的数量明显少于其他背文，往往难以配齐。以上标本中，"宙"字背文标本大都稍小，且品相较差，是没有选择余地之故。

单位：毫米、克

图号	直径	郭厚	重量	铜色	图号	直径	郭厚	重量	铜色
1	21.0	1.1	2.7	黄铜	23	20.1	1.4	2.9	黄铜
2	20.4	1.3	2.7	黄铜	24	20.8	1.8	3.8	黄铜
3	20.8	1.3	3.0	黄铜	25	19.6	1.2	2.4	黄铜
4	20.5	1.4	3.4	黄铜	26	19.9	1.3	2.5	黄铜
5	20.7	1.7	4.0	黄铜	27	20.5	1.5	3.2	黄铜
6	20.3	1.3	2.9	黄铜	28	19.7	1.4	2.7	黄铜
7	20.9	1.4	2.9	黄铜	29	19.6	1.4	2.7	黄铜
8	20.4	1.3	2.9	黄铜	30	19.8	1.4	2.5	黄铜
9	20.6	1.4	3.2	黄铜	31	20.6	1.2	2.4	黄铜
10	20.0	1.5	2.9	黄铜	32	19.0	1.3	2.2	黄铜
11	20.6	1.3	2.7	黄铜	33	20.2	1.4	2.9	黄铜
12	20.5	1.4	2.9	黄铜	34	20.4	1.4	3.0	黄铜
13	21.3	1.5	3.3	黄铜	35	19.6	1.4	2.5	黄铜
14	20.4	1.2	2.8	黄铜	36	19.5	1.2	2.5	黄铜
15	20.4	1.2	2.6	黄铜	37	20.4	1.3	2.9	黄铜
16	19.9	1.1	2.4	黄铜	38	18.4	1.6	2.2	黄铜
17	20.7	1.4	3.1	黄铜	39	20.5	1.1	2.6	黄铜
18	20.2	1.3	2.9	黄铜	40	20.7	1.4	3.1	黄铜
19	20.3	1.3	2.5	黄铜	41	20.8	1.2	2.8	黄铜
20	20.4	1.4	2.8	黄铜	42	20.1	1.3	2.9	黄铜
21	20.4	1.2	2.5	黄铜	43	20.7	1.3	3.1	黄铜
22	20.4	1.4	2.9	黄铜	44	20.0	1.2	3.1	黄铜

图　1　　　　　　　　　　　　　　图　2

图　3　　　　　　　　　　　　　　图　4

图　5

图　6

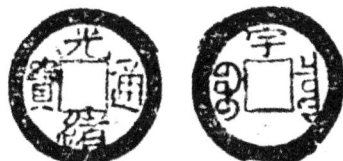

图　7

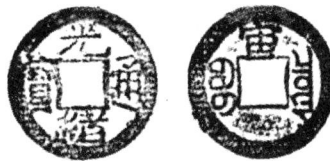

图　8

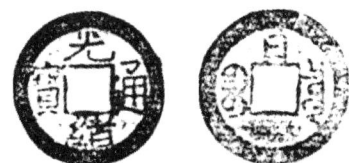

图　9

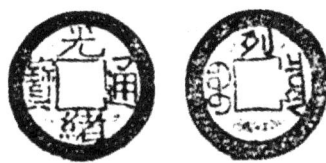

图　10

图　11

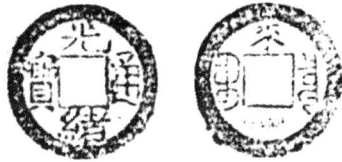

图　12

图　13

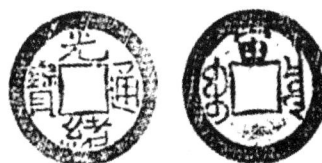

图　14

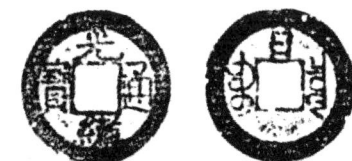

图　15

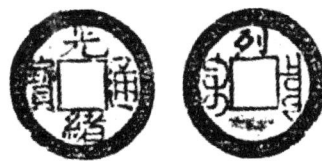

图　16

图　17

图　18

图　19

图　20

图　21

图　22

图　23

图　24

图　25

图　26

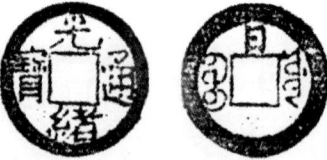

图　27

图　28

图　29

图　30

图　31

图　32

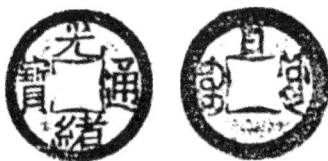

图 33

图 34

图 35

图 36

图 37

图 38

图 39

图 40

图 41

图 42

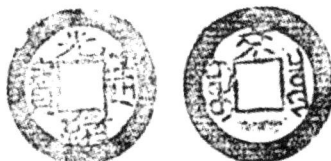

图 43

图 44

（原刊《安徽钱币》2000 年 2 期）

宝伊局咸丰当五百大钱之我见

《新疆钱币》1999 年第 4 期刊出李宪章、朱怀津二位先生著《山东发现咸丰元宝宝伊当五百珍钱》一文。文中对历年发现的宝伊当五百大钱做了回顾，并加以评述，对此珍钱的深入探讨极为有益。本人有幸曾目验过四枚宝伊当五百，形成一些看法，与同好交流。

一、如此珍钱，公布的资料却有矛盾。中国历史博物馆藏的一枚，《新疆红钱大全图说》中注为"黄铜，部颁样钱"；《咸丰泉汇》中注为"红铜，样钱"。李宪章文中"杜坚毅在所编《新疆红钱大全图说》一书中刊出 5 枚，其中一枚红铜质引自中国历史博物馆"。所以，历史博物馆藏的一枚到底是什么铜质？令爱好者倍感困惑。

此外，历博藏的一枚估计不会是"部颁样钱"。熟悉清钱的人都知道，部颁样钱为宝泉局所制，是京式钱，绝不会有新疆钱式的部颁样钱。《咸丰泉汇》中注为"样钱"，是打擦边球。什么样钱？是进呈样吗？李宪章文中讲的明白，此钱有明显缺陷。"寶"字的"王"缺第二横的左边且上移，与上横贴在一起。背面"百"和满文宝侧及"元"字下两笔之间都有流铜，敢选这样的钱进呈吗？所以，历博藏的一枚存在诸多疑问。

二、历博、马增义、朱怀津三枚藏泉有诸多共同点，最明显一处是满文伊的上撇和中竖结合处的左侧凸出一块。这绝不是偶然，说明三枚钱的共同出处。

马增义藏品

历博藏品

朱怀津藏品

　　三枚钱的不同处,则是修磨程度不同造成的。有兴趣的读者可仔细对比三枚钱的拓片,相同处尚多。

　　我曾目验过四枚宝伊局咸丰当五百大钱,其中三枚为一人所有。时至今日,却只见发表一枚。三枚钱中两枚是所谓"样钱",一枚是流通钱。两枚"样钱"极精美,特别是其中一枚,可称美妙绝伦,铜质极精好,包浆匀整,真是"色如红玉",但我觉得不像新疆铜。此外,尽管笔体像新疆钱的字形,笔划却太过纤弱,完全失去了粗犷的新疆钱风。

　　三、陈旻声于1995年发表的一枚,虽没明确说明铜质,文中有"暗红浮动"之说,当是红铜铸。此枚钱笔划宽肥,走笔圆润,表明用笔的熟练。但笔划缺少粗细变化,致使"丰"字上半部笔划粘连。满文"伊"的上撇和小竖结合处的右侧都凹入一块。汉字中,竖的起笔出现此形状很自然,作为钱币上的满文出现此形状则很不自然。可能是模仿时的忽略。

陈旻声藏品

陈鸿禧藏品

　　四、可惜没有目验过黄铜质的宝伊局当五百。从《新疆红钱大全图说》中三枚黄铜质宝伊当五百看，一钱一式，新疆钱风浓郁，看不出有什么问题。特别是知道杜坚毅先生艰苦卓绝踏遍全疆收集红钱的事迹，感人至深。以杜先生之眼力、经验，收集大名誉品并发表之，绝不会轻率。

　　综上所述，留在新疆的宝伊当五百估计都是黄铜铸。新疆之外发现，包括传说从新疆流出的宝伊当五百者可能都是红铜铸。红铜铸者又存在诸多疑点。所以，我的结论是：黄铜铸者是珍泉，红铜铸者是赝品。

　　其实，李宪章先生的文章中已将两类宝伊当五百区分清楚。李老文风沉稳、引而不发，我却一发到底，都是为了对宝伊当五百的研讨，望方家指正。

（原刊《新疆钱币》2000 年 2 期）

安南铸行的清代年号制钱

约十年前,有人买下几十斤安南方孔钱。这批钱的特点是:清一色薄小型制钱,基本无锈。绝大部分为安南钱,年号如光中、景兴等。另有许多同样薄小风格,却是中国年号的制钱。无疑这是安南仿铸的中国年号钱。以北宋年号最多,全无北宋钱风格。明代年号钱有万历、天启、崇祯等。清代年号从顺治至道光连续6种年号,以后的年号没有捡出。所以,这批钱的铸造年代不会晚于道光三十年(1850)。从顺治、康熙两个年号钱的版式估计,当时的仿铸量相当大。因为现存的版式多样,如光背、背满汉文、一厘钱、背满文钱等。现摘要介绍如下:

图1,顺治通宝光背:径20.8、厚0.6毫米,重1.6克。黄铜质。

图2,顺治通宝背右"东"左"一厘":径20.2、厚0.9毫米,重1.6克。铜色黄红。

图 1　　　　　　　　图 2

图3,顺治通宝背满汉文陕:径21.11、厚0.5毫米,重1.3克。黄铜质。

图4,顺治通宝背满汉文浙:径21.1、厚0.7毫米,重1.9克。黄铜质。

图 3　　　　　　　　图 4

图5,康熙通宝背满宝汉文不识(大样):径23.3、厚0.5毫米,重1.5克。黄铜质。

图6,康熙通宝背文同上(中样):径21.9、厚0.5毫米,重1.4克。黄铜质。

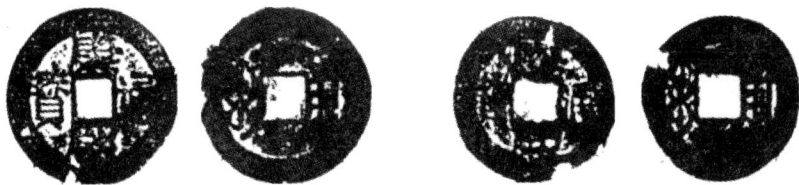

图 5　　　　　　　　图 6

图7,康熙通宝背文同上(小样):径20.7、厚0.5毫米,重1.1克。黄铜质。

图 8,康熙通宝背满汉文"浙"(大样):径 22.00、厚 0.5 毫米,重 1.3 克。黄铜质。

图 7 图 8

图 9,康熙通宝背满汉文"浙"(小样):径 20.4、厚 0.7 毫米,重 1.6 克。黄铜质。

图 10,康熙通宝背满汉文"东":径 21.2、厚 0.6 毫米,重 1.5 克。黄铜质。

图 9 图 10

图 11,康熙通宝背满汉文"广":径 22.4、厚 0.7 毫米,重 1.9 克。黄铜质。

图 12,康熙通宝背满文宝泉横置:径 22.9、厚 0.7 毫米,重 1.6 克。黄铜质。

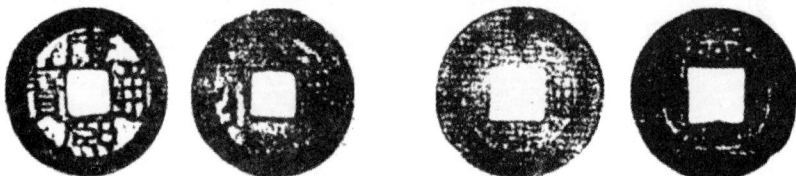

图 11 图 12

图 13,雍正通宝背满文宝泉:径 21.3、厚 0.6 毫米,重 1.6 克。黄铜质。

图 14,乾隆通宝背宝泉:径 22.1、厚 0.5 毫米,重 1.2 克。铜色黄红。

图 13 图 14

图 15,乾隆通宝背宝云:径 21.6、厚 0.7 毫米,重 1.8 克。黄铜质。

图 16,乾隆通宝背宝桂:径 20.3、厚 0.5 毫米,重 1.3 克。铜色黄红。

图 15 图 16

图 17,乾隆通宝背宝苏:径 21.9、厚 0.6 毫米,重 1.5 克。黄铜质。

图 18,乾隆通宝背宝广,背郭铸成花边:径 22.1、厚 0.4 毫米,重 1.4 克。黄铜质。

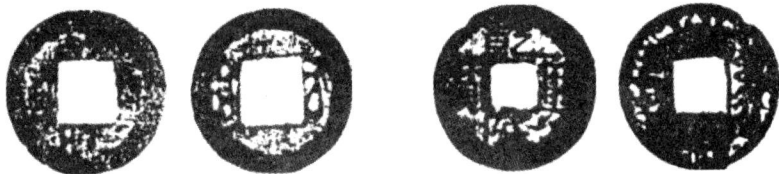

图 17　　　　　　图 18

图 19,嘉庆通宝背宝桂:径 21.0、厚 0.7 毫米,重 1.9 克。黄铜质。

图 20,嘉庆通宝背宝直:径 21.2、厚 0.6 毫米,重 1.3 克。黄铜质。

图 19　　　　　　图 20

图 21,嘉庆通宝背宝直:径 21.2、厚 0.5 毫米,重 1.2 克。黄铜质。

图 21

图 22,道光通宝背宝泉:径 20.8、厚 0.7 毫米,重 1.4 克。黄铜质。

图 23,道光通宝背云:径 20.9、厚 0.6 毫米,重 1.4 克。黄铜质。

图 22　　　　　　图 23

图 24,道光通宝背宝泉:径 20.3、厚 0.6 毫米,重 1.4 克。黄铜质。

清代曾数次采取措施抵制外国薄小制钱对中国金融的扰乱。外国钱中,以安南钱最为轻小,干扰最甚。今日示例的这批实物,最轻的只有 1.1 克,足见其危害。

由于仿铸为中国钱版式、年号众多,只能认为是专为流入

图 24

中国使用而铸造的。由于受到外来轻小钱的影响,当时西南诸省也是私铸蜂起,但形制如何? 因不见记载,故区别起来尚有困难。从图5、6、7三枚康熙钱的背文看,左为满文宝,右字不识,像"前"字,但决不是"前"字。由此推定,这批钱是在安南铸的。

由于钱体薄,有的钱文又相当清晰,故很像机制钱。从部分钱体因铜水不足出现大孔的现象推断,这类钱还是翻砂铸成的。由此可见当时安南铸钱工艺相当高超。从图18看,郭厚只有0.4毫米,还能在钱背周郭铸出一圈花纹!

（原刊《安徽钱币》2000年3期）

宝泉局光绪通宝大样

宝泉局"光绪通宝"的版式极多,难以统计。但直径在 24 毫米以上、重约 5 克的大样钱版式相对较少,铸造也相当规整。仅就本人的集藏介绍于下:

图 1,"マ"头单点通。径 25.3、厚 1.6 毫米,重 5.0 克。黄铜质。

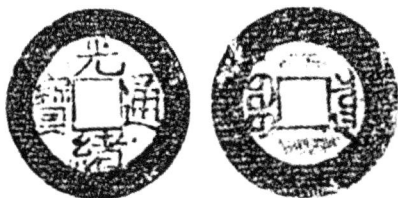

图 1

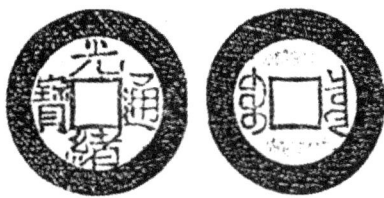

图 2

图 2,"マ"头双点通出头宝。径 24.7、厚 1.4 毫米,重 4.8 克。黄铜质。

图 3,"マ"头三点通"ㇲ"贝。径 24.0、厚 1.5 毫米,重 4.8 克。黄铜质。三点通的写法极为少见,三个点轮廓清晰,绝不是铸造失误所致。

图 3

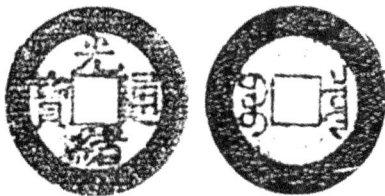

图 4

图四,"コ"头双点通大字。径 25.0、厚 1.5 毫米,重 5.0 克。黄铜质。

图五,"コ"头双点通小字。径 25.3、厚 1.6 毫米,重 5.3 克。黄铜质。

图 5

（原刊《安徽钱币》2000 年 4 期）

尖首刀分式补遗

　　新中国成立以来，尖首刀的发现相对较多。随之，分式、分期、国别的研究大有进展，多见论述文章，亦有专著问世。因兴趣所在，阅后倍觉兴奋。但觉有一问题存在，多年不曾得解，即本人所藏尖首刀中，有两枚较特异，没包括在各种分式之中。由于两枚标本系从钱币市场购得，没有科学的发现记载，本来意义不大。但发表出来，或能引起专家们注意，将来也许会有更多发现，避免疏漏而已。

　　此两枚尖首刀的刀身较直，表明年代较晚。其他特征基本上与较直的尖首刀相同，唯一不同处在刀首。尖首刀的刀首刃部均较直，或稍向下凹。而这两枚标本的刀首刃部却稍凸（见拓）。大的一枚在刃部可见边郭，所以绝不是残损形成。小的一枚首部的刃因锈蚀而有缺损，否则更显其凸。二枚标本锈色一致，为黑绿色，锈下有红色包浆。我在 70 年代购入时，共有约 20 枚尖首刀，只此两枚锈色独特，当为同坑之物，又有共同特点，所以购下。小的一枚为减重之物。说明此型尖首刀有相对较长的铸行时期。所以，发表两枚标本，希望引起注意。标本数据如下：

　　图 1，全长 154.0、刀身长 89.0、刀头宽 22.3、环径 19.1、脊厚 3.2 毫米，重 17.6 克。无面文，背文不识，似倒置。

　　图 2，全长 146.2、刀身长 83.0、刀头宽 18.3、环径 17.9、脊厚 1.4 毫米，重 10.8 克。面文锈蚀不清，背无文。

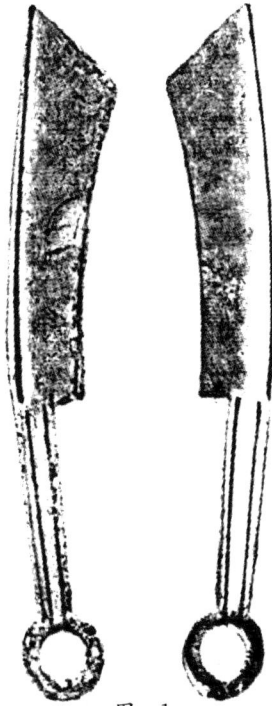

图 1

图 2

（原刊《江苏钱币》2000 年 4 期）

"异宝"、"远点通"大观小平
收集记趣及其他

　　大观小平钱版式多样,字体隽逸,惹人喜爱,集古钱者多作专项收藏。但版式的繁多也确给收藏者带来困难,一是记不准不同版式的种类,二是较稀见的版式往往不易归类。因之,易生逸趣。年来发生两起,记如下:

　　一、"异宝"大观小平

图　1

　　某地一泉刊载一品"远点通"。追求版式的集币者,多不做隔山买牛式的购入。果然,二三期后仍无人问津。但"远点通"终究是有吸引力,价也不算高,本人抱着有鱼没鱼撒一网的想法,寄款购回。寄来后,果然不是"远点通",却不识其版式,钱币为生坑,土锈很厚。清锈后露出的本来面目,字口清晰,无一点流铜,品相极佳。与何邦贵的《北宋钱币》对照,版式定名为"异宝"。又查阅《陕西金融·钱币研究》1993 年第 12 期,袁林等撰写的《大观通宝平钱版式刍议》中载有一枚,并有较详细的说明:"……日本现泉界称为'御字手楷通'版一种,前谱未载,只日本藏家有一枚存世。其文字纤细容弱,稍有隐起文现象,但制作颇工。最为显著之处就是'寶'字王部末笔一横划明显小于上二横。这是大观平钱版中仅有的现象。日本研究大观版别者对其评价甚高,认为是大观平钱版中最为难得之品。"随着时间的推移。"异宝"或"御字手楷通"早已不是存在于日本的"孤品"。该文所提到的这枚之所以给人以"纤细容弱"印象,恐怕那枚钱锈蚀较重,而发现于大观故地的标本则要精美得多,但确有隐起文现象,见图 1,径 25.1、厚 1.3 毫米,重 3.1 克。青铜质。

　　二、"远点通"大观小平

图　2

　　《陕西金融·钱币研究》1991 年第 7 期有郝朝之、常润富介绍"远点通"及"双点通"大观小平钱的发现,引起极大兴趣,决心俟机收集,但多年不得遇。1999 年,在泉市见一白铜大观小平钱,版式特异,唯觉其"大"字一捺末端似铜水不足而断尖,因而未购(其实"远点通"版均如是)。几个月中,无人问津。后因购入另一较贵重的古钱,售者将此大观小平一并送我。由于不识其版式，令我日夜难安。找出历年的《陕西金融·钱币研究》逐本翻阅，终于查到发表于 1991 年的郝文。岁月流逝，8 年过去。对“远点通”居然对面相逢不相识！此时的兴奋心情，难以笔述。此钱见图 2，径 24.8、厚 1.4 毫米，重 3.3 克。白铜质。

（原刊《西安金融》2001 年 1 期）

答周开骏先生及其他

　　周先生对我发表在《钱币研究》今年 1 期的"圣宋元宝"数据提出质疑。问题很正确，我亦百思不解。多年集币中，遇到异常情况已有数次，但这次"圣宋元宝"的精致程度非同一般，又规格特异，故早早发表出来，希望有同好提出看法，因为个人的眼界毕竟有限。本月(11月)利用去北京之便，曾携去中国钱币学会，正逢姚朔民副秘书长在，观察之后只是说："太漂亮了。"确实，从铜质、包浆、锈色都看不出异常。本人也尽力找一些铁钱的拓图参照，但未曾找到类似版式者。毕竟能见到的铁钱拓图也不多！

　　从字体看，倒有一枚"绍圣元宝"的宝盖类似此式(见图，径 33.7、厚 2.7 毫米，重 16.2克)。二者都是青铜质，包浆同色，但此枚"绍圣元宝"也很难定性。直径大于折二铜钱，与铁母大小相类，但不具母钱特征，书体也特异，怎么定性呢？向同好们请教。

（原刊《西安金融》2001 年 2 期）

清钱铸造工艺探讨

翻砂铸钱在清代是始终施行的。祖钱、母钱、子钱翻砂铸造工艺早已是共识。但是,有些现象也有疑问。例如,咸丰朝只有十一年,却币制大乱,减重迅速。减重只能是对母钱进行外科手术,以翻铸出减重的子钱。图1～4是宝泉局咸丰小平钱中有特色的一种版式,特点是"咸"字左仰。四枚钱都是黄铜铸,数据如下:

单位:毫米、克

图号	直径	郭厚	重量
1	22.8	1.4	4.1
2	21.1	1.2	3.2
3	19.5	1.6	3.0
4	17.7	1.1	1.4

图 1

图 2

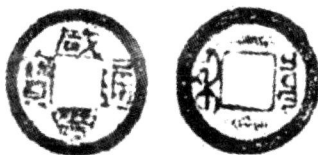

图 3

图 4

从拓图看,流通钱(子钱)的减重,是通过锉磨母钱外郭而实现的。图4更甚,连穿郭都凿去了,且伤及文字,钱文漫漶。估计是出于民间私铸,用品相较好的子钱作了手术,充母钱而翻铸成。以上推测,除了看到子钱外郭变窄外,还可看到钱币文字的大小是基本一致的。如此说成立,则流传下来的母钱以减重者为多,宽边大样者少见。事实也如此。图5是母钱(径21.9、厚1.6毫米,重4.0克)比同版式的子钱(图6,径22.1、厚1.4毫米,重3.8克)直径小一点。这枚母钱是磨郭减重的。

图　5

图　6

图7(径49.0、厚6.0毫米,重72.0克。黄铜质)是一枚宝河局"成丰元宝"当百。文字不精似私铸。但从其厚重看,不可能是私铸。况此类粗糙的宝河局当百比较常见。此枚钱的"元"字倾斜不正,蕴藏着铸钱工艺的大问题。因为,不可能存在某一字不正的母钱,更不会有这样的祖钱。多年以来,即有人发现宋钱中有此类现象,从而认为铸钱工艺中有应用活字模的工艺。收集到这枚宝河局咸丰当百后,我认为确有用活字模铸钱的可能,否则无从解释此枚钱的现象,希望对版式及铸钱工艺有兴趣的同好讨论。

图　7

(原刊《西安金融》2001年7期)

"己通皇恩手"宣和通宝应是安南铸古钱

日本今井贞吉著的《古泉大全》内集 253 页(天津古籍出版社本)载有一枚"宣和通宝",注名为"旧谱己通皇恩手",标级为"风云"。此钱的版式不似北宋钱,而具安南钱风格,今集到一枚该钱,得以仔细观察,觉得无论从铜质、厚度、书体特点看"己通皇恩手"宣和通宝应是安南铸钱。

由于中国和越南(安南)自古以来钱币互相交流渗透,故很难从发现地来区分双方的古钱,书体特征最说明问题。此枚"己通皇恩手"宣和通宝如图 1(径 24.6、厚 1.0 毫米,重 3.0克),篆书,对读,青铜质,但色泽偏红,包浆暗淡,厚度和重量都小于北宋宣和通宝。图 2 是一枚确知是安南铸的宣和通宝(径 24.8、厚 0.9 毫米,重 2.5 克。青铜质),与前一枚宣和通宝的厚、重及铜质都近似,特别是书体,也是篆书"己通"。尤其"寶"字的"尔"上边形成一个向上开口的三角形,这是安南古钱中常见的写法。下面再举一例:安南洪德盛世时铸的"洪德通宝"(图 3,径 24.9、厚 1.3 毫米,重 4.0 克。黄铜质),虽是楷书,但"尔"上仍形成开口的三角形。所以,据版式特征可以认定"己通皇恩手"宣和通宝是安南铸古钱。

图　1

图　2　　　　　　　　　　　　　图　3

(原刊《西安金融》2001 年 8 期)

宝浙局咸丰铁范铜小平钱

　　宝浙局咸丰小平钱中,最多见的是"直山丰"式。有一种丰中山向右凸出者与铁质小平钱文字特征相同。为铜铁两铸,较少见。如图1,径21.6、厚1.3毫米,重3.6克。黄铜质。近日集得一枚面文特征与上述者相同,却形制迥异者。如图2,面径22.0、背径21.3、厚1.9毫米,重5.5克。黄铜质。此钱的特征是相当厚重。尤其是面、背径的差异形成了拔模斜度。这些特征与一般铜质小平钱迥异,却是铁钱的特征。因此,此枚小平钱是由铁小平钱的母钱翻铸出来的。

图　1

图　2

（原刊《西安金融》2001 年 11 期）

清代制钱的部颁样钱及部颁式钱

每遇更定钱制,例先将钱式进呈,其各省开局之始,亦例由户局先铸祖钱、母钱及制钱各一文,颁发各省。令照式鼓铸(黄鹏霄《故宫清钱谱·序》注:其中的"制钱"一文即"部颁样钱")。因为同时颁发祖钱和母钱,部颁样钱的作用主要在于重量的示范,户部运作可谓周全。部颁样钱径大厚重,依式铸造必然亏损。故各省局大多只是略为敷衍,依式铸造少量制钱,即所谓"部颁式钱",往往铜色有异。直径缩小不多,以维持原样,主要是减厚以省铜。故从铸工、铜色、厚薄等方面区分二者尚不困难,今日所见各省制钱多为"地方式",风格迥异,轻小许多。"部颁式"只有个别省局尚较多,大多稀见,部颁样钱则更稀少了。今以几枚咸丰制钱示例如下:

图1,宝云局部颁样钱:径27.5、厚1.1毫米,重5.8克。精黄铜铸。

图2,宝云局部颁式钱:径25.8、厚1.1毫米,重3.8克。黄铜质宝云局的部颁式钱,咸丰制钱多见,明显减重。

图 1　　　　　　　　　　　图 2

图3,宝陕局部颁样钱:径26.5、厚1.4毫米,重5.2克。精黄铜铸。

图4,宝陕局部颁式钱:径25.6、厚1.3毫米,重4.5克。红铜质。

图 3　　　　　　　　　　　图 4

图5,宝黔局部颁样钱:径26.8、厚1.3毫米,重4.7克。精黄铜铸。

图6,宝黔局部颁式钱:径25.5、厚1.0毫米,重2.7克。红铜质。

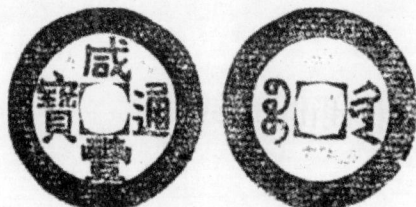

图　5　　　　　　　　　　　　　　　图　6

图7,宝晋局部颁式钱:径25.2、厚1.1毫米,重3.4克。黄铜质,红铜色包浆。

图8,宝川局部颁样钱:径26.3、厚1.6毫米,重6.3克。黄铜质。

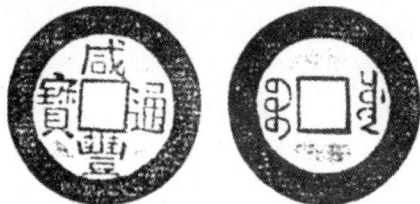

图　7　　　　　　　　　　　　　　　图　8

图9,宝川局部颁式钱:径26.3、厚1.1毫米,重4.4克。黄铜质。

图10,宝川局部颁式钱:径26.2、厚1.4毫米,重4.6克。黄铜质。

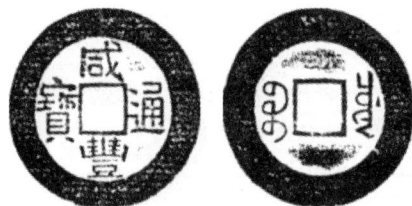

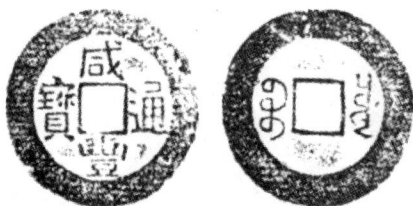

图　9　　　　　　　　　　　　　　　图　10

以上的"部颁样钱"与"部颁式钱"的差别已是相当明显。图11则是宝川局地方式的母钱。虽然是母钱,其重量明显轻于部颁式制钱。径24.3、厚1.3毫米,重3.7克。精黄铜铸。

图　11

（原刊《安徽钱币》2001年1期）

宝泉局嘉庆大样小平钱的版式

清钱小平大样中,以嘉庆较多。从本人所集看,有5种基本版式,以"通"字之不同分类,兼及其他。分列于下:

1."コ"头双点通(图1):径29.7、厚2.0毫米,重9.2克。黄铜质。

2."マ"头单点通(图2):径29.7、厚1.9毫米,重8.6克。黄铜质。

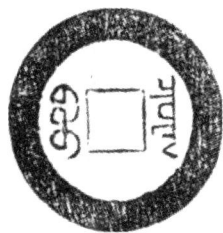

图 1 　　　　　　　　　　　　　图 2

3."マ"头双点通(图3):径28.6、厚1.7毫米,重7.4克。黄铜质。

4."マ"头双点通"ス"贝(图4):径29.0、厚1.7毫米,重6.9克。黄铜质。

图 3 　　　　　　　　　　　　　图 4

5."マ"头双点通出头宝(图5):径29.5、厚2.1毫米,重10.2克。黄铜质。

6.属于"マ"头双点通,但背满宝上方有一星。径28.3、厚1.6毫米,重6.6克。黄铜质。

图 5 　　　　　　　　　　　　　图 6

本人有幸,曾遇批量嘉庆小平大样,多为未流通者。依习惯,先选出直径大者。发现差别不大,最大直径为 29.8 毫米,却有少量明显较厚者,本文介绍的图 1、2、5 等三品均属较厚者。但最厚重的是一枚"出头宝"者(图 7):径 29.2、厚 2.2 毫米,重 11.1 克。黄铜质。

图　7

（原刊《安徽钱币》2001 年 3 期）

宝武局咸丰钱的版式系列

集藏纷繁复杂的咸丰钱,自会发现某些铸钱局的咸丰钱存在版式系列现象。所谓版式系列,即某些铸钱局所铸不同纪值咸丰钱,书法笔意相同形成系列。进一步会发现同一版式系列中,不同纪值咸丰钱的存世数量有差异,甚至相差悬殊。物以稀为贵,珍稀程度相差很大。黄鹏霄《故宫清钱谱》载:"据钱局遗老称,满文出头宝为北厂铸。"受此启发,觉得对版式系列的探讨,可以划出一大批清钱的铸厂。甚至从不同版式系列之间的相关、相异,寻出一些其他蛛丝马迹……。

初步统计,咸丰钱的 31 个铸钱局中,有 15 个铸局存在不少于 70 个版式系列。其中,以宝武局最有特色。除了一个版式的小平钱外,其他各种版别、纪值的咸丰钱均可归类于不同的版式系列,共形成了 7 个版式系列。试列于下:

一、"缶"宝系列:此系列均属珍稀品。最重要的特征有二:一是"缶"宝(其余宝武局咸丰钱均为"尔"宝);二是满文"武"的首部为点和撇两笔。此系列共有当百、当五十、当十、当五、小平,共 5 个纪值等级。丁福保在《历代古钱图说》中载有一品当五。至今 61 年过去尚未发现第二枚。

图 1,当百:地张布满网络纹。几年前据闻仅发现此 1 枚,近年亦不见报道,应尚有存世,希望爱好者留意收集。数据见附表。

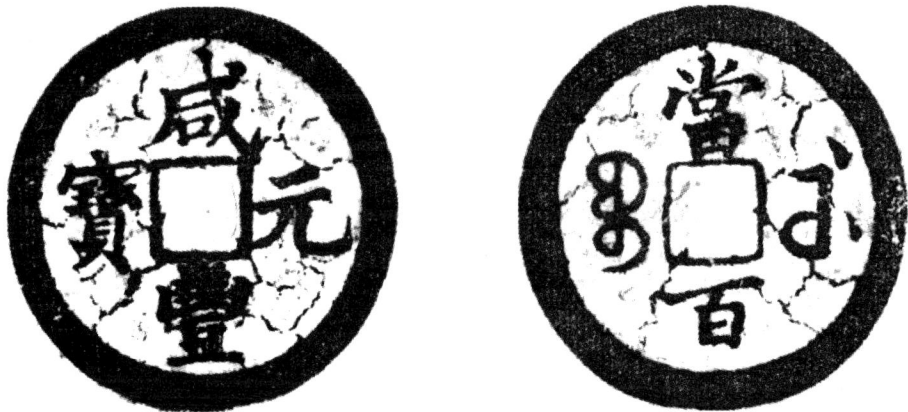

图　1

图 2,当五十:已知存世量不超过 10 枚,本人见过 3 枚,其中 2 枚的下缘均因铜水不足而有缺口。

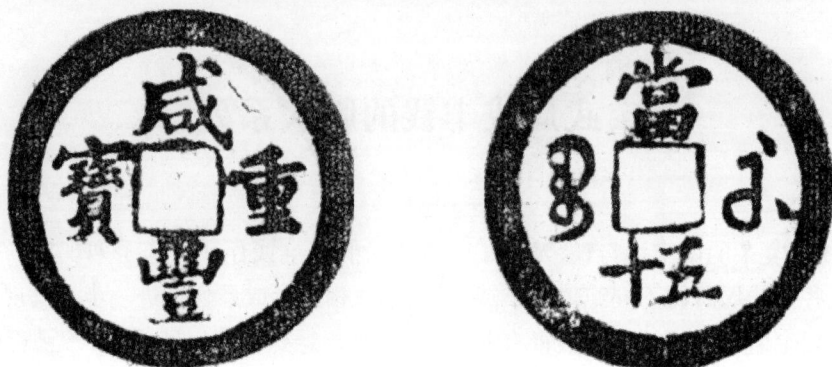

图　2

图3,当十:据闻亦仅此1枚,不知近日是否有新发现。

图　3

　　图4,小平:数量也不多,本人见过尚有薄形者。此版式,从"缶"宝及满文"武"字看,应属此系列。但正面"咸丰通宝"四字是仿宋体,明显有异。版式系列包含小平钱甚少,即使有,字体往往有差异。为何有此现象,尚待识者。

图　4

　　二、长满文系列:此系列有当百、当五十、当十、小平4个纪值等级,是宝武局咸丰钱中最厚重者(见图5～8)。

图 5

图 6

图 7

图　8

三、月纹系列:此系列有当百、当五十、当十,共3个纪值等级,书体与长满文系列完全相同,只是在背面右上地张内多一月纹,另有少数当十在正面左上地张同时有星纹。比长满文系列已减重。当百现已不易集到(图9～12)。

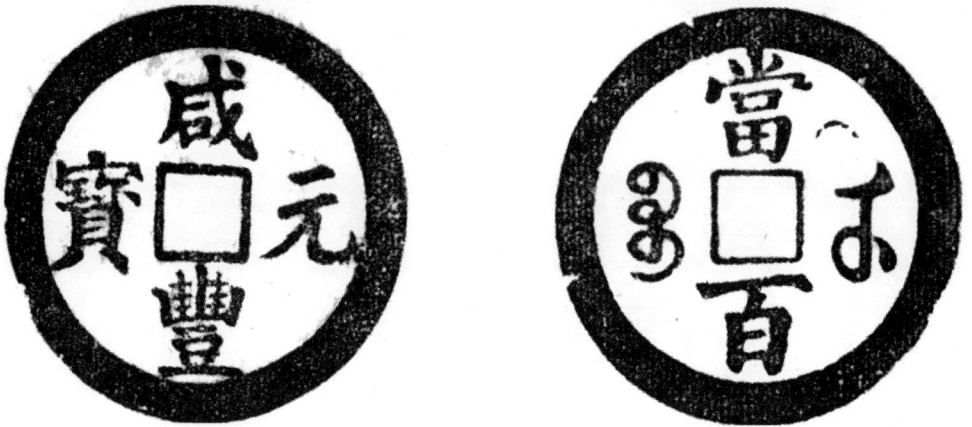

图　9

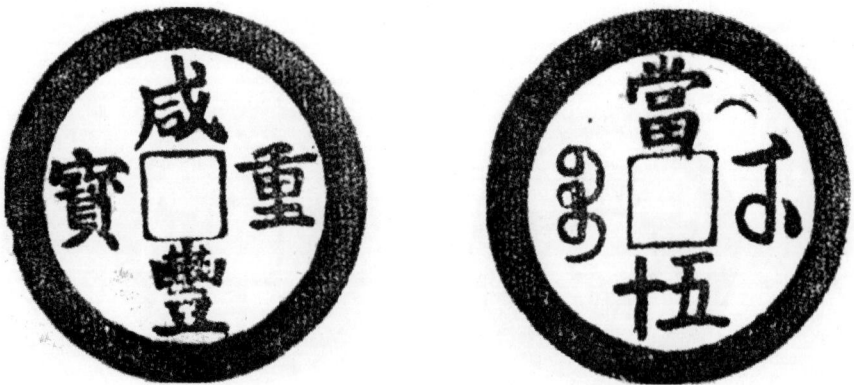

图　10

图　11

图　12

四、小满文系列：此系列有当百、当五十、当十，共 3 个纪值等级（见图 13～15）。

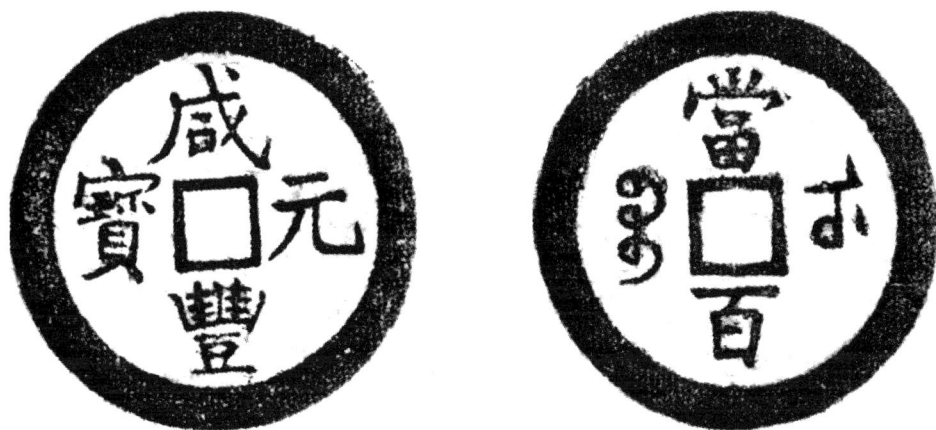

图　13

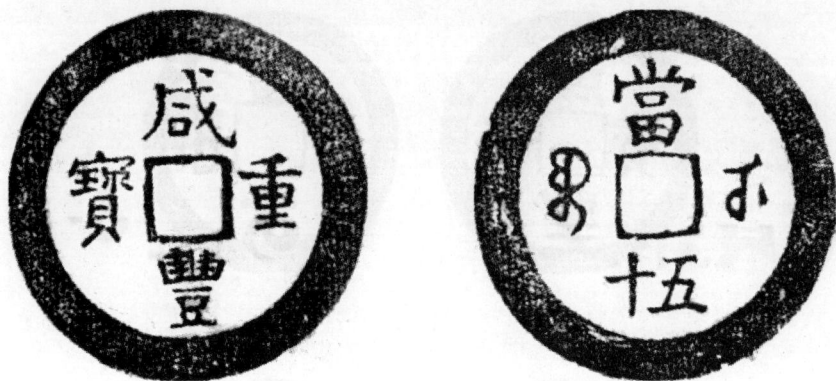

图　14

图　15

五、大字系列：此系列有当百、当五十、当十，共 3 个纪值等级（见图 16～18）。

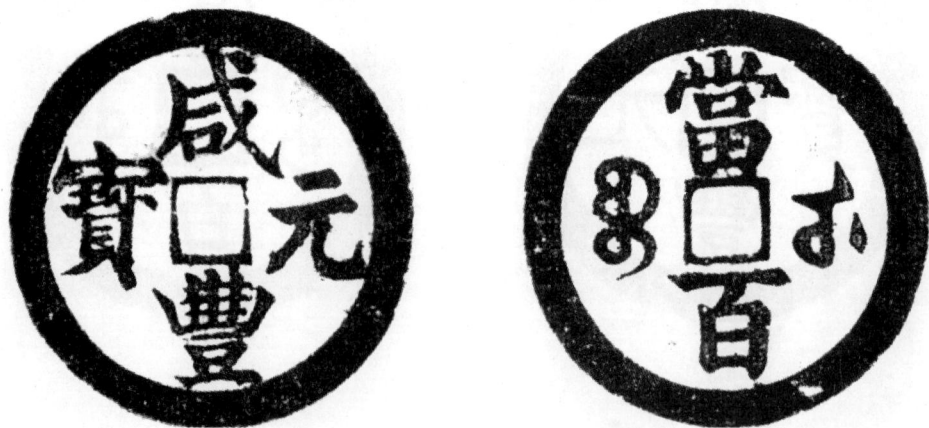

图　16

图　17

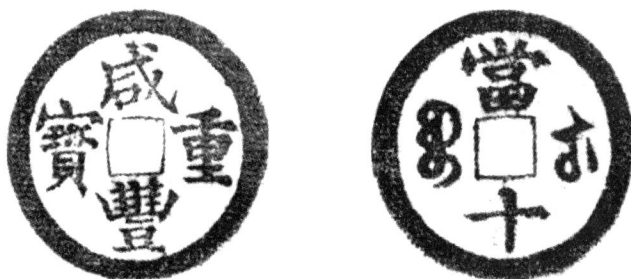

图　18

六、大字长满文系列：此系列与大字系列书体相似，只是满文"武"稍长。有当百、当五十、当十 3 个纪值等级（见图 19～21）。

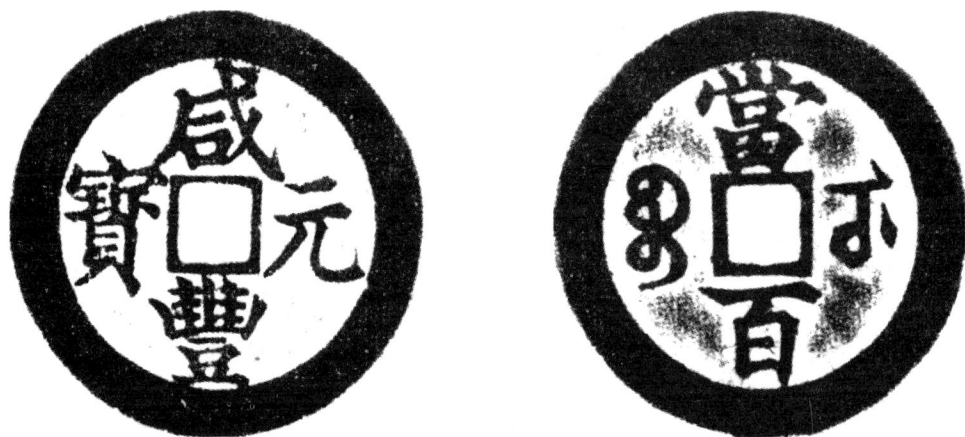

图　19

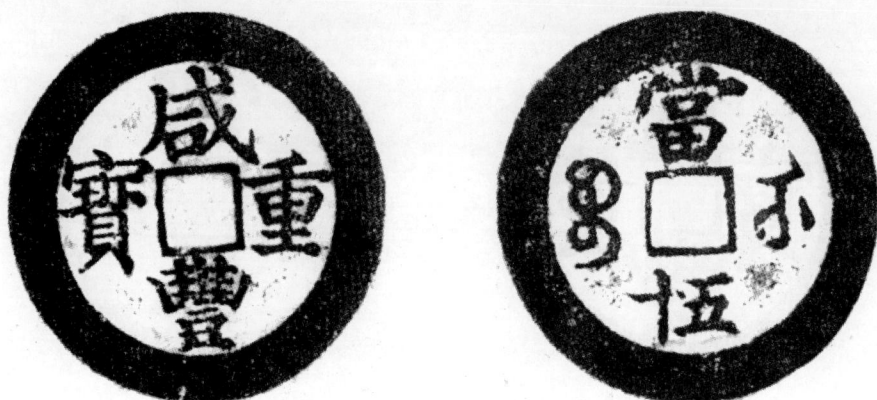

图　20

图　21

七、部颁式系列:按说所有各纪值等级的部颁祖、母、样钱均属此系列,但今日所见仅有部颁式的当十和小平流通钱(见图22、23)。

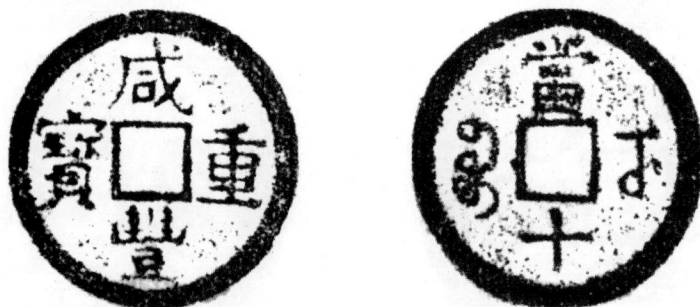

图　22

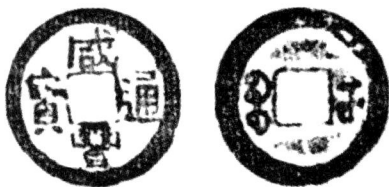

图　23

宝武局咸丰小平钱,据《咸丰泉汇》尚有三角头通一种,评级不高,但十余年来尚没有集得。此种小平钱不属任何版式系列。版式系列的划分,对古钱分类是个新探索。

单位:毫米、克

图号	直径	郭厚	重量	铜色	图号	直径	郭厚	重量	铜色
1	53.5	3.2	50.4	黄	13	55.4	3.2	47.2	黄
2	47.5	3.7	41.7	黄	14	49.3	3.6	39.4	黄
3	35.6	2.6	16.5	黄	15	35.3	2.4	15.6	黄
4	23.2	1.8	5.1	黄	16	55.4	2.9	48.6	黄
5	56.1	3.2	53.9	黄	17	48.5	3.5	42.4	黄
6	51.3	3.9	46.8	黄	18	35.8	2.6	17.8	黄
7	37.0	3.8	26.8	黄	19	56.4	2.7	41.2	黄
8	23.1	1.3	3.5	黄	20	51.9	2.7	37.9	黄
9	55.4	3.6	50.5	黄	21	36.2	2.4	16.6	黄
10	49.7	2.9	33.0	黄	22	39.6	3.0	23.1	黄
11	35.0	2.4	14.5	黄	23	23.8	1.7	4.6	黄
12	35.5	2.7	16.2	黄					

(原刊《江苏钱币》2001 年 3 期)

安南铸宋徽宗年号钱

近十余年来,大量安南古钱流入中国,成为古钱爱好者的又一收集热点。但由于对越南历史的生疏,越南钱币参考书籍稀见,想要对越南古钱币进行较深入的探究十分困难。目前,市场上能见到的有关越南钱币书,往往只列交易价格参考。听说云南、广西二省钱币学会共同编写了《越南历史货币》一书,但北方书市上还没见过。

在安南古钱中,有相当大比重的安南仿铸中国年号钱,所仿最早的为"开元"钱,以后,两宋、明、清均有,止于光绪。宋徽宗铸币之精美驰名,各年号在安南均有仿铸。现披露六品,以飨同好。

图1,篆书圣宋元宝,长冠宝,红铜质。径22.9、厚0.9毫米,重2.2克。

图2,篆书圣宋元宝,短冠宝、黄铜质。径21.7、厚0.7毫米,重1.7克。

图　1　　　　　　　　　　　　　　　　　图　2

图3,崇宁通宝,仿瘦金体,精神全失。径24.2、厚0.9毫米,重2.9克。黄铜质。

图4,政和通宝,四字不同体。径24.5、厚1.1毫米,重3.5克。黄铜质。

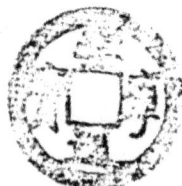   

图　3　　　　　　　　　　　　　　　　　图　4

图5,隶书宣和元宝,径24.5、厚1.0毫米,重2.7克。黄铜质。

图6,篆书宣和元宝,径24.2、厚0.9毫米,重2.7克。黄铜质。

图　5　　　　　　　　　　　　　　　　　图　6

(原刊《安徽钱币》2001年4期)

三枚"常平通宝"分类析

东邻朝鲜古钱"常平通宝"始铸于李朝仁祖十一年(1633),一直延续到19世纪末,持续铸造二百余年。加之铸地及铸钱机构很多,在钱背铸有明确背文,易于区分,形成了几千种版式。

随着我国与朝鲜间的商务交往,曾有大量"常平通宝"流入我国,甚至参与流通。近年来,"常平通宝"更以古钱或废铜的形式大量流入我国。在古钱市场常以斤论价,价格便宜,但其中不乏精品,本人集得三枚,觉得像母钱。由于与我国母钱有不类之处,见得也少,不敢安定。故披露出来与同好商讨。

一、"常平通宝"小平钱,背文为"训生六",当为训练都监所铸。铜色淡黄。径24.9、厚1.1毫米,重3.7克(图1)。宽缘大穿,因而常平二字扁,通宝二字长。笔划如刃,精美异常。与两枚训生类小平流通钱比较,直径分别大0.6和1.1毫米,因而定为母钱,但外缘及内穿均无鲤鱼背及拔模斜度现象。

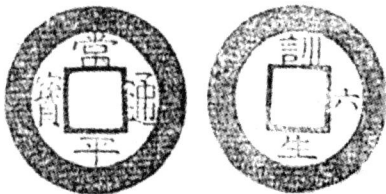

图 1

二、"常平通宝"当二,背文为"营木一",当为御营厅所铸。铜色淡黄近白。径30.0、厚1.4毫米,重6.0克(图2)。宽缘大穿小字,异常精美。与营字当二流通钱比较,直径大2~3毫米,因而定为母钱,与我国母钱比较,似钱体较薄,不见鲤鱼背及拔模斜度。

三、"常平通宝"当二,背文"开二",当为开城留守厅所铸。黄铜质,径30.5、厚1.4毫米,重6.5克(图3),相当精美,但背面比较平夷,与开字当二流通钱比较,直径相类。因而不似母钱,不知如何归类。

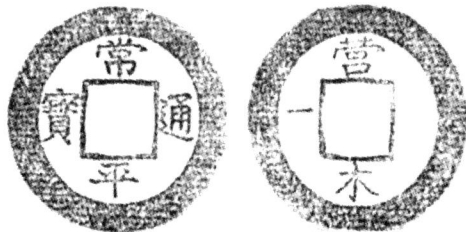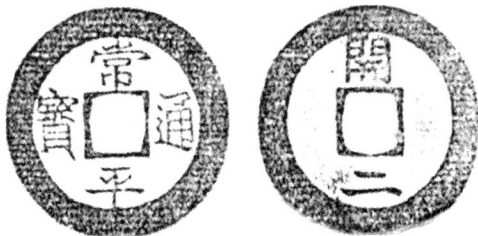

图 2　　　　　　　　　　　图 3

两枚当二的穿孔均为铸成后又以圆棍形工具加工,因而内穿四角加工不到,以致内穿线不平直,但加工很细致,参照当二流通钱的内穿,均是如此加工,这或是"常平通宝"当二钱的加工特色。

(原刊《西安金融》2002年3期)

宝泉局咸丰方头单点通小平铁钱

　　从《故宫清钱谱》知道,出头宝铸自北作厂。从大量现存咸丰小平钱大致知道,"尔"宝"八"贝方头双点通、"尔"宝"八"贝角头单点通、"尔"宝"ㄡ"贝角头双点通,应是东、南、西三厂所铸,但已无法分清具体作厂。此范围之外的其他版式,从现存实物看,都只是少量铸造。方头单点通小平钱,本人至今只见过一枚(见拓图。径23.8、厚2.2毫米,重4.6克),还是铁钱,背穿左下角有决文。铜质咸丰小平钱中背有决文者,都在右上角或右下角。背穿左侧决文似是铁钱的特征。如是,则《咸丰泉汇》中编号1—1—103的母钱,应为铁母。此枚铁小平与《咸丰泉汇》中所载两枚铁小平的版式不同,也许说明其版式的稀见。

(原刊《西安金融》2002年11期)

清代的薄小型制钱

　　清代各朝制钱重量常有变化,清初顺治时,制钱的法定重量最重为一钱四分(5.11克)。清末光绪时,最轻的制钱法定重量为四分(宝奉局1.44克),在此范围之上,为超重大制钱。在此范围之下,则为薄小型制钱。本人收集的清代薄小型制钱,除顺治和雍正没有外,其他8个年号均有。其中,以乾隆和咸丰为多。所以说,清代在康乾盛世,货币政策已是问题不少。

　　综观这些薄小型制钱。可分三种来源:

　　一、民间私铸:此类钱铸造粗陋,字不成体,薄肉大穿,易于识别。

　　二、局私:为官钱局营私舞弊,偷工减料的产品。此类制钱虽轻小,但钱型较规整。特别是不变风格,具有正规制钱的笔意。局私在薄小制钱中所占比例最大。

　　三、似机制版:此类制钱不解之处甚多,很薄,厚约半毫米。字口极浅,但笔划极规整,无鎏铜,很似机制。但光绪十三年才正式有方孔机制"光绪通宝"制钱,光绪以前的年号不应有机制版,除非后世补铸过。但查不到资料,只能存疑。从此类制钱铸造之精整看,也属局私或安南铸。

　　现将本人收集品择要介绍于后,与同好切磋。

　　图1,康熙通宝:径20.5、厚0.5毫米,重1.0克。黄铜质。背满汉文"东"。字口极浅。笔划间毫无流铜,极似机制。从精好程度看,只可能出于官局,即局私。

　　图2,乾隆通宝:径20.6、厚0.5毫米,重0.9克。黄铜质。背满文"宝泉"。相当精整,极似机制。为局私。

图　1　　　　　　　　　　　　　　图　2

　　图3,乾隆通宝:径18.4、厚0.9毫米,重1.2克。黄铜质。背满文"宝泉"。为局私。

　　图4,乾隆通宝:径18.4、厚0.6毫米,重1.0克。黄铜质。为局私。

图　3　　　　　　　　　　　　　　图　4

图 5,乾隆通宝:径 18.4、厚 0.5 毫米,重 0.7 克。黄铜质。为局私。

图 6,乾隆通宝:径 17.6、厚 0.6 毫米,重 0.8 克。黄铜质。背满文"宝泉"。为局私。

图 5 图 6

图 7,乾隆通宝:径 15.8、厚 0.7 毫米,重 0.7 克。黄铜质。背满文"宝泉"。为局私。

图 8,乾隆通宝:径 16.7、厚 0.5 毫米,重 0.6 克。黄铜质。背满文"宝泉"。为局私。

图 7 图 8

图 9,乾隆通宝:径 19.0、厚 0.6 毫米,重 0.9 克。黄铜质。背满文"宝桂"。极似机制。

图 10,嘉庆通宝:径 20.6、厚 0.5 毫米,重 1.2 克。黄铜质。背满文"宝直"。为局私,极似机制版。"庆"字变体。

图 9 图 10

图 11,嘉庆通宝:径 19.8、厚 0.5 毫米,重 1.0 克。黄铜质。背满文"宝直"。特征同前一枚。

图 12,嘉庆通宝:径 19.6、厚 0.9 毫米,重 1.6 克。黄铜质。背满文"宝苏"。为局私。

图 11 图 12

图 13,道光通宝:径 20.0、厚 0.6 毫米,重 1.4 克。黄铜质。背满文"宝广"。极似机制。

图 14,道光通宝:径 17.6、厚 0.8 毫米,重 1.0 克。黄铜质。背满文"宝苏"。背四出纹。为局私。

图 13 图 14

图15,道光通宝:径16.2、厚0.8毫米,重0.9克。黄铜质。背满文"宝苏"。背四出纹。为局私。

图16,道光通宝:径17.0、厚0.8毫米,重1.2克。黄铜质。背满文"宝苏"。为局私。

图　15　　　　　　　　　　图　16

图17,道光通宝:径16.4、厚0.5毫米,重0.6克。黄铜质。背满文"宝源"。为局私。

图18,咸丰通宝:径19.3、厚0.8毫米,重1.5克。黄铜质。背满文"宝蓟"。民间私铸。

图　17　　　　　　　　　　图　18

图19,咸丰通宝:径19.8、厚0.6毫米,重1.2克。黄铜质。背满文"宝桂"。满文"桂"变形。民间私铸。

图20,咸丰通宝:径18.1、厚0.7毫米,重0.9克。黄铜质。背满文"宝川"。为局私。

图　19　　　　　　　　　　图　20

图21,咸丰通宝:径16.0、厚0.7毫米,重0.7克。黄铜质。背满文"宝浙"。为局私。

图22,咸丰通宝:径16.1、厚0.7毫米,重0.8克。黄铜质。背满文"宝苏"。为局私。

图　21　　　　　　　　　　图　22

图23,咸丰通宝:径16.3、厚0.7毫米,重0.9克。黄铜质。背满文"宝苏"。为局私。

图24,咸丰通宝:径18.2、厚0.6毫米,重0.9克。黄铜质。背满文"宝福"。民间私铸。

图　23　　　　　　　　　　图　24

图 25,咸丰通宝:径 17.4、厚 0.7 毫米,重 1.0 克。黄铜质。背满文"宝昌"。为局私。

图 26,咸丰通宝:径 17.7、厚 0.7 毫米,重 0.8 克。黄铜质。背满文"宝昌"。

　　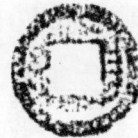

图　25　　　　　　　　　　图　26

图 27,咸丰通宝:径 17.8、厚 0.6 毫米,重 1.1 克。黄铜质。背满文"宝昌"。倒置为局私。

图 28,同治通宝:径 18.3、厚 0.7 毫米,重 1.3 克。黄铜质。背满文"宝苏"。为局私。

　　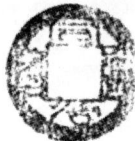

图　27　　　　　　　　　　图　28

图 29,同治通宝:径 16.1、厚 0.6 毫米,重 0.7 克。黄铜质。背满文"宝昌"。为局私。

图 30,光绪通宝:径 18.5、厚 0.5 毫米,重 0.9 克。黄铜质。背满文"宝源"。为局私。

图　29　　　　　　　　　　图　30

图 31,宣统通宝:径 18.0、厚 0.8 毫米,重 1.2 克。黄铜质。背满文"宝泉"。为局私。

图　31

(原刊《安徽钱币》2002 年 1 期)

宝福局咸丰通宝铁钱多次在天津出土

1970年至今,已确知有四批宝福局咸丰通宝铁钱在天津市出土。

第一次:1970年。在天津市红桥区贺家楼后胡同4号院内挖防空洞,挖出铁钱在一吨以上。由于当时的历史条件,这批钱全卖了废铁,很少有人知道。

第二次:1985年11月。在三岔河口望海楼教堂东侧修建狮子林大街小学时,教学楼地基西北角2米深地下挖出铁钱。从揭露的十余平方米面积看,估计这批铁钱最少也有几十吨。由于即将上冻,建房工期紧迫。经市钱币研究组勘过现场、采取部分样品后,原地掩埋。值得注意的是,铁钱埋藏地往东一百余米范围内,地下均为清代炮台遗址。当时见有炮台基础木桩及炮口封门子和其他铁铸件。铁钱埋藏处应为炮台范围内。

这批铁钱已全部锈结。撬开的部分见到钱币品相很好,并有毛刺,说明没有流通过。钱眼中尚有穿系痕,为清一色的宝福局咸丰通宝铁钱。据闻,地面散有少量宝泉局咸丰重宝当十铁钱,为周围群众捡走。

为什么如此大量宝福局铁钱出在天津?经天津市历史研究所濮文起先生查检,《清文宗实录》中记载,咸丰九年七月初,宝福局将积压的十二万串铁钱,计划分两次水路运天津,为北洋海防筹款。第一批六万串由兵船运津,时京津一带已不通行铁钱。咸丰在奏章中知道此事时,铁钱已在途中,即紧急谕令:"所有水师搭运之铁钱,业经启程无庸议,其余铁钱,即令停止起解。"八月初,铁钱运抵天津。又谕令:"运回闽省重洋往返,转滋糜费,如果壅滞难行,亦可作为废铁暂为储存。预备铸造一切防具……"以上便是这批铁钱的来历。据此可估算运津之铁钱当在二百吨以上。

此次出土铁钱数量大,影响面广,才有人回忆起1970年贺家楼后胡同出土之铁钱亦是宝福局铸。

第三次:约在上世纪90年代初。天津市静海县境内施工工地出土了铁钱。市钱币学会理事王宗发曾见到部分带入市内的实物,为宝福局咸丰通宝铁钱。其他情况不详。

第四次:2001年11月。红桥区新开辟的芥园道北侧工地出土数吨宝福局咸丰通宝铁钱。此地即1970年出土第一批铁钱的贺家楼后胡同故地。铁钱同出的还有古炮的球形炮弹。由于铁钱锈蚀严重,品相差,全部被贱价卖掉。

这批铁钱历次出土多在清代军事设施内,有人认为旧式铁炮可用铁钱为散弹,可备一说。

本人曾过目的这批铁钱,可谓版式繁多,但均为"尔"宝"八"贝方头双点通。可依满文

"福"的宽窄分为三大类:

　　第一类:窄福。如图1,面径26.7、背径25.2、厚2.2毫米,重5.3克。绝大多数属此类。

　　第二类:中福。如图2,面径25.2、背径24.7、厚2.1毫米,重5.4克。数量较少。

　　　　　　　图　1　　　　　　　　　　　　　　　图　2

　　第三类:宽福。如图3,面径27.2、背径26.6、厚2.6毫米,重7.8克。数量最少。

　　文中许多情况系天津钱币学会理事王宗发先生提供。

　　　　　　　图3

参考资料:

　　王宗发:《谈天津三岔河出土的咸丰铁钱》,《天津金融》(增刊2)钱币研究专辑(第一辑)29页。

　　濮文起:《三岔口铁钱由来》,《天津钱币》1991年总第五期36页。

　　　　　　　　　　　　　　　　　　　　　　　　(原刊《安徽钱币》2002年2、3期)

宝泉局咸丰通宝的版式类同现象

清代铸钱以咸丰朝最复杂,而咸丰钱中又以宝泉局铸量最大、版式最多。在种类纷繁的宝泉局咸丰小平钱中,往往发现不同版式间却有一些共同特征,可称为"版式类同"现象。初步可分为五类:

一、宽缘类:图1~4。缘宽字小,较厚重。直径在25毫米以上。

图 1　　　　　　　　　　图 2

图 3　　　　　　　　　　图 4

二、大字类:图5~8。其中,图5、7、8为样钱。

图 5　　　　　　　　　　图 6

图 7　　　　　　　　　　图 8

三、背决文类:图9~12。背穿角有一决文。目前,见到的铜钱之决文或右上或右下,无左侧者。而铁钱左、右侧决文者都有发现。

图　9（背穿右下角决文）　　　　　　图　10（背右下角决文）

图　11（背穿右上角决文）　　　　　图　12（背穿右上角决文）

四、小型类：见图13～16。为减重的制钱。

图　13　　　　　　　　　　图　14

图　15　　　　　　　　　　图　16

五、细豆丰类：图17～20。是最常见的版式。

图　17　　　　　　　　　　图　18

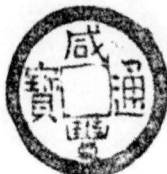　　　　

图　19　　　　　　　　　　图　20

每一类平钱均有四种版式。为"尔"宝"八"贝方头双点通；"尔"宝"八"贝角头单点通；

"尔"宝"ス"贝角头双点通；"尔"宝"八"贝角头双点通出头宝。如此一致，决非偶然。唯一已知线索为《故宫清钱谱》所记："盖宝泉局分立四厂，书法不同，亦厂别也。因书无记载，已不能详其所属（据钱局遗老称，满文出头宝为北厂铸。余未详）。"因此，满文出头宝之外的三种版式，应分别为东、南、西三厂分铸。惜已不能进一步区分到厂了。

　　宝泉局平钱的版式尚多，但除以上五类，再无成类的版式。其他版式，大多较稀见。为慎重起见，参考其他年号有特色的版式，也成类，也是只包括以上四种版式。如嘉庆通宝和道光通宝大型制钱（图21～24，图25～28）。此外，宝泉局光绪通宝背千字文小平钱共有六种背文，但版式也分成如上四类。现以数量较少的"宙"字背文者示例（图29～32）。

图　21　　　　　　　　　　　　图　22

图　23　　　　　　　　　　　　图　24（嘉左星）

图　25　　　　　　　　　　　　图　26

图　27　　　　　　　　　　　　图　28

图　29　　　　　　　　　　　　　图　30

图　31　　　　　　　　　　　　　图　32

　　宣统朝,宝泉局裁撤剩二厂。今见宝泉局宣统通宝大小二型,均只有两种大版别。其一为出头宝,是北厂铸;另一为"尔"宝"八"贝角头单点通。如能查出裁撤之厂,则可推定又一分厂的主要版式。希有兴趣的泉友共同努力。

　　通过以上分析,可以体会到户部钱法堂根据不同需要,拟出不同版别的制钱,经过上呈核准后,下达各铸厂,并在笔划上做出小异,以示区别。遂形成版式类同现象。

单位:毫米、克

图号	直径	敦厚	重量	图号	直径	敦厚	重量
1	25.8	1.9	5.7	17	21.7	1.6	3.5
2	26.0	1.5	5.6	18	22.4	1.5	4.1
3	25.7	1.9	7.0	19	22.7	1.7	4.2
4	25.6	1.9	6.4	20	22.4	1.2	3.4
5	26.6	1.7	6.5	21	29.7	1.8	8.6
6	24.5	1.7	4.6	22	29.7	1.9	8.4
7	26.5	1.9	6.2	23	28.9	1.7	7.2
8	25.7	1.6	5.2	24	29.5	2.2	10.0
9	22.8	1.4	3.7	25	29.8	2.0	8.9
10	22.8	1.5	3.5	26	29.2	1.8	7.8
11	23.1	1.6	4.3	27	29.2	2.0	8.9
12	23.1	1.5	3.8	28	28.8	1.9	8.3
13	19.7	1.5	2.5	29	20.5	1.3	2.5
14	19.7	1.7	2.6	30	20.6	1.4	2.8
15	18.5	1.4	2.2	31	20.6	1.3	2.7
16	19.8	1.6	3.0	32	20.4	1.3	2.8

(原刊《江苏钱币》2002 年 3 期)

宝巩局咸丰钱的一些珍稀品

　　宝巩局是清朝甘肃省的铸钱局,雍正五年(1727)设于兰州,后停铸,直至咸丰年间又恢复铸钱。

　　咸丰时的各铸钱局中,铸当千、当五百者,以前仅知道有宝泉局及克勤郡王、宝源局、宝河局、宝陕局和宝巩局,共六种。

　　近年又发现有宝苏局、宝伊局当千、当五百大钱实物。以此看,宝巩局的咸丰钱应当是相当丰富的。但各钱谱刊出的宝巩局咸丰钱均品种不多。

　　据本人所知,甘肃省的集币者手中多藏有宝巩局咸丰钱珍品,除祖、母、样钱外,尚有多种版式特异者,可称品种繁多,但不见披露,甚是遗憾。

　　本人现将多年来集藏的一些宝巩局咸丰钱珍稀品作为资料发表出来,以丰富宝巩局咸丰钱的形象。

　　一、宽缘咸丰元宝当五百

　　径63.4、面缘宽8.3、背缘宽8.0、厚3.6毫米,重62.9克。红铜质。宽缘当千大钱已发现几枚。当五百的外缘如此宽者相当稀见(图1)。

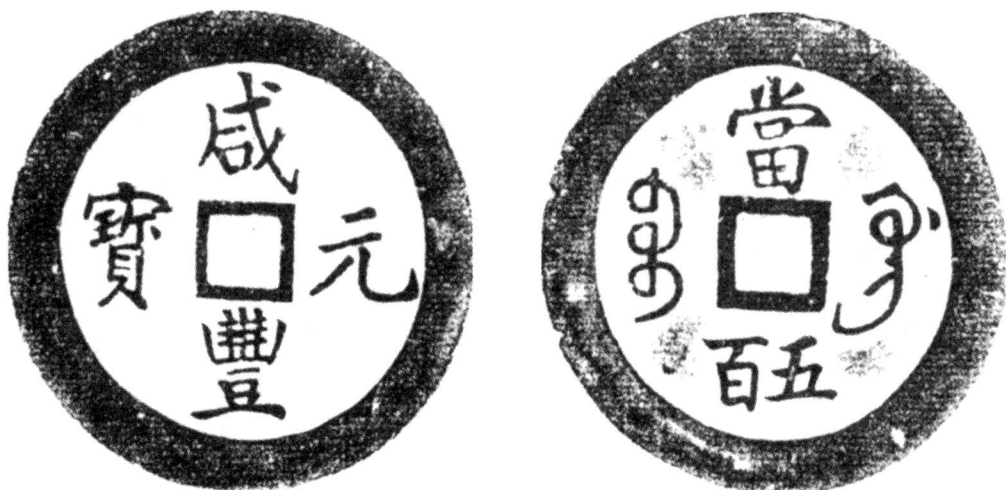

图　　1

二、小样黄铜质咸丰元宝当五百

径 57.1、厚 4.0 毫米，重 58.5 克。此类小样当五百诸谱无载，特别其质地为黄铜。实际上，此枚当五百与各谱常载的一枚黄铜祖钱为同类版式，并与弯钩巩当百、当五十、当十形成版式系列。本人多年前集得，包浆自然，开门见山。今年听说甘肃省又发现一枚。经目测，与本品为同一母钱翻铸之物，比本枚品相更好（图 2）。

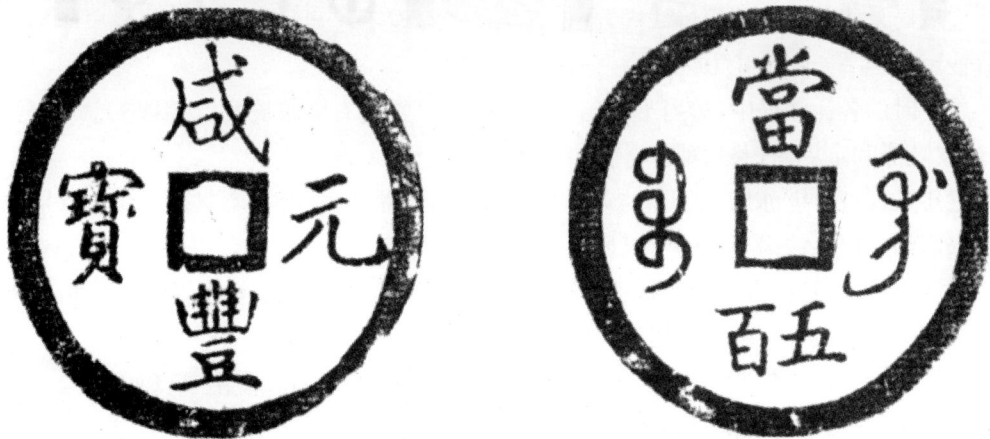

图　2

三、弯钩巩咸丰元宝当百宽缘大型样钱

径 55.3、厚 3.4 毫米，重 55.1 克。黄铜质。此种宽缘大样当百相当少见。当然，样钱更稀见（图 3）。

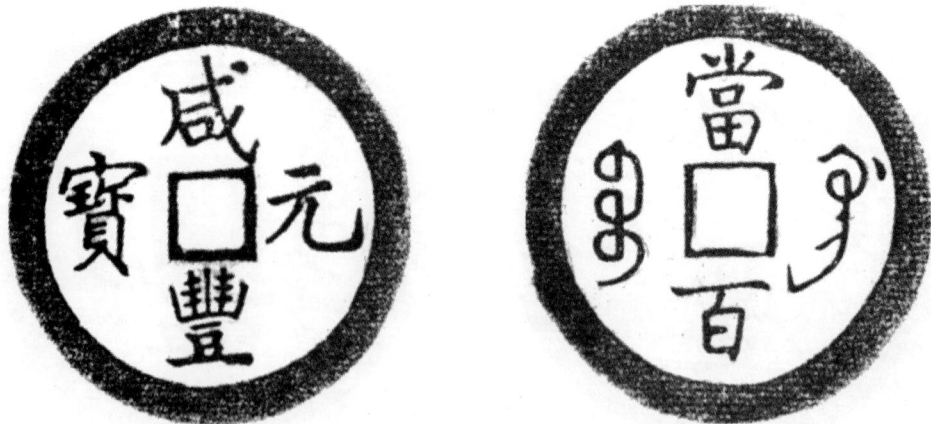

图　3

四、弯钩巩咸丰元宝当百样钱

径 52.2、厚 3.8 毫米，重 53.0 克。黄铜质。铜质精好，与一般行用当百相比，明显系精铸而成(图4)。

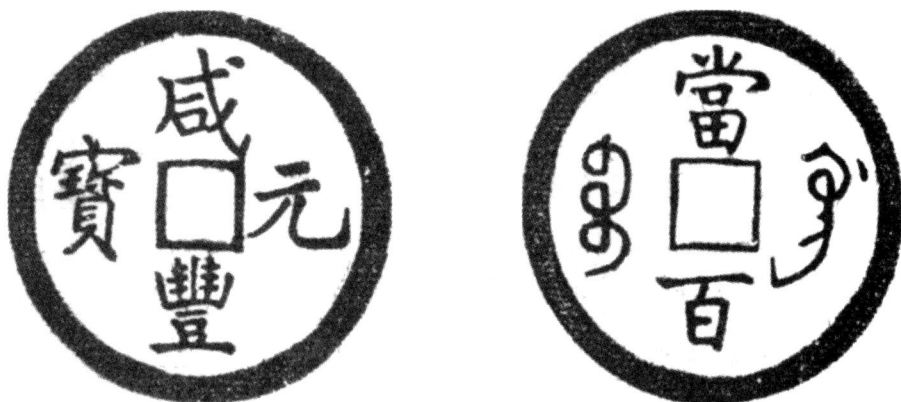

图　4

五、直钩巩咸丰元宝当百母钱

径56.2、厚3.8毫米,重58.7克。黄铜质。此母钱铜质不精,铸工亦不精细。但字根均有明显的沟槽,穿孔中间起脊,两面坡修整光滑,具明显的母钱特征(图5)。

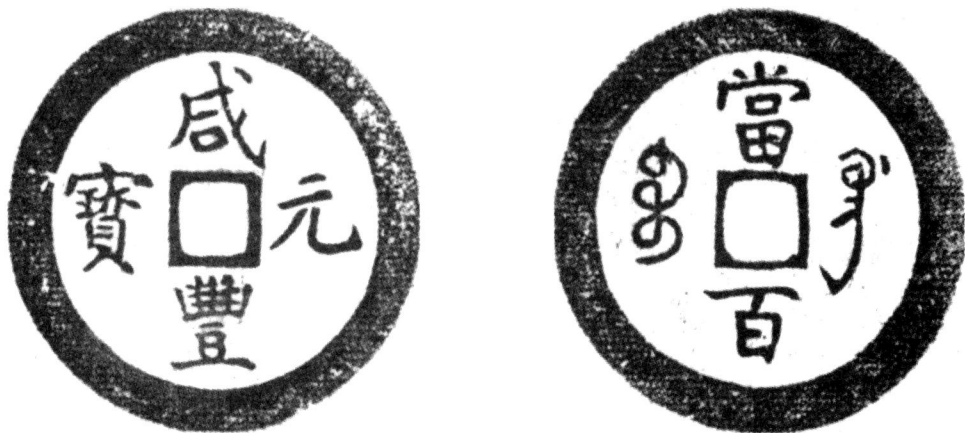

图　5

六、直钩巩咸丰元宝当百饼形钱

径52.4、厚6.8~5.3、穿7.0毫米,重96.6克。黄铜质。如此厚重,又铸成中间厚四边薄的饼形,其道理今日已无从猜度(图6)。

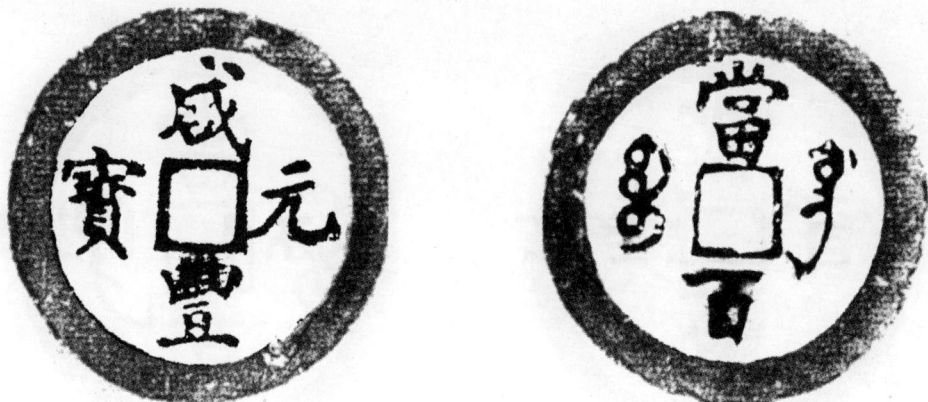

图　6

七、红铜质直钩巩咸丰元宝当百

径 53.4、厚 4.3 毫米,重 63.8 克。红铜质当百极少见(图7)。

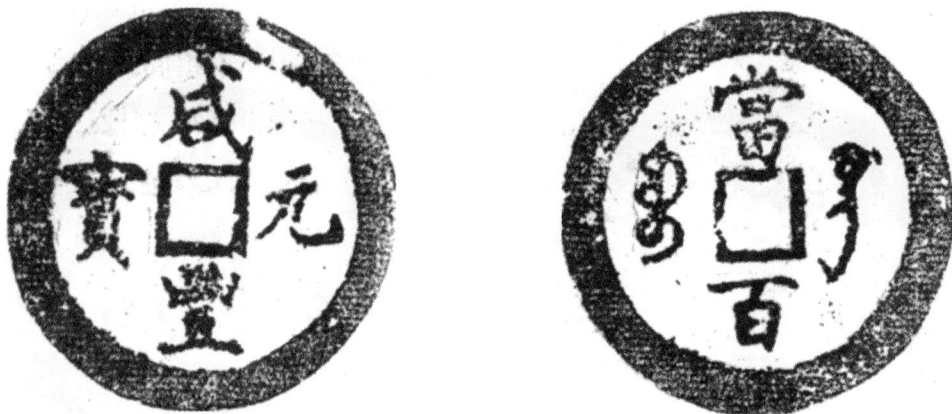

图　7

八、咸丰重宝当五十部颁样钱

从版式看,不是宝巩局铸钱,是户部为宝巩局铸的样钱。径 56.0、厚 4.0 毫米,重 67.0 克。黄铜质。从现存实物看,宝巩局并没按部颁样式铸钱。宝巩局部颁样钱今日已极稀见,有谱谓"仅见品",当不是此品(图8)。

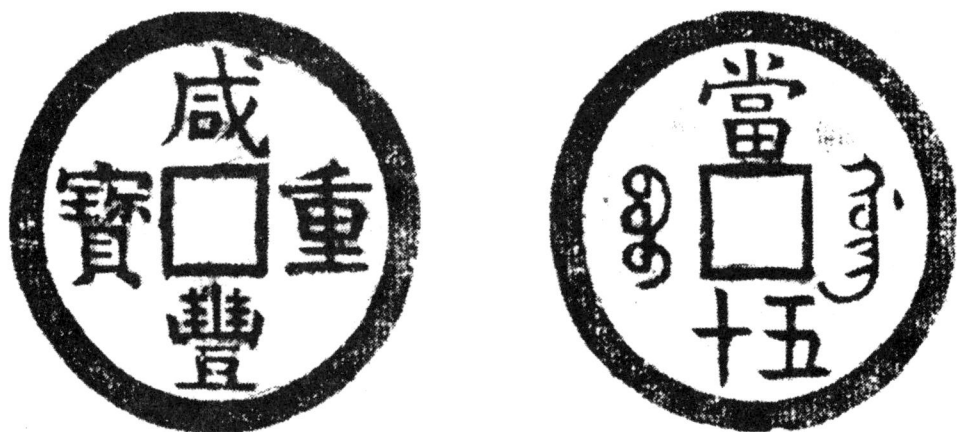

图 8

九、直钩巩咸丰重宝当五十样钱

径 49.9、厚 3.3 毫米,重 42.1 克。黄铜质。宽缘精整,宝巩局铸精品(图 9)。

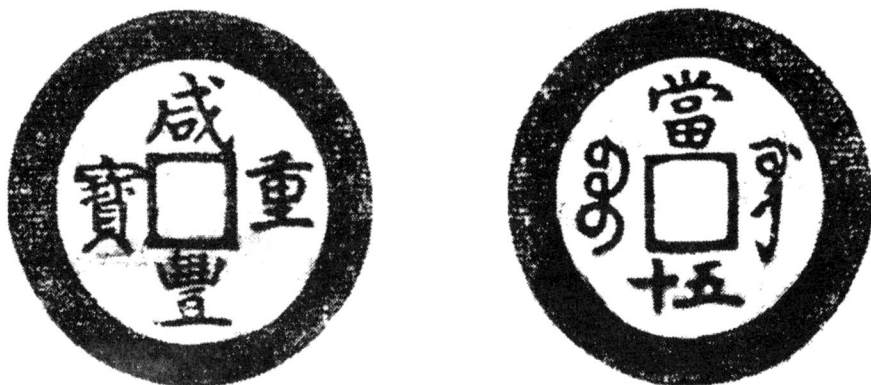

图 9

十、长横十咸丰重宝当十祖钱

径 35.0、厚 3.9 毫米,重 13.1 克。黄铜质。此祖钱常用以铸钱,通体黑褐色包浆。保存环境不佳,地张遍布锈蚀的针尖小孔,但字口深峻,精神不减(图 10)。

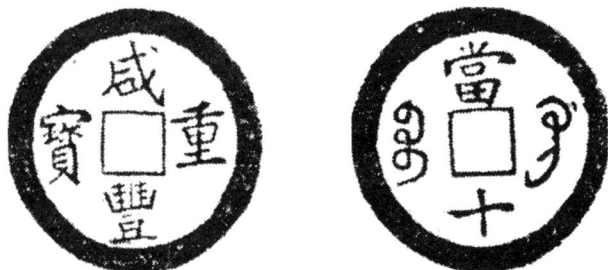

图 10

十一、长横十咸丰重宝当十母钱

　　径 34.9、厚 2.2 毫米,重 12.0 克。黄铜质。通体褐色包浆。正面地张修整得完全不见砂眼的痕迹,背面地张还留有修整过的砂眼残痕。其正面的精整程度一如祖钱,但整体稍薄、稍轻(图 11)。

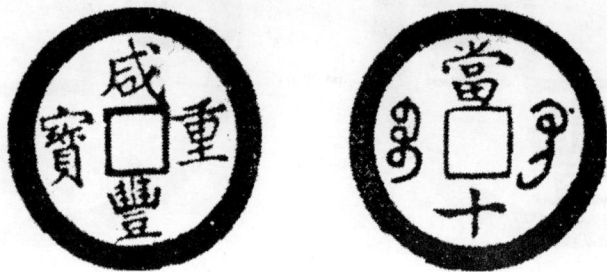

图　　11

十二、长横十咸丰重宝当十样钱

　　径 36.3、厚 2.9 毫米,重 18.6 克。黄铜质。为大型当十样钱(图 12)。

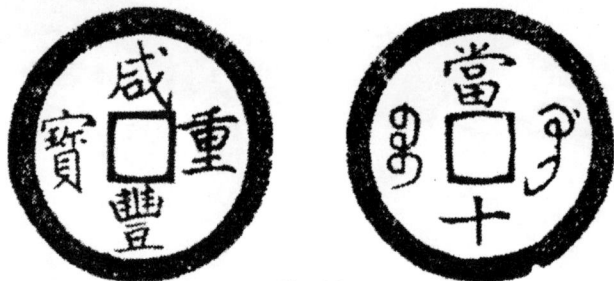

图　　12

十三、半弯钩巩咸丰重宝小样当十

　　径 29.7、厚 2.0 毫米,重 9.6 克。黄铜质。如此小型的宝巩当十,本人系初见,此版式的当五亦初见。难得的是与图 14 的当五系同版式系列之物(图 13)。

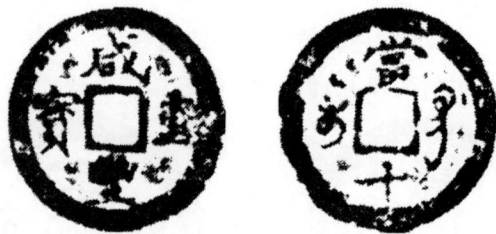

图　　13

十四、半弯钩巩咸丰重宝当五母钱

　　径 28.7、厚 2.2 毫米,重 8.6 克。黄铜质。通体浅褐色包浆。地张有朱砂红色脱模剂痕迹。全部地张经过修整,并稍凸起。此种版式在当五中较少见(图 14)。

图   14

　　本文披示的宝巩咸丰钱中,包括一枚祖钱和三枚母钱,都久经翻铸之用。其包浆与行用钱及样钱的包浆大不相同,均具有深浅不同的铁锈褐色包浆,又具有朱砂红色脱模剂的残迹。此种朱砂红色附着物,较常见于宋徽宗铸钱的精品上。本人的一枚宝源局当五百母钱亦有此红色物。泉友们多认为是脱模剂的痕迹。

(原刊《江苏钱币》2002 年 4 期)

部颁样钱什么样?

　　2002年第3期《新疆钱币》披示一枚宝迪局咸丰重宝小样当十,定性为"开门见山的部颁样钱"。这是一个常识性的错误。

　　众所周知,"部"指户部,部颁样钱是户部所属的
宝泉局铸造(有人说工部宝源局也参预,一时找不到
资料)。因而,部颁样钱是所谓的"京式"钱。宝泉局
没有可能一局一式地铸造"地方式",再向各局颁发。
道理上讲不通。此枚小样当十只是宝迪局因某种原
因而精铸的一批小样当十。十多年前,本人有幸以几
元钱的代价于地摊上捡得一枚此版式当十。见图1,

图　　1

径26.4、厚1.8毫米,重6.0克。黄铜质。确实精好,大异于常品小样当十。本人认为是一
枚地方式样钱。

　　部颁样钱又大又重,按式铸造,则钱局亏损不起。所以,有的钱局干脆没有按式铸造。
如宝河、宝巩等局。有的局稍稍减点分量,少量铸了一些,如宝云、宝川、宝黔等局。所以,这
些局的铸钱明显的分为"部颁式"和"地方式"。

　　为清楚说明问题,以三枚部颁样钱为例:

　　一、阿克苏局咸丰重宝当十部颁样钱

　　径38.4、厚3.2毫米,重22.9克。铜色金黄,见图2。此枚钱从正面看完全是一枚京局
钱,背面有满、维文阿克苏。其实,这枚钱根本没到过阿克苏,因为,这是一枚作废的部颁样
钱,有故意的砸伤。这枚钱的尺寸如与宝泉局早期咸丰当十相比,就无可惊诧了!

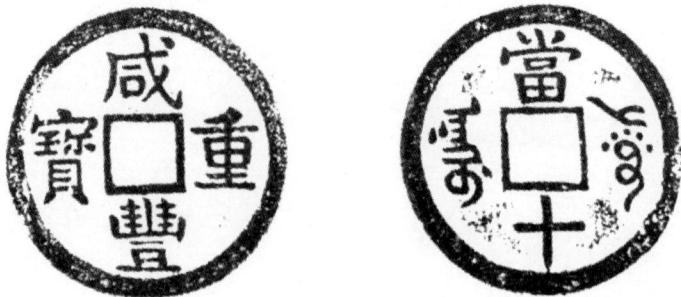

图　　2

二、宝巩局咸丰重宝当五十部颁样钱

径56.0、厚4.0毫米，重66.9克。黄铜质，见图3。宝巩局肯定没铸过这种版式的当五十。从正面看，一如宝泉局大样当五十，完全是京局式。某谱注为"仅见品"，当不是这枚。

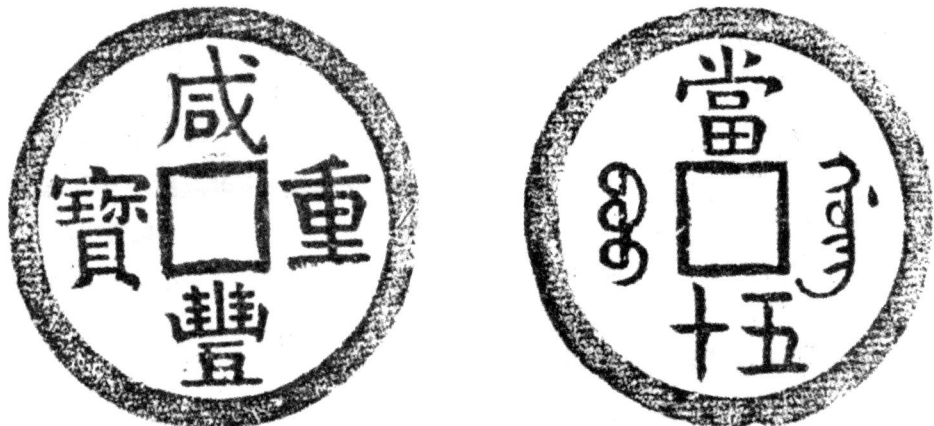

图　3

咸丰三年五月始铸大钱，先铸当十，重六钱。八月，增铸当五十重一两八钱。十一月，又增铸当千、当五百、当百，当五十减重为一两二钱。现存部颁样钱只见小平、当十和当五十，而且全是大样。据而可知部颁样钱是咸丰三年八月，增铸当五十大钱，到十一月当五十减重这三个月内的事。减重后的当五十以及当百、当五百、当千均没发现过部颁样钱也可旁证此论断。

咸丰朝大约只向各钱局颁发过一次样钱，三个月内铸造三十多个局名的样钱是相当繁忙的。这里面还有个插曲，即宝安局的局址早为太平军攻占，宝泉局铸出宝安局当五十样钱，户部已是无处可颁了。见图4，径57.8、厚4.1毫米，重73.3克。黄铜质。两枚当五十部颁样钱的风格是否一致？这才是部颁样钱。

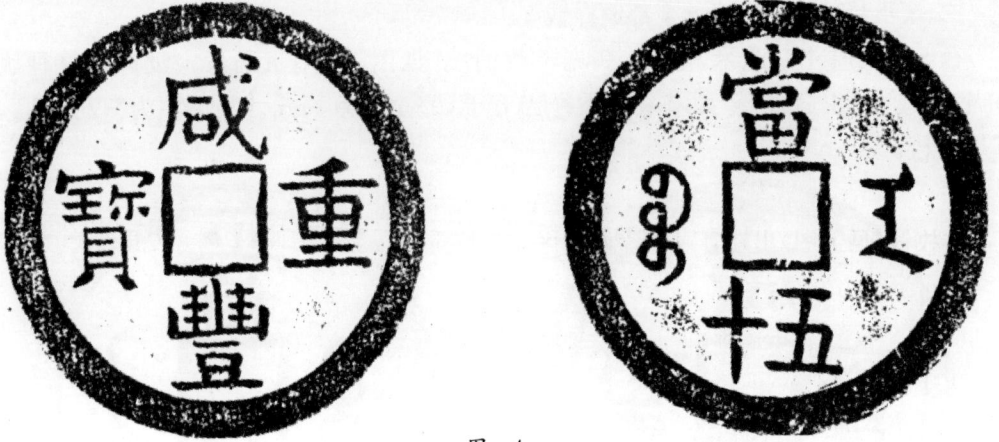

图　4

（原刊《新疆钱币》2002 年 4 期）

宝巩式宝陕局咸丰重宝当五十

　　这枚钱（见下图）出在甘肃省定西地区。生坑重锈。为捶拓，清了锈。厚层绿锈下，包浆均匀。个别地方有少量红斑，地张部分的绿锈外尚有一层黑色发亮的包层。

　　此钱的样式，完全像宝巩局直腿巩咸丰重宝当五十。除文字相像外，穿郭厚和边郭外缘厚差距达1.2毫米，因而形成所谓的饼子钱，这也是宝巩局铸钱的特征。所以，此钱应是宝陕局咸丰重宝的一种版式，但可能是甘肃省铸。至于为什么，则无从查考。

　　此钱轮廓周正，文字高挺，只"当"字不精，极不相称。数据如下：径49.6、穿郭厚3.9、缘内侧厚3.4、缘外边厚2.7毫米，钱重45.6克。黄铜质。

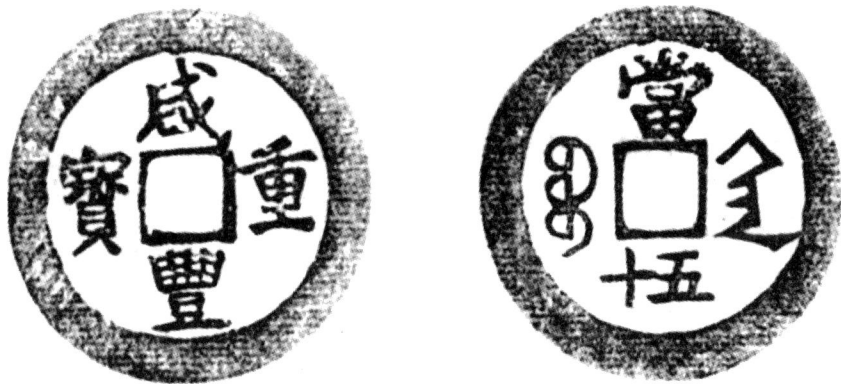

（原刊《西安金融》2003年3期）

试析宝泉局咸丰小平钱

　　本人曾著文试析宝泉局咸丰小平钱的版式类同现象,进而推断类同的四类小平钱分别为宝泉局东、南、西、北四个分厂所铸。并认定"尔"宝"八"贝方头双点通、"尔"宝"八"贝角头单点通、"尔"宝"ㄨ"贝角头双点通、"尔"宝"八"贝角头双点通出头宝等四类版式为宝泉局咸丰小平钱的优势版式,这是从钱币史料和现存钱币实物分析所得。但宝泉局咸丰小平钱版别众多,四类版式之外亦有不存在类同现象的版别。四类版式中亦有几种较稀见的版式。梳理宝泉局咸丰小平钱的全貌,有利于深入认识宝泉局咸丰小平钱,更希望能总结出一点规律。

　　一、优势版式

　　1."尔"宝"八"贝方头双点通:此类中的"宽缘"(图1),径25.8、厚1.85毫米,重6.6克,黄铜质;"大字"(图2),样钱,径26.6、厚1.7毫米,重6.7克,黄铜质;"单决文"(图3),径22.8、厚1.75毫米,重4.7克,黄铜质;"小样"(图4),径19.7、厚1.45毫米,重2.8克,黄铜质。与其他三类版式有类同现象。其中,"单决文"为铜铁两铸。铜钱的决文在背穿的右侧,或上角或下角,铁钱除右侧决文外,尚有左侧决文者(图5),径24.5、厚1.75毫米,重4.6克。

图　1

图　2

图　3

图　4　　　　　　　　　　　　　图　5

本类版式亦有铅钱(图6),径22.3、厚1.8毫米,重3.3克。以及特有的版别,如"仰咸"(图7),径22.9、厚1.3毫米,重3.7克,黄铜质。并逐渐减重,最小者连内郭都省去了(图8),径17.17、厚1.2毫米,重1.4克,黄铜质。

图　6　　　　　　　　　　　　　图　7

图　8

此外,尚有"长通长宝"(图9),径21.2、厚1.7毫米,重3.7克,黄铜质;"二点宝"(图10),径21.5、厚1.7毫米,重3.7克,黄铜质;"省笔通"(图11),径19.9、厚1.2毫米,重2.4克,黄铜质。亦有几种私铸版(略)。

   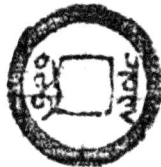

图　9　　　　　　　　　　　　　图　10

 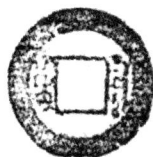

图　11

大宗的流通钱如"大咸"(图12),径23.1、厚1.45毫米,重4.2克,黄铜质;"小咸"(图13),径22.5、厚1.6毫米,重4.5克,黄铜质。此类版式所含版别较多,存世数最也多,并有大型样钱(图 14),径 27.2、厚 1.75 毫米,重 6.6 克,黄铜质。以及短尾满文宝铁钱(图 15),径 24.0、厚 1.7 毫米,重 4.2 克。

图　12　　　　　　　　　　　　　　图　13

图　14　　　　　　　　　　　　　　图　15

2.“尔”宝“八”贝角头单点通。此类有“宽缘”(图 16),径 26.1、厚 1.55 毫米,重 5.9 克,黄铜质;“大字”(图 17),径 24.5、厚 1.6 毫米,重 4.7 克,黄铜质;“单决文”(图 18),径 23.5、厚 1.4 毫米,重 4.0 克,黄铜质;“小样”(图 19),径 19.7、厚 1.7 毫米,重 2.7 克,黄铜质。与其他三类版式有类同现象。其中,“单决文”除铜钱外,有铁钱(图 20),径 23.2、厚 1.4 毫米,重 3.7 克。亦有铅钱(图 21),径 22.1、厚 1.7 毫米,重 3.3 克。

图　16　　　　　　　　　　　　　　图　17

图　18　　　　　　　　　　　　　　图　19

图　20　　　　　　　　　　　　　　图　21

较常见的流通钱版别如图 22(母钱),径 23.1、厚 1.6 毫米,重 4.0 克,黄铜质。亦有铅钱(图 23),径 22.1、厚 1.6 毫米,重 3.0 克。此类版式小平钱存世量亦较多。

图 22 图 23

3. "尔"宝"ㄡ"贝角头双点通:此类版式所含版别较少。"宽缘"(图 24),径 25.7、厚 1.9 毫米,重 7.2 克,黄铜质;"大字"(图 25),样钱,径 26.5、厚 1.9 毫米,重 6.3 克,黄铜质;"单决文"(图 26),径 23.2、厚 1.6 毫米,重 3.8 克,黄铜质;"小样"(图 27),径 18.7、厚 1.4 毫米,重 2.4 克,黄铜质。

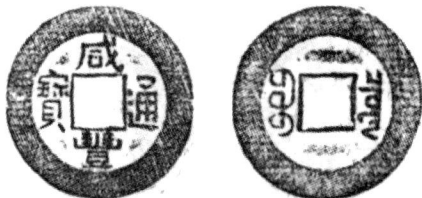 

图 24 图 25

图 26 图 27

四种版别与其他三类版式存在类同现象。其中,"单决文"尚未集到铁钱,但已集到铅钱(图 28),径 24.4、厚 1.8 毫米,重 4.2 克。

图 28

常见流通钱(图 29),径 24.3、厚 1.6 毫米,重 5.0 克,黄铜质。也收集到小型铅钱(图 30),径 20.3、厚 1.7 毫米,重 2.8 克。

图　29　　　　　　　　　　　　　　　　　图　30

4."尔"宝"八"贝角头双点通出头宝:此类版式所含版别最少,且四种版别与其他之类有雷同:"宽缘"(图31),径25.6、厚1.85毫米,重6.6克,黄铜质;"大字"(图32),样钱,径26.5、厚1.9毫米,重6.3克,黄铜质;"单决文"(图33),径23.1、厚1.5毫米,重3.9克,黄铜质;"小样"(图34),径19.8、厚1.6毫米,重3.1克,黄铜质。

图　31　　　　　　　　　　　　　　　　　图　32

图　33　　　　　　　　　　　　　　　　　图　34

从《故宫清钱谱》知道,满文出头宝为宝泉局北作厂所铸。

二、非优势版式

1."尔"宝"八"贝角头双点通:此类版式中有:"大型样钱"(图35),径27.4、厚2.0毫米,重8.0克。"小样"(图36),径19.2、厚1.0毫米,重1.8克,黄铜质。均甚少。但有几种版式的铁钱。如:"单决文"(图37),径22.5、厚1.8毫米,重4.0克。"大咸"(图38),径23.3、厚1.8毫米,重4.4克。"小咸"(图39),径24.1、厚2.0毫米,重5.2克。"短尾满宝"(图40),径24.2、厚1.8毫米,重4.3克。

图　35　　　　　　　　　　　　　　　　　图　36

图　37　　　　　　　　　　　　　　　图　38

图　39　　　　　　　　　　　　　　　图　40

2."缶"宝"八"贝角头单点通:此类版式只见一种铜钱(图41),径21.1、厚1.2毫米,重2.6克。以及一种铁钱(图42),径23.4、厚1.8毫米,重4.5克。

图　41　　　　　　　　　　　　　　　图　42

3."尔"宝"八"贝方头单点通:此类版式只见一种铜钱(图43),径21.7、厚1.6毫米,重3.6克,以及一种铁钱(图44),径23.8、厚2.1毫米,重4.6克。背穿左下角决文。

图　43　　　　　　　　　　　　　　　图　44

4."参"宝:为铁钱版式。可见"铁母"(图45),径24.2、厚1.8毫米,重5.3克,黄铜质;"铁范铜"(图46),径24.2、厚2.2毫米,重7.0克,黄铜质;"宽缘铁范铜"(图47),径25.0、厚1.6毫米,重5.8克,黄铜质;"大字"(图48),径23.8、厚1.85毫米,重4.2克,铁质;"小字"(图49),径24.0、厚1.8毫米,重4.6克,铁质。

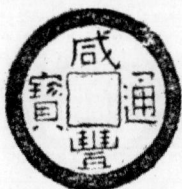   

图　45　　　　　　　　　　　　　　　　图　46

图　47　　　　　　　　　　　　　　　　图　48

图　49

　　5."三点"宝:为铁钱版式。有二个版别:"八"贝(图 50),径 24.3、厚 2.0 毫米,重 5.5
克。"ス"贝(图 51),径 23.8、厚 1.9 毫米,重 5.1 克。

图　50　　　　　　　　　　　　　　　　图　51

　　6.戴书:为铁钱版式。分宽缘、窄缘及大样;"宽缘"(图 52),径 22.8、厚 2.0 毫米,重
4.4 克,铁质;"窄缘"(图 53),径 21.5、厚 2.0 毫米,重 3.6 克,铁质;"宽缘铁母"(图 54),径
23.0、厚 2.0 毫米,重 5.0 克,黄铜质;"窄缘铁母"(图 55),径 22.6、厚 1.8 毫米,重 4.5 克,
黄铜质;尚有大样者。

图　52　　　　　　　　　　　　　　　　图　53

 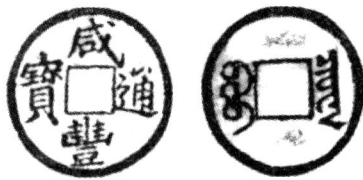

图　54　　　　　　　　　　　　　　　　　　图　55

7. 美制：铁钱版式。为宝泉局咸丰小平钱之最秀美者；"铁母"（图56），径23.2、厚1.8毫米，重4.9克，黄铜质；"铁钱"（图57），径23.0、厚1.75毫米，重4.1克，黄铜质。

图　56　　　　　　　　　　　　　　　　　　图　57

8. "缶"宝"八"贝方头单点通：为铁钱版式；"铁母"（图58），径22.7、厚1.5毫米，重4.1克，黄铜质；"铁钱"（图59），径22.5、厚1.6毫米，重3.6克。

图　58　　　　　　　　　　　　　　　　　　图　59

（原刊《江苏钱币》2003年1期）

宝济局咸丰当百样钱

　　今见宝济局咸丰钱有"缶"宝、"尔"宝两种版式。均形成系列,但版式迥异。"缶"宝者有当五十、当十两种纪值等级。"尔"宝者有当百、当五十、当十、小平 4 种纪值等级。多为黄铜铸,有少数青铜铸者,均较稀见,尤其是"尔"宝者。"尔"宝者,当百相对较多,其次是当十,当五十甚少。小平则仅见。

　　值得注意的是:"缶"宝、"尔"宝两种咸丰钱的文字书体以及整体风格均大不相同,不似同局所铸。近二十余年来,"尔"宝者多出自山东临清。因之自然会想到,康熙六十年裁撤的临清局是否在咸丰年间又恢复铸钱? 此点于史无载,但从一些迹象看,大约正是如此。例如,《咸丰泉汇》引咸丰四年(1854)十一月二十九日,山东巡抚崇恩奏折中提到宝济局咸丰钱的铸造情况:"于十一月初九日开炉,先分两炉,每炉分为四卯,鼓铸当五十者二成,当十者八成。""当五十重一两二钱,当十重五钱。"只提到了当五十、当十,这无疑是指山东省城济南宝济局所铸"缶"宝系列的铸造情况。而包括有当百、当五十、当十、小平钱的"尔"宝系列宝济局咸丰钱当另有铸处,即是临清府的旧临清局。这种估测大约符合史实。

　　宝济局"尔"宝咸丰钱的书法甚差,当百大钱的钱体为薄板。此枚样钱郭厚达 4.3 毫米,重达 70.7 克,十分异常。此外,这枚当百钱通体经过锉磨,外郭上留下明显的磨痕。外缘打磨得见棱见角,穿内亦打磨光滑。这些现象在宝济局咸丰当百大钱中为仅见(当然,只是个人的见识)。据之,推测这枚当百大钱是为某种目的而特铸的样钱,附拓图,径 57.1、厚 4.3 毫米,重 70.7 克。黄铜铸。

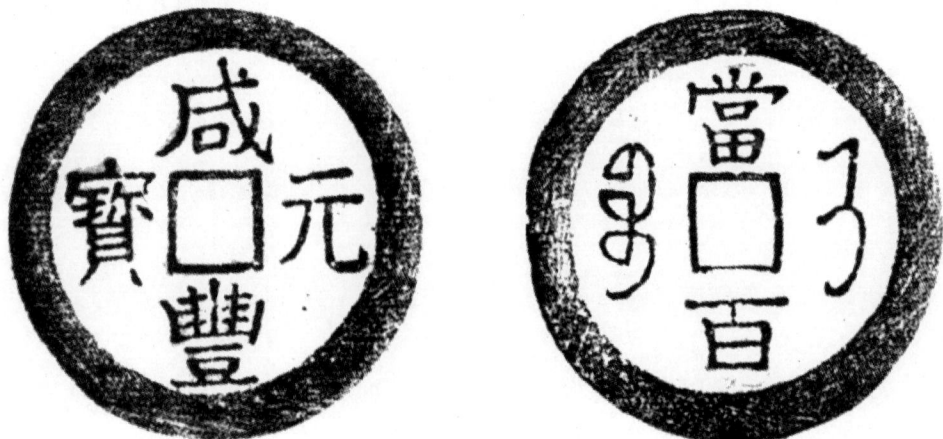

(原刊《江苏钱币》2003 年 2 期)

收藏二得

一、一枚小型大样宝迪当十咸丰钱

周末去一宫钱币市场,见到几枚宝迪咸丰当十。其中一枚既大又厚,坦率地说,不识此版式,只觉得凭其大和厚,就应买下。摊主要价 13 元。我觉得此钱不错,摊主肯定是低来低走,仅有微利,故没划价。偏偏摊主无钱找零,主动下降了一元,故 12 元买下。

图 1

回家即查《咸丰泉汇》,没查到此版式。又查《新疆红钱大全图说》,结果在 257 页查到编号为 D19—60 的一枚,注为"大径钱",评"稀下"。比较之下,我这枚品相较好,重量还大了 2.4 克,现披示如下(图 1),径 27.4、厚 2.2 毫米,重 7.5 克。红铜质。

近年,新疆泉友实力大增,新疆泉币的价格也高过内地。居然在内地还能捡到如此的漏网之鱼,真一大快事。这个周末当分外轻松,即集泉之乐趣矣!

二、宝伊局咸丰当百母钱

新疆各局咸丰钱在众多咸丰钱中独树一帜,在书体方面尤具特色。以宝伊局当百为例,其文字结构、运笔方式很难说是善书者所为。满文"宝"也与内地各局行笔不同。"伊"却例外,运笔相当有力,形成独特风格。

本人藏有宝伊局咸丰当百多枚。其中,特别精好者有黄、红铜质各一。开门见山,决非一般行用钱,但是母钱还是"样钱"? 难于决断。

两枚钱的共同特点:1. 笔划清晰,文字高峻,绝无流铜;2. 外郭宽阔,磨制极平;3. 笔划间布满刀痕;4. 外缘没有鲤鱼脊;5. 都系铸成。

两枚钱的不同点:

图 2,黄铜者(径 52.3、厚 3.1 毫米,重 45.6 克),地张平整,只是近郭处和笔划间有刀痕。笔划更峻峭,各字笔划形成"口"处,四面下刀,清晰干净。穿口内都是两面坡,形成拔模斜度。

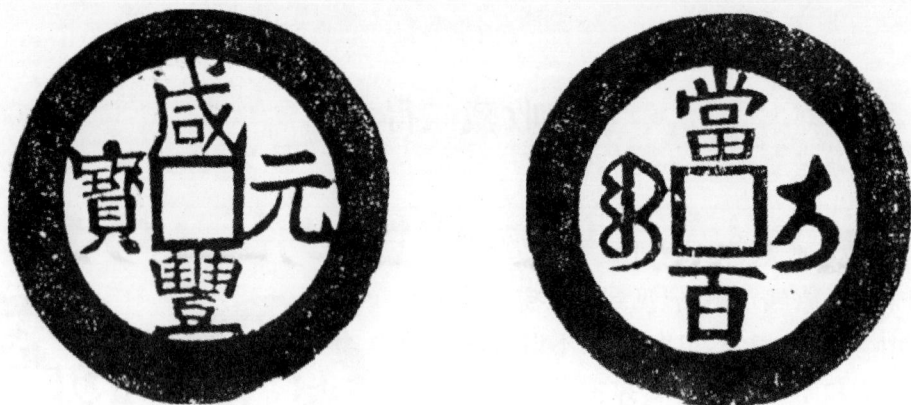

图　2

　　图3,红铜者(径52.0、厚3.2毫米,重44.0克),笔划峻峭稍逊。当字中的"田"横不平,竖不直。内郭磨削得较窄,不是两面坡,而成圆滑。地张亦处处有刀痕,因之,总体印象稍逊于《新疆钱币》1999年3期白云峰发表的宝伊局当百雕母和铸母拓图。仔细对比,又重读了充满激情的文字描述,本人认定黄铜者为一枚母钱。而红铜者也像母钱,但心中不踏实,现发表在此,望识者教正。

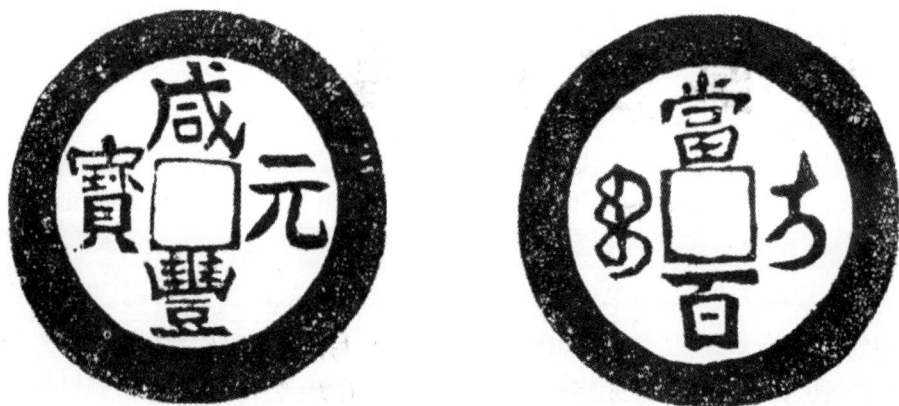

图　3

　　为了对比,再发表一枚厚重型的黄铜当百(图4,径51.4、厚5.1~3.9毫米,重66.5克)。

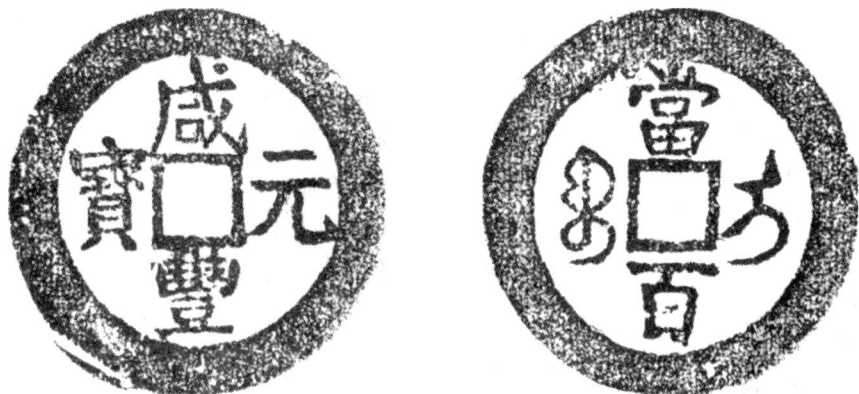

图 4

（原刊《新疆钱币》2003 年 2 期）

史料的互证

笔者在《部颁样钱什么样》中,根据《光绪顺天府志》对咸丰年间铸钱的记录及已知部颁样钱只有大样的当五十、当十和小平,推定咸丰朝户部颁发样钱的时间在咸丰三年八月至十一月之间。又由于没有当五十以上的部颁样钱,推定咸丰朝户部颁发样钱只有三年八月至十一月间的一次。

近重读穆渊教授的《清代新疆货币史》,其中对新疆各钱局铸钱时间的记述,证实了本人的推定,也被《咸丰泉汇》披示的钱图所证实。以下,引用穆渊教授的记述,并加分析:

一、宝伊局:"咸丰三月十一月初六日,制钱全部改铸当十,重四钱四分。""四年正月十五,加铸当五十,重八钱;当百,重一两四钱;当千,重二两。"《咸丰泉汇》中,图28-1-1为宝伊部颁小平祖钱;28-1-3为部颁小平样钱;28-3-1为部颁当十样钱。当十为咸丰三年十一月初六日始铸,其筹办运作肯定要早一些。所以,小平及当十有部颁样钱存在。当五十以上的大钱是在咸丰四年加铸的,所以,不可能有部颁样钱。

二、阿克苏局:"(咸丰)元年,铸当五、当十","三年,二成铸当五十","四年,二成铸当百"。《咸丰泉汇》中,29-1-1为部颁小平祖钱;29-1-2、29-1-3、29-1-4为部颁小平样钱;29-3-1、29-3-2为部颁当十祖钱;29-4-1、29-4-2、29-4-3为部颁当五十样钱。两相对照,本人的推论完全符合以上记述。

三、宝迪局是咸丰四年十二月才组建的;叶尔羌局是咸丰四年才开始铸当百、当五十、当十大钱的;库车局是咸丰六年铸当百、当五十、当十、当五的;喀什噶尔局是咸丰五年正月开铸当百、当五十、当十的。以上四个铸钱局开铸大钱的时间都在咸丰三年以后,所以不可能有部颁样钱。

史料的互证,亦是集泉一大乐趣。

(原刊《新疆钱币》2003 年 2 期)

咸丰钱集泉札记(一)

一、版式系列之缘起

部分钱局的咸丰钱,面值不同但版式一致,形成系列。收集咸丰钱到一定程度,便会发现此现象。但下决心按版式系列收集咸丰钱,多半要有机缘的拉动。

上世纪90年代之初,听说湖北发现了宝武局咸丰钱的"缶"宝版式,且成系列。此种版式只在《历代古钱图说》中载有一枚当五。该书出版于1940年,至90年代,已过去50年了,没有发现第二枚。但却陆续发现当百、当五十、当十、小平,形成系列,均极珍稀。此讯息引起我的极大兴趣。经过一番探寻,知道了一套宝武"缶"宝咸丰钱在湖北南部山区的张毅强手中。即托人探询能否转让。事有凑巧,1985年因公外访日本时,带回一枚"大泉二千"。有人在报纸上披示此事,且不乏褒语。张后来看到此篇报道,知道我确是藏家。因之,答应过两年转让给我。

1995年11月,张邀我去湖北,让我在湖南岳阳下火车,他去接站,再乘汽车到湖北南部山区。在他家住了三天,同榻而眠,以极便宜的价格将一套四枚"缶"宝咸丰钱转让给我(图1～4)。此事极大地坚定了我探求咸丰钱版式系列的信念。因为,还有一个巧合,即宝武局咸丰钱全部包含在6个版式系列中,而"缶"宝系列最珍稀。至今,当百仍属孤品。"缶"宝系列能收集到这个程度,是很好的开始。因之,我按版式系列集咸丰钱,是从宝武局开始的。

到1999年,我已识别出15个铸钱局中的69个版式系列,因之编成《咸丰钱的版式系列——自藏自拓咸丰钱集》一书。能成此书,各地泉友在收集标本方面的帮助必须提及。除上面提到的张毅强,还有嘉兴的王金龙、南京的杨军、新疆的薛德林等。

成书之后,由于对咸丰钱版别认识的加深,又有新的版式系列被识出,现已达75个。

对版式系列的研究中,发现只有咸丰三年(1853)十一月增铸当千、当五百、当百,且当五十减重后的版式才有版式系列现象存在。宝泉、宝源二局版式系列多,表现最明显。此时的咸丰大钱文字隽秀,充分表现书法美,一改咸丰三年(1853)五月初铸大钱文字僵滞不美的形象。

二、宝泉局咸丰小平钱的版式类同现象及相关问题

1997年夏,去一宫钱币市场。一摊位有十余枚宽缘小字的咸丰小平钱。粗看版式相同,细看却有小异。主要表现在"通"、"宝"二字写法有异。因之,全部购下。以后,加强注意收藏此式小平钱。当集到几十枚之后,发现此类平钱只包含4种版别:"尔"宝"八"贝方头双点通;"尔"宝"ㄟ"贝角头双点通;"尔"宝"八"贝角头单点通;"尔"宝"八"贝角头双点通出头满宝。

宝泉局咸丰小平钱版式众多,其他类平钱是否均包含此4种版式呢?经对比,确实如此。如宽缘类(图5～8)、背决文类、小样类、细豆丰类等,均是由以上4种版别组成,这就绝

非偶然，而是有一定之规了。此种版式大致相同而笔划有小异的现象，姑称之为"版式类同"现象。为慎重起见，选其他年号有特征的宝泉局小平钱对比，如光绪背千字文平钱，有宇、宙、日、列、往、来6类背文，而每类背文都包含以上4种版别。嘉庆、道光各有一种直径接近29毫米的大样平钱，也都包含以上4种版别。历史文献中明确记载版别的文字仅见一处，《故宫清钱谱》载："盖宝泉局分立四厂，书法不同，亦厂别也。因书无记载，已不能详其所属（据钱局遗老称，满文出头宝为北厂铸，余未详）。"据此可知，出头宝之外的3种版式，当分别是东、南、西三厂所铸。惜尚无资料可进一步具体区分。

单位：毫米、克

图号	直径	厚度	重量	铜色	备注
1	53.2	3.2	50.4	黄铜	行用钱
2	47.4	3.8	41.8	黄铜	行用钱
3	35.5	2.7	16.5	黄铜	行用钱
4	23.2	1.8	5.1	黄铜	行用钱
5	25.7	2.0	7.7	黄铜	样钱
6	26.0	1.9	7.2	黄铜	样钱
7	26.0	1.6	5.9	黄铜	行用钱
8	25.7	1.9	6.6	黄铜	样钱
9	26.6	1.7	6.8	黄铜	样钱
10	26.5	1.8	6.3	黄铜	样钱
11	24.6	1.7	5.4	黄铜	行用钱
12	25.7	1.6	5.4	黄铜	样钱
13	26.5	1.7	6.1	黄铜	样钱
14	26.5	1.7	6.5	黄铜	样钱

图　1

图　2

图　3　　　　　　　　　　　　　图　4

图　5

图　6

图　7

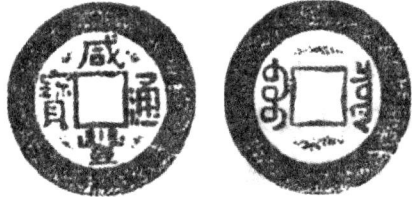

图　8

图　9　　　　　　　　　　　　　　图　10

图　11　　　　　　　　　　　　　　图　12

图　13　　　　　　　　　　　　　　图　14

　　宣统间，宝泉局仅剩两个分厂铸制钱。今见宣统制钱为"尔"宝"八"贝角头双点通出头满宝和"尔"宝"八"贝角头单点通。如能在档案中查出裁撤的是哪两个分厂，则可知道"单点通"版别是哪个分厂所铸。

　　其实，咸丰小平钱很复杂，从现存实物看，远不止以上 4 种版别。但除此之外基本都是较稀少的版别。所以，现在只能说以上 4 种版别分别是东、南、西、北四个分厂的主要版别。这 4 种版别的各种版式组成宝泉局咸丰小平钱的主体。

　　以上事实说明，清代从嘉庆到宣统的一百余年中，宝泉局铸钱在版式上是有严格规定的。

　　这里还有一个不太清楚的问题：大字类 4 种版别中，在几年中收集到 3 种版别的样钱（图 9、10、12）。这种样钱属上呈样钱，为应付上级检查之用。最大特征是比行用钱大，铸工精，容易识出。但宽缘小字类，却不见一枚直径较大者。我觉得有两个可能，一是铸行期内没有铸样钱的需要；二是铸造较精且加重到 7 克上下的即是此类的样钱。我倾向后者。因为，此类版别行用钱在 5 克左右，超重 40％以上必有说法。所以，对样钱的认定要复杂一些了。

　　三、一个难以解说的咸丰钱版别

　　《光绪顺天府志》载："咸丰三年，……五月，先铸当十钱一种，文曰咸丰重宝，重六钱，与制钱相辅而行。八月,增重当五十钱一种,重一两八钱。十一月,因巡防王大臣之请,又增铸当百、当五百、当千三种。当千者重二两,当五百者一两六钱,铜色紫,当百者重一两四钱,铜色黄,皆磨锉精工,光泽如镜,文曰咸丰元宝;而减当五十者为一两二钱,当十者为四钱四分,又减为三钱五分,再改为二钱六分。"此段记载信息量丰富。结合实物可以释清咸丰钱的许多细节,可以充分利用。

户部宝泉局位于京师,所铸咸丰钱的变革,一如以上记载。早期当五十,虽只铸行了三个月,却存世相当多。特征是大样、书体僵滞不美。咸丰三年(1853)十一月减重之后的当五十,面貌大变。除直径减小以外,最大特征是文字秀美,且上自当千,下至当十,各不同面值都有同版式者,形成所谓"版式系列"。这是总结出来的一条规律。但却有唯一的例外,如图15。按其尺寸说,无疑应是咸丰三年十一月当五十减重之前所铸,但却文字秀美,与减重前当五十各种版式的风貌截然不同,而且有同版式同属大样的当十,形成版式系列(图20)。所以,这一个版式系列属唯一例外,无法解释。

单位:毫米、克

图号	直径	郭厚	重量	铜色	备注
15	57.2	4.7	69.3	黄铜	母钱
16	56.1	4.3	68.2	黄铜	样钱
17	55.6	4.5	67.7	黄铜	行用钱
18	55.7	3.9	57.7	黄铜	决穿
19	56.0	3.5	48.4	黄铜	减重行用钱
20	38.8	3.0	22.6	黄铜	样钱

另,大样当五十只铸行了三个月,此版式当五十却已收集到母钱(图15)、样钱(图16)、足重行用钱(图17)、决穿行用钱(图18)和减重行用钱(图19),充分显示了咸丰钱的复杂面貌。

图　15

图　16

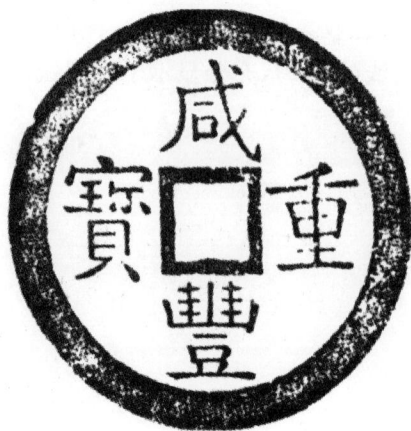 

图　17

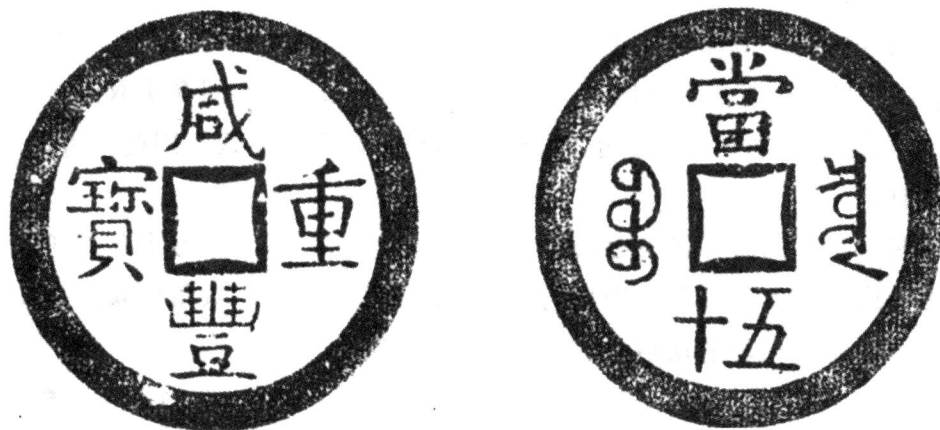

图　18

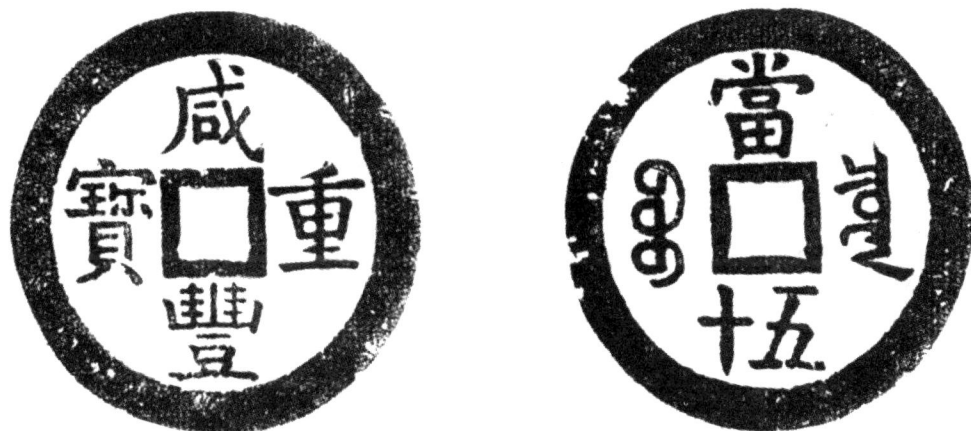

图　19

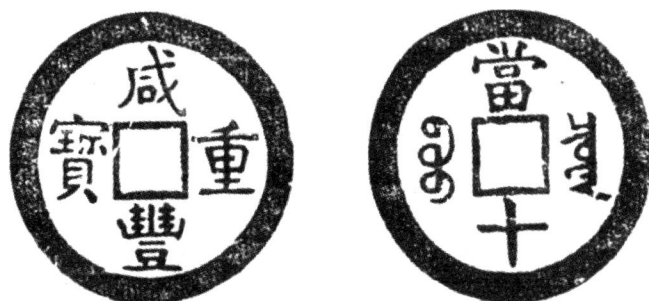

图　20

四、关于部颁样钱的议论

图 21 和图 22 为宝巩和宝安当五十部颁样钱。图 23 为阿克苏当十部颁样钱。图 24～

27分别是宝云、宝川、宝黔、宝陕小平部颁样钱。部颁样钱由户部颁发,宝泉局是户部的铸钱局。所以,部颁样钱应是宝泉局所铸。今日所见部颁样钱实物全为"京式",与地方各式的铸钱风格迥异。这一概念对正确认识清钱很重要。

前引《光绪顺天府志》中,对咸丰钱重量的变化记载很明确。据之,可知上述当五十、当十均属大样。由之可以明确两个问题:1. 咸丰年间,颁发部颁样钱的时间在咸丰三年(1853)八月至十一月间。2. 咸丰部颁样钱只有大样的当五十、当十、小平3种,说明咸丰三年十一月之后没有再颁发过样钱。

图24~27是户部向外省局颁发的小平样钱,版别全是"尔"宝"八"贝方头双点通。宝泉局的大型样钱除了以上版别外,尚有一种"尔"宝"八"贝角头双点通样钱(图28),铸造相当工整。由于都是宝泉局所铸,全系"京式",难于分辨出是否均属部颁样钱。但"尔"宝"八"贝角头双点通版别在宝泉局铸小平钱中是一个弱势版别,只有一种铸造不精的小样行用钱(图29)是此种版别。因此,此种大型样钱不可能是上呈样钱之类,乃是外来物,即也是部颁样钱。

宝源局亦有同样情况。似部颁样钱者,除"尔"宝"八"贝方头双点通版别外(图30),尚有"尔"宝"八"贝角头双点通(图31)和"尔"宝"ス"贝角头双点通(图32)两种版式。其实,"ス"贝这种版别在宝源局小平钱中根本没有行用钱。因此,可以肯定是一种外来品,即也是部颁样钱。

以上论述说明:小平部颁样钱主要版别是"尔"宝"八"贝方头双点通。但户部对宝泉、宝源二局颁发的样钱版别多了两个,增加的是"尔"宝"八"贝角头双点通和"尔"宝"ス"贝角头双点通。可是铸钱局却有所取舍。

单位:毫米、克

图号	直径	郭厚	重量	铜色	备注
21	56.0	4.0	67.0	黄	部颁样钱
22	57.9	4.1	73.4	黄	部颁样钱
23	38.4	3.2	23.0	黄	部颁样钱
24	27.4	1.4	5.9	黄	部颁样钱
25	26.3	1.6	6.4	黄	部颁样钱
26	26.9	1.1	4.8	黄	部颁样钱
27	26.4	1.4	5.3	黄	部颁样钱
28	27.3	2.0	8.0	黄	部颁样钱
29	19.2	1.0	1.6	黄	行用钱
30	27.0	1.8	6.6	黄	部颁样钱
31	27.1	1.6	6.1	黄	部颁样钱
32	27.8	1.6	5.4	黄	部颁样钱
33	27.1	1.8	6.6	黄	部颁样钱

图　21

图　22

图　23

图　24

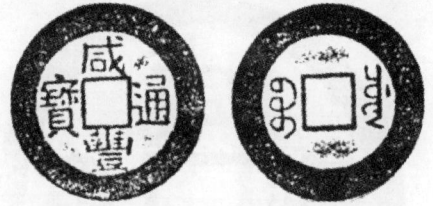

图　25

图　26

图　27

图　28

图　29

图　30

图　31

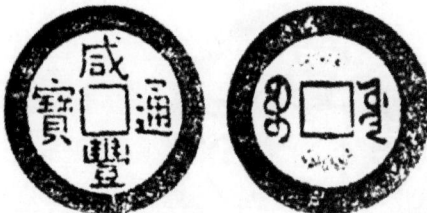

图　32

图　33

（原刊《江苏钱币》2004 年 1 期）

咸丰钱集泉札记(二)

一、对祖、母、样钱的体验

对祖、母、样钱形制介绍的文章已见到不少,描述相当详细。但很多属综合记述,特例记述少,常引起后学者的困惑。主要是面对实物时,往往全面对比各种特征,结果不能全符。其实,据我观察,祖、母、样钱并非每枚都有各自的全部特征。例如,常提到外缘的"鲤鱼脊",大多祖、母钱并不俱备。而只有当五和当十的

图 1

铁母才具有。可能由于铁母较厚,需具有"鲤鱼脊"才利于脱模(图1,宝蓟局当五铁母;图2,宝泉局当十铁母)。

图 2

拔模斜度在各种祖、母钱中均俱备,但斜面的深度不同,由文字及内、外郭的高挺程度决定。我观察到穿的四角往往加工成四个槽,且有时不太对称,形成穿的形状不规整(图3,宝泉当十母钱)。似乎说明槽的存在是脱模所必须的,一旦使用中感到有缺欠,随手用工具加强了一下,造成不太规整的穿,表明铸造中的匆忙和相当的随意性。但这四角的槽是母钱的重要特征。对图3的版式笔者要多说几句:此版式独具特点,笔划宽,满文小,以致此式的行用钱笔划间大多有流铜。此版式不成系列。与之相近的"正泉"版式系列中惟缺当十(图4当百),二者似有些相关。

单位:毫米、克

图号	直径	郭厚	重量	铜色	备注
1	28.1	2.9	11.0	黄铜	铁母
2	37.5	3.3	23.2	黄铜	铁母
3	37.1	2.9	18.7	黄铜	母钱
4	51.8	3.9	51.2	黄铜	样钱
5	56.2	3.7	58.7	黄铜	母钱
6	35.0	3.0	13.1	黄铜	祖钱
7	34.9	2.2	12.1	黄铜	母钱
8	36.1	2.8	18.5	黄铜	样钱
9	37.1	2.9	18.7	黄铜	母钱
10	34.0	2.8	14.4	黄铜	样钱
11	37.5	3.3	23.2	黄铜	铁母
12	38.8	3.6	26.9	黄铜	"钱坯"
13	38.1	3.1	20.0	黄铜	"参"宝铁母当十
14	38.2	3.3	23.5	黄铜	"参"宝"铁坯"当十
15	24.2	1.8	5.7	黄铜	"参"宝铁母小平
16	24.2	2.1	7.0	黄铜	"参"宝"钱坯"小平

图　3

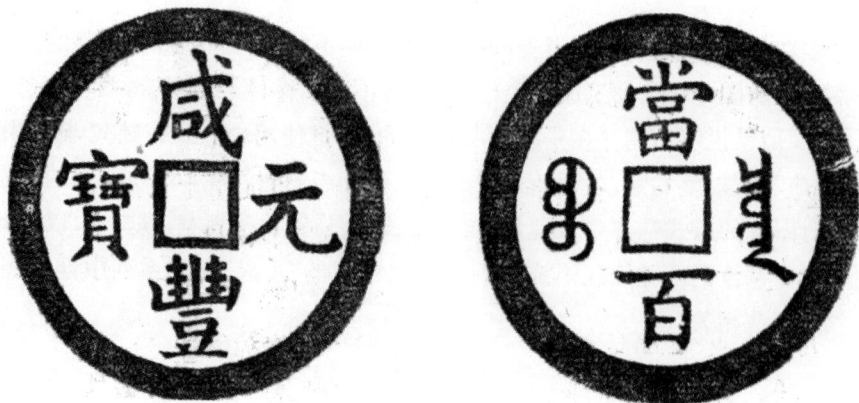

图　4

　　内外郭及文字笔划根底的细槽之存在,无疑也是为了脱模方便之故。在加工细微的宝泉、宝源的祖、母钱上,此细槽不明显,甚至注意不到。而加工粗糙的宝巩局当百母钱(图 5)上的细槽则非常明显。

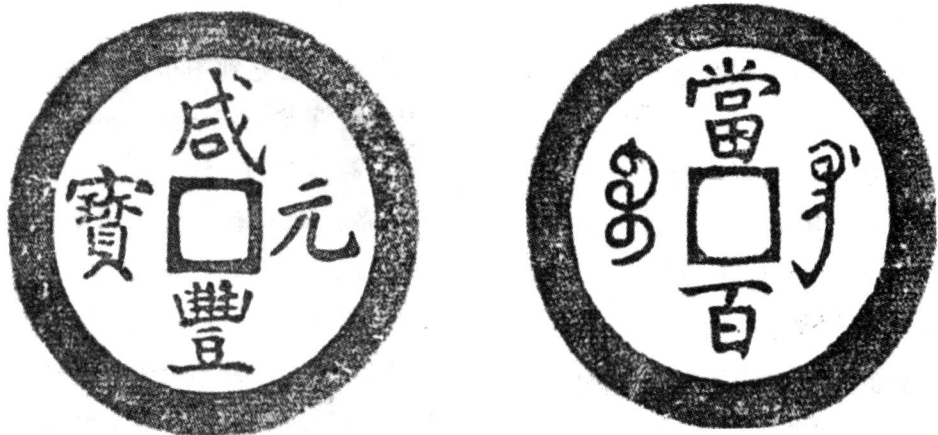

图　5

　　小平至当十的祖、母钱可见到地张的凸起。当五十以上祖、母钱,地张都是平的。

　　祖、母、样是三代钱,由于金属缩水的属性,必然一代小于一代,并有固定的缩水比率,这是定理。但是,咸丰钱变化太快,不断减重,因为减重,同版式的祖、母、样钱具有了不同的重量和直径。遗留到今天的祖、母、样钱,其直径和重量已是混乱的,表现不了

图　6

其原有的规律了。本人藏有宝巩局当十祖、母、样钱三枚(图 6、7、8),版别相同,主要特征是“十”字的横笔向左伸得较长。图 6 祖钱的直径比图 7 的母钱大 0.1 毫米,但在厚度上显示不愧是祖钱。图 8 样钱的直径却最大,无疑是为应付某种查核而特铸的,或为减重前的样钱。本例证足以说明祖、母、样钱复杂的一个方面。

图　7

图　8

"ㄨ"贝当十这一对母、样钱(图9、10)的直径差异较明显,但样钱的边郭较窄,已明显有减重的痕迹。

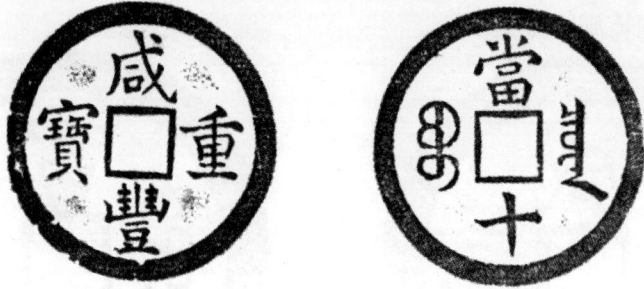

图　9

图　10

二、是"钱坯"吗?

在多年收集的咸丰钱中,有3对6枚钱很耐人寻味。图11、13、15 均为铁母,较厚,有明显的"鲤鱼脊",有同式铁钱。图12、14、16 为图11、13、15 的对应铜钱,即与相应的铁母版式一致,且铸造工整,计量数据又大于铁母,但又不具母钱特征。如何给此类钱定性? 很费斟酌。有说法认为是"钱坯",是制作铁母的半成品,加工即成铁母。这说法很有说服力。

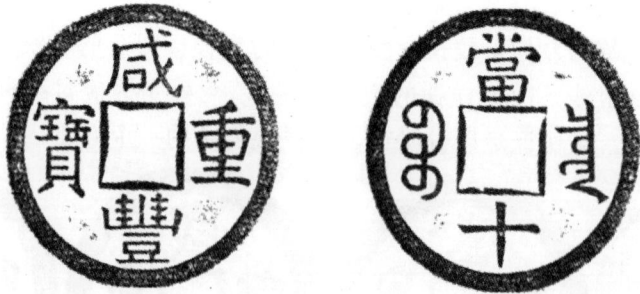

图　11

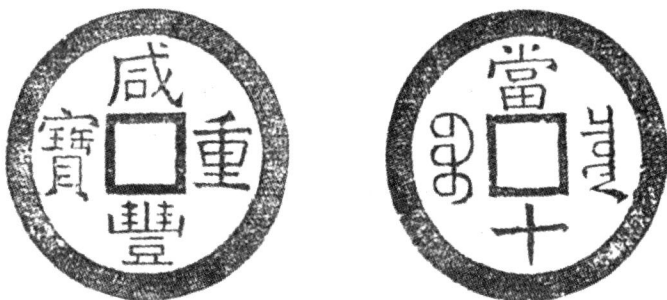

图　　12

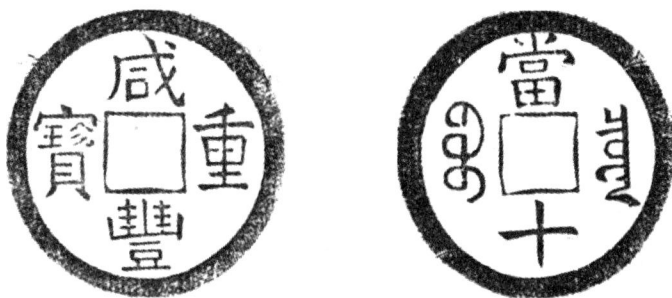

图　　13

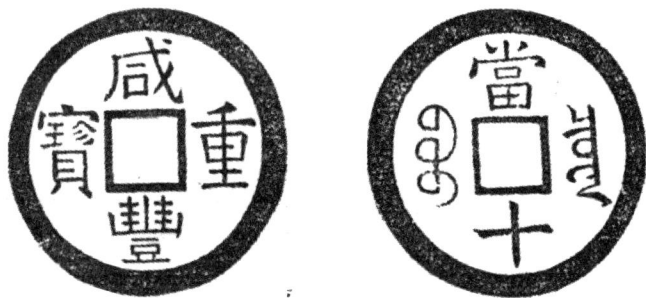

图　　14

图　　15　　　　　　　　　　　图　　16

　　由于成对收集的几率不高,还没见过对此问题的讨论。对"钱坯"的称谓也不到约定俗成的程度。现将 3 对钱放在一起公布,希望同好讨论。

三、超重大钱之作用不明

咸丰大钱中,偶或发现超重者,超重程度将近一倍。一般铸造粗糙,但版式有据,决非滥铸。因其重量超过一般,也不像私铸。为什么会有这种超重大钱?尚没有共识。现择要为例:

宝泉局当千(图17):径59.3、厚6.7毫米,重124.9克。黄铜质。版式为"缶"宝"八"贝,满文开口宝。此版式成系列,有当千、当五百、当百、当五十、当十,共5个纪值档次,均属常式,超厚重者极少见。

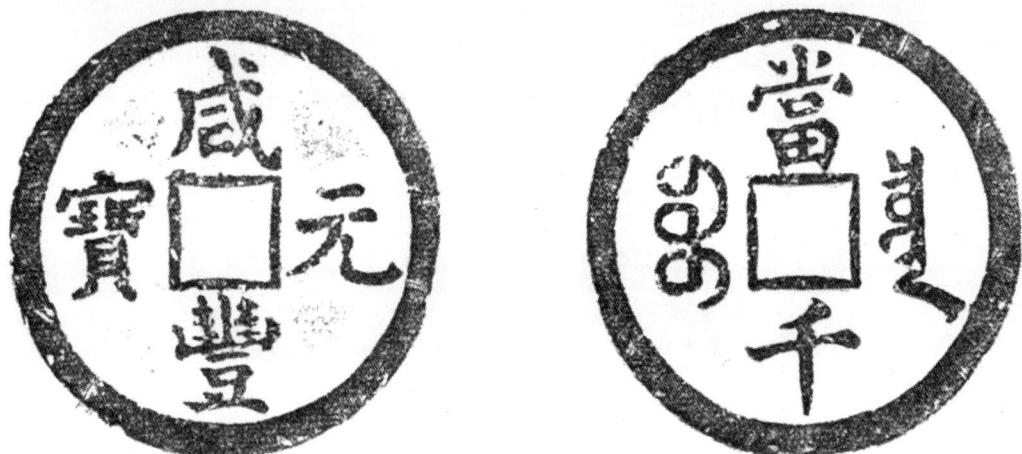

图　17

宝源局当千(图18):径60.0、厚6.5毫米,重132.3克。黄铜质。版式为"缶"宝"ス"贝,且成系列。但超厚重者极少。

图　18

宝源局当百(图19):径50.2、厚6.0毫米,重67.5克。黄铜质。与图18当千为同一版式系列。

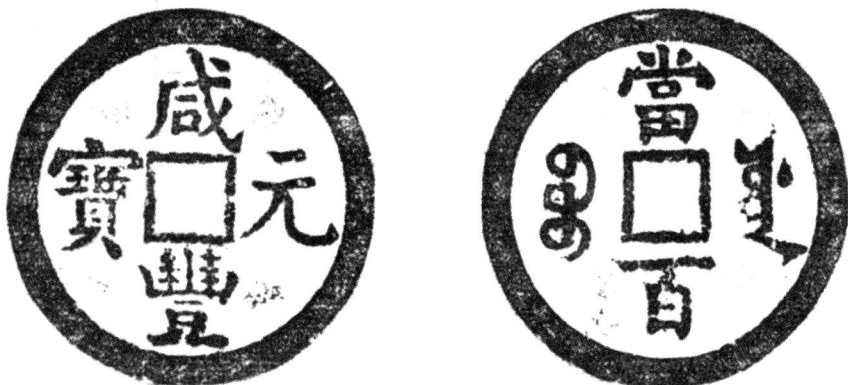

图　19

宝陕局当百(图20):径59.0、厚5.6毫米,重91.6克。黄铜质。铸造工整,与一般行用钱版别一致,只是特别的厚重。

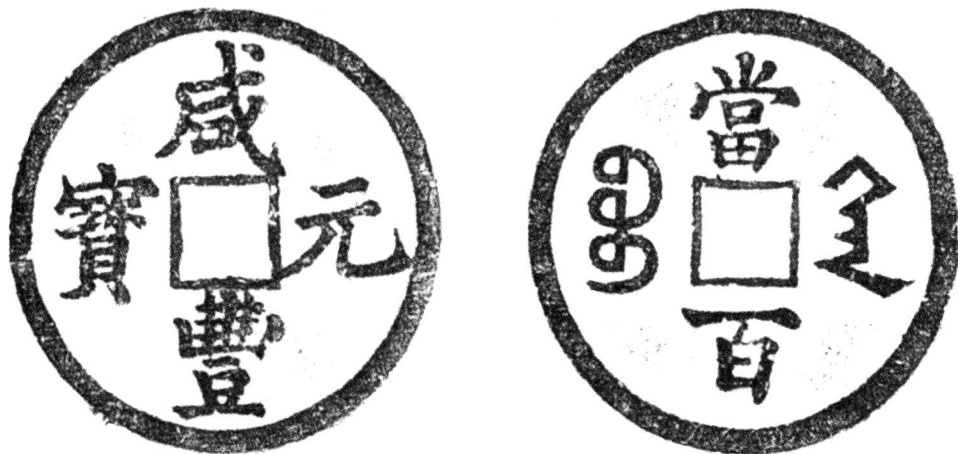

图　20

宝巩局当百(图21):径52.4、外郭厚6.6、内郭厚7.0毫米,重96.4克。黄铜质。版式为直腿巩,成系列。钱币成内厚外薄的饼形。

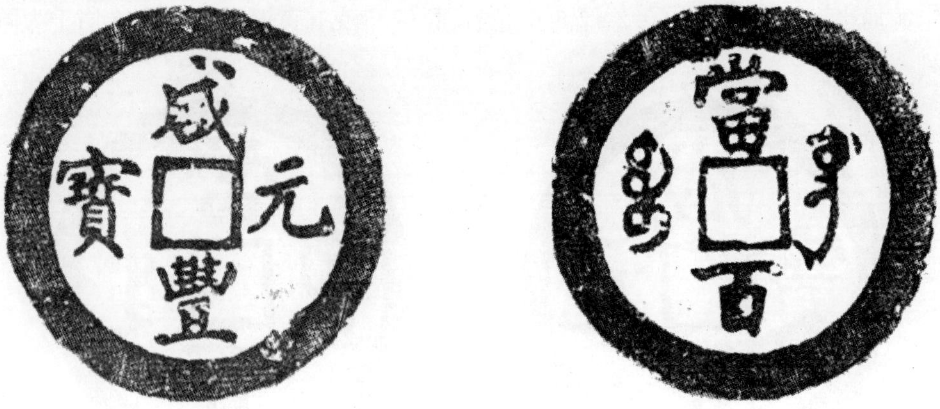

图　21

宝泉局出头满宝当十(图22)：径42.9、厚4.1毫米，重46.0克。黄铜质。此枚钱与粗糙的厚重钱不同，肉特别浅，可说仅有痕迹，但铜质极精。这种独特的外貌自然费思量。我认为可能是刻雕母的坯模。如是，则铸钱工艺要补写了。

图　22

四、秀美的宝河局咸丰大钱

宝河局咸丰大钱字体非常秀美，版式较单纯，基本上只是一种版式，但却有几种小版别。这些小版别，特殊的版别少，可见的标本也少，但更秀美。

宝河局咸丰大钱中，当千、当五百很少见，当百则最多见。当百中有一类，文字千变万化，铸造粗糙。尽管大多超重，最大可能仍属私铸。本文不包括这类当百。当五十较少，小版别也少。当十则分不出什么小版别。

宝河局当百母钱：图23，径51.0、厚4.8毫米，重59.6克。黄铜质。此母钱的周郭及文字周围的拔模斜度都较深，笔划之间却较浅。满文"宝河"二字中部是隐起文，因而在拓片上是断开的，行用钱中则没见过此现象。估计这种隐起文是翻铸过程中自然消失的。

图　23

图24,径49.2、厚4.9毫米,重57.4克。

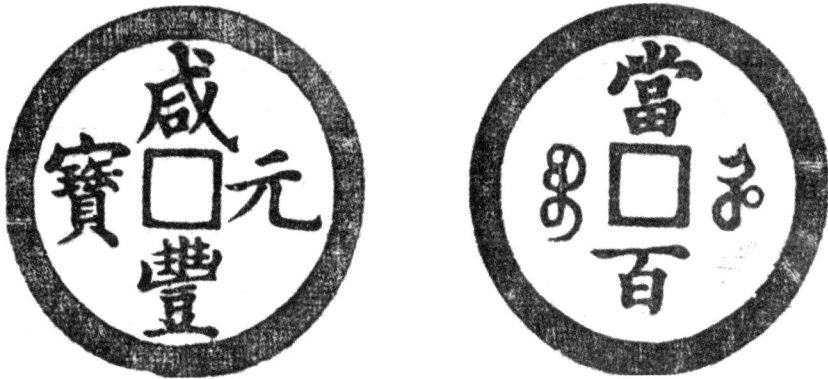

图　24

图25,径50.4、厚4.4毫米,重57.9克。

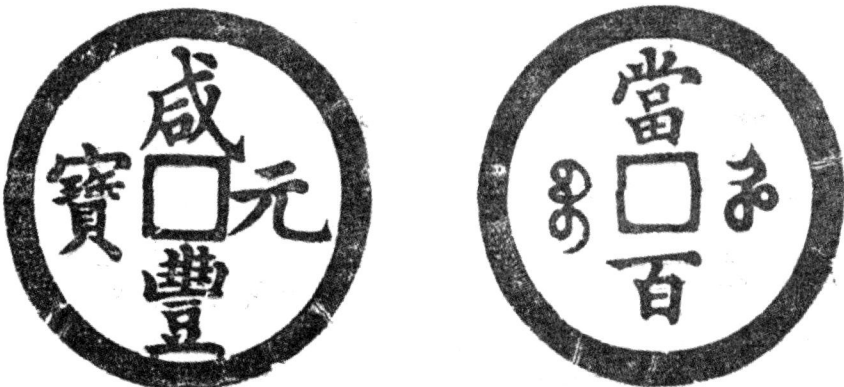

图　25

　　上述两枚是样钱,而且都是白铜铸,属同一版式。

　　宝河局当百样钱(图26):径49、厚4.8毫米,重60.2克。黄铜质。

图　26

　　以上三枚样钱基本属于同一版式,但有小区别,说明当时铸制的样钱数量不是很少。

　　宝河局当百异式(图27):径52.0、厚3.8毫米,重54.7克。黄铜质。此枚钱的异处有多点,缘较宽,断"厂"咸,"丰"下豆的两点独立,断田"当",缺口"百"。此版式极稀见。

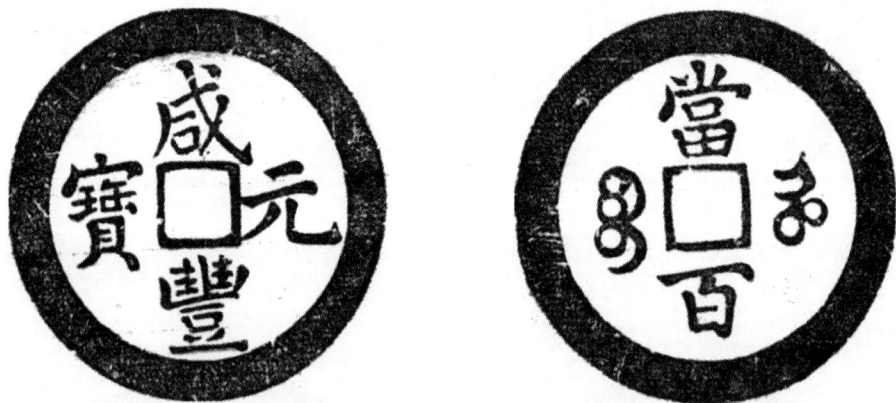

图　27

　　宝河局当五十样钱(图28):径46.4、厚4.6毫米,重48.7克。黄铜质。此版式的特征是宽缘小字,很少见。整体表现得很秀美。

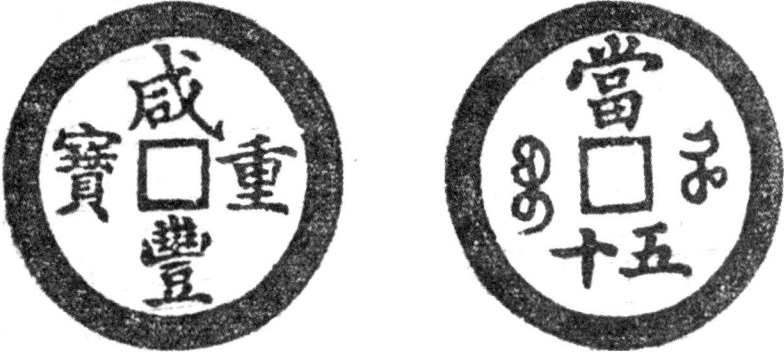

图　28

（原刊《江苏钱币》2004 年 3 期）

咸丰钱集泉札记(三)

一、宝泉当十的两品珍泉

宝泉局"缶"宝当十中,左出头"八"贝共有三个小版别,都很稀少。介绍于后。

图1,小满文版别,前已介绍过一枚母钱,现再介绍一枚样钱。径36.3、厚3.2毫米,重20.2克。黄铜质。此版别的行用钱较少。由于笔划宽,满文小,笔划间多有流铜。

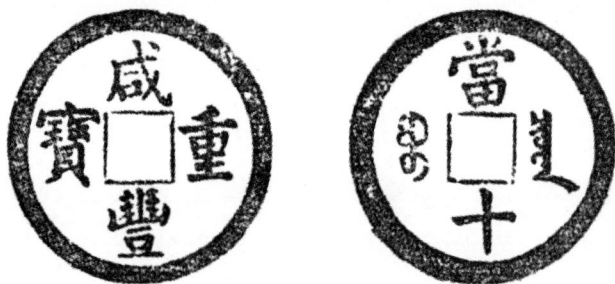

图　　1

图2,径37.9、厚2.6毫米,重16.4克。黄铜质。此版别不见行用钱。《咸丰泉汇》中载有一枚祖钱和一枚样钱。本品亦是样钱。本版式有版式系列,包括当千、当五百、当百、当五十、当十。不明白当十为什么没有行用钱。

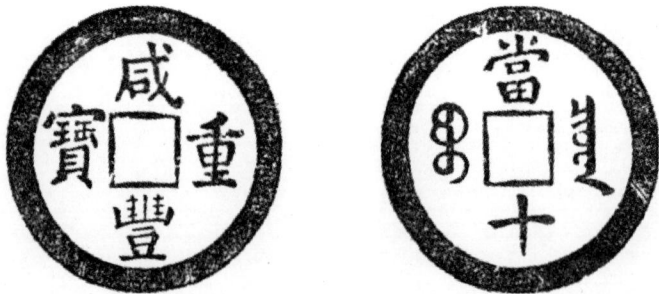

图　　2

图3,径33.9、厚2.9毫米,重15.5克。黄铜质。此版式是首枚报道,也没有版式系列。前所未见,可称为试铸样钱。

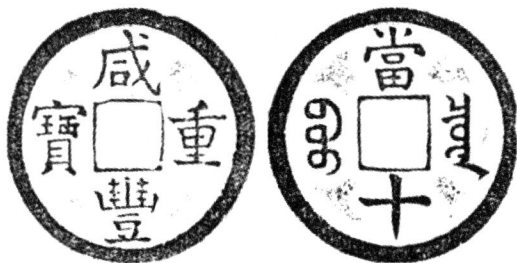

图 3

二、珍泉引遐想

图 4 是宝川局小平母钱。径 22.3、厚 1.3 毫米,重 3.8 克。黄铜质。图 5 是宝云局小平母钱。径 22.6、厚 1.3 毫米,重 3.5 克。黄铜质。两枚钱的版式都是"尔"宝"ㄨ"贝方头双点通,风格一致,几乎是同版式。本来考虑是由于地缘的关系(二者是邻省),后来觉得还是人文因素更重要些,只恐是无从考证了。顺便提一句,"ㄨ"贝与方头双点通这样组合的版式,在京式钱中不存在。

图 4   图 5

图 6 是宝东局地方式小平样钱。径 25.6、厚 1.1 毫米,重 4.1 克。青铜质。此版式的咸字特点突出,咸字右"戈"字边的一撇几乎是横在下部,将字体抬高。《咸丰泉汇》的年代似乎还不知道宝东局有此版式,只有一枚铁钱似此版式。现在,此式小平钱已较多。但似此枚直径之大者仅见。笔划也清晰。因之,可能是一枚地方式样钱。

图 6   图 7

图 7 是一枚宝广局咸丰小平钱。径 22.5、厚 1.3 毫米,重 3.6 克。黄铜质。满文小头广此种版式首见。《咸丰泉汇》中有一枚小平样钱,满文头比图 7 稍大,且是短尾。宝广局当十的部颁样钱却是小头广。不知为什么常见的宝广小平行用钱均是大头广。观此枚小头广小平钱却是京式的。因之,可以估计宝广小平钱的部颁样钱很可能有小头广。

图 8 是宝晋局小平钱。径 19.7、厚 0.6 毫米,重 1.3 克。黄铜质。图 9 是宝南局小平

钱。径20.2、厚1.0毫米,重2.1克。黄铜质。两枚均是特轻小钱,难得的是笔划均清晰。此前没见过报道。

图 8　　　　　　　　　　　　　图 9

图10是宝昌局当五十样钱。径52.0、厚3.2毫米,重46.8克。白铜质。此枚钱极具特色:首先是铜色比一般白铜更显银白。其次是笔划高峻清晰,字口极好。笔划及内外郭间,凡接近处均保持细若游丝的接触。这种特征为仅见。

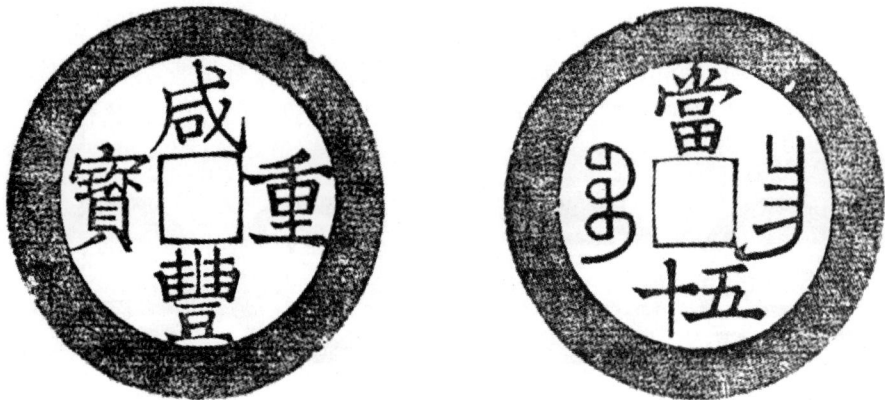

图　10

三、版式系列中的断档

2000年,一日接泉友电话,称有批古钱处理,邀去看看。我欣然前往,见有数枚咸丰大钱,习惯性地先拿起来。突觉眼前一亮,觉得一枚当百相当眼熟,要价只在一般行用当百的上限,二话没说,当即购下。

此枚钱的版别为"缶"左出头"ㄥ"贝。此版式的当五十和当十常见,且成系列。但不知有当百。后查资料,才知北京钱卓数年前披示了一枚此式的母钱。本枚当属试铸样钱(图11),径52.0、厚4.1毫米,重52.6克。黄铜质。可能根本没铸过行用钱。不过,这一发现却可使此版式系列升为有3个纪值等级。

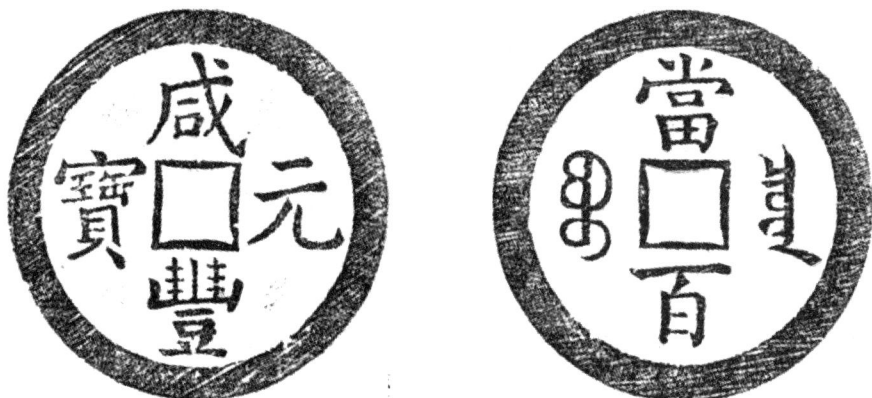

图 11

前面提到过"正泉"系列没有当十行用钱。"缶"宝左出头"八"贝系列也没有当十行用钱。这种断档现象肯定是根据当时通货的具体需要而采取的行动,原因难考。

四、宝巩局咸丰大钱轶品

宝巩局咸丰大钱中,以当五百最稀少,目前已很难集得。图 12,这枚当五百,外郭较宽。在已发表的拓图中,是最宽的,极珍贵。径 63.3、厚 3.6 毫米,重 63 克。红铜质。

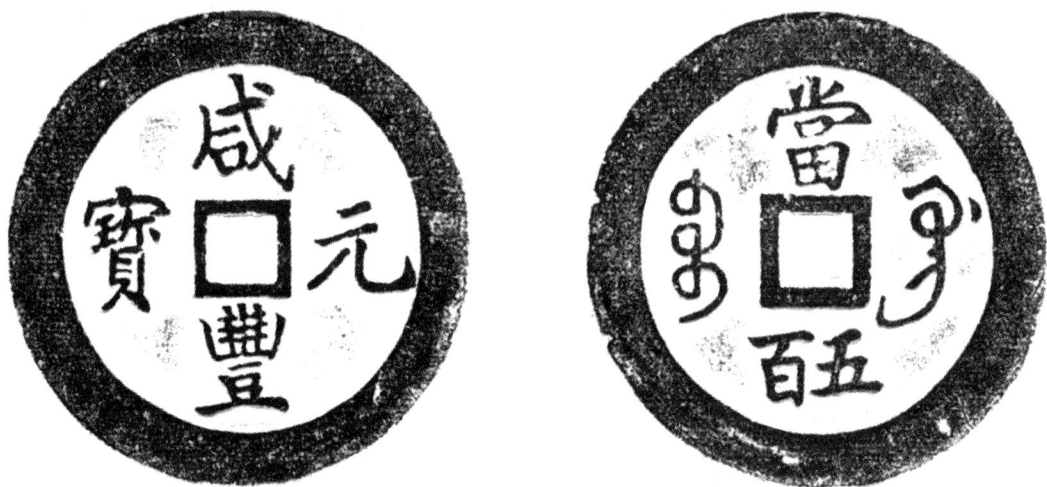

图 12

图 13,这枚窄郭黄铜质当五百的版别在十年前尚不为人知。此枚发现于八年前。直至 2002 年在兰州又发现了一枚,比这枚品相更好,而且二者为同母翻铸,可知存世量不会多,极珍贵。径 57.0、厚 4.2 毫米,重 58.5 克。黄铜质。

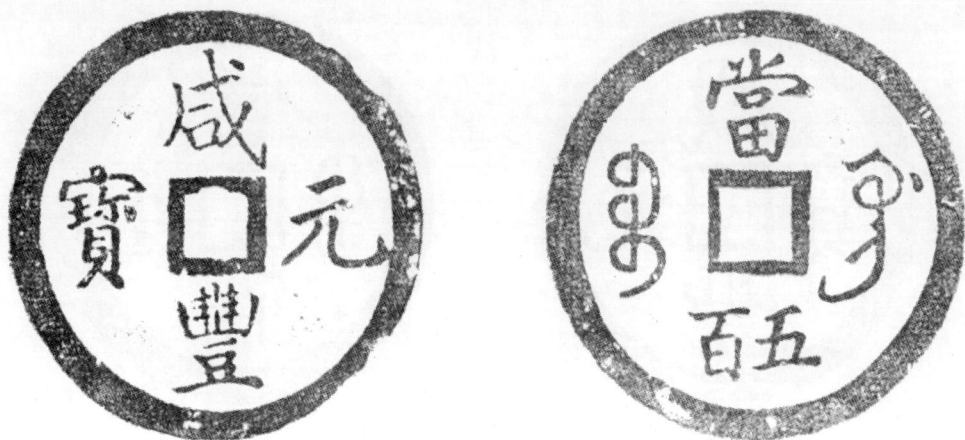

图　13

图14，这枚当百非我所有，故很遗憾的没有计量数据，是甘肃泉友之物。以前根本不知道宝巩局咸丰大钱有此种重宝当百版式。现在，虽此当百仍属孤品，却又集得当五十和当十，形成了版式系列。最令人不可揣度的是居然有人集得了一枚此版式的当二十，虽属同一版式系列，却逸出了已知宝巩局的纪值规律。总觉得宝巩局咸丰大钱藏龙卧虎，非虚矣！

图　14

五、宝陕局咸丰大钱之轶闻

某泉家在文章中称宝巩、宝陕二局当千、当五百黄铜者均赝，引起台湾藏者的不同意见，也见于刊物。本人在二十余年的集藏中，先后集得宝陕局黄铜当千二枚，黄铜当五百一枚。

据个人经验,认定均为样钱。该泉家亦曾到我处看泉。反复看过后,对我说这三枚是真品。后听别人说,在离开我家后又改口了,真是给我造成困惑。以后,凡见到陕西泉友,都要请教一番。答案是一致的,全认为是难得的珍品。本人感觉,咸丰钱确实复杂,至今仍不时有新品发现。囿于陈见,不利于泉学发展。

本人的四枚宝陕当千,在"咸"字上方附近的缘上都有一形状不整的疤痕。在"丰"字上部左边小竖的上部都有一断痕。查《咸丰泉汇》,也确有部分当千大钱有此现象。不知是有意的记号?还是加工流程造成的缺损(图15~19)?

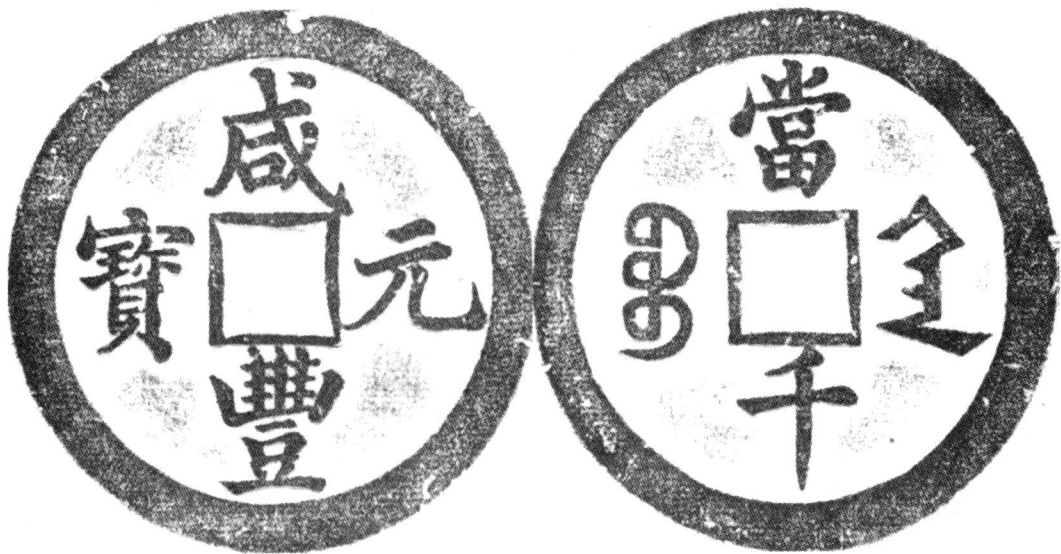

图　15

单位:毫米、克

图号	直径	郭厚	重量	铜色	备注
15	72.0	4.9	128.7	黄	样钱
16	70.5	5.6	140.7	黄	样钱
17	71.3	3.8	112.2	红	行用钱
18	70.2	4.4	115.8	红	行用钱
19	67.0	4.7	104.0	黄	样钱
20	57.2	4.3	62.3	黄	
21	48.8	3.1	28.0	黄	

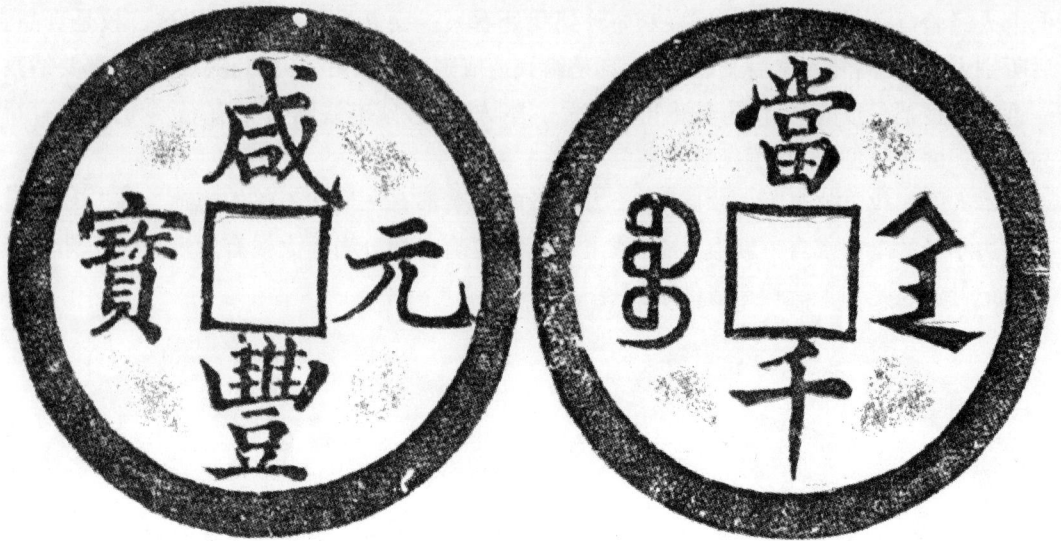

图 16

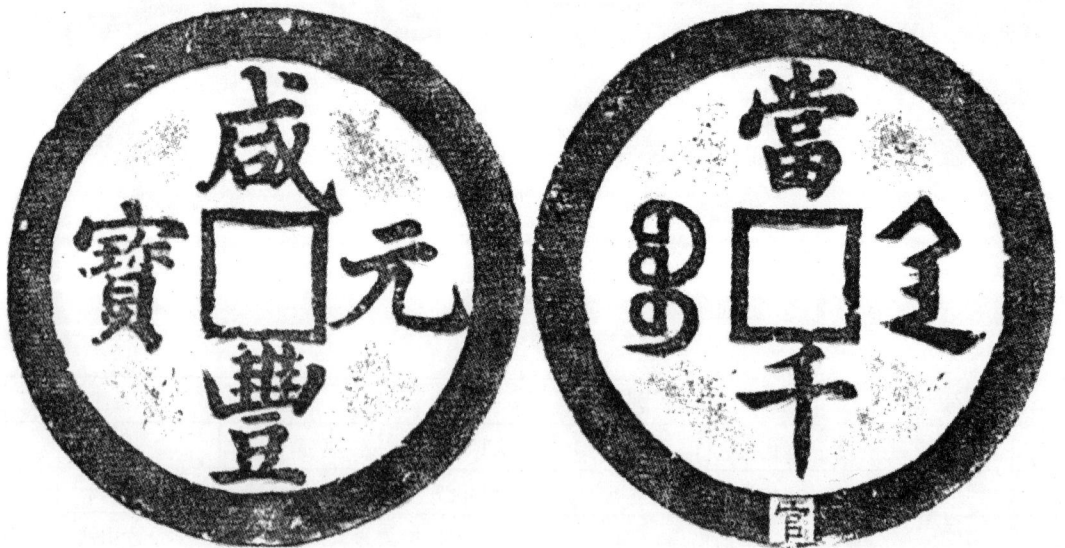

图 17

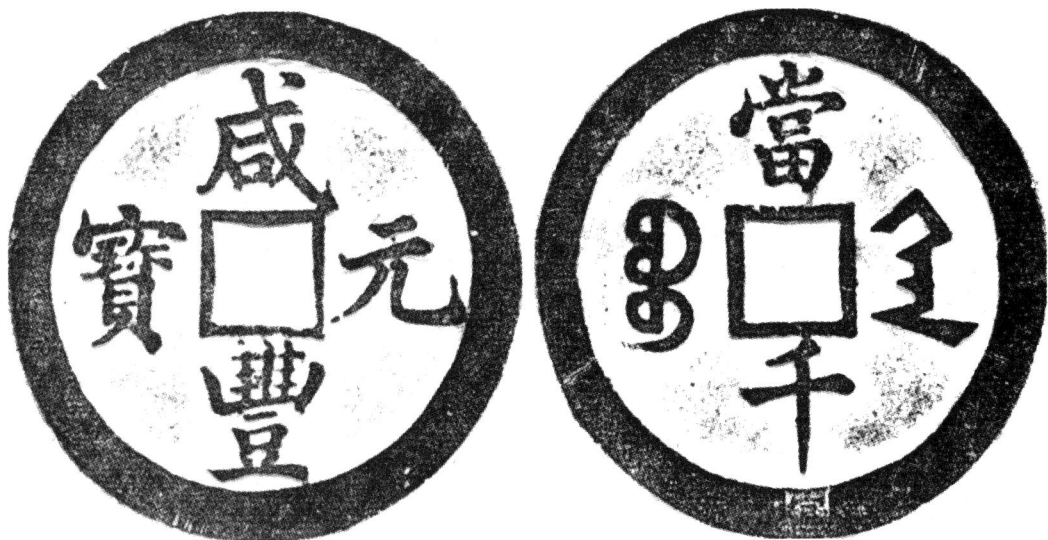

图　18

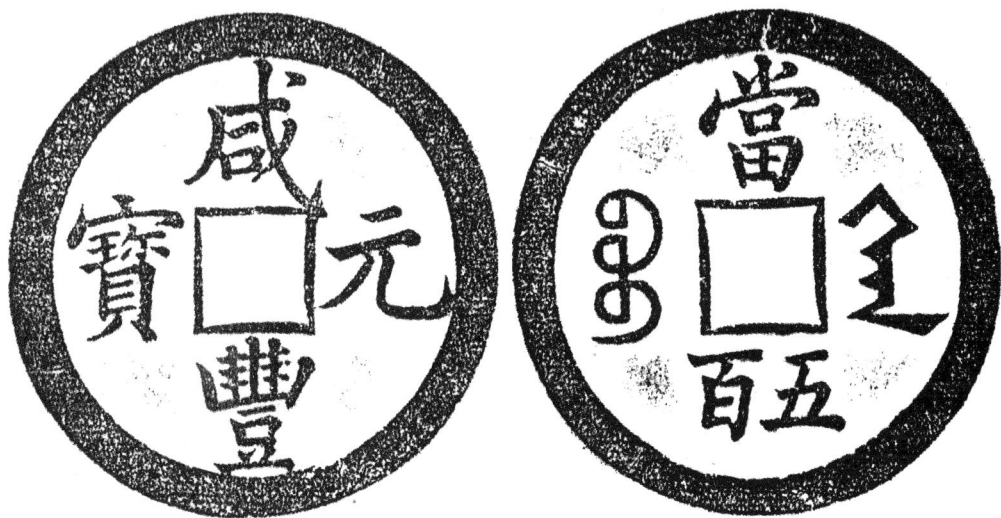

图　19

六、当千大钱剧烈减重

《光绪顺天府志》载:"咸丰三年,……十一月,因巡防王大之请,又增铸当百、当五百、当千三种。"又据《东华录》:"四年七月,……前据户部奏请停铸当千、当五百大钱,……均降旨允行。"据以上引文可知当千、当五百大钱仅铸行了8个月。

图20是目前收集到重量一般的宝源局当五百大钱。图21则是收集到最轻的宝源局当五百。二者为同一版式,但重量相差达34.3克。图20比图21已减重55.1%。8个月里有

如此大的减重,可称剧烈。

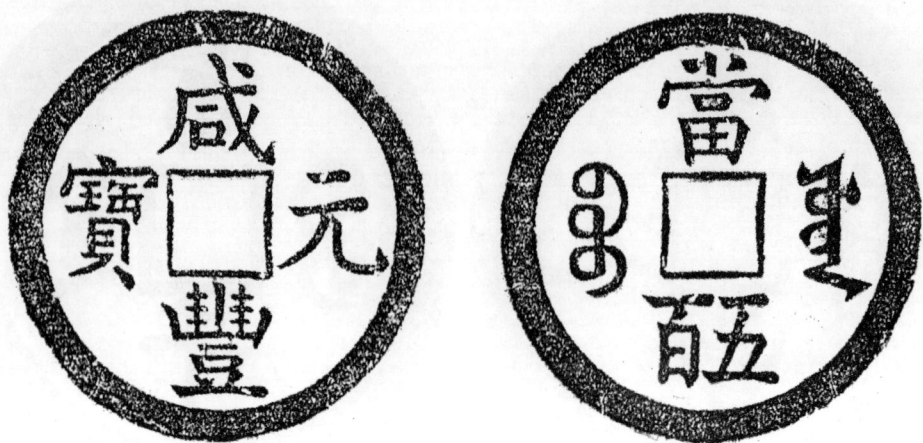

图　20

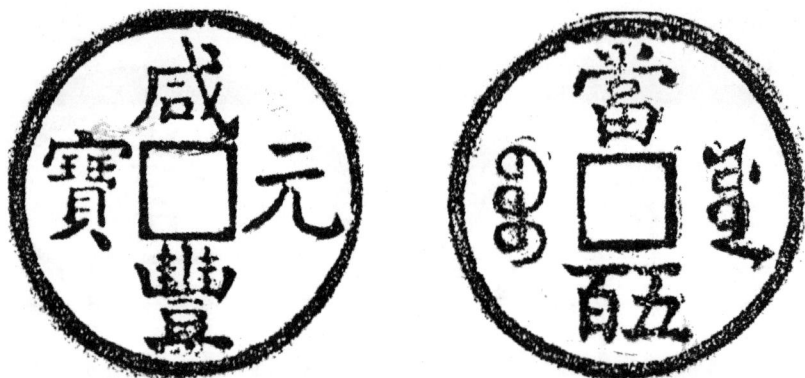

图　21

七、铅鎏金当五百大钱

铅是贱值金属,以之铸大钱却又鎏金,其意何在? 此枚宝泉局当五百铅钱的版式为常见的"正泉"版式。径 55.6、厚 4.4 毫米,重 70.0 克(图 22)。

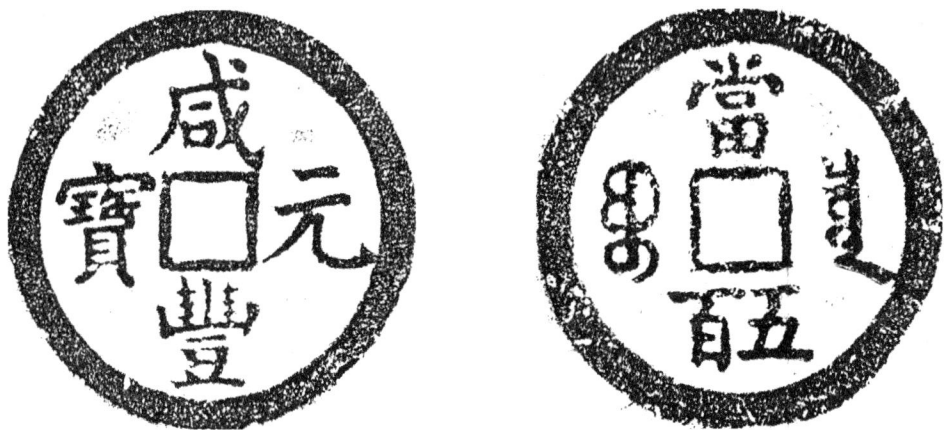

图　22

　　1998年某日,一农民将此枚钱送到一宫钱币市场,被一摊贩以几元钱收购。闻讯去看,钱的正面较好,有些部位呈暗黄色。背面无暗黄色调,且受侵蚀。铅钱是没错的,觉得很少见,结果以比收购价高过百余倍的价格购下,但对暗黄色部分不认识。由于有的部位黄色物质较厚,想到包铜。打电话向一位铜厂泉友咨询,他建议考虑是否是金。于是请在银行专做金银鉴定的泉友鉴别,认为是镀金。我对此说法仍存疑,因为周郭棱角处的金层相当厚,而镀层应是均匀的。

　　所以,对此钱的问题仍多。贱金属铅钱为什么外面有一层金?此层金是怎么加上的,镀金?鎏金?包金?

八、造成困惑的样钱

　　此版式样钱在《咸丰泉汇》中有载。此枚径28.6、厚1.6毫米,重7.1克,黄铜质(图23)。前已论及部颁样钱有统一的版别,此枚则直径稍大,且为断"厂"咸,从这两个特征看,可以认定这枚样钱不是部颁样钱,但宝源小平钱中也没有类似的版别,所以也不大可能是上呈样钱之类,其性质令人困惑。

图　23

九、宝源局咸丰大钱背双星的意义

　　各面值宝源局咸丰大钱偶见背星月或双星者,极稀见。有谓克勤郡王铸钱之初,亦曾在宝源局内设炉。窃以为不大可能,一则今世遗留太少,再则背双星和背星月是不同的图纹,其作用不明,可能是戏作。本人只见过两枚背双星当百。本人集存者径49.1、厚3.4毫米,重41.9克,黄铜质(图24)。近年此种钱的价格抬得很高,实感不到其意义,没有再收集。

图　24

十、珍泉背后的轶事

此枚"尔"宝版式当百,没有行用钱,却有同版式的当五百,形成版式系列又都是红铜质。所以,是一枚试铸样钱,极稀少。

此枚珍钱发现于河北省,持有者认定是雕母,与一泉商争论经年,意见不能一致,当然也无法成交。坦率地说,集泉活动中,最怕遇到此情况。因为,凡能引起争论的,多属珍泉。集藏者觉得错失机会是很可惜的事,但一时却难于使持有者提高眼力,或取得对方信任,很无奈。一日,持钱者来津,又重起争论,给我打电话,邀我去看。我直言了看法,没想到马上被接受。当然,试样的价格虽仍可观,但比雕母要便宜多了。我集得了这枚好钱,径 52.0、厚 4.0 毫米,重 51.4 克。红铜质(图 25)。

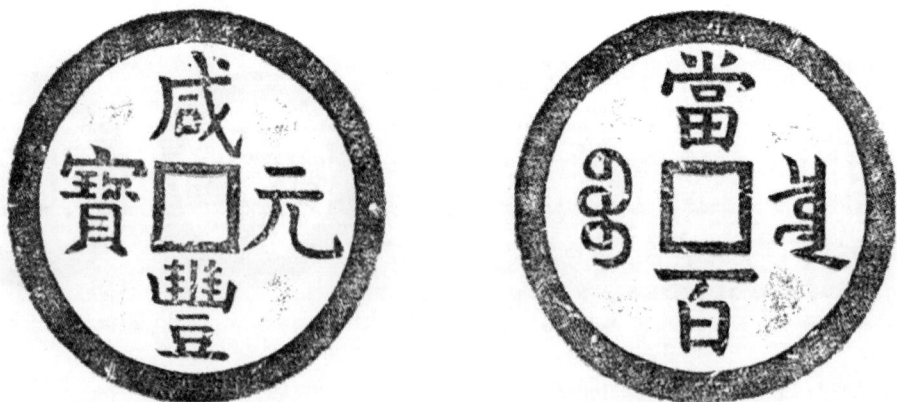

图　25

十一、戴书当五的秘密

宝泉局戴书系列钱是铁钱系列,当然要有铜质铁母存在,也确实如此。小平和当十铁母的实物和文字资料尚可见。但遍查泉书,虽有当五拓图,却不见测量数据。因而,难窥当五的全貌,只知也是铁母罢了。

    然而,一旦集到戴书当五铜钱,使人大出意外,不但不是铁母,还是薄型钱。这枚戴书当五铜钱的径29.8、厚1.2毫米,重6.5克。黄铜质。外郭呈坡状,外缘比内缘薄(图26)。今日所见戴书当五铜钱全是此式,还没听说谁见过典型的当五铁母。为什么会是这样,不能明白。但是,按常规说,肯定有铁母存在。众多拓图没有附数据,非常不利于对这种钱的了解。

图 26

    十二、追寻新的版式系列

    图27,径28.6、厚2.3毫米,重8.6克。黄铜质,这是一枚宝巩局当五母钱,当然非常美。我也藏有同版式的行用钱。由于宝巩局当五的版别较多,起初只认为这也是当五的版别之一。后来偶然集到图28的宝巩当十,径29.9、厚2毫米,重9.6克。黄铜质。这枚当十的品相是太差了,但是,它有好几个特别之处。首先这么小样的宝巩当十在我是首见;其次,这种版别和图27当五的版式一致,所以,我又追寻到一个咸丰钱的系列。

图 27

图 28

(原刊《江苏钱币》2004年4期)

对咸丰部颁样钱的认识

多年致力集存复杂的咸丰钱,集存到相当规模,自然会感知一些内在规律,再结合有限的文字记载,能得到较明确的、更详细的推论,可能意味着对咸丰钱的认识深入了一步。

本人收集到咸丰年号部颁样钱 19 枚(图 1~19)。其中,当五十两枚,为宝巩、宝安(图 1、2)。当十只 1 枚,为阿克苏局(图 3)。小平钱 16 枚,为宝陕、宝黔、宝云、宝川各 1 枚;宝泉二式 4 枚;宝源三式 8 枚(图 4~19)。据此 19 枚部颁样钱,可作如下推论:

一、户部向各铸钱局颁发样钱的时间

从拓图看,咸丰部颁样钱书体一致,风格相同。只有当五十、当十、小平三种纪值,且均属早期大样。据《光绪顺天府志》:"咸丰三年……五月,先铸当十钱一种,文日咸丰重宝,重六钱,……八月,增铸当五十钱一种,重一两八钱。十一月,因巡防王大臣之请,又增铸当百、当五百、当千三种。……而减当五十者为一两二钱,当十者为四钱四分,又减为三钱五分,再改为二钱六分。"据此可知,咸丰三年八月至十一月间,咸丰钱只有当五十、当十、小平三种纪值。十一月之后,纪值档次增加,当五十和当十都减了重量。据此可知,户部向各铸钱局颁发样钱的时间在咸丰三年八至十一月这段时间内,且咸丰在位期间,户部只颁发过这一次样钱。

二、部颁样钱的版式

部颁样钱由户部颁发,由宝泉局铸制,所以是"京式钱"。当五十、当十版式单一。各外省局的部颁小平样钱均为"尔"宝"八"贝方头双点通,这是小平钱的主要版式。但宝泉局除此之外还有一种部颁小平版式,为"尔"宝"八"贝角头双点通(图 5、7)。宝源局尚有两种部颁版式,为"尔"宝"ヌ"贝角头双点通(图 14、15)和断"厂"咸(图 11)。

三、各铸钱局仿铸的情况

由于部颁样钱径大厚重,各局如依式铸造,必然亏损,不堪负担。由之,各局多有取巧应对,实际也无仿铸实物留世。小平钱,有的局少量仿铸;有的局减重仿铸;有的局干脆没有仿铸。从现存实物看,一些钱局的铸钱明显的分为"京式"和"地方式"两类,即是部颁样钱所起的作用。

外省局中,宝川局的仿部颁式铸造最佳(图 20、21)。在平面拓图上与部颁样钱不能区分。从实物的铜质、厚薄、轻重观察,才能区分。

宝晋局的仿部颁式小平(图 22)极稀见,尚没见过报道,尽管已大为减重,但部颁式的风格依旧。足见宝晋局曾认真铸过部颁式小平。尽管可能数量很少。

　　宝泉局有一种独有的"部颁样钱",为"尔"宝"八"贝角头双点通。这一版式类别在宝泉局属弱势类别,版别少,数量也少。似可从另一侧面显示这一版别对宝泉局来说是外来版别。这一情况也暗喻,尽管部颁样钱由宝泉局铸制,但另有机构专司其责。

　　宝源局更甚。宝源局根本就没有"ㄨ"贝类的版式,却孤零零地有"ㄨ"贝的部颁样钱。足可说明"ㄨ"贝对宝源局是外来版别,而没有为宝源局采纳,断"厂"咸的疑点更多。首先,此版式与小平部颁样钱的版式差别较大,是个孤例。宝源局亦无类似的行用钱,故其性质难定。

　　今见宝泉、宝源两局的部颁样钱相对较多。而部颁样钱不可能多。估计,宝泉、宝源两局由于地处京畿,可能依部颁样钱铸造了一批足重的平钱。由于工艺相同,铜源相同,时至今日已难于区分了。

图 1

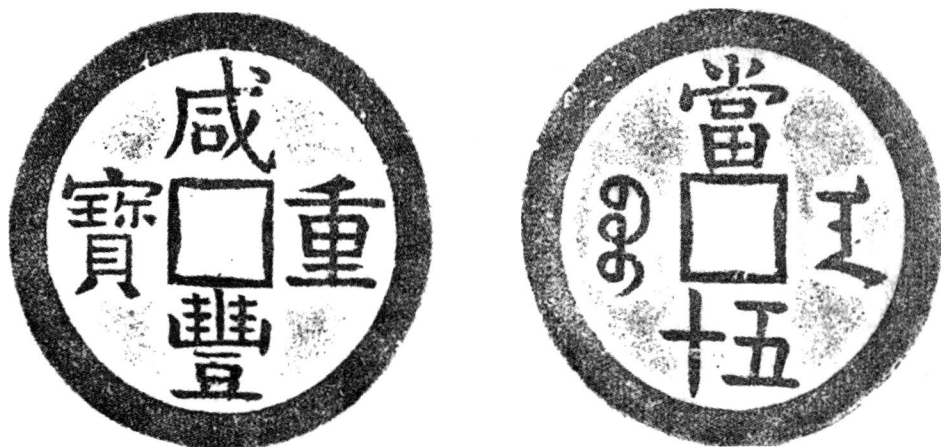

图 2

图 3

图 4　　　　　　　　　　　　图 5

图 6　　　　　　　　　　　　图 7

图 8　　　　　　　　　　　　图 9

图 10　　　　　　　　　　　　图 11

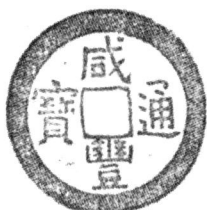 

图 12

图 13

图 14

图 15

图 16

图 17

图 18

图 19

图 20

图 21

图 22

钱币数据见附表。

单位:毫米、克

图号	钱局	币值	直径	郭厚	重量	铜色
1	宝巩局	当五十	56.2	4.0	66.9	黄铜
2	宝安局	当五十	57.8	4.1	73.1	黄铜
3	阿克苏局	当十	38.4	3.2	23.0	黄铜
4	宝泉局	小平	27.2	1.8	6.7	黄铜
5	宝泉局	小平	27.4	2.1	8.0	黄铜
6	宝泉局	小平	27.0	2.0	8.5	黄铜
7	宝泉局	小平	27.6	1.7	6.7	黄铜
8	宝源局	小平	27.4	1.9	7.4	黄铜
9	宝源局	小平	27.1	1.9	6.6	黄铜
10	宝源局	小平	26.4	2.1	7.6	黄铜
11	宝源局	小平	28.5	1.6	7.2	黄铜
12	宝源局	小平	27.2	1.8	6.0	黄铜
13	宝源局	小平	27.7	1.8	6.0	黄铜
14	宝源局	小平	28.0	1.6	6.8	黄铜
15	宝源局	小平	27.8	1.6	5.5	黄铜
16	宝陕局	小平	26.5	1.5	5.3	黄铜
17	宝黔局	小平	26.9	1.1	4.8	黄铜
18	宝云局	小平	27.4	1.5	5.9	黄铜
19	宝川局	小平	26.4	1.7	6.4	黄铜
20	宝川局	小平	26.3	1.2	4.6	黄铜
21	宝川局	小平	26.3	1.3	4.6	黄铜
22	宝晋局	小平	25.2	1.1	3.5	黄铜

(原刊《中国钱币》2005 年 1 期)

集泉札记（四）

一、宝济局大钱的样钱

宝济局咸丰钱只有"缶"宝和"尔"宝两个版式系列，现在已基本认定分铸于两地。"缶"宝者铸于济南宝济局，"尔"宝者铸于原临清局。可能咸丰铸大钱时，原临清局旧址曾作为宝济分局使用。此论于史无载。

图1，径47.4、厚4.5毫米，重48.6克。青铜质。此枚当五十之大、厚、重，尚不见第二枚，再加之铸造较精，可以肯定是传统意义上的样钱。

图　　1

图2，径57.1、厚4.2毫米，重70.8克。黄铜质。此枚当百的直径比大型行用钱稍小，但其厚重却是空前的，再加之其磨制加工较细致，我估计也是一枚样钱。

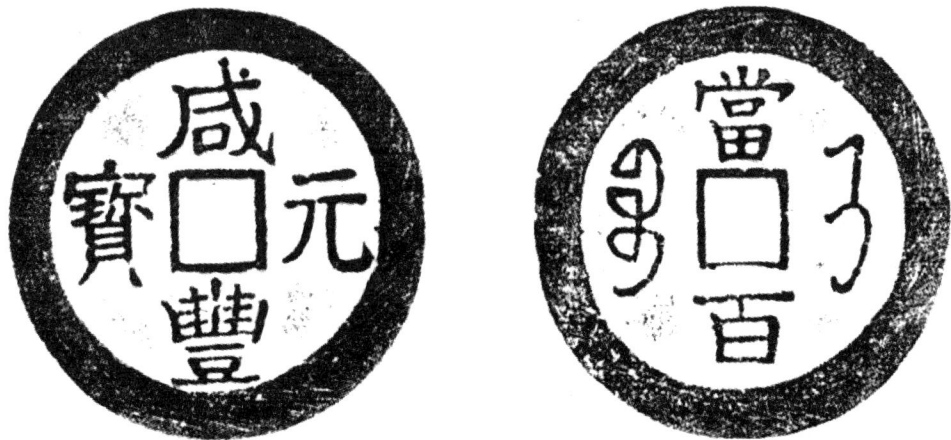

图　　2

二、这枚宝晋局小平钱怎样定性?

此枚宝晋局咸丰小平钱(图3),径25.2、厚1.1毫米,重3.5克。黄铜质,从风格看,无疑属部颁样钱。但是,通体计量数据都偏小。另,从此枚钱的外表看为红铜质,集藏好久之后才确认为黄铜质。析其原因,此钱经过酸浸,被析去锌,显出了铜的本色,造成红铜质的假相。由于保存不良的折腾折损,加之此前未见有宝晋局

图　　3

小平部颁样钱的报道,故对其定性很费斟酌。由于至今尚未出现过宝晋局铸仿部颁样钱,可以认定这是一枚保存不太好的部颁样钱。

三、宝苏局咸丰钱佚品良多

1998年南京朝天宫举办古钱交流会,期间除收集到包括母钱、样钱等珍泉外,对宝苏局行用钱中的佚品也多有收获,真是令人惊喜! 现择要记录如下:

图4是一枚宝苏局"缶"宝当十钱。径35.8、厚2.7毫米,重18.6克。黄铜质。以前,只知道长字和短字两种版别的宝苏"缶"宝当十。图4这枚属中等字型,无疑增加了宝苏局"缶"宝当十的版别。

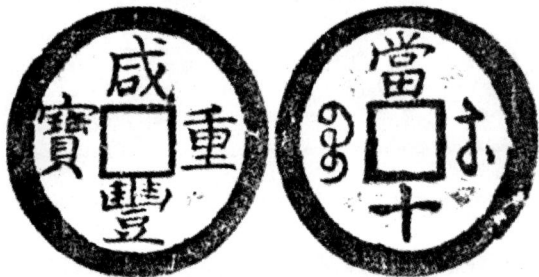

图4

记得当时是交流会的最后一天,已结算了住宿费,下午即乘飞机回津了。我背上提包再去朝天宫,在一大串咸丰当十中捡出此枚,钱商是徐州人。晚上到家的头一件事是查书,认定后兴奋得难以入睡!

图5是一枚宝苏局当十厚型钱。径32.1、厚5.0毫米,重27.7克。黄铜质。据摊主介绍,各种纪值的宝苏局咸丰钱都有厚型者,品相都不好。此类宝苏局咸丰厚型钱,在北方没见过,也没听说过,泉书也无载。集到后,自是惊喜。咸丰钱的地域性表现明显,不到朝天宫来,还长不了这个见识呢!

图　5

　　图6是一枚宝苏局"缶"宝方头通小平钱。径23.8、厚1.1毫米,重3.1克。黄铜质。已知宝苏局"缶"宝小平钱有两个版别:方头通和角头通。方头通者少见。此枚方头通中可称大样,更是少见。

图　6

　　图7是一枚宝苏局小型小平钱。径19.1、厚1.1毫米,重2.2克。黄铜质。因经过酸洗,外观为红铜色。此式小平钱,由于钱小字小,笔划间常有流铜,致使字迹模糊。此枚则不同,不但笔划字口干净,还显得高峻。依常例,会毫不犹豫地定为样钱。但小型钱是否有什么其他规律?

图　7

　　图8是一枚宝苏局大"当"当十。径34.6、厚2.6毫米,重15.6克。黄铜质。此版别当十在《咸丰泉汇》和《宝苏局钱币》中均指为样钱。从拓图看,是同一枚标本,但以上二书中均无此式的行用钱,这是值得探讨的现象。图8这枚我认为是行用钱,但从拓图看,比二书中的样钱品相更好。总之,这是一枚稀少版式的咸丰钱。

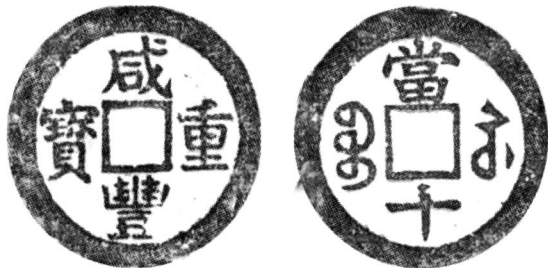

图　8

四、背隐起决文的宝晋局小平钱

上世纪 90 年代后半期，泉市上出现一批宝晋局咸丰小平钱。其中，部分的背面从右下穿角向边郭，有一道决文。由于是隐起文，拓图显示是断续的。当时集得 3 枚（图 9～11）。此版式在前谱中没出现过，应当重点介绍。

单位：毫米、克

图号	直径	郭厚	重量	铜色
9	24.0	1.6	3.7	黄铜
10	23.9	1.6	4.5	黄铜
11	23.4	1.4	3.9	黄铜

图　9　　　　　　　　　　　　　图　10

图　11

五、大观小平钱的情缘

1991 年 7 期《陕西金融·钱币研究》中，郝朝之、常润富首次披示了大观小平钱的"远点通"和"双点通"版式的存在。我觉得很难得，下决心今后注意收集。但珍泉难得，随时间的流逝，记忆中的版式特点逐渐模糊。

1996 年一个周末，我去一宫钱币市场，在一摊位的集币册中看到一枚大观小平钱。我觉得生疏，很想买下，又觉得"大"字一捺的笔末像是铜水不足而断笔，故没买。一连几周，此钱没人要。后我在该摊买了一枚价位较高的钱币，该摊主即捡出那枚小平大观相送。由于不识该版别，心中难安，翻手头资料查证，结果，是向往了多年的"远点通"（图 12）。自是喜出望外，但又觉得占了人家的便宜，很不安。忽然想起南方一泉刊已连续数期刊登一枚"远点通"而无人问津。平时，我亦不会隔山买老牛式地买版式钱。因为多数会弄错，添麻烦。此时则想不管有鱼无鱼撒一网，万一买对了，可以还摊主一枚，以免欠太多人情。没想到联系购买时，该刊主动降价 20%。寄来后，不出所料，根本不是"远点通"！但版式却不认识，又是一通翻查资料。结果在 1993 年 12 期的《陕西金融钱币研究》中找到袁林等发表的《大观通宝平钱版刍议》有载，称日本研究者对之评价甚高，认为是小平大观中最难得的版别，称为"御字手楷通"版（图 13）。

在那个年代，认为只有日本泉家藏有一枚。现在，我国起码报道过3枚，在《北宋钱币》中称为"异宝"。这种版式最突出的特点是"寶"字"王"的下面一横最短，这是大观小平钱版式唯一的一种。从拓片看，目前发表的几枚中，我这枚品相最好。唉，前情未偿，又欠了新的人情！

单位：毫米、克

图号	直径	郭厚	重量	铜色	备注
12	25.1	1.3	3.9	白铜	远点通
13	24.9	1.4	3.2	青铜	异宝

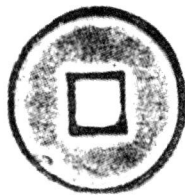

图 12　　　　　　　　图 13

过去，天津有个鬼市，名声不太好，天亮前经营。在旧社会，刚偷的贼赃直接上鬼市。破落大户的子弟，变卖家里杂品，为脸面问题，也趁黑上鬼市，天亮即散伙。所以，什么乱七八糟的东西都可能买到。新中国成立后，改叫早市，天亮以后经营。特点是东西杂，价钱贱。至今仍有以堆论价的物品。这地方在上世纪70年代后半期，真是集泉的好地方。那时，每到周日，四面八方携到早市的成堆古钱，大都没捡选过。因而，周日去淘钱真是一大快事。在大堆的宋钱中，无论捡出什么好钱，都是每枚0.2元。以下介绍的3枚圣宋元宝小平钱，有2枚就是这么捡出来的。

图14，圣宋元宝背巨形星月小平钱。径23.4、厚1.6毫米，重4.7克，青铜质。星高出周郭，以致不能放平。这枚钱至今仍是孤品。

图 14　　　　　　　　图 15

图15，正样圣宋元宝小平样钱。径24.3、厚1.8毫米，重4.8克。青铜质，红斑绿锈，包浆滋润，笔划清晰，边郭整齐，为精工制作之物。

图16，篆书圣宋元宝小平雕母。面径24.3、背径24.1、面穿7.0、背穿6.4、厚3.1毫米，重10.4克。青铜质。由于尚未见过其他北宋雕母钱，对此枚钱表现的一些征候，很费斟酌。正面文字笔划高峻，笔划、周郭的拔模斜度极明显，隐处尚有明显刀痕。包浆均匀滋润，背面

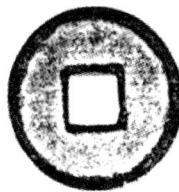

图16

地张包浆上覆盖部分薄锈,地张极浅。最大问题是郭及穿的拔模斜度错置,实际无法拔模。曾与众泉友讨论,普遍认为如系赝品,制作如此精致,不会出如此大的漏洞。一位在铜厂工作的泉友独具卓见:他从周郭包浆分析,认为周郭可能被人动了手脚,因而伤了包浆,弄巧成拙,造成珍泉的遗憾!

六、稀见的匽刀背文

匽刀背文极繁,难以统计。但有规律可循,可以归类。从中期的圆折匽刀开始,背文常"左"、"右"开头,下面联接各种数字。到晚期的磬折匽刀,背文更复杂一些,并出现单个文字背文,以及有了"外虗"背文。因而有人主张加上"𠃊"起头的背文,释成"左"、"右"、"内"、"外"。无疑,这一说法很吸引人。但"𠃊"的释法有争议。

现介绍 3 枚稀见的匽刀背文:

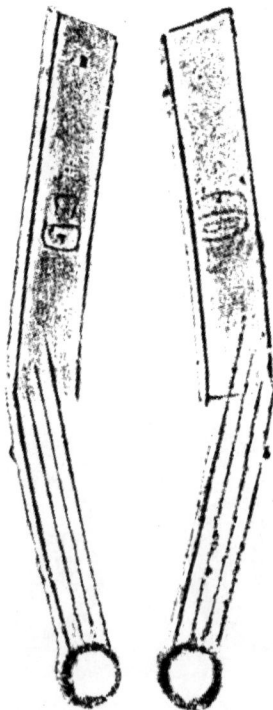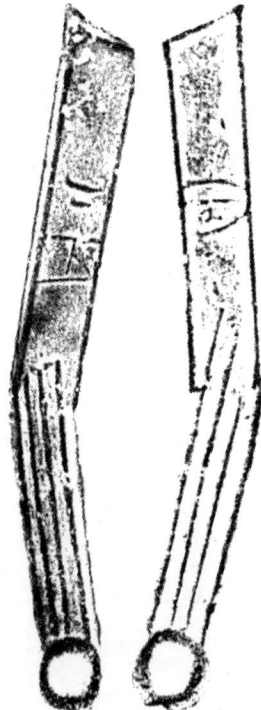

图 17   图 18   图 19

图 17,刀长 139.0、刀身长 78.0、首宽 17.2、环径 15.0 毫米,重 16.7 克。青铜质。这枚匽刀的背文极稀见。当年曾送一纸拓片给朱活老先生。朱老评说:"真匽币之白眉矣。"并收入《古钱新典》,惜无释文。本人毫无训诂的功底,只能根据字形对背文作些猜测。此字的大部分很像"前"字,上面的横弧又像面文"匽"的上部,是否会是"前匽"的合文呢? 以前有人解释"左"、"右"为官方铸造机构的简称,则"左"、"右"、"内"、"外"、"前"各有其位矣。

二千多年以后，安南仿的薄型清钱康熙通宝有类似的背文，附于此，见图 20。径 23.3、厚 0.5 毫米，重 1.5 克。黄铜质。

图 18，全长 133.0、刀身长 73.0、首宽 15.4 毫米，重 12.4 克。青铜质，背文为"昌"，很稀见。

图 20

图 19，全长 133.7、刀身长 75.0、首宽 17.2、环径 15.3 毫米，重 15.7 克。青铜质。背文"二万"。匽刀背文"万"字已多现，与今日的简体字全同。这个背文似乎显示了铸造数量之巨。

（原刊《江苏钱币》2005 年 1 期）

集泉札记(五)

一、两枚尖首刀如何归类?

上世纪 80 年代初,我在北京见到 10 余枚尖首刀。其中的两枚锈色包浆相同,为同出之物。但由于有一枚为减重之物,外形相差较大。二者有一重要的共同之处,即刀首刃部是向外微凸的。已知尖首刀首部是平直或微凹,首部刃微凸的外形,使这两枚尖首刀无处归类。较长大的一枚,在背面有隐约的外郭,所以不会是残损造成的假象。

单位:毫米、克

图号	全长	刀身长	首宽	环径	重量	铜色
1	154.3	89.0	22.5	19.0	17.5	青铜
2	146.0	82.6	18.3	17.8	10.7	青铜

二、齐明刀种种

"明"字锐折的刀币,多数人认为是燕攻下齐七十城时,仅剩的莒和即墨二城所铸之物。为商贸所需,仿燕明刀所铸,又有自己的特点。莒及即墨二故城均有齐明刀范出土,证实此说。

齐明刀分大、小两种。上世纪 80 年代,流入天津几十枚齐明刀,择精者集了几枚。如图 3 是最精致的,边郭高耸,笔划纤细,"明"字很长,约占刀身的五分之四。有蓝色包浆,上覆硬绿锈,最外面是灰色浮锈。全长 134.0、刀身长 76.0、刀首宽 16.8、厚 2.4、环横径 11.9 毫米,重 10 克。背文似有多字,锈蚀难辨,只看清一斜横。

同时集得大型齐明刀,如图 4。全长 141.0、刀身长 80.0、刀首宽 19.8、厚 2.3、环横径 16.7 毫米,重 17.5 克,背文锈蚀不清。上世纪 90 年代初,有十余枚铅质齐明刀流入天津。当时仅选集一枚品相较好者,其锈色土黄,至今仍不断锈蚀。全长 137.0、刀身长 81.0、刀首宽 17.6、郭厚 2.2、环横径 15.0 毫米,重 24.8 克。光背(图 5)。

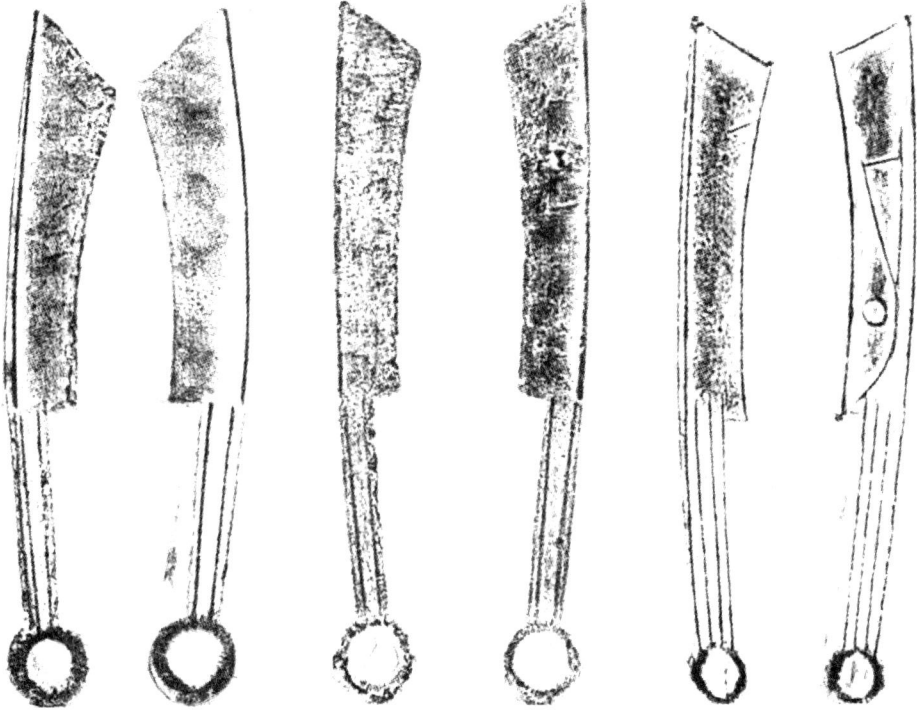

图　1   图　2   图　3

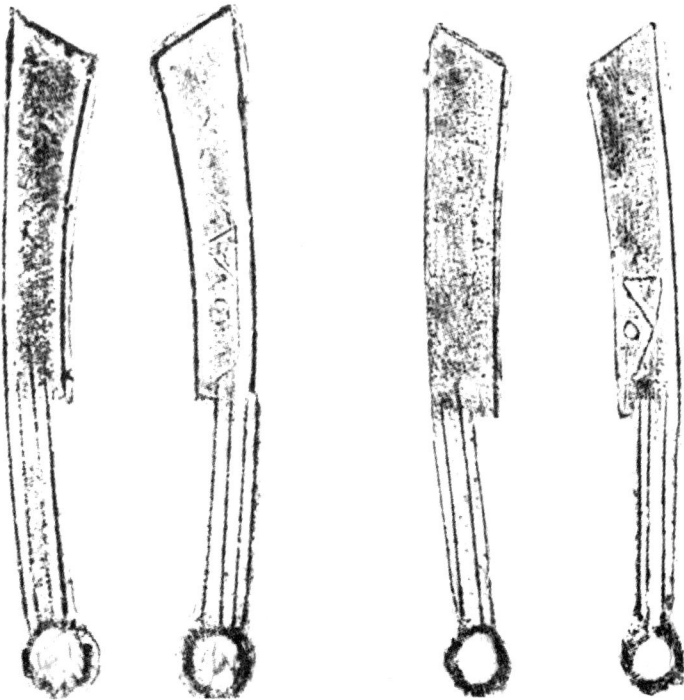

图　4   图　5

有一种"明"字锐折且缩短的明刀,据认为也是齐明刀。燕占齐地达五年,刀币上的"明"字是否能从竖长演变至矮方?矮方字型明刀也可能是早期燕明刀的一种。全长144.0、刀身长85.0、刀首宽21.6、厚1.7、环横径28.0毫米,重15.8克。背文"5"(图6)。

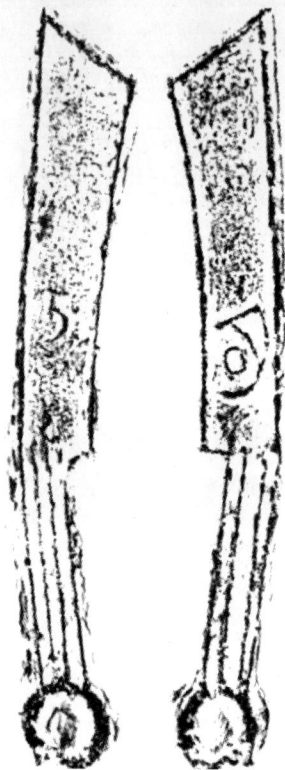

图　　6

三、安南铸大钱

安南古钱年号多,数量众,相当复杂。改革开放之后,越南与我国的外贸极发达,贩古钱之人直接进入越南,在废品店成批购买古钱。国内越南古钱爱好者因此而集到不见报道或少见的实物。本文仅记录一些有特色的安南大钱。

1. 景兴是后黎朝黎显宗的年号(1740－1786)。介绍背文大钱二枚:

①背文"壬戌":径44.3、厚2.7毫米,重30克。黄铜质。"壬戌"为干支纪年,即1742年。据《越南历史货币》介绍,小平钱已发现三种干支纪年钱,包括"壬戌",但无干支纪年大钱的记载(图7)。

图 7

②背文"一两":径 38.8、厚 2.7 毫米,重 22.4 克。黄铜质。"一两"为纪值,无疑指银,所以是虚值大钱。《越南历史货币》中无载(图 8)。

图 8

2. 景兴背纹钱

①背龙凤:径 43.4、厚 2.4 毫米,重 24.5 克。黄铜质。正、背面重轮(图 9)。

图 9

②背坐龙:径 41.3、厚 2 毫米,重 20.1 克。黄铜质(图 10)。

图　10

③背坐龙:径 40.1、厚 1.9 毫米,重 18.4 克。黄铜质(图 11)。

图　11

④背飞龙:径 40.7、厚 1.7 毫米,重 15.8 克。黄铜质(图 12)。

图　12

3. 明命是安南阮朝的第二个年号(1820—1841)。铸钱很多,以四书五经为背文的美号大铜钱最具特色。收集到如下 7 枚:

单位:毫米、克

图号	直径	郭厚	重量	背文
13	49.0	2.3	31.3	家给人足
14	50.1	2.0	26.6	中和位育
15	50.0	2.2	33.2	帝德广运
16	49.5	2.3	31.8	川至山增
17	50.7	2.1	30.3	刚健中正
18	49.6	2.2	28.0	六府孔修　三事允治
19	50.5	2.1	26.9	国泰民安　风调雨顺

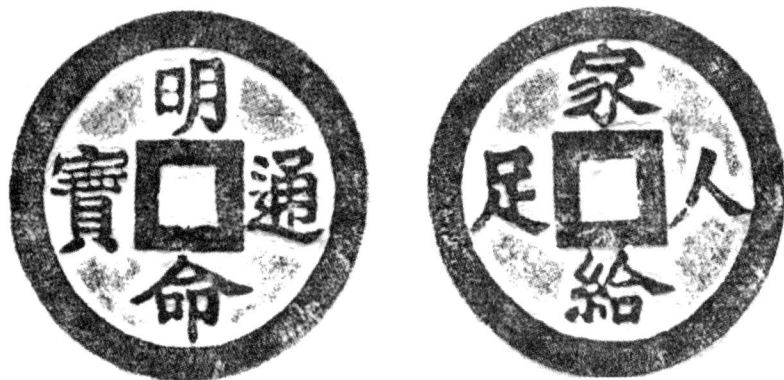

图　13

图　14

图 15

图 16

图 17

图 18

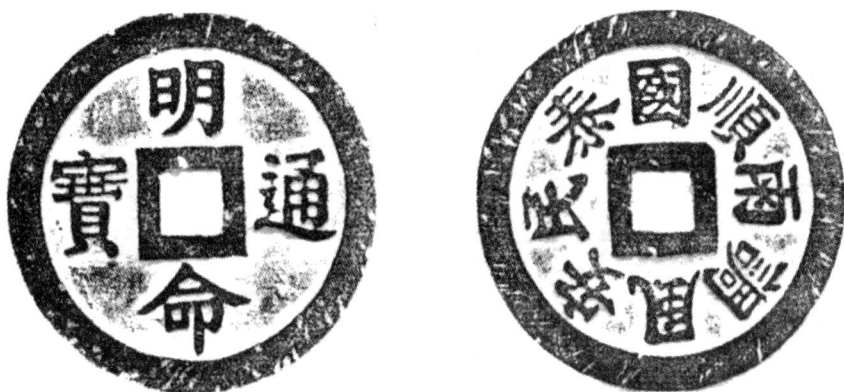

图 19

4.“绍治”是阮朝的第三个年号(1841—1847)。绍治六年(1846)二月开铸美号大铜钱。集到一枚,背文“川至山增”。径50.2、厚2.2毫米,重28.2克。黄铜质(图20)。

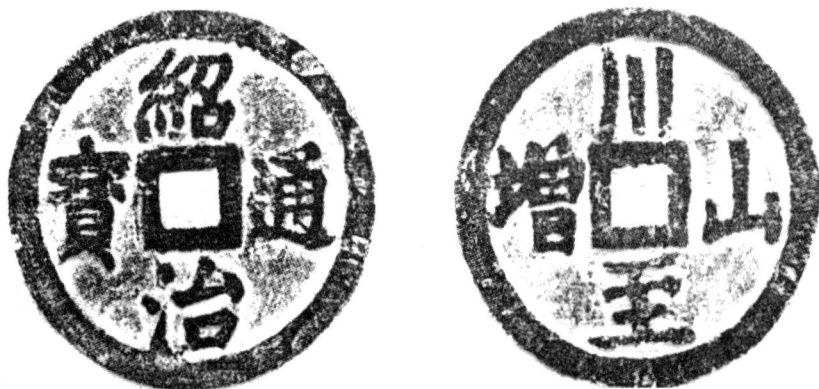

图 20

5."嗣德"是阮朝前期最后一个年号(1848—1883)。元年二月开始铸钱,其中包括美号大铜钱。

①图 21,径 49.0、厚 2.5 毫米,重 33.7 克。黄铜质。背文"四方为则"。

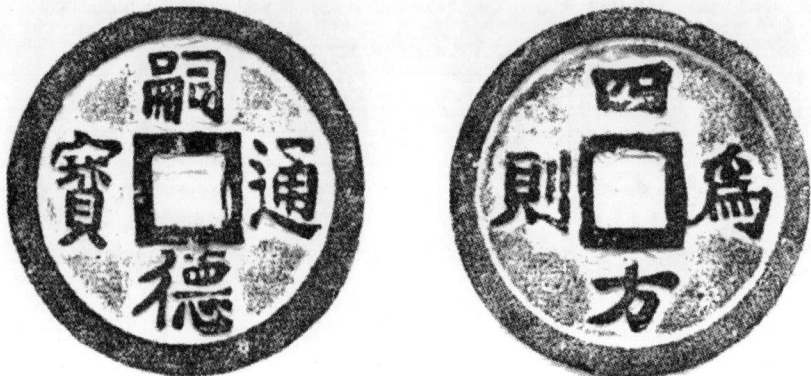

图　21

②图 22,径 48.8、厚 2.3 毫米,重 36.0 克。黄铜质。背文"悠久无疆"。

图　22

6. 嗣德十四年(1861)二月,又铸行一种"嗣德宝钞"。背文从"准文一十"至"准文六十"。集得这枚"准文四十"是银质的,在金店化验,含银在 70% 以上。嗣德年间虽铸有多种银质钱,但没有银质嗣德宝钞的报道。径 37.9、厚 2.4 毫米,重 22.3 克。银质(图 23)。

图　23

7. 启定在阮朝后期(1916－1925),已进入 20 世纪。多机制小平钱,没有铸大钱的记载。这枚大钱极特殊,背穿左右为满文"宝云",背穿上下为"当万",是面值极大的虚值钱(图 24)。径 33.2、厚 2.0 毫米,重 13.0 克。黄铜质。

图　24

四、几枚安南铸小平钱

安南小平钱极复杂,有相当多还查不到出处,铸制水平参差不一,有书法及铸技均优的美品。捡出几枚有特色者,记录如下:

1. 天福镇宝:"天福"是前黎朝太祖的年号(980—988)。天福五年(984)铸天福镇宝,背穿上黎。此枚为大黎,比较稀少,是安南较早自铸的铜钱。径 24.6、厚 1.2 毫米,重 2.9 克。黄铜质(图 25)。

图　25　　　　　　　　图　26

2. 大宝通宝:1440 年,黎太宗改元"大宝",铸大宝通宝。径 25.0、厚 1.6 毫米,重 4.5 克。黄铜质(图 26)。

3. 大和通宝:"大和"是黎仁宗的年号(1443—1453)。

①宽缘大样:径 26.0、厚 1.1 毫米,重 3.7 克。黄铜质(图 27)。

②钩横:径 24.6、厚 1.2 毫米,重 3.4 克。黄铜质(图 28)。

图　27　　　　　　　　图　28

③平横:径 25.0、厚 1.2 毫米,重 3.4 克。黄铜质(图 29)。

图 29

4. 延宁通宝:"延宁"也是黎仁宗的年号(1453—1459),元年春正月铸延宁通宝。

①"大皿小丁"宁:径26.1、厚1.3毫米,重4.3克。青铜质。较稀少(图30)。

②"四丁"宁,径24.7、厚1.3毫米,重3.1克。黄铜质(图31)。

图 30

图 31

5. 天兴通宝:篡位的黎宜民所铸(1459—1460)。径24.1、厚1毫米、重2.7克。青铜质(图32)。

6. 光顺通宝:"光顺"是黎圣宗的年号(1460—1469)之一,铸光顺通宝。径24.4、厚1.1毫米,重3.5克。黄铜质(图33)。

图 32

图 33

7. 洪德通宝:"洪德"也是黎圣宗的年号(1470—1497),是安南历史上的辉煌时期,称"洪德圣世"。所铸钱币工艺极佳,钱币形貌影响后世相当长时间。如"寶"字中的"尔"上部形成一个三角形,后世安南钱大多如此,成为安南钱书法一特色。径24.9、厚1.3毫米,重3.9克。黄铜质(图34)。

图 34

8. 景统通宝:"景统"是黎宪宗的年号(1498—1504)。

①常型:径 24.5、厚 1.8 毫米,重 5.2 克。黄铜质(图 35)。

②厚型:径 25.1、厚 2.1 毫米,重 5.9 克。黄铜质。背穿上巨星(图 36)。

图 35　　　　　　　　　　图 36

9. 端庆通宝:"端庆"是黎朝威穆帝的年号(1505—1508)。径 25.6、厚 2.7 毫米,重 9.4 克。黄铜质,此枚为厚重型(图 37)。

10. 洪顺通宝:"洪顺"是黎朝襄翼帝的年号(1509—1516)。径 25.1、厚 1.5 毫米,重 4.3 克。黄铜质(图 38)。

图 37　　　　　　　　　　图 38

11. 光绍通宝:"光绍"是黎昭宗的年号(1517—1522)。径 24.7、厚 1.4 毫米,重 4.0 克。黄铜质(图 39)。

12. 明德通宝:莫朝太祖于明德二年(1528)铸。径 23.8、厚 1 毫米,重 2.6 克。黄铜质(图 40)。

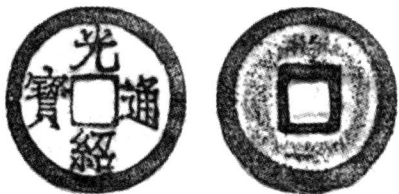

图 39　　　　　　　　　　图 40

13. 广和通宝:"广和"是莫福海的年号(1541—1546),铸广和通宝。径 23.9、厚 1.1 毫米,重 2.8 克。黄铜质(图 41)。

14. 佛法僧宝:1516 年,地方势力陈起兵反黎,以佛教教义号召天下,后铸此钱。该钱书法怪异,径 24.4、厚 1.4 毫米,重 4.0 克。黄铜质(图 42)。

图　41　　　　　　　　　　　　　　　图　42

15. 佛法元宝:《越南历史货币》无载。虽书法亦怪异,却与佛法僧宝不同。径 24.2、厚 1.1 毫米,重 3.2 克。黄铜质。以佛、僧类字铸在钱上者,似仅此二例(图 43)。

16. 明命通宝:"明命"为阮朝的第二个年号(1820—1841)。此枚为一钱大样小平钱。径 26.2、厚 1 毫米,重 3.3 克。黄铜质(图 44)。

图　43　　　　　　　　　　　　　　　图　44

17. 同庆通宝:同庆元年(1885)四月开铸,依明命大样。径 27.2、厚 1.3 毫米,重 5.0 克。黄铜质。因亏损而铸造较少(图 45)。

图　45

五、几枚常平通宝珍稀品

常平通宝是最常见的朝鲜古钱。李朝仁祖十一年(1633)开铸,延续铸造二百余年。多朝多机构铸造,版式达数千种。近十余年来,成批的常平通宝流入我国,其中不乏珍品。

1. 常平通宝小平母钱:径 24.9、厚 1.1 毫米,重 3.5 克。黄铜质。背文"训生六"(图 46)。

2. 常平通宝小平母钱:径 24.9、厚 1.3 毫米,重 4.3 克。黄铜质。背文"训土六"(图 47)。

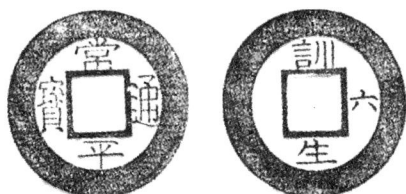
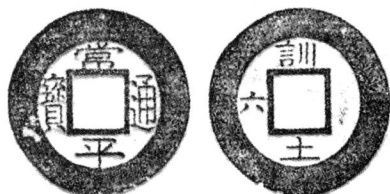

图　46　　　　　　　　　　　　图　47

3.常平通宝当二母钱:径 30.0、厚 1.3 毫米,重 5.7 克。白铜质。背文"营木一"(图 48)。

4.常平通宝当二母钱:径 30.5、厚 1.4 毫米,重 6.4 克。黄铜质。大"平",背文"开二"(图 49)。

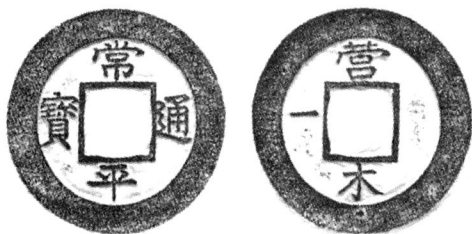
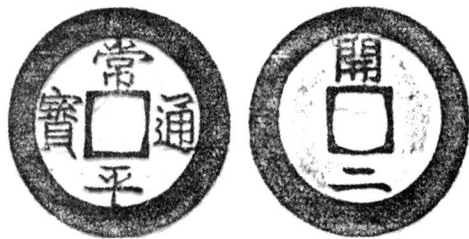

图　48　　　　　　　　　　　　图　49

5.常平通宝当二样钱:径 30.9、厚 1.1 毫米,重 4.5 克。黄铜质。小"平",背文"开二"(图 50)。

图　50

六、日本文久永宝五种版式

文久永宝铸于文久三年二月(1863)有多种版式。刘喜海曾记,银座所铸"文"作楷书,金座所铸反文简宝。集到五种版式,背纹皆为十一道水波文。记于下:

1.反文简宝:径 27.0、厚 1.1 毫米,重 3.8 克。黄铜质(图 51)。

2.反文繁宝:径 26.3、厚 1.0 毫米,重 3.3 克。黄铜质(图 52)。

图　51　　　　　　　　　　　　　　　图　52

3. 楷书大永：径 24.6、厚 0.8 毫米，重 2.6 克。黄铜质（图 53）。

4. 楷书小永：径 27.1、厚 1.0 毫米，重 3.9 克。黄铜质（图 54）。

图　53　　　　　　　　　　　　　　　图　54

5. 楷书小久：径 26.9、厚 1.0 毫米，重 3.3 克。黄铜质（图 55）。

图 55

七、日本宝永通宝

1688 年登位的东山天皇于宝永五年（1708）铸宝永通宝。背周郭上下左右铸"永世通用"，并打印一"珍"字，位置不定。径 36.9、厚 1.2 毫米，重 9.7 克。黄铜质（图 56）。

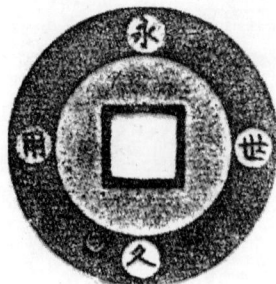

图　56

八、宝武局角头通咸丰小平钱

近日收到 2003 年 4 期《江苏钱币》，见其中有张或定、张哨峰的《清代湖北宝武局红铜与白铜咸丰钱》，不禁兴趣大增。因为曾读过两位张先生的《湖广武昌局与湖北宝武局地址考》，在宝武局咸丰钱的认识方面获益良多。果然，文中介绍了多年不曾集得的"横头通"宝武局咸丰小平钱。事有凑巧，第二天去文庙文物市场，有人递过一小捧咸丰小平钱。称已初选过，全是特异版式。果然，从中捡出两枚"横头通"宝武局咸丰小平钱。介绍于下：

图 57，径 22.9、厚 1.6 毫米，重 4.4 克。黄铜质。

图 58，径 22.6、厚 1.1 毫米，重 2.4 克。黄铜质。

图　57　　　　　　　　　　　图　58

总的看，此种"横头通"铸造粗糙，虽相当稀少，却版别不同，与两位张先生披示者也有同有异，可谓数量少，版式多，轻重相差也较悬殊。从包浆看，极似红铜铸。为慎重计，在边沿锉了一下，结果露出黄铜的光泽。近年，贩古钱者常将新收古钱放入酸液清洗，结果黄铜成分中的锌因比铜活泼而被析出。剩下的铜露出本色，成为"红铜钱"。一般，此层红铜不到一毫米厚，锉掉后即露出原来的黄铜色。

又，"通"字上的一粗横，实际上即是角头通的上横。只因字体架构不当，致使横下部分不同程度铸失，只突出了一粗横。所以窃以为仍称"角头"为宜。

图　59

另，同时捡得一枚不识局名的咸丰小平钱，如图 59，径 20.3、厚 1.0 毫米，重 1.7 克。黄铜质。正面为"尔"宝"八"贝角头单点通，背面满文局名不识。如断为臆造私铸品，又显铸造较规整。刊于此，请咸丰钱爱好者共同讨论。

九、宝苏局钩咸异满文咸丰当百

宝苏局咸丰大钱钩咸当百有两大类："缶"宝"八"贝和"缶"宝左出头"八"贝，都属常见版式。满文苏的上部是两划分别向斜上、斜下相交于一点，如图 60，径 60.7、厚 3.2 毫米，重 57.4 克。黄铜质。本人集到一枚"缶"宝"八"贝钩咸当百的满文苏却是一横甚平，与另一斜划相交，异于常品。查《咸丰泉汇》《宝苏局钱币》均无此式，足见其稀少，当属稀见品。径 59.5、厚 3.3 毫米，重 59 克。黄铜质（图 61）。

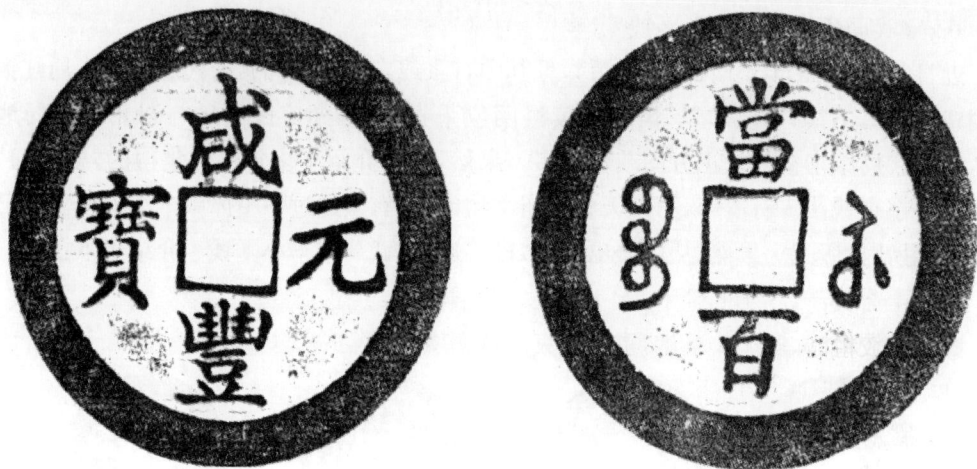

图　60

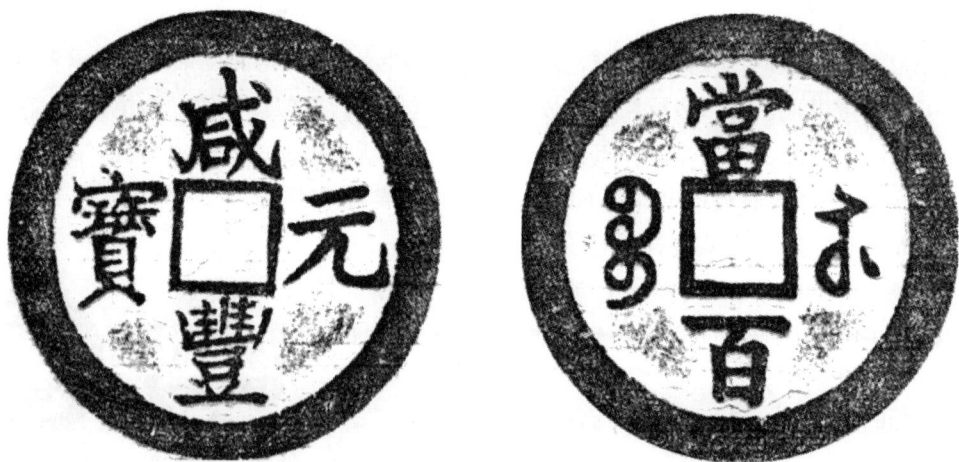

图　61

　　如果深入一步考虑,既有此式的行用钱,当也有祖钱、母线。经过如此一番复杂程序,却难见行用钱,不也是个问题吗?故考虑可能是铸行的试用版式。

(原刊《江苏钱币》2005 年 2 期)

集泉札记(六)

一、两枚咸丰祖钱及其他

近闻网上有关清钱母钱、样钱之争甚热,此说之因有四:一是咸丰钱的版式变化频繁,难免有些母钱铸制较粗糙,质量参差不齐,在认定上造成混乱。二是根据本人经验,一枚母钱仅具备某几项母钱的公认特征,亦会引起认识不一。三是古钱学没有教科书,亦没有严格的师承制度,往往是泉友间互相交流,形成共识,存在局限是难免的。对清钱的研究时间相对较短,而清钱尤其是咸丰钱特别复杂,至今仍不断有新版、新品问市。因此,千万不能囿于经验排斥新见,否则不利于对钱币认识的提高。四是母钱、样钱的价格相差甚巨,因而交易双方易起歧义。

以上所举易引起争议的四个方面,有的是对客观事物认识不足的问题,亦有囿于主观成见的问题,但都可通过讨论达到认识的一致。但要注意一点,即态度要端正,以共同提高为目的,不可意气用事。

本人愚鲁,常有认识不清的事例,但能认真对待,不断加深认识,并持之以恒。获微小新知,即对旧知丰富更新,以终求正果。以下举出对两枚咸丰祖钱认识的过程为例,供同好借鉴。

1. 宝河局咸丰元宝当百祖钱(图 1):径 51.1、厚 4.8 毫米,重 59.6 克。黄铜质,传世品。此枚钱在我手中已有三十年。说来惭愧,三十年来对其定性已有三次变化! 认识上的多次变化是由于该钱具有不同一般的特征。首先,宝、河两个满文中间是断开的隐起文,没见过其他清钱有此写法的,在行用钱中亦无此式例。估计此特征在翻砂铸制过程中自然失去。其次,此钱在周郭、穿郭及笔划周围均形成缓坡,完全没有文字笔划高挺、字口深峻等祖钱、母钱常见特征,只在拓片上才清楚显示其笔划纤细、文字秀美的面貌。受其迷惑者绝不止我一人,先后有多位钱币专家看过,没有一位能主动认出是祖钱! 有一次,五个省市钱币学会的副秘书长一起到我家看钱币,只有一位提出"怎么这个样子?"后来,据其缓坡形成拔模斜度而判定其为母钱。最后,由于此钱完全没有砂眼,而认定是一枚真正刀痕化尽的雕刻之物,即祖钱。对此祖钱的认识过程可算告一段落。回顾一下,所集数千枚咸丰钱中,祖钱只是个位数,偏偏就有一枚形制特殊者! 自诩为大家者,难矣!

2. 宝泉局咸丰当十铁钱式祖钱(图 2):径 37.8、厚 3.8 毫米,重 24.8 克。黄铜质。从字形特征看,此枚应是当十铁钱的祖钱。当时只认为是铁母而入藏,但此枚钱的地张多处留有刀痕。一次,有位钱币学者来看钱,随手捡出说:"这是一枚祖钱。"此钱外郭上有一高粱粒大的残损,明显是有意凿去的。在我收集的祖钱和部分样钱、试铸样钱中,多枚钱有缺损,但无一例外都在外郭上,没有伤及文字的情况。据闻,此类钱当年因某种原因报废时,都要砸

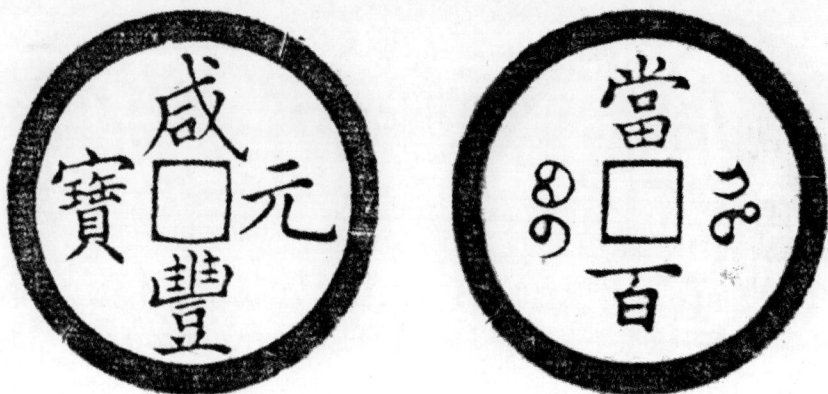

图　　1

毁。可能因此类钱大多很漂亮,施术者心存不忍,手下留情,只在边郭上凿了一下,致使这类钱能留传下来。故见到有残损的钱,须分外留意。

图　　2

二、介绍一枚宝泉局咸丰当五百样钱

宝泉局咸丰当五百大钱中,"缶"宝"八"贝版式较多见,有多种版别。其中一种,满文"泉"字匀称端正,我称之为"正泉"版式(图3),径58.0、厚3.8毫米,重55.8克。黄铜质。"正泉"版式在宝泉局当五百中最常见,尽管只铸行了8个月,却有多种小版别。此枚为长撇咸大字,钱体饱满。铜质精好,比一般黄铜色调深一些。字口清晰,绝无流铜,具有母钱风范。边郭匀称整齐。地张经过修饰,且形成"黑漆古"包浆。根据以上特征,断定这是一枚为某种特殊目的而铸制的样钱,甚为稀见。

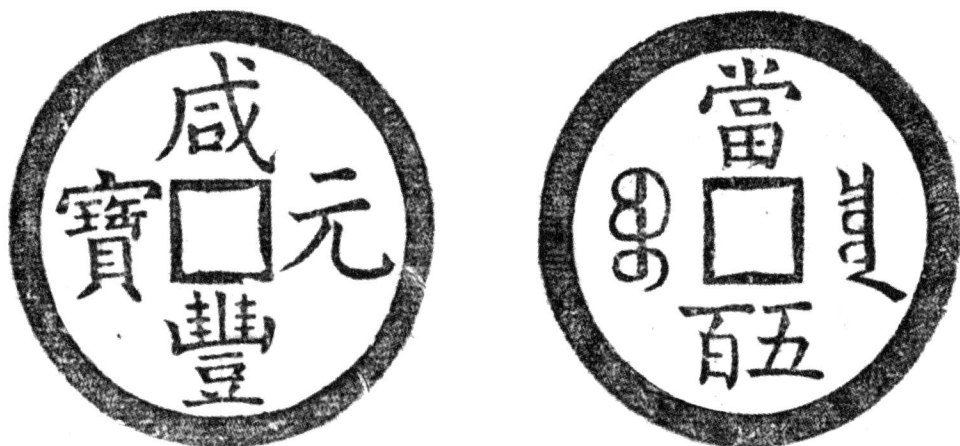

图　3

三、宝泉局咸丰小平"尔"宝"八"贝角头双点通之存疑

最近,集到一枚宝泉局"尔"宝"八"贝角头双点通小平铁母(图4),径24.8、厚1.9毫米,重5.9克。黄铜质。此版式铁钱已集到多枚,以图5为例,径24.3、厚1.7毫米,重4.5克。在《咸丰泉汇》的年代,尚没发现此版式的铁钱。当然,也不可能知道有此版式的铁母。

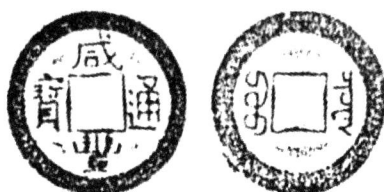

图　4　　　　　　　　　　图　5

本人曾论述宝泉局咸丰小平钱有四个强势的版式类群,包括了大多数的宝泉局咸丰小平钱。而"尔"宝"八"贝角头双点通是弱式的版类,包含的版式少,存世数量也甚少。本人仅集到两种小平铜钱,一种为"样钱"(图6),径27.6、厚1.7毫米,重6.7克。黄铜质。另一种为减重版式(图7),径19.2、厚1.1毫米,重1.8克。黄铜质。均较稀少。其中,"样钱"存在一些疑问,提出来探讨:

图　6　　　　　　　　　　图　7

1. 既是"样钱"就应该有相应的行用钱,宝泉局却没有此版式的行用钱。因此,此"样

钱"应是"颁发"之类的外来物。

2.已知户部向各钱局颁发的小平部颁样钱均为"尔"宝"八"贝方头双点通。因此,尽管此种"样钱"虽与部颁样钱极似,却不是部颁样钱。

3.以上论述此种"样钱"对宝泉局是外来物,又不是部颁样钱,所以,可能存在一个专铸"样钱"的机构。而此机构目前尚不为人所知。支持此论点的尚有一例,即宝源局有一种"ㄨ"贝宝"样钱",而宝源局根本就没有"ㄨ"贝宝的咸丰小平行用钱。很明显,此"样钱"对宝源局是外来物,却不是部颁样钱。见图8,径28.0、厚1.6毫米,重6.8克。黄铜质。

图　8

四、"样钱"认定的困难

"样钱"的认定,远比认定"部颁样钱"困难。因为"部颁样钱"在各个等级均只有一种版别。而"样钱"是钱局专供上级审查,为某特定事件的纪念等等而专铸。铸造目的不同,必然表现出不同形态。再加上咸丰钱的版式多,各版式行用钱大多有相应的"样钱",因此"样钱"的数量相当多。数量多,形制复杂,必然认定困难。最后,还有人为的干扰因素,即在市场交易中,买卖双方各维护自己的利益,会以种种借口否定一枚"样钱"。本人深感其苦,现举出两类"样钱"说明其形制表现的复杂。

1."大字"版类的"样钱":此版类"样钱"铸造精好,直径比行用钱大,很容易识别。

图9,"尔"宝"八"贝方头双点通,径26.6、厚1.7毫米,重6.6克。

图10,"尔"宝"ㄨ"贝角头双点通,径26.5、厚1.8毫米,重6.2克。

图　9

图　10

图11,"尔"宝"八"贝角头双点通出头满宝。

按说这一版类还有一种"尔"宝"八"贝角头单点通,但集咸丰钱多年没能集到此版式的样钱,其他三个版式却各集到不止一枚,说明同一版类四种"样钱"的数量是相当不均衡的。

2.宽缘类:由于缘加宽,面背文字自然缩小。此版类铸制较粗糙,大部面背有磨纹,也没有明显的大样,因而看不出明显的"样钱"。但此版类的咸丰小平钱却另有特点,即直径相若,重量差别却相

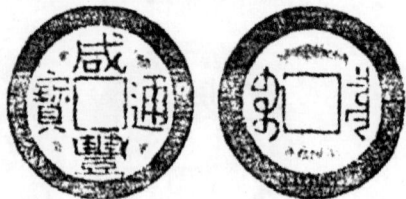

图　11

当大。行用钱大致在 5 克以下,有一些稍精好、重量达 6 克以上者,很可能即是此版类的"样钱"。

图 12,"尔"宝"八"贝方头双点通,径 25.4、厚 1.5 毫米,重 5.7 克。

图   12

图 13,"尔"宝"ス"贝角头双点通,径 26.0、厚 1.7 毫米,重 6.5 克。

图   13

图 14,"尔"宝"八"贝角头单点通,径 26、厚 1.5 毫米,重 5.7 克。

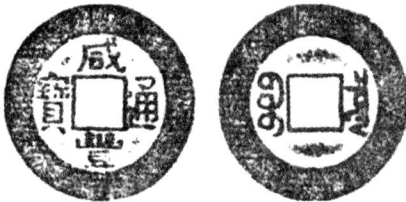

图   14

图 15,"尔"宝"八"贝角头双点通出头满宝,径 25.8、厚 1.8 毫米,重 6.5 克。

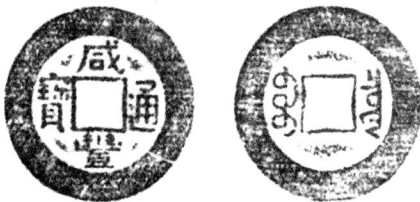

图   15

(原刊《江苏钱币》2005 年 3 期)

断"厂"咸丰铁钱四品

　　宝泉局咸丰铁钱中,有一种断"厂"咸者,即"厂"的横、撇字两笔互不相接,笔划特异,大
小钱均有,但皆少见。现将笔者所藏 4 枚断"厂"咸丰钱附文展示。

　　重宝两枚:一枚为行用线(图1),径 39.1、厚 3.2 毫米,重 18.2 克。一枚为铁母(图2),
径 39.7、厚 3.3 毫米,重 20.4 克。黄铜质。此铁母曾用来铸钱,地张及边郭留有铁钱样的
黑色包浆。通体精好,唯"重"字未经精修,因而翻铸的铁钱中,"重"字一定模糊,此现象尚难
理解。

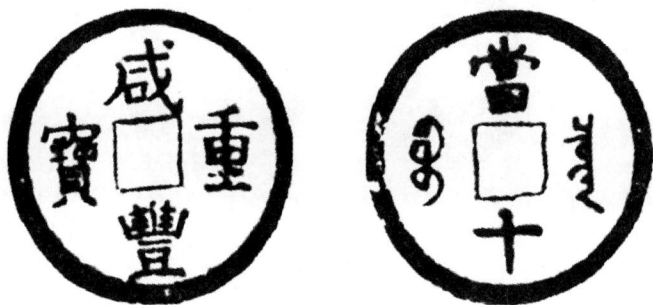

图　　1

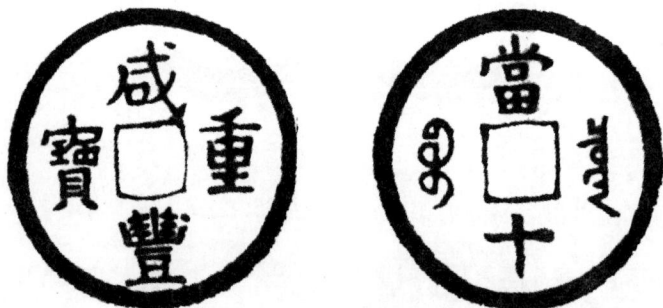

图　　2

　　通宝两枚:其一为行用品(图3),径 22.5、厚 1.5 毫米,重 3.5 克。其二为铁母(图4),径
22.7、厚 1.5 毫米,重 4 克。黄铜质。

图　3   图　4

上述4品当十重宝与通宝小平钱的字体大致相同,其异常处在于"贝"字两点上。

（原刊《安徽钱币》2005年4期）

近十年来宝直局咸丰小平钱的两次重要发现

宝直局设局于河北保定,除铸大钱外,尚铸铜、铁咸丰小平钱,又于天津、正定、大名等地设分炉专铸咸丰小平铁钱。宝直局咸丰小平钱的版式并不算复杂,但铜钱中有铁式铜钱;铁钱中有铜式铁钱。数量均少,若称铜、铁两铸,不够准确,试范也说不通。是用铜试,还是用铁试? 其意义不明。就本人收藏所见,宝直局咸丰小平钱均为方头双点通及开口满宝。版式的主要区别在于汉文宝字的笔划。有"尔"宝、"缶"宝、"彡"宝、"三点"宝等。满文宝又区分是否出头。

一、铜小平

1－1. 部颁式:此式仿部颁样钱铸造,故形制较大。径 25.7、厚 1.4 毫米,重 4.6 克。黄铜质(图 1)。

1－2. 大直:此式在上世纪还是稀见版式。大约 2001 年,在河北保定一次发现了数千枚,并涌入钱市。由于数量多,价格一路下跌,至今尚能见到。这批钱版式一致,铸造较粗糙,大部具磨纹。径 23.4、厚 1.5 毫米,重 3.6 克。黄铜质(图 2)。这批钱扭转了宝直局铜质咸丰小平钱稀见的传统看法。此式无铁钱。

图　1　　　　　　　　　　　　　　　图　2

1－3. 紧口直:满文直的下口收缩较紧。此式数量少,亦没见有铁钱。径 23.5、厚 1.3 毫米,重 3.5 克。黄铜质(图 3)。

1－4. 长颈直:此式相对多一点,并有同式铁钱。径 22.6、厚 1.4 毫米,重 3.7 克。黄铜质(图 4)。

图　3　　　　　　　　　　　　　　　图　4

1－5. 铁式铜钱:

1－5－1. "尔"宝正穿:径 23.9、厚 1.7 毫米,重 4.7 克。黄铜质(图 5)。

1－5－2. "尔"宝决穿:径 23.8、厚 1.7 毫米,重 4.9 克。黄铜质(图 6)。

图　5　　　　　　　　　　图　6

1－5－3."缶"宝:径 23.2、厚 1.5 毫米,重 4.2 克。黄铜质(图 7)。

图　7

1－6.铁母:约 1995—1996 年,有人从河北正定一农家(此家的先人曾做过清朝的官吏)买到咸丰小平钱十余枚。后经检视,其中有各式铁母七八枚,有所谓的坯子钱五六枚。因为,这批铁母包含了铁钱的所有版式,对宝直局咸丰小平钱资料有极大的丰富,所以有了"坯子钱"的概念。

1－6－1."尔"宝:径 23.4、厚 1.7 毫米,重 4.7 克。黄铜质(图 8)。

1－6－2."尔"宝出头满宝:径 23.6、厚 1.5 毫米,重 4.5 克。黄铜质(图 9)。

图　8　　　　　　　　　　图　9

1－6－3."缶"宝:径 24.2、厚 1.7 毫米,重 4.9 克。黄铜质(图 10)。

1－6－4."彡"宝:径 23.6、厚 1.3 毫米,重 3.9 克。黄铜质(图 11)。

图　10　　　　　　　　　　图　11

1－6－5."三点"宝:径 24.0、厚 1.8 毫米,重 5.3 克。黄铜质(图 12)。

1－7.坯子钱:此类钱铸造规整,但表面不曾加工,因而显得粗糙。由于较厚大,因而推测是准备加工成母钱的"坯"。此称谓现已基本约定俗成。此枚"缶"宝坯子钱,径 24.1、厚

1.7 毫米,重 5.3 克。黄铜质(图 13)。

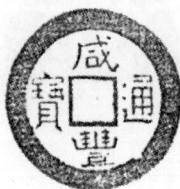

图　12　　　　　　　　　　　　　　图　13

二、铁小平

2－1."尔"宝:径 23.8、厚 1.8 毫米,重 4.7 克(图 14)。

2－2."尔"宝大直:径 24.6、厚 2.3 毫米,重 6.2 克(图 15)。

图　14　　　　　　　　　　　　　　图　15

2－3."尔"宝出头满宝:径 23.5、厚 1.6 毫米,重 3.7 克(图 16)。

2－4."缶"宝:径 23.8、厚 1.7 毫米,重 4.4 克(图 17)。

图　16　　　　　　　　　　　　　　图　17

2－5."参"宝:径 23.8、厚 1.7 毫米,重 4.0 克(图 18)。

2－6.长颈直:径 23.3、厚 1.7 毫米,重 4.0 克。此式为铜式铁钱(图 19)。

图　18　　　　　　　　　　　　　　图　19

　　宝直局咸丰小平钱,在近十年中,就有了两次批量的重要发现,使爱好者对咸丰钱的认识更上一层楼,这是咸丰钱爱好者众多的原因之一。宝直局小平钱三点宝铁母可能是首次报道,但"三点"宝铁小平,本人至今没能集到。

(原刊《中国钱币》2005 年 4 期)

清代宝直局咸丰小平版式

宝直局咸丰小平钱较稀少,但版式相当多,可初步区分为铜钱、铁钱、铜铁两铸类。铁钱版式多,又常能见到铁钱式铜钱,故更显繁杂。

宝直局咸丰小平钱的基本版式为"尔"宝、"八"贝、方头双点通。铜钱均属此类。进一步分类依据汉文宝字的写法和满文宝的形制来区分。

一、铜钱类:均为"尔"宝、"八"贝、方头双点通。

(一)部颁式:一如部颁样钱,仅直径稍小于部颁样钱(图 1)。径 25.7、厚 1.4 毫米,重 4.6 克。黄铜质。

图　1

(二)大直:满文直很大,此式在上世纪还属稀见版式。大约 2001 年,在河北保定一批发现了数千枚,并涌入泉市,使其价格一路下跌。今已不太见到,足见我国泉市容量之大。这批钱版式一致,铸造较粗糙,大部分具有磨纹(图 2)。径 23.4、厚 1.5 毫米,重 3.6 克。黄铜质。此式无铁钱。

图　2

这批钱的发现,一定程度上扭转了宝直局咸丰铜质小平钱稀见的传统看法。

(三)紧口直:满文直的下口收缩较紧,圆弧的两边趋于平行。此式数量少,没见有铁钱(图 3)。径 23.5、厚 1.3 毫米,重 3.5 克。黄铜质。

二、铁钱类:版式多样,且有铁钱式铜钱。约 1995—1996 年,有人从河北正定一农家(此家先人曾在清朝为官)购得咸丰小平钱十余枚。后经检视,其中有各式铁母七八枚,有所谓的坯子钱五六枚。这批钱的发现,对宝直局咸丰小平钱资料的充实,作用极大。

图　3

所谓坯子钱,即预备加工成母钱的原模,比母钱厚大一些,由于没有精加工,显得粗糙。

(一)"尔"宝、"八"贝、方头双点通:

1. 铁母:径 23.4、厚 1.7 毫米,重 4.7 克。黄铜质(图 4)。

图 4

2.铁钱式铜钱:其性质与铜铁两铸相类,只是铜质者比铁质者少得多。

①决穿:径 23.8、厚 1.7 毫米,重 4.9 克。黄铜质(图 5)。

②正穿小直:径 23.8、厚 1.8 毫米,重 4.6 克。黄铜质(图 6)。

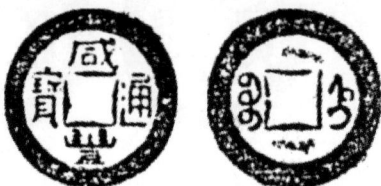

图 5   图 6

3.铁钱:

①大直:径 24.6、厚 2.3 毫米,重 6.2 克(图 7)。

②宽丰:径 23.6、厚 1.4 毫米,重 3.8 克(图 8)。

图 7   图 8

(二)"尔"宝、"八"贝、方头双点通出头宝:

1.铁母:径 23.6、厚 1.5 毫米,重 4.5 克。黄铜质(图 9)。

2.铁钱:径 23.5、厚 1.6 毫米,重 3.7 克(图 10)。

图 9   图 10

(三)"缶"宝、"八"贝、方头双点通:

1.铁母:径 24.2、厚 1.7 毫米,重 4.9 克。黄铜质(图 11)。

2.坯钱:径 24.1、厚 1.7 毫米,重 5.3 克。黄铜质(图 12)。

图 11　　　　　　　　　　图 12

3.铁钱:径 23.8、厚 1.7 毫米,重 4.0 克(图 13)。

图 13

(四)"⿱⿰彡"宝:

1.母钱:径 23.6、厚 1.3 毫米,重 3.9 克。黄铜质(图 14)。

2.铁钱:径 23.8、厚 1.7 毫米,重 4.0 克(图 15)。

图 14　　　　　　　　　　图 15

(五)三点宝:

铁母:径 24.0、厚 1.8 毫米,重 5.3 克。黄铜质(图 16)。此式没收集到铁钱。

(六)半圈直:此式只集到一枚母钱。根据形制估计是铁母,但没见过子钱。半个圈在满文拼音中估计有异,可能因此而弃用。

铁母:径 25.1、厚 2.2 毫米,重 7.4 克。黄铜质(图 17)。

 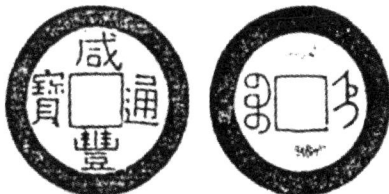

图 16　　　　　　　　　　图 17

三、铜铁两铸类:版式为长颈直。

1.铜钱:径 22.6、厚 1.4 毫米,重 3.7 克。黄铜质(图 18)。

图　18

2. 铁钱：径 23.3、厚 1.7 毫米，重 4.0 克（图 19）。径 22.2、厚 1.8 毫米，重 4.0 克（图 20）。

图　19

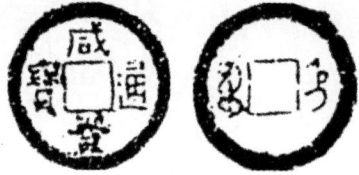

图　20

（原刊《亚洲钱币》2005 年 1 期）

对《我的清代货币研究历程与成就》的感慨与异议

　　德国人布威纳的名字早有耳闻，惊异于他对中国古钱收藏的规模。当看到其《我的清代货币研究历程与成就》（以下简称布威纳文）在《中国钱币》2005 年 1 期刊出后，始对其掌握历史文献资料的雄厚，眼光之博大，头脑之善于思索，均极钦佩。中国的古钱学研究将受益于这位德国人！

　　本人仅对咸丰钱作过一点研究，现将咸丰钱存在的、不符于布威纳文中综合论述处提出来讨论：

　　一、布威纳文中说："雍正皇帝在雍正六年开始采用的铸钱方法一直持续到清末。户部一年春秋两季给每个钱局打制（引者注："打制"易引起误解，不如译成"制作"）一枚祖钱。在得到正式批准后，户部再用祖钱铸造出数百枚母钱，这些母钱被送往各省铸造流通用的铜钱……"

　　"户部一年春秋两季给每个钱局打制一枚祖钱"之说不确，或者在清朝没能贯彻至清朝末期。本人在《对咸丰部颁样钱的认识》一文中论断，咸丰朝"户部向各铸钱局颁发样钱的时间在咸丰三年八月至十一月这段时间内。且咸丰在位期间，户部只可能是颁发过一次样钱（见《中国钱币》2005 年 1 期）"。我想，此论断符合史实。

　　二、布威纳文："……户部的想法是，使变化尽可能地小和逐渐变化，这意味着经常是一个笔划的改变就表明了是下一年的铸币。"

　　我在《宝泉局咸丰小平钱的版式类同现象及相关问题》（见《江苏钱币》2004 年 1 期 5 页）中论述，从嘉庆到光绪年间，宝泉局小平钱的优势版别往往只有四种，且形成一个类别。四种版别分别是："尔"宝"八"贝方头双点通；"尔"宝"ㄨ"贝角头双点通；"尔"宝"八"贝角头单点通；"尔"宝"八"贝角头双点通出头满宝。

　　优势版别均包括此四种笔划微小差别而版式类同的钱币。造成其差别的原因是因为宝泉局东、南、西、北四个分厂铸造区分的差别，而绝不可能是年代的区别。

　　三、布威纳文中注意到："……各省经常有他们自己的独特外貌，这种特征会保持很多年。"

　　本人认为大多数铸钱局因为仿铸了一批部颁样钱，所以形成该钱局存在"部颁式"和"地方式"两种风格的铸币，二者的差异很大。这里要考虑到"地方式"绝不可能有部颁样钱；部颁样钱也不是每年颁发。这必然给钱币的排列带来很大的麻烦。

　　不揣浅陋，本人仅能从咸丰钱方面提几点疑问，供布威纳先生参考。

（原刊《中国钱币》2006 年 4 期）

深入认识咸丰钱

我国古钱中，以清代咸丰朝铸钱的内涵最为丰富。至今，常能总结归纳出新的现象或规律。表现在以下诸方面：

一、咸丰朝，全国共有 31 个钱局铸造咸丰钱，分布在如今的 20 个省、市和自治区。

北京市：有两个钱局。宝泉局：隶属户部。设东、南、西、北四个分作厂及铁钱铸厂。在山西平定亦设有专铸铁钱的分厂。此外，民间常能在河北南宫一带收集到珍稀版式的清钱，且数量较大，疑当年亦有分厂存在。宝源局：隶属工部。初设为宝泉局的辅助铸钱机构。

河北省（直隶属）：有三个铸钱局。宝直局：设在保定。天津、正定、大名等处设有分厂，专铸铁质小平钱。宝蓟局：在天津蓟县。宝德局：在承德。

河南省：宝河局：设于开封。

山东省：宝济局：设于济南。另一版式迥异的宝济局咸丰钱多发现于临清，明显是利用原临清局的设备所铸。但与济南宝济局铸咸丰钱于史无载一样，临清宝济局铸咸丰钱也于史无载。

山西省：宝晋局：在太原。

陕西省：宝陕局：在西安。

甘肃省：宝巩局：初设巩昌府，后移兰州。

江苏省：宝苏局：设于苏州。咸丰四年二月在清江浦设分局。近年发现浙江海盐有一专铸珍稀版式清钱的分厂。

安徽省：宝安局：设于江苏的江宁府。

浙江省：宝浙局：设于杭州。

江西省：宝昌局：设于南昌。

福建省：有两个钱局。宝福局：设于福州。宝台局：设于台湾府。

湖北省：宝武局：设于武昌。毁于战火后，宝武局咸丰钱由五个民间银号分铸，故形成宝武局咸丰钱版别多，差异大的状况。

湖南省：宝南局：设在长沙。

广东省：宝广局：在广州。

广西省：宝桂局：在桂林。

四川省：宝川局：在成都。

云南省：有三个钱局。宝云局：在昆明。宝东局：在东川府。宝州局：地址不详。

贵州省：宝黔局：在贵阳。

新疆区:有六个铸钱局。宝迪局:在迪化(今之乌鲁木齐)。宝伊局:在伊犁州。阿克苏局:在阿克苏。喀什噶尔局:在喀什。叶尔羌局:在叶尔羌。库车局:在库车。

此外,《咸丰泉汇》报道有一品盛京局铸咸丰钱,制式有异,可能是试样之类,没有行用钱。

二、共有 17 种纪值等级,具体为小平、当二、当四、当五、当八、当十、当二十、当三十、当四十、当五十、当八十、当百、当二百、当三百、当四百(没有发现实物)、当五百、当千。

三、遗留的实物种类极丰富,有雕母、铸母、部颁样钱、上呈样钱,及大量的流通钱;材质也多样,有银、铜、铜镀金、铁、铅、铅镀金、木、象牙等。

四、版式纷繁,虽基本上分部颁式及地方式,但地方式的版别极多。

五、咸丰年间,外有英法联军的侵略,内有太平天国争天下,财政极端困难,滥铸大钱以充度支。但准备不足,短时间内多次改制,造成轻重倒置,币制混乱,民生极困,实属空前。但为后世留下了丰富的研究资料。

根据对实物资料的梳理,与有限文字资料的对比,整理出一些系统的规律,发表如下:

1. 版式系列的发现

所谓版式系列,即在同一钱局所铸的咸丰钱中,有一部分,虽纪值不同,却版式一致,书体相同,从而形成系列。同系列中,不同纪值钱币的存世量,可能相差极大。有的常见,有的很稀罕。造成此现象的原因,已很难考证。但版式系列现象对咸丰钱的整理、分类,以及考察系列中某断档纪值的存在,多有裨益。

为版式系列界定了几条规律:

①既称系列,所含纪值档次最少有两档。

②虽是书体一致,但遵循小平称通宝,当五至当五十称重宝,当百以上称元宝的规制。有些铸钱局更有自己独特的规制。

③不同纪值钱币由于面积大小不同,书虽同体,但字的布局有差异。

④本篇中讲的版式是从广义上讲的。某一笔划稍有长短,或因减重出现的窄郭等,仍都划归同一版式系列。

⑤咸丰三年(1853)五月始铸大钱。先铸当十,重六钱。八月增铸当五十,重一两八钱。十一月,又增铸当千、当五百、当百。当五十减重为一两二钱。咸丰钱的"版式系列"即形成于此时。因为,"版式系列"中的最大面值为当千;"版式系列"中的当五十全系减重后的小样。

在我接触过的咸丰钱中,仅有一例不符以上的规律,我无法解释。公布如下,供同好研究。

在铸造咸丰钱的 31 个钱局中,有 15 个钱局存在"版式系列",已捡出 75 种"版式系列"。

单位:毫米、克

铸钱局	版式系列数	铸钱局	版式系列数
宝泉局	22	宝巩局	7
宝源局	3	宝苏局	9
宝直局	1	宝浙局	3
宝蓟局	2	宝昌局	1
宝德局	2	宝福局	11
宝河局	1	宝武局	7
宝济局	2	宝迪局	1
宝陕局	3		
总计			75

图号	纪值	直径	厚度	重量	币质
1	当百	53.5	3.2	50.4	黄铜
2	当五十	47.4	3.8	41.8	黄铜
3	当十	35.5	2.7	16.5	黄铜
4	小平	23.2	1.8	5.1	黄铜

各铸钱局中,宝武局最具特色,共有7个"版式系列",几乎涵盖了宝武局全部的咸丰钱。现以珍稀的"缶"宝系列为例,见图1~4。

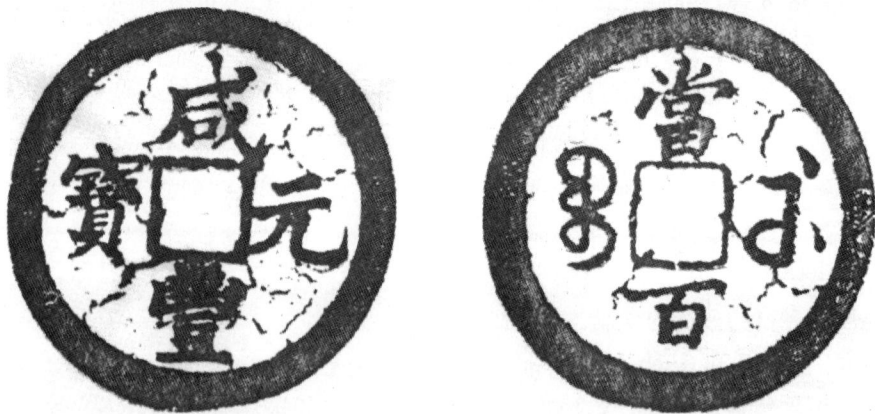

图 1

图 2

图 3

图 4

咸丰三年(1853),增重当五十,重一两八钱,为当五十的初铸大样。见图5(径56.5、厚4.9毫米,重79.2克。黄铜质)。此时段的当五十,版式较多,但有共同特征,即文字僵滞,缺少美感,不具版式系列。可是发现了一个例外,如图6(径57.2、厚4.7毫米,重69.3克。黄铜质,母钱)。从其直径、重量看,应属早期大样,但文字相当秀美规整。尤可异者,尚有一枚当十(图7径38.8、厚3.0毫米,重22.6克。黄铜质)与之同版式,形成"版式系列"。此一孤例,完全无法解释。

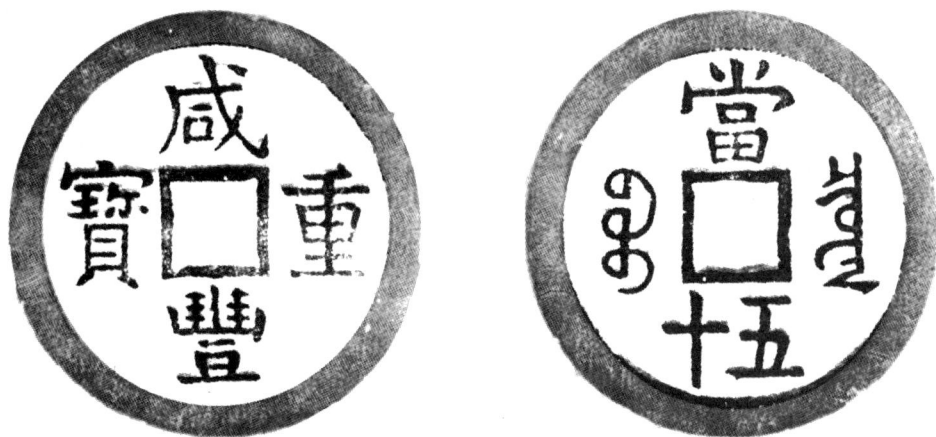

图 5

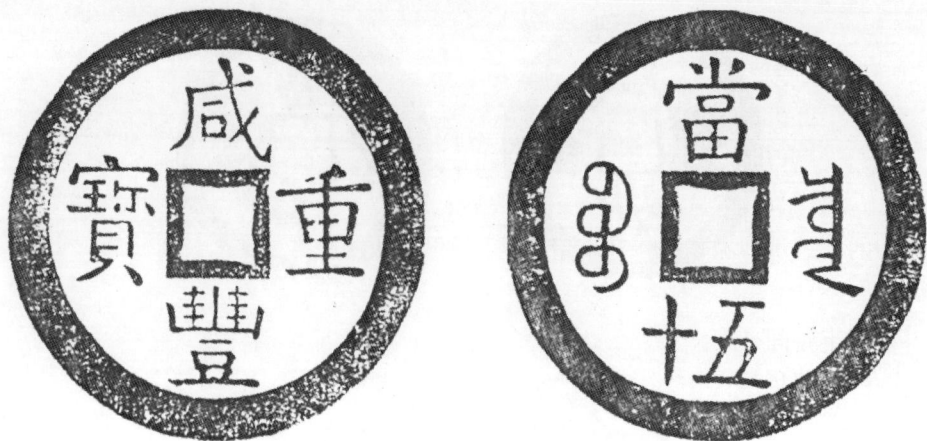

图　　6

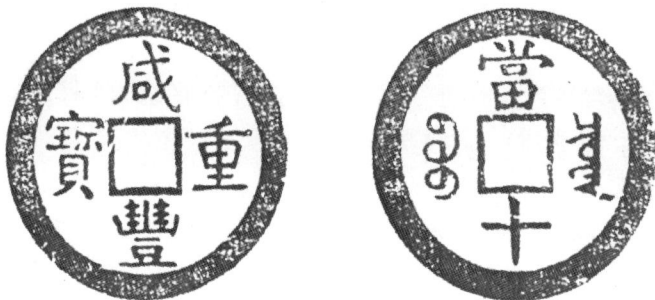

图　　7

2. 部颁咸丰样钱的时间

　　存世的部颁咸丰样钱，只有当五十、当十、小平三种纪值等级，相当稀少。笔者仅集到宝巩当五十（图 8）、宝安当五十（图 9）、阿克苏当十（图 10），宝泉、宝源、宝陕、宝川、宝云、宝黔（图 11～16）等局的部分样钱，以及宝直、宝晋、宝浙、宝川（图 17～20）等局的仿部颁小平。数据如下：

单位:毫米、克

图号	品名	直径	郭厚	重量	铜色
8	宝巩当五十	56.0	4.0	67.0	黄铜
9	宝安当五十	57.9	4.1	73.4	黄铜
10	阿克苏当十	38.4	3.2	23.0	黄铜
11	宝泉小平	27.1	1.8	6.6	黄铜
12	宝源小平	27.0	1.8	6.6	黄铜
13	宝陕小平	26.4	1.4	5.3	黄铜
14	宝川小平	26.3	1.6	6.4	黄铜
15	宝云小平	27.4	1.4	5.9	黄铜
16	宝黔小平	26.9	1.1	4.8	黄铜

图号	品名	直径	郭厚	重量	铜色
17	宝直仿	25.7	1.4	4.7	黄铜
18	宝晋仿	25.2	1.1	3.5	黄铜
19	宝浙仿	26.5	1.4	4.7	黄铜
20	宝川仿	26.3	1.2	4.5	黄铜

从钱拓及数据可知,咸丰样钱为咸丰三年(1853)八月,增铸当五十时的大型钱。同年十一月,初铸的当五十即减重。可以认定,咸丰年间户部向各铸钱局分发样钱的时间在咸丰三年八月至十一月的三个月内。由于当五十以上面值及减重后的咸丰钱,均没有部颁样钱,可以认定,在咸丰年间户部只颁发过一次样钱。

穆渊在《新疆货币史》中论述新疆六局铸造咸丰钱的情况,以及《咸丰泉汇》所载资料,旁证了以上推定。

图 8

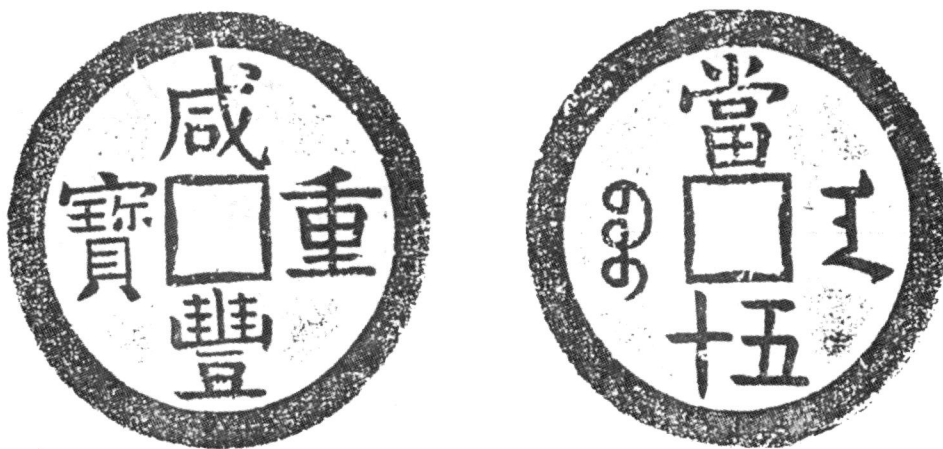

图 9

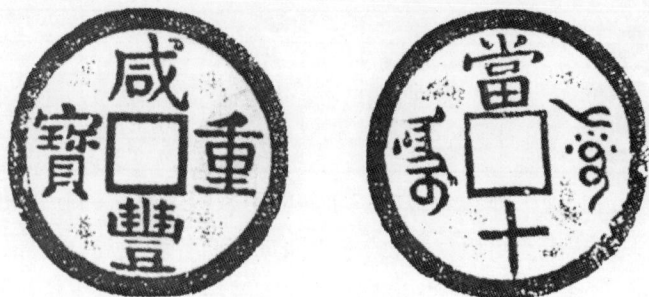

图　10

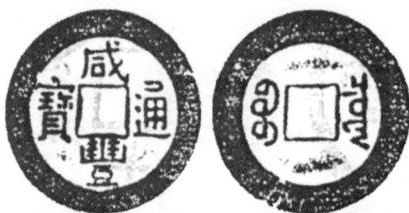

图　11

图　12

图　13

图　14

图　15

图　16

图　17

图　18

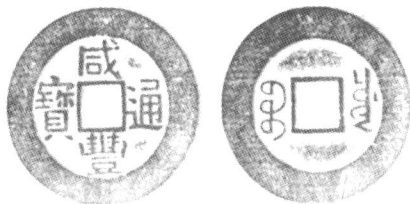

图 19 图 20

宝伊局:"咸丰三年十一月初六日,制钱全部改铸当十,重四钱四分。""四年正月十五,加铸当十,重八钱;当百,重一两四钱;当千,重二两。"《咸丰泉汇》(下简称"汇")则载有:

部颁式当十样钱,图21(汇图28-3-1,黄铜);

图 21

部颁式当十样钱,图22(汇图28-3-2,红铜);

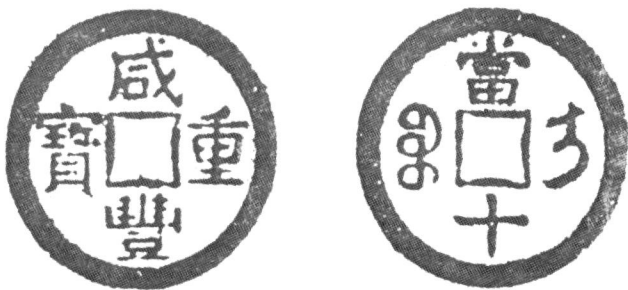

图 22

部颁式小平祖钱,图23(汇图28-1-1);

部颁式小平母钱,图24(汇图28-1-2);

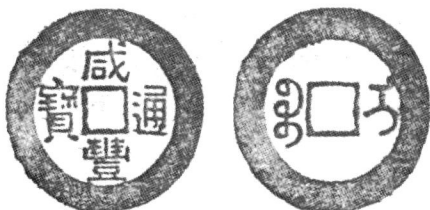
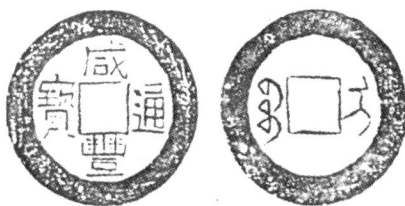

图 23 图 24

部颁式小平样钱,图25(汇图28-1-3);

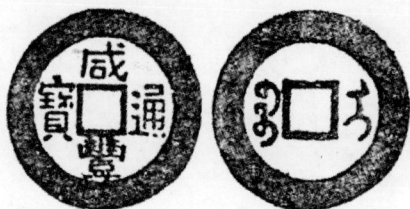

图　25

　　当十为咸丰三年十一月初六日始铸,其筹办运作肯定要早一些,所以,小平及当十有部分样钱存在。当五十以上的大钱是在咸丰四年加铸的,所以,不可能有部颁样钱。

　　2.阿克苏局:"(咸丰)元年,铸当五、当十","四年,二成铸当百"。

　　《咸丰泉汇》中载有:

　　部颁当五十样钱,图26(汇图29-4-1);

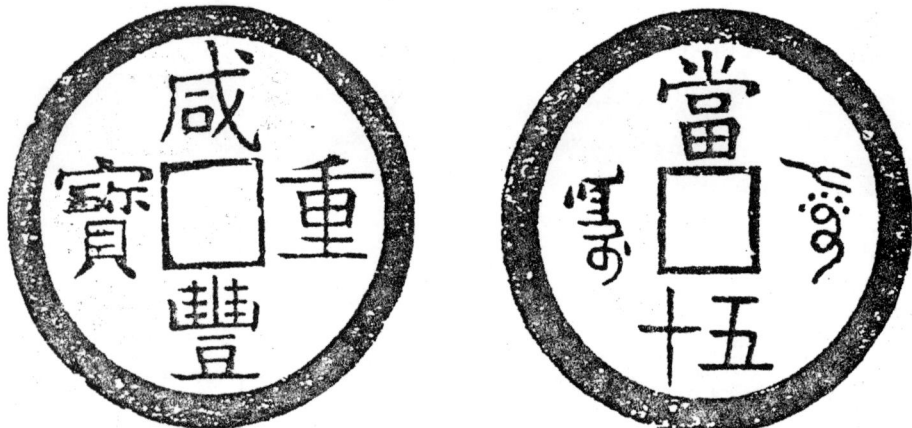

图　26

　　部颁当五十样钱,图27(汇图29-4-2);

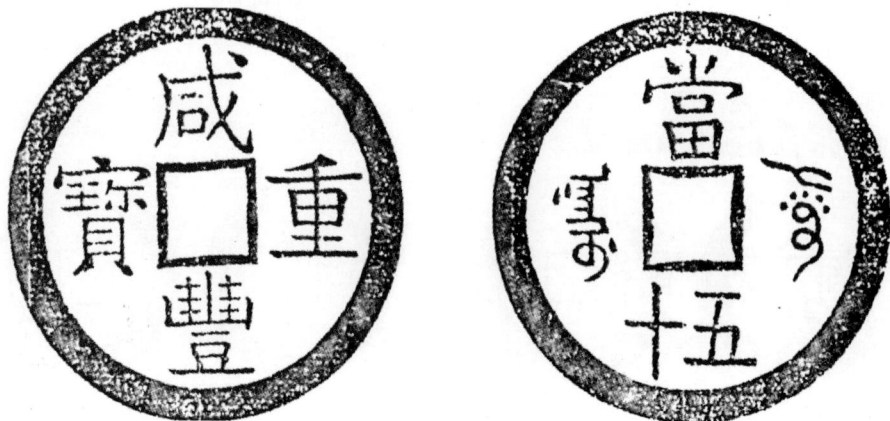

图　27

部颁当五十样钱,图 28(汇图 29-4-3);

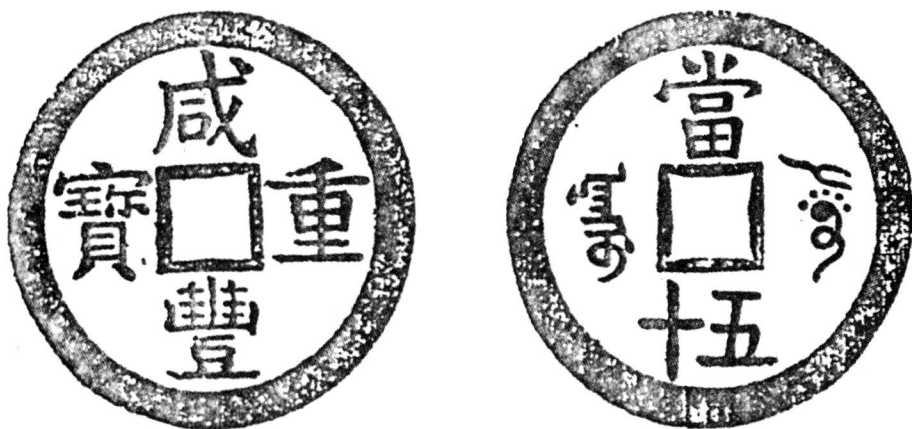

图 28

部颁当十样钱,图 29(汇图 29-3-1);

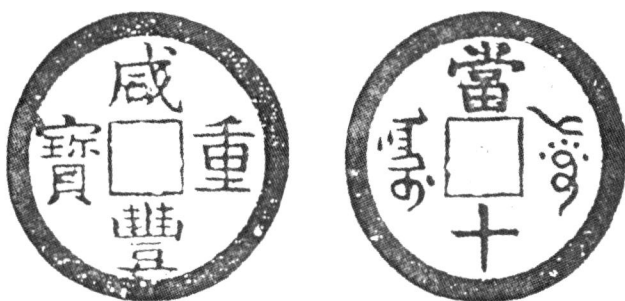

图 29

部颁当十样钱,图 30(汇图 29-3-2);

图 30

部颁小平样钱,图 31(汇图 29-1-1);
部颁小平样钱,图 32(汇图 29-1-2);

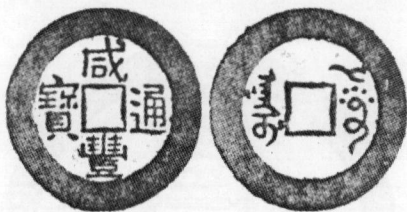 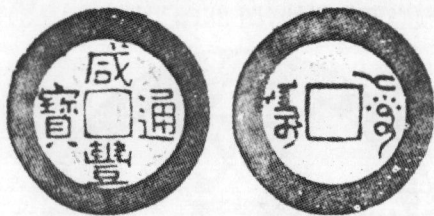

图 31　　　　　　　　　　　　　　　图 32

部颁小平样钱,图33(汇图29—1—3);

部颁小平样钱,图34(汇图29—1—4);

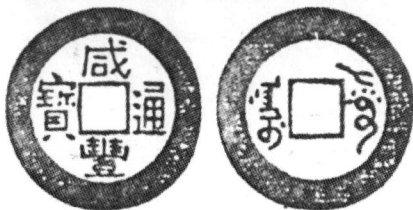 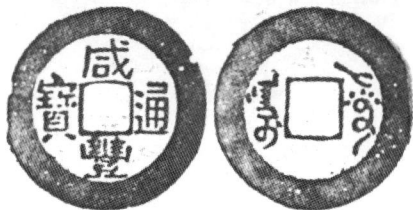

图 33　　　　　　　　　　　　　　　图 34

宝迪局:咸丰四年十二月组建。

叶尔羌局:咸丰四年开始铸当百、当五十、当十大钱。

库车局:咸丰六年铸当百、当五十、当十、当五。

喀什噶尔局:咸丰五年正月,开铸当百、当五十、当十。

以上四个南疆钱局开铸大钱的时间都在咸丰三年以后,所以不可能有部颁样钱。不同来源的资料,可互证咸丰朝户部分发样钱的时间范围。

3. 宝泉局咸丰小平钱的“版式类同”现象:

咸丰小平钱以宝泉局铸量最大,当然,版式也最多。排比宝泉局咸丰小平钱,会明显地感到版式之间差异的存在,如宽缘、大字、背单决文、细豆丰、小样等等。进一步观察会发现,同类版式中,文字有小异、主要表现在“通”及“宝”二字。各版类的差异都一致,有四种:“尔”宝“八”贝方头双点通、“尔”宝“ㄨ”贝角头双点通、“尔”宝“八”贝角头单点通、“尔”宝“八”贝角头双点通出头满宝。

此种姑且称为“版式类同”现象。见诸文字的有关内容只有一处,即《故宫清钱谱》载:“盖宝泉局分立四厂,书法不同,亦厂别也。因书无记载,已不能详其所属(据钱局遗老称,满文出头宝为北厂铸,余未详)。”据此可推知,出头宝之外的三种版式,当分别是东、南、西三厂所铸,惜尚无资料可进一步具体区分。

宝泉局小平钱版式众多,为清晰起见,仅举两类为例:

(1)大字类:此类钱正如其名,文字较大。

①“尔”宝“八”贝方头双点通:图35,径26.6、厚1.7毫米,重6.8克。黄铜质。此枚为上呈样钱。

②"尔"宝"ㄨ"贝角头双点通:图 36,径 26.5、厚 1.8 毫米,重 6.3 克。黄铜质。此枚为上呈样钱。

图　35　　　　　　　　　　　　　图　36

③"尔"宝"八"贝角头单点通:图 37,径 24.6、厚 1.7 毫米,重 5.4 克。黄铜质。此式没能集到样钱。

④"尔"宝"八"贝角头双点通出头满宝:图 38,径 25.7、厚 2.0 毫米,重 7.7 克。黄铜质。此枚为上呈样钱。

图　37　　　　　　　　　　　　　图　38

(2)宽缘类:此类为宽缘,文字的空间小,自然文字也小。

①"尔"宝"八"贝方头双点通:图 39,径 25.7、厚 2.0 毫米,重 7.7 克。黄铜质。

②"尔"宝"ㄨ"贝角头双点通:图 40,径 26.0、厚 1.9 毫米,重 7.2 克。黄铜质。

图　39　　　　　　　　　　　　　图　40

③"尔"宝"八"贝角头单点通:图 41,径 26.0、厚 1.6 毫米,重 5.9 克。黄铜质。

④"尔"宝"八"贝角头双点通出头满宝:图 42,径 25.7、厚 1.9 毫米,重 6.6 克。黄铜质。

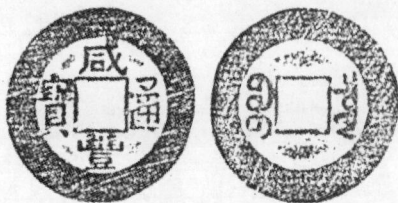 

图　41　　　　　　　　　　　　　图　42

在收集咸丰钱的几十年经历中，没有见过此类有上呈样钱，但捡选出一些铸造较精，重达7克左右的个体。不禁想到，这些7克左右的个体是否即此类的上呈样钱？如是，则原就比较复杂的"样钱"概念更要丰富一些了。

发现"版式类同"现象后，为慎重计，又检视了清代其他年号的小平钱。发现嘉庆、道光、同治、光绪、宣统（只剩两类）的制钱都延续铸钱的某种定制，此定制沿袭在百年以上，足见清代铸钱还是传承有序的。

"中国历代货币发现与研究新收获学术研究会论文"

2006 年 11 月

一张农商银行"壹圆"纸币引起的回忆

2004年,天津市钱币学会为纪念天津市设卫建城六百年,组织力量编写《天津近代钱币》。许多钱友以各种方式提供了帮助。其中,一位年轻人带来一张农商银行一元纸币,令我怦然心动。其原因一是第一次见到农商银行的钞票;二是见到在总裁(governor)下的签名 Chi yaoshan(齐耀珊),是我的祖父,而在经理(manager)下的签名 Chi yao Ching(齐耀珹),为我的叔祖。一张钞票上能见有两位亲兄弟的长辈签名,大约是绝无仅有的。

图1为钞票的正面,浅褐色,上方是"农商银行"四字,中间为颐和园佛香阁实景,下面标明"凭票即付通用银元"及印刷年份"中华民国十五年(1926)印"。左右椭圆形圈内各有"天津"两字。此券由美国钞票公司承印。图2为钞票背面,深褐色,上下端为英文,中间是各种花符组成的图案。据于彤、戴建兵《中国近代商业银行纸币史》(河北教育出版社1996年)介绍:"农商银行于1920年6月13日,呈准获发行纸币,核定发行额为200万元。1924年6月,又呈准增加发行额300万元。从1922年开始由北京、天津、上海、汉口四分行发行一元、五元、十元三种银圆兑换券,……经财政部通令各地,该行钞票凡完纳粮税、邮、航、路、电等费,一律通用。"

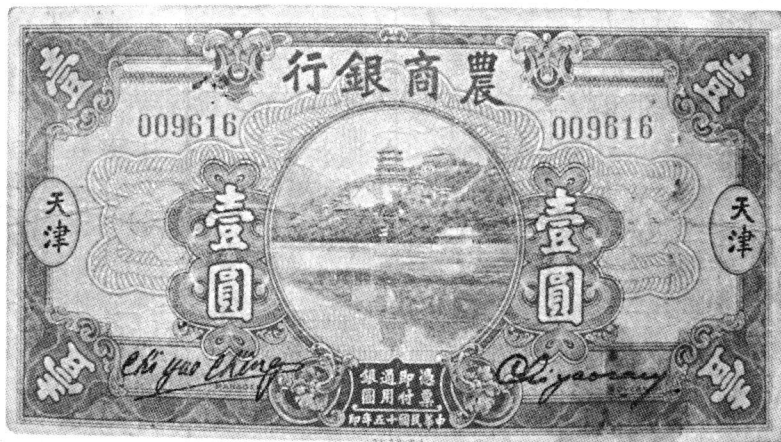

图1

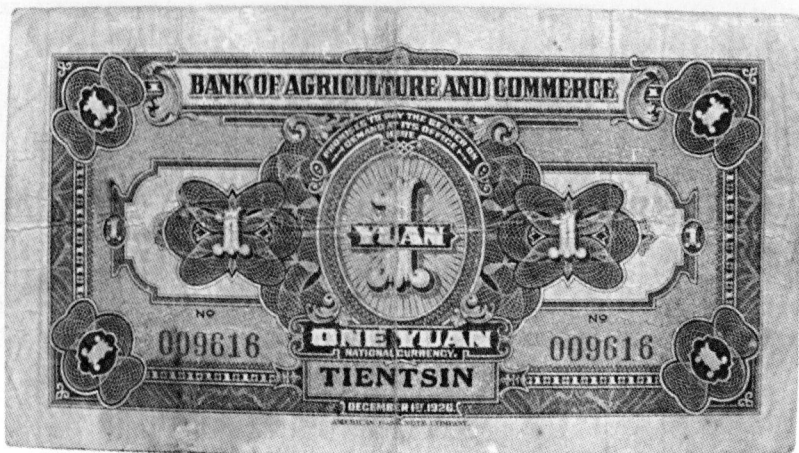

图 2

　　"农商银行是北洋政府农商部呈准大总统批准创办的官商合办股份公司,其职责为扶持和辅助全国农工商业的发展。""1919 年开始筹备,1920 年 7 月批准该行章程,1921 年 8 月注册开业,总行设于北京。首任董事长曹锐,总裁齐耀珊。""1929 年 3 月,该行因受时局影响,呈奉国民政府财政部批准停业清理整顿,将所有债务、债权整理完竣,并将发行在外的纸币全部兑现收回。"由于回收较彻底,在今日收藏市场很难集到,当然价格也较昂贵。清理善后工作由齐耀城办理,办公地点在今天津市解放北路 50 号院内(见图 3)。

图 3

　　齐耀珊系文人,为清光绪庚寅(1890)进士,兄弟行中较善经营,但终究缺乏经营新式银行的知识,造成个人经济相当大的损失。然而他仕途经历相当丰富,且不乏巧合。民初曾先后任山东、浙江省长。在浙江任内,邻省江苏省长是其长兄齐耀琳(清光绪乙未进士、翰林),两省关系自然融洽。其后,军阀势力日兴,两兄弟即退隐回津。于是江苏的齐燮元和浙江的卢永祥就发生了苏浙战争。

　　农商银行清盘时,我尚未出生,但从记事起,常听家中长辈说起该行的名称和事件。今日见到该行发行的钞票,自不免引起回忆。令我不解的是,老人们都是旧文人,没学过外文,何来英文签名?

(原刊《江苏钱币》2007 年 2 期)

大明宝钞的轶闻

近日,整理家中祖辈留下的文字资料,意外发现伯祖父写的一篇有关大明宝钞的文章。研读之下,觉得这篇 90 年前写的文章,有其资料价值,现增补一些有关情况。

该文可从以下三个方面探讨:

一、中华民国六年(1917),南京通济门外九板桥疏浚河渠,挖出两方大明宝钞铜版,并纳诸古物保存所,因而成此文。不知今日此二铜版保存在何处?

二、文中记载光绪庚子年(1900)秋,北京于某寺庙佛像腹内得一贯面值的大明宝钞数百张,式样与此铜版一致。此寺庙亦有考证之必要。文中对大明宝钞的出笼、流通、管制、规制等所述甚详,显系根据正史,又指出《明史》中记载的失误处,足见 90 年前对大明宝钞的认识已相当充分。

三、伯祖父齐耀琳生于清同治元年(1862),卒于 1949 年,享年 88 岁,是光绪乙未(1895)进士、翰林,民初曾任江苏省长。南京挖获两方大明宝钞铜版(已有人著述过两方大明宝钞铜钞版的去向,钞版现存贵州省博物馆),并入藏古物保存所,且由省长撰文以志其事。可见当时也是一件重大新闻。同时捡出一张江苏丝织模范工厂织造的齐省长绣像,亦为相关文物,一并附上。

伯祖父齐耀琳像

(原刊《江苏钱币》2007 年 3 期)

丰富多彩的咸丰通宝小平钱

2002年,本人出版了《咸丰钱的版式系列——自藏自拓咸丰钱集》,当时以为,在力所能及的范围内,对咸丰钱的收集已是蔚为大观了。今日看来,其中最薄弱的环节却是最常见的小平钱。现将收集变化较大的几个铸钱局所铸咸丰小平钱披露出来,供同好共赏(宝直局咸丰小平钱已有专文发表,不再重复。见《亚洲钱币》2005年1期123页)。

一、宝广局:文字完全仿照户部颁发的样钱。为"尔"宝"八"贝方头双点通。区别在背面满文广字的形状。

1. 大头广:为常见者,是仿部颁式铸造的。图1,径25.0、厚1.4毫米,重3.9克。黄铜质。

2. 短尾广:极为稀见。图2,径24.5、厚1.3毫米,重3.6克。黄铜质。

图　1　　　　　　　　　　　图　2

3. 小头广:《咸丰泉汇》不曾集入,可见其稀少。满文广的小头与部颁样钱当十相类。图3,径22.6、厚1.2毫米,重3.2克。黄铜质。

二、宝武局:宝武局咸丰小平钱,现知有6种版式,分为方头通和角头通两类。方头通中又有特殊的"缶"宝版式。

图　3

1. 仿部颁式:足够重、大。由于咸字的撇转弯,不能认为是部颁样钱。图4,径27.3、厚1.6毫米,重5.8克。黄铜质。

2. 仿部颁式减重:相当稀少。图5,径23.8、厚1.6毫米,重4.8克。黄铜质。

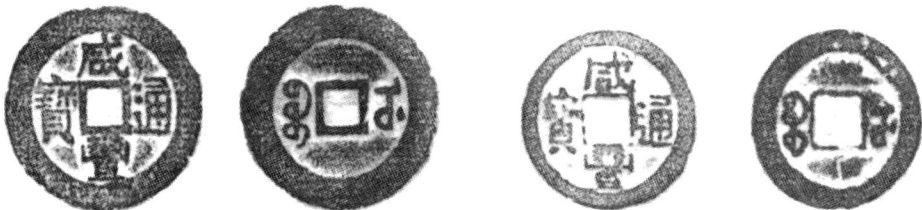

图　4　　　　　　　　　　　图　5

3. 长武式:是宝武局最常见的咸丰小平钱。图 6,径 22.8、厚 1.2 毫米,重 2.8 克。黄铜质。

4. 角头通:相当少见。几年前在山东发现一小批,捡较好者集了 4 枚。铸造粗糙,笔划隐起,所以大多角头显示为一小横。图 7,径 23.0、厚 1.5 毫米,重 3.9 克。黄铜质。

图　6　　　　　　　　　　　　图　7

5. 断笔咸:为新发现版式,相当稀少。多年来仅集到 2 枚。图 8,径 20.5、厚 1.0 毫米,重 1.9 克。黄铜质。

6. "缶"宝:相当稀少,有些特殊,满文武的头是断开的。有薄型和厚型之分,此枚为厚型。图 9,径 23.2、厚 1.8 毫米,重 4.5 克。黄铜质。

图　8　　　　　　　　　　　　图　9

三、宝晋局:近年有珍稀且不同版别的铁母发现,但集不到。普通品亦有新版式发现,基本分为部颁式和地方式。

1. 部颁样钱:图 10,径 27.3、厚 1.4 毫米,重 5.5 克。黄铜质。

2. 仿部颁式:完全如部颁样钱,只是减重,相当稀见。图 11,径 25.2、厚 1.0 毫米,重 2.9 克。黄铜质。

图　10　　　　　　　　　　　　图　11

3. 地方式:为"尔"宝"ㄨ"贝角头双点通,最为常见。图 12,径 23.3、厚 1.4 毫米,重 3.2 克。黄铜质。

4. 背决文:与地方式版式相同,只背穿右下角有一隐起决文,不知出于何处,在湛江收集到 3 枚。图 13,径 24.0、厚 1.6 毫米,重 3.1 克,黄铜质。

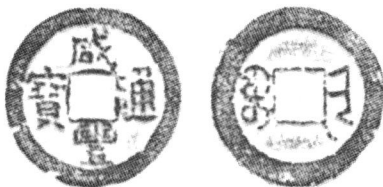

图　12　　　　　　　　　　　　　图　13

5. 铁钱：宝晋局铁小平甚稀少，为"尔"宝"八"贝角头双点通。图14，径24.0、厚1.7毫米，重4.1克。铁质。

6. 小样：一般减重钱多私铸，轻小粗糙，但此钱文字相当精整，为"尔"宝"八"贝方头单点通。图15，径19.8、厚0.6毫米，重0.8克。黄铜质。

图　14　　　　　　　　　　　　　图　15

四、宝南局：有部颁样钱及地方式两种版式，仅集到地方式，为"尔"宝"八"贝方头双点通，有不断减重的情况。有一特点，即背面大多铸造精好。

1. 图16，径23.0、厚1.1毫米，重2.8克。白铜质。背穿上星。

2. 图17，径21.6、厚1.1毫米，重2.3克。黄铜质。

图　16　　　　　　　　　　　　　图　17

3. 图18，径21.2、厚1.1毫米，重2.2克。白铜质。

4. 图19，径20.1、厚1.0毫米，重1.5克。黄铜质。

图　18　　　　　　　　　　　　　图　19

五、宝苏局：宝苏局咸丰小平钱版式众多，其中4种甚有特色，值得一书。

1. "缶"宝"八"贝方头双点通，文字布局非常秀美。图20，径23.6、厚1.1毫米，重2.6克。黄铜质。

2.“缶”宝“八”贝角头双点通,文字布局秀美。图21,径21.1、厚1.2毫米,重2.3克。黄铜质。

图　20　　　　　　　　　　　　　　　　　图　21

3. 宽缘小样:“尔”宝“八”贝方头双点通。此类宽缘小样,由于地张狭窄,文字粘连漫漶。此枚却文字清晰,边缘锐而整齐,肯定是一枚上呈样钱。图22,径19.1、厚1.1毫米,重1.5克。黄铜质。

4. 银钱:“尔”宝“八”贝角头单点通,是咸丰钱中的唯一银钱。背面左右满文宝苏,上下汉文丁巳。丁巳为咸丰七年(1857)。图23,径24.8、厚1.6毫米,重6.3克。银质。

图　22　　　　　　　　　　　　　　　　　图　23

(原刊《江苏钱币》2007 年 4 期)

为黄铜铸宝巩、宝陕咸丰当千、当五百大钱正名

何来此题？缘上世纪 80 年代有泉家在著述中武断地将宝巩、宝陕二局黄铜铸当千、当五百大钱一律定为赝品，使后来的咸丰大钱收藏者备受困惑。如图 1 系宝巩局黄铜铸咸丰当千大钱(径 64.0、厚 3.8 毫米，重 66.8 克)，原藏西安。因持有者受"黄铜者为赝品"的影响，怀之惴惴，终以贱值转让到甘肃定西，亦使之得以在《甘肃金融》中露真容。其实，宝巩黄铜窄缘当千比红铜宽缘当千更少，而且，还存在同版式系列的黄铜铸窄缘当五百大钱(图 2)径 57.0、厚 4.2 毫米，重 58.5 克，在兰州尚有一枚此式的同范钱，品相更好一些。

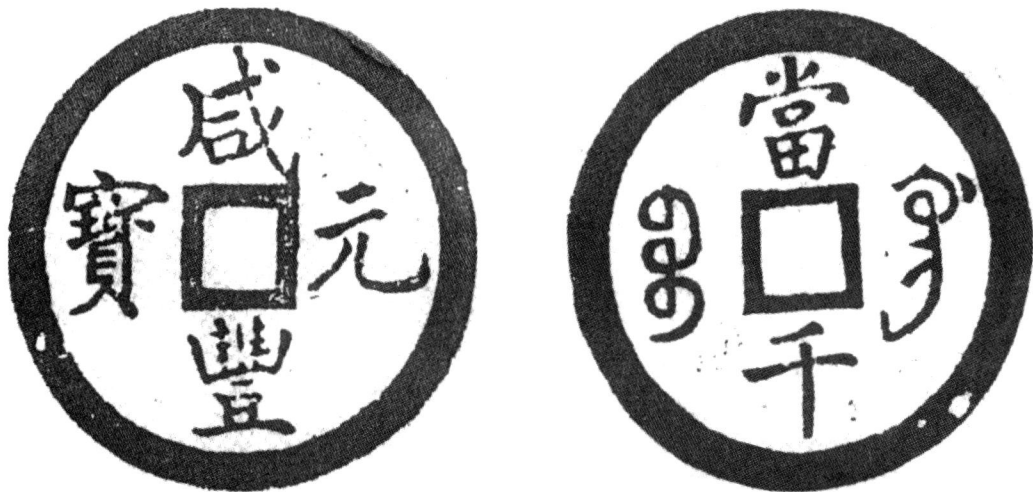

图　1

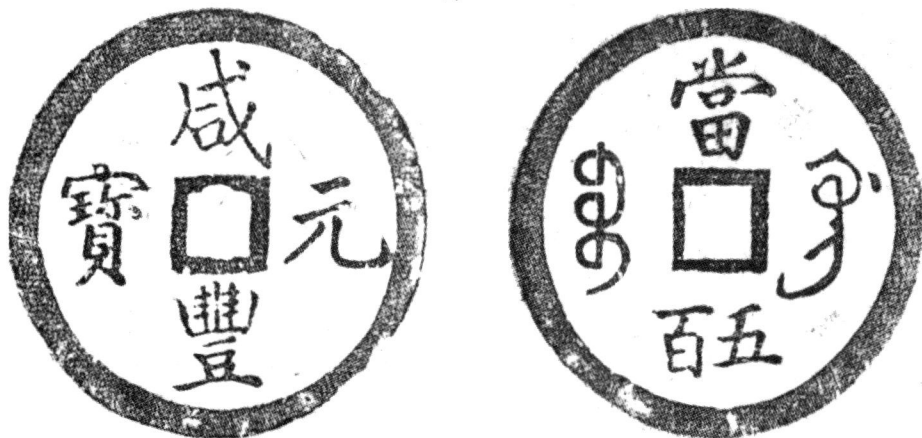

图　2

宝陕局黄铜铸当千、当五百大钱,目前已知有当千二枚,当五百一枚,全系试铸样钱,字迹清晰,铸造精好,且当千二枚均有大多数宝陕当千具有的记号特征。即,咸上郭中有一凹痕,"丰"字左边小竖的首部断笔。见:

图3,当千(径70.5、厚5.6毫米,重140.7克);

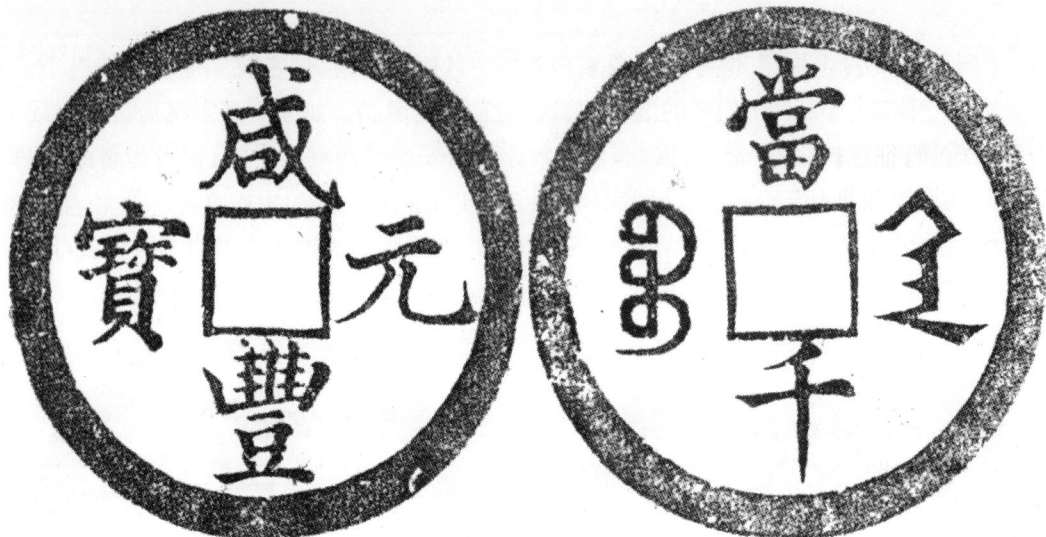

图　3

图4,当五百(径67.0、厚4.7毫米,重104.4克)。

图　4

近来,咸丰钱在收藏者中大热,为二局的咸丰黄铜大钱正名,正其时矣!

(原刊《中国钱币》2007年4期)

宝巩局重宝当百系列咸丰大钱

众所周知,咸丰年间铸大钱,户部是有定制的。小平称通宝,当五十及其下称重宝,当五十以上称元宝。由于福建省自行决定铸大钱的时间早于户部颁行定制的时间,故宝福局铸咸丰大钱的特征独树一帜。其他各局均循户部之制铸行,并无异样。

数年前,兰州泉友张光华集得一枚异于常品的宝巩局当百咸丰大钱,称重宝,当时曾寄给我彩色照片,铸造、包浆均自然,为开门见山之物,既是奇品又是孤品。令人惊异的是,几十年下来张光华又集得同系列的当五十及当十,文字笔划大同,但存小异,可断为同一系列之物。尤其是咸字"戈"的一撇直撇到"口"的下边。系列的出现,更说明实物的可靠性,这是宝巩局咸丰钱重大的新发现。今年,张光华在《甘肃钱币选粹》一书中披示了此3枚钱。

蒙张光华允许,我将在《咸丰钱的版式系列》(增订本)中收入这一系列。为各位同好先睹为快,先行发表于此。

图1,当百:径67.0、厚3.9毫米,重95.5克。

图　1

图2,当五十:径54.0、厚4.4毫米,重69.0克。黄铜质。

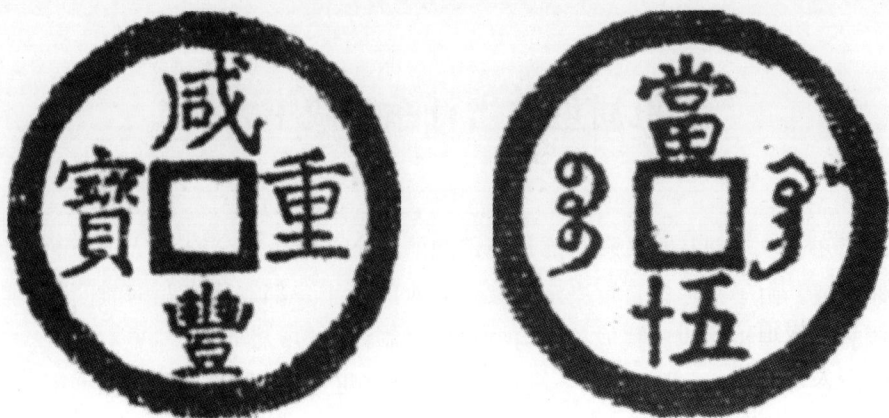

图　2

图 3,当十:直径 39.3、厚 3.0 毫米,22.6 克。黄铜质。

图　3

（原刊《江苏钱币》2008 年 1 期）

介绍几枚珍稀咸丰大钱

　　近30年来,古钱爱好者将许多精力用在对清朝钱币的收集、整理上。因时代近,存世量多,往往新品叠出,或总结出一些规律,使对清钱的认识更上一层楼。一些清钱珍品面市后,往往不能及时报道,甚至在很长时间里不为人知,这情况不利于对清钱的深入认识。本人由于接触咸丰大钱的机会较多,总是动员收藏者拿出藏品来报道,使之成为广大爱好者的共同知识,因之能在此报道一批珍品。

　　一、克勤郡王当三百祖钱

　　此枚祖钱于上世纪80年代流入深圳(见照片1及图1)。由于此前不是在收藏状态,钱币上有小的磕碰伤,钱体布满陈年积垢,所以当时并没有认出是祖钱。清洗后才发现此钱通体无砂眼,边郭与文字笔划均具拔模斜度,才认出是一枚祖钱。难能可贵的是,上海钱币博物馆存有一枚克勤郡王当三百试样钱(见照片2),二者是母子关系,数据如下:祖钱:径52.2、厚4.1毫米,重60.2克。黄铜质;试样钱:径51.4毫米,重47.0克。黄铜质。

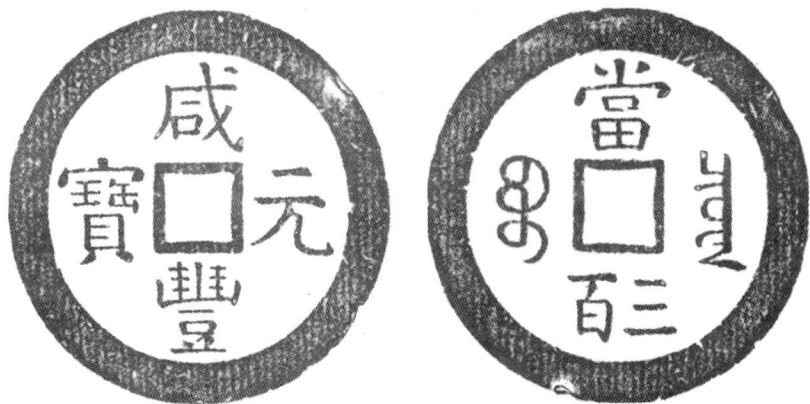

图　　1

　　两者直径相差大致接近2%,这是子钱铜水缩水所致,也证实二者是母子关系。

　　这枚祖钱的出现,还带来一个主要的信息,即钱背面"当"字左右,有明显铲去星月纹的痕迹。说明克勤郡王当三百,原来与其他当值的克勤郡王铸钱一致,是有星月纹的。目前尚无资料能准确说明铲去星月纹的原因,但无疑这是研究克勤郡王铸钱的重要资料之一。因为,当千、当五百、当二百、当百、当五十均有星月纹,至当三百则铲去星月纹,不能不说是一项重大变故。难得的是,上海博物馆的当三百试样钱在"当"字左侧也存有相同的痕迹,这也是证实二者是母子关系的重要证据。

　　从时间上看，咸丰四年六月初七日，克勤郡王庆惠奏折中"请铸当二百、三百、四百大钱……六月二十四日，当千、当五百停铸，当四百、三百、二百大钱亦停铸"（《咸丰泉汇》）。所以，当二百、三百、四百大钱仅铸行了17天，遗存下来的实物必然稀少。从发现的实物看，当二百多于当三百，当四百则至今无实物发现，当二百有星月纹，当三百则铲去星月纹，表明铸此三种特殊纪值大钱不是同时，时间有先后，但也只在17天的范围内。可以认为，当时的决策是仓促欠周详的。

　　克勤郡王庆惠虽捐铜铸钱以协军饷，但从咸丰批文"……以期有稗实用，不在铺张名目，徒事虚文也"看，对庆惠的张扬性格是有批判的。当三百之铲去星月纹，或与此有关。

　　此枚当三百祖钱的发现，不单纯是发现了一枚珍钱，其带来的信息，对研究克勤郡王铸钱有所裨益。

照片1

照片2

二、宝泉局二枚同版式系列试铸钱

上世纪90年代初,河北省一年轻钱商携一枚宝泉局当百紫铜钱来津求售。因定性意见不能一致(涉及价格),难以成交。泉友打电话让我去看看。其实,《咸丰泉汇》1－6－4号即是一枚同版式的黄铜祖钱。我定性为试铸样钱,给了一个当时较高的价格,收藏了这枚钱。数据如下:径51.9、厚4.1毫米,重51.6克。紫铜质(图2)。此钱非常规整,却在正面边郭上右有一砸痕,估计这是作废的标志。

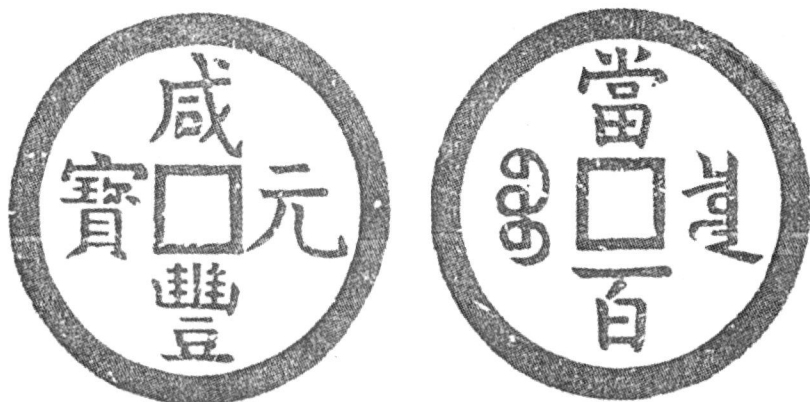

图　2

此钱发表在《咸丰钱的版式系列——自藏自拓咸丰钱集》一书中,并说明属系列钱,尚有一枚当五百。书出版后,深圳泉友王文良即寄来收藏的一枚同版式当五百的照片、拓片及数据。径54.7、厚4.1毫米,重58.3克。紫铜质(图3)。亦属试铸样钱,非常精致,故二者一并发表出来。不禁想到书名中的"自藏"二字,局限性太大了!

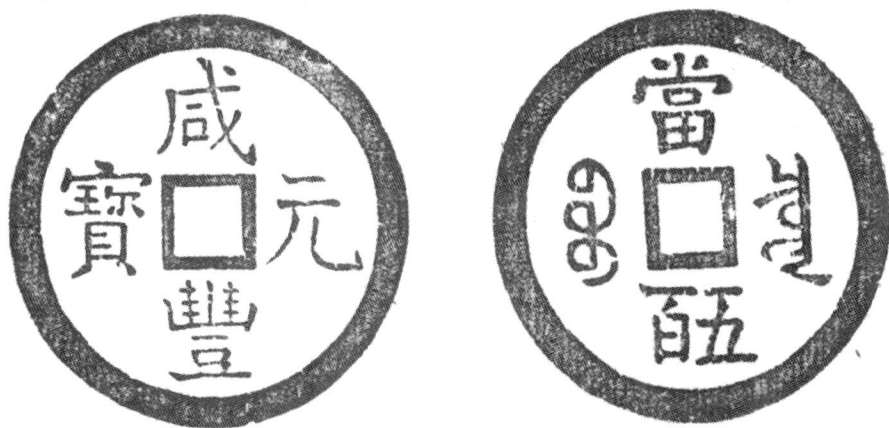

图　3

三、宝巩局新发现的咸丰珍泉

我感觉宝巩局近年发现的咸丰钱新版式、珍品相当多,要多于其他钱局。现仅将本人能收集的资料介绍如下[①]:

1. 宋体字"缶"宝"八"贝大头巩系列

①当十母钱:见图4,径33.6、厚2.7毫米,重15.3克。黄铜质。

图 4

②当五母钱:见图5,目前为仅见品。径28.6、厚3.5毫米,重8.8克。红铜质。

图 5

2. "尔"宝小弯钩长巩当十母钱:见图6,目前为仅见品。径34.5、厚2.6毫米,重13.5克。红铜质。

图 6

3. 咸字"戈"无钩当十:见图7,目前为仅见品。径34.4、厚2.0毫米,重12.5克。红铜质。

---

① 此6枚宝巩局咸丰钱均是兰州泉友李晓健的藏品。

图 7

4. 直钩大头巩当十:见图 8,本品为 2007 年发现,仅知有两枚,径 34.2、厚 2.5 毫米,重 9.8 克。红铜质。

图 8

5. 小字钩咸当五:见图 9,目前仅知有两枚。径 27.5、厚 2.0 毫米,重 7.0 克。黄铜质。

图 9

(原刊《中国钱币》2008 年 4 期)

宝源局咸丰当十钱发现断笔咸新版式
——兼论宝源局咸丰钱断笔咸版式

　　我与泉友刘华交往已多年。刘嗜咸丰钱,限于条件,注重在咸丰当十,练就了火眼金睛。不久前,刘在山东一大串咸丰当十中发现了一枚宝源局断笔咸咸丰当十,为各谱所无。卖主只整串售,只好全部购下。查《咸丰泉汇》宝源局断笔咸当十有一品"尔"宝左出头"ス"贝,见图 1(汇 2—4—62)。此枚为"缶"宝"八"贝(图 2)。径 34.6、厚 2.4 毫米,重 15.0 克。黄铜质。笔划清晰,铸制规整,应是一枚试铸样钱。由于断笔处很窄细,拓片显示不太明显。附上照片。

图　1

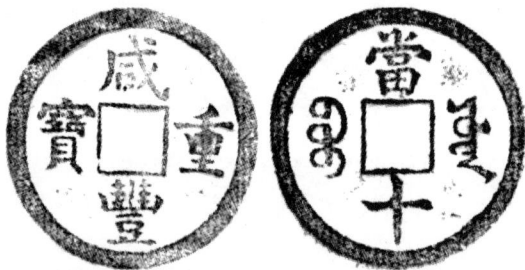

图　2

照片

　　已知宝源局咸丰钱断笔咸者仅有四品,当十者有以上二品,小平者亦有二品。本人于20余年前曾集得一枚"尔"宝"八"贝小平,为小样试铸样钱,见图3,径28.5、厚1.6毫米,重7.2克。此式没有流通钱。20余年来没见过再报道,可见其稀少。《咸丰泉汇》有一品"尔"宝"八"贝小样断笔咸小平,见图4(汇2-1-24)。尚没见过实物,当亦极稀少。

　　宝源局断笔咸丰钱仅知有此四品。

图　3　　　　　　　　　　　　　　　　图　4

(原刊《江苏钱币》2010 年 4 期)

后　记

一

由于种种原因,本书的初版从交稿到问世拖延了四年。四年中,我的集藏除了精品、新版式有所丰富外,小平钱亦大为丰富。机缘也好,小平钱有过几次小批量的发现,其中包括铁、铅钱。正是由于版式实物掌握得多了,再结合文献资料,才能总结出一点规律。同时,对小平钱做了比较细的分类。

资料是随时积累起来的。近些年,在原稿的基础上,我又整理出增订稿,使《咸丰钱的版式系列》一书丰满了,标本实物也增加到二千二百余枚。

初版面市以后,在天津泉界掀起一阵不大不小的集藏、研究咸丰钱热潮。不可否认,这是本书的积极效果,本人极感欣慰。稿成之日,天津市钱币学会常务理事王宗发泉友送来《咸丰钱局歌》以为贺。录于此与广大咸丰钱爱好者共赏。

咸丰钱局歌
咸丰铸钱品繁多,三十一局遍全国。
源泉直蓟晋陕德,武安苏桂昌济河。
川巩东云黔福浙,伊迪阿喀叶库车。
广南州台仅小平,郡王星月别一格。

二

从我的简历看,我纯粹是一个古钱币的业余爱好者。由于爱好,可能在某一方面钻研得更深入,才能有收集、研究、著述的过程。本人对咸丰钱着力最多,是有其根源的。第一次看到的古钱就是咸丰钱,时在学龄前,大约在 1940 年左右。当时大家庭聚族而居,在一位叔姨祖母处见到了几枚咸丰钱,有小平、当五、当十,大小有序,铸制精良,金光灿闪,我非常喜爱。家叔姨祖母相赠,保存多年,可惜损失于文化大革命,可叹!

近几年,闲暇无事时,我翻看历年发表的文章,唤起许多集币旧事的记忆,亦不乏饶有趣味者。更难得的是发现了古钱铸行中存在的某些规律,至今仍有其意义,漫湮散失殊亦可惜，因而，我产生了收集成书的念头。整理之下，选出长短文章约 70 篇，加上拓图，足以成书了。本书将文章以发表年份排列开来，以展现集币的轨迹；追忆一些特色古钱相当有趣的收集过程；发现钱币规律，令繁杂的版式变得有条理。如是，本书就有其意义了。

<h1 style="text-align:center">三</h1>

努力经年，完稿之日，感到收益良多。首先是拓技大进。千余枚钱币的拓片，对业余爱好者来说，拓过一遍之后，回头看看初拓之作，多不如意，不免要重拓。不知不觉中，拓技长进了。但自然环境对捶拓这一中华文明古艺的影响，实不易克服。三伏天潮气太重，三九天过分干燥。虽夏有空调，冬有暖气，但湿度不易掌握。勉力为之，事倍功半。冬夏二季是拓不出好片子的。

回顾所收集的咸丰钱，足重的标本是少数，多数是减重的标本。有个很有意思的现象，即哪怕轻到不足 2 克的小钱，仍书体不变，风格依旧。此类小钱，民间私铸无此技艺，当即所谓"局私"，就是官设铸钱局营私舞弊，偷工减料之作。从今日实物看，私铸小钱远少于官铸轻钱。

<h1 style="text-align:center">四</h1>

《咸丰钱的版式系列》（增订本）和《集泉文集》本来计划是两本书，一本是图谱，一本是文集。送稿到中华书局，责编提出："两本书是否考虑合成一本？"如醍醐灌顶，这个意见好极了！因为，图谱中难免提到"版式系列"、"版式类同"等概念，都是我创用的，在图谱中无法详细解释。《文集》中却对这些概念的形成及实物样本有详细的叙述，二者浑然一体！编辑有编辑的功力，对我助力极大。

这本书是我几十年集藏古钱的经历和经验介绍。集藏咸丰钱几十年，至今仍能有咸丰钱的新版式发现，足证古钱学的博大，个人所能起的作用甚微。我将个人的集藏经历、经验介绍出来，希望能对同好有所裨益。

本人已七秩又八，就此搁笔了。

齐宗佑

2013 年 1 月于天津